Danksagung

Die Fotos des Farbteils stammen von:

Geoffrey Goddard
Tony Matthews
Phipps Photographic
Renault Sport
Nigel Snowdon
TAG Turbo Engines
John Townsend

Die schwarz-weiß Fotos und Illustrationen stammen von:

Alfa Romeo SPA
James Allington/Autosport
Jim Bamber
Bill Bennett/Motoring News
Gerard Berthoud
Willi Bister
BMW Motorsport
Charles Briscoe-Knight
Charles Briscoe-Knight/Motofoto
BRM/Autocar
Diana Burnett
Pete Coltrin
Mike Dodson
Ferrari SPA
Ford Motor Company
Geoffrey Goddard
Robert Harmeyer Jnr
Brian Hart
Brian Hatton/Autocar
Michael Hewett
Hewland Engineering
Honda
Jeff Hutchinson
David Hutson
International Press Agency
John Player Team Lotus
LAT
Tony Matthews/LAT
Matra Sports
Motor
Motor Racing Developments
Doug Nye
Theo Page/Ford
Phipps Photographic
Georgio Piola
Renault Sport
Nigel Snowdon
TAG Turbo Engines
Leslie Thacker
Tyrrell Racing Org.
Williams Grand Prix Engineering
Peter Wright
Leo Wybrott
Zoom
Reinhard Klein

Impressum

Bei diesem Buch handelt es sich um eine Übersetzung des englischen Originals mit dem Titel:
The Autocourse History of the Grand Prix Car 1966–1985,
das im Frühjahr 1986 in England im Verlag Hazelton Publishing erschien.
Autor der Originalausgabe: **Doug Nye**
Übersetzung ins Deutsche: Daniela Berghahn, Wilfried Müller
Textbearbeitung deutsch: Gustav Büsing, Wilfried Müller, Heinrich Schmitz
Redaktionelle Mitarbeit: Reinhard Klein, Dieter Zscheile, Heinz-Peter Lob

Technische Bearbeitung: Druckservice Lay

Satz: Friedsam Fotosatz, Sinzig

Konzeption und Gesamtherstellung:
Reinhard Klein, Köln

Alleinvertrieb für den Buchhandel:
Verlagsgesellschaft Rudolf Müller GmbH, Köln

ISBN 3-481-29851-X

Wie Sie sich denken können, kann ein so umfangreiches Buch nicht von Doug Nye allein „gemacht" werden. Ein Sprichwort sagt, daß ein Journalist nur so gut sein kann wie seine Quellen.

In mehrjähriger mühsamer Kleinarbeit wurden all die Daten und Fakten von Doug Nye zusammengetragen, immer wieder überprüft und vervollständigt. Besonderer Dank gilt hierfür Patrick Head von Williams Grand Prix Engineering, John Barnard von McLaren International, Gordon Murray von Motor Racing Developments und Dr. Harvey Postlethwaite von Ferrari für ihre fachkundige Hilfe, Meinung und Beratung.

Helfend erwähnt sollen auch einige Journalisten-Kollegen von Doug Nye sein: Geoff Goddard, Denis Jenkinson, Maurice Hamilton, Alan Henry, Nigel Roebuck und Matthew Carter.

Besonderen Dank auch an: Peter Agg (Trojan), Ing. Giulio Alfieri (Maserati), James A. Allington (Maserati), Bert Baldwin (Goodyear), Derek Bell, Herbie Blash (Lotus und Brabham), Dr. Helmuth Bott (Porsche), Sir Jack Brabham, BRM, Jimmy Buss (Hewland Engineering), Rory Byrne (Toleman), Alan Campbell (Ferodo), Michael Cane, Colin Chapman, Alan Charles, Denny Chrobak (Goodyear), Peter Connew, John Cooper (Goodyear), Gordon Coppuck (McLaren und Spirit), André de Cortanze (Renault), Michele Cory (BMW), Mike Costin (Cosworth Engineering), Jabby Crombac, Yvette Darcy (Renault), Gérard Ducarouge (Renault), Bernard Dudot (Renault), Eagle, Andrew Ferguson (Lotus und Vel's Parnelli), Geoff Ferris (Penske), Jack Field (Cosworth Engineering), Derek Gardner (Tyrrell), Goodyear, Dan Gurney, Brian Hart, Mr. Yoshiyuki Hayashi, Heinz Hofer (Penske), Robin Herd (March, McLaren und Cosworth), John Judd (Repco Brabham und Engine Developments Ltd), Dr. Karl Kempf (Goodyear und Tyrrell), Jean-Luc Lagardère (Matra), Lotus, Owen Maddock (Cooper), Uwe Mahla (BMW), Bob Marston (Cooper und Lola), Bob Martin (Firestone), Ted Martin (Cooper), Tony Matthews, Teddy Mayer (McLaren und Beatrice), Bruce McLaren, Leo Mehl (Goodyear), Hans Mezger (Porsche), Michelin, Vel Miletich (Vel's Parnelli), Andrew Nahum (Science Museum, London), Barry Needham (Alfa Romeo), John Nicholson (Nicholson-McLaren Engines), David North (Brabham), Martin Ogilvie (Lotus), Jack Oliver (Shadow und Arrows), Osella, Tim Parnell (BRM), Maurice Phillippe (Lotus, Vel's Parnelli Jones und Tyrrell), Mike Pilbeam (BRM und LEC), Raymond Playfoot (BMW), Duncan Rabagliati, (Formula One Register), Alan Rees (March, Shadow and Arrows), Renault, José Rosinski, Tony Rudd (BRM und Lotus), Jean Sage (Renault), Dick Scammell (Lotus und Vel's Parnelli), Betty Sheldon (Formula One Register), Dr. K. Paul Sheldon (Formula One Register), Martin Slater (Lyncar), Roger Sloman (Advanced Carbon Composites), Tony Southgate (Arrows und Shadow), Alec Stokes (BRM), John Surtees, Ron Tauranac (Motor Racing Developments, Trojan und Theodore), Len Terry (Lotus, Eagle und BRM), Theodore, John Thorpe (Safir), Sheridan Thynne (Williams Grand Prix Engineering) Mario Tozzi-Condivi (Cooper), Ken Tyrrell, Brenda Vernor (Ferrari), Neil Verweij (Alfa Romeo), Dave Wass (Arrows und Shadow), Tom Wheatcroft, Frank Williams, Aubrey Woods (BRM), Leo Wybrott (McLaren und Lotus).

Inhalt

Einleitendes

Die großen Sieger

Sonderthemen

1966

Jack Brabham | **Brabham Repco BT19**

Die neue Formel 1 wird geboren. Weit verbreiteter Gebrauch überarbeiteter 1,5-Liter Motoren, bis neue 3-Liter Maschinen verfügbar werden.

1967

Denny Hulme | **Brabham Repco BT24**

Der verläßliche Repco 3 Liter-V8 in ultraleichtem Brabham-Cassis gewinnt die WM. Als reinrassiger Rennmotor setzt der Cosworth-Ford neue Leistungsstandards. Gurney-Weslake V12 und BRM H16 erreichen beachtliche Leistungshöhepunkte. Steigendes Interesse an Aerodynamik. Brabham und Ferrari fahren in Spa mit Spoilern. Brabham tritt in Monza mit stromlinienförmiger Cockpitkanzel und Getriebeverkleidung an.

1968

Graham Hill | **Lotus Cosworth 49**

Cosworth-Ford DFV V8 an Kundenteams verkäuflich. Der Ford bringt McLaren, Matra International und Lotus in beherrschende Stellung. Kleine Starterfelder. Flügel auf hohen Streben von Ferrari und Brabham in Spa eingeführt, dann von Lotus extrem schnell weiterentwickelt. Hohe Motorkraft bringt Traktionsprobleme. Firestone YB 11 Reifen bewähren sich aber gut. Erste Pläne für Vierrandantrieb.

1969

Jakie Stewart | **Matra Cosworth MS10**

Gewichtsminimum auf 500 kg, um Bordfeuerlöscher und Überrollbügel in jedem Auto unterbringen zu können. Vierrandantrieb getestet und als schlecht bewertet. Cosworth-Wagen dominieren, vor allem Stewart auf Tyrrell Matra. Nach Desaster mit Flügeln auf Stelzen in Barcelona erscheinen hastig neuformulierte Regeln zur Begrenzung der Flügelhöhe.

1970

Jochen Rindt | **Lotus Cosworth 49 und 72**

Blasentanks, und damit indirekt Monocoque-Chassis obligatorisch. Das Ende der Rohrrahmen in der Formel 1, 530 kg Minimalgewicht. Lotus 72 dominiert mit Glück, der Zwölfzylinder-Ferrari macht auf sich aufmerksam. Lotus bringt Lufthutzen für den Motor, Matra verwendet große Airboxes, setzt damit einen neuen Trend.

1971

Jackie Stewart | **Tyrrell Cosworth**

In Kyalami präsentiert Goodyear Slicks, in Ontario (nur zum Training) und Barcelona bringt Firestone noch extremere Exemplare. Firestone hat mit Niederquerschnittreifen Vibrationsprobleme. Stewart beherrschend auf dem neuen Tyrrell-Cosworth, hohe Leistungsdichte im Starterfeld. Ferrari stagniert nach starkem Saisonbeginn. Entwicklung aerodynamischer Frontpartien vor den Vorderrädern zunächst bei Matra, erfolgreich bei Tyrrell. Lotus setzt allradgetriebenen, mit Gasturbine befeuerten Typ 56B ein.

1972

Emerson Fittipaldi **Lotus Cosworth 72**

Äußere Verkleidung des Benzintanks muß eine Alu-Legierung mit mindestens 1,5 mm Wandstärke sein. Vorbereitung der „Knautschzonenregel“ von 1973. Motoren mit mehr als 12 Zylindern werden verboten. Das Jahr des Lotus 72 mit E. Fittipaldi. Stewarts Magengeschwür beeinträchtigt Tyrrell-Ergebnisse bis Ende der Saison. Ferrari stagniert.

1973

Jackie Stewart **Lotus Cosworth 72**
Tyrrell-Cosworth

Knautschzone um die Benzintanks wird ab GP Spanien Pflicht, daneben selbstabschottende Benzinleitungen. 250 l maximale Tankkapazität, 575 kg Mindestgewicht. Kampf zwischen Stewarts Tyrrell und dem Lotus-Gespann Fittipaldi/ Peterson. Weit nach hinten ausladende Heckflügel bringen mehr Abtrieb. McLaren führt beim GP Belgien Rettungsluftflasche für die Fahrer ein.

1974

Emerson Fittipaldi **McLaren Cosworth M23**

Überhang des Heckflügels auf 1 Meter hinter Hinterachse beschränkt. Ferrari ist mit den neuen, flachen Zwölfern wieder da. Goodyears Übermacht drängt Firestone aus dem Rennen. Brabham experimentiert mit aerodynamischen Hilfen unter dem Wagen, McLaren und Tyrrell folgen. Scheitern der Ablösung des Lotus 72 durch den 76er. Scheitern des Zweipedalsystems mit automatischer Kupplung. Peterson gewinnt drei Rennen mit veralteten Lotus 72. Titel an McLaren M23. Harvey Postlethwaite testet Gummifederung im Hesketh. Gordon Murray verwendet erfolgreich Federung mit progressiver Wirkung im Brabham BT44.

1975

Niki Lauda **Ferrari 312T**

Lauda und Regazzoni beherrschen die Saison auf Ferrari 312 mit dem flachen Zwölfzylinder. Die Cosworth-Teams suchen nach anderen Motoren, Brabham plant Wagen mit flachen Alfa Romeo Zwölfzylinder. Endgültiges Verschwinden des Lotus 72. Hesketh und Hill führen Kohlefaserteile in die Formel ein, vornehmlich für Flügel.

1976

James Hunt
McLaren-Cosworth M23D **Ferrari 312T2**

Neue Bestimmungen zur Beschränkung der Airbox-Höhe, Überhang des hinteren Flügels von 1 m auf 80 cm begrenzt. Frontüberhang maximal 120 cm. 21 Zoll (53,3 cm) größte Breite für Reifen und Felgen. Maximaler Durchmesser der Hinterradfelge 13 Zoll (33,02 cm), Durchmesser der Frontfelge frei. Höchstzulässige Wagenbreite über alles 215 cm. Die Airbox darf nicht höher als 85 cm über dem niedrigsten gefederten Teil des Wagens sein. Zusätzlicher Überrollbügel vor dem Fahrer obligatorisch. Ölbehälter, -kühler oder -leitungen hinter der äußersten heckwärtigen Verkleidung werden verboten. Damit Verbot der Ölkühler unter dem Heckflügel. Mindestgewicht 575 kg. Über die ganze Saison Kampf McLaren gegen Ferrari. Zunehmender Gebrauch von Aluminium-Honigwaben-Strukturen. Im McLaren M26 Prototyp werden extrem leichte Kevlar- und Nomex-Wabenstrukturen verbaut. Beim GP von Südafrika präsentiert McLaren Preßluftstarter. Tyrrell hat Erfolg mit dem sechsrädrigen „Project 34“-Wagen. Brabham experimentiert mit Dunlop Kohlefaser-Bremsen.

1977

Niki Lauda **Ferrari 312T2**

Größte Höhe für Lufthutzen nun 95 cm über Grund. Der Lotus 78 mit Honigwaben-Bauteilen ist das erste Flügelauto, das mit Hilfe von Seitenteilen in Form umgekehrter Flügelprofile den „Ground-effect" produziert. Die Unzuverlässigkeit der V8 Motoren erlaubt Ferrari den ersten Hattrick in der Geschichte der Konstrukteursweltmeisterschaft. Renault kommt mit einem aufgeladenen 1500 ccm Motor.

1978

Mario Andretti **Lotus Cosworth 78 und 79**

Ein einziger Benzintank mit 250 l Inhalt wird erlaubt. Vorher waren maximal 80 l pro Tank zulässig. Die Lotus 79 deklassieren die gesamte Konkurrenz, der Williams FW06 ist der Nächstbeste. Gordon Murray verbaut kleine Kohlefaserelemente im Monocoque des Brabham BT 48. Harvey Postlethwaite konstruiert für den Wolf WR 7 eine Schale aus gefalteten Aluminiumblechen. Maurice Phillipe und Dr. Karl Kempf testen im Tyrrell eine rechnergesteuerte „aktive Aufhängung".

1979

Jody Scheckter **Ferrari 312T4**

Die Wagenlänge über alles wird auf 5 m beschränkt, die Überhanglimits bleiben unverändert. Der Ferrari 312 kommt wieder, während andere Teams nur für die halbe Saison erfolgreich sind: zunächst Ligier, dann Williams. Renault wird mit dem Turbomotor erfolgreich und gewinnt erstes Rennen. Die Lotus 80 scheitern an aerodynamischem „Stampfen": unter dem Flügelauto bilden sich immer wieder Luftpolster, die den „ground-effect" zerstören.

1980

Alan Jones **Williams Cosworth FW07**

Höhepunkt der Flügelautos mit schleifenden Schürzen zur seitlichen Abdichtung der Tragflügelprofile. Beherrschend zunächst Williams FW07B, später dann Brabham BT49. Im Kampf um die Spitze sind Renaults Turboladerboliden eine ernsthafte Konkurrenz. Ferrari kündigt einen turbogeladenen V 6 1500 ccm-Motor für das nächste Jahr an.

1981

Nelson Piquet **Williams Cosworth FW07**
Brabham BT49

Die Schürzen werden verboten, 6 cm Bodenfreiheit vorgeschrieben. Brabham umgeht die Regeln mit einem technischen Gag: Das Auto ist hydropneumatisch absenkbar. Das System wird von allen Teams kopiert. Federwege werden minimiert, um dauernden Abtrieb zu erhalten. Damit äußerst harte Beanspruchung für Fahrwerk und Fahrer. Piquet wird auf Brabham Fahrerweltmeister, Williams holt mit dem FW07C den zweiten Konstrukteurspokal in Folge. John Barnard präsentiert bei McLaren ein Kohlefaserchassis, gefolgt von Lotus. Der Lotus 88 mit Doppelchassis wird verboten. Ferrari gewinnt Rennen mit dem neuen Turbomotor. Brabham testet aufgeladene BMW-Maschine.

1982

Keke Rosberg **Williams Cosworth FW07** — **Ferrari Turbo V6 126C**

Verbesserte Monocoque-Konstruktionen zum Schutz der Fahrer werden vorgeschrieben. Die turbogetriebenen Ferrari 126C und Renault dominieren, Unfälle überschatten die Saison. Brabham-BMW gewinnt sein erstes Rennen. Gordon Murray führt Tankstop- und Reifenwechsel als Rennstrategie ein. Renault verliert den Konstrukteurspokal an Ferrari. Rosberg wird Fahrerweltmeister auf Williams. Letzter Weltmeister auf einem Cosworth-getriebenen Wagen.

1983

Nelson Piquet **Brabham-BMW BT52** — **Ferrari Turbo V6 126C**

Eine neue Regel verlangt flachen Boden zwischen Vorder- und Hinterrädern, Flügelprofile und „ground effect“ sind damit verboten. Die Breite des Heckflügels wird von 110 auf 100 cm, der Überhang des Flügels von 80 auf 60 cm verringert. Dabei Anhebung der zulässigen Heckflügelhöhe wegen besserer Sicht im Rückspiegel auf 100 cm. Das Minimalgewicht wird auf 540 kg gesenkt, um den Cosworth-Teams eine Chance gegen Turbolader-Rennställe zu erhalten. Ein Cosworth DFY erringt den letzten Sieg eines Saugers in der Formel 1. Reifenwechsel und Nachtanken sind nun bei vielen Teams Taktik.

1984

Niki Lauda — **McLaren TAG Turbo MP4/2**

Das erlaubte Spritvolumen von 250 auf 220 l pro Rennen beschränkt, für 1985 weitere Senkung auf 195 l vorgesehen. Nachtanken während des Rennens wird verboten. Viele Teams verringern durch extreme Kühlung des Benzins dessen Volumen und quetschen so mehr in den Tank hinein. Die Länge einer „Knautschzone“ vor den Pedalen wird neu festgelegt. Die McLaren TAG-Turbo beherrschen die Saison deutlich. Michelin Radialreifen sind führend, Goodyear Radials brauchen einige Zeit zum Aufholen.

1985

Alain Prost — **McLaren TAG Turbo MP4/2**

Kleine Seitenflügel am Heckflügel werden verboten. Die 220-Liter-Regel bleibt in Kraft. Vorschriften über Knautschzonen am Wagenbug verlangen Crash-tests. Lotus präsentiert Windabweiser, die den Luftwiderstand der Vorderräder reduzieren. Die Weiterentwicklung von Treibstoff und Motoren bringt starken Leistungszuwachs. Der letzte Dreilitermotor rennt im Großen Preis von Deutschland. Danach ist die gesamte Formel 1 turbogeladen. McLaren verteidigt die Weltmeistertitel. BMW baut nun die stärkste Maschine. Das Ende der Saison wird aber von Williams-Honda beherrscht. Ein gestuftes Monocoque von Toleman erweist sich als gute aerodynamische Entwicklung.

1986

Alain Prost **McLaren TAG Turbo MP4/2** — **Williams-Honda FW11**

Die Regeln bleiben im letzten Jahr der „Dreiliterformel“, die zur 1 $^1/_2$ Liter-Formel mit Turbolader geworden ist, stabil, aber die zulässige Spritmenge wird von 220 auf 195 Liter reduziert. Alle Teams außer Williams-Honda kommen auf schnellen Strecken mit Benzinmangel in Bedrängnis. Williams/Honda beherrschen die WM nach Belieben, werden Konstrukteursweltmeister. Härteste Verfolger McLaren-TAG und Lotus-Renault.

Höhepunkte der Formel 1

Der Start jeder neuen Rennformel bringt ein abenteuerliches erstes Jahr. Bis zum Äußersten ausgereizte Übergangsrenner, haarsträubende Experimentaldesigns und Behelfszwitter liefern sich die ersten Kämpfe. Und nur das am besten vorbereitete, das praktischste und dabei genialste Team hat am Ende der Saison die Nase vorn.

Genau so war's auch 1966, als die „Dreiliter-Formel" geboren wurde.

Repco Brabham trat mit sehr leichten, genial einfach konstruierten Gitterrohrrahmen-Chassis an. BRM und Lotus machten es wie Ferrari schon 1965 und integrierten den Motor als voll mittragendes Teil des Wagens. Eine Menge neuer, aufregender Designs debütierte, die erst 1967 zur vollen Reife und zum Erfolg kommen sollten.

Die meisten der optimistischen Hoffnungen wurden in diesem Jahr aber durch ein epochales Ereignis pulverisiert: Der Cosworth-Ford DFV V8 Rennmotor setzte fast unerreichbare, kosmische neue Standards für Leistung und Drehmoment bei extrem kompakten Abmessungen.

1968 wurde der Cosworth außer dem Team Lotus auch anderen Kundenteams zugänglich. Plötzlich konnte praktisch jeder mitmischen und der Weg war frei für ein unglaublich wachsendes Engagement kommerzieller Sponsoren. Die Formel 1 veränderte dadurch im Laufe der Siebziger Jahre ihr Gesicht gewaltig.

Durch die rasende Zunahme der Motorleistung waren Chassis und Reifen sehr bald überfordert. Deshalb planten bis 1969 einige Teams, die argen Traktionsprobleme durch Allradantrieb in den Griff zu bekommen. Diese Entwicklungen wurden aber sehr bald durch eine andere Technik überholt, nämlich auf aerodynamischem Weg Abtrieb zu erzeugen. In der kurzen, aber extremen Epoche der späten 68er/frühen 69er Saison sprossen die Flügel auf immer höheren Streben.

1969 blühten die Vierrad-Experimente noch einmal kurz auf, kamen dann aber ganz zum Erliegen.

Bereits 1970 rollten der Lotus 72 und der neue Ferrari 312 B mit seinem flachen Zwölfzylinder an den Start. Der eine setzte neue Maßstäbe für aerodynamischen Abtrieb bei reglementsgestutztem Flügelwerk. Der andere brachte wesentliche Verbesserungen für die Verkleidung von Mechanik und Chassis. Dadurch konnte der Luftstrom unter dem per Gesetz niedrig montierten Heckflügel sauber fließen. Und der flache Zwölfer brachte nichts als die schiere Power. Der Lotus 72 war wohl der einzige Wagen der Saison mit vernünftigem Abtrieb auf der Vorderachse, alle übrigen litten mehr oder weniger an störendem Auftrieb um die Frontpartie.

Immer mehr aerodynamische Tests und Neuerungen, die die Praxis oder die Intuition der Ingenieure diktierten, ließen Grand Prix-Rennwagen entstehen, wie man sie aus der Mitte der siebziger Jahre kennt. Robin Herd war 1972 mit seinem March 721 X, einem Wagen mit sehr niedrigem Schwerpunkt, seiner Zeit weit voraus, wurde aber in derselben Saison von Derek Gardners Tyrrell 005 klar in den Schatten gestellt. Mauro Forghieri baute den Ferrari 312 B3/74. Der Wagen ließ schon ahnen, was bei konsequenter Konzentration der Massen und optimaler Anströmung des Heckflügels möglich sein würde. Denn der Luftstrom auf den Spoiler wurde durch den nur kniehohen Zwölfzylinder kaum gestört.

1975/76 standen Motoren- und Reifenleistung ganz im Mittelpunkt des Interesses. Zu dieser Zeit reifte bei Brabham das schöpferische Genie von Gordon Murray heran.

Im Jahr 1977 entfachte dann Lotus eine echte aerodynamische Revolution. Mit dem Lotus 78 entstand das erste „vollblütige" Flügelauto. Es nutzte konsequent den extremen Abtrieb, den umgedrehte Tragflügelprofile erzeugen, den „ground effect". So beflügelt war auch der Lotus 79 im folgenden Jahr für die Konkurrenz unerreichbar.

Zu der Zeit wurde auch Renault von der Formel 1 und dem ganzen, sehr förderlichen Werbe-Drumrum mit großen Sponsoren angelockt. Die Rennserie galt nun wieder als ehrenwertes und möglicherweise auch sehr gewinnbringendes Geschäft, in dem ein größerer Produktionswagenfabrikant durchaus in Erscheinung treten konnte. Renault unternahm die ersten schmerzvollen Schritte auf dem Weg zur nächsten Wende in der schnellen Formel: die Einführung von turbogeladenen 1500 ccm Motoren. Diese neuen Motoren sollten so viel Kraft haben, daß sie riesige Flügelprofile gegen den Luftwiderstand zu bis dahin ungeahnten Rundenzeiten peitschen konnten. Die Brigade der Sauger würde immer weniger gleichziehen können. Renault war so Pionier einer Entwicklung, die die Formel total verändern sollte.

Die besten Cosworth-Teams wie Williams und Brabham schlugen kräftig und wirkungsvoll mit einer Reihe von oft recht zweifelhaften Tricks, wie etwa absenkbaren Aufhängungen und einem nach dem Rennen wieder aufgefüllten Tank für „Bremskühlwasser", zurück. So konnten sich die führenden Sauger-Teams bis 1982/1983 bei ihrem bitteren Rückzugsgefecht gegen die Turbo-Teams immer wieder siegreich behaupten.

Auf das Verbot der Schürzen von 1981 reagierten die Teams mit absenkbaren Aufhängungen, die durch Abdichtung der seitlichen Pontons mit ihren Flügelprofilen den „Ground effect" wieder herstellten. Und während der Gesetzgeber im von ihm selbst angerührten Morast herumstocherte, entwickelten sich die Rennwagen zu eisenhart „gefederten" 550-PS-Karts, die Material und Fahrer erbarmungslos durchprügelten. 1983 kam plötzlich und wohl endgültig das Aus für die Flügelautos. Die Gesetzgeber verordneten einen topfebenen Wagenboden innerhalb des Radstandes, die Flügelprofile mit ihrem enormen Ansaugeffekt mußten verschwinden.

Als dann im Zeichen eines neuen Energiebewußtseins bei den Herstellern auch die für ein Rennen zulässige Benzinmenge mehr und mehr beschnitten wurde, kam die Formel 1 zum Ende zweier besessener Jahrzehnte rasanter Entwicklungen und packender Rennen.

Aber auch das Zeitalter der „Verbrauchsoptimierung" bremst den Fortschritt in der Formel nicht. 1985 und 1986 kommen die immer ausgeflippteren Turbomotoren bereits zu Leistungen weit jenseits der 1000 Pferdestärken. Das Rennen geht weiter!

In den 80er Jahren versucht die Formel 1, sich auf der lukrativen US-Szene zu etablieren. Man rennt auf ziemlich behelfsmäßigen Stadtkursen, hier Detroit '85. Hier balgen sich sechs verschiedene Marken mit fünf unterschiedlichen Motoren: Cheevers Alfa Romeo 185T V8 führt vor Warwicks Renault RE60, de Angelis' Lotus Renault 97T, Johanssons Ferrari 156/85, Piquets Brabham-BMW BT54 und Laudas McLaren TAG Turbo MP4/2B.

STOP
GOODYEAR
GOODYEAR
K12
olivetti
GOODYEAR
28
John Player Special
11
RENAULT elf
elf
16
RENAULT
GOODYEAR
benetton

Regeln sind dazu da, interpretiert zu werden.

Vom Versuch, das Genie zu fesseln,

oder: Vom Duell der Gesetzgeber gegen die Konstrukteure.

Schon 1963 nahm das Umrisse an, was später als „Dreiliterformel“ berühmt werden sollte.

Der Große Preis von Monaco fand in jenem Jahr an einem 26. Mai statt. Das Wochenende im Fürstentum sah zwei wichtige Treffen, bei denen erste Vorstellungen zu einer neuen Grand Prix Formel — gültig ab 1966 — formuliert wurden. Die damals gültige Rennserie litt an ihrer midlife crisis, denn seit ihrer Geburt am 1. Januar 1961 waren $2^1/_2$ Jahre vergangen. Sie hatte die ehrwürdige, 1954—1960 gültige Formel ersetzt, die Saugmotoren auf 2,5 Liter limitierte und für aufgeladene Maschinen nur 750 ccm zuließ.

Auch nach dem 1. 1. '61 galt das Dreiviertelliterlimit für zwangsbeatmete Triebwerke. Die Sauger aber bekamen eine 1,5 Liter-Zwangsjacke verpaßt, untere Hubraumgrenze 1,3 Liter.

Weitere Neuerungen seit '61: Ein Gewichtsminimum von 450 kg sollte verhindern, daß immer zerbrechlichere Autos immer schneller wurden. Es durfte nur Benzin wie „von der Tankstelle“ verfeuert werden, jeder Rennwagen mußte einen Anlasser an Bord haben. Überrollbügel und ein Batteriehauptschalter für den Notfall wurden zur Pflicht. Die Räder durften nicht mehr stromlinienförmig verkleidet werden, sondern mußten nun freistehen. Während des Rennens durfte kein Öl mehr nachgefüllt werden.

Als CSI-Präsident Augustin Perouse Ende 1958 diese neuen Regeln ankündigt, ging ein Aufschrei durch das britische Formel 1 Establishment. Man schmiedete prompt verschwörerische Pläne zu einer eigenen 3-Liter „Intercontinental“-Formel. Hier sollten die alten 2,5 Liter Motoren weiter rennen, und die Herren träumten ausgiebig vom finanzkräftigen Engagement großer US-Unternehmen.

Während sich die Gentlemen von der britischen Insel so mit der CSI in den Haaren lagen, arbeiteten auf dem Kontinent Porsche und Ferrari still, aber zielstrebig an ihren neuen GP-Wagen. Ergebnis: Sie beherrschten die Saison 1961. Ab 1962 hatten dann meist die Briten das Ruder wieder in der Hand. Übrigens kümmerte sich niemand von Bedeutung um die Möglichkeit, einen aufgeladenen 750 ccm-Motor einzusetzen.

Doch zurück zum GP-Weekend in Monaco, Mai 1963. Auf ihrer Zusammenkunft hielt die Grand Prix Drivers' Association (GPDA) zunächst eine Rennserie mit 3000 ccm Saugern für das Beste: Mehr Spektakel für Fahrer und Zuschauer würde geboten. Weil aber nur Ferrari zu der Zeit Dreiliter-Treibsätze baute (für Sportwagen und GT-Rennen), beschloß die schnelle Vereinigung, der Kompromiß sei eine 2-Liter-Formel. Das hätte erlaubt, die existierenden 1,5 Liter Maschinen zu vergrößern, hätte die Herausforderung für die Fahrer, die Spannung für's Publikum erhöht, die zusätzlichen Kosten aber gering gehalten.

Der BRM V8 hätte die Vergrößerungsprozedur von 1,5 auf 2 Liter ja auch überlebt. Aber der konkurrierende Coventry Climax V8 hatte nicht genug Fleisch auf den Knochen, um eine solche Kur zu überstehen. Jedenfalls zeigte sich der neue Eigentümer von Climax, Jaguar, überhaupt nicht geneigt, in die Entwicklung eines größeren Motors zu investieren. Man war in anderen, vielleicht lukrativeren Bereichen engagiert. Und weil die führenden Teams wie Lotus, Brabham, Cooper alle Climax-Motoren fuhren, sah ihre Zukunft plötzlich recht düster aus.

Unfrieden und Verwirrung also überall. CSI-Präsident Baumgartner versuchte, die Forderungen der Fahrer, Konstrukteure, Veranstalter, ja sogar der Fachpresse zu berücksichtigen. Ergebnis: Keins. Einige, vor allem der britische RAC (Royal Automobile Club) und die Motorenbauer, hätten am liebsten die alte Formel unverändert gesehen. Das hätte ihr Leben viel einfacher und — nebenher — auch profitabler gemacht.

Graham Hill unterstützte den „2-Liter-Vorschlag“ der GPDA mit dem Argument, der Sprung von der projektierten 1000 ccm Formel 2, die 1964 eingeführt werden sollte, zu einer 3-Liter-Formel 1 wäre für neue GP-Piloten einfach zu groß. Die italienischen Sitzungsteilnehmer dagegen lächelten glücklich beim Gedanken an die Dreilitertrieblinge: Sie sahen ihre Ferraris schon im Durchmarch durch die neue Saison.

Die Franzosen? Die Franzosen hofften einfach nur auf eine Formel, in der ihnen jemand einen gallisch-blauen Renner bauen könnte, egal wer. Zum ersten Mal nach fast einem Jahrzehnt!

Im Anschluß an die ziemlich unergiebigen Monaco-Meetings wurde zwischen der CSI und den Konstrukteuren heftig weiter diskutiert. Die GPDA bot jedem Rat an, der ihn hören wollte. Während des Rennwochenendes in Watkins Glen entschloß man sich in der GPDA, für den CSI-Kongreß in Paris im November ein Dreiliterlimit mit einem Mindestgewicht von 525 kg zu empfehlen. Die Piloten machten außerdem Vorschläge zu den Mindestabmessungen der Cockpits.

Das entscheidende Treffen fand dann am 21. und 22. November 1963 im Hauptquartier der FIA an der Place de la Concorde statt.

Es gibt da eine nette, wenn auch nicht ganz verbürgte Geschichte über diesen Kongreß und wie dabei die neue Formel schließlich ausgebrütet wurde: Die englischen Gesandten hatten lange vorher ihre Taktik ersonnen. Es schien sicher, daß die CSI wild entschlossen war, die unpopuläre 1,5-Liter-Klasse sterben zu lassen. Auf die vor 61 gültigen 2,5-Liter würde sie nicht gehen, denn das wäre ein Rückschritt gewesen. Es erschien aber auch zweifelhaft, daß die Behörde den Leistungssprung auf drei Liter zulassen würde, was auch die Konstrukteure zu allerletzt wollten. Denn das hätte ihre teuren 1500 ccm Treibsätze über Nacht zu Schrott gemacht und zu einer Kostenexplosion geführt. Die Konstrukteure bevorzugten die GPDA-Vorstellung von den Zweiliter-Maschinen. Zuschauer und Fahrer wären mit dem Mehr an Speed und Kraft zufrieden gewesen, und die 1,5 Liter Motoren hätten in vergrößerten Versionen weiter laufen können. Angesichts der berühmt-berüchtigten Launenhaftigkeit der CSI entschlossen sich die Konstrukteure nun listig, ein Dreiliterlimit vorzuschlagen. Sie waren sicher, daß es abgelehnt würde. Dann, so kalkulierten die Herren weiter, würde als nächstliegender Kompromiß die 2-Liter-Lösung akzeptiert, man hätte gewonnen.

Die Herren brachten also ihren Dreilitervorschlag ein, Ferraris Mauro Forghieri lächelte zufrieden, die Herren des CSI nickten weise — und der Vorschlag passierte so schnell alle Hürden, daß es einem beim Zuschauen ganz schwindlig wurde . . .

Die neue Formel 1 sollte vom 1. Januar 1966 an für zunächst drei Jahre, bis Ende 1968, rennen. Erlaubt waren also Saugmotoren mit einem Hubraum bis 3000 ccm. Aufgeladene Maschinen durften 1500 ccm haben, es wurde also die Aufladung der vorhandenen Motoren nahegelegt. Nur frei verkäufliches Benzin durfte gefahren werden, das Mindestgewicht des Renners mußte 500 kg inklusive Öl und Wasser, aber ohne Treibstoff betragen. Die CSI erlaubt neben normalen Hubkolben- auch Kreiskolbenmotoren und Turbinenantrieb. Dabei wurde für die Kreiskolbenmaschinen keine Hubraumbegrenzung festgesetzt. Sie durften aber ebenfalls nur handelsübliches Benzin verbrennen, später sollten Minimal- und Maximalgewichte bestimmt werden. Für die Gasturbinen galt weder ein Kapazitätslimit noch eine Treibstoffbestimmung. Allerdings sollten Gewichtsbeschränkungen „nach Anhörung verschiedener Experten“ bis zum 1. März 1964 folgen. Alle Regeln der alten Formel, die nicht durch neue überholt wurden, behielten ihre Geltung. Sie betrafen im wesentlichen bordeigene Starter, Überrollbügel, freiliegende Räder, das Verbot, Öl während des Rennens aufzufüllen.

Die neuen Regeln wurden allenthalben ziemlich freundlich aufgenommen. Bei vielen löste aber der für aufgeladene Motoren bestimmte Handikapfaktor 2,0 einige Skepsis aus, er wurde als zu großzügig empfunden. In der Vergangenheit hatten nämlich aufgeladene Motoren bei gleichem Hubraum schon bis zum Dreifachen der Leistung ihrer saugenden Kollegen gebracht. Die Gasturbinen hatte man erlaubt, um mögliche Hersteller von Gasturbinenautos, etwa Rover in England oder Chrysler in den USA anzulocken, die Wankel-Klausel zielte auf Mercedes-Benz, wo sich die Ingenieure gerade intensiv um dieses Gebiet kümmerten. Schließlich aber rannte keiner dieser großen Hersteller in der neuen höchsten Klasse.

Dokumente aus dem BRM-Stall sind bezeichnend für die Denkweise, die damals wohl auch bei der Konkurrenz in Maranello herrschte. Am 6. Juli 1964 verfaßte British Racing Motors Chefingenieur Tony Rudd ein internes Papier zur neuen Formel. Ausgehend von den 210 PS eines 1,5 Liter V8 Saugmotors entwickelte er folgende Überlegung: „Wir müssen für das erste Jahr der neuen Formel von 425 PS ausgehen, der Treibstoff erlaubt aber keine höheren Zylinderdrücke als 250 Lbs/sq. inch bis zum Ende der jetzigen Formel, 1969. Um 425 PS aus einer aufgeladenen Dreiliter-Aggregat werden aber mindestens 250 Liter nötig werden. Für die neuen Motoren müssen wir das Doppelte wie für die alten ausgeben, wir werden sie an Kunden für 6000 bis 7000 Pfund verkaufen können. Wir werden nur eine geringe Anzahl von Maschinen absetzen, von den Mineralölgesellschaften wurde der Preis einer Einheit mit £ 10000 angesetzt."

Es sollte sich bald zeigen, mit wieviel weniger Aufwand ein Rennmotor gebaut werden konnte, der die ersten beiden Jahre der neuen Formel beherrschte.

Gerüchte im Winter 1964/65, also nur ein Jahr vor dem Start für die neue Formel, wollten wissen, daß Brabham so gut wie sicher eine amerikanische V8-Maschine auf GM-Basis einsetzen würde. Der Motor sollte bei Repco in Australien, wo auch die finanzielle Quelle des Teams sprudelte, rennfertig gemacht werden. Dan Gurney, Fahrer bei Brabham, trat bei Ford in Los Angeles um diese Zeit einen anderen Job an: Er organisierte ein Entwicklungsprogramm mit dem Ziel, Climax-1,5-Liter V8-Erfahrung in einen amerikanischen V8 Block einzubauen. Cooper hatte wegen der neuen Treibsätze bei BRM angeklopft, denn Climax konnte noch bei der vorhandenen Reifen- und Chassistechnologie Vierradantrieb für die einzige Möglichkeit, die erwarteten 425 und mehr Pferdestärken seiner Motoren auf die Piste zu bringen. Und deshalb sollte Climax für seine Motoren auch gleich das Kraftübertragungssystem selbst liefern oder doch wenigstens technisch inspizieren. Damit waren die Kundenteams wieder garnicht einverstanden, hier lag wohl auch einer der Gründe, warum Climax nicht an einem Motor für 1966 arbeitete. Jedenfalls wurde das hinter vorgehaltener Hand getuschelt.

Aus Deutschland kam die Kunde, daß Continental an einem neuen Rennreifen arbeitet. War Mercedes-Benz etwa an der Formel 1 interessiert? Es war allerdings ebensogut möglich, daß der neue Pneu für Porsche gebacken wurde.

Südlich der Alpen konstruierte Ferrari einen neuen Rennwagen für die neue Formel. Natürlich kamen Gerüchte auf, daß der Zwölfzylinder mit Aufladung arbeite. Ergo mußte es ein Fünfzehnhunderter sein. Die Presse spekulierte prompt über einen Zwölfzylinder-Boxer, wie den 1948 von Porsche entworfenen Cisitalia, dessen Motor von einem Roots-Kompressor beatmet wurde.

Mit dem Kollaps der Flügel an den Lotus 49 in Barcelona 1969 und dem folgenden Verbot endete das Regiment der Flügel auf hohen Streben, wie sie hier auf Piers Courages Brabham BT26-Cosworth sprießen, der von Frank Williams genannt wurde.

1,5 Liter Maschine herauszuholen, wären Drehzahlen um 26000/min. nötig, und es muß noch genug Kraft zum Antrieb des Aufladungssystems abspringen. Fazit: Man kann eine solche Maschine bauen, aber sie würde unvorstellbar teuer. Neueste Erkenntnisse der Metallurgie müßten bis zur absoluten Grenze ausgeschöpft werden, wir müßten mit Hitzetauschern arbeiten. Ein solcher Motor könnte mit Aussicht auf Erfolg nur von großen Herstellern wie Ford, General Motors (GM), Mercedes oder Rolls Royce verwirklicht werden. Die Alternative heißt: Dreiliter-Saugmotor." Tonys Analyse wich in manchem ab von italienischem Gedankengut, gedacht im Ferrari-Werk in Maranello. So auch in der Entscheidung über die neue Drei-Liter-Waffe seines Teams: „Wir haben verschiedene Versionen geprüft", schrieb er, „und sind zu dem Schluß gekommen, daß eine 16-Zylinder Maschine die größten Erfolgsaussichten hat . . . das wünschenswerteste Layout ist ein H 16. Wir haben hier in Bourne ein Muster entworfen, 46 cm lang, 71 cm breit und 36 cm hoch; der Motor wird um 170 kg wiegen und läßt sich in vorhandene Monocoques einbauen . . . Diese Wagen nehmen maximal 137 Liter Treibstoff auf, für ein keine Pläne für einen Motor der aktuellen Klasse vorzeigen. Bei Lotus konzentrierte man sich derweil in der neuen Motorenentwicklungsabteilung auf den Aufbau des 4,7 Liter Ford Fairlane V8 für den neuen Lotus 30 Rennsportwagen. Colin Chapman schien damals recht uninteressiert an Climax. Alles glaubte, die graue Eminenz arbeite mit Ford zusammen an einer F1-Maschine für 1966. McLaren wurde von Firestone unterstützt und hatte gerade die europäischen Exklusivrechte für die Traco Oldsmobile V8 Maschine aus Aluminium erworben. Sie wog so um 150 kg und brachte ca. 345 PS auf die Bremse. Es wäre nicht übermäßig schwierig gewesen, den V8 in einen Dreiliter umzubauen. Aber Bruce McLaren hatte sich bereits mit BRM wegen einer Maschine für 1966 kurzgeschlossen, weil er dann Cooper verlassen würde, um seine eigenen Renner zu bauen.

Climax engagierte sich stark in der Entwicklung von Jaguar V12 Maschinen und hatte das Projekt eines V8 Vierventilers zugunsten eines 1,5-Liter 16-Zylinder Boxers aufgegeben. Diese komplexen Programme ließen Climax nur sehr wenig Kapazität für eine neue 1966er Dreilitermaschine. Chefkonstrukteur Walter Hassan hielt

Pirelli hatte einige Rennaktivität gezeigt, verbunden mit einem möglichen Comeback von Alfa Romeo. In Anbetracht der finanziell eher schwierigen Situation Italiens erschien es aber unwahrscheinlich, daß Alfa als staatseigene Firma ein Rennbudget erhalten würde. Es war bekannt, daß mehrere französische Firmen an Formel 2 Motoren arbeiteten, aber offensichtlich bestand keinerlei Interesse an einem Formel 1-Projekt.

Soviel zur Gerüchteküche. Nach heutigem Wissen hatten all' diese Gerüchte vielleicht 20% Wahrheitsgehalt, 80% waren bloßer Zweckoptimismus. Wir werden noch sehen, wie der Kampf in der ersten Saision der Dreiliterformel und während ihres bewegten Lebens tobte. Aber zuerst sollten wir noch einen Blick auf die Entwicklung der am längsten gültigen Grand Prix Klasse der Geschichte tun.

Das Regelwerk änderte sich in seinen grundsätzlichsten Punkten seit jenem altehrwürdigen Treffen an der Place de la Concorde zu Paris im November 1963 kaum. Im Laufe der Zeit sah sich die Formel 1 aber in eine immer engere Zwangsjacke von Gesetzen und Zusatzklauseln gefesselt. Die immer kleiner werdenden Freiräume forderten andererseits aber das Genie, die Originalität der Konstrukteure heraus. Sehr zum Ärger und zur Verwirrung der Gesetzgeber nutzten sie alle nur erdenklichen Regelschwächen genial aus und trieben die Entwicklung in der höchsten Klasse des Motorsports rasant voran.

Die erste Verlängerung 1969—72

Nach ihren ersten drei Jahren — 1966 bis Ende 1968 — wurde die Formel 1 zunächst für vier weitere Saisons, bis Ende 1972, festgeschrieben.

Das Jahr 1968 war überschattet von einer Reihe tragischer Unfälle, die das Leben von Jim Clark, Mike Spence, Ludovico Scarfiotti, Lucien Bianchi und Jo Schlesser forderten. In einem Formel 1 starb nur der unglückliche Jo Schlesser, dessen neuer, luftgekühlter Honda V8 beim Grand Prix von Frankreich in Rouen-les-Essarts, verunglückte und in Flammen aufging. Die furchtbare Unglücksserie schaffte auch in der Formel 1 eine Atmosphäre, in der verschärfte Sicherheitsbestimmungen gefordert wurden. Konsequent schrieben deshalb (vom 1. März 1969 an) die Regeln vergrößerte, nun wirklich stabile Überrollbügel und ein bordeigenes Feuerlöschsystem vor. Zwei Löschkreise mußten installiert werden, die allerdings von einer Flasche gespeist wurden. Einer der Löschkreise mußte vom Fahrer manuell in normaler Sitzposition auslösbar sein. Die Düsen für das Löschmittel waren auf Zündung und Einspritzung gerichtet.

Ein zweites System, das entweder vom Fahrer oder von einem Helfer von außen aktivierbar sein mußte, löschte im Notfall das Cockpit. Der Auslösemechanismus außen am Wagen wurde durch einen roten Kreis und den Buchstaben E (für Extinguisher — Feuerlöscher) deutlich sichtbar markiert.

Ab dem 1. Januar 1969 wurde für die Formel 1 wie für alle anderen Rennwagen ein zentraler Schalter zum Unterbrechen des Stromkreises obligatorisch. Die Position des Schalters mußte durch ein blaues Dreieck mit einem Blitz deutlich gekennzeichnet werden, vom Wageninneren wie von außen mußte er leicht bedienbar sein.

Mit dem Beginn des Jahres 1970 waren Gummisicherheitstanks für die Formel 1 und die Formel 2 zwingend vorgeschrieben, während selbstdichtende Tankstutzen und -verschlüsse, die nicht über die Karosserie hinausragten, schon vom 1. März 1969 zur Auflage gemacht wurden.

Der Große Preis von Südafrika in Kyalami eröffnete die neue Saison an diesem Tage, und zum ersten Mal konnte man Formel 1-Geschosse mit Bordfeuerlöschern, robusten Überrollbügeln und den spektakulär aussehenden Symbolen für Unterbrecherschalter und Feuerlöscher auf den Flanken bewundern.

Um diese zusätzlichen Sicherheitsausstattungen unterbringen zu können, wurde das Minimalgewicht pro System um 10 kg heraufgesetzt, so daß sich Anfang 1970 die Grenze von 500 auf 530 kg verschob.

Ab Mitte 1968 wucherten immer mehr Flügel auf den Formelboliden immer höher. Die Entwicklung gipfelte in den Unfällen der Lotus in Barcelona 1969. Die CSI reagierte vierzehn Tage später, als beim Training in Monaco Flügel auf hohen Streben unvermittelt verboten wurden. Für Holland, wiederum zwei Wochen später, folgten neue Flügelregeln: Kein Teil des Wagens, ausgenommen nur der Bügel, durfte höher als 80 cm über den tiefsten gefederten Punkt des Wagens hinausragen. Hinter den Vorderrädern betrug die jetzt noch erlaubte Breite der Verkleidung 110 cm, davor 150 cm. Alles, was vor den Vorderrädern breiter als 110 cm war, durfte dabei nicht höher sein als die Vorderradfelge selbst. Solche sehr engen Regelungen, die die Maße und damit indirekt auch das Aussehen der Formel 1 Wagen bestimmten, waren erst der Anfang der Gesetzesflut. Die Konstrukteure sahen sich bald in immer engere Regelketten gefesselt.

Magnesium als Baustoff durfte in einer Wandstärke von unter 3 mm nicht mehr verbaut werden, da es in dieser geringen Stärke eine hohe Brandgefahr in sich birgt. Die Batterie mußte genügend Leistung für mindestens zwei Starts erbringen, den Teams wurde es dafür erlaubt, den Motor in den Boxen oder am Vorstart mit Hilfe externer Energiequellen zum Leben zu erwecken.

Der 1. Januar 1972 brachte das Verbot, Stahlaufhängungsteile mit einer Zugfestigkeit von über 45 Tonnen pro Quadratzoll zu verchromen. Man befürchete, dieses Verfahren könnte den Stahl brüchig werden lassen. Und man fürchtete, unter dem Chrom erste kleine Risse nicht zu sehen.

Überfüllte Boxenbereiche waren ein Problem für die Teams, hier während der Vorbereitungen zum GP Belgien in Spa-Francorchamps, 1968. Aber sie gaben dem Sport einen Charme, den viele heute vermissen. Im Vordergrund Amons Ferrari 312/68 '007, mit Flügel, auf Streben am Chassis befestigt. Die Inspiration kam wohl von Michael May bei Chaparral, der hatte sie wohl bekommen bei inoffiziellen Team Lotus Tasman Tests sechs Monate vorher. Der Honda V 12 von Surtees steht neben dem Ferrari 0011. Weiter hinten ist Jochen Rindt in die Betrachtung seines Brabham mit der Repco 860-Maschine (Vier Nockenwellen) versunken. Er steht vor Bonniers privatem gelben McLaren-BRM M5A. Je mehr sie hinschauen, desto mehr werden sie sehen…

Die Knautschzonenregeln, 1973—75

Nach der ersten, erfolgreichen Verlängerung von 1969 bis 1972 entschloß man sich, die F1 noch drei weitere Jahre bis Ende 1975 unverändert am Leben zu lassen.

Auf der Motorseite hatten engere Regeln schon 1972 mögliche exotische Blüten verbannt: Mehr als zwölf Zylinder waren nicht länger rechtens. Es würde also keinen BRM H 16 mehr geben, noch viel weniger die oft beschworenen, ultraleichten aber vielleicht auch sagenhaft starken 24 Zylinder W-Motoren von Honda oder den Yamaha mit gar 36 Brennräumen in X-Anordnung.

Die Formel wurde zu der Zeit schon mehr und mehr zur geschlossenen Gesellschaft, Sicherung der eigenen Interessen rückte bei den Konstrukteuren mehr und mehr in den Vordergrund.

Die Renner wurden wieder schwergewichtiger: neues Minimalgewicht 550 kg.

Um der Windschlüpfrigkeit nicht die Sicherheit der Fahrer zu opfern, schrieb die Sportbe-

HONDA
HONDA
22
22
CHAMPION

hörde minimale Ausmaße für die Cockpitöffnung vor.

Deutlicher veränderte eine Regel vom 1. Januar 1972 das Aussehen der Formel 1 Autos. Sie erlaubte, den schlanken Bolidenkörper auf insgesamt 130 cm Breite zu bringen. Die zehn zusätzlichen Zentimeter auf jeder Seite sollten eine deformierbare Struktur, schlichter Knautschzone genannt, bilden. In diesem Raum durften weder Treibstoff, noch Treibstoffleitungen, Stromkabel oder elektrische Stromquellen untergebracht sein.

Die Knautschzonen sollten die Treibstofftanks schützen. Um zu verhindern, daß die neuen Sicherheitseinrichtungen schnell nichts als zusätzliche aerodynamische Hilfen würden, kam dazu noch die Regel, die für luftleitendes Beiwerk hinter den Vorderrädern eine Höchstbreite von 55 cm nach jeder Seite gemessen von der Mitte des Fahrzeugs, festschrieb. Für jedes Teil, das im äußeren Luftstrom lag und einen Tank umgab, wurden jetzt spezifische Materialanforderungen formuliert: Die Regel sah als Werkstoff eine Aluminium-Magnesium-Legierung mit einer Zugfestigkeit von 14 Tonnen/Quadratzoll und einer minimalen Dehnungsfähigkeit von fünf Prozent vor.

Für Schlechtwetterrennen sollte ein Rücklicht mit mindestens 15 Watt Leistung, so hoch wie möglich und gut sichtbar am Wagenheck montiert, mehr Sicherheit bringen. Diesem Zweck dienten auch Kopfstützen, die einem Gewicht von 17 kg bei fünf G Beschleunigung von hinten standhielten. Eine so stabile Kopfstütze sollte vermeiden, daß der Kopf des Fahrers bei einem Unfall zwischen dem Überrollbügel und der Kopfstütze eingeklemmt werden würde.

Ab dem 1. Juli 1972 mußte sich außen am Rennwagen ein Sicherheitsschalter befinden, mit dessen Hilfe Streckenposten aus einiger Entfernung, notfalls mit einem Haken, mit einem Zug das bordeigene Feuerlöschsystem auslösen, den Motor abstellen und die Batterie vom Stromkreis trennen konnten.

1973 wurde dann der „deformierbare Tankschutz" als Knautschzone obligatorisch, spätester Termin für alle Teams: Der GP von Spanien. Um die Verwendung für alle gleichermaßen problemlos zu gestalten, erhöhte man das Mindestgewicht auf 575 kg. Am 1. Januar des Jahres wurden die Ausmaße der F1 Renner neu festgelegt. Das Ziel war, maximale Breite zwischen Vorder- und Hinterrädern zu erreichen. Keine Öl-, Treibstoff oder elektrischen Leitungen durften aber seitlich weiter als 60 cm von der zentralen Längsachse des Fahrzeugs entfernt sein. Die Leitungen durften keinen Kontakt zu den Benzintanks haben oder in der Knautschzone liegen.

Selbstdichtende Verbindungsstücke für die Treibstoffleitungen sollten verhindern, daß bei einem Unfall Benzin austritt, man borgte sich die wichtigsten Teile bei den Flugzeugbauern, wie so vieles. Das Leitungssystem mußte so installiert sein, „... daß kein Bestandteil des Systems erstes Objekt eines Schlages bei einem Unfall sein kann..." Die maximale Kapazität der Tanks wurde auf 250 Liter beschränkt, ein Tank durfte nicht mehr als 80 Liter fassen.

Die gesamte Karosserie um die Benzintanks herum mußte nun eine verformbare Struktur enthalten. Deren Material wurde in Sandwich-Bauweise um einen feuerfesten „Kern" herum verbaut. Die Sandwich-Konstruktion mußte zwei Bleche von je 1,5 mm Stärke umfassen, vorgeschriebener Werkstoff war Aluminium mit 14 Tonnen Zugfestigkeit. Die minimale Dicke des Sandwich betrug 10 mm. „Vor und hinter dem Kraftstofftank-Bereich" sollte sich eine Knautschzone von mindestens 100 mm Stärke am dicksten Punkt der Struktur befinden, mit einer Mindestlänge von 35 cm. Außerhalb dieser Strecke durfte die Dicke dann allmählich wieder auf einen Zentimeter abnehmen.

Im Lauf des Jahres 1973 versetzten die Techniker die Heckflügel, deren Breite auf 1,1 Meter beschränkt geblieben war, immer weiter hinter die Hinterräder. Es galt, einen ungestörten Luftstrom und damit mehr Abtrieb zu finden. Für 1974 wurde der riskante Trend gestopt: Ein Passus der Regeln sagte nun, daß „... kein Teil oberhalb der Hinterräder deren Achse nach hinten um mehr als 100 cm überragen darf."

Die Airbox-Regeln, 1976—77

Unsere Rennserie war zu der Zeit schon in ihrer neunten Saison. Die zehnte — 1975 — brachte eine Verlängerung für weitere zwei Jahre, also bis Ende 1977.

Was gab es Neues an der Regelfront? Größere Änderungen wurden 1975 in Monza beschlossen. Sie sollten vom 1. Mai 1976 — dem Grand Prix von Spanien — an gültig werden: Der Heckflügel durfte nurmehr 80 cm hinter den Achsen der Hinterräder stehen, 120 cm Vorbau durften vor den Frontachsen stehen. Zur Zufriedenheit von Goodyear wurde die Breite der hinteren Walzen auf 53,3 cm (21 Zoll) beschränkt, das Maß galt für das ganze Rad, also Felge und Reifen.

Zulässiger Durchmesser der hinteren Felgen: 33,02 cm (13 Zoll). Das Vorderrad durfte so breit wie das hintere sein, der Durchmesser war frei.

Als maximale Breite über alles wurden — dabei diente der damals breiteste F 1, der McLaren M 23 als Mastab — 215 cm bestimmt. Ironischerweise wurde gerade James Hunts M 23 nach dem Sieg im GP Spanien ein Regelverstoß wegen Überbreite nachgewiesen.

In den vergangenen Jahren waren Lufthutzen über den Motoren groß in Mode gekommen. Sie zeigten wahrhaft blühende Vielfalt in Form, Größe und Höhe. Nun wurde auch hier geregelt: Der Lufteinlaß durfte 80 cm über dem tiefsten gefederten Punkt des Wagens liegen. Der ganze Motorschnorchel konnte noch fünf Zentimeter höher gebaut werden.

Ein Paket von neuen Anforderungen sollte die Sicherheit für die Piloten der F 1 Boliden verbessern: Etwa in Höhe des Armaturenbrettes mußte nun ein zweiter Überrollbügel installiert werden. Die Regel verlangte, daß eine gedachte gerade Linie zwischen den höchsten Punkten der beiden Bügel über dem Fahrerhelm zu verlaufen hätte. Um spitzfindige Regelauslegung und Schlangenmenschübungen der Fahrer bei der technischen Abnahme dieser Sicherheitseinrichtungen zu verhindern, hieß es zusätzlich, der Fahrer habe sich bei der Messung in normaler Sitzposition zu befinden.

Eine ziemlich vage Regel verlangte eine „kräftige, widerstandsfähige" Struktur vor den Pedalen, während Ölleitungen und Kühler von 10 mm starken, verformbaren Körpern geschützt werden mußten. Die Anforderungen an den Schutz der Pedale wurden später präzisiert. Bei einem Aufprall des vollbetankten Wagens, inclusive aller Flüssigkeiten, besetzt mit dem Fahrer, und einer dann auftretenden Verzögerung von 25 G durften sich die Pedale maximal 15 cm nach hinten verschieben.

Kein ölführender Teil des Wagens durfte das Getriebe oder Differential nach hinten überragen, so wurden die weit nach hinten ausladenden Ölbehälter und -kühler verbannt. Dafür wurde die maximale Höhe des Auspuffsystems nun freigegeben. Trotz all' dieser Änderungen blieb das Mindestgewicht bei 575 kg.

1977 konnte nun das obere Ende der Airbox-Öffnung 90 cm über Grund liegen, die Gesamthöhe der Ansaugtrichter durfte diese Dimension um 5 cm überschreiten.

Verlängerung Nummer 4

Alles lief mehr oder weniger zur Zufriedenheit aller. Deshalb also noch ein Nachschlag: Die Formel ward für weitere zwei Jahre — bis Ende '79 und die Motorenspezifikation sogar für vier Saisons festgeschrieben, ergo bis einschließlich 1981.

Der 1. Januar brachte die Beschränkung der Gesamtlänge unserer „Spielzeuge" auf 5,0 Meter. Die Konzentration der gesamten Spritmenge in einem Tank wurde erlaubt. Diese Lockerung des Reglements kam der Konstruktion der Flügelautos, wie beispielsweise des Lotus 79, mit ihren sehr schmalen Monocoques, entgegen. Man ging davon aus, daß der Tank an seinem zentralen Platz zwischen den seitlichen Pontons, dem Monocoque und der Maschine praktisch unverwundbar sei.

„Kleider machen Leute..." und einen anständigen, ruhigen Luftstrom. Revsons Siegerwagen beim Großen Preis von England, der McLaren M23, trägt Vollverkleidung und eine hohe Lufthutze, die den Sauger durch Staudruck besser beatmen soll. Die Airbox sorgte auch für eine saubere Anströmung des weit hinten liegenden Heckflügels.

1979 füllten die FIA-Regeln zur Formel 1 bereits zehn engbedruckte Seiten im jährlich erscheinenden „Yellow Book“. Aber mit der jährlichen Gesetzesflut war es nicht getan. Um sich nicht in Unwissenheit und damit schnell in die Illegalität zu begeben, galt es nämlich zudem, den unablässigen Fluß technischer Bulletins der CSI im Auge zu behalten. Das Regelwerk wurde im Wortlauf immer präziser, z.B. wo es um Überhänge ging. Sechsradwagen und Gerüchte um ein Paar Radattrappen, die weit hinten am Renner dafür sorgen könnten, daß der Flügel dem Wagen erst in beträchtlichem Abstand folgt, brannten den Verfassern der Vorschriften auf den Nägeln.

Interessanterweise erschien nun eine Vorschrift, die das Nachtanken von Benzin während des Rennens betraf. Die Zapfvorrichtung zwischen Box und Rennwagen mußte speziellen Sicherheitsanforderungen genügen, ein Rückschlagventil sicherte die Belüftung des Benzinbehältnisses in den Boxen.

Eines schönen Tages besuchte eine Gruppe von EWG-Beamten ein Formel 1 Team, um zu sehen, was denn wohl ein Autorennen sei. Während man aß, kam das Gespräch auch auf das umfängliche Regelwerk der Rennserie. Ein Teammitglied beklagte die ganz deutlich zu hohe Anzahl einschränkender Gesetze. Das aber rief den heftigsten Widerspruch der Beamten hervor, sie wehrten sich, wie man das halt tut, wenn's einem an den Sinn des Lebens geht. Unter Beamten war man einig: Regeln haben alle, aber auch restlos alle Eventualitäten abzudecken.

Unter eben diesem Beamtengeist litt die Formel, und es ging, wie es immer geht: Die eine Partei macht möglichst viele Regeln. Und die andere Partei versucht möglichst geschickt, sie möglichst umfassend auszutricksen.

Seit etwa 1973 hatte die Formula One Constructors' Association (FOCA) praktisch die Formel nach ihren Vorstellungen betrieben, die Sportpolitiker in Paris waren dabei nicht viel mehr als ein sehr williger Partner gewesen. Was die FOCA vorschlug, wurde meistens akzeptiert. Diese fast romantische Verbindung erlebte eine jähe Klimaverschlechterung mit der Wahl des Franzosen Jean Marie Balestre zum CSI-Präsidenten. Hier sollen nicht die politischen Querelen zwischen der FOCA und der CSI, die sich ab 1979 FISA (Federation Internationale du Sport Automobile) nannte, geschildert werden. Beide Parteien gerieten aber in immer härtere Auseinandersetzungen, seit Balestre sich entschlossen hatte, der FISA ihre Macht zurück zu erobern. Die FOCA verteidigte verbissen ihre Position, die sie sich unter der strengen Führung von Brabham-Chef Bernard Ecclestone erkämpft hatte.

Der Konflikt wurde durch den einseitigen Beschluß der FISA, ab 1. Januar 1981 die Schürzen der Flügelautos zu verbieten, weiter angeheizt. Zwar diente die neue Vorschrift der Reduktion der unglaublich gewachsenen Kurvengeschwindigkeiten und damit der Sicherheit. Aber die britischen Teams vermuteten hinter dem Verbot andere Motive. So zum Beispiel die Bevorteilung der großen europäischen Werksteams wie Renault, der neuen französischen Hoffnung.

Als Balestre, ohne Einverständnis der FOCA, die Schürzen zum Saisonbeginn verbot, ohne eine 2jährige Einführungszeit zu gewähren, kam es zur offenen Auseinandersetzung. Das Jahr 1980 brachte eine Serie übler Kleinkriege zwischen FOCA und FISA. Schließlich versuchte die FISA, der FOCA die finanzielle Kontrolle der Grand Prix-Veranstaltungen zu entreißen. Im Winter 1980/81 sah es ganz so aus, als würden im kommenden Jahr zwei F 1 Weltmeisterschaften ausgefahren: Die eine, veranstaltet von der FISA, mit den dann schürzenlosen Autos der „Grande Costruttori“: Ferrari, Renault, Alfa Romeo. Die andere WM, mit Schürzen und der FOCA als Ausrichter, hätte die britischen „Assemblattori“ — auch bösartig schon mal als „garagisti“ gerufen — Williams, Brabham, Lotus, Tyrrell als Bewerber um den Titel gesehen. Der Streit eskalierte beängstigend. Die FISA drohte eventuellen Veranstaltern von FOCA-Rennen üble Strafen an. — Es mußte etwas geschehen, und im Januar 1981 trafen sich Vertreter aller F1-Teams in Maranello. Die „Übereinkunft von Maranello“ stellte ein Frie-

Bodywork 1970: Ganz vorn Ickx' Ferrari 312(10), daneben Rindts Lotus 72 vor Regazzonis Ferrari (15) und Sifferts March 701, ohne die flügelförmigen Seitentanks in Reihe zwei. In der dritten Reihe Pescarolos Matra-Simca (14) und Amons March 701. Nur beim Lotus liegen die Kühler seitlich außen, alle anderen werden durch eine zentrale Öffnung im Bug befächelt. Startaufstellungen in Zweierreihen raubten der Formel 1 einige Spannung, genau wie die neuen, sterilen Strecken, hier Hockenheim.

ANTAR
IGNIS
23

densangebot an die FISA dar. Auf der Grundlage der hier formulierten Vorschläge konnte man im März in Paris das Kriegsbeil endlich begraben. Im dort zäh ausgehandelten „Concorde-Abkommen" verzichtete die FOCA auf die Schürzen, die FISA stoppte ihren Zugriff auf die Finanzen der Formel.

Die Übereinkunft sah vor, daß die Bodenfreiheit der Renngeräte „zu jedem Zeitpunkt der Fahrt" sechs Zentimeter betragen sollte. Es braucht schon einen technischen Kommissar mit erheblichen Sprinterqualitäten, um die Bodenfreiheit eines Rennwagens bei 280 km/h zu messen, akkurat, versteht sich. So kam's, wie's kommen mußte. Die Teams ersannen einige Kunststücke, das Auto für die Fahrt abzusenken, während es im Stand die gesetzliche Bodendistanz aufwies. Durch die Absenkung berührten die Seitenteile den Boden, die Unterflügelprofile der F 1 Renner waren seitlich abgedichtet, es baute sich wieder der schönste ground effect auf. Technische Genies lassen sich durch Regelwerke eben schwer einfangen.

Im Lauf des Jahres wurde die Regel dann spezifiziert: An einem Meßpunkt in der Boxenstraße hatte die Bodenfreiheit die berühmtem 60 mm zu betragen. Mit anderen Worten: Draußen auf der Strecke war weiterhin alles erlaubt. Und da rannte bald eine wilde Brut hoch effektiver Flügelautos, die mit minimalen Federwegen und maximalen Kurvengeschwindigkeiten ihre Piloten marterten. Die Rundenzeiten schmolzen dahin wie die sprichwörtliche Butter in der Sonne. Daran änderte auch das neue Mindestgewicht von 585 kg für den Jahrgang 81 nicht viel. Sehr zum Verdruß vieler Technik-Freaks verbot die FISA Diesel-, Kreiskolben-und Zweitaktmotoren. Auch Turbinenantrieb war fortan untersagt. „In einer Zeit der Auseinandersetzungen", so die Behörde, „wollen wir in der Formel 1 jede weitere Quelle der Verwirrung vermeiden." Ab 1981 durften nur noch Viertakt-Hubkolbenmotoren verwendet werden, Maschinen mit mehr als zwölf Zylindern waren ja schon lange verbannt. Ein Formel 1 Auto hatte nun auf maximal vier Rädern zu rollen, der Allradantrieb wurde mit Wirkung ab 1983 verboten.

Die FISA versüßte den FOCA-Teams die bittere Pille des Schürzenverbots ein wenig dadurch, daß das Mindestgewicht um 5 Kilo herabgesetzt wurde. Die 580 kg konnten die saugenden FOCA-Renner leicht erreichen, die technisch aufwendigeren Turbo-Boliden der „Construttori" jedoch nicht. Einige FOCA-Teams erfanden zur intensiveren, nicht ganz legalen Gewichtsersparnis das, was sie „wassergekühlte" Bremsen nannten. Die angeblich hierfür installierten Tanks enthielten nichts als Ballastwasser, das nach dem Start abgelassen wurde. So um etliche Kilos erleichtert, konnten auch die Sauger, vor allem beim Beschleunigen und Bremsen, mit den Turbos kräftig mitblasen. Wenn's nach dem Rennen zum Wiegen ging, füllte man das Wasser wie alle anderen Flüssigkeiten ganz harmlos nach. Und siehe da: Das Gewicht stimmte. Das Spielchen hatte ein jähes Ende als die FISA verbot, nach dem Rennen jegliche Flüssigkeit nachzufüllen. Im Training mußten die Autos jetzt stichprobenhaft auf die Waage, damit wurde eine Spezies ultraleichter Traningsgeräte, wie sie besonders bei Brabham lebte, ausgerottet. Es war mal wieder ein kurioses Kapitel Formel 1 Geschichte geschrieben worden.

Auf Druck der Reifenbäcker, denen die Kosten für ihre extremen Gummis davonliefen, einigte man sich, pro Wagen und Training nur noch zwei Sätze Qualifiers auszugeben. Die Sätze wurden markiert, die Einhaltung der Regel genau überwacht. Hier begann eine für die Fahrer sehr gefährliche Entwicklung. Denn die Entscheidung über den Startplatz im GP mußte nun in

Als die Formel 1 noch einer Zigarre glich. Im 67er Grand Prix von Monaco sticht Dan Gurneys AAR Eagle Weslake V12 in die Tabakskurve. Dahinter ist Stewarts BRM P261.

Es war damals üblich, sich für die Nachtarbeit in Werkstätten rund um die Rennstrecke einzumieten. Wie hier, in Reims '66, war das Haus Ferrari oft für Besuch weit offen. Im Bild Bandinis Pole-Position Auto, der 312 V12.

den ganz, ganz wenigen Runden, die zwei Sätze superweiche Qualifiers zulassen, fallen. Und so wurden die „Chaos-Runden" geboren. Jenseits von Gut und Böse und allem, was sich ein normal Sterblicher vorstellen kann, schossen die Formel 1 Boliden in den ein, zwei entscheidenden Runden um den Kurs. Gilles Villeneuves tödlicher Unfall in Zolder passierte in einer solchen Runde.

Andererseits gab es aber auch einige Entwicklungen in Richtung Fahrersicherheit. Auf jeder Seite des Rennwagens mußte sich ab 1. Januar 1982 eine kastenförmige Struktur als Flankenschutz befinden. Der Schutz lief von einem Punkt hinter dem Cockpit bis 30 cm vor die Füße des Fahrers, der sich bei der Messung in Fahrposition im Wagen befinden mußte. Dicke des verformbaren Materials: mindestens 10 cm, Schnittfläche jeder Box minimal 150 cm^2, vor den Fahrerfüßen durfte sich der Querschnitt auf 100 cm^2 verjüngen.

Der Innenquerschnitt des Cockpits, gemessen von den Fußsohlen des Piloten bis hinter den Sitz, maß minimal 700 cm^2. Die Mindestbreite für den schnellen Arbeitsplatz betrug 25 cm (!). Solche Vorschriften wurden nötig, weil Monocoques und damit auch Cockpits — im Sinne immer größerer Flügelflächen — immer enger wurden.

Die Wände der Seitenteile mußten nun wenigstens 20 cm hoch sein, ihre Länge hatte 60 % des Radstandes zu betragen, wovon minimal 55 cm zwischen Vorder- und Hinterrädern liegen mußten. Das verbaute Material mußte mindestens 10 mm stark sein mit einem in Wabenstruktur gefertigten Metall- oder Nomexkern und Schaumfüllung. Die Befestigungsrahmen zum Monocoque mußten insgesamt so beschaffen sein, daß seitlich einwirkende Energie absorbiert werden konnte. Hier durften die Kühler diese Aufgabe übernehmen.

1982 war das letzte Jahr der unheimlichen Flügelautos. Am 3. November beschloß die technische Kommission der FISA radikale Regeländerungen, die beim ersten Lauf des folgenden Jahres — also schon beim nächsten Großen Preis — in Kraft traten. Die bis dahin als unantastbar angesehene „Stabilitätsregel" war im Namen der Sicherheit schlicht weggewischt worden. Denn während der Saion waren zwei Formel 1 Boliden in Le Castellet in die Zuschauerbereiche geflogen. Einer davon während des Grand Prix. Zum Glück kam es nicht zur Katastrophe. Man mußte ja auch davon ausgehen, daß der tödliche Trainingsunfall Villeneuves in Zolder, ebenso wie Pironis fataler Crash im Regen von Hockenheim unter anderem wesentlich durch die besondere Form und Eigenschaften der Flügelautos begünstigt worden waren.

Die Regeln vom 3. November sollten die Rennwagen, vor allem in Kurven, deutlich langsamer machen. Daher das Verbot der Flügelprofile. Der Boden des Wagens mußte nun zwischen Vorder- und Hinterrädern flach sein. Der Heckflügel wurde weiter gestutzt, von 110 auf 100 cm Breite. Zusätzlich schmolz der Abstand zwischen Hinterkante Flügel und Hinterachse nochmals, auf 60 cm, zusammen. Beide Maßnahmen sollten für weniger Anpreßdruck auf das Hinterteil des Renners sorgen. Um die Sicht nach hinten zu verbessern, erlaubte das Reglement nun, den hinteren Flügel 100 mm höher, auf 90 cm, zu installieren. Trotz großen technischen Fortschritts auf diesem Gebiet wurde das Verbot des Allradantriebs bestätigt.

Die Saugerteams litten immer ärger unter der turbogeladenen Leistungsexplosion. Um das Handikap auszugleichen, wurde das Mindestgewicht nochmals von 580 auf 540 Kilogramm, reduziert.

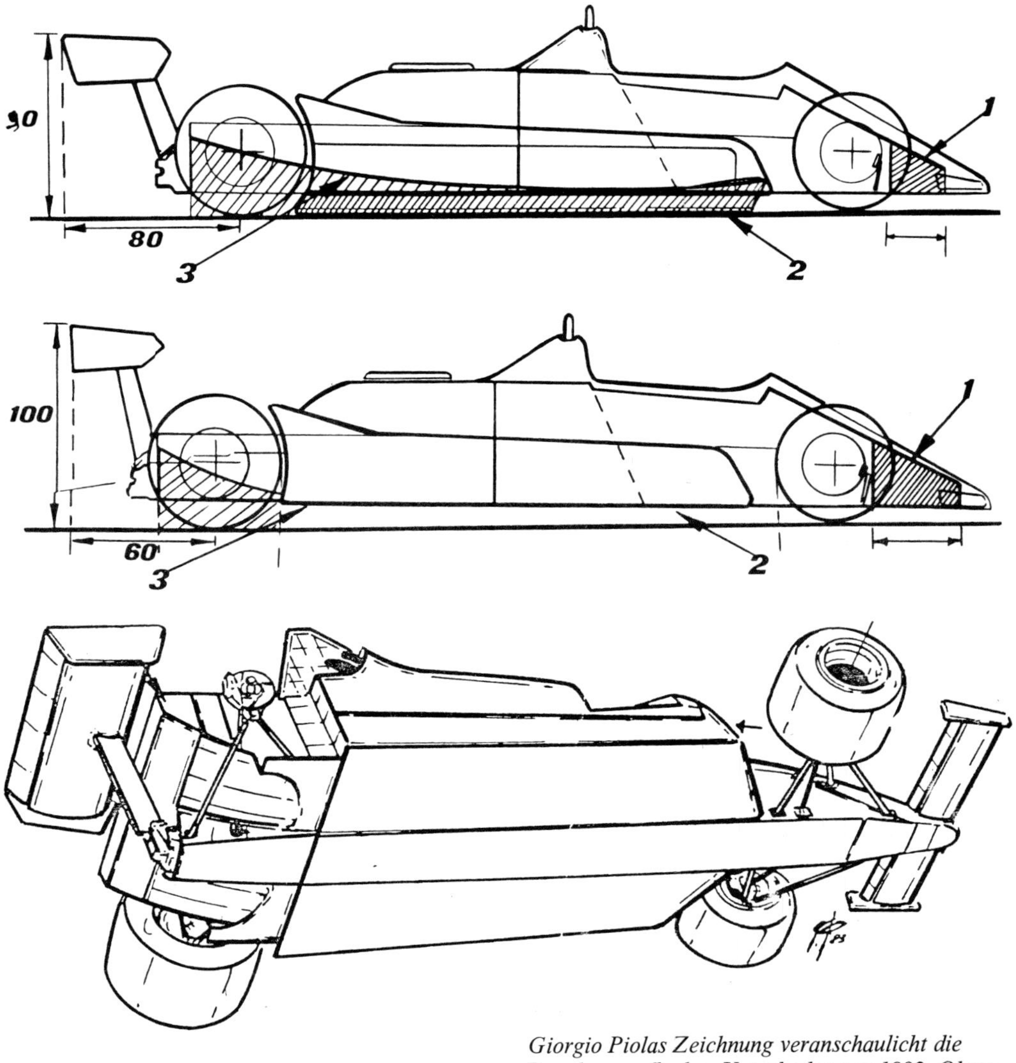

Giorgio Piolas Zeichnung veranschaulicht die Regeln zum flachen Unterboden von 1982. Oben: Ein „ground effect"-Auto, in der Mitte die neuen Anforderungen an „Flachboden"-Renner. Im einzelnen: 1 Knautschzone vor den Pedalen, 2 abdichtende Seitenschürzen, 3 Flügelprofile (Maße in cm). Der neue, flache Boden mußte sich zwischen Hinterkante Vorderrad und Vorderkante Hinterrad erstrecken. Um das Getriebe herum bleibt der Rest eines Flügelprofils als aerodynamische Hilfe.

Mit dem Ziel, die Leistung der Turbomotoren — das mutet dem heutigen Leser eher naiv an — bei 500-550 Pferdestärken einzufrieren, beschränkte die FISA den Tankinhalt der Rennwagen von 250 Liter für 1983 auf 220 Liter für 1984. 1985 waren noch 195 l erlaubt. 1984 wurde das Nachtanken während des Rennens verboten. Also galt es, mit 220 bzw. 195 Litern der kostbaren Flüssigkeit über die GP-Distanz zu kommen. Das brachte Riesenprobleme für viele Teams, denn in der aufregenden Ära der Tankstops wurde jede Menge Sprit nur zu Kühlungszwecken und damit zur weiteren Leistungssteigerung durch die Motoren gejagt, jetzt wurde Verbrauchsoptimierung zum immer drückenderen Thema.

Zur Sicherheit der Piloten wurde die Knautschzone vor den Pedalen von 30 cm (1982) auf einen halben Meter (1983) verlängert. Für den 85er Jahrgang galt folgende Testanforderung an diese Schutzeinrichtung vor den Fahrerfüßen: Ein Objekt von 750 kg Gewicht mußte mit einer Geschwindigkeit von 10 m/sek. auf die festinstallierte „foot box" treffen. Die Box mußte sich dabei progressiv so verformen, daß keine größere Verzögerung als 25 G auftrat. Ein hinter der Knautschzone liegendes Chassis dürfte nicht verformt werden. — Bei den obligaten Crashtests stellten sich Aluminium-Honeycomb Konstruktionen als sehr brauchbar heraus. Bis es aber so weit war, verließ abends mancher Ingenieur das Testlabor mit Koffern voller Metallschrott, der ebenso zerknittert war, wie sein vom Footbox-Problem angegriffenes Nervenkostüm.

1984 war mal wieder eine Regelpräzisierung fällig, Gegenstand: Der Heckflügel. Listig und regelkonform hatten die Teams vor der Hinterachse Seitenflügelchen am Heckflügel festgeschraubt. Das ganze Arrangement erreichte so spielend Wohnzimmertischgröße und brachte reichlich mehr Abtrieb. Zu reichlich, meinte die FISA. Folge: Das Verbot der kleinen „winglets". Trotzdem wurden auch 1985 die Rundenzeiten fast überall schneller. Die Ingenieure fanden Abtrieb für die Hinterachse und die gewachsenen Motorleistungen taten ein übriges.

Riesenhafte Dimensionen nahmen im Verlauf der letzten Saison die Leistungszahlen der 1,5 Liter Turbomaschinen an. Für die entscheidenden Zeittrainings-Chaosrunden stehen bei vollem Ladedruck so um die 1300 PS zur Verfügung. Zur Erinnerung: Ein F 1-Renner wiegt heute ganze 540 kg!

Eine gefährliche Entwicklung zeichnete sich in den letzten Jahren ab. Es würde der gewinnen, dessen Motoren-Hersteller am meisten in exotische Technik investiert. Formel 1-Weltmeisterschaften würden alleine durch den Motorlieferanten kaufbar sein. Um diese Entwicklung zu stoppen und wieder ein ausgewogenes Starterfeld zu bekommen, beschloß die FISA stufenweise den Turbo abzuschaffen. Am Rad der Kosten- und Leistungsexplosion wird ab Oktober zurückgedreht.

Die Sieger der Formel 1

Aus den vielen Formel 1 Wagen, die je einen Grand-Prix gewonnen haben, hat sich unser englischer Autor Doug Nye zu einer näheren Betrachtung nur die herausgesucht, die entweder vom Weltmeister chauffiert wurden, oder den Konstrukteurs-Pokal gewannen. In den Jahren 73, 76, 81, 82 und 83 waren diese nicht identisch.

Konstrukteurspokal

1950	Alfa Romeo
1951	Alfa Romeo
1952	Ferrari
1953	Ferrari
1954	Maserati und Mercedes Benz
1955	Mercedes Benz
1956	Ferrari
1957	Maserati
1958	Ferrari
1959	Cooper
1960	Cooper
1961	Ferrari
1962	BRM
1963	Lotus
1964	Ferrari
1965	Lotus

Bis hier bekam den Pokal automatisch die Marke des Fahrer-Weltmeisters

Formel 1 Weltmeister

1950	Farina	Alfa Romeo
1951	Fangio	Alfa Romeo
1952	Ascari	Ferrari
1953	Ascari	Ferrari
1954	Fangio	Mercedes und Maserati
1955	Fangio	Mercedes
1956	Fangio	Ferrari
1957	Fangio	Maserati
1958	Hawthorn	Ferrari
1959	Brabham	Cooper-Climax
1960	Brabham	Cooper-Climax
1961	Phill Hill	Ferrari
1962	Graham Hill	BRM
1963	Clark	Lotus-Climax
1964	Surtees	Ferrari
1965	Clark	Lotus-Climax

Die Sieger der Dreiliter-Formel

1966	Brabham Repco BT19
1967	Brabham Repco BT24
1968	Lotus Cosworth 49
1969	Matra Cosworth MS10
1970	Lotus Cosworth 49 und 72
1971	Tyrrell Cosworth
1972	Lotus Cosworth 72
1973	Lotus Cosworth 72
1974	McLaren Cosworth M23
1975	Ferrari 312T
1976	Ferrari 312T2
1977	Ferrari 312T2
1978	Lotus Cosworth 78 und 79
1979	Ferrari 312T4
1980	Williams Cosworth FW07
1981	Williams Cosworth FW07
1982	Ferrari turbo V6 126C
1983	Ferrari turbo V6 126C
1984	McLaren TAG Turbo MP4/2
1985	McLaren TAG Turbo MP4/2
1986	Williams-Honda FW11

1966	Brabham	Brabham Repco
1967	Hulme	Brabham Repco
1968	Graham Hill	Lotus Cosworth
1969	Stewart	Matra Cosworth
1970	Rindt	Lotus Cosworth
1971	Stewart	Tyrrell Cosworth
1972	Fittipaldi	Lotus Cosworth
1973	Stewart	Tyrrell Cosworth
1974	Fittipaldi	McLaren Cosworth
1975	Lauda	Ferrari
1976	Hunt	McLaren Cosworth
1977	Lauda	Ferrari
1978	Andretti	Lotus Cosworth
1979	Scheckter	Ferrari
1980	Jones	Williams Cosworth
1981	Piquet	Brabham Cosworth
1982	Rosberg	Williams Cosworth
1983	Piquet	Brabham BMW
1984	Lauda	McLaren TAG
1985	Prost	McLaren TAG
1986	Prost	McLaren TAG

Repco Brabham
Die zwei Jahre v. Ch. (vor Cosworth)

Das Cockpit des BT24-1. Der kleine Aufkleber auf dem Armaturenbrett besagt: „die Geschwindigkeit darf 170 mph (270 km/h) nicht überschreiten".
Dieser Brabham war die letzte Rohrrahmenkonstuktion die eine Weltmeisterschaft gewinnen konnte. Zu sehen sind im Cockpit ein Teil des grau emaillierten Rohrrahmens, der polierte Alu-Benzintank, Glasfiber Verkleidung im original British Racing Green und der mit einem Klippverschluß und Deckel versehene Batteriekasten. Das war Racing in den 60ern.

Vereinfachen und Gewicht verringern: Wenige F 1-Wagen im Jahr 1966 waren einfacher oder leichter als Ron Tauranacs Repco BT 19 mit V8 Motor, hier mit Jack Brabham am Steuer auf dem Weg zum Sieg im holländischen Grand Prix in Zandvoort. Sein simpler Gitterrohrrahmen war leicht und stabil genug, um gutes Handling zu garantieren. Vorne Goodyearreifen mit 13 Zoll Durchmesser, hinten 15-Zöller. Die Kombination Brabham/BT 19 gewann Mitte der Saison vier Grands Prix in Folge und damit die Weltmeisterschaft.

Die sogenannte Dreiliter-Formel wurde schon zwei Jahre lang gefahren, bevor der Cosworth-Motor auftauchte und zuerst mal alles in Grund und Boden fuhr. In diesen beiden Entwicklungsjahren hatten die sehr leichten, einfach gebauten Renner namens Repco-Brabham die schnittigen Nasen vorn, sie wurden gleich zweimal Weltmeister. Als Kraft-Quellen dienten in Australien gebaute, ursprünglich aus amerikanischer Serienproduktion entwickelte Repco V8 Motoren. Hier ist die Geschichte dieser ganz erstaunlichen Rohrrahmen-Renngeräte.

Ron Tauranac hatte im Winter 1961/62 unter dem Firmennamen „Motor Racing Developments (MRD)“ in seiner Werkstatt in Victoria Road, Surbiton, im Südwesten Londons, angefangen, Formel Junior-Renner zu bauen. Sein Partner hieß Jack Brabham, der hatte zu dieser Zeit schon zwei Fahrer-WM Titel in der Tasche. Während ihrer frühen Jahre, noch auf der australischen Rennszene, versorgten sich Tauranac und Brabham regelmäßig bei Geoffrey Russels „Repco“ (Replacement Parts Pty. Company) mit Ersatzteilen.

Sie hielten diese enge Dreiecksbeziehung während Jack Brabhams äußerst erfolgreicher Jahre als Nr. 1 bei Cooper aufrecht. Und der Bund bestand auch fort, nachdem Tauranac 1960 Teilhaber in Jacks neuem Konstruktionsunternehmen in England wurde. Im Sommer 1961 entstand Tauranacs und Brabhams erster MRD Formel Junior-Prototyp, der schon so gut war, daß für 1962 eine verbesserte Kleinserie für Kunden aufgelegt werden konnte, zwölf Exemplare waren bestellt. Und Repco? Die Einbäume wurden in Lagerhallen zusammengeschraubt, die Repco-England Jack und Ron großzügig überließ.

Der August 1962 sah auf dem Nürburgring auch die ersten Gehversuche von „Brabham“ in der Formel 1, den „BT 3“. Er wurde von einem Climax V 8 angetrieben. Am Steuer saß Jack Brabham, der dann 1963—1965 sein eigenes Zweiwagenteam rennen ließ. In den Nennungslisten tauchte die „Brabham Racing Organisation (BRO)“ auf.

Brabhams Vorstoß bedeutete für den geplagten Ron Tauranac und seine MRD-Gruppe einiges an zusätzlichem Streß in diesen letzten drei Jahren der 1,5 Liter Formel 1. Ron hatte keinen formellen Anteil an Brabhams Rennstall, aber er entwarf und baute die Chassis für die BRO, die sie zum vereinbarten Preis abnahm. BRO-Leute machten sie rennfertig, BRO stellte Motor, Getriebe, Fahrer und so weiter. Während dieser Periode war es aber noch immer die Hauptbeschäftigung von MRD, sich um die zahlenden Kunden zu kümmern, die Formel 2, Formel Junior, Formel Tasman und sogar Formel 1-Rennwagen fürs Privatvergnügen in immer größeren Stückzahlen kauften. Diese vielfache Belastung ließ die Arbeit an Brabhams Formel 1 Geräten oft zu kurz kommen. Andererseits hätte man die Zeit, die man an Jacks Autos bastelte, gewinnbringender in Kundenautos stecken können.

Wie dem auch sei, Tauranac war als ein der Logik und Vernunft verpflichteter Mann mit seiner Vielfachbelastung unglücklich. Er eröffnete Brabham sein Unbehagen, organisierte um, und die Produktion von Brabham-Wagen für die neue Grand Prix-Formel war im Herbst 1965 wieder im Zeitplan. Mittlerweile hatte sich der vielversprechende Coventry Climax 1500 ccm 16 Zylinder F 1-Triebling als Totgeburt herausgestellt. MRD hatte aber ein maßgeschneidertes Brabham-Chassis für diese Maschine schon gebaut — Cooper und Lotus befanden sich im selben Boot. Blitzschnell schlossen Brabham und MRD einen neuen Vertrag. Ziel: Der Rahmen müßte in kürzester Zeit auf Dreiliter-Erfordernisse umgebaut werden, damit die grüngoldenen Brabham-Farben in den Starterfeldern der neuen Formel erstrahlen konnten. Das Projekt wurde in letzter Minute fertig. Trotzdem war dieser Brabham BT 19 der erste echte 3 Liter Formel 1-Wagen. Er war auch der erste, der ein Rennen gewann. Und er war der erste, der den WM-Titel für Konstrukteure nach Hause fuhr.

Die von MRD gebauten Formel Junior-Renner wurden als „Repco Brabham“ verkauft. Das „Repco“ stand als Anerkennung für die Unterstützung durch die Repco-Gruppe in England. Zu dieser Zeit gaben in der Junior-Formel aufgemotzte Ford-Motoren den rauhen Ton an, die Wagen liefen deshalb unter dem Namen „Repco Brabham Ford“. Entsprechend hießen die von Climax 4-Zylinder-Maschinen befeuerten Formel-Tasman Einbäume, bei MRD ab Winter 62/63 gebaut, „Repco Brabham Climax“.

Repco hatte großes Interesse an „Formel Tasman“-Rennen, die in Australien und Neuseeland zunächst für Einsitzer mit 2,7 l Motoren, ab 1964 mit 2,5 l Maschinen ausgerichtet wurden. In der Klasse herrschte der Climax FPF-Treibsatz, der aus der Formel 1 kam. Repco stellte für diesen Motor viele Teile her und zog mit dem Segen von Climax ein Verkaufs- und Serviceprogramm „down under" auf. Bisweilen montierte Repco „Brabham"-Namensschilder auf die Maschinen. So wurden die von MRD gebauten und von Climax FPF-Motoren angetriebenen Wagen schließlich zu „Repco Brabhams". Wie dem auch sei, es bestand ein gewaltiger Unterschied zu den echten Formel 1 Repco Brabham V8, deren Geschichte hier folgt.

Die Repco V8-Motoren

Der australische V8-Motor, der die Weltmeisterschaft gewinnen sollte, wurde im Februar 1964 geboren. Bei Repco in Melbourne hatte man damals erkannt, daß die Vorräte an Climax FPF-Teilen wohl zu Ende gehen würden, während die Tasman-Formel noch lebendig war. Chefingenieur Frank Hallam und Projektingenieur Phil Irving — mit ruhmreicher Vincent-Motorrad Vergangenheit — erhielten Order, einen neuen Motor für das Repco-Brabham Tasman-Chassis zu bauen.

Ihre Antwort war ein V 8, der auf einem Vollaluminium-Block von General Motors, genauer für den Oldsmobile F 85, basierte. Der Block war der traurige Überrest des teuren und erfolglosen Versuchs von GM, einen Aluminiummotor ohne Zylinderlaufbüchsen „aus einem Guß" für den Dreiliter-Buick herzustellen. Die Idee war in der Praxis baden gegangen, nur ein paar Motoren mit eingegossenen eisernen Laufbüchsen hatten das Werk verlassen. Doch das nachträgliche Eingießen war teurer und kniffliger als die übliche Eisenblock-Konstruktion. Um den Verlust möglichst gering zu halten, stoppte GM das ganze Programm. Repco las ein paar der ungeliebten Stücke auf. Die meisten sicherte sich Bruce McLarens Team, das gerade in England entstand. Aber bei Repco machte man aus dem Großserien-Flop einen Formel 1-Weltmeister.

Den Ingenieuren gefiel der F 85 V8 vor allem wegen der höheren Anzahl von Brennräumen. Bei ebenfalls möglichen 2,5 l. Hubraum stand mehr Kolbenfläche an, zudem konnte man den Motor viel höher drehen. Nicht zu vergessen die Tatsache, daß der Motorblock sozusagen nur aus dem Regal geholt werden mußte. So war das zeit- und geldaufwendige Gußverfahren überflüssig. Irving fand heraus, daß der Olds-Block Hubräume von 2,5 bis 4,4 Liter vertragen konnte. Er eignete sich also für die Formel Tasman oder auch als Kraftquelle für Gruppe 7-Sportwagen. Aber der Motor mußte steifer werden. Und die brave zentrale Nockenwelle, die über lange Stößelstangen die Ventile aktivierte, wurde von renntauglichen, obenliegenden Kollegen abgelöst.

Die Repco-Ingenieure gingen bei ihrer Arbeit von zwei wichtigen Grundsätzen aus: Um in die Repco-Brabham Karosserie zu passen, mußte die Stirnfläche der Maschine erstens so klein wie nur möglich sein, und zweitens sollte die Breite über alles den vorhandenen Chassis entsprechen.

Irvings neuer Zylinderkopfentwurf sah einen Kopf pro Zylinderreihe vor. Die Ventile waren parallel angeordnet und um 10° von der Zylinderachse nach innen geneigt. Sie beatmeten keilförmige Brennräume. Die Steuerung übernahm eine einzelne, kettengetriebene Nockenwelle pro Zylinderreihe direkt von oben. Diese simple Anordnung wurde doppelten obenliegenden Nockenwellen vorgezogen. Damit blieb der Motor im ganzen schmal und die Antriebsketten der Wellen mußten keine zu großen Distanzen überwinden. Die kompromißlose Praxisfreundlichkeit der Repco-Konstrukteure zeigte sich auch durch die Tatsache, daß diese neuen Köpfe in allen Dimensionen identisch waren, um die Kosten niedrig zu halten. Daneben senkte diese Lösung den Ersatzteilbedarf für private Rennenthusiasten.

Repco nahm die nackten GM-Blöcke und stopfte erst einmal alle Löcher und Hohlräume, die für den Stößelstangen-Ventiltrieb gedacht waren. Dann wurde zwischen Motor und Ölsumpf ein 4,76 mm starkes, leiterförmiges Stahlprofil eingeschraubt, um die Unterseite der Maschine steifer zu machen.

Neue Kurbelwellenlagerdeckel wurden durch lange Bolzen gehalten, die tief in das Kurbelwellengehäuse hinabreichten. Die Bohrungen wurden überarbeitet und mit gußeisernen Repco-Zylinderlaufbüchsen ausgekleidet. Bohrung und Hub von 85 × 55 mm ergaben 2,5 l Hubraum für die Tasman-Serie. Laystall in England stellte die Kurbelwellen her, die sich in fünf Repco-Hauptlagern drehten. Viel, viel Geld ließ sich bei den Pleueln sparen: Man nahm die guten Stücke aus einem Daimler 4-Liter-V8, überarbeitete sie und siehe da, spezielle Rennpleuel, zu 7 Pfund das Stück, waren überflüssig! Die hätten auch schlecht in einen Block gepaßt, der selbst gerade mal 11 Pfund kostete. Wer brauchte also ausgeflippte 16-Zylinder Rennmaschinen?

Schon das allein muß Jack Brabhams vorsichtiges Herz hoch erfreut haben, obwohl er erst jetzt begann, sich richtig für diese Motoren zu interessieren.

Die Repco V8-Kolben hatten im Boden flache Mulden für die Ventile, sie waren aus einer Alu-Silikon Legierung gegossen. Zwei schöne Magnesiumgußteile schlossen das V8-Kunstwerk nach außen ab: Vorne am Motor der Y-förmige Deckel über dem Nockenwellenantrieb, unten ein 7,62 cm tief gerippter Ölsumpf, der durch sein Design die Maschine versteifte, um mit den Mehr-PS fertig zu werden.

Sein Gemisch erhielt der Motor entweder durch Weber-Vergaser oder vermittels einer Lucas-Einspritzung. Repco baute sogar spezielle Öl- und Wasserpumpen für das neue Stück, das schließlich ziemlich kompakt dastand: Länge ohne Climax FWB-Schwungrad 64,8 cm, Breite 53,3 cm, Höhe ohne Ansauggeschnorchel 58,4 cm.

Der Repco V8-Prototyp tat sein erstes heiseres Husten auf dem Prüfstand in Richmond, Victoria am 21. März 1965. Immerhin nur 51 Wochen, nachdem Hallam und Irving den ersten Strich aufs Papier gebracht hatten. Der Test lief zur Zufriedenheit aller, die Arbeit ging gut voran. Jack Brabham und Repco einigten sich darauf, für das nächste Jahr eine Dreiliter-Formel 1-Version zu entwickeln. Phil Irving verbrachte deshalb einen großen Teil jenes Sommers in England und arbeitete eng mit Jack an einem detaillierten 3 Liter-Entwurf zusammen.

Hier einige Daten des neuen Motors: Bohrung 88,9 mm, Hub 60,3 mm, Hubraum also 2994 ccm. Mit Lucas-Einspritzung brachte es das neue F1-Aggregat bei ersten Tests auf 285 PS bei 8000 Umdrehungen/Min. Das geringe Hub/Bohrungsverhältnis von 0,68 : 1 sprach zunächst für sehr hohe mögliche Drehzahlen. Trotz des kurzen Hubs kam die maximale Kraft aber schon bei 8000! Über dieser Drehzahl war's mit Standfestigkeit und auch mit der Power schon wieder vorbei.

Konnten Brabham und Irving keinen anderen Motor bauen? Wir sollten das Ziel nicht aus den Augen verlieren: Beide waren Männer der Praxis und extrem erfahren. Beide erkannten, welch' trügerisches Ziel nur Spitzenleistung bei Formel 1-Rennen sein kann. Hier ist es oft gerade das Drehmoment bei mittleren Drehzahlen, also die Fähigkeit, wirklich kraftvoll aus langsamen und mittelschnellen Ecken abzuziehen, was einen möglichen Sieger auszeichnet. Das galt auch damals, als superschnelle Strecken wie Spa, Reims oder Monza noch nicht durch Schikanen entschärft waren. Solche Rennen konnten den V12 Ferraris oder den Maserati-Triebwerken, vielleicht im Cooper, überlassen werden. Möglicherweise würde hier ja auch der phantastische BRM H16 mal zuschlagen. Dann blieben aber immer noch Monaco, Zandvoort, Brands Hatch, der Nürburgring, Watkins Glen und Mexiko City — alles langsame oder mittelschnelle Strecken, die zwei Drittel des Weges zur Meisterschaft ausmachten.

Die Rennen außerhalb der WM in Silverstone (galt damals als „mittelschnell"), Syracuse und Oulton Park verlangten alle nach richtig Punch aus mittleren Drehzahlen, nicht nach top-speed.

Man darf auch nicht vergessen, daß Jack Brabham und sein Team Profis waren, sie lebten vom Motorsport! Kurz: Es mußte einfach Geld verdient werden. Und das gab es reichlich bei eben diesen Rennen, die nicht zur WM zählten.

Das geht auch bei der Konzeption eines Motors in den Köpfen der Leute vor, die Rennen nur fahren, um Rennen zu fahren. Sie sind ein anderer Menschenschlag als die, denen es um intensive technische Forschung oder Produktförderung geht.

Der Repco-Treibsatz hatte ein unheimlich breites, nutzbares Drehzahlband. Ab 3500 kam schon ein gutes Drehmoment, bei 4000 legte er kräftig zu und erreichte sein Spitzendrehmoment bei 6500 Kurbelwellenumdrehungen. Es lagen dann ca. 308 Nm an. Bis 8000/min. hatte man richtig Dampf drauf. Das Kraftpaket wog ganze 145 Kilo, der Verbrauch betrug bescheidene 35 Liter auf 100 Kilometer. Deshalb rollten die Repco auch mit dem vergleichsweise mickrigen Spritvorrat von ca. 160 Liter an den Start. Das brachte dem ohnehin sehr leichten Repco-Brabham einen Gewichtsvorteil gegenüber der Konkurrenz mit größerer Leistung. Dabei war der relativ bescheidene Motor immer noch stark genug, jeden anderen Boliden von vergleichbarem Gewicht zu besiegen. Die stärkeren Ferraris, BRM-Cooper-Maseratis, Eagle-Weslakes und Hondas: Alle waren in ihren ersten, wenig ausgefeilten Versionen schwerer. Der wendige 2-Liter-Climax, auch die V8-BRM Lotus 33 und der BRM hatten sogar ein deutliches Krafthandikap, verglichen mit unserem Helden.

Auf der Motorseite sah es also nicht schlecht aus. Jetzt lag es an Tauranac und seiner MRD, für Brabhams Racing Organisation ein schnelles Chassis zu bauen. Die Zeit war knapp: Im November '65 hatten beide noch keinen entsprechenden Vertrag, am 2. Januar 1966 würde in Kyalami zum ersten Mal ein Rennen der neuen Formel über die Strecke gehen, wenn es auch nicht zur WM zählte. Im Lauf der Saison erwies sich auch dieses Eil-Projekt als gute Waffe. Der V8 in Kombination mit dem BT 19-Gitterrohrrahmen, einst für den BRM 16-Zylinder-Boxer gebaut, und auch die BT20 später im Jahr waren extrem konkurrenzfähig.

Ach ja, der Motor mußte ja auch noch getauft werden. Also: Der V8 wurde „Typ 620" genannt. Vor der Motornummer standen natürlich die Initialen „RB" für Repco-Brabham. Die „600" stand für den überarbeiteten F85 Oldsmobile-Block. „20" wurde, etwas kompliziert, mit dem doppelten Zylinderkopf-Design erklärt. Schließlich erhielt der erste Triebling noch den Zusatz „E1" für „Engine 1", also Motor 1. Vollständiger Name ergo: RB620 E1.

In Monza kam für den GP von Italien eine Kiste aus Melbourne an, auf der forsch „350

Provisorium gegen Überbleibsel: Jack Brabhams BT19 Repco vor Clarks 2 Liter Lotus-Climax und seinem Stallgefährten Hulme auf BT20 Repco während ihres phantastischen Kampfes beim GP von Holland 1966. Auffällig die unterschiedlichen Motorverkleidungen und Auspuffanlagen der Rohrrahmen-Brabhams.

Mitte: Zwei Jahre später: Der BT26 mit Repco Viernockenwellen-Maschine. Auf einem vereinfachten Rohrrahmen sind Bleche aufgenietet. Eine wunderbare Handwerksarbeit mit einem leider extrem launischen Motor.

Jack Brabhams Repco-Brabham BT 19 auf der Boxengeraden in Reims beim GP von Frankreich, 1966 — der erste Grand Prix, der von einem Fahrer auf einem Wagen mit seinem eigenen Namen gewonnen wurde.

Monza-PS" geschrieben stand. Die Konkurrenz von Ferrari, Eagle Weslake und BRM mit angeblich 400 Pferdestärken wurde ziemlich nervös. Dabei sah die Wirklichkeit ein bißchen anders, aber nicht viel schlechter aus für Repco: Der Motor „E7" hatte auf dem Prüfstand 298 Pferdchen galoppieren lassen. Ex-Climax Spezialist John Judd, jetzt bei BRO, bearbeitete den Einlaß noch ein wenig, erhöhte die Verdichtung. Resultat: Auf dem Prüfstand von Climax, brachte der Probelauf 311 PS bei 7250 U/Min! Judd spürte: Es war noch mehr drin — da beendete ein durchgebrannter Kolben den verheißungsvollen Test vor der Zeit.

Die Brabhams gewannen vier GP hintereinander in jenem Sommer '66. BRM, Ferrari und Cooper-Maserati muß es zum Heulen gewesen sein, als die grün-goldenen Wagen mit dem schlichten Stammbaum ihre Vollblüter bei der Meisterschaftsjagd vernichtend schlugen.

Die Repco-Maschine, Ron Tauranacs Chassis, die hohe Fahrkunst Jack Brabhams und seines Teamgefährten Denny Hulme: eine Kombination, die die Weltmeisterschaft 1966 beherrschte. In der Gegnerschaft schaltete man sich derweil hauptsächlich gegenseitig aus. Aber vor allem war klar: 1967 würde der Wettbewerb noch viel härter werden. Und dafür mußte bei Repco-Brabham zunächst mal ein maßgeschneiderter Motor her. Denn der Serienblock des 620 hatte doch ein paar Erbkrankheiten, die es teuer machten, ihn konkurrenzfähig zu halten. Die Grundidee war gut, aber es mußte beispielsweise ein neuer Kopf her. Auch der niedrige Auspufftrakt des 620 machte Tauranac einiges Kopfzerbrechen, denn wie sollte er das Pfeifengewirr um Chassisrohre und Aufhängungen biegen?

Schon auf dem Höhepunkt des WM-Erfolges trieb deshalb Repco die Entwicklungen für 1967 energisch voran. Ziel: Ein völlig neuer Block mit neuen Köpfen und obenliegenden Auspuffauslässen im „V" des Motors.

Ein Vier-Mann-Team machte sich unter der Leitung von Generalmanager Frank Hallam bei Repco Brabham Engines Pty Ltd. in Maidstone, vor den Toren Melbournes, ans Werk. Phil Irvings Rat begleitete die Arbeit. Das Team selbst bestand aus Norm Vilson als Leiter, John Judd aus England, Lindsay Hooper und Brian Heard.

Sie veränderten zunächst das Kurbelgehäuse, um die Festigkeit zu erhöhen. Es wurde aus einer Aluminiumlegierung gegossen. Der Motor bekam nasse Zylinderlaufbüchsen und einen Kreuzgewinde-Kurbelwellenlagerdeckel. Die Hauptlagerschrauben sollten Beanspruchungen auf das ganze neue Kurbelgehäuse verteilen. Dazu gingen sie von unten mit vermindertem Durchmesser ganz durch bis zum oberen Ende des Blocks, wo sie durch zwei Muttern gesichert waren. Die wurden angezogen, nachdem die Muttern des Hauptlagerdeckels festgedreht waren. Erstes positives Ergebnis des neuen Gusses: Der Block, nun „Typ 700", wog 19,5 kg weniger als sein Vorgänger.

In den neu gestalteten Zylinderköpfen standen die zwei Ventile pro Brennraum jetzt in Linie mit den Zylinderachsen, statt wie vorher im 10°-Winkel. Die Nockenwellenachsen wurden passend gemacht, und die Brennräume aus der 20er-Serie völlig verändert. Muldenkolben sollten jetzt die Quetschwirbel verbessern und die Verbrennung optimieren. Dieser völlig neue Kopf mit den im „V" des Motors obenliegenden Auslässen hörte auf den schönen Namen „Typ 40".

Typ 20 — Typ 40? Ok, aber gab's nicht auch mal so was wie einen Zylinderkopf vom Typ 30? Eine gute Frage!

Es gab ein Kopfmodell des Typs 30 von Repco, ebenfalls mit den neuen Muldenkolben, aber mit tiefliegendem Auslaß. Damals dachte man, daß das verbrannte Gas bei paralleler Ventilanordnung ohnehin um eine ziemlich scharfe Ecke müßte, wenn es den Zylinder verließ. Und die Männer der Praxis nahmen an, es sei dem Gas egal, welchen Weg sie es führen würden. Testläufe brachten andere Ergebnisse, und als dann der Chassiskonstrukteur auch noch zu klagen begann, wurde das Modell auf Halde gelegt. Der Typ 40 rückte nach.

Die Saison 1967 kam, und die V8 vom Typ 740 von Repco ließen keinen Zweifel an ihrer Potenz: Der zweite WM-Titel für Repco-Brabham in der zweiten Saison der neuen Formel 1 war fällig!

Dieses Mal holten sie den Titel vielleicht mit etwas mehr Glück gegen die viel stärkere, aber entscheidend weniger zuverlässige Konkurrenz von Lotus. Und Lotus fuhr schon den brandneuen V8 Cosworth-Ford DFV-Motor.

Die Spitzenleistung des weltmeisterlichen 740 V8 mit seinem zentralen Auspuff lag um 330 PS, aber die zeigten sich als unglaublich lebendige Zugpferde in Ron Tauranacs superbem BT24 Gitterrohrrahmenrenner. Und australische Pferde schienen stärker zu sein als andere: Cosworth gab für die erste DFV-Prototypreihe 408 gebremste PS an! Weslake reklamierte für den Gurney Eagle V12 sogar 417 Pferdestärken! Ein Blick auf die Rennen, Pole-Positions und schnellsten Runden im Anhang zeigt, daß Repco Brabham sich jetzt schon was Tolles einfallen lassen mußte, um im Jahr 1968 den Hat-Trick in der Konstrukteursweltmeisterschaft zu landen, der nach der erfolgreichen WM-Verteidigung 1967 winkte. Die Repco-Ingenieure studierten die möglichen Lösungswege: War ein kurzhubiger Motor mit Magnesiumblock die Lösung? Oder brachte ein gewagter neuer Zylinderkopf mit vier Ventilen pro Zylinder das entscheidende Power-Plus?

Testerfahrungen mit den zurückgehaltenen Köpfen der 30er Serie hatten gezeigt, daß das Querstromprinzip entscheidende Leistungsvorteile brachte, diese Erkenntnis wurde durch das furiose Debüt des Ford Cosworth deutlich unterstrichen. Die neuen Zylinderköpfe von Repco, Typ 50, sollten mit radial angeordneten Ventilen diesen Vorteil nun auch voll nutzen können. Die Ventile saßen Seite an Seite auf jeder Hälfte des konventionellen dachförmigen Brennraums, jeweils ein Einlaß- neben einem Auslaßventil. Sie wurden von doppelten obenliegenden Nockenwellen angetrieben mit abwechselnden Nockenerhebungen auf jeder Welle, die auf die Einlaß-, dann die Auslaßventile wirkten. Diese Lösung war viel einfacher, als zum Beispiel Dr. Apfelbecks kompliziertes Design des BMW Formel 2-Motors. Hier standen die Ventile radial auf halbkugelförmigen Brennräumen, aus denen die Ventilschäfte wie die Dornen einer Seemine hervorlugten.

Aber es kam noch kompliziert genug für das australische Team: Acht Auspuffröhrchen mußten zwischen den Zylinderreihen der Maschine untergebracht werden. Unterhalb der Köpfe kamen auf jeder Seite des Motors vier weitere Auspüffchen zum Vorschein. Repco baute eine schlicht wundervoll aussehende Testversion mit einer wahren Schlangengrube oben im Motor-V und einem Bananenbündel von Auspuffrohren an jeder Seite, die wie beim alten 620er-System nach unten weggingen. Glücklicherweise waren nach all der Mühe die Resultate höchst vielversprechend, doch wie so viele Träume der Motorenbauer war auch dieser ein wahrer Alptraum für den Chassiskonstrukteur: Er brachte nahezu unlösbare Einbauprobleme. Allein das Gewicht des Auspuffsystems war schon ein Handikap. Das Ende vom Lied: Trotz guter Testergebnisse wanderten die Zylinderköpfe, Typ 50, ins Regal.

Also mußten alternative Zylinderköpfe gezeichnet werden. Es entstand der Typ 60 mit doppelten obenliegenden Nockenwellen und herkömmlicher Vierventil-Anordnung. Die Einlaß- und Auslaßventile standen nun paarweise zusammen, um konventionelle Querstrom-Gasführung zu erreichen. Die Auspuffrohre lagen wieder säuberlich außen, zwischen den Zylinderreihen befand sich jetzt die Lucas-Einspritzung. Die Nockenwellengehäuse hatten den Platz für ein Auspuffsystem oben weggenommen.

Parallel zur Weiterentwicklung der Zylinderköpfe hatte Repco sich um einen ultraleichten Gußmagnesiumblock gekümmert, die Möglichkeit aber zugunsten der zusätzlichen Festigkeit und Stabilität von herkömmlichem Gußaluminium aufgegeben. Der neue Alublock war ca. drei Zentimeter flacher als sein Vorgänger und beträchtlich leichter. Dabei trieben jetzt nitrierte Zahnräder statt der Ketten der 600er und 700er Serie die Nockenwellen an. Neue Kurbelwellen mit weniger Ausgleichsgewichten sparten noch mehr Gewicht.

Dem Team lief über der Entwicklungsarbeit die Zeit davon, und der erste Block der Serie 800 lief nun doch mit Magnesiumblock und 2,5 l Hubraum in der Tasman-Serie 1968. Später in dieser Saison, als Dreiliter Formel 1-Motor, kam er nie zur vollen Blüte und ging hier bald unter. Der Block überlebte in John Judds Motorenschmiede zu Rugby noch lange, nachdem sich Repco endgültig aus dem Renngeschäft verabschiedet hatte.

Ein kurzhubiger Testmotor war auch zusammengebastelt worden. Zutaten: Eine 2,5 Liter Tasman-Kurbelwelle, größere Bohrung plus einen 5 Liter Sportwagen-Zylinderklopf, noch aus einem V8 der 700er Serie. Das Experiment brachte keinen sonderlichen Kraftzuwachs, somit erschienen die Dreilitermotoren der Serie 800 mit kürzeren Pleuelstangen, die 12,95 cm statt der ursprünglichen 16 cm der F 85 maßen, als das Vielversprechendste.

In diese Entwicklungen wurde viel Zeit investiert, die am Programm mit den Maschinen der Reihe 860 fehlte. Wenn die Treibsätze in den BT 26 mal richtig liefen, waren sie höllisch schnell. Aber das war leider die Ausnahme.

Repcos Möglichkeiten wurden vom eisenharten europäischen Kampf mehr und mehr ausgelaugt. Der stärkste Druck kam vom Cosworth-Ford DFV, aber auch von Ferraris neuem V12. Dazu kam die Riesenentfernung von 20000 Kilometern zwischen dem europäischen Grand Prix-Schlachtfeld und der Werkstatt in Australien. 1968 brachte für die Repco-befeuerten Brabhams jede Menge Probleme: verlorene Ventilsitzringe, Öldruckverlust, Ölverlust, Wasserlecks... Ein richtiger Treffer ins Schwarze war Jack Brabhams Rennen in Brands Hatch. Durch einen Montagefehler war der Antrieb seiner rechten Auslaß-Nockenwelle nach einer Runde zerstört. Später in der Saison traten immer wieder schwere innere Krankheiten der Repco-Herzen auf: In Monza ging bei Jacks Maschine das Hauptkurbelwellenlager fest, in Rindts Motor brach ein Kolbenbolzen. Das Schmiersystem der Repcos schien deutlich überfordert. Als man Brabhams Motor aufmachte, kam ein Kolbenzapfen in drei Bruchstücken zum Vorschein! Brabham hatte den Motor, als sein Öldruck gegen Null ging und das Kurbelwellenlager sich festfraß, sofort abgeschaltet. Ein Bruchteil einer Sekunde später, und die Teile wären im Motor Amok gelaufen wie beim weniger rücksichtsvollen Rindt: Leicht zu erraten, welcher Fahrer im Team die Rechnungen bezahlte...

Nach dieser Erfahrung ersetzte John Judd die Originalteile durch Bolzen aus Dieselmotoren. Neue Sorgen brachten schwere Abnutzungserscheinungen an den von Alfa-Romeo gebauten Stößeln, die man seit zwei Jahren problemlos einsetzte. Genau das wurde das neue Schreckgespenst für die 860er.

Bei dem langen GP von Mexiko legte erhöhter Ölverbrauch Jacks Motor vor dem Ziel trocken. In einem verzweifelten Versuch, die Ventilstößel zu retten, die hinter Brabhams Schultern beim vorangegangenen GP der USA zerbröselt waren, hatten die Ingenieure einige der Ölrücklaufkanäle von den Köpfen dichtgemacht, um die Stößel mit mehr schmierendem Naß zu umspülen. Dummerweise stieg damit der Ölverlust über die Ventilführungen, und der Öltank des BT 26 war einfach nicht groß genug, um die Distanz zu überstehen.

Zwischendurch hatte es andere Dramen gegeben, aber auch kurzen Erfolg. Das zeigte, wie nahe Repco eigentlich an wirklicher Konkurrenzfähigkeit war.

Während des Trainings in Spa verlor Jack einen Ventilsitzring, vielleicht entstand das Problem durch Materialschrumpfung, schloß man bei Repco. In einem verzweifelten Versuch, das Problem zu lösen, flog Jack noch am selben Abend nach Hause, während John Judd und Norm Wilson in Heathrow einen neuen Motor holten, ihn zu Jacks Haus schleppten. Der Motor wurde auseinandergerissen, neue Teile eingesetzt. Die neuen, überarbeiteten Zylinderköpfe wurden dann — in Brabhams Küche! — gekocht, und seine Angetraute Betty wachte von den ätzenden Säuredämpfen auf, die durch ihr Haus schwebten!

Beim Training zum Regen-GP der Niederlande zeigten die BT 26 Repco 860, was wirklich in ihnen steckte. Rindt stand, nur 0,16 Sekunden langsamer, neben Amon auf Ferrari in der ersten Reihe. Brabham startete sofort dahinter. Aber so weit wäre es fast überhaupt nicht gekommen. Denn kurz nachdem der Transporter die neue Werkstatt in Guildford mit Ziel Dover verlassen hatte, kam von Repco ein Telex durchgetickert: Schwerer Montagefehler, im 860 nur ungenügender Abstand zwischen Ventilen und Kolben! Schon beim Anlassen wären die teuren Maschinen hinüber gewesen. Brabham zögerte nicht lange und erstand noch in Guildford einen Holzmeißel... Mit Hilfe dieses Meißels vollzogen die Mechaniker in Zandvoort dann eine außergewöhnlich feinfühlige Motortuning-Maßnahme: Sie schlugen von den Kolbenböden so viel 'runter, bis sich alles im Motor frei bewegen konnte. Wie oben gesehen, fuhren Brabham und Rindt mit diesen speziell präparierten Treibsätzen im Training ganz nach vorne.

Je mehr wir über die Rennpraxis der ganz Großen erfahren, um so mehr verschwindet die Legende. Es ist sicher sehr kurzsichtig, hochtrabende techniche Urteile auf Rennergebnissen oder Konstruktionen aufzubauen. Dafür hat viel zu oft Meister Zufall seine ölverschmierten Finger im schnellen Spiel. Entscheidungen in letzter Sekunde, Panik, Versagen sind auch durch eine Entwicklungsabteilung mit dreihundert Leuten nicht auszuschalten. Wir wollen Legenden deshalb nicht so ganz ernst nehmen, meistens werden sie nämlich in Public Relations-Büros gemacht. Für den Großen Preis von Frankreich in Rouen — ein Regenrennen — qualifizierte sich Rindt auf der Pole und zeigte damit eindeutig, wie gut der BT 26 prinzipiell war. Aber ein geplatzter Treifstofftank beendete früh sein Rennen. Brabhams BT 26 litt mal wieder an Schwächen der Spritversorgung, einem alten Problem. Tauranac fand als Ursache die mangelnde Belüftung der randvollen Tanks. Die Benzinpumpe konnte das Vakuum, das bei abnehmender Spritmenge im Rennverlauf entstand, nicht überwinden.

Die Repco-Brabhams verziehen fast alles. Hier Hulme mit BT 20 auf seinem Weg zum Sieg in Monaco 1967. Die profilierten Goodyears wühlen beim wilden Drift verzweifelt nach Haftung.

Jack Brabhams BT24 beim GP Frankreich 1967. Das kompakte Formel 2-Paket auf Formel 1-Rädern und Repco 740 V8 Motor zeigt einen kleinen Spoiler am Bug. Der Deflektor vor dem Vorderrad soll heiße Kühlerluft absaugen. Der Motor ist seitlich verkleidet.

Der Grand Prix von Mexico sah den letzten Werkseinsatz der Repco Brabhams in der Formel 1.

Mit dieśem Rennen endete eine drei Jahre währende Beziehung, in der Brabham, Tauranac und Repco zweimal hintereinander Weltmeister der Konstrukteure wurden. Jack Brabham selbst und sein Teamgefährte Denny Hulme errangen Fahrer-Weltmeistertitel. Es war ein Triumph schöpferischer Intelligenz und praktischen Zweckdenkens bis sie von der Zeit überrollt wurden.

Die Brabham-Weltmeisterschafts-Chassis

Das BT 19-Chassis, eigentlich für den 1500 ccm Boxer von Climax maßgeschneidert, war die Rettung für die Brabham Racing Organisation. Durch den Vertrag mit MRD kam Brabham an dieses Superchassis heran.

Es bestand aus einem Gitterrohrrahmen. Ron Tauranac hielt dieser Bauweise die Treue, obwohl die meisten seiner Gegner schon auf die Schalenbauweise setzten. Die Gitterrohrrahmen waren bei der Kundschaft von MRD sehr beliebt, weil sie einfach, klar im Aufbau und leicht einzusetzen waren. Nach einem Unfall konnte sie der Rennstalleigner unkompliziert und preiswert reparieren. Dabei hatten die Chassis alle Eigenschaften, wie ein gutes Handling, Traktion und Bremseigenschaften von hoher Güte. Warum sollte also Brabhams Team nicht mit Rohrrahmen um WM-Punkte in der höchsten Klasse des Motorsports kämpfen?

Der BT 19 hatte einen Rohrrahmen im typischen Tauranac-Design. Ungewöhnlich waren die Rohre von ovalem Querschnitt um die Cockpitöffnung herum. Tauranac hatte auf diese Art die Steifheit des Rahmens rund um das Cockpit verbessert — „dies ist immer der schwache Punkt eines Rennwagens."

Auch die Aufhängung war ein „echter Tauranac": die Vorderräder waren oben an Querlenkern nach vorn und Längslenkern nach hinten angelenkt, unten führte ein einzelner Dreieckslenker aus Rohr die Vorderräder. Einfache Serienradträger von Alford & Alder wurden passend gemacht. Coaxiale Schraubenfedern und Armstrong-Dämpfer waren vorn und hinten außenbords montiert. Die hinteren Radträger waren speziell gegossen worden. Sie hingen an doppelten Längslenkern und unteren umgekehrten Querlenkern sowie oberen einfachen Streben. Zunächst bewegte sich der Renner auf 13-Zoll Rädern, in denen Scheibenbremsen von 26,7 cm Durchmesser lagen, wie es bei den 1,5 Liter Wagen üblich war. Später in dieser Saison kamen dann 15-Zoll Hinterräder mit 28 cm-Scheiben. Die Renner rollten in der späten 66er Saison schon auf der neuesten Generation sehr flach profilierter Goodyear Rennreifen. In den späten Tagen seiner Karriere rollte der BT19 auf 15 Zoll-Rädern ringsum.

Ursprünglich hatte er ein Hewland HD-Getriebe, es harmonierte gut mit den 1,5 Liter Treibsätzen. Aber für die neue Generation der Dreiliter-Kraftquellen war es nun wirklich nicht geschaffen. Deshalb sah man in der ersten Zeit immer die butterweichsten Starts von Jack Brabham, während in Mike Hewlands Getriebeschmiede zu Maidenhead fieberhaft ein stabileres Exemplar entwickelt wurde. Es sollte später als das Hewland „DG" in der Formel 1 zu großer Beliebtheit kommen. Brabham selbst und sein früherer Teamkollege Dan Gurney, der inzwischen das Anglo-American Racers Eagle F1-Team gegründet hatte, baten Hewland um dieses neue Getriebe. Dan war höchst entzückt, seine Initialen „DG" darauf zu sehen. Mike Hewland erklärte die Buchstaben ein wenig anders: Irgend jemand schaute ihm über die Schulter, als er das neue Getriebe zeichnete und fragte: „Was ist denn das? Ein anderes Getriebe?“ Und im Englischen heißt „anderes Getriebe“ eben „Different Gearbox“.

Das Getriebe hatte ein Differential mit begrenztem Schlupf von ZF. Die Kraft ging über volle Halbwellen auf die Räder des BT 19. Innen sorgten Gummigelenke, außen Hooke-Verbindungen für den nötigen Kraftfluß.

Obwohl er einer der leichtgewichtigsten echten Dreiliter Renner war, lag der BT19 immer noch um die 70 Kilo über dem Gewichtsminimum von 500 kg. Tauranac war ziemlich unzufrieden, betrachtete den BT19 als Flickwerk. Und das blieb auch so, nachdem er in Reims, Brands Hatch, Zandvoort und auf dem Nürburgring vier aufeinanderfolgende Grands Prix gewonnen, Jack Brabham zum dritten Male in seiner Karriere zum Fahrer-Weltmeister und MRD zum Konstrukteurs-Weltmeister der Formel 1 gemacht hatte.

Sobald der BT19 erst einmal lief, ging in New Haw mit Hockdruck die Arbeit am ersten nicht mehr aus der 1,5 Liter-Zeit stammenden Dreiliter F1-Wagen für 1966 los. Der Neue sollte den BT19 zunächst unterstützen, später ganz ersetzen. Der Erbe hieß, wie auch sonst, BT20, sein Rahmen bestand nun aus Stahlrohren mit ausschließlich rundem Querschnitt. Die unteren Chassislängsträger waren im Vergleich zu den BT19 überarbeitet, das Cockpit war mit Zwillingsrohren statt der ovalen Rohre des BT19 doppelt verstärkt. Für den sehr langen, spritintensiven Grand Prix von Italien waren zum Beispiel hinter dem Sitz kleine Zusatztanks eingebaut, die aber nicht zum Einsatz kamen.

Die BT20 erhielten eine nahezu identische Aufhängung wie die BT19, allerdings mit veränderter Geometrie, um an allen Vieren 15-Zoll Walzen fahren zu können. Hulme versuchte in seinem ersten Rennen Scheibenbremsen mit 30,5 cm Durchmesser, ging dann aber auf 28 cm-Scheiben zurück. Die Spur des BT20 war vorne 2,54 cm, hinten 1,9 cm breiter als die seines Vorgängers, der Radstand wuchs um cirka 3,8 cm.

Äußerlich erkannte man den BT20 sofort an seiner zweiteiligen, ziemlich kümmerlichen Motorabdeckung, der Neunzehner kam ja mit einteiliger Motorhaube im Entenschwanzlook daher. Beim BT19 war das Auspuffgeschlängel zwischen die Streben der Radaufhängung gequetscht, der BT20 führte es etwas entspannter über die oberen Längslenker.

1967 konnte Tauranac für die Formel 1 auf eine exzellente Basis zurückkommen: Seine Wagen basierten auf einem äußerst erfolgreichen Formel 2-Rahmen, dem BT23A. Der war mit einer 2,5 Liter Kraftquelle, Typ 740 mit Zentralauspuff von Januar bis März des Jahres durch die Tasman-Serie marschiert. Der Neue hatte spezielle Gußradträger. Im Motorabteil hatte Ron kräftig aufgeräumt. Hier fand jetzt statt des Cosworth FVA-Reihenmotors aus der F 2 das Formel 1 V8-Kraftpaket seinen Platz. So entstanden drei fast identische, brandneue BT 24 Formel 1-Rennwagen.

Tauranac betrachtete die BT24 als seinen ersten echten Formel 1-Versuch, wenn er mal von dem BT3 des Jahres 1962 absah: „Wir guckten uns die vorhandenen Wagen ganz genau an, kürzten und beschnitten alles bis auf's absolute Minimum und verwendeten unsere eigenen Gußradträger. Wir brauchten eine Menge Zeit, um nicht mehr und nicht weniger als gerade genug Auto zu konstruieren, um Rennen zu gewinnen. Der Aufwand an Gedanken und Zeit für die Entwicklung eines möglichst einfachen, möglichst leichten Wagens, war gewaltig — wahr-

1967—68 nahmen Brabham und Tauranac aerodynamische Studien sehr ernst. Hier in Monza (Mitte) testet Jack 1967 eine „Flugzeugkanzel“. Motor, Überrollbügel und Getriebe sind strömungsgünstig verkleidet. Dummerweise verzerrte die Kanzel die Sicht, und das Getriebeöl kochte beinahe. (unten) Tauranac führte mit Hilfe des Aerodynamikers Ray Jessop schon beim GP Belgien (1968) einen Flügel auf Streben ein. Hier, auf dem Ring, fährt Brabham einen BT26 mit Heckflügel und kleinen Flügelstummeln am Bug. Es war für sein Team das beste Rennen dieser Saison. (oben rechts) Auf den Rahmen genietete Bleche machen den BT26 Repco 860 steifer.

scheinlich viel größer, als wenn wir uns für ein kompliziertes Auto entschieden hätten . . ."

Die BT24 waren wunderbar kompakte Rennwagen, obwohl sie den relativ langen Radstand der BT20 besaßen. Die vordere Spur war knapp 4 cm schmaler, die hintere cirka 2 cm breiter geworden. Die Aufhängung war, abgesehen von den Gußradträgern vorne, der des BT20 ganz ähnlich, aber der ganze Wagen war extrem schlank.

Um noch mehr Gewicht zu sparen, fuhr der BT24 bei seiner Jungfernfahrt in Zandvoort 1967 ein Hewland FT 200-Getriebe. Es war jedoch deutlich zu schwachbrüstig und wurde eiligst durch das neue, robuste Hewland DG ersetzt.

Schnell und gutmütig waren sie, die BT24. Die Piloten konnten sich Dinge erlauben, die ihre Konkurrenten längst ins Aus befördert hätten. Denny Hulme schlug in diesem Jahr Brabham knapp im Rennen um den Fahrertitel. Jack machte alle Testarbeit und überließ das erprobte und zuverlässige — vielleicht aber auch langsamere — Material seinem rauhen neuseeländischen Teamkollegen.

Die BT24 landeten in dieser 67er Saison drei Doppelsiege in der WM, beim GP Frankreich in Le Mans, in Deutschland auf dem Ring und beim kanadischen Grand Prix, in Mosport. Das sah zwar toll aus, tatsächlich spielten die Brabhams aber hinter den Lotus 49-Cosworth die zweite Geige, bis die Chapman-Kreationen ausfielen. Und in Deutschland fuhren sie hinter Gurneys Eagle V12 her, bis der die Waffen streckte.

Aber um Erster zu werden, muß man zuerst mal ankommen . . . und in dieser Beziehung waren die zierlichen Repco Brabhams wohl am fähigsten. Für seinen BT26-Renner des Jahrgangs 1968 versuchte Tauranac etwas Neues: „Das Ziel war ein leichterer, aber viel stärkerer Rahmen. Dazu verwendeten wir Alumimium-Bleche zusätzlich zu den nackten Rohrrahmen. Dadurch konnten wir die Rohre dünner im Material und im Querschnitt auslegen, das ganze Ding wurde auf andere Weise gebaut. Anstatt die vorderen und hinteren Schotten zuerst herzustellen und sie dann in der Spannvorrichtung zusammenzuschweißen, legten wir das Unterteil des Rahmens auf, bauten den Aufbau direkt darüber und setzten dann die Seitenteile dazwischen. Wir verbauten ähnliche Hauptlängsträger wie bei den älteren Wagen, aber vierkantige $^5/_8$ Zoll 20er Rohre, die die Bleche um das Cockpit, am Boden, an den Flanken und hinter dem Sitz trugen. Das funktionierte, aber es wäre auf Dauer sicher billiger gewesen, in Schalenbauweise zu arbeiten."

Der BT26 war größer als der 24er mit etwa 4 cm längerem Radstand. Die Spur wurde vorne 12,7 cm, hinten 14 cm breiter, um einen längeren Hebel auf die Goodyear-Reifen zu bekommen und ein besseres Einlenkverhalten zu erzielen. Aufhängung und Aufbau ähnelten insgesamt sehr dem weltmeisterlichen Wagen von 1967.

Zwar konnten die Brabhams des Jahres 1968 nicht den Konstrukteurstitel verteidigen. Aber sie erlebten einen großen Tag beim Großen Preis von Deutschland auf dem Nürburgring, in Regen und Nebel. Irgendwie liefen die Repco-Maschinen wohl gerade unter widrigsten Verhältnissen immer zur Höchstform auf: 90 Minuten vor dem Start diagnostizierten die Mechaniker in Rindts Motor einen gebrochenen Titan-Ventilfederteller. In irrsinniger Hektik wurde vom Ersatzmotor der Zylinderkopf 'runtergerissen und auf Rindts Maschine montiert. Zehn Minuten vor dem Start hatten die Monteure ihr Werk vollbracht. Rindt dankte es ihnen mit einem dritten Platz, Brabham kam als Fünfter ein.

Ron Tauranac war einer der ersten Formel-1-Konstrukteure, der sich konsequent Gedanken über Aerodynamik machte. Und Jack Brabham selbst war ein begeisterter Flieger. Er dachte noch oft an sein Rennen in Reims 1962, als er im Lotus 24 auf der Geraden zwischen Thillois und Gueux bei absolutem Vollgas allergrößte Mühe hatte, „zwischen den Tribünen durchzuzielen und auch durchzufahren." Er ahnte wohl, daß hier, zu der Zeit noch unerkannt, heimtückischer Auftrieb seinen Wagen vorne ganz leicht und das Lenken zur Glückssache gemacht hatte.

Im Laufe der Saison 1966 hatten die BT 19 und BT20 in sehr schnellen Ecken klare Vorteile gegenüber den ansonsten auch nicht lahmen Zweiliter-Lotus-Climax 33. Ein selbsternannter Technikkenner führte das auf eher mäßige Verwindungssteife des Brabham-Chassis zurück, Tauranac hätte es bewußt „weich" ausgelegt, um die Räder besser am Boden zu halten. Rons netter Kommentar zu dieser Analyse kann hier nicht zitiert werden. Aber sein eiserner Grundsatz war immer: „Je steifer, desto besser." Der Unterschied zwischen den Lotus 33 und den Repco Brabhams lag wohl eher in der Aerodynamik. Die Nase des Lotus 33 war aufwärts gebogen und bot dem Fahrtwind bei Hochgeschwindigkeiten eine große untere Angriffsfläche. Die Brabham-Front war sehr schildförmig, weder oben noch unten deutlich gebogen, sie schob sich neutraler durch die Luft. 1967/68 holte sich Tauranac dann noch Rat und Beistand bei den Aerodynamikern der British Aerospace Corporation (BAC) im nahegelegenen Brooklands. Das brachte echte Fortschritte, auch wenn nur ein sehr kleiner Teil der hier schlummernden Möglichkeiten entdeckt wurde.

In Spa 1967 tauchte der BT 19 von Hulme versuchsweise mit kleinen, streifenförmigen Flügelchen am Bug auf, sie verringerten den Auftrieb unter der Vorderachse des Rennwagens auf dem Hochgeschwindigkeitskurs deutlich. Nach Windkanalversuchen bei BAC wagte Tauranac für Monza im selben Jahr noch weitergehende Experimente: Der Fahrer saß, wie im Weltkrieg II-Jäger, unter einer strömungsgünstigen Kanzel. Getriebe, Bügel, Motor waren windschlüpfrig verkleidet. Aber die Stoppuhren zeigten keinen deutlichen, positiven Effekt. Dafür hatte der Pilot ernsthafte Schwierigkeiten, mit kanzelverzerrter Sicht den rechten Pfad nicht zu verlassen, und das Ölthermometer zeigte neue, recht ungesunde Spitzenwerte. Die revolutionären Accessoires verschwanden für's Rennen.

Das folgende Jahr in Spa sah sowohl die Ferraris als auch die Brabhams schon mit reichlich Flügelwerk. Die Idee hatte man bei Lotus-Mechanikern abgeguckt, die im Winter Flügeltests für die Tasman-Serie gemacht hatten. Die Flügel waren auf Streben am Chassis befestigt, vorne sorgten große Frontflügel für Balance im Abtrieb. Im Verlauf der Saison kam unaufhaltsam der Vormarsch der Flügel in der Formel 1. Die BT26 wurden leider von ihren neuen Viernockenwellen-Herzen arg am Fortschritt gehindert. Es blieb deshalb anderen überlassen, in das neue Reich der aerodynamischen Forschung vorzudringen.

1969 kam dann das Ende für die Repco-Brabhams. Der BT26 wurde umgearbeitet, um Cosworth-Ford DFV V8 Maschinen aufzunehmen. Die Repco-Brabhams waren in all' ihren Versionen nie die spektakulären Bannerträger technischer Neuerungen — das konnten wohl eher die wichtigsten Konkurrenten für sich beanspruchen. Aber die Repco-Brabhams hatten immer wieder den Weg nach vorne gewiesen. Und das nicht zuletzt, indem sie den unschätzbaren Wert genialer Einfachheit zeigten. Eine Lektion, die andere wohl niemals begreifen würden.

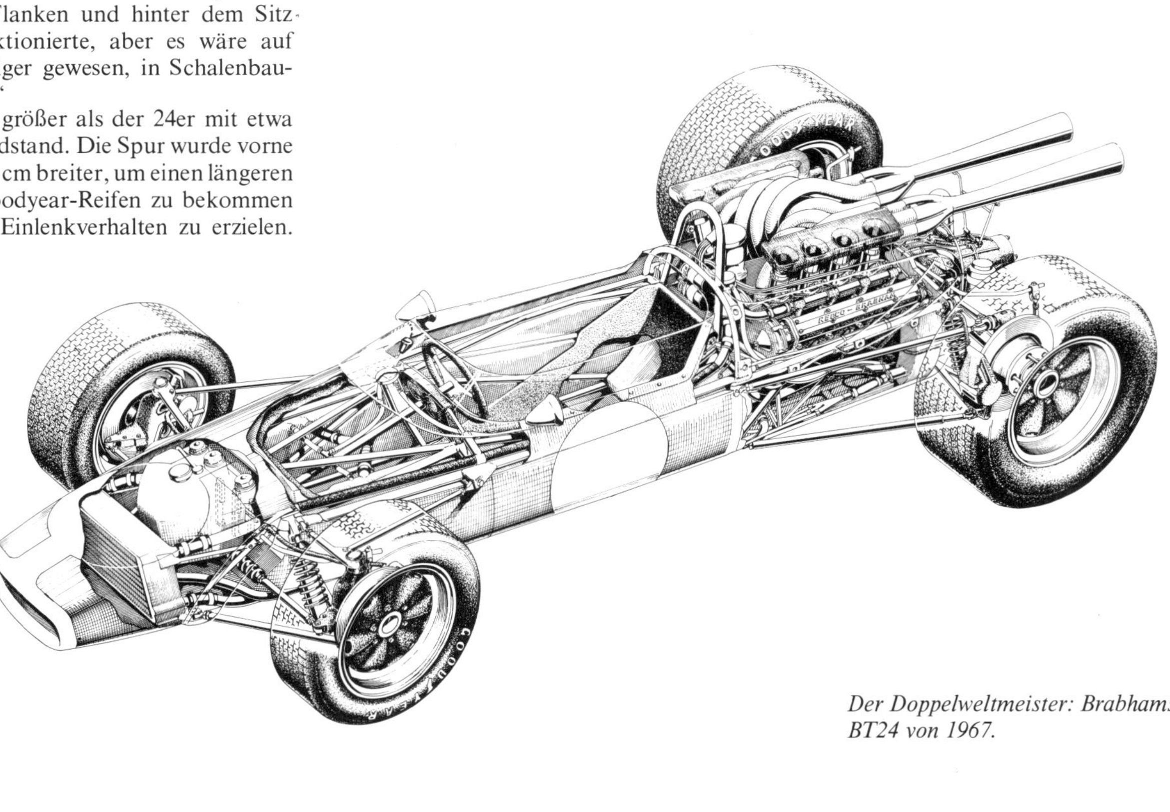

Der Doppelweltmeister: Brabhams-Rohrrahmen BT24 von 1967.

Lotus 49:

Eine Zigarre für die Konkurrenz

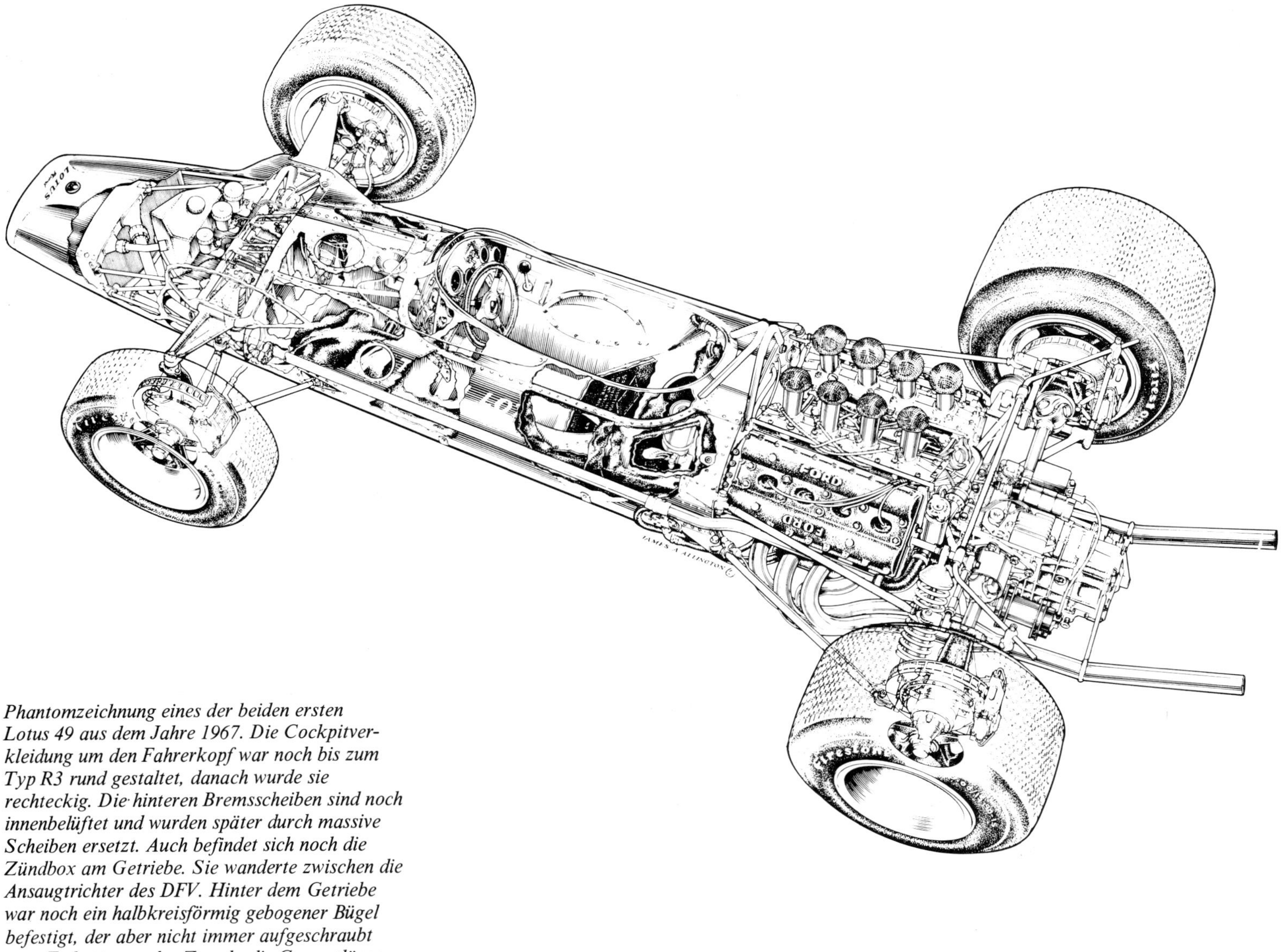

Phantomzeichnung eines der beiden ersten Lotus 49 aus dem Jahre 1967. Die Cockpitverkleidung um den Fahrerkopf war noch bis zum Typ R3 rund gestaltet, danach wurde sie rechteckig. Die hinteren Bremsscheiben sind noch innenbelüftet und wurden später durch massive Scheiben ersetzt. Auch befindet sich noch die Zündbox am Getriebe. Sie wanderte zwischen die Ansaugtrichter des DFV. Hinter dem Getriebe war noch ein halbkreisförmig gebogener Bügel befestigt, der aber nicht immer aufgeschraubt war. Er hatte nur den Zweck, die Gesamtlänge des Autos zu verlängern, damit die zu weit nach hinten ragenden Auspuffrohre legal wurden. Auch bei dieser Zeichnung fehlt dieser Bügel. Im Jahre 67 waren Proteste generell unüblich.

Man schreibt das Jahr 1967, in England tut sich wichtiges für die Formel 1-Szene: Keith Duckworth, Mike Costin und Mike Hall bei Cosworth Engineering legen letzte Hand an Fords neuen Grand Prix Motor. Zugleich arbeitet in der Potash Lane, Hethel, das ist im finstersten Norfolk, das Team Lotus am neuen Typ 49. Der vollendet harmonische Wagen in der charakteristischen Zigarrenform soll die brandneue Maschine aufnehmen.

Lotus hatte sich im Vorjahr — dem ersten der neuen Dreiliter-Formel 1 — mit zierlichen, kleinen Zweiliter-V8-Einsitzern geholfen, die mit modifizierten Climax- und BRM-Treibsätzen aus der 1500 ccm-Formel rannten. Bei BRM hatte das Chapman-Team einen Dreiliter-Sechszehnzylinder bestellt, den Chefingenieur Tony Rudd so baute, daß er am hinteren steilen Schott eines Monocoque befestigt werden konnte, genau wie der DFV. Dieses System hatte Maurice Phillippe schon 1965 für den Lotus 39 und seinen geplanten Climax 16 Zylinder Boxer ausgetüftelt.

Für die BRM H 16 Maschinen entstanden zwei Monocoque-Chassis: Der Typ 42 war für die leider totgeborene 4,2 Liter Indy-Maschine gedacht. In „unserer" Dreiliter-Formel sollte der Typ 43 Lorbeeren sammeln. Beide verwirklichten das Konzept des „Voll-Monocoque"; die Beine des Fahrers waren 360° von der selbsttragenden Haut umgeben. Hinter seinen Schultern lag ein Benzintank, in den Flanken des Chassis wurde ebenfalls Treibstoff mit ins Rennen genommen.

Der Typ 43 litt arg unter Getriebeproblemen und der Unzuverlässigkeit des BRM H 16. Beim GP der USA in Watkins Glen 1966 gelang es dem begnadeten Jim Clark dann aber doch: Er trug das anfällige Gefährt mit Samthandschuhen, aber schneller als alle anderen ins Ziel. Zu diesem Sieg verhalf ihm übrigens der Ersatzmotor des BRM-Werksteams, seine eigene Maschine hatte das Training nicht überlebt. Schon ziemlich frustriert fuhren Clark und sein neuer Teamkollege Graham Hill die 43er noch in Kyalami 1967, für Monaco wurden Zweiliter V8-Motoren eingebaut.

Dann kam der 4. Juni 1967, der Große Preis der Niederlande in Zandvoort — und das Märchenbuch-Debut des Lotus 49 mit seinem Cosworth-Ford DFV Motor.

Der Lotus 49 im Detail

Colin Chapman hatte „ein ganz einfaches Auto, das uns keine Probleme aufgab, so daß wir uns um den Motor kümmern konnten", entworfen. In der Tat: Der Rumpf des 49 entsprach weitgehend den simplen Monocoques der Typen 42 und 43. Vor und hinter dem Cockpit-Ausschnitt lief die selbsttragende Haut rundum. Vorne trug die rechtwinklige foot-box die Radaufhängungen mit. Sie war auf einem Rahmen aus quadratischen Rohren aufgebaut. Hinter der Rückenlehne des Schalensitzes lag das vordere Schott des zentralen Sprittanks, der auch zum Motor hin durch eine Platte abgeschlossen war. Ganz eng an diese Platte angeschmiegt, lauerte der Cosworth-Achtzylinder. Die Maschine brachte nicht nur den Vortrieb, an ihr hing auch die Last der ganzen Hinterradaufhängung.

Die Haut der schnellen Zigarre bestand aus 1,5 mm Alclad-Blechen, einer Duraluminium-Legierung mit Reinaluminiumoberfläche. Auf ein vorderes und ein hinteres Schott genietet, bekamen diese Bleche ihre typische Röhrenform. Auch für die Schotts nahm man nur vom Besten — sie bestanden aus Stahl mit niedrigem Kohlenstoffanteil.

Beidseits vor dem Cockpit waren in der Außenhaut kleine Luken gelassen, durch sie konnten die Mechaniker kleine Eingriffe im Inneren des Monocoque blindlings ausführen. Für die Ellbogen des Piloten hatte die innere Cockpitverkleidung große

Jim Clark, Colin Chapman und der Lotus 49 beim Debut in Zandvoort 67.

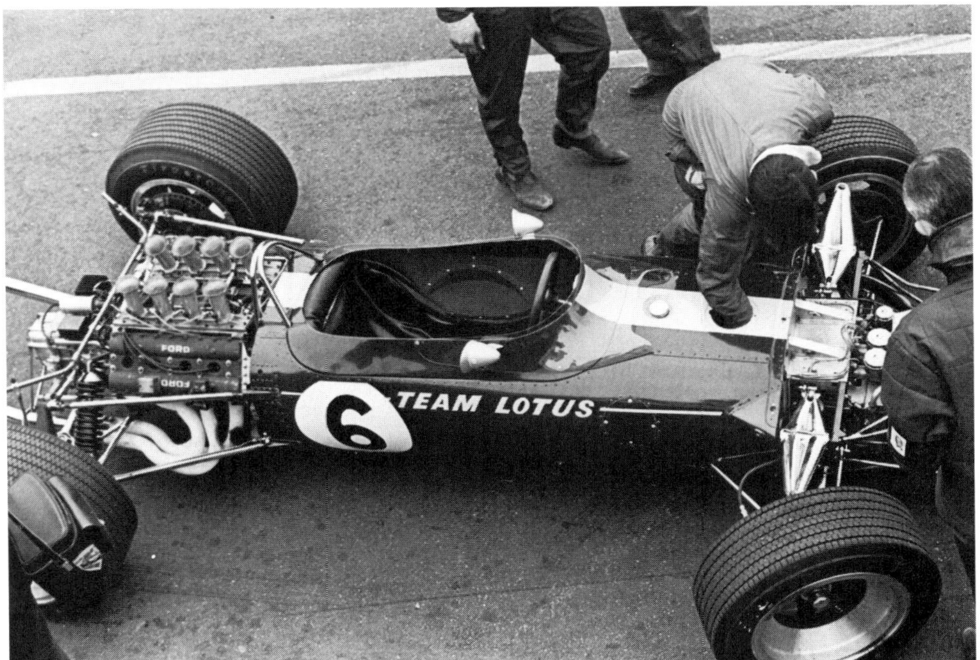

Clarks 49/R2 in Zandvoort.

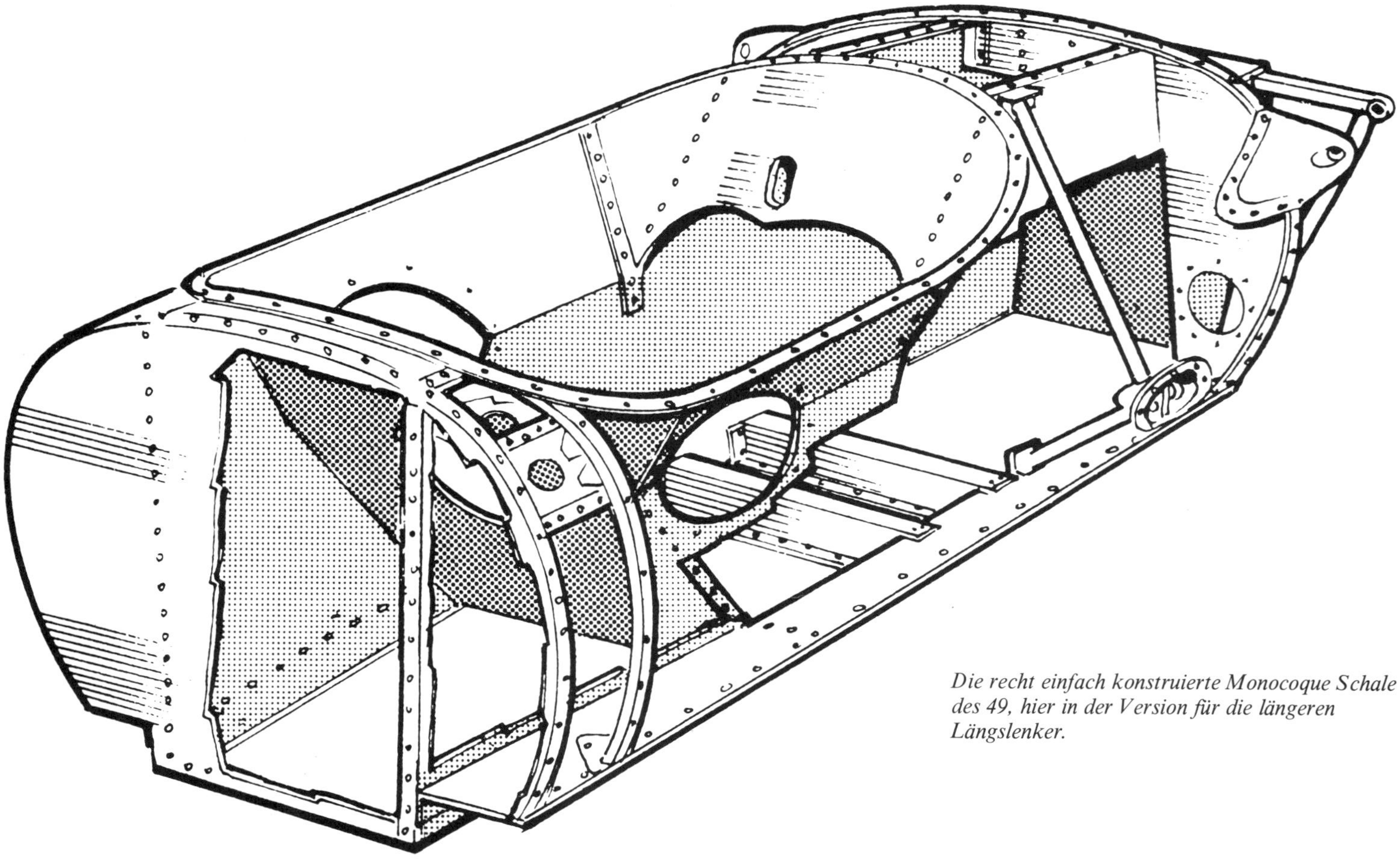

Die recht einfach konstruierte Monocoque Schale des 49, hier in der Version für die längeren Längslenker.

Einbuchtungen über den seitlichen Benzintanks, die längs der Fahrerzelle lagen. Jeder dieser seitlichen Tanks faßte um die 68 Liter und war über Rückschlagventile mit dem zentralen Tank hinter dem Fahrerrücken verbunden. Dieses Reservoir konnte nochmals mit 45 Litern der explosiven Flüssigkeit befüllt werden. Von hier holte sich die Maschine ihre flüssige Nahrung. Alle Tanks waren selbstverständlich mit FPT Gummi-Sicherheitsblasen ausgekleidet.

Vor der foot box mit der Zahnstangenlenkung lag der Öltank hinter einem immens schweren Kühler aus Messing. Der Radiator wurde von einem Hilfsrahmen gehalten und enthielt zwei Kerne, für Öl und Wasser. Die für mehr Anpreßdruck abwärts gebogene Glasfibernase war als einziges Teil der Verkleidung abnehmbar. Der in der Nase liegende Öltank war trickreich geformt: Nach vorne wie ein Keil ausgebildet, lenkte er die vom Kühler kommende heiße Luft links und rechts zu den Ausschnitten der vorderen Radaufhängungen.

An der Unterseite des Rumpfes führten die Öl- und Wasserleitung vom Kühler zum Motor. In der dicken, außenliegenden Kühlwasserleitung links auf der Karosserie floß das Wasser vom Motor nach vorne zum Kühler. Guter Lotus-Sitte folgend, bestand die Aufhängung vorne aus oberen, aus dem Vollen gearbeiteten Schwinghebeln. Sie betätigten innenliegende Feder/Dämpfereinheiten, die dicht an der foot box vor dem Luftstrom versteckt standen. Eine einzelne, untere Achsstrebe und ein Längslenker vervollständigten die Aufhängung, die zudem einen Bremsnickausgleich bot. Die dicken, belüfteten Scheibenbremsen lagen außen an den Radträgern und damit voll im Luftstrom, gewaltige Bremszangen lagen in Fahrtrichtung hinter den Achsen.

Der Motor war oben an Befestigungspunkten auf den Zylinderkopfdeckeln, unten an einem Kreuzrahmen befestigt. Ein extrem leichtes, verstärktes ZF 5DS12-Getriebe besorgte die Kraftübertragung. Das ZF bot ziemlich elegante, verschiebbare Anlenkpunkte. Chapman war begeistert: „ZF hat den Job wunderschön ausgeführt ...“

Die Hinterradaufhängung zeigte die üblichen oberen Streben, unten umgekehrte Dreieckslenker. Doppelte Längslenker übertrugen die beim Bremsen und Beschleunigen entstehenden Kräfte auf den hinteren Abschnitt des Monocoque. Vor den Halbachsen lagen schräg die Feder/Dämpfereinheiten.

Wie bereits gesagt, ein ganz einfaches Auto. Und wie lief's dann? Ford wollte nicht zuviel Publicity um die Einführung des neuen V8, bevor der auch wirklich richtig lief. Die Einführung des DFV kam deshalb recht leise.

Dem Blitzstart folgen die Probleme

Am 25. April 1967 wurde der erste von zunächst fünf vereinbarten Motoren dem Team Lotus übergeben. Da war das Kraftpaket seit zwei Tagen fertig, vor fünf Monaten war mit dem Bau begonnen worden. Das Debüt am 7.Mai in Monaco wurde abgeblasen, die beiden Lotus 49 erlebten ihre Premiere in Zandvoort, wie's schon der klassische Typ 25 getan hatte, und zwei Jahre später der Allrad-Typ 63 auch tun würde. Die Premiere war ein einziger, großartiger Erfolg. Hill fuhr auf die Pole. Am Ende der ersten Rennrunde lag er in seinem „R1“-Prototyp schon gute 180 Meter vor Jack Brabham auf seinem BT 24 Repco. Clark hatte in letzter Zeit wenig getestet, ihn hielten Steuererwägungen vom Vereinigten Königreich fern. Er fuhr zunächst auf dem sechsten Platz rum. Schon in der elften Runde ging in Hills Motor leider der Nockenwellenantrieb ein. Clark kämpfte sich nach vorne und gewann den ersten GP für Cosworth-Ford und den neuen Lotus 49 nach Belieben.

Dieser erste, brilliante Erfolg war trügerisch, denn Mitte der Saison litten die Renner aus der Potash-Lane unter üblen Zuverlässigkeitsmängeln. Aber die Lotus 49 DFV hatten ein unglaubliches Potential, sie setzten neue Maßstäbe: Bei den nächsten 11 Grand Prix stand jeweils ein Lotus auf dem ersten Startplatz! Während Hill dann im Rennen oft führte, war es immer sein Teamgefährte Clark, der die Rennen überstehen und noch drei GP gewinnen sollte: Den britischen im Juli und nach einer langen Durststrecke noch die Rennen in den Vereinigten Staaten und Mexiko.

Chapman selbst war ja von den speziell gefertigten ZF-Getrieben sehr angetan. Für Costin und Duckworth machte das Stück eher einen unterdimensionierten Eindruck. Der französische Grand Prix auf dem Bugatti-Kurs in Le Mans brachte es dann an den Tag: Die Getriebe waren dem „Stop and go“-Verkehr auf dem engen Kurs nicht gewachsen. Gehäuse verzogen sich, Tellerrad und Ritzel hielten den Belastungen nicht stand. Das kostete Hill und Clark die ersten beiden Plätze.

Die ZF hatten einen deutlichen Gewichtsvorteil gegenüber dem „Haufen alter Zahnräder“, wie Chapman die Hewland-Getriebe schon mal nannte, obwohl die meisten Formel 1-Teams auf sie vertrauten. Der Gewichtsvorteil ging durch Verstärkungen des Gehäuses und später durch eine ganz neue, schwerere Ausführung verloren. Damit war ein ganz großer Vorteil dieser Getriebe verspielt. Ein ernstes Problem war auch der Riesenaufwand, der jedesmal beim Wechsel der Übersetzungen entstand. Denn sowohl die einzelnen Übersetzungen als auch der Achsantrieb waren fest. In den staubigen, dunklen Boxen jener frühen Tage mußten die Getriebe deshalb für jeden Übersetzungswechsel ganz seziert werden. Das kostete sehr viel Zeit. Seit 1961 nahm das Team deshalb zu jedem Rennen eine ganze Kollektion von fertigen Getrieben und Differentialen mit zu den Rennplätzen. Nun war mit dem DFV ein neuer Motor da. Das hieß für die Lotus-Mannen: an jedem Kurs neu mit Übersetzungen lernen, experimentieren. Die Nachteile des ZF wurden dadurch doch zu groß. Ab dem Frühjahr 1968 sah man auch im Team Lotus Hewland-Getriebe, die leicht zu montieren und schnell allen Strecken anzupassen waren.

So schön und harmonisch der Lotus 49 bei seiner Premiere damals auch ausgesehen hatte, in dem Renner steckten doch eine Menge Probleme, die von der Praxis gnadenlos aufgedeckt wurden. Die dicken, üppig belüfteten Bremsscheiben verschwanden. Sie kühlten immer wieder zu schnell und tief ab und „glasierten“ so die Beläge, deren Biß verlorenging. Weichere Beläge brachten keine Besserung, die kam erst mit massiven Bremsscheiben und so ausgeglicheneren Temperaturen. Probleme gab's auch mit den oberen Schwinghebeln der Vorderradaufhängung. Im Team kam der Verdacht auf, sie wären den Belastungen der Rennen nicht gewachsen. Nach dem Großen Preis von England und vor allem nach dem mörderischen Berg- und Talbahnrennen auf dem Nürburgring wurden sie zweimal verstärkt.

Hills Wagen verlor beim Grand Prix von England an einer Hinterradaufhängung eine Schraube, das Rad flatterte gegen den oberen Querlenker. Hill humpelte an die Boxen, bekam eine neue Schraube und schoß wieder auf die Strecke zurück. In einer tollen Aufholjagd wühlte er sich durch das ganze Feld, bis sein Cosworth-Ford explodierte. Graham fuhr übrigens einen nagelneuen 49, das Chassis mit der Bezeichnung „R3“. Es war in einer nächtlichen Panikaktion entstanden, nachdem der „R2“ bei einem Trainingsunfall arg verbogen im Abseits liegenblieb. Und eben bei dieser nächtlichen Aufbauaktion war die kritische Schraube nicht richtig angezogen worden. Hill war ausgesprochen sauer über diese Panne. Kein Wunder, wenn einen Weltklassepiloten solche Bagatellen in einem Siegerwagen am Siegen hindern. Später wurde die Befestigung der oberen Querstrebe, das Corpus Delicti, noch zweimal überarbeitet, um weitere Unbill zu verhindern.

Auch die Befestigungspunkte der Längslenker wurden am „R3“ überarbeitet und verstärkt — an dem einst so perfekten und wunderschönen Finish des Lotus 49 hinterließ die harte Praxis die ersten Narben und Flicken.

Der Praxis diente auch die größere, rechteckige Öffnung über den Pedalen des „R3“, die den Mechanikern die Arbeit im Wageninneren erleichterte. Um trotz der größeren Luke den Renner verwindungssteif zu halten, wurden in die Seitenteile des Monocoques zwei kleine Schotts eingeschweißt. Diese kleinen Bleche machten eine Teilung der seitlichen Blasentanks nötig. Insgesamt erwies sich die Anordnung als gut, sie wurde für alle weiteren 49er beibehalten.

Für den technischen Fortschritt, die Höchstleistung, war im Formel 1-Sport eine Sache immer extrem wichtig: Geld. Je mehr, desto besser. Und das schien dem Lotus Team nun abhanden zu kommen, als Esso bei der London Motor Show 1967 Gerüchte bestätigte, sich als Sponsor aus dem Sport zurückzuziehen. Alarm bei der Chapman-Truppe! Die schnellen Jungs klopften sofort auf sämtliche verfügbaren Büsche und waren in Nottingham bei der John Player Tobacco Company erfolgreich. Das Gold Leaf Team Lotus war geboren! Damit begann eine Entwicklung, die „National-Rennfarben“ verdrängte. Einzige Ausnahme blieb das rasende rote Nationalheiligtum der Italiener, Ferrari.

In Kyalami eröffnete der Sieg des vierten Lotus 49, des „R4“ unter Clark, die Saison 1968. Clark übertrumpfte mit seinem Erfolg zugleich Fangios legendären Rekord von 24 Grand Prix-Siegen, er brachte es jetzt auf stolze 25 Triumphe. Hier in Kyalami tauchte der Cosworth-Ford DFV auch zum ersten Mal in einem anderen Rennwagen auf: Ken Tyrrell brachte mit der Equipe Matra International einen Matra DFV mit Stewart an den Start. Der Schotte begann nicht schlecht: Er führte zunächst im Rennen, bis Clark an ihm vorbeiging.

Spezielle 2,5 Liter-Versionen des DFV, die sogenannten DFW, rannten von Januar bis März im Tasman Championat auf dem australischen Kontinent und in Neuseeland. Lotus hatte sie in die 49er „R1“ und „R2“ gepflanzt, die so als 49 T liefen. Clark fuhr die ganze Meisterschaft, Hill nur die australischen Rennen. In Neuseeland hatten Clarks Mechaniker eine wirklich verrückte Idee: Sie holten ein Stück Hubschrauber-Rotor vom Schrott und bauten es hinten auf Clarks Lotus, um Apreßdruck zu erzeugen ... Der junge Gianni Marelli, damals Ferrari-Ingenieur für Amons 246 T V6, war von dem Ding fasziniert und photographierte drauf los wie besessen.

Der 7. April 1968 sollte ein furchtbarer Tag für das Team Lotus und den Sport werden: Jim Clark kam bei einem Formel 2-Rennen in Hockenheim auf tragische Weise ums Leben. Viele sagen, mit ihm sei zugleich unwiderruflich der Sportsgeist aus der Formel 1 verschwunden. Vielleicht ist es auch ein zufälliges zeitliches Zusammentreffen, jedenfalls kam jetzt der große Kommerz in die Formel 1. Damit waren die schönen Zeiten des bloßen Enthusiasmus ein für allemal vorbei. Aber es eröffneten sich mit dem Engagement finanzkräftiger Sponsoren auch ungeahnte Möglichkeiten.

In den ersten Monaten des Jahres machte das Team mit den neuen, immer breiteren Firestones eine sonderbare Erfahrung: Durch die größere Auflagefläche verteilte sich das Gewicht des Wagens logischerweise auf eine größere Fläche, der Gummi war nicht mehr genügend belastet. Als unerwünschte Folge „krallten“ sich die Pneus nicht wie gewohnt in den Asphalt. Die Lösung für höhere Kurvengeschwindigkeiten konnte nur heißen: Mehr Gewicht auf die Antriebsräder!

Die Lösung des Problems wurde mit der „Spezifikation“ im „R5“ angegangen (das war noch nicht der von Renault). Beim Race of Champions zierte ein großer Öltank das Getriebe des Boliden, obenauf saß ein schmaler Ölkühler. Breitere Felgen trugen die letzte Generation der Firestone-Renngummis. Neue Radträger, die weniger über das Niveau der Naben hinausstanden und niedrigere Befestigungspunkte für die oberen Längslenker paßten die Aufhängung den Reifen an.

Nach dem Rennen kam dieser provisorische „B-Typ“ in die Werkstatt und wurde in den ersten „echten“ Lotus 49B Prototyp verwandelt. Dabei leisteten Chapman und Maurice Phillippe ganze Arbeit: Die Vorderradaufhängung wurde knapp 8 cm nach vorne geschwenkt. Dadurch ging mehr Last auf die Antriebsräder, der Radstand wurde länger. Um Nachspur und Vorspur an den Hinterrädern zu begrenzen, wurden die Anlenkpunkte der unteren Längslenker nach vorne verlegt, hin zur Mittelachse des Wagens.

Hinten hielten jetzt kräftigere Hilfsrahmen die Radaufhängung, Öltank und Hewlands neuesten „Haufen alter Zahnräder“, das FG 400. Die Zylinderköpfe des DFV trugen nun also nicht mehr direkt die Last der Aufhängung.

Ein üppiges Wachstum hatten Felgen und Räder erlebt: von 8 auf 10 Zoll vorne während der beiden letzten Läufe 1967, jetzt wurden sie 12 Zoll breit, Durchmesser 15 Zoll. Achtern war die Breite schon auf 15 Zoll gewuchert, damit wurden Stirnfläche und Aerodynamik des Lotus sehr ungünstig verändert.

Ron Tauranac hatte letztes Jahr in Spa das Handling seiner Brabhams durch noch ziemlich mickrige Spoiler verbessert. Chapman und Phillippe waren einen Schritt weiter gegangen und hatten dem Turbinenrenner Lotus 56 B für seine Indianapolis-Einsätze eine konsequente Keilform gegeben. Diese Keilform verwirklichten sie nun auch beim 49 B, so gut das mit einem Frontkühlerauto eben ging. Im Klartext: Die Nase blieb ziemlich unverändert, Maschine und Getriebe aber erhielten eine keilförmige Verkleidung. Auf der befand sich oben ein NACA-Einlaß für den Ölkühler, der seine heiße Luft nach hinten abließ. Die vom Team mit der Gestaltung dieses wunderschönen Hinterteils freudig verbundene Hoffnung auf Abtrieb zeigte sich auch in zwei kleinen Frontflügeln: Sie sollten den erwarteten Anpreßdruck zum Schwerpunkt des Wagens hin ausbalancieren.

Den Grand Prix von Spanien gewann Hill trotz mechanischer Schwierigkeiten gegen eine magere Konkurrenz. Es war der letzte Sieg der „Urversion“ eines Lotus 49 — Graham bewegte das Prototypen-/Tasman-Chassis „R1“. In Monaco sah Hill auf dem wieder aufgebauten 49 B „R5“ nochmal als Erster das Ziel. Das Debüt seines neuen Teamkollegen Jack Oliver hier im Fürstentum war nicht ganz so überzeugend: Der zerlegte nämlich den „R1“ früh im Rennen ziemlich nachhaltig. Trotzdem wurde das Wrack heim nach Britannien geschafft und noch einmal renoviert, der 49 B „R9“ entstand.

In der Potash Lane wurde es zur gepflegten und bewährten Gewohnheit, selbst ganz übel zerknitterte Chassis wieder aufzubauen. Deshalb gab es für nur neun tatsächlich vorhandene Wagen im Lauf der Geschichte auch zwölf Chassisnummern.

Jedenfalls rannten die Halbkeile mit Namen 49 B nur noch zwei Rennen, dann wurden die luftlenkenden Eingriffe schon massiver. Brab-

Graham Hill beim Großen Preis von Deutschland 1967 (oben) und 68 (unten). Der 68er mit der Kennnummer R5 fuhr schon vorne und hinten beflügelt, hatte den Öltank auf dem Getriebe und unten längere hintere Längslenker als oben. Rechts: Mit dem R5 gewann Graham Hill in Monaco 1968.

Der große Nachteil der 49er waren zu viele Nickbewegungen des Wagens. Der R6 von 1969 ging beim Bremsen tief in die Knie und schliff mit der Nase über den Asphalt. Die heiße Kühlluft der Frontkühler entwich jetzt durch die Öffnungen zwischen den vorderen Radaufhängungen. Das ersparte dem Piloten viele zusätzliche Grade im Cockpit.

ham und Ferrari kamen zum Grand Prix auf dem superschnellen Kurs von Spa-Francorchamps 1967 mit Boliden, auf deren Rumpf hinten kleine Flügel wuchsen. Oliver saß dort im brandneuen 49B „R6". Die Idee der Flügel aber wurde von Chapman sofort aufgenomen und weiter entwickelt als von allen anderen. Chapmans Flügel waren höher, breiter und hatten mehr Abtrieb als die der gesamten Konkurrenz. Und seine Fahrer wurden Testpiloten, die ins manchmal gefährlich Unbekannte vorstießen.

So tauchten die 49 B in Rouen 1968 mit Flügeln auf, die direkt auf der hinteren Aufhängung standen. Sie verwandelten auf diese Art Abtrieb in pure Traktion. Colin rechnete mit etwa 180 kp Abtrieb bei 240 km/h. In der Praxis hatte die neue Technik so ihre Tücken: Sein erstes großes Schreckerlebnis hatte Oliver, als er sich im Training bei so etwa 230 Sachen nach alter Übung in den Windschatten eines Konkurrenten hängen wollte. Kaum war er hinter dem Gegner, wurde der Lotus augenblicklich unkontrollierbar, kam von der Strecke ab und knallte mit voller Wucht gegen einen gemauerten Torpfosten. Die ganze linke Seite der Schale verformte sich grotesk, wurde völlig zerknautscht, nahm dabei aber viel Energie auf. Das rettete Jack Oliver wohl das Leben, er trat echt schokkiert und im ganzen heil den Fußmarsch zu den Boxen an. Am Streckenrand blieb das zerstörte Monocoque zurück, Getriebe und hintere Radaufhängungen waren vollständig abgerissen.

Der schlimme Unfall brachte zwei wichtige Erkenntnisse: Erstens ist es saugefährlich, mit aerodynamischen Hilfen zu spielen, die man nicht ganz genau kennt und zweitens sind die Monocoques unheimlich stabil. Wir sollten nicht vergessen, in jenen Tagen lenkten die tollkühnen Männer ihre Geräte unangeschnallt, das rettende Gurtwerk wurde erst 1969 zur Pflicht.

Neben der üblen Überraschung für Oliver brachten die üppig wuchernden Flügel auch andere Unbill: Halbwellen und Kreuzgelenke gingen massenweise zu Bruch. Denn durch die Spoiler wurde der Schlupf und auch die Möglichkeit zu einem Drift auf's Minimum runtergeschraubt. Auch die neuen Firestone Y, speziell die berühmte 11B-Mischung, klebten teuflich auf der Straße. Resultat: Jede Beschleunigung und Bremsung, die hohen Seitenkräfte, alles haute voll auf Antriebswellen und -gelenke. Diese Teile wurden immer wieder verstärkt, über BRD und Hardy-Spicer Elemente, bis das Optimum gefunden wurde: Beim GP der USA und in Mexiko fuhren die Lotus 49 Löhr & Bromkamp-Gelenke. Diese Dinger hielten sowohl dem wilden Zubiß des Cosworth als auch den extremen Bewegungen des Lotus-Fahrwerks stand.

Der Lotus 49 B „R7" fuhr in Kundenhand zum Erfolg. Rob Walkers Privatteam nannte ihn für den GP England mit Jo Siffert am Volant, Datum Juli 1968, Ort: Brands Hatch. Wie sich das für einen richtigen neuen Lotus DFV gehört, gewann der R7 sein erstes Rennen. Ehrlicherweise muß gesagt werden: Es war der zweite Versuch des Teams mit einem 49. Den ersten, das Chassis „R2", hatte Siffert bei seinem Jungferneinsatz für Walker in Brands Hatch zerstört. Das Auto brannte dann in der Werkstatt aus, als es wieder renoviert werden sollte.

Die Entwicklung ging weiter, im März 1969 hatten die Formel 1-Renner auch auf den Vorderradaufhängungen Flügel, die über die ganze Breite des Wagens gingen, aber es kam ja noch ausgeflippter:

Mexico City, 1968, das Rennen, in dem Hill seine Weltmeisterschaft sichern wird. Und die schnelle Gilde hat zu diesem GP ihre Rennwagen mit verstellbaren Heckflügeln ausgerüstet! Auf den Geraden tritt der Pilot ein viertes Pedal links neben der Kupplung. Über einen Bowdenzug wird der Flügel ganz flach gestellt: full speed. Vor den Ecken geht der Fahrer vom Flügel- auf's Kupplungspedal, der Anstellwinkel der Heckflosse wird steiler. Die Wirkung ist gleich dreifach: Der steile Flügel bremst vor der Kurve kräftig mit, in der Biegung ist genug Abtrieb vorhanden und beim Rausbeschleunigen werden die Antriebsräder auf den Belag gepreßt.

Dann kommt der Große Preis von Spanien, Barcelona, 4. Mai 1969. Die beiden Werks-49 für Rindt und Hill kreuzen mit den größten, höchsten, breitesten Flügeln auf, die je Formel 1-Wagen schneller machten. Ultraleicht sind die Spoiler: Eine dünne Aluminiumhaut ist über zwei kleine Profile gespannt. Die Tragfläche ist nur an den äußeren Ecken abgestützt. Zwar sind die Stützstreben für hohen Anpreßdruck gebaut, aber eine Stelle im Montjuich-Park hat eine verhängnisvolle Eigenheit: Der Sprunghügel bei den Boxen. Wenn die Lotus hier fliegen und wieder landen, werden ihre Flügel nicht von vorne, sondern von unten angeströmt. Genau das läßt am Sprunghügel Hills und Rindts filigranes Flügelwerk zusammenbrechen. Beide erleben in den schlagartig unkontrollierbaren Boliden schlimme Sekunden. Beide Autos werden total zerstört, Rindt trägt Verletzungen davon. Autos total zerstört? Na ja, der „R9" mußte abgeschrieben werden. Aber der schon mal wieder aufgebaute „R6" erstand in der Wunderwerkstatt zu Hethel nochmals wie Phoenix aus der Asche.

Die schlimmen Unfälle wegen gebrochener Flügel ließ die CSI reagieren. Beim nächsten GP in Monaco erging mitten im Training ein Flügelverbot. Was in Zukunft erlaubt sein sollte, blieb unklar. Bei den Teams wurde wild improvisiert, die Lotus-Mannen entrissen ihrem Transporter Teile der Innenverkleidung, das brave Zubehör fand sich als keilförmige Verkleidung auf dem Hinterteil eines Formel 1 wieder. Hill rollte in Monaco mit einem neuen Chassis zum Start, dem „R10". Richard Attwood fuhr den zweiten Lotus für Rindt, der ja in Spanien verletzt worden war. Attwood saß in einem alten 49 T „R8", der speziell für Hill und die Tasman-Serie gebaut worden war. Die schon ziemlich betagte Karre kam kurz vor dem Rennen auf einem verspäteten Transportschiff, unter einem Berg von faulendem Obst, von Australien an. In Rekordzeit wurde der Renner für den Formel 1-Einsatz wieder flott gemacht. Die Arbeit sollte sich lohnen: Graham Hill gewann zum fünften Mal den GP von Monaco. Jo Siffert wurde im privaten 49 B „R7" des Teams von Rob Walker Dritter. Und Richard Attwood hämmerte den alten „R8" auf den vierten Rang — nebenher fuhr er in der alten Gurke noch die schnellste Runde. Die mörderische Strecke zeigte deutlich, wie stabil die Lotus 49 waren. Das Rennen erschütterte die gern erzählte Legende von den zerbrechlichen Chapman-Kreationen.

Für Zandvoort galten dann neue Flügelregeln, der genesene Rindt kam zurück ins Team. Zwischen dem Österreicher und Hill baute sich im Lauf der Saison eine harte Rivalität auf. Der aggressive, direkte Rindt entpuppte sich als der deutlich schnellere Mann. Rindt lieferte dem überlegenen Matra MS 80 mit Jackie Stewart am Steuer einige erbitterte Gefechte.

Die Energie des Teams mußte in dieser Saison zweigeteilt werden, denn der neue Typ 63 mit Allradantrieb debütierte. Chapman versuchte verzweifelt, seine Fahrer für den Neuen zu begeistern. Die aber sammelten zu der Zeit mit ihren bewährten 49 B hungrig WM-Punkte. Colin versuchte es mit der Brechstange: Er verkaufte den „R8" an Jo Bonnier, ein „R9" ging an John Love nach Südafrika (wo schon ein alter „R3" in der Garage stand). Dem Team blieben so nur der „R6" in seiner x-ten Version, und die beiden Allrad-Typ 63. Silverstone kam und die beiden Lotus-Asse waren unheimlich sauer auf Chapman und seinen Deal. Also: Alles zurück! Colin schwatzte für Hill Bonnier den „R8" wieder ab, Rindt nahm im „R6" Platz. Um den guten Bonnier nicht restlos zu vergrätzen, überließ man ihm leihweise einen „Typ 63". Das zweite Vierradauto bewegte Nachwuchsmann John Miles für Lotus.

Später mußte auch John Love seinen Lotus 49 wieder 'rausrücken, denn die Lotus 63 enttäuschten alle Hoffnungen. So kam Rindt am Steuer des „R6" in Watkins Glen, USA, doch noch zu seinem ersten GP-Sieg auf einem Lotus 49. Für Graham Hill nahm dieses Rennwochenende einen schlimmen Ausgang, er verunglückte auf dem „R10" schwer. Bei einem Dreher war ihm der Motor abgestorben. Graham stieg aus, schob an, fuhr unangeschnallt wieder los und flog mit einem Reifenschaden böse ab. Seine Verletzungen waren sehr ernst.

Die Saison 1969 ging zu Ende. Immerhin hatte das Team zwei Große Preise gewonnen. Aber die Fahrer-WM ging an Jackie Stewart, Weltmeister der Konstrukteure wurde sein Team, Matra.

Durch das Scheitern des Allrad-Versuchs lebte der Lotus 49 viel länger, als es eigentlich geplant war. Denn er sollte als sehr einfaches Auto ja nur die ersten Gehversuche des Cosworth-Ford DFV unterstützen. Nun hatte die schnelle Zigarre auch noch alle Anfänge der aerodynamischen Hilfen miterlebt.

Ein paar Macken konnten den 49ern einfach nicht abgewöhnt werden: Die Maschine hatte ernsthafte Schwierigkeiten, die letzten Liter Sprit aus den vielen Gummiblasen der Tanks zu schlürfen. Zudem waren die Lotus sicher die schnellsten Grillstationen der Welt, denn der vorne liegende Kühler entließ sehr heiße Luft in die foot box und das Cockpit, heizte die Pedale und den bedauernswerten Piloten extrem auf. Um das Problem endlich zu beseitigen, erhielt der Lotus für den italienischen GP neue Kühlluftauslässe oben vor dem Cockpit. Die Luft sollte um die Windschutzscheibe streichen, ohne den Fahrer großartig anzubrutzeln. Zwar brachte die neue Lösung eine Verbesserung, aber die Cockpittemperaturen blieben extrem hoch.

Also Hitze im Cockpit, dazu vielleicht noch hohe nervliche Belastung und ein Cosworth-Motor hinter dem Sitz, der schon durch seine „natürliche Vibration" oft die Anzeigegeräte im Auto zerstörte. Diese Faktoren geben vielleicht eine blasse Idee davon, was die Fahrer auszuhalten hatten.

Der 49 hatte die heikle Angewohnheit, beim Bremsen vorne ganz schwer, dafür auf der Hinterhand ganz leicht und unruhig zu werden. Besonders deutlich konnte dieses Verhalten bei Rindt studiert werden, der nicht umsonst den zweifelhaften Titel „Spätester der Spätbremser" führte. Im dichten Pulk sorgte Jochen dafür, daß seinen Kollegen in den Bremszonen schon mal sämtliche Haare zu Berge standen. Sicher, der Lotus 49 war insgesamt weit vom perfekten Rennwagen entfernt. Aber für eine weitere Saison sollte es trotzdem noch reichen...

Anfang 1970 war noch kein Ersatz für den bewährten Renner in Sicht, die alten 49 B erlebten noch eine Überarbeitung. Firestone entwickelte einen neuen 13-Zoll Vorderreifen. Die vier Werkschassis — R6, R8, der frisch wiedererstandene R10 und Walkers Veteran R7 — bekamen entsprechend gefertigte Radträger, Aufhängungen und die neue Typenbezeichnung Lotus 49C. Nebenbei entstand ein allerletzter 49B, er war der „R 12", der ein ziemlich bequemes Leben vor sich hatte: Er diente bei Ford England ausschließlich als Vorzeigeauto. John Miles kam neu zu Rindt ins Team Lotus. Der kaum genesene Graham Hill übernahm Jo Sifferts Platz im Walker-Team, seine Karriere hatte ihren Zenith wohl schon überschritten.

Auch in der 70er Saison fuhren die nun doch schon angejahrten Renner noch erstaunlich gut mit, bis der bestechende Lotus 72 auf der Grand Prix Szene erschien. Als der neue Superkeil wegen ein paar Kinderkrankheiten früh in die Werkstatt zurückgepfiffen wurde, kam noch einmal die Stunde der alten Schlachtrösser: Für Monaco staubten die Mechaniker die 49 C wieder ab. Die ältlichen Wagen boten eine großartige Abschiedsvorstellung. Rindt war vom erneuten Einsatz des 49 wohl nicht gerade begeistert. Er rollte deshalb zunächst im Rennen ein wenig lustlos herum, so bis zur halben Distanz. Als Jochen da noch immer mit der Spitze mitfuhr, griff er an, hetzte den Leader Jack Brabham und rang ihn in der allerletzten Kurve der letzten Runde nieder. Sieg für den Lotus 49 in seinem letzten WM-Lauf!

April 1971, Rindts Siegerwagen von Monaco ist noch einmal auf der Strecke, beim „Good Friday Oulton Park International". Am Steuer des guten alten „R6" sitzt der Privatier Tony Trimmer. Er schmeißt das edle Gerät im Training von der Strecke. Aber in einer Garage im nahen Bradford steht ja der „R10", der wird um alle benötigten Teile erleichtert. In einer wahren Panikaktion entsteht der „R6" bis zum Rennen wieder neu. Ja, es war fast wie in den guten alten Tagen, das Team Lotus und die brandeiligen Reparaturen...

Trimmer wurde nach einem Boxenhalt abgeschlagen Sechster, vier Runden hinter dem siegreichen Rodriguez auf BRM V 12. Ein wirklich klassischer Grand Prix Wagen hatte seine internationale Karriere beendet.

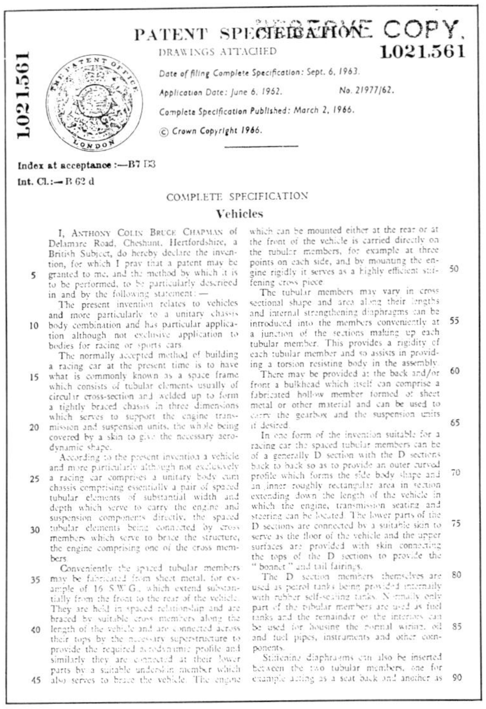
PATENT SPECIFICATION
DRAWINGS ATTACHED
1.021.561

1.021,561

Date of filing Complete Specification: Sept. 6, 1963.
Application Date: June 6, 1962. No. 21977/62.
Complete Specification Published: March 2, 1966.
© Crown Copyright 1966.

Index at acceptance:—B7 B3
Int. Cl.:—B 62 d

COMPLETE SPECIFICATION

Vehicles

I, ANTHONY COLIN BRUCE CHAPMAN of Delamare Road, Cheshunt, Hertfordshire, a British Subject, do hereby declare the invention, for which I pray that a patent may be granted to me, and the method by which it is to be performed, to be particularly described in and by the following statement:—

The present invention relates to vehicles and more particularly to a unitary chassis body combination and has particular application although not exclusive application to bodies for racing or sports cars.

The normally accepted method of building a racing car at the present time is to have what is commonly known as a space frame which consists of tubular elements usually of circular cross-section and welded up to form a tightly braced chassis in three dimensions which serves to support the engine transmission and suspension units, the whole being covered by a skin to give the necessary aerodynamic shape.

According to the present invention a vehicle and more particularly although not exclusively a racing car comprises a unitary body cum chassis comprising essentially a pair of spaced tubular elements of substantial width and depth which serve to carry the engine and suspension components directly, the spaced tubular elements being connected by cross members which serve to brace the structure, the engine comprising one of the cross members.

Conveniently the spaced tubular members may be fabricated from sheet metal, for example of 16 S.W.G., which extend substantially from the front to the rear of the vehicle. They are held in spaced relationship and are braced by suitable cross members along the length of the vehicle and are connected across their tops by the necessary superstructure to provide the required aerodynamic profile and similarly they are connected at their lower parts by a suitable underskin member which also serves to brace the vehicle. The engine which can be mounted either at the rear or at the front of the vehicle is carried directly on the tubular members, for example at three points on each side, and by mounting the engine rigidly it serves as a highly efficient stiffening cross piece.

The tubular members may vary in cross sectional shape and area along their lengths and internal strengthening diaphragms can be introduced into the members conveniently at a junction of the sections making up each tubular member. This provides a rigidity of each tubular member and so assists in providing a torsion resisting body in the assembly.

There may be provided at the back and/or front a bulkhead which itself can comprise a fabricated hollow member formed of sheet metal or other material and can be used to carry the gearbox and the suspension units if desired.

In one form of the invention suitable for a racing car the spaced tubular members can be of a generally D section with the D sections back to back so as to provide an outer curved profile which forms the side body shape and an inner roughly rectangular area in section extending down the length of the vehicle in which the engine, transmission seating and steering can be located. The lower parts of the D sections are connected by a suitable skin to serve as the floor of the vehicle and the upper surfaces are provided with skin connecting the tops of the D sections to provide the "bonnet" and tail fairings.

The D section members themselves are used as petrol tanks being provided internally with rubber self-sealing tanks. Normally only part of the tubular members are used as fuel tanks and the remainder of the interiors can be used for housing the normal wiring, oil and fuel pipes, instruments and other components.

Stiffening diaphragms can also be inserted between the two tubular members, one for example acting as a seat back and another as

1962 setzten Colin Chapman und sein Team wieder einmal neue Maßstäbe: Das „Monocoque-Chassis des Typs 25 war selbst für Formel 1-Verhältnisse bei niedrigem Gewicht extrem steif.

In der Luftfahrt wurden Monocoques schon seit fünfzig Jahren gebaut. Die haltbare Schale tauchte zuerst auf bei Frederick Handley-Page, genauer an seinem Flugzeug, das er 1911 in der Londoner Olympia Hall ausstellte. Ruchonnet in Frankreich arbeitete mit einem ähnlichen Prinzip. Aber ein anderer französischer Konstrukteur, Béchereau, baute die erste stromlinienförmige Karosserie, die ihre Steifigkeit einer selbsttragenden Haut verdankte. Louis Béchereaus „Deperdussin"-Renner von 1912 kam in reichlich exotischer Schale daher: drei Lagen Tulpenbaum-Furnier von je 1,5 mm Stärke wurden über eine Schablone aufeinandergeleimt. Nach dem Trocknen war der ganze Rumpf ohne Rahmen extrem stabil und erinnerte ein bißchen an eine Eierschale. Wie alles, brauchte auch dieses Ding einen Namen, der aus dem griechischen monos und dem lateinischen coccum zusammengesetzt wurde, Bedeutung etwa: „Nur eine Schale."

Schon 1915 rannte ein Monocoque-Wagen in Indianapolis, 1923 baute Gabriel Voisin Schalenrenner für den französischen Grand Prix. In England waren es Alec Issigonis und Laurie Bond, die ihre Sprintrenner nach dem neuen Prinzip konstruierten, in den Vierziger Jahren. Tom Killeen wurde mit seiner Monocoque-Karosse in den frühen 50ern bekannt. Jaguars berühmter „D-Type" verfügte über eine Schale, an der in einem Hilfsrahmen die Maschine hing. Die Cockpit-Öffnung, immer ein Schwachpunkt im Rennwagen-Chassis, war bei den BRM P 25 der Jahre 1955 bis 1957 durch Bleche zum Teilmonocoque ausgebaut und verstärkt. Diese „übermäßig beanspruchte Verkleidungsspezialität", wie die Mechaniker sie nannten, war extrem leicht und fest, die Zugänglichkeit schlicht bestialisch.

Sechs Jahre später testete Lotus ein Zentralrohrrahmenchassis für den Elan. Beim Essen in einem Restaurant, es war in Cheshunt, kam Colin Chapman die Idee, einen solchen Rahmen für einen Einsitzer zu bauen. „Ich dachte mir, man könnte ja die Flanken des Zentralrohrrahmens so weit auseinanderziehen, daß ein Fahrer dazwischenpaßt. Zudem könnte man in die Seitenteile ja Gummitanks einbauen, für Sprit wäre

Das Monocoque: Nur eine Schale

so gesorgt . . ." Colin hielt diesen Geistesblitz auf einer Serviette als Skizze fest.

So entstand der Lotus 25 mit zwei Seitenboxen, die an Schotts befestigt waren. Eine Blechhaut bildete den Boden. Nach oben wurde die Wanne mit einer Glasfiberplatte abgedeckt. Die so entstandene Schale wog um die 32 Kilo und bot eine Verwindungssteifigkeit von 1100 kg/0,3048 m pro Grad Verwindung. Konventionelle Rohrrahmen boten eine Steifigkeit von etwa 450 kg pro Grad Verwindung. Dieser Wert gibt die Belastung an, mit der das betreffende Chassis auf einer Länge von einem foot (= 0,3048 m) um ein Grad verdreht werden kann.

Tony Rudd bei British Racing Motors verbesserte diese offene Schale weiter um ein 360°-Monocoque im P 61 von 1963 und im P 261, der ein Jahr später lief. Mauro Forghieri bei Ferrari entwickelte 1963 das „Aero"-Mischmonocoque mit einer Schale, die noch durch Rahmen verstärkt war.

In der Lotus-Schmiede entstand derweil der „38" unter der Federführung von Len Terry, ein Indianapolis-Siegerwagen.

Wieder mal Tony Rudd bei BRM kam dann auf die Idee, das Monocoque hinter dem Cockpit mit einer Schottwand abzuschließen, an die ein Motor als voll mittragendes Teil angeschraubt werden konnte, dem gleichen Prinzip folgte Ferrari 1965 mit dem Zwölfzylinder-„Boxer".

1966 baute Robin Herd von McLaren ein Monocoque mit Aluminium-Balsa-Sandwichmaterial. Die Konstruktion bot die sagenhafte Steifigkeit von 5000 kg/ft pro Grad Verwindung, war also etwa dreimal fester als jedes andere Einsitzerchassis! Die Antwort von Lotus-Designer Maurice Phillippe kam prompt 1967 und hieß Lotus 49. Phillippe hatte bei de Havilland Flugzeuge und schon 1955 seinen eigenen „MPS"-Monocoque-Sportwagen gebaut.

Im nächsten Jahr hatte Bernard Boyer von Matra die Idee, mit Spray die Seitenkästen seines Monocoques abzudichten und mit Benzin zu füllen. Boyer wollte so die Gummiblasentanks einsparen. Eine nicht ganz ungefährliche Idee, die 1970 mit der obligatorischen Einführung der Sicherheitstanks verschwand.

Nur Brabham baute zu dieser Zeit noch Rohrrahmen.

Honda hängte 1968 den luftgekühlten V8 an einem „Horn" des Monocoques auf, ganz ähnlich verfuhr Ferrari beim 312 B.

Ziemlich kompliziert wurde es 1973, als McLaren den obligatorischen seitlichen Tankschutz als Teil des Monocoque ausführte, in das die seitlichen Kühler einbezogen waren. Im M 26 verbaute Gordon Coppuck extrem leichtes und festes „Honigwaben"-Material, ein Produkt der Weltraumfahrt. 1978 begann Gordon Murray bei Brabham, Kohlefaserteile in seine Alu-Schalen zu integrieren.

Dann kam die hohe Zeit der Flügelautos, immer schmalere Monocoques mußten immer mehr aushalten. Das Chassis des Lotus 78 bestand aus Aluminium-Honigwabenmaterial. Harvey Postlethwaite formte die Schale seines „Wolf" 1978 aus gebogenen Alu-Wabenblechen. Dieser Wagen war wohl der direkte Vorgänger des von Patrick Head entworfenen Williams FW 07 der Jahre 1979—81.

1979/80 brachten Tests der Verwindungssteifigkeit Werte um 2000 — 3000 Kilo/ft. pro Grad zutage. Die Festigkeit ging aber durch Materialermüdung verloren. Für dieses Problem gab's eine Lösung: Kohlefaser. Peter Wright von Lotus und John Barnard bei McLaren leisteten hier die entscheidende Pionierarbeit. Barnard brachte 1981 seinen MP4/1 etwas früher heraus als Wright den Lotus 88. Beide verarbeiteten die Kohlefasermatten unterschiedlich: Der Lotus war aus einzelnen, vorgefertigten Karbonteilen „zusammengeklebt", das neue Material wurde also eigentlich wie „schwarzes Aluminium" verarbeitet. Das Monocoque der McLaren dagegen war „raumfahrt-like" aus „einem Stück" der dunklen Matten gebacken. Verwindungssteife eines solchen Chassis, Jahrgang 1984: um sieben Tonnen/ft pro Grad, Ermüdung fast gleich Null.

Wie damals mit den Rohrrahmen, war Brabham auch Mitte der achtziger Jahre das letzte Team, das eine eigentlich „überalterte" Technik anwandte. Während die Konkurrenz schon lange Kohlefaser-Chassis baute, schwor Gordon Murray noch immer auf Aluminiumbleche. Er hatte seine guten Gründe.

1983 präsentierten David North und Gordon Murray eine sehr trickreiche Schale für den BT 52. Sie bestand aus mehreren komplexen Einheiten, die im Einsatz an der Strecke schnell ausgetauscht werden konnten. Die ganze Frontaufhängung hing an einem massiven Aluminiumschott, das aus dem Vollen gearbeitet war. Dieses Schott ruhte in einer Nase aus gefaltetem Alu-Blech. Ebenfalls aus Aluminiumblech bestand die hinten anschließende Schale, die aber durch eine Kohlefasereinlage extrem verstärkt war. Die Konstruktion war achtern durch einen Alu-Schott abgeschlossen, an dem der BMW-Treibsatz hing. Die dritte Einheit des Chassis war um das maßgeschneiderte Brabham-Getriebe aufgebaut. Die Getriebeverkleidung hielt die ganze Hinterradaufhängung. 1985 war ein Formel 1-Monocoque schon ziemlich verschieden von dem, was sich ein gewisser Colin Chapman unter der Nummer 21977/62 mit Datum vom 6. Juni 1962 patentieren ließ.

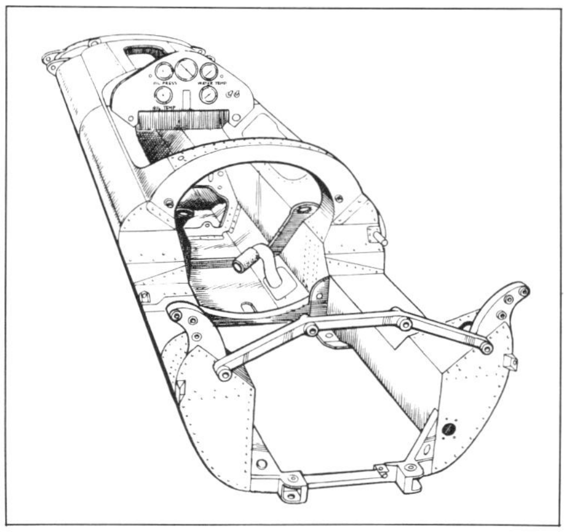

Diese Zeichnung reichte Colin Chapman zur Patentierung eines Monocoque Chassis ein. Sie zeigt das Doppel-Ponton-Chassis des Lotus 25. Oben: Ein Cooper Monocoque aus dem Jahre 68.

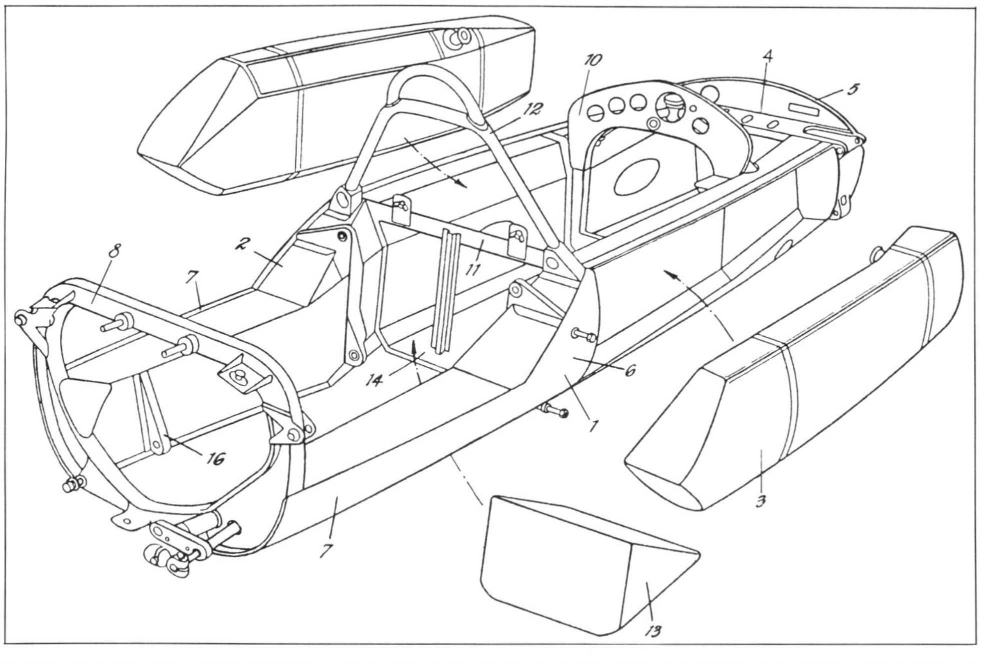

Matras glorreiche Zwitter 1968—69

Im Jahre 1969 erwies sich Jackie Stewart am Steuer seiner DFV bestückten Matras, unter der Leitung von Ken Tyrrell, als praktisch unbezwingbar. Stolz trug er dabei das Banner der „Equipe Matra International".

Das französische Unternehmen „Engins Matra" ist im wesentlichen ein bedeutender Hersteller von Luft- und Raumfahrttechnik, Raketen und Waffen. Die Gründung erfolgte in den Vorkriegsjahren durch Marcel Chassagny unter dem Namen Capra als Sub-Unternehmen für Luftfahrttechnik. Im Jahre 1942 änderte Chassagny, im französischen Vichy, den Firmennamen in „Mécanique-Aviation-Traction", abgekürzt „Matra".

In den Nachkriegsjahren war die französische Regierung verzweifelt darum bemüht, mit den amerikanischen und britischen Entwicklungen im Raketenbau Schritt zu halten. Chassagny bot seine Dienste an und erhielt zahlreiche Aufträge. Das war die Grundsteinlegung für „Engins Matras" Aufstieg.

Chassagny hatte einen Freund namens René Bonnet, der in Zusammenarbeit mit dem Aerodynamiker Charles Deutsch Rennwagen für kleinere Formelklassen baute. Diese Deutsch-Bonnet ("DB") Reihe von Einsitzern und Sportwagen, getrieben von Panhard Motoren, sorgten oft für große Auftritte bei den Kleinst-Klassen-Rennen in Le Mans. Um seinen Freunden zu helfen, legte Chassagny etwas Kapital in deren Firma ein. Sylvain Floirat, als Geldgeber, erwarb derweil einen größeren Aktienanteil an Chassagnys Konzern und trug sehr zu dessen Entwicklung bei.

Im Jahre 1961 trennte sich Deutsch von Bonnet, und Bonnet entschloß sich, nunmehr alleine fortzufahren, Wettbewerbs-Wagen mit Renault-Motoren zu bauen. In Folge entstand ein schnittiges, kleines, straßentaugliches Coupé, genannt „Djet". Er hatte jedoch schwere Zeiten zu überstehen, und da Floirat über die Kontrolle von Matras Finanzen verfügte, konnte die Unterstützung durch Chassagny nicht garantiert sein. Kurze Zeit später war die Firma „Automobiles René Bonnet" am Ende. Chassagny war jedoch in der Lage, Bonnets Firma zu erwerben, und so befand sich Matra selbst im Motor-Geschäft. Ein engagierter, dynamischer junger Geschäftsführer namens Jean-Luc Lagardère wurde Generaldirektor dieser neuen Abteilung, genannt „Matra Sports". Er erkannte sehr schnell die Wichtigkeit, ein Image zu fördern, das die kürzlich umgetauften Matra-Djets interessant für die reichere Jugend machte, die sich als wachsendes Marktpotential sowohl in Frankreich als auch in den übrigen westlichen Staaten etablierte. Er beschloß, Matra solle eine energische Sport-Politik betreiben, und so erschien im Jahre 1965 der erste Formel 3-Matra „Monoplace", basierend auf Bonnets Forschungen und Erfahrungen im Monocoque-Bau.

Lagardère mochte keine halben Sachen. Die

Stewarts Dunlop-bereifter Matra MS80/01 während des französischen GP 1969 zeigt: außenliegende Dämpfer, gedrungene Tanksektion in der Mitte, einen niedlichen Heckflügel. Luftführung zu den Ölkühlern, Motorverkleidung.

René Bonnets mit ihren Renault-Maschinen ließen die nötige Kraft vermissen, um wettbewerbsfähig zu sein. Da die Treibsätze von Ford in der Klasse tonangebend waren, benutzte Lagardère für seinen F3-Matra einen in England gebauten Ford-Motor... Keine Kompromisse.

Der Matra-Historiker Jabby Crombac hat besonders die pragmatische Methode jenes frühen René Bonnet Design-Teams, das für diesen F3-Wagen verantwortlich war, herausgestellt. Sie kamen zu den Maßen für Radstand und Spurweite, indem sie einfach die aller F3-Renner der „London Racing Car Show" von 1965 ermittelten und den Durchschnitt errechneten: Wir mußten alle einmal klein anfangen.

Das Ungewöhnliche des neuen Wagens war die kompromißlose, aerodynamische Konstruktion des Monocoque-Chassis; denn während in Großbritannien Lotus und Lola bootsrumpfartige Monocoques bauten, die ihren Treibstoff in Gummiblasen-Tanks innerhalb der rechteckigen Seitenteile beiderseits des Cockpits trugen, führte Matras neuer F3 die brisante Flüssigkeit direkt in abgedichteten Pontons, ohne Blasen-Tanks, mit sich.

Diese Technik hatte den großen Vorteil, daß im Inneren der Seitenteile mehrere Versteifungsbleche angebracht werden konnten, die der Torsion enorm entgegenwirkten. Wären zusätzlich noch Gummibehälter zum Einsatz gekommen, hätte es acht bis zehn einzelner Tanks pro Seite erfordert. Diese Art der Installation wäre der schiere Alptraum, zumal die Konstruktion einer separaten Zugangsöffnung, das Einsetzen, die Wartung und das Austauschen eines jeden einzelnen Tanks unumgänglich geworden wäre. Um dieses hüllenlose, aus Aluminium hergestellte Gefüge absolut dicht zu bekommen, wurde die Innenseite mit Polymer-Harz behandelt. Die Arbeit verschlang viel Zeit und war äußerst knifflig, aber der Luft- und Raumfahrtkonzern „Engins Matra" war fit im Umgang mit diesen Techniken und ein Stab hervorragend ausgebildeter Leute stand bereits in den Startlöchern.

Das Resultat war eines der verwindungssteifsten F3-Chassis, was seinen Piloten, wenn es sorgfältig abgestimmt war, ein Fahren eng am Limit erlaubte. Dieser Vorteil konnte in einer so streng reglementierten und umkämpften Klasse schon den kleinen Unterschied ausmachen.

Aber die Wagen waren bei ihren ersten Vorstellungen im Jahre 1965 nicht sonderlich beeindruckend, bis sich Werksfahrer Jean-Pierre Beltoise, während des Juli-Renn-Wochenendes in Reims-Gueux, als Erster über die Ziellinie kämpfte, um Frankreichs bedeutendstes F3-Rennen der Saison zu gewinnen. Das begeisterte französische Publikum frohlockte.

Unterdessen hatte das Quasi-Werksteam Cooper, unter Leitung von Ken Tyrrell, in der Formel 2 jener Saison wenig Erfolg. Das Gitterrohrrahmen-Chassis, das sie verwandten war zu der Zeit nicht gerade wettbewerbsfähig, wobei der 1 l-4 Zyl. BRM P 80-Motor kaum einer der zuverlässigsten war. Dagegen dominierten Tyrrells 1 Liter Formel 3 Cooper BMC's im vorangegangenen Jahr sowohl die britischen als auch die französischen Meisterschaften, wobei Jackie Stewart, als erster Fahrer des Teams, einen kometenhaften Aufstieg erlebte.

Stewart hatte für 1965 einen Formel 1-Werksvertrag mit BRM. So kam Tyrrell zu den Formel 2 BRM-Maschinen für die Coopers, die Stewart innerhalb seiner Grand Prix-Verpflichtungen für BRM fuhr.

Als die Saison beendet war, reiste Tyrrell nach Paris, um die Preisverteilung der „Trophées de France" in der Formel 2 bei der Hauptgeschäftsstelle der BP-France vorzunehmen. Dort machte ihn der Journalist Crombac mit Matras Lagardère bekannt. Dieser wollte, daß sich seine Gesellschaft 1966 stärker in der Formel 2 engagierte. Ihm fehlte jedoch ein Fahrer mit großem Namen, der diesen kostspieligen Schritt lohnenswert gemacht hätte. Hier stand nun Tyrrell vor ihm, der einen solchen Fahrer hatte. Stewart sollte 1966 und 67 in der Formel 1 für BRM fahren. Die Formel 2-Maschinen würden in diesem Winter überholt, damit Tyrrell sie im kommenden Jahr wieder verwenden konnte. Nachdem er die Hoffnung auf Cooper, ein anständiges Chassis zu produzieren, fallen gelassen hatte, suchte Tyrrell nach einer konkurrenzfähigen Alternative.

Während eines Abendessens in Orly kamen Lagardère und Tyrrell überein, Stewart ein F 3 Matra-Monocoque-Chassis mit einem F 2-Motor für Testfahrten in Goodwood/Sussex zu überlassen.

Sylvain Floirat besaß mehrere Rennpferde und einen Bristol Lufttransporter, speziell dazu ausgerüstet, sie quer durch Europa zu fliegen. Mit diesem Transporter wurde das Matra-Testfahrzeug nach Gatwick-Airport, in der Nähe von Goodwood, gebracht. Der Anblick des kleinen, häßlichen Franzosen-Frosches löste bei Stewart Zweifel aus, doch nachdem er mit ihm ein paar schnelle Runden gedreht hatte, war er fasziniert und sehr beeindruckt von der sauberen Traktion des Wagens. Die Matra-BRMs zeigten sich von ihrer besten Seite, und Tyrrell bestritt mit ihnen die Formel 2-Saison 1966.

Aber, wie's im Leben so geht, die besseren Karten in dieser letzten Formel 2-Saison für 1l-Motoren hatte das Brabham-Team. Allein ihm stand das Honda 16 Ventiler-4-Zyl.-Kraftpaket zur Verfügung, das Cosworths SCA und BRMs P80 in seinem Kielwasser hinterherrudern ließ. Die Brabhams fuhren zwar mit altmodischen Gitterrohrrahmen, aber gegen ihre Pferdestärken konnten selbst Stewart und das Matra-Chassis nichts ausrichten.

In der 67er Saison, dem Jahr der neuen 1600 cm^3 Formel 2, setzte alles, was Rang und Namen hatte, auf den 4-Zyl. Kraftmeier Cosworth FVA. Stewart beteiligte sich mit den Matra-Cosworth MS7-Rennern und angeleitet von Ken Tyrrell erfolgreich an der Trophäenjagd. Eine positive Bilanz zog auch das französische Werksteam mit Fahrern wie Henri Pescarolo, Jean-Pierre Beltoise und „Johnny" Servoz-Gavin.

Und siehe da, die französische Regierung wurde agil und bemühte sich, verlorengegangenes National-Prestige im Grand Prix-Sport wieder herzustellen. Die Publicity um Matras Anstrengungen und Erfolge in Formel 3 und Formel 2 erregte genau zum richtigen Zeitpunkt das öffentliche Interesse. Hinzu kam, daß soeben eine neue staatliche Öl-Gesellschaft mit dem Firmennamen „Elf" errichtet wurde. Einige schrieben dieses Kürzel der „Essence et Lubrificants Française" zu, wohingegen es die Gesellschaft lediglich als die Erfindung eines Marketing-Spezialisten bezeichnete. Wie dem auch seit, fest stand, daß „Elf" eine wesentlich effektivere Promotion durch das Sponsern von Autorennen aller Klassen erhielt, als bei bloßen Werbekampagnen, die weniger greifbare Resultate bieten. Aus diesem Grund beschloß „Elf", Matras Grand Prix-Vorhaben zu unterstützen. Diese Pläne wurden am 19. Januar 1967 bei einem Treffen während der Rallye in Monte Carlo in die Tat umgesetzt. Jean Prada, Betriebsdirektor von Elf und Lagardère von Matra gaben ihre technische und finanzielle Zusammenarbeit in Bezug auf Design und Entwicklung eines all-französischen GP-Wagens, der von einem neuen V12-Motor getrieben werden sollte, bekannt. Als Chef-Konstrukteur für die Motoren von Matra-Sports hatte man den früheren Simca-Techniker Georges Martin verpflichtet. Crombac erzählte, wie Martin zum ersten Mal in seinem Leben einen Rennwagen auf der London Racing Car Show jenes Jahres zu Gesicht bekam. Sie fingen also ganz von vorne an, aber sie bekamen auch eine Menge an Hilfe.

Im April dieses Jahres gewährte die Regierung unter Georges Pompidou einen staatlichen Zuschuß von 6 Millionen Francs zur Förderung des Formel 1-Programms von Elf-Matra. Im Juni des gleichen Jahres sah man Ken Tyrrell beim holländischen GP. Wieder daheim war er entschlossen, Jackie Stewart in der kommenden Saison 1968 einen Formel 1, getrieben von einem dieser neuen Motoren, anzubieten. Der schottische Star war zu dieser Zeit nicht gerade glücklich mit BRM und beabsichtigte, keinen neuen Vertrag mit ihnen einzugehen. Angesichts der erfolgreichen Jahre, die er bei Tyrrell verbracht hatte, in dessen Urteil und Mannschaft er großes Vertrauen setzte, war er gewillt, jedweden halbwegs annehmbaren Formel 1-Untersatz, den Tyrrell ihm besorgen würde, zu bewegen. Das einzige wirkliche Alternativ-Angebot kam von Ferrari, aber dieses Rennen machte eine jüngere Tyrrell-Entdeckung namens Jacky Ickx...

Den Sommer über schaffte es der ehrgeizige Ken Tyrrell, das Versprechen von Ford zu bekommen, in der nächsten Saison DFV-Maschinen zu erhalten. Stewart war einverstanden, für ihn sowohl in der F 1 als auch in der F 2 zu fahren, wobei die britische Reifenfirma Dunlop die Finanzen zur Verfügung stellte. Alles, was Tyrrell nun noch brauchte, war ein vernünftiges Chassis. Er trat deswegen an Lagardère und Matra heran und wiederum kam er genau zum richtigen Zeitpunkt.

Auf Kosten der Steuerzahler gebaut und mit üppigen Vorschuß-Lorbeeren der Presse bekränzt, die große Taten versprach, steckte der Matra V 12-Motor ganz schön in der Bredouille. Er hatte einen baldigen Erfolg bitter nötig; denn wer, außer dem Politiker der Opposition, hätte Nutzen von einem staatlich unterstützten Verlierer?

Hier war nun Ken Tyrrell mit zwei astreinen Trümpfen in der Hand: 1. hatte er den zur Zeit wohl besten Fahrer unter Vertrag, 2. war ihm der offensichtlich hervorragendste Motor der Formel 1 sicher. Er brauchte nicht lange um ein Matra-Chassis zu bitten; denn, falls Matra mit dem Bau des Wagens Erfolg haben würde, hätte jeder Sieg des Zwitters ein Presse-Echo, das die Unzulänglichkeiten von Matras eigenem Motor übertönen könnte.

Und so bekam Tyrrell seine Wagen. Eine speziell modifizierte Version des ursprünglichen V 12-Chassis wurde dem britischen V 8 angepaßt und Elf stimmte zu, Tyrrells Formel 1-Team mitzusponsern, das unter dem Namen „Equipe Matra International" arbeiten wollte.

Die Matra-Cosworth F 1-Wagen

Tyrrells erster Formel 1-Matra war das Test-Vehikel vom MS9-Prototyp. Es war ein Formel 2-MS7 Monocoque mit gänzlich verstellbaren Befestigungspunkten für die Aufhängung. Hierbei ging es um Experimente und die Erforschung von Möglichkeiten für den neuen V 12-Renner.

Zu diesem Zeitpunkt, im Dezember 1967, hatte Matra Sports zweiter Liebling, das Langstrecken-Team, bereits 2-Liter BRM V 8-befeuerte Coupés in Le Mans und bei anderen passenden Gelegenheiten eingesetzt. Ursprünglich waren die Testfahrten des MS 9 mit diesem V8 geplant, aber Tyrrells Streich bei Ford war ausgeführt, bevor der Wagen fertig montiert war. Und so erfolgte der Umbau des Wagens für die Aufnahme der voll als tragendes Teil integrierten

Oben: Der auf dem F2 basierende Matra MS10/02 in der Haarnadel-Kurve von Nouveau Monde beim verregneten GP von Frankreich 1968 in Rouen-les-Essarts. Matras aerodynamische Hilfen entwickelten sich überraschend langsam.

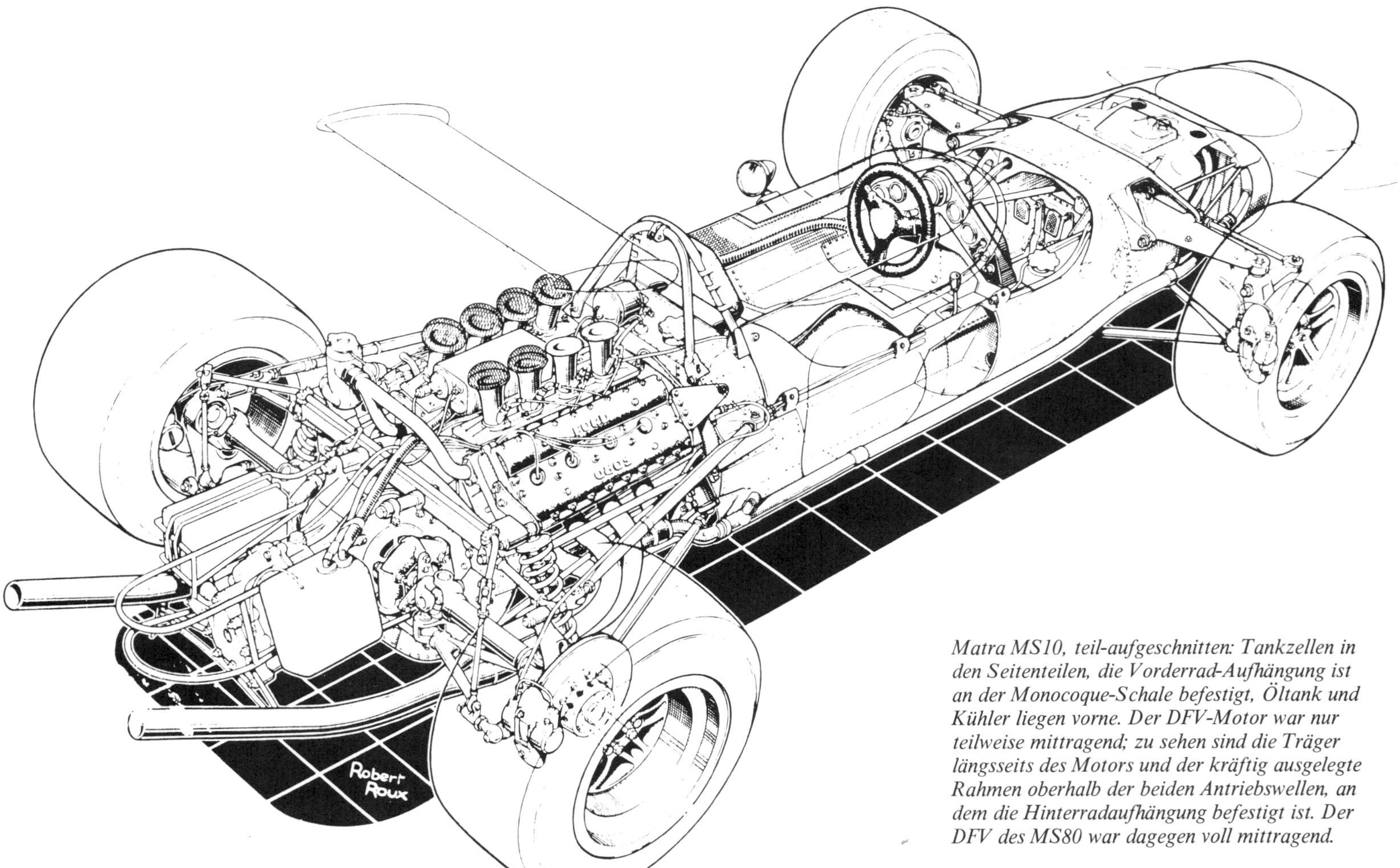

Matra MS10, teil-aufgeschnitten: Tankzellen in den Seitenteilen, die Vorderrad-Aufhängung ist an der Monocoque-Schale befestigt, Öltank und Kühler liegen vorne. Der DFV-Motor war nur teilweise mittragend; zu sehen sind die Träger längsseits des Motors und der kräftig ausgelegte Rahmen oberhalb der beiden Antriebswellen, an dem die Hinterradaufhängung befestigt ist. Der DFV des MS80 war dagegen voll mittragend.

DFV-Maschine, die im Lotus 49-Stil am Rücken des gekappten Monocoque-Körpers hing. Die Röhre erhielt natürlich Matras vielschottige, sogenannte „strukturelle“ Tankgestaltung.

Die F2-MS7 schleppten ihre nicht-mittragenden FVA-Treiber auf zwei Seitenteil-Hörnern, die beidseitig der Kraftwerkszelle aus der Querwand hinter dem Cockpit wuchsen. Bei der ins Haus stehenden V 12-Attraktion sollte diese Art der Triebwerksverankerung auch zum Tragen kommen, damit man die Lady, bei einem eventuellen 60° Winkel im Motoren-V, auch hauteng bekleiden könne.

Der mittragende Block des Cosworth DFV brauchte solche Chassis-Auswüchse nicht. Jedoch würde die stabilisierende Funktion wie im Lotus 49 einen Ausbau der Hilfsrahmen für die Aufhängung am Hintern des Blocks erfordern, und das mitten im Kampfgetümmel. Matras Chassis-Designer Bernard Boyer fand, die Zeit für Einstellarbeiten und Bremsenentlüften könne man sich sparen, indem er einen leichtgewichtigeren Rohrrahmen vorschlug, der von der Rückwand des Monocoques zu einer speziell hergestellten Vorrichtung, als Sitz der Radaufhängung, um das Getriebegehäuse herum führte. Dieser Behelf war nicht dazu gedacht, den Radstützen die Arbeit abzunehmen. Er diente lediglich dem flotten und problemlosen Ausbau der Maschine. Die Aufhängung blieb dabei unangetastet.

Im übrigen waren der MS9 und sein kleiner Bruder MS7 fast wie Zwillinge. Sie fuhren sogar mit der gleichen Spritmenge, die für relativ kurze Strecken gedacht war. Der größere war eben nur eine Test-Karre, nichts weiter.

Längs des Cockpits, zu beiden Seiten, erstreckten sich die Tanklager, vorne klammerten sie sich an das Gehäuse für die Fußpedale und die innenliegenden Dämpferelemente, mittschiffs hingen sie am kastenförmigen Schott des Instrumentenbretts. Schließlich befand sich im Rücken der Pilotenliege eine dritte robuste Querwand, die der Konstruktion den nötigen Halt bot.

Die vordere Schwinghebel-Aufhängung glich auffallend der des Lotus 49, so auch die einzelne Querstrebe, der umgedrehte Dreiecksquerlenker und die Anordnung der parallelen Längslenker am Heck. Wichtige Teile der Aufhängung, wie Radträger und Naben, borgte man sich von den eignen MS630 Sportwagen-Prototypen. 15-Zoll-Räder aus Magnesiumguß ersetzten die 13-Zoll-Räder der F 2-Geräte. Die Girling-Scheibenbremsen wurden den neuen Dimensionen angepaßt. In der Nase des Matra MS9 befand sich, wie im 49er, ein kombinierter Wasser/Öl-Kühlerblock. Der drängte sich vor einen deltaförmigen Öltank, dessen Formgebung den heißen Atem der Kühlschlangen zerschnitt und ihn rechts wie links durch die Achslöcher hinausfegte. Ein Hewland DG300 5-Gang-Getriebe (plus Rückwärtsgang), in klassischer Manier hinten angeblockt, komplettierte das Hochleistungsaggregat. Scheiben- und Kardangelenke sorgten für Stabilität der Antriebswelle und Spurtreue beim Ein- und Ausfedern der Laufwalzen.

Mit Dunlop an seiner Seite, entschloß sich Tyrrell zu einer ausgedehnten Test-Reihe mit Trocken-Reifen. In Kyalami/Südafrika wurde das ausgedehnte Programm abgespult, natürlich im Hinblick auf den GP von Südafrika, den sich Tyrrell und Stewart bereits für die Premiere ausgeguckt hatten. Derweil bekam Matra zu Hause weiche Knie.

Matra stellte allerdings auch einen Formel 2 MS7 mit 1600er Cosworth FVA-Triebwerk, auf Formel 1 Minimalgewicht hochgepäppelt, zur Verfügung. Jean-Pierre Beltoise sollte mit dem Kleinen ein bißchen Grand Prix-Luft schnuppern.

Aber Tyrrells Idee, den MS9 tatsächlich loszulassen, bereitete Matra dennoch schlaflose Nächte. Das blieb nicht ohne Einfluß, so daß Crombac für die Nachwelt festhielt: „Tyrrell selbst war weit davon entfernt, sich beeindruckt zu zeigen, als der Wagen nach Absolvieren einer kurzen Teststrecke auf dem Montlhery-Kurs, nahe bei Paris, mit seinem häßlichen grünen Mäntelchen aus Vorstreichfarbe, auftauchte. Er fühlte, dieser Renner ist noch nicht fertig!“

Das geringe Volumen der Treibstoffbehälter machte trotz der Höhenluft in Kyalami wenig Kopfzerbrechen, ein Tankstop war bei der Länge des Kurses sowieso eingeplant. Jedoch erwies sich das Vehikel als etwas fiebrig. Um ausreichende Kühlung zu erzielen, mußte sein konisches Maul rigoros gestutzt werden. Ein zusätzlicher Wassertank samt Kühler, unter den Überrollbügel gepackt, taten das übrige. Das häßliche mauerschwammgrüne Entlein wurde immer unansehnlicher. Aber zunächst einmal qualifizierte sich Stewart, stand prompt in vorderster Reihe des Starterfeldes und lag schon in der ersten Runde vor Clarks Lotus, fiel dann aber zurück, noch bevor sich ein Ventil von seiner DFV-Behausung verabschiedete. Beltoise dagegen hielt das Rennen in seinem aufgespeckten F 2-Gerät durch, belegte den sechsten Platz und trug so zu Matras Formel 1-Debut bei. Alles in allem, es hatte sich gelohnt.

Nach Kyalami und dem Testprogramm lief der MS9 nur noch einmal zur Probe in Albi.

Der folgende, definitive Matra-Cosworth Formel 1-Wagen war der MS10. Boyer zeichnete ihm ein weiteres Tanksegment am Ende der Wanne à la Lotus 49, zwischen Fahrer und Maschinen-Schott. Die Treibstoffmenge erhöhte sich so auf volle 190 l. Unterdessen offerierte das MS11-Chassis die Möglichkeit, ein Mehr an Sprit in den Trägern für den neuen V12 unterzubringen.

Diese Zusatz-Tanks waren allerdings Accessoires, die der DFV-bestückte MS10 weder brauchte, noch besaß. Der Zwitter brachte 560 kg auf die Waage, 20 kg mehr als der MS9-Muletto und lag damit immerhin 60 kg über dem Minimal-Gewicht.

Es war 1968 und Matra Sports fühlte endlich den so arg benötigten Erfolg, dank des blaßblauen, funktionell gestylten Matra MS10. Der eigene MS11/V12 litt, wie prophezeit, noch sehr an seinen Kinderkrankheiten. Als Entschädigung hinterließ er uns jedoch einen Sound, der das Blut in den Adern gefrieren ließ. Einer der tierischsten Klänge der Formel 1-Szene.

Der MS10/01 gab sein Debut bei dem weniger wichtigen Meisterschaftslauf im März dieses Jahres in Brands Hatch. Und Stewart war entsetzt. Es war schrecklich mit anzusehen, wie er die Geraden entlangirrte und in den Kurven brutal untersteuerte. Wie beim MS9 nahm Boyer die unwesentlich erleichterten Räder und Radträger vom Langstrecken Sportwagen MS630. Diese schwergewichtigen Elemente beeinflußten auf dramatische Weise das Gewichtsverhältnis beim Ein- bzw. Ausfedern des Boliden.

Die Verursacher des Übels wurden weiter abgespeckt. Achsschenkel aus Titan, an denen man sich versuchte, bekamen das große Zittern, verbogen sich schließlich und knockten die Bremsbeläge aus, sobald der Fahrer hart in die Eisen stieg. Der erfreute sich dabei eines Pedals, das ihm das Gefühl gab, einen Badeschwamm zu zertreten. Wie gings nun weiter? Stewart fiel mit verletztem Handgelenk erst einmal aus und konnte am spanischen GP in Jarama nicht teilnehmen. Beltoise übernahm dessen Rolle. Im Training gab's zwar ein paar Beulen für den 10/01 — wieder das Bremsen-Problem — jedoch im Rennen selbst zog er den anderen eindeutig davon, bis ihn ein defekter Ölfilter an die Boxen zwang. Er erkämpfte sich aber wieder den Anschluß, legte die schnellste Runde hin und erzielte am Ende schließlich den fünften Platz.

Beltoise lenkte auch den MS11/V12 bei seinem ohrenbetäubenden Debüt in Monaco. Stewart erhielt weiterhin Lohnfortzahlung und so fuhr Servoz-Gavin den MS10. Er qualifizierte sich für die Pole-Position und schnellte vom Start weg an die Spitze. In seinem Übereifer kratzte er eine Leitplanke an und blieb mit gebrochener Antriebswelle liegen.

In Spa war Stewart wieder dabei. Mit ihm kamen neue, stählerne Achsschenkel und aerodynamische Frontflügel. Er übernahm auch sofort die Führung. Das Übel auf diesem superschnellen Kurs waren die hohen Beschleunigungskräfte. Der letzte Rest Sprit, ca. 18 l, wurde, für die Pumpe unerreichbar, derart an die Wände der Tanks gedrückt, daß ein Boxenstop kurz vor Schluß des Rennens Matra den Erst-Sieg aus den Händen riß.

Der große Durchbruch gelang in Zandvoort. Ein neuer, leichterer MS10/02 mit ca. 5,08 cm größerer Spurweite vorn und Dunlops überlegende Regenreifen brachten Stewart den ersten Sieg auf Matra-DFV und Beltoise mit dem MS11/V12 den zweiten Platz. In Rouen startete der nächste Coup. Für den französischen GP wurde eine weniger schwere Hewland FG400-Achseinheit (Getriebe, Kupplung, Differential) angepaßt. Nur in der Entwicklung aerodynamischer Hilfen hinkte Matra trotz aller Luft- und Raumfahrterfahrungen schwer hinterher. Kleine roh behandelte Blechfolien an den vorderen Aufhängungsstreben waren schon alles. Schließlich gab die schlechte Reifenwahl den Ausschlag und man sah den ersten GP 1968, den ein Matra-DFV nicht anführte...

Ein in der Mitte am Chassis montierter Flügel sollte in Brands Hatch zum Einsatz kommen, wurde im eigentlichen Rennen aber nicht gefahren. Und Stewarts Verletzung war immer noch nicht auskuriert. Dann, der Nürburgring. Der Flügel wurde wieder angeschraubt und die strömungsgünstigen Eigenschaften erleichterten das Lenken erheblich, was Stewarts angeschlagenem Handgelenk zugute kam. Dunlops Regenreifen taten das Ihre dazu und er markierte den glorreichsten Sieg seiner bisherigen Karriere. Die Fans staunten und standen starr bei dem teuflischen Wetter in der „Grünen Hölle“ am Ring, die wie kein anderer Grand-Prix-Hexenkessel Mensch und Material bis an die Grenze des Erträglichen quält.

Stewart gewann danach mit 10/02 noch das nicht so wichtige Oulton Park-Rennen. In Monza bewegte Servoz-Gavin den neuesten MS 10 mit Flügel in Wagenmitte und wurde Zweiter. Stewart fuhr die ältere Version mit neu gestyltem Cockpit und an den Radträgern befestigtem Heckflügel. Während des Rennens versagte jedoch der Nockenwellenantrieb.

In Watkins Glen siegte Stewart im Reservewagen, nachdem sein Einsatz-Auto einem Feuer zum Opfer gefallen war, als Tyrrell es in der Box auftanken wollte. So war in der Weltmeisterschaft wieder alles offen. Stewart verlor das alles entscheidende Rennen in Mexiko City, weil ausgerechnet Matras einzigartige Tankkonstruktion versagte. Der abdichtende Polymer-Auftrag zerbröselte und verstopfte die Benzinpumpe.

Zum Südafrika-GP 1969 erschien Matra mit aerodynamisch überarbeiteter Karosserie. Vorne besaßen beide MS 10 nun am Chassis montierte Leitbleche, das Heck war mit sehr schmalen, an den Radträgern befestigten Flügeln versehen. Stewart gewann, ebenso wie beim BRDC-Lauf in Silverstone mit MS 10/02.

Dennoch reagierte Matra auf dem Feld der Aerodynamik viel zu langsam, verglichen mit dem inzwischen erworbenen Know-how der anderen Teams. Ein neu entwickelter, mit Hilfe eines kleinen Elektromotors verstellbarer Flügel war nur für Beltoises V12-Modell gedacht, obwohl Tyrrells Team augenscheinlich erfolgreicher war. Die sozialen Unruhen in Frankreich im Mai und Juni 1968 und die zeitaufwendige Weiterentwicklung des V12 stellten Matra vor große Probleme.

Das Matra-Programm für 1969 sah deshalb vor, den V12 nur in Sportwagen-Rennen einzusetzen. Das Formel-1-Programm konzentrierte sich ganz auf die Matra Equipe International mit ihren DFV-Motoren. Beltoise und Stewart bildeten ein Team, für das brandneue Chassis geschmiedet werden sollten. Pläne, Jochen Rindt mit einem ähnlichen Auto unter Leitung des Formel-2-Team-Managers Alan Rees einzusetzen, zerschlugen sich, als Rindt bei Lotus unterschrieb.

Im Winter 1968/69 gab es Überlegungen um einen Allrad-Antrieb, der vielleicht besser geeignet war, die Leistung der DFV-Motoren auf die Straße zu bringen als die herkömmlichen Hecktriebler — ob mit oder ohne aerodynamische Krücken. Stewart hätte ihn in den zahlreichen Regenrennen der Saison 1968 gut gebrauchen können. Probleme bereiteten die Finanzen. Matra konnte es sich kaum leisten, gleichzeitig ein Sportwagen-Team, die Formel 1 und die Entwicklung eines Allrad-Antriebs zu finanzieren. So fand man folgende Budget-Aufteilung: Matra kümmerte sich um die Chassis — zwei neue MS 80 und ein MS 84-Test-Chassis für den Allrad-Antrieb. Tyrrell sollte die DFV-Motoren und den Ferguson-Allradantrieb beisteuern.

Aber auch die Arbeit am V12-Motor ging weiter. Martin und sein Team entschlossen sich zu einer Roßkur, um das Triebwerk gegebenenfalls 1970 wieder in der Formel 1 einsetzen zu können. Der Motor wurde komplett umgestaltet, Block und Zylinder mußten neu gegossen werden. Beltoise bestritt mit einem Prototyp ein einziges Bergrennen.

Bei der Konstruktion des MS 80 war es Boyers ganzes Bestreben, die Unzulänglichkeiten des MS 10 auszumerzen. Folgende Mängel waren erkannt worden: Der nachträgliche zentrale Tankeinbau machte das Monocoque labil und beeinträchtigte die Verwindungssteife. Die Vorderrad-Aufhängung erzeugte übermäßige Sturzänderungen und ließ die neuen Breitreifen von Dunlop beim Ein- und Ausfedern auf der Kante tanzen. Die Folge war: plötzlicher Verlust von Bodenkontakt und Griffigkeit, verbunden mit unberechenbarem Untersteuern und Instabilität bei harten Bremsmanövern. Die hintere Aufhängung ließ die Antriebswalzen dieses Ballett mitaufführen. Probleme gab es auch mit der Anordnung der vorderen, innenliegenden Stoßdämpfer, die regelmäßig überhitzten. Um ihr Überleben zu sichern, mußten zusätzliche Kühlmöglichkeiten geschaffen werden.

Boyer sagte als erstes der Verwindung den Kampf an, indem er seinen erfolgreichen Struktur-Tank einsetzte. Lagardère gab seinen Segen dazu, obwohl jeder wußte, daß die CSI vom 1. Januar 1970 an nur noch Gummi-Blasen-Tanks zulassen würde. Wie schon beschrieben, schloß aber Boyers Konstruktionsweise den Gebrauch der Blasen-Tanks aus. Der neue MS80 wurde also konsequent nur für die eine Saison gebaut.

Auf Achsenhöhe, in sogenannten „Coke Bottles" (flache, taschenförmige Tanks), brachte Boyer das brisante Gemisch unter. Der Sprit war so im Schwerpunkt des neuen Renners gebunkert. Um dem Reglement zu entsprechen, wurden diese Kammern über eine Reihe kleiner verschließbarer Zugangsöffnungen mit Polyurethan ausgeschäumt. Diese Tankform war weitaus platzsparender als die frühere Querschott-Konstruktion. Ein voll integriertes 360°-Stirnwandprofil versteifte das vordere Ende der Monocoque-Röhre, wobei der Öltank, im MS9/10 vorne angebracht, nach hinten wanderte, zwischen Pilot und Maschine.

Zur Lösung der Hitzeprobleme an den Dämpfern erschienen beim neuen MS80 außenliegende Stoßdämpfer mit Schraubenfedern, die die zwar stabilen und aerodynamischen, aber schwergewichtigen und sperrigen oberen Querlenker überflüssig machten. Für die hintere Aufhängung übernahm Boyer die von Len Terry für BRM entwickelten unteren Rechteckquerlenker. Sie boten eine weitaus bessere Kontrolle der Vor- und Nachspur, als die vorher gebräuchlichen, zum Rad hin offenen unteren Dreiecksquerlenker mit ihrer Ein-Punkt-Befestigung am Chassis. Außerdem wurde so dem Nicken des Fahrzeugs Einhalt geboten, weil Gewichtsverlagerungen beim Beschleunigen so klein wie möglich gehalten werden konnten.

Die Aufhängungsgeometrie wurde hauptsächlich von der neuen Reifengeneration bestimmt. Die Vorderräder maßen nun 13 Zoll, die hinteren 15. Es gab teflonbeschichtete, selbstschmierende Kugelgelenke im Bereich der Aufhängung, die nicht mehr trocken laufen konnten. Am Heck wurde die ungefederte Masse reduziert, indem man die Scheibenbremsen nach innen verlegte und direkt am Hewland-Getriebe anflanschte. Breite Spoiler vorn verstärkten den Effekt der hochaufgerichteten hinteren Flügel.

Im fertigen Zustand wog dieser untersetzte, wie geschwängert aussehende MS80 535 kg, 15 kg weniger als der MS10. Die Treibstoff-Kapazität erhöhte sich auf 210 l, um den großen Durst der hochgezüchteten DFV-Motoren der 9er Serie zu stillen, die auf der Bremse 430 PS bei 9500 Touren einsetzten.

Nachdem der MS80-Prototyp eine kurze Testfahrt in Monthléry absolviert hatte, ging's nach Kyalami, wo er einige Trainingsrunden drehte, im Rennen um den GP von Südafrika jedoch im Stall blieb.

Tyrrell war noch skeptisch. Der altgediente MS10 gewann mit Stewart diesen Formel 1-Lauf.

Beim Brands Hatch International mußte der MS80/01 das erste Mal zeigen, was in ihm steckte. Stewart krönte die Premiere mit einem souveränen Sieg. Beim spanischen GP stellte sich heraus, daß Dunlops Reifen nicht mehr erste Wahl waren. Goodyear und Firestone boten weitaus besseres Material an. Dennoch gewann Stewart auf herkömmlichen Pneus von Dunlop. Sein Teamgefährte Beltoise wurde mit dem brandneuen zweiten MS80 Dritter, trotz eines Schaltgestänges, das sich mehr und mehr löste.

Die spektakulären Unfälle — nachdem am Lotus die Flügel brachen — führten zwei Wochen später in Monaco — mitten im Training — zum Verbot der „Flughilfen".

Monaco war eine einzige Katastrophe für die MS80. Schon am Morgen des Renntages versagten die Kardangelenke. Ein wahrhaft böses Omen, denn beide Autos wurden vom gleichen Schicksal nochmals getroffen. Im Rennen selbst gingen in ein und derselben Runde die Kreuzgelenke des Antriebs zu Bruch.

In Zandvoort tauchten die Flügel erneut auf, diesmal getarnt als Motorenverkleidung. Außerdem sah man noch breitere Hinterrad-Walzen. Stewart gewann das Rennen. Hieran schloß sich der bisher größte Triumpf für Stewart, Beltoise und die MS80 an. Vor französischer Zuschauerkulisse belegten sie in Clermont-Ferrand die Plätze eins und zwei. Dieser großartige Heimsieg war natürlich Balsam für die Seele von Matra Sports und Elf.

Nach einem Trainingsunfall, als ein loser Brocken des Pistenbelags einem Vorderreifen des MS80 die Luft nahm, konnte Stewart auf Beltoises Auto auch den britischen GP als Erster beenden. Der Große Preis von Deutschalnd mußte an Jacky Ickx auf Brabham-DFV abgetreten werden, der mit den überragenden G20 von Goodyear einen knappen Vorsprung erzielte.

In Monza griff Tyrrell in seine Trickkiste. Er empfahl Stewart einen extra lang übersetzten zweiten Gang, um so im Endspurt aus der Parabolica-Kurve heraus bis ins Ziel voll beschleunigen zu können, ohne noch einmal hochschalten zu müssen. Die Situation in der letzten Runde des Rennens war maßgeschneidert für Stewart. Rad an Rad mit seinem ärgsten Rivalen Rindt, konnte er diesen winzigen, aber entscheidenden Vorteil voll ausspielen. Während Rindt seinen Motor bis zum Gehtnichtmehr hochdrehte, legte Stewart noch etwas zu und kreuzte die Linie als Erster, nur Zentimeter vor seinem Rivalen. Der zierliche Schotte mit dem Matra MS80 errang damit auch den Weltmeister-Titel für Fahrer und Konstrukteure.

Sein Team-Kamerad Beltoise war übrigens in der Spitzengruppe mit dabei, obwohl ihm das spezielle Getriebe nicht zur Verfügung stand. Sein MS80 hatte einen Heckflügel, während Stewarts Matra wegen der extrem windschlüpfrigen Gestaltung weder Front- noch Heckflügel erhielt. Beltoise erreichte sogar als Erster die letzte Kurve aufgrund des besseren Bremsverhaltens seines mit aerodynamischen Hilfen ausgestatteten Wagens, sah sich aber außerstande, den brutalen Endspurt mitzumachen und wurde Dritter, 0,19 sec hinter Stewart und 0,09 sec hinter Rindts Lotus.

Die Saison 1969 und die Karriere des Matra MS80 endete mit den GPs von Kanada, Amerika und Mexiko recht glücklos. Dem Team fehlte wahrscheinlich der Ansporn, hatte es doch die beiden Weltmeister-Titel schon in der Tasche. Zugleich zogen am Horizont düstere Wolken auf. Matra bestritt Rennen im wesentlichen, um den Absatz des straßentauglichen Typ 530, dem Nachfolger des Djet, zu forcieren. Der kommerzielle Erfolg wurde jedoch durch das Fehlen eines funktionierenden Händlernetzes stark gehemmt. Auch Ford zeigte kein Interesse an der Vermarktung des Autos, obwohl es mit Ford-Motoren bestückt war. Als Konsequenz plante Matra einen neuen Serienwagen, angetrieben von einem Motor einer wohlgesonneneren Firma. Chrysler-France, das die Simca-Reihe baute, wurde seinerzeit von Bill Reiber, dem früheren Ford-France-Chef, geführt, der Matra auch die V4-Motoren verkauft hatte.

Er war natürlich hoch erfreut über Matras Absicht, Chrysler-Motoren zu verwenden, machte aber zur Bedingung, alle Verbindungen zu Ford kompromißlos abzubrechen. Das bedeutete zugleich das Aus für die Matra Formel 1 mit Cosworth-Motor. Der Geschäftssinn siegte, und Matra unternahm von da ab keine weiteren Anstrengungen mehr, den erfolgreichen MS80 für 1970 zu präparieren. Im Formel 1-Sport konzentrierten sie sich nur noch auf ihren eigenen V12, der unter dem Namen Matra-Simca an den Start rollen sollte.

Auf Lagardères Bitte organisierte Tyrrell noch Vergleichstests für Stewart. In Albi sollte er beide Wagen, den V12- und den DFV-getriebenen, bewegen und beurteilen. Stewart war sich seiner Sache sehr sicher und gab dem DFV in jeder Weise den Vorzug. Aber Matra Sports wollte Chrysler auf gar keinen Fall verärgern mit dem Bau neuer Chassis für den Ford-Motor. Tyrrell mußte sich also anderswo umsehen und wandte sich zunächst an den Newcomer March, während er im Geheimen einen Wagen wie den MS80 für sich selbst entwerfen und bauen ließ.

Nach einer Saison Pause erschien Matras renovierte V12-Maschine wieder auf der Bildfläche. Ein neues MS120 Werks-Chassis von sonderbarem Aussehen sollte für 1970 der Aufnahme des Treibsatzes dienen. Aber die Wagen von Matra Sports gewannen kein einziges Formel 1-WM-Rennen mehr. Nach einigen Jahren und viel Arbeit wird man von der Firma Ligier hören, sie hätten den V12 in den Griff bekommen. Er wird jedoch immer eine Fußnote in der Formel 1-Geschichte bleiben, die in jener Zeit von den Matra-Cosworth geschrieben wurde, die Tyrrell damals in die Arena führte.

Stewarts MS80 in Silverstone beim britischen GP 1969, nun auch „beflügelt" und mit Leitblechen für die Luftströmung an Heck- und Frontflügel und auf dem Bugteil versehen. Sperrige, außenliegende Dämpferelemente können durchaus aerodynamisch sein, wie man sieht.

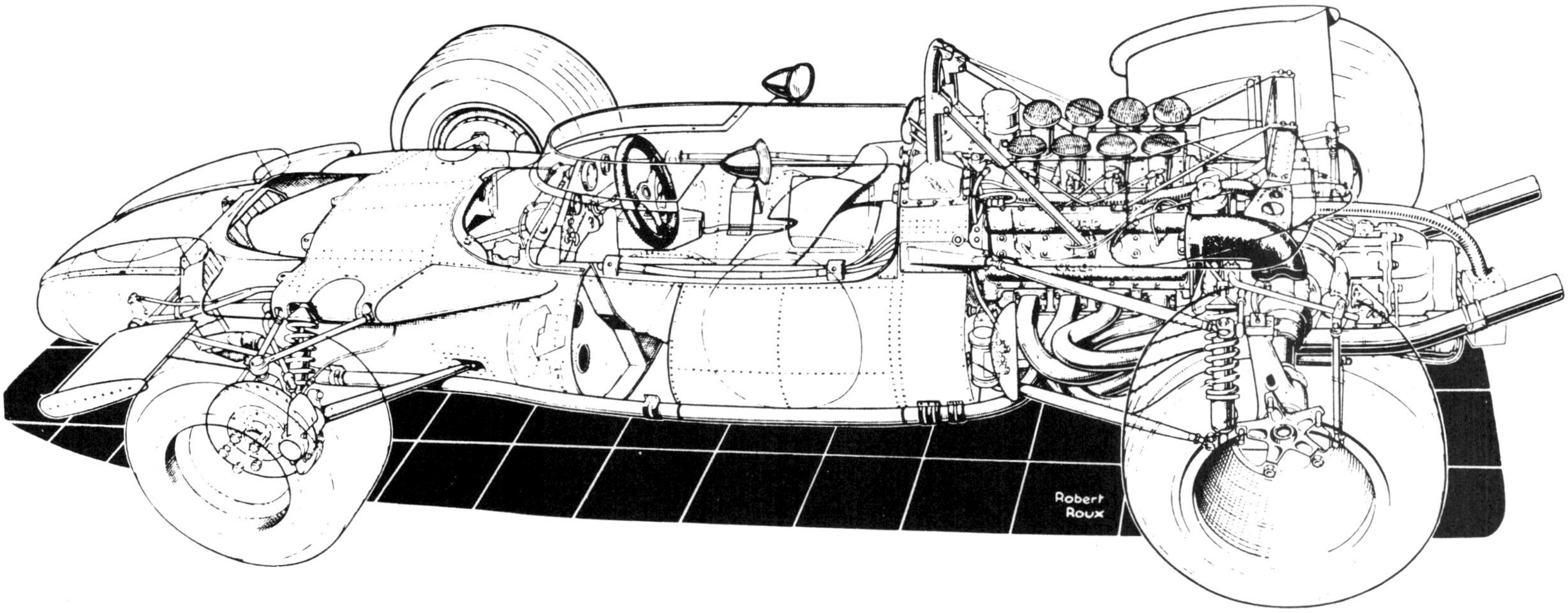

Vergleichen Sie diese Aufnahme mit der von Rindt, 8 Seiten zuvor, an der gleichen Stelle im gleichen Rennen. Die Anti-Dive Frontaufhängung arbeitet gut beim Matra MS80. Sie begrenzt Gewichtsverlagerungen im vorderen Teil und reduziert die Tendenz der Hinterradbremsen zu blockieren, wenn die Räder „leicht werden".

Allradantrieb

Die Suche nach verbesserter Traktion, um die neu gefundenen PS und das brutal einsetzende Drehmoment der DFV-Motoren von 1968-69 optimal auf die Straße zu bringen, ließ Cosworth selbst, Lotus, Matra und McLaren mit allradgetriebenen F1-Wagen experimentieren.

Es wurde viel investiert und viel versucht, aber nachdem Lotus seinen allradgetriebenen 56B-Turbinenwagen Ende 1971 schließlich aus dem Verkehr zog, hörten die kostspieligen Abenteuer erst einmal auf. Für die Formel 1 kam nicht viel Brauchbares dabei heraus. Die Fahrer konnten sich auf die speziellen Eigenheiten der sich ziemlich roh gebärdenden Kraftübertragungssysteme nicht einstellen. Es ging ihnen irgendwie an die Nerven. Hinzu kam noch der systemimmanente Gewichtsnachteil.

Fortschritte bei der Aerodynamik und in der Reifenentwicklung halfen schließlich, das Traktions-Problem in den Griff zu bekommen. Die Notwendigkeit des Allradantriebs hatte sich damit erübrigt. Vom heutigen Standpunkt aus betrachtet, mit dem Wissen um technische Neuerungen wie z.B. die Visko-Kupplung, Differentiale mit begrenztem Schlupf und modernste Rennreifen, hätte die Story auch einen gänzlich anderen Ausgang nehmen können.

Eigentlich war der Allradantrieb nur ein kurzes Intermezzo in der Formel 1-Geschichte und hatte keine weitere Bedeutung außer der, daß man nun wußte, wie es nicht ging. Aus anderen, erfolgversprechenden Erwägungen heraus wurden noch zwei Projekte verwirklicht, und zwar der March 0-2-4 und der Williams FW 07 D mit jeweils sechs Rädern. Bei ihnen wurden die lenkbaren Vorderräder jedoch nicht mit in den Antrieb einbezogen. Aber diese Lösungen lieferten auch keine verwertbaren Resultate. Anders dagegen im Rallye-Sport. Als der Audi Quattro und der Allrad-Peugeot begannen, die Geschichte des Straßen-Rennsports neu zu schreiben, kam der Vierrad-Antrieb wieder zu Ehren und Ansehen im Motorsport, nicht zuletzt dank des Ferguson Konzerns von Tony und Stuart Rolt. Bei Rallyes und in normalen Serienwagen konnte der Allradantrieb seine wahren Stärken zeigen. An anderer Stelle wurde mehr und ausführlicher über die GP-Renner der Jahre 1969—71, die die Traktion auf vier Räder verteilten, geschrieben. Auf jeden Fall kann man behaupten, daß es mehr war als eine historische Kuriosität.

Vielleicht hätte sich der Allrad-Antrieb doch noch durchgesetzt, wäre er nicht im Jahre 1982 für die Formel 1 verboten worden. Damals hatte Williams, hauptsächlich aus aerodynamischen Gründen, eine sechs-rädrige Konstruktion mit vier hinteren Antriebswalzen einführen wollen. Heutzutage stehen soviel Pferdestärken zur Verfügung, daß der Allradantrieb immer noch diskutiert wird und sicherlich werden es die führenden Konstrukteure nochmals versuchen.

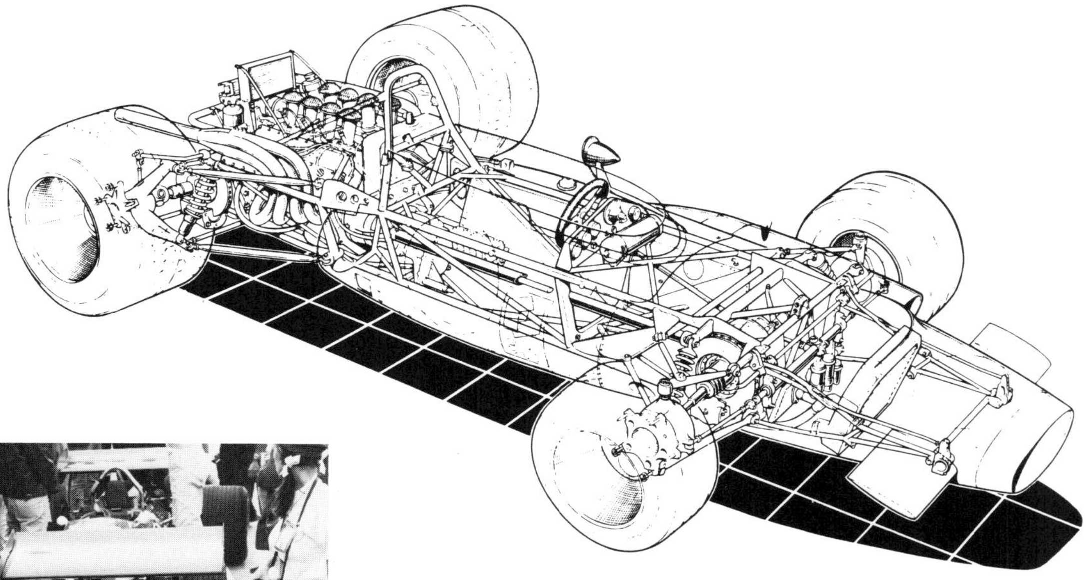

Der Lotus 63 4WD von 69 an den Boxen.

Ganz links: Marchs 0-2-4-Experiment war wegweisend, aber das Geld ging aus, noch bevor der F1-Allradantrieb im Jahre 1982 verboten wurde. Oben: Matras MS84 war 1969 ein äußerst effektives Test-Vehikel. Unten: McLarens M9A lief nur ein Rennen, bevor er als Fehlkonstruktion verworfen wurde.

Rindts 72/2 am Österreichring 1970 mit charakteristischem Keilprofil, den Flügeln, Kühllufteinlässen. Hinten lugen die Stäbe der Drehstabfederung heraus. Noch ziemlich gemäßigt die Airbox, aus der bald hohe Schnorchel werden sollten.

Der Lotus 72
Ein Keil setzt neue Maßstäbe

Rindts Lotus 72/2 fliegt über die Dünen, unterwegs zum ersten Sieg in einem WM-Lauf beim GP Holland 1970. Nachdem die Aufhängung mit Nickausgleich ausgebaut worden war, hatte der 72er, vielleicht als einziger Renner der Saison, richtig Abtrieb auf der Vorderachse.

Der Lotus 49 belebte drei Saisons lang die GP-Strecken. In dieser Zeit fielen Colin Chapman zunehmend die angeborenen Nachteile dieses schlanken Einbaums auf. Der geniale Chapman fühlte sich besonders durch Graham Hills liebe Angewohnheit genervt, unzählige Runden im Training allein dafür zu opfern, den „richtigen Einfederungsanschlag" herauszufinden. Als sich Chapman später daran erinnerte, sagte er lachend: „Mein Traum war es, für Graham Hill ein Auto mit progressiver Federung zu bauen. Dann hätte er niemals einen Einfederungsanschlag finden können. Also hätte er auch nicht die ganze Zeit damit 'rumspielen können. Das alleine hätte mir die Saison gerettet."

Die Planung für den 49er-Nachfolger begann 1970, kurz nachdem sich der Typ 69 mit Allradantrieb als Riesenflop herausgestellt hatte. Colin Chapman und Maurice Phillippe war klar: Beim Lotus 49 hatte den Erfolg allein bestimmt, wie gut der neue Cosworth-Motor integriert werden konnte. Ob der neue Lotus 72 siegen oder hoffnungslos hinterherfahren würde, entschied sich heute an zwei Dingen: Wie gut es gelang, das Chassis mit den neuen Firestone-Reifen zu kombinieren, und wie optimal Abtrieb und Aerodynamik bei den neuen Flügelvorschriften ausgelegt werden konnten.

Wesentliches Ziel beim Entwurf des Neuen war es auch, die ungefederten Massen, vielleicht durch innenliegende Bremsen, möglichst klein zu halten. Die Bremsscheiben aus den Rädern 'rauszuholen hieß außerdem, die Hitzebeanspruchung auf Radträger, Felgen und Reifen sehr zu verringern. Das würde es erlauben, ging man mal von minimalem Gesamtgewicht des Wagens und weichen, stoßfreien Laufeigenschaften aus, weichere, also schnellere Reifenmischungen als die Gegner aufzuziehen. Und zwar, ohne sie zu überhitzen und damit zu zerstören. Denn das war bisher das übliche Ergebnis, wenn man versucht hatte, nicht speziell dafür ausgelegte Rennwagen mit solchen Weichmännern zu fahren. Das hohe Ziel war, mit dem Lotus 72 praktisch ein ganzes Rennen auf „Qualifiers" durchzustehen.

Die Designer entschieden sich, der Verwirklichung der Idee durch eine Aufhängung mit progressiven Federn ein Stück näher zu kommen. Damit konnte ein sehr feinfühliges Federungsverhalten erzielt werden, ohne das Auto gleich butterweich, etwa mit vollen Tanks, durchschlagen zu lassen. Eine Drehstabfederung bot sich als feinste Lösung an, und eine Verbunddrehstabfederung brauchte dabei den wenigsten kostbaren Platz.

Der Indianapolis-Einsatz des Typs 56 Turbinenantrieb hatte 1968 gezeigt, daß eine keilförmige Karosserie sehr wirksam Abtrieb auf den Renner erzeugte. Auch der Lotus 72 sollte ein solcher abtriebsintensiver Keil werden, deshalb wanderten die Kühler von der Nase nach mittschiffs. Hier wurden sie auf die schlanken Flanken des Wagens aufgesetzt. Damit verschwand zugleich eine Hitzequelle, die die armen Piloten der Lotus 49 oft genug halbgar geröstet hatte. Auch die Verlagerung der Öltanks ins Heck brachte dem Fahrer thermische Entlastung. Gleichzeitig konzentrierte man so mehr Gewicht auf der Hinterachse, eine Philosophie, die schon beim 49er bestimmend war.

Die Bremsscheiben wanderten tatsächlich nach innen, damit entfiel eine üble Hitzequelle in den Rädern. Die Rennwalzen hatten jetzt nicht mehr den bösen Temperaturstreß, zudem konzentrierten sich die Massen günstiger um den Schwerpunkt.

Grundlage des ganzen Entwurfs war ein völlig neues, keilförmiges Monocoque-Chassis, dessen aerodynamische Wirkung durch einen ebenfalls brandneuen, dreiteiligen Heckflügel und große Frontschaufeln noch ausbalanciert wurde.

Die Verbund-Drehstabfederung bestand aus einer äußeren, hohen Röhre, in der innen ein massiver Stab an einem Ende durch Keilverzahnung befestigt war. Die Röhre war an ihrem offenen Ende mit dem Chassis verbunden. Aus ihr stand der innere Stab hervor, er wiederum war mit dem Radträger verbunden und wurde durch dessen senkrechte Bewegungen aktiviert. Rohr und Stab verdrehten sich also gegeneinander. Je mehr sich die Aufhängung von ihrer „Ruhestellung" entfernte, desto größer war nun die Verdrehung der Federungsanordnung. Der sehr willkommene Effekt war eine sich selbst justierende Aufhängung, die unabhängig von der an Bord befindlichen Treibstoffmenge die Fahreigenschaften des Lotus konstant hielt.

Die Verbund-Drehstabfederung hatte den großen Vorteil, daß die Stäbe bei gleicher Kennung nur die halbe Länge konventioneller Drehstäbe haben mußten. Sie beanspruchten inbords weniger Platz als Schraubenfedern. Die federnden Stäbe wurden mit kleinsten Toleranzen auf Maschinen gefertigt, auf denen sonst Gewehrläufe produziert wurden. Um die Reibung zwischen Rohr und Drehstab möglichst gering zu halten, lag zwischen beiden am Betätigungsende des Stabes ein dichtgepacktes Kugellager — aus einem Rennrollschuh!

Vorne und hinten führte der Lotus Dreiecks-Querlenker, die an der Front aus Nickel-Chrom-Molybdän-Blech und für's Heck aus Stahlrohr angefertigt waren. Ein Hilfsrahmen trug die Anlenkpunkte der vorderen Querlenker. Um das Eintauchen der Nase beim Bremsen zu verhindern, lagen die vorderen Befestigungspunkte dieser Dreieckslenker tiefer als die hinteren. Umgekehrt verhielt sich's im Heck des Rennwagens: Hier waren die hinteren Anlenkpunkte tiefer plaziert. Das Ziel war ein „Anfahrnickausgleich", im Klartext: Der Lotus sollte beim Beschleunigen nicht auf der Hinterhand in die Knie gehen.

Insgesamt hatte der ganze Aufwand zum Ziel, dem 72 die ausgeglichenen Fahreigenschaften des Typs 56 beizubiegen, von dem die Indy-Fahrer begeistert waren. Und man wollte endlich Herr über das schlimme Verhalten werden, das man vom Lotus 49 kannte: Beim Bremsen Nase am Boden, beim Rausbeschleunigen Hintern auf der Strecke.

Die neuen, innenliegenden Bremsscheiben wirkten über speziell angefertigte Bremswellen auf die Räder. In die Frontverkleidung versenkte Lufteinlässe führten den vorderen Scheiben kühlenden Fahrtwind zu, die heiße Luft trat durch Auslässe über den Bremsen wieder aus.

Das Monocoque wurde auf interne Stahlschotts aufgebaut, die inneren Bleche bestanden aus Duraluminium-Material. Für die Außenhaut wurde ein weicherer, biegsamerer Werkstoff in geringerer Stärke verbaut. Damit konnte die gewundene, nach hinten zusammenlaufende Form erreicht werden, in deren Einbuchtungen die seitlichen Kühler lagen. Um die raumfahrtmäßige versenkte Vernietung des Monocoques wurde damals viel Aufhebens gemacht. In den Seitenpontons mit ihren steil abfallenden Wänden lagen FPT Gummiblasentanks, die einen Sammeltank hinter der schräg abfallenden hinteren Sitzverkleidung versorgten. Die Wanne wurde nach vorne durch eine „foot box" verlängert, die auf einem Rahmen aus 3,2 mm ($^{5}/_{8}$ Zoll) Stahlprofilen mit rechteckigem Querschnitt aufgebaut war. Sie trug die Pedale, Hauptbremszylinder und die ganze Vorderradaufhängung. An die foot box klammerte sich ein äußerst filigran aussehender Hilfsrahmen, der die Batterie beherbergte und der windschnittigen Nase Halt gab.

Rücklings war was ganz wichtiges an das Monocoque angehängt: Der DFV-Motor. Die Last der hinteren Aufhängung trugen Sandwichplatten auf den Flanken des Hewland FG-Getriebes.

Durch die innenliegenden Scheibenbremsen waren die Aufhängungen vom Bremsstreß weitgehend entlastet, deshalb reichten hinten obere Längslenker.

Der 72er kam mit einem neuartigen, dreiteiligen Heckflügel daher. Durch die Teilung konnte insgesamt ein größerer Anpreßdruck erzeugt werden, als mit einem steil angestellten einteiligen Flügel. Der gewaltige Abtrieb des bis über das Getriebe reichenden Spoilers wurde durch zwei verstellbare Frontflügel ausbalanciert.

Der erste Auftritt des neuen Stars auf der WM-Bühne gestaltete sich nicht ganz problemlos: In Jarama 1970 löste sich an Rindts Wagen vorne ein hitzedämmender Einlegring zwischen Bremsscheibe und -welle — durch Hitze — ganz einfach auf. Als Folge lösten sich die Befestigungsbolzen und brachen: Rindt hatte nur noch auf drei Rädern Bremswirkung! An seinem Chassis 72/2 lösten draufhin innenbelüftete die massiven Bremsscheiben ab.

Und heiß war's in Spanien! Viel zu heiß für die neuen 72er Kühler. Deshalb vergrößerte man deren Lufteinlässe durch Distanzleisten zwischen Wagenkörper und den seitlichen Boxen. Das Format der Rennwalzen wurde vom 49 C übernommen, 13 Zoll Durchmesser vorne, 15 Zoll hinten, die Felgen waren 10 und 15 Zoll breit. Als Rindt hinten versuchsweise 17-Zöller aufziehen ließ, schoben ihn die breiten Schlappen in Kurven einfach geradeaus: brutales Untersteuern.

Aber auch unabhängig von der Reifenwahl gab es später immer wieder handling-Probleme. Die Lotus taten sich zum Beispiel ziemlich schwer, ihre kurveninneren Räder am Boden zu halten, sie rollten bisweilen wie Schiffe auf hoher See. Andererseits hatten die Chapman-Schöpfungen im Regen Grip, wo eigentlich gar keiner mehr sein durfte, sie ließen mit dieser Eigenschaft beim Regentraining in Silverstone den Zuschauern sämtliche Haare zu Berge stehen.

Als aber das anschließende Rennen auf dem schnellen Kurs auch keine überzeugenden Resultate brachte, war eine Denkpause angesagt. Nach Monaco wurde nur der 72/1 als Reservewagen mitgenommen. Rindt startete auf dem 49 C — und gewann!

Mittlerweile wurde in der Lotus-Basis zu Hethel unter Colin Knights Aufsicht der 72/2 operiert, sowohl Brems- als auch Anfahrnickausgleich mußten 'raus. Das anti-dive sollte verschwinden, weil es die eh' ziemlich schwammige Lenkung beim Bremsen, wenn die Aufhängung härter wurde, zur haarsträubenden Gefühllosigkeit steigerte. Der Anfahrnickausgleich stand im Verdacht, eine der Ursachen zu sein, die den Lotus in Kurven das innere Hinterrad lupfen ließen. Dieses Übel war schnell beseitigt, ein neuer hinterer Hilfsrahmen löste das Problem. Vorne ergaben sich einschneidendere Konsequenzen: Durch die Veränderung des vorderen Hilfsrahmens paßte dem Renner die windschlüpfrige Haut nicht mehr, das vordere Schott mußte völlig überarbeitet werden. Dies wiederum hatte Folgen für die gesamte Verkleidung... Am Ende waren vom alten 72/2 nur noch das Schott hinter dem Cockpit und die Befestigungspunkte für den Cosworth übrig. Gründliche Arbeit.

Dem 72/1 gingen die Monteure weniger gründlich ans Fell. Schale und Vorderradaufhängung blieben unverändert, hinten wurde wie beim 72/2 verfahren. Der Bolide wurde von Rindts neuem Teamkollegen John Miles bewegt.

Ein neues Auto mit paralleler Aufhängung,

der 72/3 wurde für ihn zum GP Deutschland in Hockenheim fertig. Sein 72/1 wanderte in die Werkstatt, wurde total überarbeitet und Rob Walkers reichlich spät gelieferter Nachfolger für seinen wunderbaren Lotus 49 C „R 7", den Graham Hill fuhr. Der neu aufgebaute Renner lebte unter der Seriennummer 72/4 ein nur kurzes aktives Rennerleben.

Endlich in Zandvoort 1970 war's dann so weit: Rindt siegt auf dem 72/2 beim Großen Preis der Niederlande! Und in Clermont-Ferrand folgte sofort der zweite Triumph, wenn auch mit etwas Glück. Rindts Chassis war durch kreuzweise Verstrebungen im hinteren Schalenbereich versteift, die Aufnahmepunkte für die Radaufhängung waren verstärkt. Zudem waren die hinteren Dämpfer aus dem heißen Luftstrom der seitlichen Kühler genommen worden, die Hitze hatte ihnen zu arg zugesetzt. Zum britischen GP in Brands Hatch führte Rindts 72 die Motorlufthutze in die moderne Formel 1 ein. Die Einlässe der Airbox lagen wie Segelohren beidseits des Überrollbügels, Lotus war wieder mal Trendsetter. Und Rindt hatte außer der neuen Lufthutze auch noch Glück: Im Rennen fuhr ihm nämlich zuerst Brabhams BT 33 ungeniert vorneweg, dann ging dem schnellen Jack aber in der letzten Runde der Sprit aus (das gibt's also nicht erst seit der 195-Liter-Regel!) und Jochen hatte die charaktervolle Nase vorn: Sieg Nummer drei für Lotus 72 und Rindt! Das nächste Rennen in Hockenheim sah eine high-speed-Schlacht zwischen Rindt und Jacky Ickx auf dem neuen Zwölfzylinder-Flachmann von Ferrari, die Rindt schließlich mit ganzen 0,7 Sekunden Vorsprung für sich entschied: Sieg Nummer vier in Reihe!

Österreich brachte dann wieder ernsten Ärger für Lotus... Dort entdeckten die Inspekteure, daß die seitlichen Kühler breiter als die erlaubten 110cm waren! Also: zurückbauen. Die Piloten gingen nach der Operation ziemlich skeptisch wieder auf die Strecke und... machten auf der Geraden plötzlich ganze 200 Umdrehungen mehr! Dabei blieben in der Steiermark die Temperaturen ganz gesund, verglichen mit dem Fieber, das die Motoren in der spanischen Flußebene gepackt hatte. Ende gut, alles gut — mit Glück. Und davon hatte Miles eine Riesenportion, als an seinem Wagen im Training beim Anbremsen eine der vorderen Bremswellen brach. „Es war, als ob plötzlich eine gewaltige, außerirdische Macht das Lenkrad gepackt und bis zum Anschlag herumgerissen hätte. Zum Glück hatte ich Platz genug, die Sache auf der ganzen Breite der Strecke zu regeln. Dann lief ich ziemlich blaß und geschockt die Boxen an", kommentierte Miles die kritische Situation. Im Rennen verlor Rindt seinen vierten Rang durch einen Dreher, keine Punkte für das Team.

Aber was hatte Miles' Bremswelle zerstört? Die Wellen waren hohl, sie sollten ein wenig federn, Schocks dämpfen und durch die Bohrung natürlich Gewicht sparen. Wie üblich war die Welle für Miles' Wagen von beiden Seiten angebohrt worden, beide Bohrungen hatten sich aber nicht exakt getroffen. Fehlspannungen an der so entstandenen Kante hatten die Welle brechen lassen.

Für den weniger bedeutenden Gold Cup in Oulton Park war Rindts 72/2 mit massiven Wellen bestückt. Walkers dunkelblauer 72/4 erlebte mit Graham Hill am Steuer sein Debut.

Dann kam der Große Preis von Italien, Monza 1970... Rindt und Miles kamen mit ihren gewohnten Wagen. Emerson Fittipaldi stieß neu zum Team und erhielt den 72/5, einen im Werk ganz frisch gebauten Renner.

Am Samstag morgen ging Rindt im 72/2 probeweise ohne Flügel auf die Strecke. Der Wagen rollte auf frischen Reifen, die Bremsbalance war völlig normal eingestellt. Beim Anbremsen der Curva Parabolica, einer Rechts, brach höchstwahrscheinlich die vordere rechte Bremswelle. Rindts Wagen schlug mit unglaublicher Wucht in die Betonbarrieren und Planken auf der linken Seite der Fahrbahn ein. Eine Plankenverbindung gab nach, der Vorderwagen geriet unter die Planke und wurde völlig zerstört, als er frontal auf einen Pfosten auftraf. Die Schalenkonstruktion hielt dem gewaltigen Aufprall nicht stand... Jochen Rindt, der designierte Weltmeister, war tot. Sieben lange Jahre nach dem Unfall stellte ein italienisches Gericht zwar den Bruch der Bremswelle als Hauptursache des schrecklichen Unglücks fest, aber Rindt hätte bei richtiger Befestigung der Planken am Leben bleiben können.

Gegen Ende der Saison siegte Fittipaldi auf dem 72/5 beim GP der USA in Watkins Glen, sein neuer Gefährte Reine Wisell kam als Dritter ein. Damit ging der Titel posthum an Jochen Rindt. Lotus wurde zum vierten Mal Konstrukteursweltmeister.

Das schwache Jahr

Der Winter kam, für die nächste, die Saison 1971, erhielten die Lotus ein neues Schmierungssystem. Für die amerikanischen Läufe nach Rindts Tod waren massive Bremswellen montiert worden, an ihre Stelle traten nun wieder ausgebohrte.

Firestone brachte einen neuen Niederprofilreifen, der eine bessere Kontrolle der Auflagefläche durch steifere Flanken erlaubte. Also mußten auch die Aufhängungen der neuen, niedrigen Mittelachse der Räder angepaßt werden. Die ursprünglich verwendeten Magnesium-Radträger waren ohnehin im Verdacht, sich stark zu verwinden. Genügend feste, gegossene Magnesiumradträger wären viel zu schwer geworden, also ging man bei Lotus zu Stahlteilen über.

Beim „Good Friday Oulton Park" Rennen sah man den 72/5 mit einem neuen, einteiligen Heckflügel, unter dem ein strömungsgünstig angeordneter Öltank lag.

Noch was für die Chassisnummernpedanten: Der „72" hieß mit dem Verschwinden des Anfahrnickausgleichs „72 B", gefolgt vom „72 C" mit der Amputation des Bremsnickverhinderers und der Neubearbeitung der Schale. 1971 in Monaco lief Emerson Fittipaldis „72/5" als „72 D", nachdem die Geometrie der hinteren Aufhängung zur Aufnahme der neuen Niederprofil-Reifen geändert worden war. Der Lotus hatte nun hinten doppelte Längslenker auf jeder Seite, Rechteckquerlenker unten ersetzten die ursprünglichen Querlenker, um Spurveränderungen besser zu kontrollieren. BRM hatte diese Anordnung schon 1967-68 vorgeführt, Matra war 1969 gefolgt. Die Lotus-Leute konnten mit dem neuen System das hinterlistige, plötzliche Wechseln des Renners vom Unter- zum Übersteuern etwas zähmen und den Piloten so ein paar Schrecksekunden ersparen.

Zum GP England in Silverstone traten die Lotus mit einer neuen Lufthutze an, die statt der Schlappohren eine einzelne, zentrale Öffnung über dem Fahrerkopf führte.

Der Herbst brachte den Abschied von Maurice Phillippe. Er ging zum Vel's Parnelli Jones Racing Team in die USA, um dort Rennwagen für die USAC und später auch die Formel 1 zu bauen.

Vor dem GP der USA wurden unsere Lotus weiter verändert, die Geometrie mit progressiver Federung schien nichts mehr zu bringen. Sie schien im Gegenteil verantwortlich für die schlimmen Vibrationsprobleme mit den neuen Niederprofilreifen und verschwand von der Hinterradaufhängung. Fittipaldi qualifizierte sich mit höher profilierten Walzen auf niedrigeren 13 Zoll Rädern prompt für den zweiten Startplatz, nur 0,017 Sekunden hinter Stewarts Tyrrell. Im Rennen ließ dann ein ganzes Paket von Problemen nur den 17. Platz 'rausspringen.

Fazit: Das Team war auf der Talsohle, die mieseste Saison seit 1959. Denn zwischen 1960 und 1970 gab es kein Jahr ohne Lotus-Sieg, in diesem Jahr hatte die Chapman-Truppe aber noch keinen einzigen Triumph erlebt. Alle litten noch unter Rindts Tod. Und die beiden neuen Piloten mußten noch viel Erfahrung sammeln. Zu allem Übel wurde der schnellere der beiden, Fittipaldi, bei einem Autounfall verletzt. Er fuhr zwar weiter Rennen, Teammanager Peter Warr hatte aber den Eindruck, seine Nummer Eins wäre stärker angegriffen, als sie es zugeben wollte. Ein Faktor, der mit aller Ingenieurskunst nicht auszugleichen war.

Der zweite Titel für die 72er

1972 brachte neue Bestimmungen über den Schutz der Benzintanks mit stärkeren Blechen, also bekamen die Lotus 72 eine neue Haut in geforderter Dicke. Neue Pelle, neues Aussehen: die Lotus setzten von diesem Jahr an auch modisch neue Akzente mit ihrem vornehmen, schwarzgoldenen „John-Player-Special" Kleid. Der knallige Rot-Golden-Weiße Gold-Leaf Anzug wurde abgestreift.

Im Winter war unter Leitung der beiden neuen Konstrukteure, Martin Waide und Ralph Bellamy viel Testarbeit geleistet worden. Sie brachte einen neuen Heckflügel, der sich in der Saison bewährte, die Anordnung des Öltanks wanderte im Laufe des Jahres allerdings häufig hin und her. Die schwarzen Schönheiten bewegten sich auf Rädern von 13 bzw. 15 Zoll Durchmesser, und die Auspuffsysteme suchten sich verschiedenste Wege durch die ständig geänderten Hinterradaufhängungen. Aber Fittipaldi erfüllte alle Hoffnungen, die man auf ihn gesetzt hatte: Er gewann die WM-Läufe in Spanien, Belgien, England, Österreich und Italien.

Dazu war der Brasilianer noch bei nicht zur WM zählenden Rennen in Brands Hatch, Silverstone und Vallelunga, später in der Saison bei den einmaligen „312 Meilen", wieder in Brands Hatch, siegreich: Triumpf auf der ganzen Linie!

Zum Zeitpunkt des italienischen GP im September mußten entweder Hulme von McLaren oder Stewart auf Tyrrell alle drei verbliebenen GP's gewinnen, ohne daß Fittipaldi besser als ein Vierter in einem dieser Rennen würde, um ihm und Lotus die Weltmeisterschaftstitel abzuringen. Aber Fitti gewann in Monza und wurde so der jüngste Formel 1-Weltmeister, den es je gab, Lotus gewann seine fünfte Formel 1-Weltmeisterschaft.

Vierte Saison — Dritter Titel

Für die 1973er Auflage der WM sollte Lotus zum absoluten Superteam werden. Player engagierte Ronnie Peterson an die Seite des amtierenden Weltmeisters. Bei Firestone haderte das Top-Management, ob man in der Formel 1 bleiben wollte. Chapman orientierte sich blitzschnell in Richtung Goodyear um, er konnte es noch nie leiden, wenn ihn jemand in Unsicherheit ließ. Die neuen Reifen erforderten praktisch neue Aufhängungen. Trotzdem gewann Fittipaldi die ersten beiden Grands Prix der Saison ungefährdet auf seinem Heimatkontinent. Beim Training in Interlagos ließen die beiden, doch schon angejahrten Lotus, die gesamte Konkurrenz mehr als eine Sekunde hinter sich! Auch noch mit vollen Tanks hängten sie alle ab, eine schier unglaub-

Die Hinterachseinheit eines Lotus 72 mit Stabilisator, innenbelüfteten, innenliegenden Scheibenbremsen, Dämpfer und progressiver Federungsgeometrie, die direkt dahinter liegt.

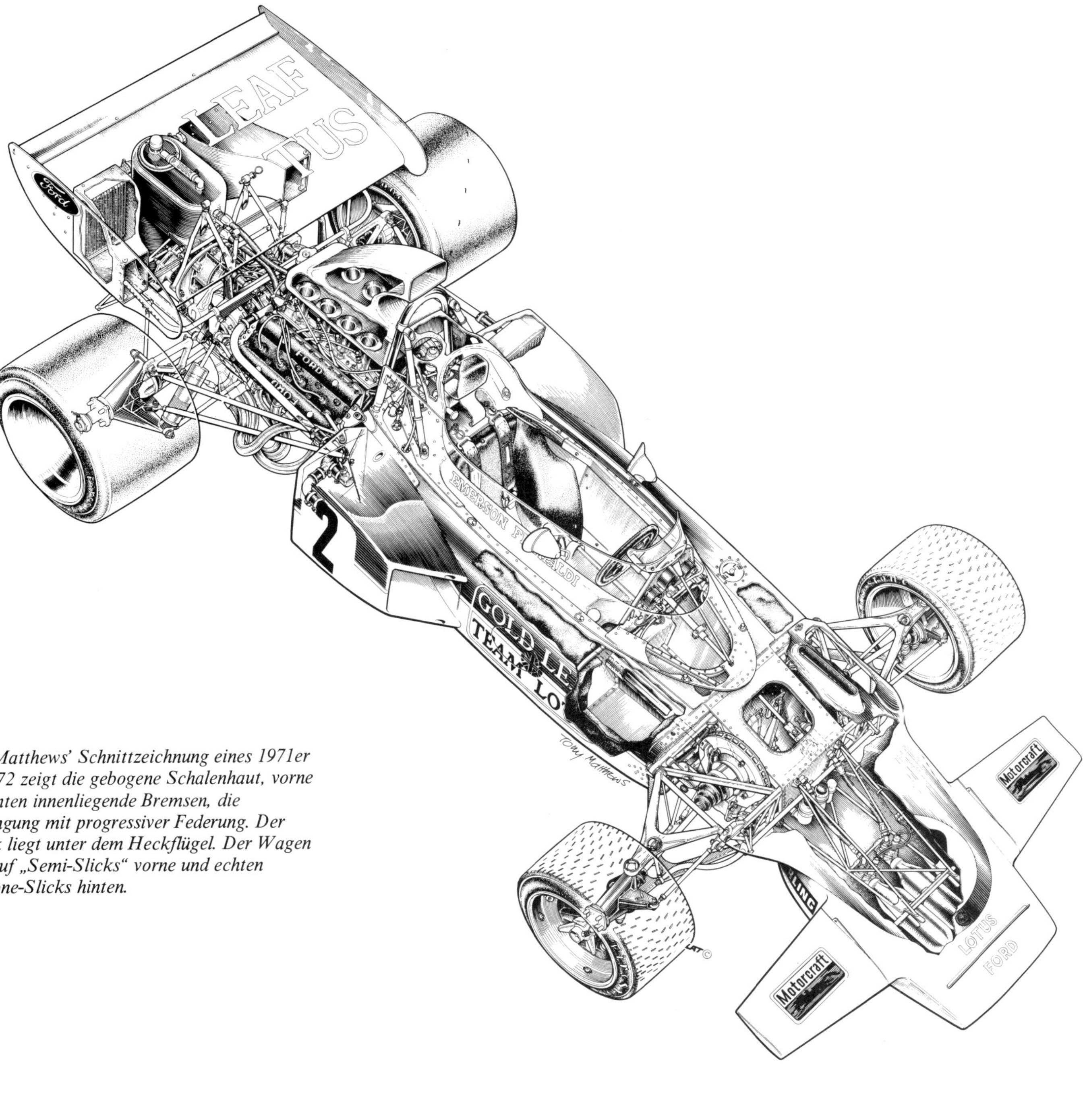

Tony Matthews' Schnittzeichnung eines 1971er Lotus 72 zeigt die gebogene Schalenhaut, vorne und hinten innenliegende Bremsen, die Aufhängung mit progressiver Federung. Der Öltank liegt unter dem Heckflügel. Der Wagen steht auf „Semi-Slicks" vorne und echten Firestone-Slicks hinten.

Die Lotus 72 gewannen ihren dritten Konstrukteurstitel 1973. Hier führt Fittipaldi vor Peterson auf dem Österreichring,

1975 paßten die modernen Goodyear-Reifen nicht mehr zu dem alten Lotus-Schlachtroß. Peterson fährt in Monaco seinen 72/9 mit neuer Lufthutze, seitlichen Knautschzonen und neuen Flügeln auf Rang 4.

liche Kombination von Chassis, Reifen und Piloten!

Trotzdem gab Chapman in Hethel Ralph Bellamy den Auftrag, endlich einen würdigen Nachfolger für den 72 zu bauen. „Alles, was wir brauchen", sagte er „ist ein 72, der hundert Pfund leichter ist."

Ab dem GP Spanien mußten verformbare Strukturen die Tanks der Formel-1 Renner schützen. Martin Waide zeichnete die nötigen Veränderungen für den 72. Die schon ziemlich ältlichen Wannen wurden wieder überarbeitet und tauchten beim Race of Champions mit Kühlern auf, deren Seitenwände die „verformbaren Strukturen" enthielten.

Im Lauf einer langen Entwicklung waren die Stahl-Radträger schwerer geworden als vergleichbar starke Magnesium-Vettern. Gerade waren neue Teile in der Mache, da änderte Goodyear abrupt die Reifengrößen. Natürlich mußte ein Lückenbüßer her. Der geriet sehr groß, sehr häßlich und funktionierte sehr gut.

Während der Saison 73 erschienen Lufthutzen in den verschiedensten Ausführungen, und der Heckflügel wanderte weiter hinter den Wagen. Inzwischen mußte Petersons Renner immer wieder verstärkt werden, um dem Fahrstil des wilden Schweden standhalten zu können. Peterson setzte die Leistungsstandards der Saison, verlor aber einige Rennen wegen technischer Defekte. Im Juli stand er nach dem GP Frankreich dann endlich ganz oben auf dem Treppchen.

Im Team gab es unvermeidlich eine ziemlich schädliche Rivalität zwischen Peterson und Fittipaldi. Für den Weltmeister kam ein schlimmer Rückschlag, als ein Trainingsunfall seinen verläßlichen 72/5 zerstörte.

Den schlimmsten Druck bekamen die Lotus in dieser Saison von den neuen Tyrrells mit ihrem ultrakurzen Radstand und vom McLaren M 23, leicht an seinen seitlichen Kühlern zu erkennen. Beide hatten eine günstigere Gewichtsverteilung mit höherer Belastung der Vorderräder. Um mehr Last auf die Vorderräder zu bringen, experimentierte Lotus nun mit einer breiteren Spur, die eine härtere Drehstabfederung nötig machte. Und es dauerte Ewigkeiten, diese Dinger beim Zulieferer zu konstruieren und zu bauen. Die hinteren Magnesiumradträger waren wieder mal zu schwer, also wurde wieder Stahl versucht. Das Teuerste an der Formel 1 sind wohl die vielen Teile, die auf den Schrott wandern...

Am Ende war Lotus mit dem 72 wieder Konstrukteursweltmeister. Wer aber errang den Fahrertitel? Fittipaldi mit drei Siegen zu Anfang der Saison? Oder Peterson mit seinen vier Triumphen auf dem schwarzgoldenen Renner? Keiner von beiden! Stewart auf Tyrrell raste gleich fünfmal als erster über die Ziellinie und schlug sie beide!

Die letzten Erfolge

1974 kam, und der Lotus 76 als Nachfolger unseres 72 nahm Gestalt an. Fittipaldi war zu McLaren gegangen, der Neue neben Peterson hieß Jacky Ickx.

Goodyear kam wieder auf Hinterreifen mit 28 Zoll Gesamtdurchmesser zurück. In Brasilien tauchten deshalb die Lotus mit uralten Radträgern auf, die zu den alten Gummis paßten. Ickx gewann Brands Hatch gegen alle Voraussagen im strömenden Regen.

Dann kamen endlich die neuen Lotus 76 – und versagten total. Also machte der treue, jetzt aber wirklich völlig überalterte Lotus 72 weiter.

Gelenkt von dem unbeschreiblichen Peterson gab es noch Siege auf so unterschiedlichen Kursen wie Monaco, Dijon-Prenois und Monza. Der 72/8 war dermaßen erfolgreich, daß in

Hethel noch ein solches Gerät, der 72/9 entstehen sollte, der aber schon vor der Fertigstellung übel ausgeschlachtet wurde, um am „Achter“ nach einem Trainingsunfall am Ring die schlimmsten Wunden zu versorgen. Dijon sah die Lotus mit mehr als zwei Zoll breiterer Spur vorne, in Brands Hatch fuhren sie mit gelochten Bremsscheiben. Um höhere Endgeschwindigkeiten zu erzielen, baute das Team für Monza und Watkins Glen die Spur wieder auf schmäleres Maß zurück.

Zu der Zeit gab's aber schon schlimme Untersteuerprobleme mit den neu entwickelten Goodyears, die auf die Bedürfnisse der moderneren Konkurrenz von Ferrari, McLaren und Tyrrell abgestimmt waren. Dadurch geriet der 72er immer mehr ins Abseits, Reifen wurden für die erfolgreiche Mehrheit gebaut.

Insgesamt sollte deshalb die Saison 1975 eine reine Katastrophe für das traditionsreiche Team werden. Die Lotus-Gruppe war zudem in Nöten, es konnte nicht vernünftig in den längst überfälligen Nachfolgerennwagen investiert werden.

Zum Start der Saison in Argentinien war das sogenannte Lightweight-Chassis für Peterson noch immer nicht fertig. In Brasilien präsentierten sein „72/8“ und Ickx' getreuer „72/5“ neue hintere Radträger mit neuer Geometrie. Beide hatten vorne sehr große Bremsscheiben. Zum Race of Champions in Brands Hatch kam dann endlich Ronnies Neuer und ein dritter Platz im Rennen, die Stimmung bei dem Schweden sank trotzdem weiter.

Jim Crawford fuhr für Ickx in Silverstone, baute aber in Vortests und beim Training zwei schwere Abflüge. Das große Problem blieben die neuen Goodyear-Reifen. Der Lotus 72 brachte sie einfach nicht auf Temperatur, weil er sie seiner Konzeption folgend nicht so belastete wie die moderne Konkurrenz. Aber es wurde nach Lösungen gesucht: In Le Castellet sah man Petersons Ersatz-72/8 mit Hilfsschraubenfedern um die vorderen Dämpfer, die die Drehstabfederung unterstützen sollten. Der Motor war auf einem Rohrrahmen ca. 13 cm weiter nach hinten gewandert, der Öltank lag nun zwischen dem Monocoque und dem Motor, um mehr Gewicht nach vorne zu bekommen. Ickx' 72/5 kam ebenfalls mit verlängertem Radstand daher, hatte aber keine Hilfsfedern. Sein nordischer Kollege wurde dann im Rennen auf dem 72/9 Zehnter, der Belgier gab auf. Es war sein letztes Rennen für Lotus. Peterson konnte gerade noch überredet werden, dem Stall die Treue zu halten.

Im britischen GP gesellten sich Brian Henton und Jim Crawford zu ihm. An ihren 72/5 und 72/8 waren die Drehstäbe hinten verschwunden und durch Schraubenfedern ersetzt. Peterson trat mit dem 72/9 im Trimm von 1973 an — und das funktionierte auch nicht.

John Watson steuerte den zweiten Lotus auf dem Ring. Beim Großen Preis der USA ging Peterson vom 14. und Henton vom 19. Platz aus ins Rennen. Der Brite sah das Ziel auf seinem 72/5 als Zwölfter, Peterson fuhr den 72/9 in die Punkte: fünfter Rang. So ergatterte der Lotus sechs Jahre nach seiner Premiere in seinem letzten Rennen noch WM-Zähler.

In diesen sechs Jahren hatte der klassische Lotus-Keil nicht weniger als 20 Grands Prix gewonnen und das Team dreimal zum Konstrukteursweltmeister gemacht. Wie man es auch betrachten will, der Lotus 72 war ein großartiges Renngerät.

Beflügelt ins Rennen

Vorreiter für die Formel 1 war der Chaparral

Wenn man unsere ganze Periode überblickt, zeigt sich das aerodynamische Verhalten der Rennwagen als wichtigster einzelner Faktor, der die Leistung der Grand Prix Wagen 1966 bis 1986 bestimmte. Ähnlich große Bedeutung haben nur noch Design und Leistung der Reifen.

Schon 1928 rüstete Fritz von Opel seinen von Eugen Sander gebauten Raketenwagen RAK 2 mit Abtriebsflügeln von gut 1,3 Metern Spannweite auf jeder Seite aus. Er hoffte, damit sein feuerspuckendes Wahnsinnsgefährt bei Tempo 190 auf der AVUS bei Berlin zu halten.

In den Fünfzigern baute Mercedes Benz Flügel auf den Kofferraum der 300 SL Renner, die beim Bremsen hochklappten, und der eidgenössische Ingenieur Michael May tauchte am Nürburgring mit seinem Porsche auf, den ein enormer Flügel mittschiffs, hoch oben über dem Schwerpunkt, „zierte". Die Technischen Kommissare wähnten den wackeren Schweizer geistig eher im Abseits, wünschten ihm gute Besserung und verboten den Flügel. Aus Daytona Beach kam vom Superspeedway die Kunde von einem Renner, der unter dem bezeichnenden Namen „Mad-Dog" mit opelähnlichen Negativ-Flügeln um den Kurs rauschte.

Dann wurde es ernst: So 1966/1967 brachte der Texaner Jim Hall mit Unterstützung von General Motors seine Chaparral-Sportwagen auf den Asphalt. Sie führten riesige Heckflügel mit umgekehrtem Tragflügelprofil, die nicht auf dem Chassis, sondern auf hohen Streben direkt auf den Radträgern standen. So wurden die Reifen unmittelbar auf den Boden gepreßt. Die GM-Forschungsgruppe experimentierte auch schon mit Wagenkörpern in der Form umgekehrter Tragflächen. Aber es wollte einfach nicht gelingen, den im Windkanal beobachteten Effekt in der Praxis zu wiederholen. Dieses Problem brachte noch einige Entwicklungsabteilungen in unzähligen Versuchen an den Rand der Verzweiflung.

Die Pioniere von GM-Chaparral tüftelten auch aus, daß große Frontspoiler den Luftwiderstand verringern, Heckflügel ihn aber vergrößern. Am Wagenhintern mußte also die knifflige Entscheidung zwischen viel Abtrieb und genügender Höchstgeschwindigkeit gefällt werden. Hall dachte sich als erfahrener Pilot natürlich prompt ein verstellbares „Höhenruder" für viel Anpreßdruck in Ecken und wenig Widerstand auf den Geraden aus. Stand der Flügel auf der Karosserie, so drückte der Abtrieb die relativ weichen Federn des Fahrwerks ganz zusammen, die Straßenlage ging zum Teufel. Also war es ideal, den Anpreßdruck direkt auf die Radträger zu bringen, damit auf die Räder. Das Verfahren ließ die gefederte Masse des Wagens unberührt.

Die Gedanken drehten sich so in schnellem Fortschritt zunächst um aerodynamische Hilfen an der Aufhängung, dann um strebengestützte Flügel über dem Renner — und schließlich: Warum zum Teufel sollte dieser Flügel nicht reichlich hoch über dem Wagen im ungestörten Luftstrom stehen?

Im April 1966 wurde der erste Flügel aus solider Kiefer geschnitzt und zwei Fuß über dem Hinterteil eines Chevrolet Stingray getestet.

Hierauf folgte ein schaumgefüllter Monocoque-Leichtsgewicht-Flügel für die Chaparral 2 E CanAm-Sportwagen. Wenn die Streben einmal hielten, arbeiteten die Abtriebshilfen gut. Der Fahrer konnte sie noch vom Cockpit aus verstellen, für Kurven stand das Flügelwerk relativ steil, auf den Geraden flach.

Gegen Ende 1969 bollerte in Kalifornien — wo auch sonst? — ein Chaparral 2 H mit einem Flügelmonster von noch nie gesehenen Ausmaßen mittschiffs über die Strecke.

In der Formel 1 hatten mittlerweile Flügel auf hohen Streben auch schon von sich reden gemacht.

Lotus-Weltmeister Jim Clark schlug, dem Chaparral-Vorbild folgend, seinem Mechaniker Leo Wybrott und den Porteous-Brüdern vor, was ganz ähnliches in der neuseeländischen Tasman-Meisterschaft 1968 zu versuchen.

Clark fuhr beim Rennen in Teretonga, auf der Südinsel, einen Lotus 49 T. Die Porteous-Brothers hatten ihr Wissen um die Fliegerei aktiviert, und auf Streben stand zeitig zum Training über dem Getriebe des Lotus ein kleiner Flügel. Improvisation ist alles: Das revolutionäre Stück war der Rest eines Rotorblattes und stammte vom Schrottplatz. Fürs Rennen wollte man den Flügel lieber wieder runternehmen. Wenn mit dem Ding was schiefgegangen wäre, hätte Cholin Chapman nämlich alle zum Teufel gejagt.

Gianni Marelli, als junger Ingenieur mit Amons Ferrari 246 T ebenfalls in Sachen Tasman-Serie auf Neuseeland unterwegs, war fasziniert von dem Flügel. Er fotografierte ihn aus allen Perspektiven.

Zum Großen Preis von Belgien in Spa 1967, dem schnellsten Rennen im Kalender der Formel 1-Teams, kamen Lotus und Brabham mit kleinen Frontspoilern, um den Auftrieb an der Vorderachse auszuschalten. Jetzt, 1968, präsentierten Ron Tauranac und Ray Jessop ihren Brabham mit einem Heckflügel auf Streben für Spa. Sie staunten nicht schlecht, daß Ferrari und Forghieri sichtlich gleiches ausgebrütet hatten und ihren 312 V 12 ebenfalls beflügelt aus dem Transporter rollten.

Forghieri besteht darauf, daß die Idee bei einer Unterhaltung mit Michael May kam. May war Motorenspezialist und 1962 — 63 für Ferrari als Berater tätig, vorher hatte er ja schon am Ring mit seinem Experimental-Porsche für Aufsehen gesorgt.

Na ja, es war schon ein irrer Zufall, daß nach Marellis Rieseninteresse am Lotus in Neuseeland die Renner aus Maranello prompt mit Flügeln auftauchten...

1968 und 69 wuchsen, ja wucherten die Flügel ziemlich wild. Kurz: Sie wurden größer, höher, mehr. Für Konstrukteure auf der Suche nach Abtrieb und damit besserer Beschleunigung, höheren Kurvengeschwindigkeiten und optimalem Bremsverhalten waren die Flügel auf Streben ein Gottesgeschenk. Sie wogen ein paar Pfund, aber der dynamische Abtrieb brachte zusätzlich ein paar hundert Kilo auf die Räder, die Rundenzeiten wurden deutlich besser.

Zum Formel 2-Training in Albi kreuzte das Winkelmann-Brabham-Team mit einem gigantischen Doppeldeckergerät auf, das an der Westfront '14—'18 einen prima Eindruck hinterlassen hätte.

Feste und verstellbare Flügel wurden so bis zum GP Spanien 1969 entwickelt. Die Konstruktionen wurden immer gewagter und zerbrechlicher. Schließlich brachen die Dinger auf dem Lotus in Spanien zusammen, die Rennwagen verunglückten. Das rief endlich die CSI auf den Plan: Höhe, Breite und Befestigung der aerodynamischen Hilfen wurden reglementiert. Trotzdem hatte gerade der Bereich der Aerodynamik noch ungeahnte Überraschungen zu bieten. Aber das ist eine andere Geschichte.

Die neuen Dreilitermotoren machten den GP Belgien 1967 extrem schnell. Clarks Lotus 49 führt vor Brabhams BT 24 Repco, hier mit schaufelartigem Spoiler an der Front. Brabham fuhr mit zwei kleinen Frontflügeln.

unten: Kurz vor dem Verbot der Flügel auf wahren Stelzen gewinnt Brabhams BT 26 DFV 1969 mit seinem Doppelflügel in Silverstone.

Unkomplizierte Handwerkskunst
Die Meister-Tyrrells
1970—1973

Geoff Goddards ungewöhnlicher Schnappschuß aus Monaco zeigt das Regentraining für den GP von 1971 mit Stewarts Tyrrell 001T mit „Hammernase" in der Kai-Schikane. Er verdeutlicht die ausgeprägte Frontpartie mit dem großen Flügel, der bei der Nässe für diesen langsamen Kurs auf viel Abtrieb eingestellt ist.

Als deutlich wurde, daß Matra nicht bereit war, ein DFV-angetriebenes Formel 1-Chassis für das Tyrrell-Team 1970 zu bauen, und sowohl Ken Tyrrell als auch Weltmeister Jackie Stewart abgeneigt waren, den von Matra angebotenen V12-Motor zu akzeptieren, mußte Tyrrell nach einer passenden Alternative suchen.

Kurzfristig bestellte er drei Wagen vom Typ 701 bei der neuen March Engineering Company... und während er hart arbeitete, um die bestmögliche Unterstützung von ihnen zu bekommen, wußte er, daß dies nie mehr als eine Notlösung sein konnte. Der einzige Weg vorwärts bestand darin, endlich in den Entwurf, die Entwicklung und Konstruktion eines eigenen Chassis zu investieren. Um dies zu tun, mußte er einen Konstrukteur finden, der in der Lage war, einen konkurrenzfähigen Wagen zu schaffen, der Stewarts Können angemessen war.

Seine Wahl fiel auf Derek Gardner, der vorher bei Ferguson war und für das Allradantrieb-System verantwortlich gezeichnet hatte, das 1969 in Tyrrells Matra MS84 Experimental-Wagen benutzt worden war. Dieser ruhige, präzise Mann aus Mittelengland mit seinem Sinn für Humor hatte Tyrrell als ein fähiger und hochqualifizierter Denker beeindruckt. Was vielleicht ebenso wichtig war: In der Welt des Rennsports war er kaum bekannt und selbst wenn Leute ihm Fragen zu stellen begannen, sehr wohl in der Lage, Schweigen zu bewahren. Dies war äußerst wichtig, da nichts die Arbeitsbeziehung zwischen dem Tyrrell-Team und March Engineering stören durfte.

Zufällig hatte sich Gardner gerade entschlossen, Ferguson zu verlassen und freiberuflich zu arbeiten, als Tyrrell ihm am Telefon einen Vorschlag machte. Sie trafen sich in einem Pub in Henley-on-Thames, auf halbem Wege zwischen Tyrrells Basis in Ockham und Gardners Haus in Leamington Spa. Tyrrell fragte Gardner, ob er sich in der Lage fühle, einen Formel 1-Wagen zu entwerfen. Nach angemessener – und typischer – reiflicher Überlegung ergriff Gardner die Chance.

Der neue Wagen mußte einfach sein und nur minimale Entwicklung brauchen, bevor er sich als konkurrenzfähig herausstellte. Tyrrell betonte die notwendige totale Geheimhaltung und unterstrich dann, daß es der Mechanismus des Sponsor-Geschäfts verlangte, daß er für das Oulton Park Gold Cup-Rennen am 22. August fertig sein müßte. Wenn er später fertig würde, „könne er ihn ebensogut in die Themse werfen..."

Im Februar 1970, etwa zu der Zeit, als March seinen neuen Typ 701 der Presse vorstellte, begann Gardner mit der Arbeit am Entwurf seines ersten, kompletten Wagens. Er verwandelte ein Schlafzimmer seines Hauses in ein Zeichenbüro und fing auf einem weißen Blatt mit seiner Studie an.

Er analysierte alle zeitgenössischen Konstruktionen und entschied sich dann für seine eigenen Maße, für die beste aerodynamische Form, das erlaubte Minimal-Gewicht und einen niedrigen Schwerpunkt mit Konzentration der Massen in der Fahrzeugmitte, um die beste Gewichtsverteilung zwischen Vorder- und Hinterachse zu erzielen. Indem er nach außen als Privatmann handelte, fing er an, Schmiede- und Gußteile für den neuen Wagen zu bestellen und war über die gute Zusammenarbeit erstaunt, die sich mit den spezialisierten Zulieferern ergab.

Darauf folgte das erste Opfer seiner Rennkarriere. Er hatte ein Modell des Chassis gebaut und um Raum dafür zu schaffen, mußte er seinen geliebten Bentley Mark VII verkaufen, den er „einfach nicht draußen im Regen stehen lassen konnte."

Eine ortsansässige Tischlerei baute für ihn das Holzmodell, das Gardner mit Aluminiumblech, Karton und ein bißchen blauer Farbe vervollständigte. Nun war etwas Handfestes entstanden, und Tyrrells Mechaniker – die spät von dem GP (geheimen Projekt) hörten – machten Vorschläge für Details des Entwurfs. Ein DFV-Motor und ein Hewland-Getriebe wurden zu Gardners Haus geliefert, und Stewart unterbrach einen Formel 2-Testtag in Goodwood, um nach Coventry zu fliegen und das Modell der Größe wegen zu testen.

Dereks junge Tochter war ein großer Fan von Jackie Stewart, doch die Geheimhaltung war so streng, daß sie erst viele Wochen später erfuhr, daß der berühmte Mann bei ihr zu Hause gewesen war...

Im Hochsommer schien der Entwurf endlich detailliert genug zu sein. Erst dann wurde das erste Blech zugeschnitten, aber trotz wachsenden Zeitdrucks wurde nichts ohne rigorose Prüfung angenommen, und verschiedene fertiggestellte Teile wurden zurückgewiesen und mußten neu gefertigt werden.

Gomm Metal Developments in Old Woking, nur fünf Meilen von Tyrrells Werkstatt in Ockham entfernt, stellte den Monocoque-Prototyp her, der ein oben offener „Badewannen"-Typ aus Gründen der Zugänglichkeit war, anders als der frühere Matra des Teams. Die Wanne aus Aluminiumblech war um vorfabrizierte Stahlschotts geformt. Das Frontteil umschloß die Pedale, und ein Rohrrahmen ragte nach vorne, der den Kühler und die vorderen Aufnahmepunkte der unteren Lenker der Vorderradaufhängung trug.

Eine massive Vorderschottstruktur erstreckte sich bis in Matra-artige „Flügel" an beiden Seiten, die winzige, geteilte, obere Dreieckslenker und die oberen Befestigungen der außenliegenden Feder/Dämpfer-Einheiten stützten. Sehr breitspurige untere Dreieckslenker wurden verwendet. Trotz Ken Tyrrells Wunsch, ungefedertes Gewicht auf ein Minimum zu reduzieren, wurden außenliegende Vorderbremsen beibehalten, um den Wagen einfach zu belassen.

Die Hinterradaufhängung hing am DFV-Motor und dem Hewland FG 400-Getriebe mittels eines Hilfsrahmens. Parallele, untere Streben kontrollierten die Spur, es gab eine einzelne, obere Strebe und außenliegende Feder/Dämpfer-Einheiten. Die hinteren Bremsen waren innen an den Getriebebacken montiert, wobei belüftete 10 $^1/_2$ Zoll Scheiben verwendet wurden, wie auch in den Vorderrädern, die Spezialgüsse aus Magnesiumlegierung mit Zentralverschluß waren.

Gardner hatte ein 1 : 10-Modell des Wagens im Windkanal der Maschinenbauabteilung der Universität von Surrey in Guildfort getestet. Das Resultat war eine ungewöhnlich aussehende Fronthaube mit einem breiten klingenförmigen Flügel, der oberhalb eines „Haifischmaul"-Kühlereinlasses angebracht war.

Heiße Kühlerluft entwich durch Führungen, die in die Cockpit-Verkleidung aus Aluminium eingelassen waren. Eine breite, zentrale Flosse lenkte den Luftstrom um die Cockpitseiten und die Scheibe herum. Es war Gardners Idee, relativ wenig verwirbelte Luft auf einen zweiteiligen Heckflügel zu leiten, der auf Streben über dem Getriebe montiert war.

Der Kraftstoff wurde in vier Tanks untergebracht, die innerhalb des Radstandes, um den Schwerpunkt herum innerhalb des rundlichen, Matra-MS80-artigen „Cola-Flaschen"-Monocoques konzentriert waren. Als der Prototyp-Wagen zum ersten Mal zusammengesetzt und gewogen wurde, brachte er etwa 45 Kilo weniger als die teameigenen March 701 auf die Waage und lag nur 14,5 Kilo über dem Minimalgewicht. Er hatte Ken Tyrrell ohne Motor und Getriebe 22 500 £ gekostet im Vergleich zum Kaufpreis von 9 000 £ für jeden seiner March 701. Jetzt mußte der neue Tyrrell „001" beweisen, was er wert war.

Sein Renndebut in Oulton Park blieb im Training wenig aufschlußreich, da die Welle der Tankanzeige defekt war und dann das Einspritzsystem blockierte. Stewart entschied sich mit diesem möglicherweise bockigen Neuling, hinter dem Feld zu starten. In Runde 2 des ersten Laufs klemmte der Gaszug des „001" und Stewart brauste in die Boxen, um das Verbindungsstück lösen und die Karosserie wieder befestigen zu lassen. Dann stürmte er wieder hinaus und brach zweimal den Rundenrekord, bevor ein Ölversorgungsproblem den Motor lahmlegte. Tyrrell ließ Stewart daraufhin die Wahl zwischen seinem gewohnten March 701 und dem neuen Tyrrell „001" für die restlichen Weltmeisterschafts-Läufe.

Beim Training für den italienischen GP in Monza füllten die Haupttanks des neuen Wagens den Sammler nicht schnell genug, um den Motor bei gleichbleibend hohen Drehzahlen sauber laufen zu lassen. Stewart wurde durch den tödlichen Unfall seines Freundes Jochen Rindt mit dem Lotus 72 geschockt, doch er fuhr seinen March 701 unerbittlich und schnell.

Das Treibstoffsystem des Tyrrell wurde für den Trip über den Atlantik nach Kanada, in die USA und Mexiko verbessert, und der „001" fuhr in allen drei Rennen mit Stewart am Steuer.

Er startete aus der Pole Position in Kanada und aus der ersten Reihe in Watkins Glen und Mexiko City. Stewart führte sowohl im GP Kanada als auch im US-GP, war Zweiter in Mexiko-City, bevor er aufgehalten wurde und dann einen streunenden Hund überfuhr.

Somit hatte der neue Wagen sein fantastisches Potential in Stewarts Händen gezeigt und mehr als genug erreicht, um Tyrrell Sponsorgelder für 1971 zu sichern. Weitere Kinderkrankheiten waren freilich hinzugekommen. Die Räder hatten sich im Training in Kanada wiederholt gelockert, dann geschah ein ernsteres Versagen des linken, vorderen Achsschenkels, während er dort im Rennen führte. Gardner entwarf weit kräftigere Ersatzkomponenten, die aus einem Magnesiumblock rechtzeitig für das amerikanische Rennen gefertigt wurden, das Stewart erst verlor, als sich eine Ölleitungsklemme löste, die die Plastikleitung gegen ein heißes Auspuffrohr fallen und durchbrennen ließ, so daß der Schmierstoff auslief.

Der erste Weltmeister-Titel

1971 wurde das Tyrrell-Elf-Team gegründet und Derek Gardner schloß sich dem Team nun ganz an. Dunlop hatte sich aus der Formel 1 zurückgezogen und Goodyear übernahm die Versorgung von Tyrrell.

Es war ein wesentlicher Grund für den Erfolg des Teams gewesen, daß sowohl Tyrrell als auch Stewart den immensen Wert ausgiebiger Reifentests erkannt hatten. Im Januar 1971 fuhren sie den „001" in Kyalami und probierten dabei 400 Goodyear-Reifen, die speziell für das Testprogramm eingeflogen wurden. Cosworth hatte sich entschieden, für diese Saison nur 15 neue DFV-Motoren der Serie „11" zu bauen, die sie alle selbst betreuen wollten, während man anerkannte Firmen beauftragte, die älteren Einheiten zu warten und zu reparieren. Tyrrell sollte zwei der neuesten Motoren erhalten, während John Wyer Automotive – berühmt durch das Gulf-Porsche Langstrecken-Team – die anderen Motoren versorgen sollte.

Stewart fuhr einen Motor nicht weniger als

Race of Champions 1971: Jackie Stewart heizte die Reifen des Tyrrell 001, mit kurzem Radstand, auf. Die breite Flosse auf dem Bugteil lenkte die heiße Luft aus dem Kühler an beiden Seiten des Cockpits vorbei, die Ausbuchtung an der rechten Seite schuf Platz für den Schalthebel.

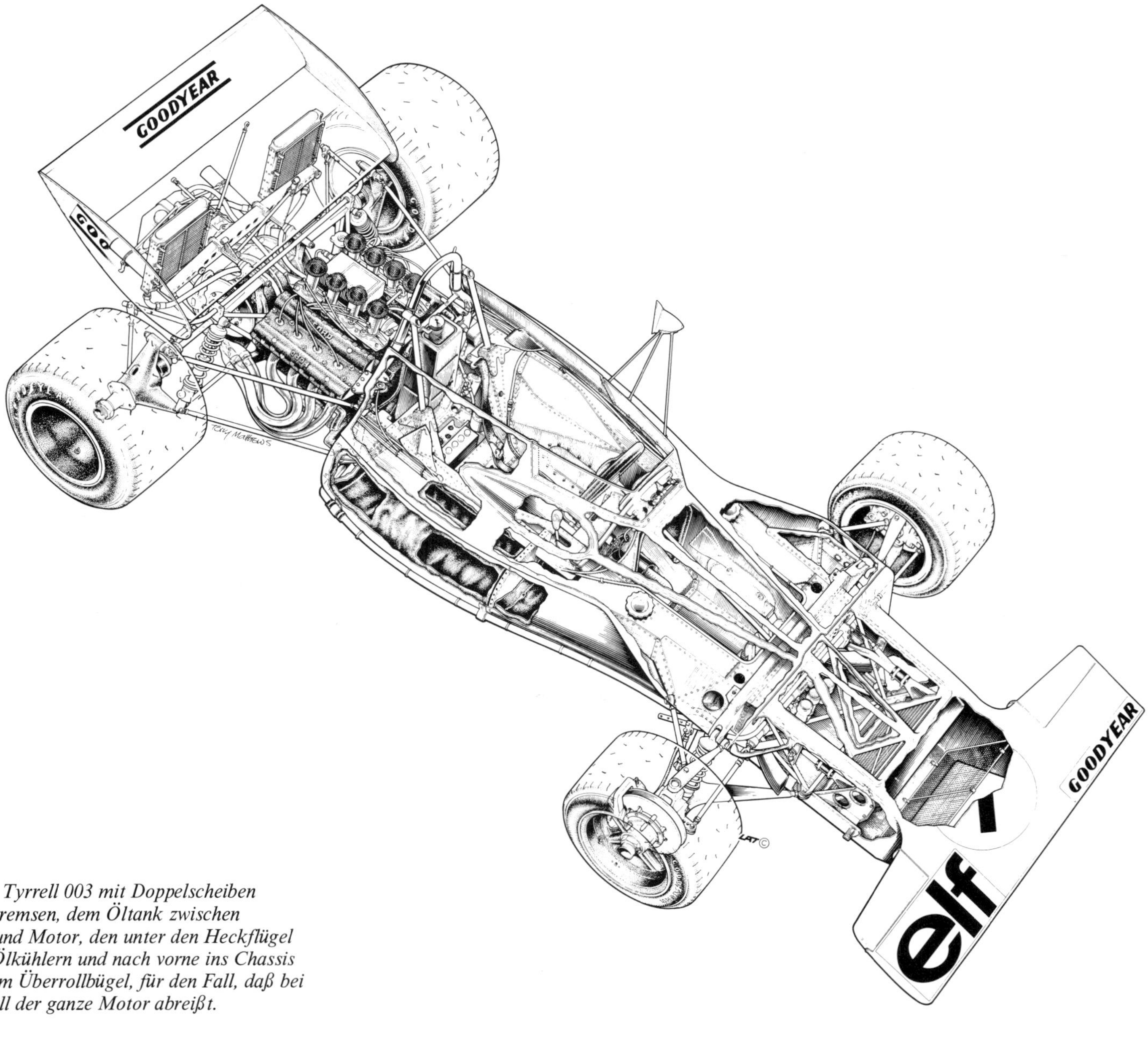

Der 1971er Tyrrell 003 mit Doppelscheiben Vorderradbremsen, dem Öltank zwischen Fahrersitz und Motor, den unter den Heckflügel stehenden Ölkühlern und nach vorne ins Chassis abgestütztem Überrollbügel, für den Fall, daß bei einem Unfall der ganze Motor abreißt.

1558 Kilometer in Kyalami, bevor er entschied, daß es Zeit für einen Wechsel wäre. Tyrrell war zuversichtlich, daß die Unzuverlässigkeit seines neuen Wagens nunmehr der Vergangenheit angehörte.

Gewiß wurde das Tyrrell-Team während Stewart dort fuhr, bevorzugt mit den besten Ford-Cosworth-Motoren bedient. Es wäre aber falsch, den Erfolg ohne das außergewöhnliche handwerkliche Geschick und die sorgfältige Vorbereitung der Wagen erklären zu wollen, die von diesen Motoren angetrieben und von diesem Fahrer bewegt wurden. Das ist sicherlich ein wesentlicher Faktor bei Rennwagen, die technisch gesehen eher zweckmäßig als sensationell anzusehen sind. Wie dem auch sei, nur wenige Teams forschten und experimentierten so viel wie das Tyrrell Elf-Team unter der technischen Leitung von Derek Gardner. Bei den Tests in Kyalamai hatte der „001" insgesamt bereits mehr als 2250 Kilometer zurückgelegt, als ein Stein das Gaspedal festklemmte und der dunkelblaue Tyrrell ziemlich schwer verunglückte. Stewart verstauchte sich das Handgelenk, die linke vordere Ecke des Monocoques wurde bei dem Aufprall fast 12 Zentimeter nach hinten eingedrückt. Das Wrack wurde schleunigst nach Hause gebracht, wo das Monocoque geöffnet, die Blechteile gerichtet und alles wieder zusammengesetzt wurde.

Währenddessen machte auch „002", der erste ausschließlich bei Tyrrell gebaute Wagen, in der Werkstatt in Ockham Fortschritte. Sein Monocoque war etwa 10 Zentimeter länger als der Prototyp, hauptsächlich weil der zweite Fahrer Francois Cevert größer war. Der Radstand war nur knapp 4 Zentimeter länger als der des „001", aber es gab mehrere Unterschiede im Detail.

So bot das Cockpit mehr Ellenbogenfreiheit und es wurden stärkere Aluminiumbleche verwendet. Das vordere Querschott besaß keine Stahlrohre mehr. Stattdessen wurde nun ein einfacherer Rahmen für die Befestigung der Aufhängung benutzt und von außen an das Monocoque genietet. Ein kräftiger, 360 Grad-Überrollbügel umgab das hintere Querschott, mit Zapfen und Bolzen mit dem Monocoque verbunden. Der mittragende DFV-Motor war ebenfalls mit Bolzen befestigt, die durch den Bügel führten, der nach vorn durch zwei Streben abgestützt wurde. Neu waren auch die einteiligen unteren Dreieckslenker vorn, hergestellt aus Flugzeug-Stahl und zum Schutz vor umherfliegenden Steinchen oder Wrackteilen verchromt. Seitliche Tankeinfüllstutzen ersetzten den zentralen Einfüllstutzen des „001". Außerdem gab es nun doppelte Ölkühler auf dem Getriebe, nachdem sich der Einzelkühler in Kyalami als nicht ausreichend erwiesen hatte.

Ein neuer größerer Feuerlöscher saß unter den Knien des Fahrers, während der Kraftstoffsammler hinter seinem Rücken verstaut war, ebenso wie die Öltanks und die Batterie. Massive Bremsscheiben tauchten hinten an Stelle der innenbelüfteten auf und eine kräftigere Pedalanordnung wurde befestigt, um das „Gefühl" zu verbessern. Gardner überprüfte alternative Karosserieentwürfe, aber im Augenblick blieb die Karosserie unverändert, obwohl Cockpit-Umrahmungen aus Glasfiber in Arbeit waren, um die ursprünglich aus Aluminium gefertigten zu ersetzen.

Cevert beschädigte beim Saisonstart in Kyalami am 6. März beide Enden seines neuen „002", während Stewart den „001" unangefochten in Rekordgeschwindigkeit für die Pole Position qualifizierte — noch schneller als beim Reifentest dort. Aber dann wurde er im Rennen wegen nicht zufriedenstellender Leistung sowohl des Motors als auch der Reifen gehandikapt und kam nur als Zweiter an. Es folgten drei kleinere Rennen, bei denen Stewart den „001" als einzigen Tyrrell an den Start brachte, während „002" repariert wurde. Der Schotte wurde jedesmal geschlagen. Das Team begann sich zu fragen, welchen Wagen es eigentlich besaß, als der „003" noch rechtzeitig für den GP Spanien in Barcelona fertig wurde. Dies war ein neuer Wagen, speziell für Stewarts Verwendung, und mit Glück war er in der Lage, in Spanien und dann in Monaco, Frankreich, Großbritannien, Deutschland und Kanada zu gewinnen, während Cevert den GP USA auf seinem gewohnten Wagen „002" gewann und Zweiter hinter Stewart in Frankreich und Deutschland und Dritter in Italien wurde.

Stewart gewann die Fahrer-Weltmeisterschaft und Tyrrell wurde Konstrukteurs-Weltmeister beim ersten Anlauf.

Der einzige sichtbare Unterschied zwischen dem „002" und dem „003" war, daß bei Stewarts Wagen verstellbare Pedale installiert waren, um den Größenunterschied zu Cevert auszugleichen.

Nach dem Sieg in Spanien wurde eine keilförmige Fronthaube, die dem zeitgenössischen Matra MS120 ziemlich ähnlich war, in Ricard-Castellet getestet. Sie erzeugte zwar mehr Abtrieb bei geringerem Luftwiderstand, aber ihre Wirkung war stärker, als der vorhandene Heckflügel angemessen ausgleichen konnte, so daß Gardner für weitere Versuche in den Windkanal der Universität Surrey zurückkehren mußte.

Die Wagen „001" und „003" wurden daraufhin zum wenig bedeutenden Silverstone-Rennen gebracht, damit Stewart zwischen ihnen wählen konnte, wobei der „001" vorne experimentelle Girling Doppelscheiben-Bremsen besaß. Es gab zwei massive Scheiben auf jeder Nabe, getrennt duch eine doppelte Lage von Belagmaterial sowie mit Kolben nur auf einer Seite des Bremssattels. Die Scheiben erhielten ein gewisses Seitenspiel, das es ihnen erlaubte, sich unter dem Zugriff der Beläge seitlich zu bewegen. Die Idee dahinter war, Beläge und Scheibenfläche zu verdoppeln, um besseren Hitzeabfluß zu erzielen und die Möglichkeit zu haben, die Leitungsdrücke zu verringern, was den Gebrauch kleinerer Kolben erlaubte und nachlassende Bremswirkung durch Belagabnutzung verhindern sollte. Es war ein Problem gewesen, daß die konventionellen Scheiben die Bremsbeläge schräg abnutzten. Dies wiederum förderte die „Ermüdung", wenn die Fahrer hart bremsten und erzeugte ein schwammiges Pedalgefühl, was das Vertrauen des Fahrers verminderte.

In Silverstone fuhr Stewart den „003", gewann den ersten Lauf, verunglückte dann aber schwer in der ersten Kurve des zweiten Laufs. Die Ursache schien erneut ein verklemmtes Gaspedal zu sein, da der Wagen geradeaus mit blockierten Vorderrädern in die äußere Böschung schoß, doch konnte anschließend hierfür kein Grund gefunden werden, als man das Wrack auseinandernahm.

Das ganze Vorderteil des Monocoques war auf eine Seite gedreht und somit weniger als zwei Wochen vor dem GP Monaco schwer beschädigt worden.

Doch sofortige Arbeit rund um die Uhr brachte den Wagen nach Monaco, wo die Matra-ähnliche Front im Training getestet wurde. Im Rennen wurde jedoch der Standard-Typ verwendet, nachdem Stewart sich mit ihm für die Pole-Position qualifiziert hatte, ganze 1,2 Sekunden schneller als der Ferrari von Ickx, seinem schärfsten Rivalen. Nachdem er die Aufwärmrunde beendet hatte, klagte Stewart über blockierende Vorderbremsen. Eine Befestigung am Bremskraftverteiler hatte sich gelöst und da keine Zeit war, den Schaden vor dem Rennen zu beheben, fuhr der Tyrrell mehr oder weniger ohne Hinterrad-Bremsen.

Das Genie des Fahrers blitzte auf, als er dessen ungeachtet mit einem glatten Sieg nach Hause kam, die ganze Zeit in Führung und sogar noch die schnellste Runde auf dem Konto. Stewart war ganz übel, als er aus dem Wagen stieg und die Mechaniker fanden heraus, daß sein Motor beinahe neun Liter Öl verbraucht hatte. Dieses fantastische Rennen hatte Mensch und Maschine voll gefordert.

Nach Monaco nahm Gardner seine ersten wirklichen Änderungen an der Karosserie vor, rechtzeitig zum GP Holland in Zandvoort, wo die beiden gewohnten Wagen mit Doppel-Scheibenbremsen vorn und niedrigen Lufthutzen aus Glasfiber über den Ansaugtrichtern auftauchten. Der Lotus 72 hatte kleine Hutzen benutzt, um saubere Luft zuzuführen, während Matra einen hohen Schnorcheleinlaß benutzte, der eigentlich mehr ein Luftstromführer war, da er nicht völlig abgedichtet war. Die Idee faszinierte Gardner, dessen richtig abgedichtete Version Mode wurde. Sie funktionierte gut, wenn keine heiße Luft vom Kühler einströmte.

Auch neu in Holland, obwohl nur bei der Abnahme des „003" zu sehen, war ein Bugteil, das an den Porsche 908/3 Sportwagen erinnerte und sich über die maximal erlaubte Breite vor den Vorderrädern erstreckte. Es sollte den Luftstrom über die Räder leiten, um einen Teil des Auftriebs zu verhindern, den sie als rotierende Zylinder in einem bewegten Luftstrom unvermeidlich erzeugten. Die Verminderung des Auftriebs verringerte zugleich den Luftwiderstand und sollte sich auszahlen.

Das neue Bugteil gab sein Renndebut beim GP Frankreich in Ricard-Castellet, wo der verbesserte Abtrieb und der verminderte Luftwiderstand dazu beitrugen, den „003" schnell in den Kurven und einfach uneinholbar auf der langen Mistral-Geraden zu machen. Die Zwillings-Scheibenbremsen wurden von beiden Tyrrells entfernt, nachdem Stewart im Training einen harmlosen Dreher in die Fangzäune vollführt hatte. Girling schien mit den bisher gemachten Erfahrungen zufrieden. Im Rennen, das Stewart glatt vor Cevert gewann, verlor der Franzose ein Auspuffrohr. Sicherheitshalterungen wurden daraufhin angebracht. In Silverstone hatten beide Tyrrells die neuen Bugteile und Stewart gewann so überzeugend, daß der Motor des „003" versiegelt und sein Hubraum von den Kommissaren direkt nach dem Rennen überprüft wurde. In Frankreich hatte man Kraftstoffproben zur Analyse entnommen. Keine der beiden Überprüfungen brachte eine Beanstandung. Die Tyrrell-DFV, die von Stewart und Cevert gefahren wurden, waren ihrer Konkurrenz einfach überlegen. Der Ersatzwagen „001" erhielt rechtzeitig ein neues Bugteil für den GP Deutschland, der einen weiteren Tyrrell-Doppelsieg brachte, so daß Gardner bereits mit Blick auf 1972 zu experimentieren begann.

Der längere Radstand der beiden späteren Wagen schien sie leichter fahrbar zu machen als den ursprünglichen Prototyp mit kurzem Radstand. Deshalb erhielt „003" ein 10,9 Zentimeter-Distanzstück zwischen Motor und Getriebe eingesetzt, was eine verlängerte Getriebe-Hauptwelle, eine verlängerte Kupplungsbetätigung, einen verlängerten hinteren Unterrahmen und längere Achsstreben bedingte. Die ganze hintere Aufhängung und Getriebeanordnung bewegte sich nach hinten, wodurch sich die Gewichtsverteilung änderte.

Der Wagen wurde in dieser Form beim ersten Training auf dem Österreichring gefahren, kehrte dann zum alten Standard für das zweite

Training und das Rennen zurück, ohne schnellere Rundenzeiten zu erreichen. Gardner war daran interessiert, mehr Gewicht auf die Hinterräder zu bringen und den Luftwiderstand noch mehr zu verringern.

Für Monza wurde der „003“ wieder mit dem langen Radstand ausgestattet und zusätzlich mit einem tablettartigen Heckflügel versehen, der die Wasser- und Ölkühler trug. Der standardmäßige Frontkühler blieb an seinem Platz und wurde einfach abgedeckt, als man im Training das neue Kühlersystem erprobte.

Es funktionierte ganz gut, aber die Temperaturen lagen für damalige Zeiten an der Grenze. Vier Jahre später hätten ähnliche Temperaturen nur ein müdes Lächeln hervorgelockt.

Stewart fuhr den „003“ mit dem Frontkühler, obwohl der tablettartige Heckflügel und die Ölkühler beibehalten wurden. Beide Wagen kehrten zur Standardform mit Lufthutzen, breiter Frontpartie, Frontkühlern und normalem Radstand zum geldbringenden Trip nach Kanada und in die USA zurück und gewannen beide Rennen. Ein dritter Wagen, der „004“, mit Standardradstand war ganz zum Ende der Saison als Reservewagen für Stewart fertiggestellt worden.

Für die Zukunft bauen

Als Gardner die Ergebnisse seiner Experimente mit dem langen Radstand verdaut hatte, glaubte er, daß ein Fahrer mit Jackie Stewarts Wahrnehmung und Gefühl, oder auch Cevert — denn der hatte sich zu einem sehr fähigen Piloten entwickelt — wahrscheinlich mehr aus einem sensiblen Wagen mit kürzerem Radstand wie dem „001“ machen könnten.

Er hatte vorläufige Entwurfsskizzen für einen neuen Tyrrell fertiggestellt, der die relativ einfachen, kurzlebigen Wagen der Serie „001—004“ ersetzen sollte. Während das Team die Rennen in Nordamerika fuhr, blieb Gardner zu Hause und testete ein 1 : 1 Modell des neuen Entwurfs im MIRA Windkanal in Nuneaton.

Das neue Monocoque war niedrig, breit und hatte ein keilförmiges Profil. Der Wagen besaß eine meißelförmige Front, Wasser- und Ölkühler á la Lotus 72 in der Mitte und eine Cockpit-Umrahmung, um die niedrige Höhe des Monocoques auszugleichen, und den Fahrer vor dem Luftstrom zu schützen. Es gab steile Flossen an beiden Seiten der Frontpartie und senkrechte Flossen auf jedem Kühlerkasten. Die Lufthutze, die hoch hinauf ragte, besaß einen abgerundeten dreieckigen Lufteinlaß, der dem Hecktriebwerksgehäuse eines BAC-Trident-Verkehrsflugzeuges abgeschaut worden war — einer von Ken Tyrrells Söhnen flog eine solche Maschine. Schraubenfedern außen an einer konventionellen Hinterradaufhängung wurden beibehalten, zusammen mit einem neuen, sehr weitwinkeligen Dreieckslenker-System vorne.

Derek Gardner war von dem Matra-Prototyp mit Flossen begeistert. Flossen, das fühlte er, konnten dazu beitragen, den Luftstrom zum hinteren Flügel freizuhalten, wenn der Wagen im Drift war, das heißt in einem leichten Winkel von seiner Richtung abwich. Unglücklicherweise zeigten Windkanalergebnisse, daß der Wagen zwar auf der Geraden tatsächlich stabil bleiben würde, dafür aber in einer Kurve schwer zu kontrollieren wäre. Diese Komplikation war es nicht wert.

Stewart und Cevert konzentrierten sich zu Beginn der Saison auf ihre persönlichen Wagen „003“ und „002“. Stewart gewann den GP Argentinien und den GP Frankreich auf dem treuen „003“ und fügte damit den Erfolgen von 1971 mit seinem alten Wagen noch zwei hinzu, was ihn zum vielleicht erfolgreichsten Chassis der Grand Prix-Geschichte machte, mit nicht weniger als acht Siegen in WM-Läufen. Ceverts Wagen fuhr in Südafrika mit neuen vorderen Radträgern, mit integrierten Bremssätteln. In der Folge wurden diese standardmäßig eingeführt. Gardners provisorische Radträger waren die ganze Saison 1971 benutzt worden, was ihn jedesmal schaudern machte, wenn er sie sah.

Stewart fuhr den Ersatzwagen „004“ in Monaco mit vollem Einsatz, aber er war außer Form. Bald darauf diagnostizierte man ein Geschwür, was zur Folge hatte, daß er den GP Belgien in Nivelles auslassen mußte. Direkt nach diesem Rennen wurde der Prototyp der „Serie Zwei“ mit Chassis „005“ fertiggestellt.

Gardner erklärte, wie er „einen kleinen Wagen bauen wollte, ein leichtes, manövrierbares, gut liegendes Auto. Die Art Wagen, aus der Jackie das meiste machen konnte...“

Das neue Fahrzeug war so breit wie seine Vorgänger, aber niedriger und kürzer, um die Massen mehr in der Mitte zu konzentrieren. Dadurch sollte das Trägheitsmoment verringert werden, um den Wagen so beweglicher und schneller auf Lenkung und andere Impulse reagieren zu lassen als seine Vorgänger.

Sein Monocoque sah aus wie eine abgedeckte Badewanne mit steilen Seiten. 185 Liter Elf-Treibstoff faßten die Ponton-Tanks, das Profil war keilförmig und fiel zur Front hin ab. Tiefe Einschnitte in die Innenverkleidung des Cockpits gaben dem Fahrer Ellbogenfreiheit, machten den Bau dieses Monocoques jedoch schwierig. Die Aufhängung folgte dem üblichen Tyrrell-Muster, obwohl die oberen, vorderen Dreieckslenker nun aus einem Stück gefertigt waren. Zu diesem Zeitpunkt hatte sich nur Lotus ganz den innenliegenden Bremsen rundum verschrieben. Dies reduzierte ungefedertes Gewicht und gestattete es den Rädern schneller ein- und auszufedern — somit wurde die Möglichkeit reduziert, daß sie unkontrolliert und ohne Kontakt zur Straßenoberfläche hüpfen konnten. Egal wie klebrig die Reifen sind, sie müssen mit irgendetwas Kontakt haben, um daran zu kleben.

Trotz Stewarts Bedenken, eingedenk des Todes seines Freundes Jochen Rindt, dachte Gardner, daß das Schreckgespenst der Zerbrechlichkeit von Bremswellen nun gebannt war und baute innenbelüftete Scheiben und Bremssättel ein, die auf jeder Seite des schmalen Pedalkastens montiert waren. Sie wirkten auf die Räder durch solide GKN-Wellen, die mit doppelten Gleichlauf-Gelenken ausgerüstet waren, um den Bewegungen von Aufhängung und Lenkung folgen zu können.

Der kleine „005“ war aerodynamisch sehr sauber. Seine Front war ganze fünf Zentimeter niedriger als die der Wagen der „Serie Eins“ und auch der Radstand war fünf Zentimeter kürzer. Der Frontkühler wurde beibehalten, aber die Ölkühler saßen nun hinter eleganten Einlässen in Fahrzeugmitte, die in eine flache Abdeckung übergingen, die zusammen mit der Lufthutze den Motor einschloß und saubere Luft auf den Heckflügel führte. Die Cockpit-Verkleidung ragte wie ein Kommandoturm auf, die Seiten waren so geformt, daß die heiße Kühlerluft aus den Entlüftungen im Frontteil am Fahrer vorbeiströmte.

Der neue Wagen wurde in Silverstone von Cevert getestet, Ernst wurde es in Clermont-Ferrand im Training für seinen Heim-GP. Nachdem er dort die schnellste Zeit gefahren war, verlor er die Kontrolle und brauste frontal in die Leitplanke. Wegen der tiefen Ellbogenausschnitte im Cockpit war das Monocoque bis zum Heck verbogen. Es war nicht stark genug, diese Art von Mißhandlung auszuhalten. Da Team Tyrrell knapp an Ersatzteilen für sein neues Auto war, wurde der Wagen zur Seite gestellt, um repariert und mit Stahlplatten unter seinen oberen Häuten verstärkt zu werden.

Stewart gewann das Rennen in Clermont auf „003“, während Cevert auf „002“ Vierter wurde und Neuling Patrick Depailler mit dem Ersatz-„004“ antrat. Er sollte ihn im GP der USA erneut fahren und einen Stammplatz im Team, 18 Monate später, finden.

Der neue Wagen „005“ erschien wieder beim GP England in Brands Hatch, wo Stewart im ersten Training die drittschnellste Zeit und die zweitschnellste im zweiten Durchgang erreichte, bevor sich ein Aufhängungs-Verbindungsstück löste, das einen Schräglenker freisetzte und den „005“ erneut ins Abseits schickte. Dieses Mal war der Schaden geringer. Chefmechaniker Roger Hill fuhr den Wagen tatsächlich noch an die Boxen zurück, doch wurde er nicht im Rennen eingesetzt. Während des GP verunglückte Cevert schwer mit „002“, wobei er das linke Vorderrad abriß. Danach rammte ein anderer Wagen das Wrack, wobei beide übriggebliebenen Aufhängungen des Tyrrell abgerissen wurden. Es wurde noch rechtzeitig für den GP Deutschland, zwei Wochen später auf dem Nürburgring, wiederhergestellt, doch Cevert verunglückte prompt wieder im Training, wobei er den Wagen noch weiter beschädigte. Trotz solcher Behandlung des „002“ mochte er den Ersatzwagen „004“ noch weniger. Deshalb wurde der ausgeschlachtet und sein ganzes Heck mit Bolzen am hastig ausgebeulten Monocoque „002“ rechtzeitig fürs Rennen befestigt.

Während der „002“ dieses Drama durchmachte, testete der ehrgeizige Clubfahrer Vern Schuppan den „005“ in Silverstone, brauste die Hangar-Gerade mit einer Menge Meßgeräte auf und ab, um die Vibrationen des Vorderwagens beim Betätigen der innenliegenden Bremsen zu untersuchen. Unglücklicherweise erwies sich die Vibration als so stark, daß sie die Meßgeräte störte. Gardner brachte den Wagen zu MIRA, wo die Erschütterungen auf einer Rolle untersucht wurden. Es war klar, daß innenliegende Bremsen weiterer Erforschung bedurften, und so tauchte der „005“ in Österreich mit außenliegenden Vorderbremsen und einer Lufthutze vom Typ Trident auf. Der ursprüngliche, niedrigere Typ hatte heiße Luft angesaugt.

Stewart fuhr den Wagen auf dem Österreichring und baute eine spektakuläre Führung aus, bevor das Auto zu vibrieren und zu übersteuern begann. Er war sicher, daß etwas gebrochen war, aber er hielt durch und wurde Siebter, aber ein Fehler war nicht zu finden. Im darauffolgenden Test in Silverstone benahm sich „005“ weiterhin problematisch bis man den linken Vorderreifen des österreichischen Rennens wechselte. Wie durch Zauberei wurde alles wieder gut. Die Innenseite dieses Reifens war ungleichmäßig abgefahren, wahrscheinlich wegen zuviel Radsturz, denn es konnte kein weiterer Fehler gefunden werden.

Es folgte Monza, und entweder Stewart oder Hulme auf McLaren mußten dort und in den beiden letzten GP der Saison gewinnen, um Fittipaldi und Lotus die Weltmeisterschaft streitig zu machen. Stewart fuhr wieder „005“, während Ceverts „002“ mit einer großen Manschette über jedem Auspuffrohr erschien. Die Idee dahinter war, die Energie der Auspuffgase zu nutzen, um Luft durch die Manschette anzusaugen und dadurch den Luftstrom durch die Ölkühler zu verbessern. Leider löste sich der ganze Klimbim nach ein paar Runden bröckchenweise in Renngeschichte auf. Gardner legte die Idee zu den Akten...

Für die Reise nach Nordamerika wurde ein weiterer Wagen der „Serie Zwei“, der „006“,

Stewarts Tyrrell 003 beherrschte die GP-Szene Mitte 1971 dank der neuen Cosworth-Auspuffanlage, der breiten Frontpartie, die den Luftwiderstand erzeugenden Auftrieb an der Vorderachse verringerte, und der gut abgedichteten Lufthutze über dem Motor.

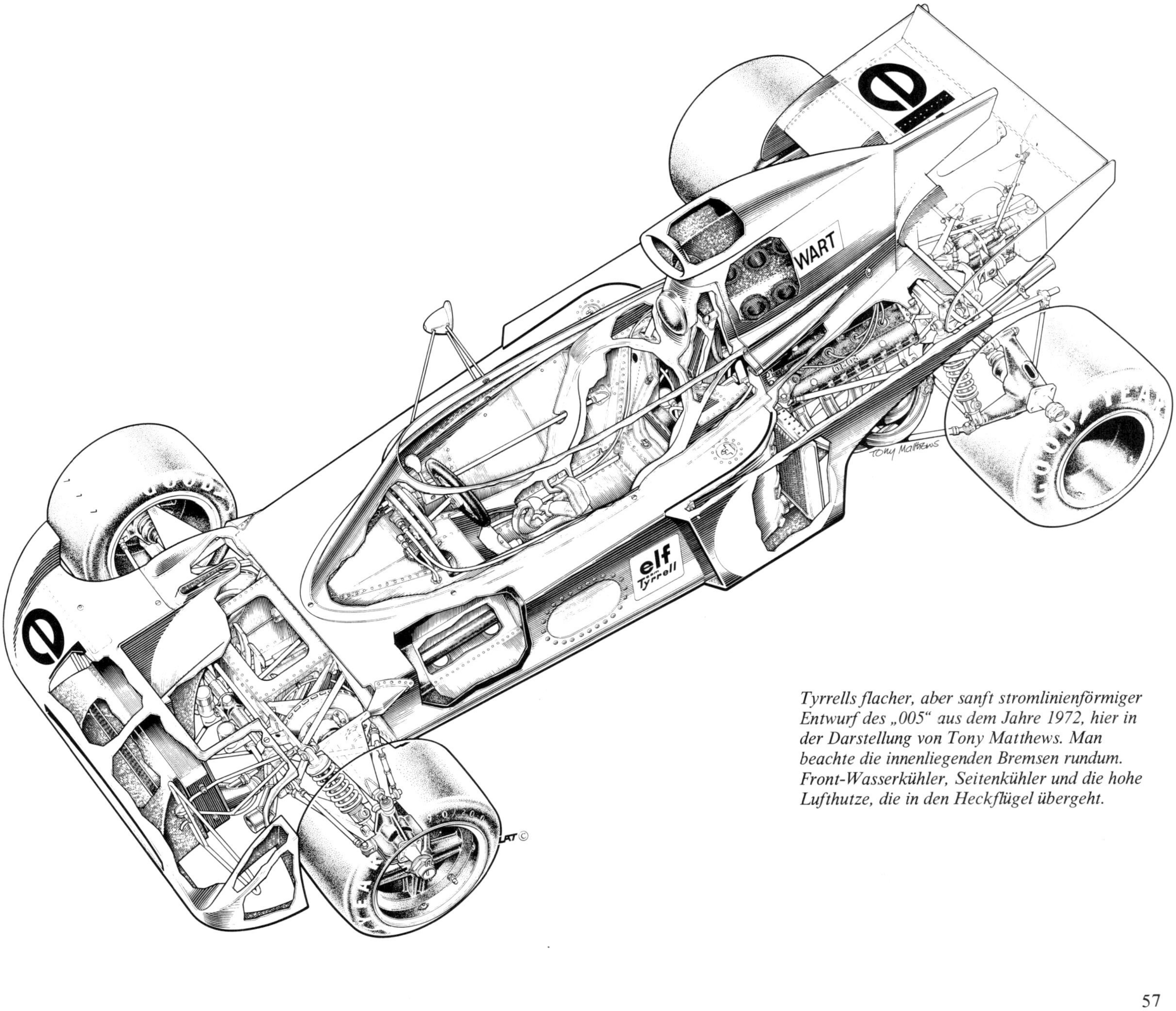

Tyrrells flacher, aber sanft stromlinienförmiger Entwurf des „005“ aus dem Jahre 1972, hier in der Darstellung von Tony Matthews. Man beachte die innenliegenden Bremsen rundum. Front-Wasserkühler, Seitenkühler und die hohe Lufthutze, die in den Heckflügel übergeht.

Cevert testet 1972 den kurzen, neuen Tyrrell 005 in Silverstone. Hinter den durchsichtigen Vorderrädern sind die innenliegenden Bremsen von Gardners Prototyp zu erkennen.

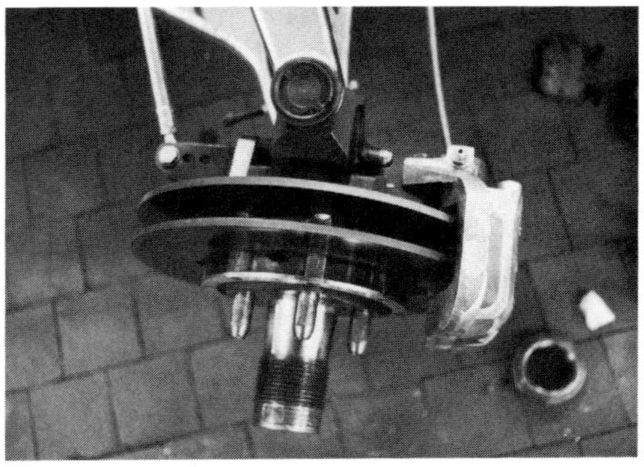

Girlings Experimental-Zwillings-Scheibenbremse für Tyrrell.

Stewart egalisiert Clarks Rekord von 25 GP-Siegen 1973 in Monaco mit dem „006/2" mit deformierbarer Struktur. Man beachte die hohe „Trident"-Lufthutze und die Einlässe zur Kühlung der Bremsen.

fertiggestellt, bei dem auch außenliegende Bremsen verwendet wurden, obwohl die Befestigungen für den innenmontierten Typ eingerichtet waren. Cevert übernahm ihn freudig und während Stewart beide Rennen in Kanada und den USA gewann, folgte ihm Cevert für einen Tyrrell-Doppelsieg in Watkins Glen.

Bei Windkanaltests am Ende der Saison hatte Gardner ein weiteres 1:1 Modell probiert, um zu untersuchen, was er einen Wagen mit „geradliniger Struktur" nannte. Er war sehr kurz mit einem Radstand von 2,31 Meter, besaß einen quadratischen Querschnitt mit einer langgestreckten breiten Frontverkleidung. Er spielte mit exzentrisch aussehenden Flügelteilen und hatte auch eine Trockensumpf-Schmierung fürs Getriebe erdacht, die zum erstenmal beim GP Kanada verwendet wurde.

1973 — Sieg und Niederlage

Die überragenden Leistungen Ende 1972 machten das Elf-Team Tyrrell entschlossen, den WM-Titel 1973 zu holen. Zu Beginn der Saison in Argentinien erschienen „005" und „006" mit innenliegenden Vorderbremsen, die über neue Wellenröhren mit größerem Durchmesser mit den Naben verbunden waren anstelle der alten vollen Wellen. Sie zeigten zu hohe Belastung und beginnendes Versagen sofort an.

Der GP Brasilien wurde auf dem langen und holprigen Interlagos-Kurs gefahren. Tyrrell hatte dort im Dezember getestet und fand heraus, daß die Wagen mit kurzem Radstand in entnervender Weise hüpften und sprangen. Folglich verwendete man wieder den Bausatz für langen Radstand von 1971. In dieser Form fuhr „005" das erste Training in Brasilien, war aber langsamer als Ceverts „006" in Standard-Version.

Eine Hinterrad-Aufhängung mit Drehstab-Federung war zwischen den beiden südamerikanischen Rennen entworfen worden, und ein neuer, keilförmiger Wagen mit Wasserkühlern in Wagenmitte und einem sehr stummeligen Monocoque, das mit Mallite Sandwich-Material verkleidet war, im Entwurfsstadium. Dieses Verbundmaterial aus der Raumfahrt bestand aus zwei Schichten dünnen Aluminiumblechs, in das Balsaholz eingelegt war. Es wurde schon 1966 von Robin Herd bei McLaren verwendet, aber die Hersteller waren erstaunt, als Gardner sie besuchte, um Spezialbleche in einer Stärke zu ordern, die den Vorschriften der Formel 1 entsprach. Der neue Wagen sollte zunächst Schraubenfedern erhalten, weil die Lieferung der Drehstäbe fast ein Jahr dauern würde.

Bis zum GP Italien 1973 sollte der neue '74er Tyrrell, dieser sehr kurze Wagen fertig sein, hinten schmal, wo die Drehstabfedern anzubringen waren, mit innenliegender progressiver Vorderrad-Aufhängung und seitlichen Kühlern, die Luft durch einen breiten, tief in die Frontpartie eingelassenen NACA-Einlaß ansaugten. Aber es sollte nicht sein...

Währenddessen war Stewart in Kyalami ein hinteres Bremsseil durchgescheuert, er verlor dabei einen Bremskreis, flog von der Strecke und zerstörte die linke Seite des „005". Tyrrell hatte keinen Ersatzwagen dabei. Das Wrack mußte vor Ort repariert werden und erhielt außenliegende Vorderbremsen installiert. Stewart übernahm Ceverts „006", stimmte ihn nach seinem Geschmack für das Rennen ab und rettete einen Sieg aus diesem Trainingsdesaster.

Am Montag nach dem Rennen fuhr Cevert einige Goodyear-Reifentests auf dem siegreichen „006". Ein Reifen überhitzte, so daß er anhielt, um ihn wechseln zu lassen. Unglücklicherweise waren in den Boxen sowohl Räder für innen- als auch außenliegende Bremsen gelagert. Irrtümlich wurde ein Rad für außenliegende Bremsen montiert, dem die Wellenzapfen fehlten, die nötig waren, um die Welle für die innenliegende Bremse zu befestigen. Als Cevert vor der Crowthorne-Kurve, wo Stewart verunglückt war, hart bremste, verzögerten die Bremsen, aber das eine Vorderrad drehte sich ungehindert weiter. Darauf drehte sich „006" teuflisch und knallte in dieselbe Mauer, die seinen Schwesterwagen zerstört hatte. Zum Glück war der Schaden relativ gering.

Zu Hause wurde ein brandneuer Wagen der „Serie Drei" für Stewart für die europäischen Rennen fertiggestellt, wo die neuen Vorschriften über den Tankschutz mit deformierbaren Strukturen in Spanien in Kraft treten sollten. Diese neue Vorschrift war so spät im vorangegangenen Jahr veröffentlicht worden, daß man „005" ohne ihre Kenntnis entworfen hatte. Hätte Gardner dies vorher gewußt, wäre der „005" nicht in seiner jetzigen Form gebaut worden. Da der Wagen seine Fähigkeiten mehr als deutlich bewiesen hatte, und niemand die Konstruktion grundsätzlich ändern wollte, wurden zusätzliche Stoßpolster an diesen drei Tyrrells als kilo-schwerer Nachschlag angebracht.

Der neueste „006/2" hatte größere Seitenkästen für die Ölkühler, damit nun auch die Wasserkühler von der Front dorthin versetzt werden konnten. Sein älterer Schwesterwagen „006" wurde mit einer längeren Frontverkleidung getestet, um einen Heckflügel, der weiter nach hinten versetzt war, auszubalancieren.

Stewart gewann in Silverstone mit dem „006/2", der hier sein Debut gab, dann schrieb er die Rekordbücher der Weltmeisterschaft neu. Er gewann die GPs in Belgien und Monaco und zog mit Jim Clarks Rekord von 25 Siegen in WM-Läufen gleich, dann übertraf er seinen verstorbenen Landsmann mit Siegen in Holland und Deutschland. Cevert wurde Zweiter hinter seinem Teamführer in Zolder, Zandvoort und am Nürburgring und unterstrich so Tyrrells Stärke, aber Lotus war in der Lage, mit seinen Wagen vom Typ 72 mehr Punkte in der Konstrukteursmeisterschaft zu sammeln, wobei ihre beiden Fahrer — Peterson und Fittipaldi — einige Grand Prix während dieses Jahres gewannen, so daß Tyrrells Chancen auf einen zweiten Konstrukteurs-Titel vereitelt wurden.

Während jener Saison 1973 hatte Tyrrell furchtbaren Ärger mit überhitzenden Bremsen in Barcelona und Zolder gehabt und neue, schwerere und stärkere Sättel und Scheiben von Lockheed wurden bei „006" und „006/2" angebracht, während „005" zum Vergleich eine kräftigere Girling-Anlage erhielt.

Dieser Wagen war jetzt zum Versuchsträger geworden und fuhr im Training in Zolder mit seitlichen Wasserkühlern und einem meißelförmigen Bugteil, in dessen Oberfläche ein NACA-Einlaß saß, um den vorne angebrachten Ölkühler zu belüften. Die Form des Bugteils wechselte an diesem Wagen von GP zu GP. In Kanada und in den USA wurde „005" für den dritten Fahrer Chris Amon an den Start gebracht.

Stewarts „006/2" wurde für Kanada kurz mit meißelförmigem Bugteil versehen, und nachdem Ceverts gewohnter „006" in diesem Rennen zerstört wurde, stellte man für ihn einen brandneuen Wagen „006/3" für Watkins Glen fertig. Im Training verunglückte Cevert dort furchtbar und wurde getötet. Sein brandneuer Wagen wurde zerstört.

Nach dem Unfall, gegen Ende des Nachmittagstrainings fuhren Stewart und Gastfahrer Chris Amon kurz mit ihren Wagen um den Kurs, dann zog Ken Tyrrell seine Starter am Abend zurück, und das Team packte bedrückt seine Sachen und kehrte niedergeschlagen nach Hause zurück.

Jackie Stewart war sein 99. und letztes Rennen in Kanada gefahren und sollte die Hundert nicht mehr voll machen. Für das Elf-Team Tyrrell war es das Ende einer Ära, die um den größten Fahrer dieser Zeit herum gebaut war. Nach Ceverts Tod mußten sie nun für 1974 ganz neu planen, und Derek Gardners Pläne für einen hochgezüchteten Vollblutwagen, aus dem nur Meister das Beste herausholen konnten, mußten nun aufgeschoben werden. Nachdem Stewart sich zurückgezogen hatte und Cevert tot war, waren die neuen Fahrer im Vergleich zu ihnen Schuljungen, und man sah es als vernünftiger an, völlig andere Wagen zu entwerfen, die ihrer Unerfahrenheit angemessen waren. In dem Zeitraum, den dieses Buch beschreibt, sollte Tyrrell nie wieder die Weltmeisterschaft gewinnen.

Der Sechsrad-Tyrrell

1975 versuchte das Tyrrell-Team, sich einen ungewöhnlichen Vorteil gegenüber ihren auch mit Cosworth-DFV-Motoren und Goodyear-Reifen operierenden Konkurrenten zu verschaffen, indem Konstrukteur Derek Gardner sein bemerkenswertes Projekt 34 mit sechs Rädern entwickelte.

Die Idee, so erzählte er, „war, den Luftwiderstand so gering wie möglich zu halten, indem vorne der Auftrieb verringert wurde und diesen kleinen Vorteil in die Möglichkeit zu verwandeln, schneller in Kurven hinein- und hinauszufahren. Es galt, Abtrieb gegen Kurvengeschwindigkeit einzutauschen, was zu funktionieren schien.

Reifen, die in den Luftstrom ragen, erzeugen Auftrieb, so daß man dagegen arbeiten muß, indem man den Abtrieb vergrößert. Wenn jeder das gleiche tut, kommt eine recht ähnliche Leistung heraus, vorausgesetzt alle gebrauchen dieselben Motoren und Reifen.

Wenn man den Auftrieb reduzieren kann, erhält man zusätzlichen Abtrieb, den man verwenden kann, und mehr Abtrieb bedeutet höhere Kurvengeschwindigkeit."

Um dieses Ziel zu erreichen, nahm er ein sehr breites Frontteil, das zwei Sätze Vorderrad-Aufhängungen verdeckte, versehen mit 10-Zoll-Vorderrädern und -Reifen. Es gab keinen Vorteil im Vorderabschnitt des Wagens, da sein Wert immer noch von den riesigen, normal großen Hinterrädern bestimmt wurde, aber dies war überhaupt nicht das, wonach Gardner suchte.

Ein rotierender Zylinder, wie ihn Rad und Reifen eines Rennwagens bilden, der in einen bewegten Luftstrom gebracht wird, erzeugt eine Kraft im rechten Winkel zur Zylinderachse, wobei die Größe dieser Kraft vom Radius des Zylinders abhängt. Im Falle des rotierenden Rades und Reifens eines Rennwagens ist diese Kraft nach oben als Auftrieb gerichtet. Diese Erkenntnis brachte Tecno und BMW in der Formel 2 und Gardner in der Formel 1 dazu, breite Bugteile zur Abdeckung der Räder in den Jahren 1970/71 einzuführen.

Dieser Auftrieb wurde durch die kleineren Vorderräder beim P34 sofort verringert, was Kurvenfahrt und Bremskräfte verbesserte, denn der Gesamtdurchmesser der Räder verringerte sich von 21 auf 16 Zoll.

Natürlich waren alle vier lenkbaren Vorderräder mit Bremsen versehen, was weitere beträchtliche Vorteile brachte, weil die Verwendung von vier Vorderscheiben insgesamt eine größere Masse Gußeisen in den Scheiben bedeutete und kurzfristig die Arbeitstemperaturen senkte. Weiterhin verbesserte die Vergrößerung der Scheibenfläche die Bremsenkühlung durch Drehung. Vergrößerte Drehgeschwindigkeit verbesserte den Kühlluftstrom durch die Lüftungsschlitze der Scheiben. Auch wurde die Gesamt-Bremsbelagfläche vergrößert, was die Arbeitstemperaturen senkte, und ein Gewinn von fast 40 Prozent an nutzbarer Belagfläche verlängerte die Lebendauer der Beläge auf bestimmten, anspruchsvollen Kursen.

Die Bremskraft mußte zwischen den zwei Vorderachsen und der Hinterachse ausgewogen verteilt werden und Gardner entwarf ein System mit drei Hauptbremszylindern, wobei jeder die Bremsen einer Achse bediente. Das Bremspedal des Fahrers wurde mit einem Waagebalken verbunden, dessen eines Ende auf den Hauptbremszylinder der Hinterachse wirkte, während das andere Ende mit einem zweiten Waagebalken verbunden war, der in gleicher Weise bedient werden konnte, um die Kraft zwischen den beiden Vorderachs-Hauptzylindern zu verteilen.

Das Team regelte immer zunächst die Kraftverteilung zwischen den beiden Vorderachsen, eingedenk der Tatsache, daß sich, wenn die Bremsen der ersten Vorderachse zuerst blockierten, der effektive Radstand verkürzte, dieser sich aber verlängerte, wenn die Bremsen der zweiten Vorderachse früher blockierten. Das konnte natürlich zu spürbaren Veränderungen des Fahrverhaltens führen.

Ein Nachteil im Bereich der Bremsen war die höhere Drehgeschwindigkeit der kleineren Vorderräder und Scheiben bei einer gegebenen Geschwindigkeit des Fahrzeugs, aber da die Scheiben selbst kleiner waren, blieb die kritische Abtriebsgeschwindigkeit auf der Belagoberfläche etwa gleich.

Als das Tyrrell-Team Anfang 1976 erst einmal gelernt hatte, wie man diese ungewöhnlichen Wagen bediente — und fuhr —, erzielte es bedeutende Erfolge.

Beim damaligen Stand der Reifentechnologie hatte Tyrrell zu Beginn des Jahres einen deutlichen Vorteil bei geeigneten Bedingungen, aber als die Saison fortschritt, trafen sie auf Probleme, die Goodyears Entwicklungsmöglichkeiten überforderten.

Die Saison wurde bestimmt vom Zweikampf Ferrari gegen McLaren, und Goodyear konzentrierte zu Recht seine Entwicklung auf die Bedürfnisse der 312T2 und M23. Als neu entwickelte, konventionelle Vorder- und Hinterreifen eingeführt wurden, konnten die P34 die hinteren gebrauchen, aber es gab keine passenden neuen 10 Zoll-Vorderreifen für sie. Daher mußten sie entweder gemischt fahren oder die veralteten Hinterreifen benutzen.

Um mit dem Stillstand der Entwicklung bei den Vorderreifen mit kleinem Durchmesser fertig zu werden, blieb Gardner für 1977 nur eine Möglichkeit: Er mußte die vordere Spur ständig vergrößern, um die verfügbaren Vorderreifen stärker zu belasten, damit sie mit den neuesten Mischungen und Konstruktionen harmonierten. Die hohen Drehgeschwindigkeiten der kleinen Räder zerstörten sowieso die Laufflächen der damaligen Diagonal-Rennreifen, wobei sich die Mitte der Lauffläche nach außen wölbte und den Kontakt zwischen Reifen und Fahrbahn verminderte.

Die breitere Vorderspur für 1977 erforderte Veränderungen der Karosserie, um den aerodynamischen Vorteil weiter zu erhalten, und die ohnehin übergewichtigen Wagen wurden immer weniger konkurrenzfähig und sogar noch schwerer.

Im Nachhinein glaubt Gardner, daß Radialreifen die Lösung gewesen wären. „Wenn Tyrrell auf Michelin-Reifen gefahren wäre, hätte die Geschichte anders verlaufen können" — und in der Tat war Michelin daran interessiert zu helfen. In der Zeit, in der sie einen 10 Zoll-Reifen von Grund auf neu entwickelt gehabt hätten, wäre Goodyear mit seinen konventionellen Reifen bereits wieder drei oder vier Stufen voraus gewesen. Gardner hatte ein attraktives Angebot erhalten, zu seiner ersten Liebe zurückzukehren und Getriebe bei Borg Warner zu bauen. Während ein möglicher, von Elf unterstützter, Motorlieferungsvertrag mit Renault ausgearbeitet wurde, hatte Tyrrell schon Maurice Phillippe eingestellt, um ein Tyrrell-Chassis für einen Renault-Motor zu bauen.

Nachdem Gardner die volle Verantwortung an Phillippe übergeben und das Team verlassen hatte, löste sich der Renault-Plan in Luft auf — er hatte sowohl einen 3-Liter-Neunzylinder als auch einen 1,5-Liter-V6 mit Turbolader vorgesehen. Phillippe baute einen vierrädrigen Nachfolger des P34 für 1978, und der sollte auf konventionellen, konkurrenzfähigen und unproblematischen Goodyear-Reifen laufen ... allerdings nur vier pro Wagen. (Siehe alle Teams)

Links: Denis Jenkinson von Motor Sport inspiziert 1975 den „P34/1". Rechts: Scheckter demonstriert die Haftung des Vorderwagens beim Einlenken in die Curva Parabolica in Monza beim GP Italien 1976. Unten: Piolas Aufrißzeichnung verdeutlicht schön die Komplexität des Tyrrell P34.

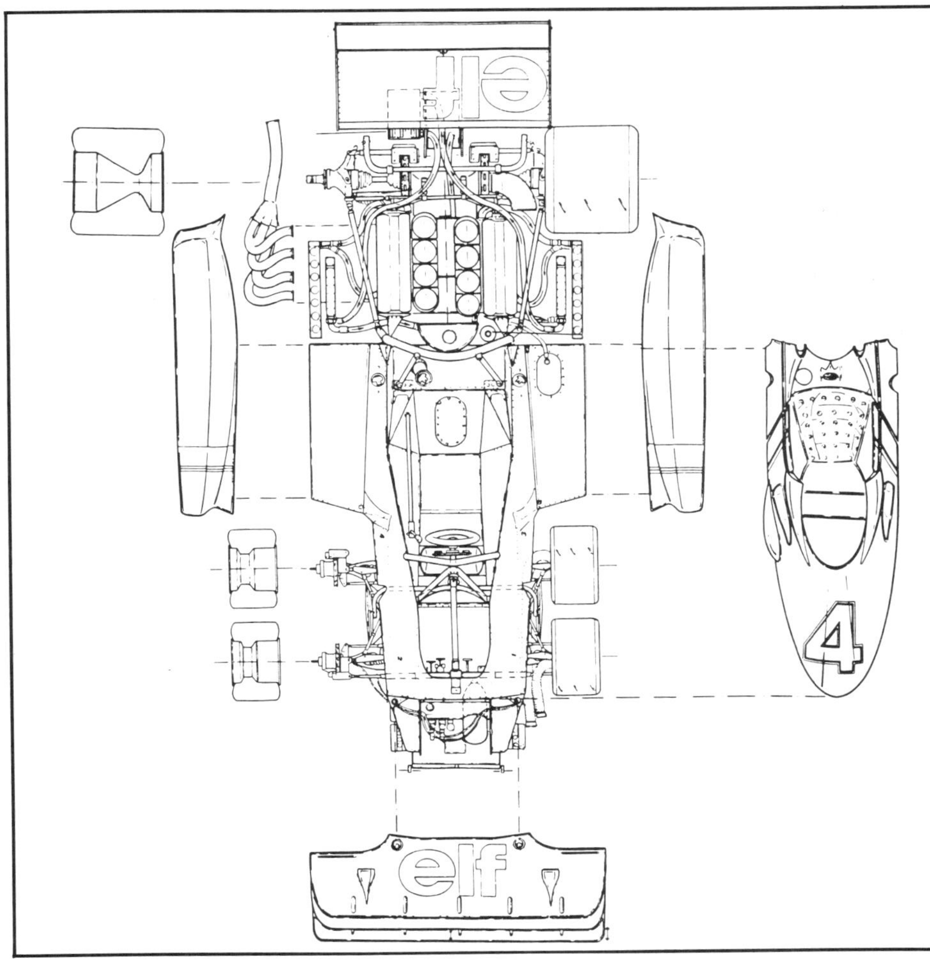

Ein großer Wurf: der McLaren M23

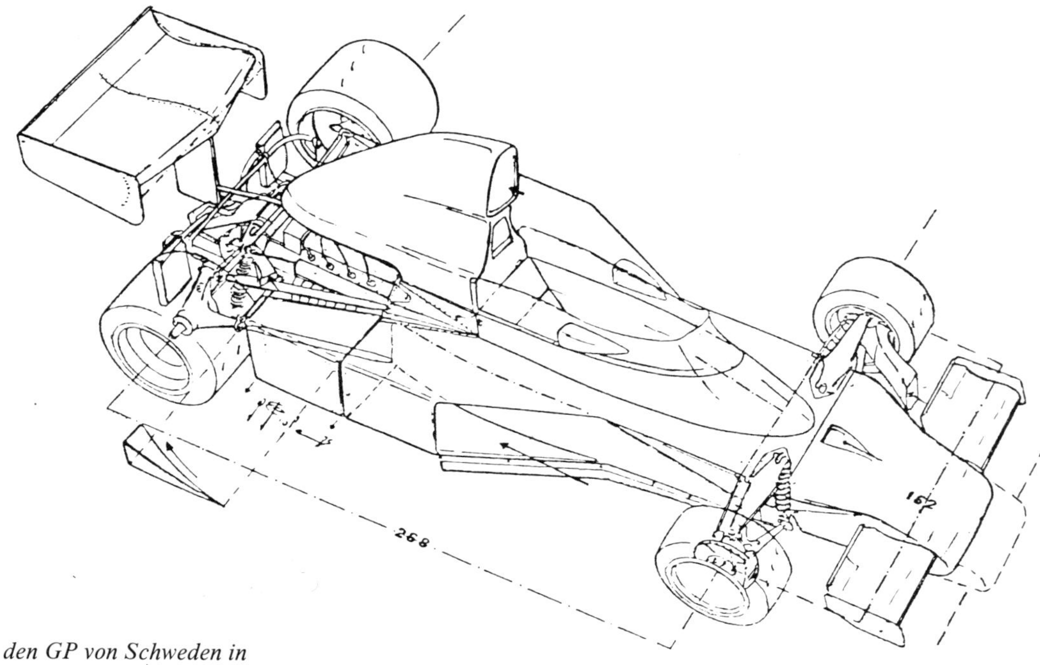

Die Dimensionen des McLaren M23, in der für die Saison 1975 veränderten Keilform.

Denny Hulme gewann den GP von Schweden in Anderstorp auf einem McLaren M23/1. Obwohl für den McLaren die schnellste Runde gestoppt wurde, war es dennoch ein glücklicher Sieg gegen den ebenfalls unglaublich schnellen Lotus 72 von Peterson. Er sollte der erste einer langen Serie von WM-Siegen sein.

Im Sommer 1972 plagten sich alle Formel 1-Teams mit Gedanken an die neue Knautschzonen-Regel herum. Bei McLaren in Colnbrook, nahe dem Londoner Flughafen Heathrow, dachte man besonders gründlich über dieses Problem nach. McLaren hielt nichts davon, die verformbaren Strukturen einfach an das Chassis anzusetzen. Stattdessen entschied sich das Team für ein maßgeschneidertes neues Monocoque, das die althergebrachten Grundsätze von Stärke, Stabilität und Einfachheit mit den Vorzügen neuen technischen Know-hows verband.

Ingenieur Gordon Coppuck war bisher hauptsächlich für die äußerst erfolgreichen CanAm- und Indy-Wagen von McLaren verantwortlich gewesen. Nachdem Ralph Bellamy, der den M19 entworfen hatte, Ende 1971 zu seinem früheren Arbeitgeber Brabham zurückgekehrt war, trug Coppuck plötzlich die alleinige Verantwortung im Konstruktionsbüro. Coppuck konnte bei der Arbeit am neuen Formel 1 auf seine Erfahrungen mit dem Indy-Modell M16 zurückgreifen. Dieser Wagen besaß bereits eine ausgeprägte Keilform mit seitlichen Kühlern. Als hilfreich erwies sich auch wieder die bei McLaren geübte Praxis, neben der Teamleitung auch Fahrer und Mechaniker an der Diskussion über den neuen Wagen zu beteiligen.

Der Vorteil des M16, dessen Grundform den Lotus 56 und 72 nachempfunden war, bestand in einer optimalen Anpassung an konstante Spitzengeschwindigkeiten, wie sie zum Beispiel in Indianapolis gefahren werden. Der M19 in seiner endgültigen C-Version hatte zwar ein gutes Handling, war aber auf der Geraden zu langsam und litt außerdem an Übergewicht. Die langwierige und mühsame Entwicklung der Aufhängung mit progressiver Federung hatte zwar zu einer gut funktionierenden Vorderachse geführt, bei der Hinterachse hatte das Team aber das Handtuch geworfen und war reumütig zur Aufhängung mit konstanten Federraten zurückgekehrt.

Den Schöpfungsprozeß des M23 beschrieb Gordon Coppuck später so: „Wir nahmen ein M16-Monocoque und den Cosworth-Motor des M19, stellten beides auf den Boden der Werkstatt. Wir besahen uns die Teile einige Zeit, dachten nach und wogen sie schließlich. Auf alle Fragen gab uns der Torso eine einzige Antwort: „So müßt ihr's machen, Jungs!" Wir machten es und der M23 war geschaffen."

Die Technik des M23

Der neue M23 war Gordon Coppucks erster Formel 1-Coup. Die Haut bestand aus Aluminiumblech und umschloß ein massiv gearbeitetes Stahlschott und einen großvolumigen Tank zwischen Fahrersitz und Rückwand. Am Motorschott befanden sich stählerne Befestigungselemente für die Aufnahme des Triebwerks. Ebenfalls aus Stahl gefertigt wurden die Verstrebungen in Höhe des Armaturenbretts und die hinteren Anlenkpunkte für die bodennahen Querlenker der Vorderräder. Die vordere Querwand erstreckte sich ca. 25 cm zurück ins Monocoque.

Typisch für McLaren war die Technik, alle Verbindungsstellen des Monocoques sowohl zu kleben als auch zu nieten. Als Robin Herd im Jahre 1968 dieses Verfahren erfand, war es noch sehr ungewöhnlich. Die Nieten sicherten die Klebestellen solange, bis der Kleber sich gefestigt hatte. Die ebene, flache Form des neuen Chassis dehnte sich vom Bug bis zum Heck keilförmig aus. Von vorne gesehen zeigte das Chassis eine konische Silhouette, unten schmaler als oben. Anders als bei den Indy-Rennern Lotus 72 und McLaren M16 mit ihren abnehmbaren seitlichen Kühlergehäusen, passten sich beim M23 die deltaförmigen Seitenkästen harmonisch ans Monocoque an. Der Clou dabei: So ergab sich ein doppelter Aufprallschutz. Die Aluminium-Flanken des M23 umschlossen die Kühlergehäuse. Zusätzlich wurde zwischen Kühler und Außenhaut ein Glasfiberkasten eingesetzt und sauber mit der Alu-Haut verbunden. War diese Arbeit des Bohrens, Versenkens und Nietens getan, so füllte man die ca. 2 cm große Lücke zwischen Kunststoff- und Metallfläche mit Zweikomponenten-Schaum aus. Dieser Schaum hatte es in sich; denn sobald die beiden getrennten Chemikalien zu einer Masse verschmolzen, gingen sie auf wie ein Hefekuchen. Die Crew um Don Beresford mußte sich was einfallen lassen, um zu verhindern, daß dieser langsam explodierende Schaum ihre schöne Konstruktion verbog oder sogar sprengte. Sie schoben deshalb einen passenden Block in den Glasfibereinsatz. Die Außenhülle wurde in ähnlicher Weise gestützt und stabilisiert, und das Schaumbad konnte eingelassen werden. Der überschüssige Schaum quoll aus einer Reihe kleiner Dränageöffnungen wieder heraus. Hatte sich der Schaum einmal gehärtet, entfernte man den Rest, verschloß die Öffnungen und schliff sie glatt. Somit wurde eine optimale Knautschzone geschaffen, die im Rumpf integriert war und ihn versteifte, ohne das Gewicht nennenswert zu erhöhen.

Nach anfänglichen Schwierigkeiten hatte die McLaren-Crew die neue Technik bald im Griff. Ein Nachteil war nur, daß anfallende Reparaturarbeiten nun erschwert wurden.

Um einen günstigen, tiefen Schwerpunkt wie bei Matra, Tyrrell oder March zu erhalten, wurde der Sprit mittschiffs gebunkert. Alle vorherigen McLaren F1-Wagen hatten den Treibstoff gleichmäßig zwischen Bug und Heck verteilt.

Der Pilot des M23 hatte einen etwas unbequemen Arbeitsplatz, denn das Cockpit mußte sehr schmal gebaut werden, um den seitlichen Öl- und Wasserkühlern eine optimale Luftzufuhr zu gewähren. Durch den Wegfall des Frontkühlers wurde er dafür aber nicht mehr so gesotten. Der Isolationseffekt des zwischen Fahrer und Motor liegenden Tanks trug auch zur Hitzereduzierung im Cockpit bei, so daß dort einigermaßen erträgliche Temperaturen herrschten. Allerdings plazierte diese Bauweise den Fahrer so weit vorne wie nie zuvor. Seine Füße befanden sich jetzt noch vor der Vorderachse.

Zur Sicherheit lag der Feuerlöscher quer unter seinen Knien und das Lenkgetriebe befand sich zwischen Armaturenbrett und vorderem Querschott ca. 30 cm vom Lenkrad entfernt innerhalb des Fahrzeugs. Lenkgestänge und -verbindungen versteckten sich hinter den Radträgern. Nur die Hauptbremszylinder und der schlanke Stabilisator kamen zum Vorschein. Das ließ die Frontpartie richtig proper aussehen.

Die leichtgewichtige Varley-Batterie stand auf einer zierlichen Platte und ein filigraner Hilfsrahmen hielt die konische Nase mit ihren aerodynamischen Flügeln. Kleine, an beiden Seiten angebrachte Luftschlitze, sorgten für die Kühlung der Stoßdämpfer. Breit ausgelegte untere Dreieckslenker und trapezförmige obere Schwinghebel mit hohlem Querschnitt, die die innenliegenden Dämpfer über Gelenke betätigten, bildeten die Aufhängung.

Die Hinterräder hingen an umgedrehten unteren Dreiecksquerlenkern und doppelten Längslenkern. Die oberen Aufhängungspunkte waren verstellbar. Die ungefederte Masse konnte verringert werden, indem man nicht mehr mit konventionellen Schiebewellen-Gelenken arbeitete, die den Antriebswellen die Möglichkeit bieten, sich beim Ein- und Ausfedern der Räder wie ein Teleskop zu verkürzen bzw. zu verlängern. Hier setzte Coppuck nun ein Schwebachsen-System ein, das schon am M19 erfolgreich getestet worden war. Die Radträger erhielten jetzt zwei Nadellager anstelle der herkömmlichen Kombination von Nadellager und Festlager. Wenn nun Aufhängung und Federdämpfer-Einheit in Aktion traten, konnte sich die starre Achse im Radträger hinein- und herausbewegen, natürlich nur in gewissen Grenzen. Der Radträger wurde mit Hilfe von Unterlegscheiben genau in die Mitte der vorgesehenen Spur des Antriebswellenlagers zentriert. Die Methode funktionierte ausgezeichnet und sparte, wie oben schon erwähnt, einiges an Gewicht, das noch mehr reduziert wurde, als Achswellen aus Titan mit stählernen Kreuzgelenkgabeln zum Einsatz kamen.

Von Lockheed für die CanAm-Serie entwickelte Vierkolben-Bremssättel klammerten sich um die ca. 27 cm großen, innenbelüfteten Scheiben. Vorne drehten sich die Achsschenkel in Radträgern aus Magnesiumguß. Die Bremsscheiben lagen außenbords, knapp von den Felgen verdeckt. Um noch mehr ungefedertes Gewicht zu sparen, waren die hinteren Bremsscheiben innen angebracht. Felgengrößen: Vorn Durchmesser 13 Zoll und 11 Zoll Breite; hinten, Durchmesser 13 Zoll und 16—18 Zoll Breite. In den Seitenteilen lagen Öl- und Wasserkühler hintereinander. Der Öltank versteckte sich in der linken hinteren Ecke des Monocoques und schaffte damit freie Bahn für den Luftstrom, damit der rohrverstrebte Heckflügel wirkungsvoll arbeiten konnte. Wie ein Sattel geformt war der Öl-Auffang-Tank über der Hewland FG400-Fünfgang-Getriebeeinheit.

Im Februar 1973, als der Wagen fertig war, bot der vollschlanke M23 einen ungewöhnlichen Anblick, folgte aber dem Vorbild von Gardners Tyrrell 005 aus dem letzten Sommer. Unter einer hübsch-gestylten Lufthutze, die hinten und an den Seiten mit dem Monocoque abschloß, verbarg man die unschönen Ansaugstutzen.

Der Radstand des M23 war mit 257 cm rund 2,5 cm länger als beim M19, das Monocoque fiel niedriger aus. Durch die hochaufragende Lufthutze, die den Motor besser durchatmen ließ, erschien der Wagen jedoch optisch höher. Die Spurweite betrug vorne 165 cm und 159 cm hinten, Länge über alles 432 cm. Das Gewicht von 576 Kilo lastete zu 34% auf der Vorder- und zu 66% auf der Hinterachse.

In den nächsten vier Jahren baute McLaren 13 Chassis vom Typ M23. Das letzte trug die Nummer M23/14. Die Chassis-Nr.13 ließ man vorsichtshalber aus. Die Wagen brachten ihren Fahrern zwei Weltmeistertitel und ihrem Erbauer einen Konstrukteurs-Pokal ein. Sie gewannen insgesamt 20 Weltmeisterschaftsläufe — ein weiterer Sieg wurde Fahrer und Wagen nachträglich aberkannt. Vier Jahre lang kämpften die M23 in jeder Saison an vorderster Front, eine ähnlich lang andauernde Erfolgsserie wie die der Lotus 72.

1973 und 74 wurden jeweils vier M23 hergestellt, 1975 zwei weitere, 1976, als sie zum zweiten Mal die Fahrerweltmeisterschaft errangen, stand kein neues Chassis zur Verfügung. Bevor der Nachfolger M26 allmählich Form annahm, baute McLaren 1977 noch zwei neue Werkswagen und einen letzten Privatwagen für den Amerikaner Brett Lunger.

Die Chassis M23/4, M23/7, M23/8 und M23/9 wurden bei Unfällen zerstört. Der M23/7 wurde ein für allemal begraben, Nr. 4 wurde für eine Werbeshow der Firma Marlboro, seit 1974 Sponsor des Teams, nochmal wiederbelebt. Für ähnliche Shows wurde die Nr.8 restauriert, die dann das Chassis-Ettiket Nr.10 erhielt. Das Chassis Nr.9 sah man in späteren Jahren als rennende Antiquität wieder.

Im Laufe der Jahre erhielt der M23 die Zusatz-Bezeichnungen B, C, D, E und F. Die vorgenommenen Modifizierungen sahen folgendermaßen aus: M23B — 1974: Chassisveränderungen um das vordere Querschott, um alternativ progressiv-wirkende oder über Schwinghebel betätigte Dämpfungssysteme aufnehmen zu können, längerer Radstand, Rechteckquerlenker an der hinteren Radaufhängung.

M23C — 1975: weiter überarbeitete Aufhängungen, andere Lufthutze, vom Fahrer verstellbarer vorderer Stabilisator, kurze Schnauze, verbesserte Aerodynamik der Seitenkästen.

M23D — 1976: ab dem 1. Mai niedrigere Lufthutze gemäß Reglement, vom Fahrer verstellbarer hinterer Stabilisator, Preßluft-Starter, Sechsgang-Getriebe von McLaren-Hewland, größeres Cockpit, das nun bis zur konischen Nase reichte, um dem langen James Hunt die Arbeit zu ermöglichen.

M23E — 1977: Detailänderungen, vor allem neugestaltete vordere Radträger passend zu den neu dimensionierten Goodyear-Reifen.

M23F: Bezeichnung für Original-McLaren-Teile zum Verkauf an Privat-Kunden.

Das hört sich alles recht einfach an, aber wie wir noch sehen werden, war die Geschichte dieser Entwicklungen und Fortschritte weitaus kniffliger, komplizierter und im Zeitablauf eher verworren, als geradlinig. Die Formel 1 ist eben ein turbulentes Geschäft.

Der M23 lernt Laufen

Vor dem GP von Südafrika am 3. März 1973 drehte das Prototyp-Chassis M23/1 so um die 65 Test-Runden auf dem Goodwood-Kurs. Gleich am ersten Tag in Goodwood lief es dem zwei Jahre alten, bestens erprobten M19 auf und davon. Dennis Hulme kommentierte die ungewohnte, weit vorn liegende Fahrerposition so: „Du meinst, du kannst dich rauslehnen und an die Vorderreifen tippen . . .“

Die ersten zehn Runden waren für ihn problematisch. Er hatte absolut kein Gefühl für das, was die Antriebsräder gerade machten und konnte beginnendes Übersteuern nicht früh genug erfühlen. Aber nach einigen weiteren Runden hatte er den Dreh raus, konnte das Übersteuern bewußt einleiten und wesentlich besser kontrollieren, als beim alten M19, der nicht im Traum daran dachte, sich in den Kurven stabil zu verhalten. Ein großes Plus war das gemäßigte Klima im Cockpit des M23, das den Fahrer nicht mehr so schnell ermüden ließ.

In der heißen Höhenluft von Kyalami erwies sich die Zusammenfassung von Öl- und Wasserkühler im gleichen Gehäuse als Fehler. Die Kühler wurden schleunigst zurückversetzt neben das Getriebegehäuse. Diese Aktion brachte nebenbei auch noch mehr Gewicht auf die Hinterachse.

Der Wagen ging hervorragend und Hulme erreichte prompt seine erste Trainingsbestzeit bei einem Grand Prix. Im Rennen übernahm er sofort die Spitze, bis ein früher Unfall Fahrzeugteile auf der Piste hinterließ, und er einen Plattfuß hatte. Wieder zurück auf der Bahn mit einem frischen Pneu, gab das linke Vorderrad in jeder Rechtskurve Rauchzeichen. Hulme fuhr erneut an die Box und ließ wechseln, doch der Reifen war intakt. Nach diesen Stops wurde Hulme nur Fünfter, aber der M23 hatte in der Tat einen sehr starken Eindruck hinterlassen.

Die restliche Saison sah die Werks-M23 regelmäßig in den ersten beiden Startreihen. M23/2 stand für Peter Revson in Silverstone bereit. Er wurde Vierter, während Hulme mit seinem Prototyp ausfiel. In Spanien, beim ersten „Knautschzonen-GP“, trat man mit drei M23 an. Am 20. Mai in Zolder war Hulmes Wagen erstmals mit einem Lebensrettungs-System ausgerüstet, das den Piloten im Falle eines Brandes mit Atemluft versorgen konnte.

Revson mußte seinen M23/2 verlassen, nachdem er auf losen Asphaltbrocken von der Strecke flog. Jariers March flog an der gleichen Stelle hinterher und gab dem angeschlagenen McLaren den Rest. In Schweden gewann Hulme mit viel Glück, auch wenn er die schnellste Runde fuhr.

In Frankreich startete für Revson, der für ein USAC-Rennen verpflichtet war, der junge Jody Scheckter im neuen Chassis M23/3. Bei seinem Europa-Debut qualifizierte er sich aus dem Stand für die erste Reihe. Bis zwölf Runden vor Schluß lag er in Führung, schied dann aber spektakulär aus, als er und Fittipaldi auf Lotus in einer Kurve aneinander gerieten.

Das Tohuwabohu des britischen GP folgte am 14. Juli, bekannt als „Scheckters shunt“. Das Feld preschte los, darunter drei M23, dann, nach der ersten Runde, passierte es, Scheckter hatte auf der Zielgeraden die Nase vorn, als er die Kontrolle über das Fahrzeug verlor und sich drehte. Nicht weniger als neun Wagen fielen der folgenden Massenkarambolage zum Opfer. Das Rennen mußte neu gestartet werden, und Revson siegte mit dem M23/2. Hulme wurde Dritter. Eine Woche später in Zandvoort beim GP von Holland: Scheckters M23/3-Wrack war noch nicht wiederhergestellt. Als Reservewagen wurde der M23/4 eingesetzt. Gastfahrer Jacky Ickx, der sich zwischenzeitlich von Ferrari getrennt hatte, steuerte ihn beim folgenden Großen Preis von Deutschland auf dem Nürburgring. Dank seiner guten Streckenkenntnisse belegte er den dritten Platz hinter den auftrumpfenden Tyrrells.

Zwischendurch versuchte sich Coppuck an einer neuen Aufhängungsgeometrie, ließ aber dann doch alles beim alten, nachdem Tests keine spürbaren Verbesserungen brachten.

Auf dem Programm stand nun der Kanada-GP, den Revson und der M23/4, bei miserablem Wetter, als Sieger beendeten. Scheckter kollidierte diesmal mit Ceverts Tyrrell und zerknautschte dabei die vordere linke Ecke und ein Seitenteil des M23/2. Der Schaden wurde in McLarens Werkstatt in Livonia bei Detroit behoben, rechtzeitig zum US-GP in Watkins Glen. Hulme wurde dort Vierter, Revson Fünfter und Scheckter? Der stieg auf's Neue aus, als hinten ein Querlenker brach, doch diesmal, man höre und staune, ohne mit irgendetwas in Berührung gekommen zu sein.

1974 — Erste Weltmeistertitel

Für 1974 wurde das Texaco-Marlboro-McLaren-Team gebildet mit Hulme und Emerson Fittipaldi als Fahrer. Revson wechselte zu Shadow und Scheckter war nun erster Fahrer bei Tyrrell. Yardley trat weiterhin als Sponsor auf und finanzierte einen M23 für Mike Hailwood.

Während des Winters entstanden in Colnbrook zwei brandneue M23-Chassis, M23/5 und M23/6. Ausgiebige Tests in Ricard-Castellet dienten dazu, das ursprüngliche vielversprechende Design zu verändern. Es gab mal wieder neue Vorschriften, die den Überhang der Flügel regelten. Der Heckflügel mußte ca. 25 cm weiter nach vorne rutschen. Da das Maß sich auf den Abstand vom Flügel zu den Hinterrädern bezog, wurden die einfach weiter zurück versetzt. Der Heckflügel lag so optimal im Luftstrom, weit genug hinter der Lufthutze. Hinzu kam die Verringerung der Reifenturbulenzen, indem man die Spur verbreiterte.

Zur Verlängerung des Radstands um ca. 8 cm benutzte man ein Distanzstück zwischen Motor und Getriebe. Die Neugestaltung der steifen vorderen Querwand ließ nun sowohl die Verwendung der Schwinghebel-Aufhängung als auch die der alten progressiv-wirkenden Aufhängung zu. Die Spur der Hinterachse erweiterte sich um ca. 5 cm. Man versprach sich davon eine bessere Traktion beim Beschleunigen aus langsamen Ecken.

Nach dem Motto: „Neue Besen kehren gut“ erledigte Fittipaldi den Löwenanteil der Winter-test-Arbeit, wobei ihm Hulme gerne zusah. Bleibt noch zu sagen, daß Hailwoods M23/1 auch aufgepäppelt wurde und der M23/4 — im Marlboro-Gewand — zu Saisonbeginn in Argentinien als Ersatzwagen herhalten mußte.

In Buenos Aires spuckte Fittipaldi kräftig in die Hände, packte sich den Wagen und legte zur Feier des Tages und zur Freude des Teams gleich 97 Trainingsrunden hin! Im Rennen selbst löste sich ein Kerzenkabel und er verlor wertvolle Zeit. Als dann noch der Motor abstarb, nachdem er unbeabsichtigt den Notschalter am Lenkrad umlegte, war an WM-Punkte nicht mehr zu denken. Denny Hulmes M23, Schnellster in der mit Vollgas gefahrenen Kurve am Ende der Start- und Zielgeraden, schloß zur Spitze auf, überholte den bis dahin hervorragend laufenden Brabham Reutemanns in der letzten Runde und passierte als Erster die Ziellinie. Hailwood belegte trotz eines Lochs im Kühlers den vierten Platz.

Die Buckel der Seitenbegrenzung auf der Interlagos-Strecke beim folgenden GP von Brasilien verlangten nach einer sehr beweglichen Aufhängung. Die Längslenker wurden höher angebracht. Fittipaldi startete von der Pole und führte von der 16. bis zur 32. Runde, als das Rennen wegen heftiger Wolkenbrüche vorzeitig abgewunken wurde — der zweite Sieg in Folge für Marlboro-McLarens M23. Der Hattrick war perfekt, als Fittipaldi das nächste, nicht zur WM zählende Rennen in Brasilien für sich entschied. Der Brabham BT44 war zwar eindeutig schneller, aber McLarens solide Vorbereitung und Cleverness machten sich am Ende bezahlt.

Die Zeit war reif für Experimente, und zurück in der Alten Welt sah man schon beim ersten Kräftemessen in Brands Hatch eine neue, raffinierte Heckflügelbefestigung. Diese ermöglichte es mittels verschiedener Bohrungen, die Flügel auf vielfältige Weise einzustellen.

Eine andere Neuerung war die schmale, keilförmige Nase, der sogeannnte „spitze Schuh“. Seitlich saßen Frontspoiler mit größerer Spannweite und hohem Wirkungsgrad, die einen ähnlich extremen, bananenförmigen Querschnitt hatten wie der Heckflügel.

Der Start zum dritten WM-Lauf erfolgte in Kyalami. Hier, wo der M23 vor zwölf Monaten sein vielversprechendes Debut gegeben hatte, bot Goodyear zum ersten Mal Reifen mit 28 Zoll Außendurchmesser an. Als Vorhut schickte man zunächst Hulmes M23/6 in der 73er Version auf die Strecke, mit den ursprünglichen Maßen für Radstand und Spurweite, älterem Flügel und Hinterrädern mit 26 Zoll Außendurchmesser. Der Bolide fraß Goodyears neueste Reifenmischung einfach auf. „Es war ein gräßliches Gefühl“, so Hulmes Kommentar. Am zweiten Trainingstag traten alle M23-1, 5 und 6 in Brands Hatch-Version an, erreichten höhere Stabilität und dank der 28 Zoll-Reifen bessere Traktion. Der „spitze Schuh“ wurde jedoch gegen die ältere breite Nase ausgetauscht, die einen stärkeren Abtrieb ermöglichte. Im Rennen belegte Hailwood als Bester des Zwei-Wagen-Teams den dritten Platz.

Er war danach in Silverstone mit dem neuen, siebten M23 dabei. In Yardley-Farben lackiert, lag er kurz an zweiter Stelle, bis ein Kupplungsschaden die Jagd beendete.

In Jarama/Spanien gingen gleich fünf M23

Hailwoods Yardley-M23 im Karussel am Nürburgring kurz vor seinem Unfall, der 1974 seine Karriere beendete. Man beachte den „bananenförmigen", mittelsäulengetragenen Heckflügel und die schlanke, hohe Lufthutze.

McLaren war sehr experimentierfreudig. Hier Hulmes M23/6 mit der nur kurz verwendeten „Spitze-Schuhe"-Nase im 1974er Race of Champions. Der Wagen sah zwar einfach aus, war aber hervorragend präpariert. Ungestörter Luftstrom unter dem Heckflügel war entscheidend.

auf WM-Punktejagd. Der Kurs ist eng und kurvig und ein kürzerer Radstand erhöht die Wendigkeit, dachte Coppuck. Bei Hulmes M23/6 versuchte man mittels variabler Befestigungspunkte für die hinteren Längslenker, die Aufhängung optimal der Strecke anzupassen. Als Vergleichsbasis diente Hailwoods Ersatz-M23/1 in Standardversion. Das Ergebnis der Tüftelei: Rauchende Köpfe und Fragezeichen, nichts sonst. Ergo erschienen beim GP von Belgien in Nivelles alle M23 in alter Version, mit langem Radstand. Und so ging's: Fittipaldi errang als erster Fahrer in dieser Saison zwei GP-Siege und brachte damit die Schlachtordnung der Ferrari heftig ins Wanken. Hulme wurde trotz schnellster Runde nur Sechster, während Hailwood an fünfter Stelle liegend Probleme mit der Spritversorgung bekam und weit zurück fiel. Die Hatz ging weiter, diesmal durch die engen Straßen der monegassischen Hauptstadt. Da hätte McLaren an und für sich den kurzen Radstand wieder auspacken können, aber das verunsicherte Team einigte sich auf einen Kompromiß: Fittipaldis M23/5 erhielt ein kurzes, Hulmes M23/6 ein langes und Hailwoods Maschine ein mittellanges Distanzstück zwischen Motor und Getriebe! Alle drei zogen sich die „spitzen Schuhe" mit ausladenden Frontspoilern an. Nur Fittipaldi hatte als Orientierungshilfe zusätzlich kleine vertikale Platten an den Flügelenden seines Wagens.

Der Meister fühlte sich jedoch unwohl, fuhr ein vorsichtiges Rennen und erreichte den fünften Platz. Er führte somit weiterhin die Weltmeisterschafts-Tabelle an.

Die Entwicklung ging weiter und in Dijon-Prenois stellte McLaren neue, windschnittige Lufthutzen mit stark profilierten Seitenflächen vor. Sie erstreckten sich mehr in Richtung Heckflügel, der dadurch besser im Wind lag. Mit mickrigen Plastikschürzen, an der Unterseite des Wagens angebracht, machte man die ersten zaghaften Versuche, das Luftkissen unterhalb der Karrosserie zu eliminieren. Die Flügel würden dadurch effektiver arbeiten, den Renner stärker an die Piste kleben. Die Idee war gut, nur deren praktische Ausführung nicht. Die Schürzen wurden regelrecht zerfetzt, sobald sie mit dem Straßenbelag in Berührung kamen. Man ließ die ganze Sache erstmal auf sich beruhen.

In Colnbrook stand derweil Chassis Nr. 8 kurz vor der Vollendung. Der M23/8 bestritt beim britischen GP in Brands Hatch sein erstes Rennen. Er rollte zum Start mit neuer Frontaufhängung und überarbeiteter Lenkungsgeometrie. Am Heck ersetzte man die umgedrehten unteren Dreieckslenker durch Rechteckquerlenker und Fittipaldi war sehr zufrieden. Er lobte, nachdem er als Zweiter durchs Ziel schoß, das sensible Lenkverhalten des Wagens.

Zwei Wochen später traf man sich am Nürburgring, genannt „die grüne Hölle", eine sarkastische Bezeichnung für eine der landschaftlich reizvollsten Rennstrecken. Für McLaren jedenfalls wurde sie an diesem Wochenende traurige Realität. Der M23/5, modifiziert wie der neue 8er, und zwei Yardley-Chassis in bisheriger Bauweise sollten dort zeigen, was in ihnen steckt.

Schon im Training wurde Hailwoods M23/1 schwer beschädigt, als er sich kurz vor den Boxen, aus einer Kurve kommend, auf unerklärliche Weise drehte und mit hohem Tempo in die Leitschienen krachte. Hailwood meinte, es sei irgendwas gebrochen und setzte das Training mit dem M23/7 fort.

Die Katastrophe passierte im Rennen selbst. Nach einem Sprung setzte er schief auf und prallte frontal auf die seitlichen Barrieren. Dabei durchstießen die Stahlträger, an denen die Aufhängung befestigt war, das Monocoque und zerschmetterten Knöchel und Schienbein des unglücklichen Fahrers, dessen Karriere damit ihr trauriges Ende fand. Um solche Verletzungen auszuschließen, wurden später alle M23 an diesen Stellen verstärkt. Chassis M23/7 war total zerstört und wurde nicht wieder aufgebaut.

Fittipaldi kam nicht weg vom Start, da er keinen Gang reinbekam und wurde auch noch vom Teamgefährten Hulme gerammt. Es war ein rabenschwarzer Tag für das niedergeschlagene Team aus Colnbrook.

Da Phil Kerrs Yardley-Unternehmen beide M23-Chassis auf dem Nürburgring abschreiben mußte, lackierte man den Ersatz-M23/4 des Marlboro-Teams für den Einsatz auf dem Österreichring mit David Hobbs um. Er wurde mit der Technik des neuen M23/8 ausgerüstet, den Fittipaldi fuhr, während Hulme beim konventionellen M23/6 blieb. Fittipaldi lag im Rennen an dritter Position, bevor der Motor versagte. Hulme drehte kontinuierlich seine Runden und sah die scharz-weiß karierte Flagge als Zweiter, hinter Reutemanns siegreichem Brabham BT44.

In Monza verlor Fittipaldi mit 0,8 sec Rückstand auf Peterson im Lotus 72. Dennoch übernahm McLaren die Tabellenspitze im Konstrukteurspokal vor Ferrari.

Nur noch zwei Weltmeisterschaftsläufe in Kanada und USA standen aus.

Yardley verpflichtete Jochen Mass als Fahrer für diese Rennen. Die Wagen liefen in unveränderter Form und Fittipaldi sicherte sich in Watkins Glen den Fahrertitel und für McLaren den Konstrukteurspokal. Denny Hulme verabschiedete sich vom Rennsport mit einem großen Knall, als in der vierten Runde seines letzten GP der Motor buchstäblich explodierte.

1975 — Erfolglose Titelverteidigung

Es war schon die dritte Saison für den M23, dessen 74er Form weitgehend beibehalten wurde, obwohl zu Beginn des Jahres 1975 Aufhängungsvarianten ausprobiert wurden, die Bodenhaftung und Einlenkverhalten optimieren sollten.

Vier Wagen standen bereit. Zwei davon gingen im Laufe der Saison zu Bruch. Und das ausgerechnet durch Jochen Mass, die neue Nummer Zwei hinter Fittipaldi, auf dessen Heimatkurs, dem Nürburgring!

Zwar hatte Ferrari mit dem 312T die stärksten und ausdauerndsten Autos der Saison, doch dank Alastair Caldwells gut organisierter Vorbereitung sah das McLaren-Team bei 27 Starts 20 mal die Zielflagge. Das war eine Quote von 74 Prozent, die Ferrari mit 75 Prozent nur unwesentlich überbieten konnte. Für den ersten GP in Buenos Aires stand Fittipaldi der nagelneue M23/9 zur Verfügung. Er hatte eine ähnliche Vorderradaufhängung wie die Brabhams. Die altgedienten, aus Rohr geformten Schwinghebel wurden von neuen, kräftigen, sanft nach hinten gebogenen Hebelarmen abgelöst. Unterhalb ihrer äußeren Extremitäten befanden sich Zugstangen, die durch bewegliche Hebel mit den leicht geneigten, halb innenbords liegenden Feder/Dämpfer-Einheiten verbunden waren. Der M23/8 von Mass behielt das alte, ganz innenliegende Feder/Dämpfer-System. Auch Fittipaldis Wagen besaß außerdem eine deutlich schmalere hintere Spur, beide Fahrzeuge wiesen kleinere Bugteile auf.

Gleich beim ersten Rennen ließ Fittipaldi die Korken knallen und der M23/9 erntete seinen ersten Siegeslorbeer, der achte Grand Prix-Gewinn für die M23-Serie. In Brasilien belegten die Boliden des Teams dann die Plätze 2 und 3, hinter Paces Brabham BT44B.

Vor der Abreise nach Südafrika änderte man die von Brabham „geliehene" Vorderradaufhängung am Chassis M23/9. Anstelle der gebogenen, nahm man jetzt geradlinige Schwinghebel. Der Radstand wurde dadurch verlängert, um mehr Gewicht auf die Vorderräder zu bringen. Der M23/8 erschien derweil in Südamerika-Version. Im Training riß es Fittipaldis Motor auseinander. Er stieg um auf den M23/6, präpariert mit neuester Aufhängungsmechanik, konnte im Rennen jedoch keinen Blumentopf gewinnen.

Wieder daheim in England probierte man in Brands Hatch noch eine dritte Aufhängungsvariante aus, diesmal mußte der alte M23/4 dafür herhalten. Die Feder/Dämpfer-Einheiten wurden wieder nach innen verlegt, senkrecht gestellt und über konventionelle obere Stahlkipphebel bedient. Die Experimente mit den Zugstangen hatten das Team nicht überzeugen können. Nach Silverstone wurde diese letzte Aufhängungs-Variante zum Standard. In dieser Ausführung sah man beide M23, Chassis 8 für Mass, Chassis 9 für Fittipaldi, in Barcelona. Der dritte, Chassis 5, besaß noch die progressiv-ausgelegte Dämpfung.

Der Montjuich-Park verdiente in punkto Sicherheit das Prädiakt „katastrophal". Fittipaldi trat aus diesem Grunde erst gar nicht an und machte damit seine Boykott-Drohung wahr. Der „neue", Jochen Mass, packte die Gelegenheit beim Schopfe und gab Gas. Als nach einem schrecklichen Unfall der Tanz auf dem Vulkan vorzeitig abgeblasen wurde, erklärte man ihn zum Sieger des Rennens.

Im kurvenreichen Monaco erschienen die Wagen mit kürzeren Radständen, im übrigen war Standard angesagt. Nur Fittipaldi genoß den Luxus eines von innen verstellbaren Frontstabilisators, der ihm die Möglichkeit bot, die Gewichtsreduzierung durch Spritverbrauch während des Rennens auszugleichen. Er erreichte als Zweiter das Ziel, hinter Laudas überlegenem Ferrari.

In Zolder wurde wieder mit langem Radstand gefahren. Mitten im Training verschmälerte man die Spur an Fittipaldis Wagen und prompt wurden dessen Rundenzeiten besser. Dennoch liefen ihm die Rivalen, Brabham und Ferrari, auf und davon. Für Schweden offerierte Coppuck eine weitere Aufhängungsänderung. Fittipaldi jedoch winkte dankend ab.

Die riesigen McLaren-Transporter entluden in Zandvoort eine ganze Armada von M23, von Coppuck lächelnd als „Version 197" bezeichnet. Wie sollte es auch anders sein: auf's Neue veränderte Hinterradaufhängung, andere Verkleidung der Seitenteile und der wichtige Heckflügel lag noch besser im Wind.

Im Rennen demolierte Mass den M23/8. Das Vorderteil wurde so übel zugerichtet, daß er im folgenden GP von Frankreich in Ricard-Castellet mit dem M23/6 vorlieb nehmen mußte. Mass fuhr dort eines seiner besten Rennen und wurde Dritter, knapp hinter dem Hesketh 308. Fittipaldi beklagte das schlechte Handling seines Wagens und erreichte einen glücklichen vierten Rang.

In Silverstone, beim britischen GP, wuchs aus Fittipaldis Gefährt ein „Schwalbenschwanz" als Heckflügel. Während des Rennens entlud der Himmel seine angestauten Wassermassen auf Fans und Fahrer. Die Boliden führten einen grotesken Tanz auf, drehten und schleuderten übers nasse Parkett. Aus dieser Wasserschlacht ging Fittipaldi als Sieger hervor und McLaren gewann wieder einmal so ein verrücktes Rennen. Fittipaldi hatte eben kühlen Kopf bewahrt und bewies seine Klasse als Fahrer, der aus jeder Situation und aus einer alten Karre das Beste herausholen konnte.

Rechtzeitig zum Großen Preis von Deutschland auf dem Nürburgring hatte man den in

Fittipaldis flacher M23/10 in Deltaform (Monza 1975), Vorderradaufhängung mit obenliegenden Kipphebeln, Lenkung hinter den Radnaben, geformte Kühlführungen an den Vorderbremsen, die nahe der Innenseiten der Vorderreifen verliefen, gut sichtbar sind die tiefangebrachten Ölkühler im Heck.

Der amtierende Weltmeister Fittipaldi mit dem M23/9 in Monaco 1975. Deutlich sind die aus dem vollen gearbeiteten Kipphebel sowie die außergewöhnlich breite hintere Aufhängung zu erkennen.

Zandvoort zerlegten M23/8 wieder zusammengeschraubt. An Fittipaldis M23/9 fehlte diesmal der vom Fahrer zu bedienende Frontstabilisator, dafür trugen beide McLaren ihre Mini-Schürzen.

Mass kämpfte im Training wie ein Berserker und zerlegte auf's Neue seinen M23/8. Immerhin gab's ja noch den Ersatz-M23/4. Aber Mass hatte kein Glück. Nach einem Reifenschaden geriet er ins Aus und das Publikum konnte seinen McLaren nur noch in Einzelteilen bewundern.

In Colnbrook bereitete man sich unterdessen auf die Wachablösung vor. Dem Austausch des M23 gegen den M26 stand nichts mehr im Wege. Zuvor sollten allerdings noch einmal neue M23-Renner fabriziert werden.

Für den GP von Österreich war für Mass kein Ersatz-Wagen zur Hand. Er übernahm daher den M23/6 von Ex-Fahrer Hulme. Für Fittipaldi wurde innerhalb von zwei Wochen ein total neuer M23 aufgebaut, der im sogenannten „Schweizer GP", einem kleinen, von Marlboro gesponsorten Rennen in Dijon, seinen ersten Auftritt haben sollte. Das Chassis hätte regulär die Nr. 10 erhalten müssen, da man aber aus Zeitmangel die Zollpapiere nicht mehr ändern konnte, nannte man es M23/8-2. Der später von McLarens Werksmanager Leo Wybrott restaurierte Original-M23/8 trug dann die Plakette M23/10 und genießt heute seinen Ruhestand als Sammlerstück in privater Hand.

Im letzten Rennen der Saison 1975 in Watkins Glen zog Fittipaldi noch einmal alle Register seines Könnens. Er verlor nur knapp die Pole-Position an Laudas Ferrari und erkämpfte sich einen ehrbaren zweiten Platz, nachdem er durch den zweiten Ferrari extrem behindert worden war.

Am Ende der Saison belegte McLaren den dritten Platz im Konstrukteurspokal, hinter Ferrari und Brabham.

Im November verunglückte Fittipaldi bei Testfahrten in Ricard-Castellet und brach sich einen Finger. Im Zorn kehrte er McLaren noch im selben Monat den Rücken und verließ das Team von heute auf morgen. Er wurde daraufhin durch den bemerkenswerten James Hunt ersetzt, dessen Hesketh-Team gerade dichtgemacht hatte.

Hunt drehte seine ersten Runden für McLaren an einem nebelverhangenen Dezembertag in Silverstone mit M23/8-2. Für den langen Engländer mußten die Pedale ein gutes Stück vorverlegt werden.

In diesem Winter ging die ins Stocken geratene Entwicklung des von Coppuck entworfenen M26 mit Wabenstruktur-Monocoque weiter. Die fixe Idee von Alastair Caldwell, dem Hewland FGA-Getriebe einen sechsten Gang zu verpassen, war in der vergangenen Saison in die Tat umgesetzt worden. Er war sicher, daß ein Sechsgang-Getriebe die hohen Leistungsreserven der von Nicholson-McLaren getunten DFV-Aggregate vorteilhafter umsetzen könnte. Hinzu kam, daß Caldwell bei McLarens Formel 1-Unternehmungen eine wichtige Rolle spielte und sein Qualitätsanspruch allseits bekannt war. Sein persönliches Lieblingsprojekt — das Sechsgang-Getriebe — sollte sich schon bald auszahlen.

1976 — Die Sensation

Als der brasilianische GP am 25. Januar 1976 die neue Saison einläutete, hatte der M23 einige Kilo abgespeckt. Einerseits, indem man leichtere Verkleidungsteile, verstärkt mit Kohlefaser, verwendete, andererseits ersetzten nun umgedrehte Dreieckslenker die zwar zuverlässig arbeitenden, aber zu schweren hinteren Rechtecklenker. Um eine adäquate Kontrolle des Spurwinkels zu gewährleisten, mußten die Längslenker besonders exakt ausgerichtet werden. Die Gelenke an den Endpunkten der Streben waren, wie üblich, verstellbar. Auf Wunsch des Sponsors erschienen beide McLaren bei ihrer Saison-Premiere im bekannten, knallroten Marlboro-Look, der besonders TV-gerecht war. Die Leuchtfarbe war teuer, aber sehr werbewirksam.

Interlagos war nicht die Ideal-Strecke für die M23, jedoch half ihnen das noch geheim gehaltene neue Sechsgang-Getriebe, manch kritische Stelle im Verlauf des Kurses gut zu meistern. Prompt schob sich Hunt vor Lauda auf die Pole-Position.

Im Rennen lag er eine Zeitlang hinter dem Führenden, bis etwas recht Ungewöhnliches passierte. Ein Trichter der Einspritzanlage machte sich scheppernd selbständig und mit ihm die Einspritzdüse. Der Motor lief jetzt nur noch auf sieben Zylindern. Dann klemmte der lose Trichter die Drosselklappen bei voller Öffnung ein und der M23/8-2 bretterte in die Fangzäune, Heckflügel und Ölkühler gingen zu Bruch.

Der findige Caldwell hatte sich für Kyalami wieder etwas Neues ausgedacht. Er entwickelte einen Pressluftstarter, der anstelle des viel zu schweren, und in einem Rennwagen völlig deplazierten, Elektrostarters den Motor des M23 zum Leben erweckte. Dazu besorgte er sich eine Pressluftflasche, die man von jeder Fluggesellschaft haben kann, ließ sie von einer kleinen Magnetspule aktivieren und sparte so vor allem das Gewicht einer schweren Batterie, um einen herkömmlichen Elektrostarter zu bewegen. Die anderen Formel 1-Teams übernahmen natürlich sofort diese Erfindung.

Zwei M23 trainierten in Kyalami, diesmal wieder mit Plastikschürzen an der Unterseite. Die mußten jedoch auf Grund von Protesten entfernt werden, obwohl es ursprünglich nur einen Streit über die erlaubte Flügelhöhe gab, wobei noch diskutiert wurde, was denn wohl genau die „Unterseite" des Wagens wäre!

So weit, so gut. Hunt startete erneut vom besten Platz, wurde aber von Laudas Ferrari knapp geschlagen. Nach hartem Kampf lag er nur 1,3 sec hinter dem Österreicher. Die Kombination Hunt/M23 errang schließlich eine Woche später in Brands Hatch den längst fälligen ersten Sieg.

Für Long Beach wurden die M23 mit CanAm-Bremsen bestückt, die eine um 35 Prozent größere Belagfläche hatten. Hunt wurde im Rennen von einem Tyrrell ins Aus geschubst, während Mass sich als Fünfter plazieren konnte. In Silverstone sah man Hunt in Topform. Er fuhr als einziger Rundenzeiten um die 1.17, führte vom Start weg das Rennen an, drehte die schnellste Runde und feierte einen grandiosen Start-Ziel-Sieg.

Es war mal wieder Zeit für ein neues Regelwerk. Diesmal, in Spanien, wurden Vorschriften für die Lufthutzen erlassen. McLaren entwickelte eine Hutze, deren Öffnungen wie zwei große Ohren aussahen und neben dem Kopf des Fahrers kurz hinter dem Überrollbügel hervorlugten. Bei diesem Wagen handelte es sich um die C-Variante des M23. Für's Rennen wollte Mass unbedingt den Ersatz-M23/9. Er meinte, sein M23/6 hätte irgendetwas — jedenfalls lief es darauf hinaus, er könne mit ihm niemals an die Zeiten von Hunt herankommen. Hunt selber kannte solche Probleme nicht. Er packte sich den M23/6 und flitzte mit ihm ebenso schnell um die Ecken wie mit seinem M23/8-2.

Im Rennen sah's lange Zeit nach einem Doppelsieg für die McLaren aus, bis dem unglücklichen Mass der Motor um die Ohren flog. Hunt baute seine Führung zum hinterher jagenden Lauda aus und gewann locker mit 31 Sekunden Vorsprung. Bei den üblichen Kontrollmessungen nach dem Rennen, ermittelte man eine zu große Spurweite der Hinterräder. Sie lag um 1,8 cm über dem Limit und der Sieger wurde disqualifiziert. Bei McLaren erhob sich lauter Protest, woraufhin die Disqualifikation in eine 3000-Dollar-Strafe umgewandelt wurde. Zwischenzeitlich hatte man Lauda aber schon aufs oberste Treppchen gestellt. Als der nun wieder herabsteigen mußte, gab es natürlich böses Blut, das im Verlauf der Saison noch mehr in Wallung geraten sollte.

Für den belgischen GP in Zolder wurde die hintere Spur des M23 auf das neue Limit von 215 cm eingestellt. Die innenliegenden Felgenflächen mußten dafür bearbeitet und die Dreieckslenker neu justiert werden. Die Ölkühler, vorher am Heck montiert, wurden in die Seitenkästen gepackt, aber als der Öldruck beim M23/9 schon nach wenigen Trainingsrunden in den Keller fiel, wanderten sie zurück an ihren alten Platz, um die Öl-Temperatur niedriger zu halten.

Hunt schoß vom Start weg an die Spitze vor den Ferraris, jedoch das Handling seines M23 war absolut grauenhaft. Dann fing der Wagen auch noch an zu qualmen und blieb schließlich mit trockenem Getriebe liegen.

Das hektische Hin und Her mit den Ölkühlern in Zolder hatte schwerwiegende Folgen. Sie hatten nämlich nur fast, aber nicht exakt ihre alte Position eingenommen. Diese minimale Lageveränderung hob die gesamte, fein ausbalancierte Abstimmung aus den Angeln: Die Ölkühler beeinträchtigten nun den überaus wichtigen, sauberen Luftstrom unter dem Heckflügel, der dadurch lahmgelegt wurde. Bis McLaren dieses Problem erkannt hatte, verging ein Monat, und die Konkurrenz fuhr in der Zeit auf und davon.

Monaco war im Hinblick auf die vertrackte Angelegenheit wenig aufschlußreich. Mass fuhr dort im Training mit einem zusätzlichen, tiefhängenden Heckflügel. Beim Warm-up nahm man beiden Rennern auch noch die Lufthutzen weg, um vielleicht so den Flügel zu reaktivieren. Aber es half alles nichts. Hunt drehte sich hier und er drehte sich in Schweden. Dort konnte er sich wenigstens auf den fünften Platz retten, der ihm noch ein paar Pünktchen einbrachte.

Die McLaren-Crew konnte ihr Formtief einfach nicht fassen, alles Grübeln half nichts. Schließlich brachte man die Ölkühler an exakt die Stelle, die sie schon beim spanischen GP innehatten. Und siehe da, wie durch ein Wunder tauchte die alte Balance wieder auf, als man damit in Ricard eine Testfahrt machte.

Zu diesem Zeitpunkt, die Hälfte der Saison war schon vorbei, lag Hunt in der WM-Wertung ganze 47 Punkte hinter Lauda auf Ferrari.

Wie Hunt und McLaren nun zurückschlugen und während der Aufholjagd in der zweiten Saisonhälfte Siege errangen in den GPs von Frankreich, Großbritannien, Deutschland, Holland, Kanada und USA; wie sie dann disqualifiziert wurden beim britischen GP, und nicht zu vergessen, der schlimme, beinahe tödliche Unfall Laudas auf dem Nürburgring, dies alles ist ein Teil der Geschichte des modernen Motorsports.

Wenden wir uns den weiteren Ereignissen zu: In Österreich erschien endlich der M26-Prototyp, wurde im Rennen aber nicht eingesetzt. Hunt, mit dem M23/8-2, ging aus der Pole heraus sofort in Führung. Als er dann durch einen Haufen Schmutz und Teilesplitter rollte, die ein Tyrrell-Crash hinterlassen hatte, war der McLaren plötzlich nur noch schwer zu handhaben und Hunt wurde nur Vierter. Als die Crew den Wagen nachher untersuchte, entdeckte sie, daß etwas gegen die Unterseite des vorderen linken Flügels geschlagen war und somit den Anstellwinkel verflacht hatte. Die Unterseite wies ein Loch auf, das sich später mit Dreck gefüllt hatte.

Im holländischen GP verhinderte ein abgerissener Kühlschlauch der Vorderbremse optimalen Luftstrom über einem der empfindlichen Frontflügel. Der Wagen begann stark zu untersteuern und erschwerte dadurch Hunts Arbeit erheblich. Dennoch gewann er, nachdem sein direkter Gegner ausgefallen war. Kein Glück in diesem Rennen hatte Mass mit dem M26.

Beim Training zum GP von Italien wurden bei einigen Teams Kraftstoffproben genommen. Man warf McLaren vor, nicht erlaubtes, hochoktaniges Texaco-Gemix zu fahren. Diese Anschuldigung mußte später zwar wieder zurückgenommen werden, doch zunächst wurde das Team schwer gehandikappt, da Hunt gezwungen wurde, aus der letzten Reihe zu starten. Beim Versuch, das Feld von hinten aufzurollen, übertrieb er es und mußte seinen Wagen gezwungenermaßen im Grünen parken.

Eine dramatische Saison ging ihrem Höhepunkt entgegen. Drei Aufgaben mußten noch gelöst werden: Kanada, USA und Japan. Für die ersten beiden bekam Hunt jeweils eine Eins, dank der Hilfe seines getreuen M23/8-2. Am Fuße des Fujiyama schaffte er in einem spannenden Rennen und nach einem abenteuerlichen Reifenwechsel den wichtigsten dritten Platz seiner Karriere. Nur mit einem winzigen Pünktchen Vorsprung riß er Lauda den Weltmeistertitel im letzten Augenblick aus den Händen. Den Konstrukteurspokal mußte man allerdings den Italienern überlassen, neidlos wie ich hoffe.

Hunt stellte nebenbei noch Jim Clarks Rekord von sieben GP-Siegen in einer Saison ein, obwohl er bei zwei Siegen disqualifiziert wurde, wovon ihm nur einer wieder zuerkannt worden ist. Einen Weltmeister-Pokal für Konstrukteure sollten die Wagen aus Colnbrook ein zweites Mal jedoch nicht mehr gewinnen.

1977 — Im Zwielicht

Beim Auftakt zur 77er Saison in Südamerika ging das Team auf Nummer Sicher. Sie schickten noch einmal die altbewährten M23-Kämpen ins Feld, obwohl sich der M26 den Winter über prächtig entwickelt hatte. Hunt fuhr den M23/8-2, Mass den M23/9, Ersatz war der M23/6. In Buenos Aires brach der rechte hintere Aufhängungsbolzen und Hunt hatte einen Unfall. In Brasilien war Jochen Mass das Opfer, als er, unter Druck von Andrettis neuem Lotus 78, seinen Wagen ins Abseits katapultierte. Ein kreiselnder Tyrrell gab dann dem armen Chassis 9 den Rest. Seit Hailwoods Unfall auf dem Nürburgring war kein M23 mehr so stark lädiert worden. Einer Untersuchung des Wracks folgten sogleich, noch vor der Abfahrt nach Kyalami, Maßnahmen zur Verstärkung der übrigen Monocoques.

Die Überreste des M23/9 wurden Jahre später von Leo Wybrott wieder restauriert. Die M23-Monocoques waren so ausgetüftelt konstruiert, daß ein beschädigtes Chassis nicht erst ganz zerlegt werden mußte, sondern um die ursprünglichen Schotts herum wieder aufgebaut werden konnte. Nur ein Chassis wurde vollständig zerstört und zwar Hailwoods M23/7, dessen kläglicher Rest in die Schrottpresse wanderte.

Aufgrund der langsamen Entwicklung des ersehnten M26, der sich zusehends als Sorgenkind entpuppte, war McLaren das erste Mal seit 1975 gezwungen, zwei nagelneue M23 herzustellen. Chassis 11 für Hunt und Chassis 12 für Mass. Hunt fuhr mit dem Neuen in Südafrika gleich Trainingsbestzeit und gewann danach auf dem alten 8-2 mit vom Cockpit aus verstellbarem, hinterem Stabilisator das Rennen in Brands Hatch. Dies war der 21. und zugleich letzte Sieg eines Werks-McLaren M23, den britischen GP von 1976 eingeschlossen.

Mass' neues Chassis hatte in Long Beach Premiere, aber bereits beim spanischen GP in Jarama erschien der Nachfolger, der M26, mit Hunt am Steuer. Mass hatte die Ehre, die Karriere des M23 allmählich zu beenden. Das war dann beim britischen GP in Silverstone der Fall, wo Mass erstmals seinen eigenen M26 besteigen durfte.

Aber ganz von der Bildfläche verschwanden die M23 nicht. Der spanische Privatfahrer Emilio de Villota kämpfte mit dem alten M23/6 in dieser Zeit sowohl um die Qualifikation für WM-Läufe als auch in britischen Club-Rennen.

Der nagelneue M23 F, Chassis Nr. 14, wurde von Bob Sparshotts BS Fabrications-Team als Kundenfahrzeug dem Amerikaner Brett Lunger zur Verfügung gestellt, um dessen alten March zu ersetzen. Später kaufte das kleine Team den ehemaligen Werks-M23/11 als zweites Chassis dazu.

Hunts WM-Siegerauto, der M23/8-2, wurde auch nochmal auf Hochglanz poliert und gab in diesem Jahr dem noch wenig bekannten Franko-Kanadier Gilles Villeneuve Gelegenheit, beim britischen GP von Silverstone erstmals GP-Luft zu schnuppern. Danach lief der Wagen noch einmal beim GP von Italien am 11. 9. 1977 in Monza, gelenkt von dem italienischen Formel 2-Star Bruno Giacomelli. Das war der letzte Werkseinsatz eines M23, fast genau viereinhalb Jahre nach dem Debut des Typs im März 1973.

Chassis Nr. 14 wurde noch bis 1978 privat von Lunger eingesetzt, unter anderem bei den GPs von Argentinien, Brasilien und Südafrika. Später wurde es an das britische Melchester Racing Team für Clubfahrer Tony Trimmer verkauft, während Lunger vergeblich versuchte, sich mit dem älteren M23/11 in Long Beach zu qualifizieren. Er erwartete ungeduldig die Lieferung seiner neuen M26.

Trimmer hatte mit dem M23/14 auch kein Glück und konnte sich für den britischen GP nicht qualifizieren.

Der alte M23/11 bekam dagegen nochmals die Gelegenheit, mit einem jungen brasilianischen Formel 3-Meister namens Nelson Piquet am Steuer, die GPs von Österreich, Holland und Italien zu bestreiten. Ein neunter Platz in diesem letzten Lauf am 10. 9. 1978 zog den endgültigen Schlußstrich unter die bemerkenswerte Karriere der McLaren M23, fünfeinhalb Jahre nach ihrem Beginn.

Details der M23: oben, steifer Abdichtstreifen aus Kunststoff an der Unterseite von Maas' M23/9 beim britischen GP:

die ausgedehnten Kühlerleitungen dieser Saison, der Ölkühler liegt hinter dem Wasserkühler;

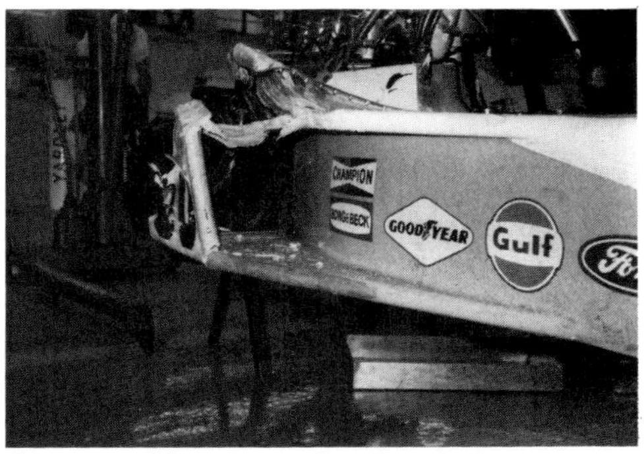

hinten am Monocoque, der obere Befestigungspunkt des DFV.

Hunts Disqualifikation im GP von Großbritannien im Jahre 1976 erzeugte viel böses Blut. Man beachte die den neuen Regeln entsprechende Lufthutze des M23D, vorderer Überrollbügel hinter der Windschutzscheibe; unten am Seitenkasten wächst eine kleine Lippe — die ground effect-Ära schien heraufzudämmern.

In Goodwood '66 hörte der bordeigene Kontrollcomputer auf den Namen Bert. Während Gurney seinen Eagel-Weslake durch eine Kurve bewegt, beobachtet Reifendesigner Bert Baldwin die Reaktion der Reifen. Seither ist auch in der Reifenentwicklung viel geschehen.

Die Lehre vom Schwarzen und Runden

Man soll sich nicht täuschen lassen. Neben der aerodynamischen Entwicklung entschied letztendlich die Reifentechnologie über die Leistungsfähigkeit eines Grand Prix-Wagens, gerade in der Periode, mit der wir uns befassen. „Miese Reifen" bringen „miese Ergebnisse"! So hart und so einfach war das.

Ein Rennreifen hatte früher lediglich eine Aufgabe: Er mußte einen 900 kg schweren Rennwagen 24 Stunden lang bei ca. 290 km/h sicher um den Kurs von Le Mans bringen. Und genau dieser Reifen wurde auch in der Formel 1 verwendet, als die 550 kg schweren Boliden für nur 2 Stunden mit knapp 270 km/h um den Kurs von Reims geschickt wurden. Wie mir Colin Chapman selbst bestätigte, beendigte Jim Clarks Lotus 25 in der Saison 1963 nicht weniger als vier aufeinanderfolgende GP's auf ein und demselben Reifensatz.

Die Zeiten sollten sich jedoch ändern. 1964 stieg Firestone in die Grand Prix-Szene ein. 1965 folgte Goodyear. Somit waren plötzlich neben Dunlop, die während der 1500 ccm-Formel der Jahre 1961—65 das Reifenmonopol innehatten, drei Reifenfirmen mit ihren Produkten auf den Rennkursen vertreten.

Da eine detaillierte Beschreibung der Entwicklungsgeschichte der Formel 1-Reifen sicher einen weiteren Band füllen würde, sollen hier nur ein paar wichtige Punkte erwähnt werden.

Die Oberflächen der Reifen sind im Grunde genommen die einzigen Kontaktpunkte zwischen einem Wagen und der Strecke. Die kleinen und sich fortwährend ändernden Flächen haben sowohl das Fahr- als auch das Kurven- und Bremsverhalten zu übertragen. Oberstes Ziel der Entwicklungsarbeit aller Hersteller war es daher, solche Karkassen- und Laufflächenkonstruktionen herzustellen, die den damit ausgestatteten Wagen noch effektiver in die Lage versetzen sollten, die dynamischen Kräfte zu übertragen.

Zu Beginn unserer Periode gab es gewöhnlich nur hohe und schmale Diagonalreifen. Der Mantel dieser Reifen bestand aus verschiedenen übereinandergelegten und handgefertigten Textilfasern. Jede Lage war vier Schichten tief angeordnet, die in eine von den Chemikern des Werkes entwickelte Gummimischung eingebettet waren. Diese Mischung hatte den Zweck, die einzelnen Faserlagen zu isolieren, um Reibung und somit Überhitzung des Reifens zu verringern.

In die Reifenwulst eingearbeitete Drahtfäden verhinderten das Lösen der Reifen von der Felge.

Zusätzlich wurden noch Sicherheitskeile und -bolzen eingearbeitet.

Es hatte sich nämlich — wie u. a. nach Jim Clarks Tod — gezeigt, daß einige Unfälle dadurch ausgelöst wurden, daß die Reifenwulst nach Luftverlust einfach über den inneren oder äußeren Felgenrand wegsprang und der Reifen dadurch explodierte.

Die Laufflächenbeläge waren 0,5 bis 1,0 cm dick, wurden jedoch im Laufe der Zeit auf 0,8 bis 1,5 cm an den Rändern verstärkt. Im allgemeinen wurde der Gummi aus einer Styrene-Butadienen-Mischung gebraut. Es wurden aber immer mehr Anstrengungen gemacht, Verbindungen zu schaffen, die den Abrieb einerseits und das zu starke Aufheizen andererseits kontrollierbar machten, da ein kalter Reifen nie eine gute Straßenlage erreichen kann und ein überhitzter Reifen seinen Halt verliert, Blasen wirft, aufbricht und zerstört wird.

Mit einem unglaublichen Enthusiasmus machten sich die Reifenmischer also daran, unter Einsatz von allen verfügbaren technischen und chemikalischen Mitteln, den optimalen Reifen zu kreieren.

Sowohl der Reifenriese Goodyear, als auch Firestone und Dunlop testeten immer weichere Gummimischungen, die unter allen Umständen eine optimale Leistungsfähigkeit erreichen sollten. Einige Mischungen waren für eine ganze Renndistanz nicht geeignet, da sie zu weich und klebrig waren. Jedoch ließen sich mit diesen kurzlebigen Gummis plötzlich ungemein schnelle Rundenzeiten realisieren. Man ging also dazu über, diese speziellen Reifen nur im Training einzusetzen. Das war die Geburtsstunde der „Qualifikationsreifen“.

Die Gummimischungen dieser Qualifikationsreifen waren sehr ölig und hitzten sich daher auch schnell auf. Man war nun in der Lage, kurzfristig optimale Haftung zu erhalten, die jedoch nur wenige Runden anhielt.

1981 fing man an, nur zwei Sätze zu je vier Qualifikationsreifen zuzulassen. Jeder Satz war mit der Wagennummer markiert. Dies wurde während des offiziellen Zeittrainings laufend kontrolliert. Ursprünglich sollten mit dieser Verfahrensweise die Kosten für die teuren Gummiwalzen in einem erträglichen Maß gehalten werden. In der Folgezeit, in der die Spitzenteams mit Reifen aller gewünschten Mischungen manchmal regelrecht zugeschüttet wurden, während die kleineren Teams zeitweise überhaupt nichts Verwertbares erhielten, sollte sich fast jedes Training zu einem Alptraum verwandeln. Um ihren kostbaren und begrenzten Reifenvorrat optimal einzuteilen, mußten die Fahrer mehr und mehr dazu übergehen, mit selbstmörderischen Qualifikationsrunden eine möglichst freie und schnelle Runde zu ergattern. Der Tod Gilles Villeneuve's ist ein trauriges Beispiel hierfür.

Im Laufe unseres 20jährigen Rückblickes veränderten sich die Reifenbreiten und -höhen sehr stark. In den Jahren 1970—71 kamen erstmals profillose Reifen auf. Mit ihnen konnte man die Kontaktfläche zur Strecke noch vergrößern, ohne daß diese von den Profilkanälen unterbrochen wurden. Sie trugen außerdem dazu bei, die immer weicher werdenden Laufflächenbeläge zu stabilisieren, da diese bei der Verwendung verschiedener Profilblöcke bei Verwindung des Reifens schnell überhitzten.
Goodyear setzte profillose Reifen erstmals 1971 beim GP von Südafrika ein. Firestone reagierte rasch und konterte beim GP von Spanien.

Auf den Laufflächen dieser profillosen Reifen waren jetzt nur noch kleine Schlitze bzw. Bohrungen zu erkennen, die dazu dienten, den Ingenieuren Aufschlüsse über die Abnutzung bzw. Resttiefe zu geben. Zudem konnte man an diesen praktischen Stellen ideal Temperaturmessungen vornehmen.

Da die Ausmaße der Reifen und Felgen im Laufe der Zeit immer größer wurden, d. h. von einem Extrem ins andere gingen, war man eines Tages gezwungen, diesem Treiben einen gesetzlichen Riegel vorzuschieben. Firestone entwickelte daraufhin in den Jahren 1971—72 sehr niedrige Querschnitte, die aber zu ernsthaften Vibrationsproblemen führten. Ende 1974 warf Goodyear Firestone endgültig aus der Konkurrenz. Dunlop hatte zu diesem Zeitpunkt schon lange das Handtuch geworfen. Durch die zunehmende Entwicklung neuer höherer „Dragsterreifen“ bekamen die Rennreifen allmählich immer höhere Seitenwände, die einen solchen Verwindungseffekt hervorriefen, daß sie sich noch schneller und wirksamer aufheizten. Somit hatte man besonders aus Kurven heraus eine fantastische Traktion.

Diese Reifen warfen allerdings Probleme mit der Seitenstabilität auf, da die Seitenwände während der Fahrt zusammengedrückt wurden. Je größer der gesamte äußere Durchmesser eines Reifens war, desto weicher konnte die Mischung sein, da dieser einen größeren Weg zurückzulegen hatte, als ein Reifen mit kleinerem äußeren Durchmesser. Die Lauffläche eines solchen Reifens nutzte sich somit logischerweise langsamer ab.

Unterschiedliche, bei der Fabrikation entstehende Reifenumfänge warfen bei Diagonal-Rennreifen immer große Probleme auf.

Rennwagen, aber noch mehr deren Fahrer, neigen oft dazu, auf bestimmte Dinge äußerst sensibel zu reagieren. Und wenn man auf beiden Seiten einer Rennwagenachse unterschiedlich dimensionierte Reifen aufzieht, kann es sogar passieren, daß sowohl der Wagen als auch dessen Fahrer schlicht ausflippen. Dieser „kleine“ Unterschied wird in Fachkreisen 'stagger' = taumeln genannt. Beim Beschleunigen schießt dabei der Wagen dauernd entweder in die eine oder in die andere Richtung, da der Reifen mit größerem Umfang einen größeren Umdrehungsweg hat, als dessen Partner auf der anderen Wagenseite.

In der Folge stellte also jedes Team einen Reifenfachmann an, dessen Hauptaufgabe darin bestand, Messungen vorzunehmen und Reifenpaare gleicher Dimensionen bereitzustellen.

Auf bestimmten Rennkursen konnte dieses Taumeln jedoch sogar von Vorteil sein. Es konnte also auch passieren, daß nach genauer Berechnung Reifen mit unterschiedlichem Umfang aufgezogen wurden. Oft genug wurden, um sich den gegebenen Streckenbedingungen anzupassen oder gar gegen diese anzugehen, sorgfältig ausgesuchte unterschiedliche Reifenmischungen- oder konstruktionen gewählt, die dann über Sieg oder Niederlage entschieden.

Auf einem normalen, im Uhrzeigersinn gefahrenen Kurs, der also mehr Rechtskurven aufweist, wird naturgemäß der linke, vordere Reifen eines Rennwagens besonders beansprucht. Wegen der größeren Belastung verwendet man bei diesem Reifen meist härtere, dauerhaftere Mischungen, die sich während der Fahrt dann mit den restlichen Reifen gleich stark erwärmen sollen.

Regenreifen wiesen meist sehr weiche Mischungen auf, die sich auf feuchter Strecke relativ schnell erhitzen sollten. Sie waren mit durchgehenden und untereinander verbundenen Ablaufkanälen und Rinnen versehen, was sie in die Lage versetzte, Wasser wegzudrücken, Aquaplaning zu verhindern, die Streckenoberfläche nach dem Regen fast trocken zu wischen und sauberen Kontakt zu halten.

Im Jahre 1977 stieg die französische Firma Michelin in den Kampf ein, zunächst bei Renault, später auch bei Ferrari. Michelin hatte sich in der sogenannten „X-Klasse“ der Radial-Straßenreifen einen Namen gemacht. Diese Technologie sollte nun auch in der Formel 1 angewandt werden.

Die Karkasse eines Radialreifens trägt, wie der Name schon ausdrückt, theoretisch seine Gewebelagen in einem Winkel von 90 Grad zur Fahrtrichtung auf einer Linie, die dem Rad und Reifenradius folgt und durch die Mitte der Nabe geht. In der Praxis lagen die Gewebelagen jedoch eher schräg als radial zur Lauffläche, etwa in einem Winkel von 23 Grad. Der Unterteil der Lauffläche wurde mit Stahl- oder Textilband verstrebt. Das ganze wurde dann in den Gummiprotektor eingelassen und mit der Lauffläche überdeckt. Beim Radialreifen wird die Lauffläche unter Lasteinwirkung weniger verzerrt als beim Diagonalreifen. Seine Seitenwände sind flexibler und gewähren damit höhere Kurvenstabilität, bessere Bodenhaftung beim Beschleunigen und Bremsen sowie besseren Geradeauslauf.

Praktisch bot der radiale Rennreifen, ebenso wie der radiale Straßenreifen viel mehr Haftung als sein diagonaler Vorgänger, zeigte aber dagegen ein Ausbrechen des Wagens nicht mehr so zuverlässig an. Um den Radialreifen daher optimal einsetzen zu können, war man gezwungen, den Sturz bei den Radaufhängungen zu ändern.

Radialreifen waren von Natur aus hitzebeständiger und hatten weitaus bessere Verwindungseigenschaften als Diagonalreifen. Es konnten also noch weichere, klebrigere und schnellere Gummimischungen verwendet werden.

Im Jahre 1981 stieg der italienische Reifenkonzern Pirelli mit seinen Radialreifen in die Formel 1 ein. Der Erfolg blieb zunächst aus. Verglichen mit den Giganten Goodyear und Michelin, die in ihre Reifenentwicklung Millionen steckten, erschien das Engagement von Pirelli dagegen eher halbherzig.

In der Zeit, in der die Groundeffekt-Ära ihren Höhepunkt erlebte, in der die Wagen teilweise einem aerodynamischen Anpressdruck von bis zu 1 300 kg ausgesetzt waren, eroberte Goodyear die Rennstrecken plötzlich wieder mit Diagonalreifen.

Als sich jedoch Goodyear Anfang 1981 kurzfristig vom Rennsport zurückzog, standen viele Teams auf der Straße. Um die Teams, die das Kanonenfutter in der Formel 1 bildeten, bei der Stange zu halten, und um das Teilnehmerfeld nicht rapide schrumpfen zu lassen, wurden plötzlich Avon-Reifen an die Strecken gekarrt.

Nach einer kurzen Denkpause kehrte jedoch Goodyear während der Saison mit eigenen, sehr effektiven Radialreifen wieder zurück.

Durch das immer schneller werdende Tempo der technischen Entwicklung, gepaart mit dem Einsatz von menschlichem Know-how, haben sich die Kosten für Reifenentwicklung und -herstellung allmählich als immer größerer Faktor in der Formel 1 herausgestellt. Ende 1984 zog sich Michelin aus der Formel 1 zurück, Pirelli folgte Ende der Saison 1986.

Jedoch haben sich Kenntnisse, die in der Formel 1 erworben wurden, auch in anderen Bereichen niedergeschlagen.

Sicher läßt sich die Entwicklung und die Herstellung von normalen Autoreifen nicht immer aus den in der Formel 1 gewonnenen Erfahrungen ableiten, zumindest aber konnte man aus ihnen profitieren. Und das ist ja schließlich auch schon was.

Der Hattrick
Ferraris 312T 12 Zylinder
1975—77

Regazzonis 312T2 027, vollschlank und flach, in Monaco '76; der bananenförmige Heckflügel liegt durch die Form der Karosserie und den niedrigen 12-Zylinder optimal im Luftstrom.

Nach zwei mageren Grand Prix-Jahren erhob sich Ferrari während der Saison 1974 aus seinem Dornröschenschlaf und kehrte als ernstzunehmende Macht in die Formel 1-Szene zurück.

Die Azzurri hatten ihr zeit- und geldverschlingendes Engagement in Sportwagen-Rennen aufgegeben, und Maranellos Renn-Division steckte nun ihre gesamte Energie in die 3-Liter-Formel. 1974 machte der Ferrari „Tipo" 312B3 12-Zyl.-"Boxer" Furore, der eigentlich kein richtiger Boxer ist, sondern ein 180° V Motor, denn die Kolben laufen nicht gegeneinander sondern miteinander. Daß sie dennoch den Konstrukteurs-Pokal, ihren ersten seit zwölf Jahren, nicht in die Werksvitrine stellen konnten, wurde unter anderem dem ersten Fahrer des Teams angekreidet. Den größten Teil der Saison hatte der relativ unerfahrene Pilot keine glückliche Hand. Bei den entscheidenden Rennen zum Saisonende klappte aber im Team überhaupt nichts mehr. Dieser Fahrer hieß Niki Lauda, der zusammen mit Clay Regazzoni, einem listigen alten Grand Prix-Fuchs, das Fahrergespann bildete.

Ferrari besaß nun auch seinen eigenen, privaten Testkurs gegenüber dem Werk an der Formigine Hauptstraße in Fiorano. Dort konnten sie ausschließlich und ununterbrochen an der Erprobung ihrer Formel 1-Projekte arbeiten. Einer der fleißigsten bei der Testarbeit war Niki Lauda. Ihm war klar, daß seine Zukunft, und die des Teams, nur mit hartem Einsatz zu sichern war. Jeder Vorteil mußte genutzt werden, und innerhalb eines ausgedehnten Reifen-Testprogramms für Goodyear wurde alles mögliche am neuen Formel 1-Modell ausprobiert.

Jede erdenkliche Flügelkombination wurde getestet, die Resultate mit Akribie ausgewertet und auf ihre Verwendbarkeit hin untersucht. Von Sonnenaufgang bis Sonnenuntergang war die Crew an der Strecke und schuftete.

Sogar die Betriebsgewerkschaft war in Sachen Formel 1 mit dem Management einhelliger Meinung. Eine eingeschworene Gemeinschaft, bereit alle Probleme zu lösen, speziell im Chassisbau, der aufgrund der schnellen Entwicklung auf dem Aerodynamik-Sektor in den kommenden Jahren immer ausgefeilter wurde und die Italiener manchmal ins Hintertreffen geraten ließ.

Aber drei Jahre lang, 1975 bis 1977, war Ferrari das absolute Superteam. Ihm gelang in dieser Zeit mit drei Konstrukteurs-Weltmeistertiteln in Folge als erstem Team in der Formel 1-Geschichte der Hattrick.

Der Newcomer — „Modello" 312T

Ende der 74er Saison zog der italienische Rennstall Bilanz. Unterm Strich verbuchte „Capo Ingegnere" Mauro Forghieri einen kraftvollen 12-Zyl.-"Boxer" Motor, der abgesehen von den Ausfällen in Monza und auf dem Österreichring, äußerst zuverlässig war. Das 312B3-Chassis blieb 1974, bis auf einige aerodynamische Details, im wesentlichen unverändert. Aber Forghieri spürte: „da steckt noch mehr drin".

Am 27. September 1974, noch bevor sich das Team zum entscheidenen US-GP nach Watkins Glen aufmachte, wurde der Prototyp des 312T zum ersten Mal der Presse in Fiorano vorgestellt. Forghieri folgte der Spur, die Tyrrells Derek Gardner und Robin Herd von March im Jahre 1972 ausgelegt hatten. Es ging darum, die träge Masse möglichst innerhalb des Radstandes zu konzentrieren, um einen wendigen, manövrierfähigen Wagen zu bauen. Der durchschnittliche Formel 1-Pilot hätte wahrscheinlich Probleme mit dem nervösen Verhalten eines solchen Geschosses. Aber mit Männern wie Ronnie Peterson oder Niki Lauda am Drücker wäre es eine schlagkräftige Waffe.

Beim Vorgänger-Modell, dem 312B3, lagen die Feder/Dämpfer-Einheiten eng an den Seiten der „footbox". Ein spinnenbeiniger Hilfs-Rohrrahmen stützte die Führungselemente der unteren Dreiecksquerlenker. Der neue 312T trug alle wichtigen Aufhängungsteile an der Stirnwand des vorderen Monocoque-Schotts.

Lange, aus einem Stück gefertigte, obere Schwinghebel betätigten die stark geneigten Koni-Dämpfer mit ihren progressiven Schraubenfedern. Sie waren an einem komplizierten Magnesiumgußteil der vorderen Querwand verankert, an dem auch der kleine Frontstabilisator befestigt war. Das vordere Ende des Rumpfes war weitaus schmäler als beim alten B3. Die Scheibenbremsen lagen vorne außen und hinten innen, an den Flanken des Getriebegehäuses. Knapp hinter den Vorderrädern saß an jeder Seite ein Wasserkühler, der von vorne zwischen oberem und unterem Querlenker mit Luft versorgt wurde. Weiter hinten sah man seitliche Luftführungen zu den Ölkühlern vor den Hinterrädern. Den Abschluß bildete ein ausgesprochen schön gestaltetes Heckteil aus Glasfiber mit einem schaufelförmigen, schnittigen Sporn, auf dem ein Flügel thronte, der sich über die gesamte Breite des Chassis erstreckte. Dem Reglement entsprechend verfügten die Seitenteile über Knautschzonen. Wie üblich bei Ferrari war die Monocoque-Schale mit einem Rahmen aus Vierkant-Stahlprofil verstärkt. Lufthutze und Cockpitverkleidung bestanden aus einem Stück und ließen die Luft optimal um den Heckflügel strömen. Kleine gewölbte Heckflossen verminderten Luftturbulenzen an den breiten Laufwalzen von Goodyear.

Aus Gewichtsgründen ersetzte man die ursprünglichen Rechteckquerlenker durch untere Dreiecksquerlenker. Ein dadurch bedingtes Nachlassen der Spurstabilität versuchte Ferrari — wie McLaren — dadurch in den Griff zu bekommen, indem sie die Aufhängung mit speziellen Einstellmöglichkeiten versahen, um so Vor- und Nachspur zu kontrollieren.

Der Radstand erweiterte sich auf 251,8 cm. Die Vorderspur verschmälerte sich auf 151 cm und die hintere auf 153 cm.

Die herausragende technische Neuerung jedoch war das „trasversale" (quer eingebaute) Getriebe. Es war hinten an den 12-Zylinder angeblockt und lag zum größten Teil vor der Achslinie, innerhalb des Radstandes. Um die Getriebewellen quer zur Fahrtrichtung anordnen zu können, mußte die Eingangswelle über Kegelräder im rechten Winkel umgelenkt werden. Der Achsantrieb erfolgte über Stirnräder.

Eine Menge Schweiß hatte die Mannschaft um Branco Rocchi bei der Entwicklungsarbeit am 12-Zylinder vergossen. Der Lohn dafür waren satte 500 PS an den Hinterrädern, bei 12200 Touren. Bei ersten Tests in Fiorano erlebte Lauda den neuen Renner als wildes Tier. Kein Vergleich mit dem zahmen B3. Es würde einiges an Übung erfordern, dieses giftige Biest gefügig zu machen und am äußersten Limit zu bewegen. Aber schließlich lernte Lauda ja auch dazu, und er besaß den nötigen Ehrgeiz, die Aufgabe perfekt zu lösen.

Schon bald umrundete er den Kurs in Fiorano in 1 Min. und 13 sec. Die bisher schnellste Runde drehte Merzario 15 Monate vorher im Original „Forghieri B3" mit 1 min. 14,2 sec.! Weitere Tests in Vallelunga ergaben für Lauda Zeiten von 1.07,2, eine Sekunde unter den besten B3-Werten von 1974. Im direkten Vergleich mit dem B3 in Ricard-Castellet, zeigte der 312T dann deutlich seine haushohe Überlegenheit.

Zu Beginn der Saison 1975, als das Team mit den alten B3 von den Rennen in Süd-Amerika ins heimatliche Fiorano zurückkehrte, stellte Lauda dort einen Rekord nach dem anderen auf. Zuletzt zeigte die Stoppuhr 1.11,9! Es wurde Zeit für eine Generalprobe. Und schon im März sollten zwei 312T ihre erste Reise antreten, zum Südafrika-GP nach Kyalamai. Lauda erhielt den Prototyp, Chassis 018. Für Regazzoni stand Chassis 021 bereit. Die dazwischen fehlenden Chassis-Nummern 019 und 020 gehörten, laut Ferrari, den beiden letzten B3-Modellen, von denen jedoch keines in einem Rennen eingesetzt wurde. Chassis 019 ging bei einem Testunfall in Trümmer und wurde abgewrackt. Chassis 020 wanderte ins Lager und wurde für spätere Ausstellungszwecke konserviert. Schließlich geriet es in die Obhut eines betuchten Sammlers.

Der 312T-Prototyp stand mit seiner Chassis-Nr. 018 ziemlich einsam in der Zahlenreihe. Den eigentlichen Anfang der 12-Zyl.-Serie mit quer eingebautem Getriebe machte das Chassis mit der Nummer 021. Zukünftige Typen, vom T2 bis zum T5 setzten die Reihe fort. Insgesamt umfaßte sie 26 einzelne Formel 1-Untersätze in den sechs GP-Jahren von 1975 bis 1980.

1975 — Der erste Volltreffer

Zu Anfang begnügen wir uns mit der Feststellung von Laudas Sieg beim unbedeutenden Silverstone International, mit dem die Erfolgsbilanz des 312T, anfang 1975, eröffnet wurde. — Wagen, Fahrer, Siege und Tragödien werden im folgenden noch ausführlich erörtert —.

Hier, ein kurzer Überblick: Lauda-Siege in Monaco, Zolder, Anderstorp, Ricard-Castellet, Watkins Glen. Regazzoni gewann im „Schweizer GP" von Dijon-Prenois und im Großen Preis von Deutschland auf dem Nürburgring. Ferrari gewann seinen ersten Konstrukteurs-Pokal seit 1964, und Lauda seinen ersten Fahrertitel. In dieser Saison erlebte das Team 30 Starts — die Ausflüge des B3 in Südamerika und Südafrika mitgerechnet —. Demgegenüber standen 24 Zieleinläufe: acht erste Plätze, ein zweiter, vier dritte, zwei vierte, drei fünfte, zwei sechste, jeweils ein siebter, achter und neunter, und ein bescheidener dreizehnter. Lauda und Regazzoni standen neunmal auf der Pole und fuhren sechsmal die schnellste Runde. Ein klarer Beweis für ihr Können und die Power der Ferrari-Boliden, denen zu der Zeit niemand das Wasser reichen konnte. Lauda verfehlte nur einmal den Weg ins Ziel, und zwar in Barcelona beim spanischen GP, wo er und sein Team-Kamerad in der Eröffnungsrunde kollidierten! Ferraris erste „trasversale"-Saison könnte man durchaus als das siebziger Jahre-Äquivalent zur Mercedes-Benz Dominanz in den Fünfzigern bezeichnen.

Dennoch, das Debut des Wagens in Kyalami sah nicht gerade vielversprechend aus. Schon im Training krachte es mächtig, als Lauda mit dem 021 auf einer Ölspur abflog, die ein Konkurrent gelegt hatte. Im Rennen dann lief sein Motor auf Sparflamme. Wie sich später herausstellte, hatte der Antriebsriemen der Kraftstoffversorgung ein paar Zähne verloren, rutschte durch und lieferte dadurch nur noch Brennstoff für magere 440 PS; weniger, als den Cosworth DFV-Rivalen zur Verfügung standen.

Der folgende Silverstone-Sieg markierte nebenbei den Einstieg des dritten 312T, Chassis 022. Ein weiteres Chassis, Nr. 023, stand für Lauda in Monaco bereit, wo er trotz fallenden Öldrucks, gegen Ende des Rennens, triumphieren konnte. Eine defekte Pumpendichtung war Schuld am Verlust des Schmiermittels, und Lauda mußte in den letzten Runden mit viel Gefühl auskuppeln, um die schon verreckende Maschine im Leerlauf durch die Kurven zu steuern. Fittipaldis McLaren war ihm hart auf den Fersen und kam kurz vor dem Ziel bedroh-

Matthews' Phantomzeichnung zeigt den Ferrari 312T, 1975: Wasser- und Ölkühler innerhalb des Radstandes; am Rohrrahmen aus Vierkantprofil befestigte Vorderradaufhängung und quer eingebaute Getriebeeinheit.

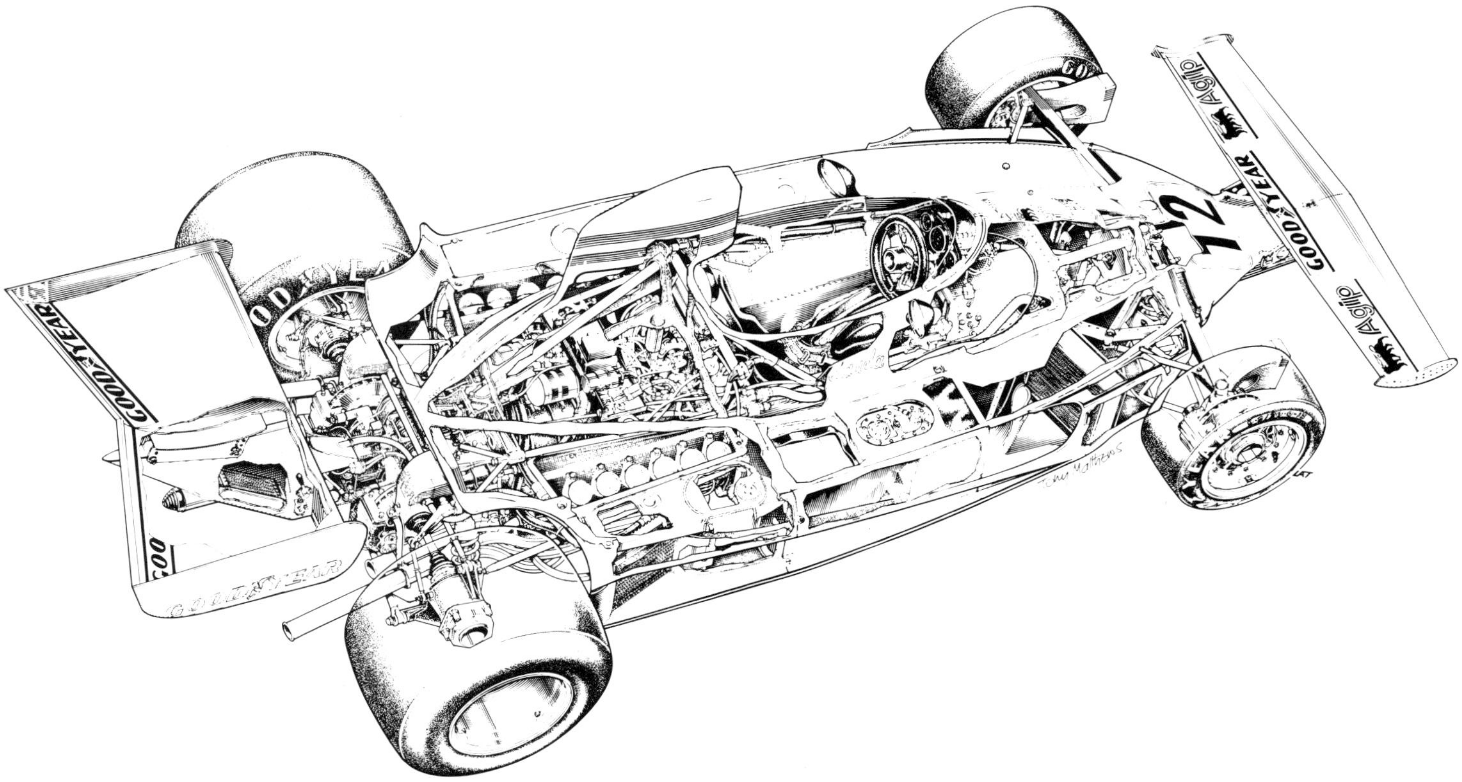

Bei seiner Siegesfahrt hier in Monaco 1975 hatte Lauda wohl kaum Muße, die schöne Aussicht zu genießen.

lich näher ..., noch eine Runde, und er hätte ihn wohl überholt.

Regazzoni zerlegte seinen 018 in der Schikane. Und da beide Fahrer bereits im Training ihre Arbeitsgeräte verbogen hatten, gab es an diesem Wochenende für die Mechaniker alle Hände voll zu tun.

Für Zolder wurde ein neues Auspuff-System zurechtgebogen, um die Beschleunigung aus dem unteren Drehzahlbereich zu verbessern. Normalerweise vereinigten sich die Auslaß-"Röhrchen" der drei vorderen und der drei hinteren Zylinder einer jeden Reihe zu einem Endrohr, also insgesamt vier. Nun verband ein Ausgleichsstück das vordere und hintere Krümmerpaket einer Zylinderreihe, um rechts und links in jeweils einem Megaphon aus Titanblech zu enden. Während des Trainings platzte eine dieser Tüten, und das alte System wurde wieder angeflanscht. Im Rennen selber ging an Laudas Wagen der Auspuff noch einmal in die Brüche. Das war in Runde 58. Für das restliche Dutzend hatte er nun 300 Touren weniger an der Kurbelwelle, dennoch gewann er überlegen mit vollen 19 Sekunden Vorsprung auf den Nächsten.

Dagegen brauchte Ferrari beim Sieg in Anderstorp viel Glück. Für den merkwürdigen schwedischen Kurs mit seinen geometrischen, halb überhöhten Kurven, war eine ganz besondere Abstimmung vonnöten. Nur wenige Teams konnten dieses Problem meistern. Hier hatte Lauda lange den zweiten Platz inne, bis zehn Runden vor Schluß der führende Brabham mit seinen Reifen Dreck aufsammelte, langsamer wurde, und Lauda die Spitze übernehmen konnte. Ferrari hatte mit einer harten Mischung genau die richtige Reifenwahl getroffen. Glück gehört eben mit zum Erfolg.

Der fünfte 312T, 024, erhielt seine Feuertaufe beim französischen GP in Ricard-Castellet. Doch schon in der siebten Runde versagte das Triebwerk, und Regazzoni stand damit an diesem Tag ganz im Schatten seines Teamkollegen Lauda. Der zeigte schon kurz nach dem Start seinen Verfolgern das Rücklicht, legte in der 1. Runde zwei satte Sekunden zwischen sich und das Feld... Und gewann trotz nachlassender Reifen nach Belieben, schier unschlagbar.

Der vom Regen hinweggefegte britische GP in Silverstone entartete zum Lotteriespiel. Die Ferraris waren nicht unter den glücklichen Gewinnern. Regazzoni verließ die Sptize mit einem Dreher. Laudas „Aus" folgte, als nach einem Stop zum Reifenwechseln eines seiner Räder ungesichert blieb und noch in der Boxenstraße abfiel... Schicksal.

In Schweden hatte er auf Kosten des Brabham-Lenkers Reutemann glücklich gewonnen, nun auf dem Nürburgring konnte Reutemann diesen Verlust mit Laudas Hilfe wettmachen. Der Ferrari lag gut in Front, als ihn ein Plattfuß zur Aufgabe zwang. Im GP von Österreich sorgte wieder ein himmlischer Guß für den vorzeitigen Abbruch. Zum folgenden Heim-GP in Monza mußte Ferrari seinen Fans was besonderes bieten. Um den mittleren Drehzahlbereich besser ausnutzen zu können, offerierte man neue Zylinderköpfe. Sie sollten in den langsamen Schikanen, die neuerdings den ehemals superschnellen Kurs entschärften, den nötigen Punch liefern. Eine dieser Spezial-Maschinen, in Regazzonis 024, gab aber schon bei Tests vor dem Rennen ihren Geist auf. Laudas 023 mußte seinen Motor-Neuling hergeben und bekam dafür den Standard-Triebling. Das Renommier-Aggregat mit dem Bums von unten, sollte auf jeden Fall dem „Italiener" des Teams, Regazzoni, den Rücken decken. Die Ferrari-Piloten standen auf Startposition 1 und 2. Im Ziel belegten sie die Plätze 1 und 3. Für Regazzoni und die ausgeflippten Tifosi ein echter Bilderbuchsieg. Lauda, gehandikapt wegen eines Dämpferproblems, fiel in der 45. Runde, an erster Stelle liegend, zurück hinter den zweitplazierten Fittipaldi auf McLaren. Dieser Triumpf bescherte Ferrari und Niki Lauda die beiden begehrten Welt-Titel. Mit „Monza-Köpfen" bestückt, gaben die Maschinen noch ihre ohrenbetäubende Schlußvorstellung in Watkins Glen. Die Saison war beendet.

Elf Tage danach, am 26. Oktober 1975, wurde Ferraris neuer Kandidat für 1976, der 312T2, in Fiorano vorgeführt. Nichtsdestotrotz, bestritten die Vorjahres-312T noch die ersten Wettkämpfe der neuen Saison.

Sie standen bei folgenden Läufen am Start: GPs von Brasilien, Südafrika, USA-West in Long Beach und bei zwei kleineren britischen Rennen. Dann übernahmen die T2 den Job. Ihre Premiere feierten sie allerdings schon am 14. März in Brands Hatch beim „Race of Champions".

Zur Eröffnung der Saison am 25. Januar auf der Interlagos-Strecke in Brasilien saß Lauda im 312T, 023, und Regazzoni im 024. Der Österreicher gewann von der Pole, wobei Regazzoni zuerst die Führung übernahm, dann aber wegen eines Reifenschadens an die Box gezwungen wurde.

In Kyalami brach das Maschinenherz von Regazzonis 022, und Lauda mußte im Qualifikationslauf die Pole an McLaren abtreten. Der 023 litt an miserablem Handling, verursacht durch die Übergröße einer seiner Gummiwalzen. Im Rennen konnte Lauda dem Feld abhauen, aber von der 20. Runde an schlich sich langsam die Luft aus dem linken Hinterrad. Mit Umsicht und geschicktem Überrunden von Nachzüglern hielt er Hunts McLaren lange genug auf Distanz. 1,3 sec. betrug sein Vorsprung, als er als Erster die Ziellinie passierte. Obwohl er auch noch die schnellste Runde drehte, schien die Überlegenheit der Ferraris 1976 nicht mehr so überwältigend wie im Jubeljahr 1975.

Um das zu ändern, tauchte in Brands Hatch der neue T2 auf. Der alte 021 trat dort als Leihgabe für den Fahrer von Scuderia Everest, Giancarlo Martini, an. Es handelte sich dabei um eine Unternehmung von Fiat-Ferrari zur Förderung der italienischen Nachwuchsfahrer. Der unglückliche Martini qualifizierte sich an vorletzter Stelle, dann blockierte beim warm-up eine Bremse, und er raste in die Botanik. Am Start war er nicht mehr dabei.

In Long Beach setzten Lauda und Regazzoni noch einmal auf die bewährten 312T, 023 und 024. Für den Schweizer ein großartiges Wochenende. Er stand als Trainingsschnellster am Start und fuhr bis zu seinem Sieg ein einsames Rennen. Lauda begnügte sich mit dem zweiten Platz, nachdem er früh einen Reifen vernichtet hatte, und auf den letzten Kilometern von einer Getriebekrankheit heimgesucht wurde, die sich mit gräßlichen Geräuschen bemerkbar machte.

Das war der letzte Coup der Werks-312T. Zum nächsten GP in Spanien erschien der T2, maßgeschneidert für das neue Reglement. Vorher kam der Everest-312T in Martinis Händen noch einmal zu Geltung. In Silverstone qualifizierte er sich und fuhr als Zehnter durchs Ziel. Die Karriere der original „trasversale"-Serie war hiermit beendet.

„Modello" 312T2

Der Radstand des 76er Ferrari-Modells maß ein wenig länger als der des, vielleicht etwas zu nervösen, 312T. Er betrug nun 256 cm. Die Spurweite wurde beschnitten, vorne auf 140 cm, hinten auf 143 cm. Das sind lediglich Werksangaben, tatsächlich konnten sowohl Spurweite als auch Radstand den Anforderungen gemäß variiert werden. Letzterer, indem verschiedene vordere Schwinghebel und Dreiecksienker, mit unterschiedlichen Krümmungsgraden, zur Verfügung standen.

Das neue Regelwerk, dem man sich schon beim spanischen GP beugen mußte, beinhaltete im Wesentlichen folgendes: Die Höhe der Airbox und der Überhang des Heckflügels wurden begrenzt; ein zusätzlicher Überrollbügel vor dem Cockpit obligatorisch; die Breite über alles durfte nur noch 215 cm betragen.

Der T2 entsprach voll diesen Anforderungen. Die hohe Airbox war verschwunden, dafür tauchten an den Flanken der vorderen Cockpitverkleidung große Beatmungsöffnungen auf. Von dort führten Kanäle zu Luftspeichern, die den saugenden 12-Zylinder mit Sauerstoff versorgten.

Dem Prototyp wurde versuchsweise eine de Dion-Hinterachse aus Rohrverstrebungen angepaßt und unterhalb des „trasversale"-Getriebes mit dem Chassis durch ein Watt-Gestänge verbunden. Dieses System bot Spur- und Sturzkonstanz in allen Fahrsituationen. Es entsprang einem gemeinsamen Forschungsprogramm für Fahrzeugdynamik, das Ferrari und Goodyear innerhalb ihrer Reifentests betrieben. Der Öffentlichkeit wurde es jedoch nur einmal vorgeführt, in einem Trainingslauf zum französischen GP in Ricard-Castellet, ansonsten zog man die konventionelle Querlenker-Aufhängung vor. Das Rohrgerüst war wohl zu schwer und zu kompliziert. Experimente mit einer de Dion-Vorderachse kamen nie über den Dunstkreis der Hausstrecke hinaus.

Stromlinienförmige Vorderradverkleidungen, die am T2 erstmals erprobt wurden, dienten zugleich der Bremsscheibenkühlung und sollten ein besseres Abströmen der Luft am vorderen Flügel gewährleisten. Sie durften aber als „bewegliche aerodynamische Teile" im Rennen nicht eingesetzt werden.

Das T2-Monocoque war aufgrund der Verwendung eines Aluminium-Rahmens erheblich leichter als sein Vorgänger mit Stahlrahmen. Abgesehen von den kleinen dreieckigen Seitentanks, lagerte das Gros der Spritlast in drei Tankzellen nebeneinander, im Rücken des Fahrers.

Im Gegensatz zum 312T mit seinen 598 kg, kam der neue T2 exakt aufs Minimalgewicht von 575 kg; das gab Ferrari jedenfalls an! Trotz extensiver Tests, von November 1975 in Mugello, dann in Vallelunga, bis Februar 1976 in Kyalami — zusätzlich zur „Heimarbeit" in Fiorano —, zeigte der T2 nicht diese haushohe Überlegenheit gegenüber seinem Vorgänger, dem 312T, der damals den älteren 312B3 förmlich deklassiert hatte.

1976 — Wieder ein Schuß ins Schwarze

Der T2-Prototyp, 025, hatte seinen ersten Auftritt vor Publikum in Brands Hatch, bei einem Rennen zwischen den GPs von Südafrika und Long Beach.

Lauda, als sozusagen Trainingsschnellster — wenn man die Ansicht teilt, daß Scheckters Pole auf dem Tyrrell mit unlauteren Mitteln bewirkt wurde —, lag im Rennen auf einem schwachen vierten Platz und stieg nach 17 Runden mit einem Schaden an der Bremsleitung aus.

Das eigentliche Debut des T2 erfolgte beim spanischen GP in Jarama. Mit den schnellen Formel 1-Sprintern konnte Lauda ja ganz gut umgehen, von Traktoren sollte er aber lieber die Finger lassen. Bei sich zu Hause, baute er prompt einen Unfall mit einem dieser gutmütigen Ungetüme. Die Folge waren: ein paar angeknackste Rippen. Trotz dieser Verletzung qualifizierte er sich für die erste Startreihe im neuen T2, 026. In

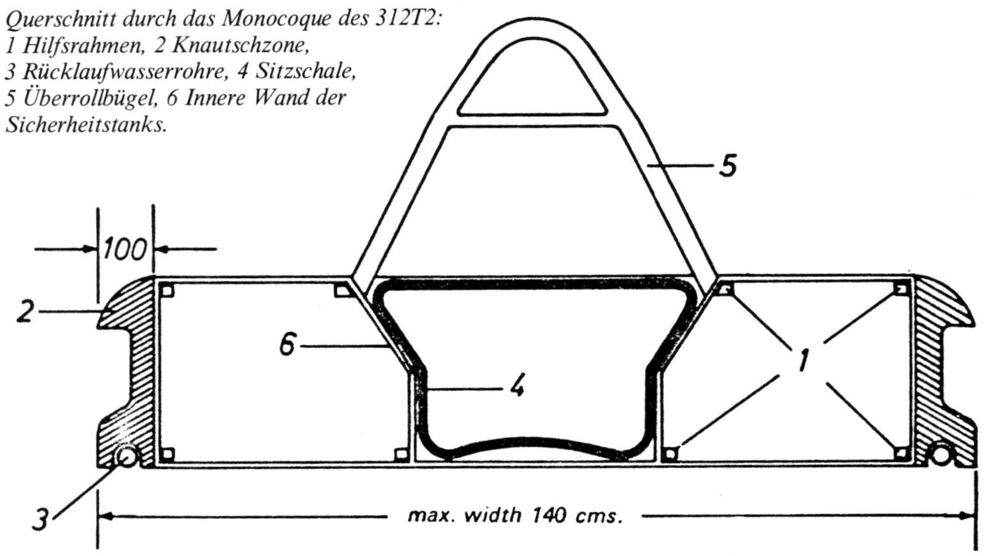

Querschnitt durch das Monocoque des 312T2: 1 Hilfsrahmen, 2 Knautschzone, 3 Rücklaufwasserrohre, 4 Sitzschale, 5 Überrollbügel, 6 Innere Wand der Sicherheitstanks.

Führung liegend, stolperte der Österreicher dann über einen Randstein und schockte seinen angeschlagenen Brustkorb. Der Schmerz ließ ihn zusammenzucken, und er mußte erst einmal tief Luft holen. Das war die Gelegenheit für den lauernden Hunt. Der McLaren kam näher, ging vorbei und siegte. Aber die Freude währte nur kurz. Wie sich nach dem Rennen herausstellte, entsprach der M23 in einem Punkt nicht den neuen Spielregeln, er war zu breit. Das hieß logischerweise: Disqualifikation!

Ein traumhafter Doppelsieg folgte in Belgien: Lauda Erster, Regazzoni Zweiter. Die neuen T2, seit Spanien mit einem „echten" Monocoque - d.h., ohne Rahmen aus Alu-Profil - dominierten wie eh und je. Der alte 312T, 018, nach den neuesten Bestimmungen hergerichtet, stand als Ersatz bereit.

In Monaco erschien das dritte moderne Chassis, Nr. 027, für Regazzoni. Einer der alljährlich stattfindenden Metallarbeiter-Streiks hatte dessen Fertigstellung leicht verzögert. Am ersten Trainingstag im monegassischen Fürstentum konnte man an den Ferraris ein winziges neues Detail bestaunen. An der Vorderkante des Heckflügels spannte sich ein plastikummantelter dünner Draht. Der sollte den Luftstrom spalten und die Reibung an der Unterseite des Wings herabsetzen . . ., so ähnlich beschrieben es jedenfalls die Techniker. Ob es daran lag? Jedenfalls standen die T2 auf den ersten Startplätzen, und Lauda verbuchte für Ferrari den sechsten Sieg dieser Saison, sein dritter hintereinander — das spanische Durcheinander mit eingerechnet. Regazzonis 027 konnte seinen dritten Platz nicht halten. Er mußte in der Schikane am Hafen den Notausgang benutzen, als direkt vor ihm Hunts McLaren explodierte und die Piste mit Öl besudelte. Mit qualmenden Reifen hetzte Rega zurück auf die Strecke, an vierter Stelle liegend; schlich sich an die dritte und bedrängte schon Scheckters sechsrädrigen Tyrrell. Seine Brachial-Fahrt endete vier Runden vor Schluß in den Leitschienen. Der 027 war ganz schön verbogen, Ferraris Hoffnung auf einen weiteren spektakulären Doppelsieg unter Trümmern begraben.

Die Heimat des schwedischen GP, Anderstorp, blieb für Ferrari ein Buch mit sieben Siegeln. Die Monaco-Krieger standen auch dort an der Front, diesmal mit zylindrischen Endplatten am Heckflügel, anstelle der flachen Aluminium-Blätter. Aber Tyrrell besaß die effektiveren taktischen Waffen. Lauda kam auf den dritten, Regazzoni auf den zehnten Platz, ausgerechnet hinter einem 12-Zylinder Brabham-Alfa Romeo . . .

Die Jagd auf WM-Punkte ging weiter in Ricard mit dem GP von Frankreich. Dort fand man nach Beendigung des Trainings Ölspuren an beiden Triebwerken. Sei's drum, Lauda lag gut im Rennen. In den ersten drei Runden hatte er einen Vorsprung von 3 sec. herausgefahren. Die nächste brachte er in Bestzeit hinter sich. Dann, in der neunten, als der 026 mit ca. 12 000 Touren die lange Gerade hinunterpreschte, schrie sein Motor gequält auf. Das widerliche Geräusch berstenden Metalls, und ein schrilles Kreischen abrupt blockierender Antriebswalzen verkündeten den Tod der 12-Zylinder Maschine. Lauda hatte Glück und kam mit dem Schrecken davon.

Ein Flansch, der Kurbelwelle und Nebenantrieb verband, ging aufgrund eines Materialfehlers zu Bruch, mit ihm die Welle. Regazzonis 027 traf das gleiche Schicksal. Er wurde eliminiert, als er an zweiter Stelle lag.

Beim britischen GP saß Lauda im neuen T2-Chassis 028. Regazzoni behielt den 027. Als Ersatz wartete der 026. Als es ans Einfädeln in die erste Kurve ging, drängelte sich Lauda vor seinen Team-Kameraden. Sie gerieten aneinander; die Hinterherjagenden konnten dem Hindernis nicht ausweichen und verkeilten sich ineinander. Dem Neustart des Rennens folgte am Ende ein politisches Spektakel. Ferrari protestierte gegen den Einsatz des McLaren, als Hunt über Lauda, der Ärger mit seinem Schaltwerk hatte, triumphierte.

Regazzoni stieg auf den Reserve-Wagen um; denn Wasserkühler und Leitungen des 027 hatten den Unfall nicht überlebt. Aber schon bald sah er sich gezwungen, angesichts des rapide fallenden Öldrucks, den Motor vorsichtshalber abzustellen. Er ersparte Ferrari damit eine weitere Blamage. Das Ergebnis dieses verkorksten GP: Das Management gab Regazzoni die Schuld an der Massenkarambolage; Hunt wurde am 24. September, rund zwei Monate nach dem Vorfall, von der FIA in Paris disqualifiziert, und Lauda zum Sieger erklärt.

Zu jener Zeit ereignete sich auch das grauenhafte Unglück auf dem Nürburgring, das wahrscheinlich auf eine gebrochene Hinterradaufhängung zurückzuführen war, und bei dem Lauda fast verbrannt wäre. Sein 028 wurde völlig vernichtet. Regazzoni fuhr in „der grünen Hölle" kein glückliches Rennen. In der ersten Runde drehte er sich bei hoher Geschwindigkeit und landete letztendlich, nach zwei weiteren Boxenstops, auf dem neunten Rang. Zum Ende der Saison zeichnete sich eine Misere ab, für die, laut Signore Ferrari, Goodyear die Verantwortung trug.

Das Maranello-Team war schwer verunsichert, wie anders sollte man die Entscheidung, den Österreich GP auszulassen, deuten. Es wäre sicher klüger gewesen, weiter am Ball zu bleiben, anstatt Hunt und dem McLaren Weltmeisterschaftspunkte zu schenken. Schließlich raffte man sich auf und schickte Regazzoni im 027, als einzige Meldung, nach Zandvoort. Im Training fuhr er unglaublich langsam, begann im Rennen erst spät mit der Aufholjagd und sah als Zweiter die karierte Flagge, knapp hinter einem McLaren. Aber wieder war er Ferraris Prügelknabe. Diesmal mokierten die Signori, er hätte mit dem Aufholen zu lange gezögert.

Für Monza verpflichtete der emilianische Rennstall den früheren Brabham-Alfa Romeo-Fahrer Reutemann als Vertretung für Lauda. Doch der zählebige Österreicher ließ sich nicht unterkiegen. Unkraut vergeht nicht: Schon knapp sechs Wochen seit dem Inferno stürzte er sich wieder ins Kampfgetümmel, mit guten Aussichten, für sich den Fahrertitel und für Ferrari den Konstrukteurspokal zu kassieren. Folglich wurden drei T2 präpariert: Der schwergewichtige Prototyp 025 für den „Neuen" Reutemann, 026 für Lauda und 027 für Regazzoni.

Das Stehvermögen der Ferraris und ein aggressiver Regazzoni erwirkten einen zweiten Platz. Lauda, von Brandnarben gezeichnet, belegte den vierten, der neunte ging an Reutemann, dessen imposante Statur im engen Cockpit des T2-Prototyp wie in einer Zwangsjacke steckte.

In der Zeit zwischen Monza und Mosport Park beschäftigte sich das Team kaum noch mit Testarbeit, und Ferraris Vorstellungen zum Ausklang der Saison waren alles andere als sehenswert. Bei eisiger Kälte in Kanada war es unmöglich, die Reifen auf Temperatur zu bringen. Miserable Traktion und heftiges Übersteuern traten als Konsequenz davon auf. Der Ölkühler wanderte von seinem angestammten Platz im Träger des Heckflügels etwas nach vorne, auf das Getriebegehäuse; die CSI machte mal wieder Vorschriften. Und obwohl es sich nur um eine kleine Gewichtsverlagerung handelte, veränderte sie die sensible Abstimmung des empfindlichen Formel 1-Instruments. Hinzu kam eine Neugestaltung der Hinterradaufhängung, die sowohl an Laudas, wie an Regazzonis Wagen wegknickte. Letzterer erwischte, nach einer Rempelei mit Paces Brabham-Alfa, so eben noch den sechsten Rang und damit einen einzigen Zähler.

Die Krise zur Saisonmitte brachte Ferraris Reifentestprogramm mit Goodyear erheblich ins Stocken, wohingegen McLaren eine rasante Entwicklung durchmachte. Beide Teams, verfeindet wie noch nie, griffen nach den Sternen. Die Stimmung erreichte ihren Tiefpunkt, und in Watkins Glen erschien die Kluft zwischen den Rivalen weiter als je zuvor.

Lauda hatte wiederum große Probleme mit dem Übersteuern seines 026 je mehr sich die Tanks leerten. Auf den Antriebswalzen lastete zu wenig Gewicht und verhinderte deren adäquate Erwärmung. Er mußte sich mit einem dritten Platz zufrieden geben, und die WM war immer noch offen. Der letzte GP, zum erstenmal in Japan ausgetragen, sollte die Entscheidung bringen.

Am Fuße des Fujiyama stand der 026 mit geänderter Aufhängungsgeometrie an der Vorderachse. Bei der folgenden Wasserschlacht verpatzte Lauda den Start, gab nach zwei Runden auf und wollte unter diesen Bedingungen auf keinen Fall weitermachen. Hunt konnte zufrieden sein, der Fahrertitel ging an ihn. Ferrari sicherte sich jedoch den Konstrukteurspokal vor McLaren mit einer Marge von klaren 9 Punkten. Zwei davon verdankten sie Regazzonis fünftem Platz.

Herr Ferrari war überglücklich; seine Sponsoren hätten es allerdings lieber gesehen, wenn Lauda den werbewirksameren Fahrerpokal entgegengenommen hätte.

In dieser nervenaufreibenden Saison stand das Ferrari-Team 31mal am Start. 23mal kamen sie

In einem Formel 1-Wagen schaut man nur geradeaus – hier versinkt Regazzoni im Cockpit des 312T2 027, 1976 in Zandvoort.

Laudas 030 zeigt seinen glatten Unterboden in Long Beach '77; Luftfluß unterhalb des Fahrzeugs wirkte zu der Zeit eher störend.

Die schmale Nase des 312T schafft freie Bahn für Kühlluft: Wasserkühler vorne in den Seitenkästen, Ölkühler innerhalb des Luftschachts vor den Hinterrädern.

ins Ziel, sechsmal als Erste – die strittigen Resultate von Spanien und England eingeschlossen. Restliche Plazierungen: vier zweite, zwei dritte, ein vierter und fünfter, zwei sechste, drei siebte, ein achter und neunter, dazu ein zehnter Platz des Privatfahrers Martini in Silverstone.

1977 – Der dritte Streich

Die T2 gaben am Anfang der 77er Saison wieder den Ton an. Doch Ferraris Entwicklungsarbeit ging nicht richtig voran. Die beiden Ingenieure Rocchi und Salvarani waren mit den Nerven am Ende und klagten über Herzbeschwerden. Ein schwieriger Winter für die Italiener, der auf diesen konfusen Herbst, nach Niki Laudas Nürburgring-Unfall, folgte.

Regazzoni ging, und Reutemann trat an seine Stelle. Mit dem neuen T2 029 läutete er die Saison ein, in seiner Heimat Argentinien. Auf Lauda wartete der 026, und als Reserve stand der 027 bereit. Alle drei Modelle trugen die Fuji Vorderradaufhängung. Die Heckspur verbreiterte sich geringfügig und die Motorentüftler entlockten dem 12er Aggregat zusätzliche zwölf PS. Abgesehen von diesen Kleinigkeiten hatte sich etwas anderes, wesentliches geändert: Neuerdings wurde Lauda vom Wintertestprogramm ausgeschlossen. Erprobungen von diversen Verkleidungsteilen auf dem Ricard-Kurs fanden ohne ihn statt, und er hatte Mühe, überhaupt ein paar Testkilometer absolvieren zu können. Es schien schon wieder ein Problemjahr für Maranello zu werden... In Buenos Aires hatten die leicht modifizierten T2 einen schlechten Auftakt. Reutemanns Gefährt verhielt sich äußerst undiszipliniert, hier unter-, dort übersteuernd. Lauda wurde von wilden Vibrationen durchgeschüttelt und legte das fehlzündende Kraftwerk sicherheitshalber still. Ein Heckflügel mit anderem Querschnitt entfaltete sich an Reutemanns Renner in Interlagos/Brasilien. Bezeichnenderweise bot man Lauda diese Modernität nicht an.

– Man könnte denken, wir reden über ein Team, das von 12jährigen geführt wurde. Diese Art, die Fahrer gegeneinander auszuspielen, war eine groteske Antiquität und ein Rückfall in die 50er und 60er Jahre, wo es wegen der fehlenden Konkurrenz möglich war, sich als Einzelkämpfer durchzuschlagen. Hier und jetzt brachte nur eine Methode den gewünschten Erfolg: Die gemeinsame Anstrengung des gesamten Teams! Ferrari mußte für die Investition in solch eine unsinnige Rivalität noch reichlich Zinsen zahlen, und in den hart umkämpften späten 70ern benötigten sie eine Menge Glück, um damit einigermaßen heil über die Runden zu kommen. –

Auf dem langen und schwierigen Interlagos-Kurs hatte Lauda mit dem viel zu großen Nachlauf des 026 erhebliche Lenkprobleme. Die Flüssigkeitsbehälter am vorderen Querschott behinderten außerdem die Arbeit der oberen Schwinghebel, und das rote Ungeheuer bockte und sprang derart über die holprigen Kurvenbegrenzungen, daß man wegschauen mußte. Und noch eine Schlappe mußten die Azzurri hinnehmen: Regazzoni, der nun für das kleine aber feine britische Ensign-Team arbeitete, drehte seine Runden schneller als beide Ferraris!

Dennoch schaffte Reutemann den Sprung aufs Siegerpodest, in einem Rennen, dem brütende Hitze und sich auflösender Streckenbelag ihre Stempel aufdrückten. Nur sieben Fahrer erreichten das Ziel, unter ihnen Niki Lauda an dritter Stelle.

Hiernach war für ihn das Maß voll. Er las den Herren in Maranello kräftig die Leviten und machte dem Team klar, daß es so nicht weitergehe. Kraft seines Selbstbewußtseins – und einer gehörigen Portion lang vermißter Logik –

brachte er Forghieri dazu, jeden vorhandenen T2 hervorzuholen, für Vergleichstests in Fiorano.

Dieses Programm setzten sie in Kyalami fort, wo dann der Südafrika-GP ausgetragen wurde. Prompt erhielt Lauda einen nagelneuen Untersatz, den 030. Er erschien mit überarbeiteter Hinterradaufhängung, die oberen Halterungen waren aus einem Stück gearbeitet mit integrierten Kühlluftführungen zu den innen angebrachten Bremsen. Batterie, Öltank, Auffangtank und Getriebeölkühler wanderten weiter nach vorn und verließen die Umgebung des Magnesium-Flügel-Trägers. Eine nun noch schlankere, konische Nase trug den unverwechselbaren breiten Frontflügel.

Man feierte Niki Laudas Comeback, als er in der siebten Runde Hunts McLaren die Führung entriß und souverän gewann. Ein Unfall, bei dem Shadow-Pilot Pryce und ein Streckenposten zu Tode kamen, hinterließ Trümmer auf der Fahrbahn; unter anderem ein Stabilisatorteil. Das verklemmte sich unterhalb des linken Seitenkastens am Ferrari, als er die Unglücksstelle passierte. Beide vorderen Querlenker und ein Kühlwasserrohr wurden beschädigt. Das kühlende Naß ging zur Neige, die Temperatur stieg, der Öldruck fiel in den Keller, und obwohl alle Warnlichter am Instrumentenbrett in tiefem Rot erglühten, brachte Lauda den fiebernden Boliden heil über die letzten Runden ins Ziel, 5,2 sec. vor seinem Verfolger.

Im spannenden US-GP in Long Beach erreichte er trotz schnellster Runde nur den 2. Platz hinter Andretti im Flügel-Lotus 78. Wenn der Österreicher eine Schwachstelle besaß, dann waren es seine Rippen. Während des Trainings in Jarama brach er sich wieder einen dieser Rumpfknochen und mußte den Start als Zuschauer miterleben. Im Windschatten des triumphierenden Andretti finishte Reutemann als Zweiter, nachdem der vor ihm rennende Ligier den Verlust eines Rades nicht verkraftete.

Die Zuverlässigkeit der Ferraris wurde in Monaco mit den Rängen 2 und 3 belohnt, als die beiden führenden Brabham-Alfas aufgeben mußten. In Zolder setzte der Lotus 78 die Maßstäbe und Lauda bekam Silber. Pünktlich zum schwedischen GP hing bei Ferrari wieder der Haussegen schief. Lauda wollte unbedingt einen neuen Wagen, wobei Reutemann sich mit dem vorhandenen zufrieden gab. Die Laune im Team sank weiter dem Nullpunkt entgegen, da Goodyear sich rein reifenmäßig mehr auf die schnellen Lotus 78 einstellte. Sie verlangten, bedingt durch die aerodynamische Abtriebslast, nach Pneus mit viel stabileren Flanken, als bisher. Goodyear reagierte entsprechend, nur, Ferrari bekam diese neuen Gummis einfach nicht auf Temperatur.

Ein neuer T2, Chassis 031, war in Dijon beim französischen GP dabei. Außer veränderten Heißluftauslässen bot er nichts weltbewegend Neues. Die Ferraris belegten Plätze 5 und 6. In Silverstone sammelte Lauda mit Geduld und einem 2. Platz nochmals sechs Punkte für sich und sein Team. „Auf Ferrari-Power ist immer Verlaß", dieser Satz bestätigte sich aufs Neue in Hockenheim beim Großen Preis von Deutschland. Die beiden ärgsten Gegner in diesem Rennen mußten entweder die Brocken hinschmeißen — wie der Brabham-Alfa —, oder hatten am Ende keine Puste mehr — wie der anfangs führende Wolf —, und Lauda erntete den Siegeslorbeer. Sechs Prüfungen galt es noch zu bestehen; hatte er den Fahrertitel schon für sich entschieden, trotz der Teamquerelen?

In Österreich sah es fast so aus. Lauda Zweiter, Reutemann Vierter, dank der Ausfälle ihrer Mitstreiter, und Ferrari sah die Konstrukteurstrophäe schon zum drittenmal in Reichweite. Noch einmal konnte Lauda von den Fehlern seiner schnelleren Kollegen profitieren. In Zandvoort gehörte der erste Platz ihm, Reutemann kam auf den sechsten nach einem Crash, der den Flügel demolierte.

Zu jener Zeit hatte Lauda schon alles in die Wege geleitet für seinen Wechsel zu Brabham im Jahre 1978. Es war bereits ein offenes Geheimnis, als er in Monza einen zweiten Platz nach Hause fuhr, hinter Andrettis Lotus. Ihm fehlte noch ein winziges Pünktchen, um Scheckters Titel-Ambitionen mit Wolf zu zerstören.

Es geschah in Watkins Glen, wo Lauda mit einem vierten Rang gleich zwei Punkte mehr als nötig verbuchte, nämlich drei! Es war das letzte Rennen, das Niki im Zeichen des scheuenden Hengstes fuhr. Noch während des dortigen Trainings wurde sein Chef-Mechaniker Cuoghi entlassen, und Lauda verabschiedete sich vom Team noch am Morgen des ersten Trainingstages zum GP von Kanada.

Ferrari hatte den Konstrukteurspokal, der Hattrick war perfekt, was wollte man mehr? Den Fahrertitel, sein zweiter, nahm Lauda mit; denn ein besseres Zeugnis konnte er seinem künftigen Team nicht anbieten. Die letzten beiden Rennen der Saison in Kanada und Japan sahen minimal veränderte T2 und einen neuen Team-Gefährten für Reutemann, Gilles Villeneuve.

Eine turbulente aber unbestreitbar erfolgreiche Saison war zu Ende. Ferraris Bilanz: 33 Starts in 17 WM-Kämpfen; Lauda kam bei seinen 14 Starts zwölfmal ins Ziel und in die Wertung. Er siegte dreimal, wurde sechsmal Zweiter, einmal jeweils Dritter, Vierter und Fünfter. Reutemann, Vierter der Weltmeisterschaft, kam bei 13 Zielankünften elfmal in die Punkteränge siegte aber nur einmal.

Seit der Geburt der „trasversale"-Serie im Jahre 1975 baute Ferrari zwölf einzelne Chassis

für den Renneinsatz. Fünf 312T in 1974—75 und sieben T2 1975—77. Eins davon, das Chassis mit der Nr. 023 war das erfolgreichste der Flotte: Von 1975—76 gewann es die GPs von Monaco, Belgien, USA, Brasilien und Südafrika.

Nun, zum Ende des Jahres 1977, hatte Ferrari das Höchste erreicht, das Pokal-Trio war komplett. Ihr Formel 1-Modell, weder das schnellste, noch das technisch raffinierteste, hatte allen anderen eines voraus: Die absolute Zuverlässigkeit. Deren immense Bedeutung zeigt ein Blick auf die Statistik: Ferrari 95 Punkte, Lotus 62, McLaren 60 und Wolf 54.

Das Team wandte sich 1978 in Sachen Reifen von Goodyear ab und Michelin zu, aber ihr Weltmeisterschafts-Siegabonnement wurde storniert bis zum folgenden Jahr 1979. Dieser Geschichte, der des 312T4, ist ein eigenes Kapitel in diesem Buch gewidmet.

Hewland Getriebe

Von allen Renngetriebe-Schmieden — und es gibt nur einige — ist Hewland Engineering in Maidenhead im Themsetal die bekannteste. In den einundzwanzig Jahren, die dieses Buch beschreibt, hat sich ihre Auswahl an Antriebssystemen für die Formel 1 ständig vergrößert. In einem Leitfaden für Hewland Getriebe entdeckt man zuerst ihr Angebot an leicht und schnell zu wechselnden Differentialuntersetzungen und ein Sortiment qualitativ hochwertiger, erprobter Einzelkomponenten. Jedes Formel 1-Team, mit Ausnahme von Ferrari und Alfa Romeo, hat sie zumindest zeitweise, wenn nicht sogar immer in Gebrauch.

Ihr Engagement in der 3-Liter-Formel begann mit dem DG300 Fünfgang-Getriebe von 1966, das schon bald „zu schwer" wurde. Das für die 1600 ccm Motoren der Formel 2 entwickelte FT200 war dagegen „zu leicht" für das gewaltige Drehmoment der Formel 1-Aggregate. So wurden beide, 1968, in einem leicht abgeänderten Gehäuse vereint und Mike Hewland nannte es, das „FG".

Im Jahre 1973 erschien das FGA400. Sein stabiles Gehäuse bot die Möglichkeit, innenliegende Bremsen daran zu befestigen.

Das TL, das im gleichen Jahr vorgestellt wurde, war in erster Linie ein 24-Stunden Sportwagen-Getriebe. Shadow übernahm es, aber schon bei seinem Debut verhalf es sich selbst zu einem schlechten Ruf, als ein ganzer Satz Ritzelwellen in Trümmer zerfiel. Von da an hatte es Dreck am Stecken und keiner mochte es mehr. Tatsächlich hatten nur zwei TLs schlechte Wellen, und diese beiden bekam ausgerechnet Shadow!

Das FGB erschien als ein „FGA" mit im Gehäuse integrierten Ölkanälen. Die übrigen hatten außenliegende Leitungen. Die Teams arrangieren die Hewland-Innereien in eigenen Gehäusen, so wie sie sie gerade gebrauchen und ergänzen bzw. modifizieren sie nach ihren eigenen Bedürfnissen. Unter anderem benutzen sie separate Trockensumpfschmierung, das Öl wird ausgiebig gefiltert und über Magnete geleitet, um Metallspäne abzusondern. Alles wird getan, damit, wie Colin Chapman es liebevoll beschreibt: „Mike Hewlands Haufen alter, klappriger Zahnräder" das Rennen bis zum Schluß übersteht.

Mittlerweile haben die meisten Formel 1-Teams ein größeres Inventar an Hewland-Teilen, als die Firma in Maidenhead selber. 1976 startete McLaren den Trend, das Hewland in ein Sechsgang-Getriebe umzubauen. Daraufhin baute Hewland seine eigenen Sechsgang-FGAs, die von einigen Teams noch bis ins Jahr 1985 gefahren wurden.

Betrachten wir einmal die finanzielle Seite. Jimmy Buss, der den kommerziellen Teil von Hewland vertritt und im Renngeschäft eine vertraute Persönlichkeit ist, erinnert sich: „1967 hatte das FT den Preis eines Mini, 420 £. Heute kostet ein Mini über 3000 £ und unser FT nur 2078 £. Das DG kostete 1966-67 um die 480 £, ein gleichwertiges DG kommt heute auf 2420 £ und ein DGB auf 4725 £... Wir bieten doch ganz schön viel für's Geld, oder?"

Die Vorrangstellung des Hewland F1 dauerte von 1963 bis in die späten 70er, als die Teams begannen, eigene Gehäuse zu bauen, natürlich mit Hewland-Innereien.

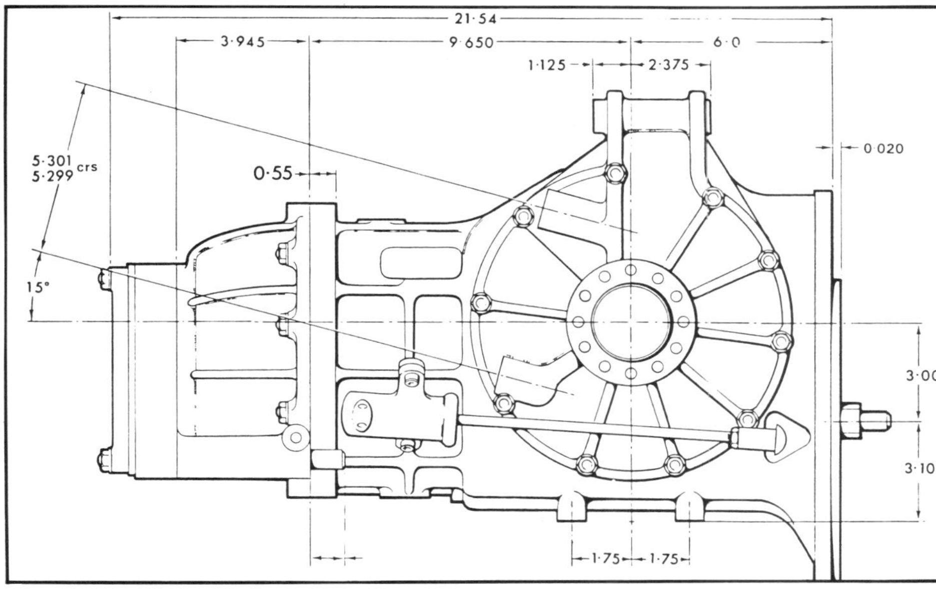

Seitenansicht des FGA-Gehäuses.

Die Grundausstattung des Getriebes für das FT200, FG400 und FGA war die Basis für viele Spezial-Übersetzungen der Formel 1-Teams.

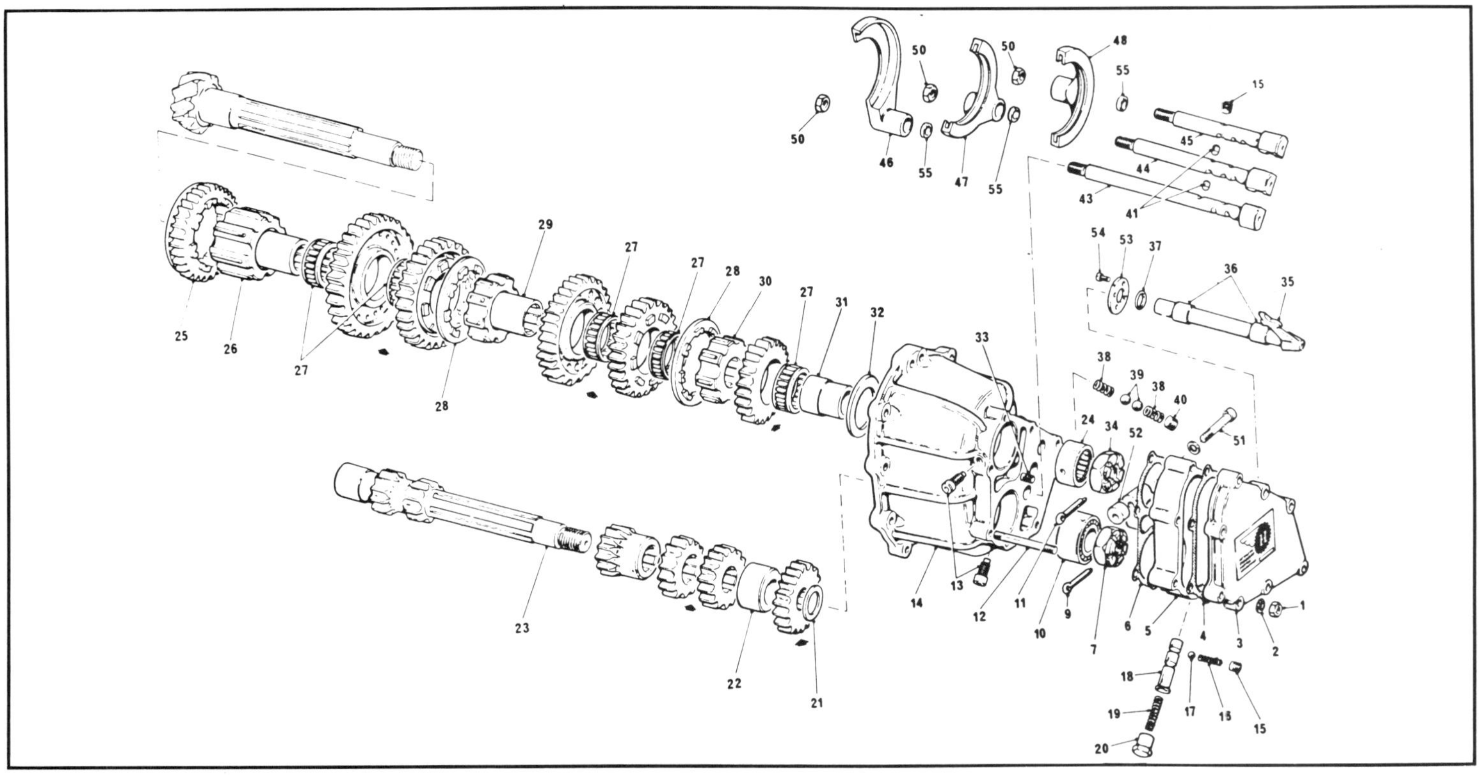

Lotus 78 und 79 – Alles für den Sog

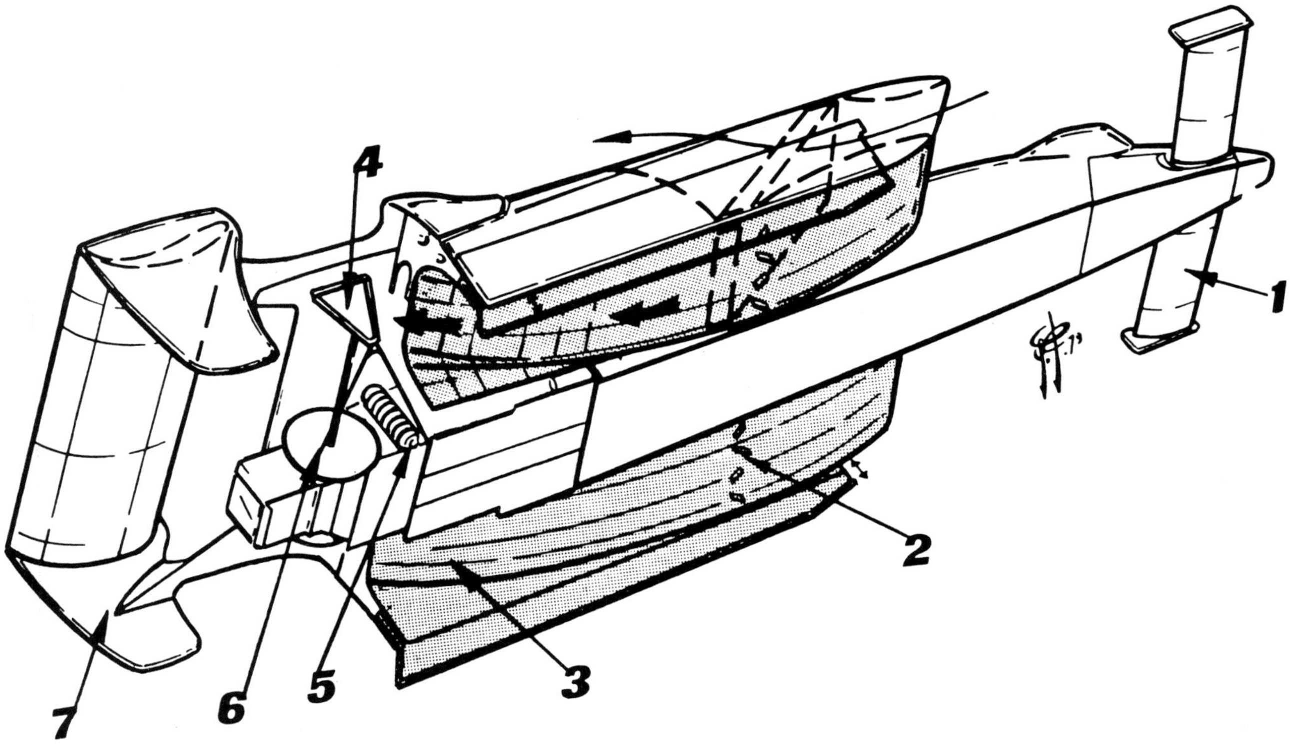

Giorgio Piolas Skizze erläutert den ground effect anhand des Lotus 79.
1. Frontflügel,
2. Unterseite des Flügelprofils (erzeugt den Venturi-Effekt),
3. Diffusionszone,
4. Radträger außerhalb des Luftstroms,
5. Innenliegende Federdämpfer,
6. Innenliegende Bremsen,
7. Heckflügel

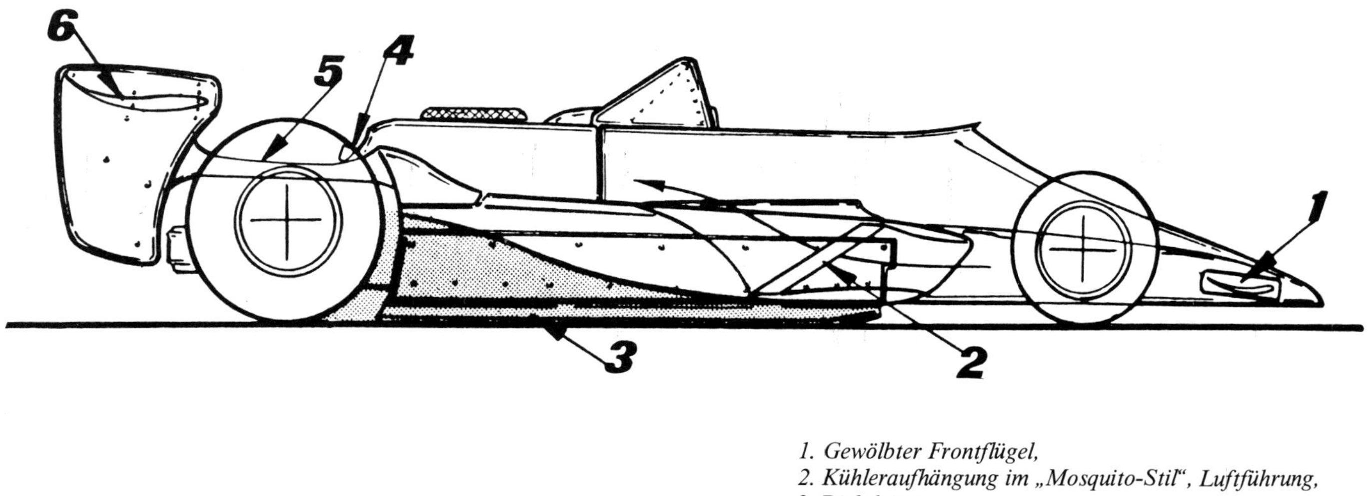

1. Gewölbter Frontflügel,
2. Kühleraufhängung im „Mosquito-Stil“, Luftführung,
3. Dichtleisten,
4. hochgelegter Auspuff,
5. Raum für die Aufnahme des Motors,
6. Gewölbter Heckflügel.

Es war im Sommer 1975. Ferrari setzte neue Maßstäbe mit dem Modell 312T, McLaren verteidigte verbissen seine Weltmeisterschaftstitel und das Lotus-Team hatte nichts als Probleme. Die langwierige Entwicklung ihrer Boliden vom Typ 72 war schließlich zu Ende, aber deren Vorderrad-Aufhängung vertrug sich einfach nicht mit den neuesten Goodyear-Reifen.

Colin Chapman saß da und grübelte über die Zukunft. Als ich ihn drei Jahre später in seinem riesigen Büro in Ketteringham Hall traf, erzählte er mir, wie er damals den Kopf in die Hände gestützt, angestrengt überlegte, was sie eigentlich wollten. Die Lösung war: Ein Flügelauto mußte her.

Dieses völlig neuartige Konstruktionsprinzip für Rennwagen fand seine erste Ausprägung im Lotus 78/1977, gefolgt von der absoluten Dominanz des Lotus 79 bei der Weltmeisterschaft 1978. Die Story beider Kunstwerke, die im folgenden ausführlich berichtet wird, geht nahtlos ineinander über. Jedoch nur einer, der Lotus 79, errang für seinen Erbauer den Konstrukteurs-Pokal.

Am Anfang entwarf Colin Chapman ein Konzept, fügte Details hinzu und brachte so seine Vorstellungen klar zum Ausdruck. Dieses Dokument übergab er seinem Produktionsleiter Tony Rudd, dem früheren Chefingenieur von BRM, der umgehend eine eigene Forschungs- und Entwicklungsabteilung innerhalb der Lotus-Gruppe einrichten sollte.

Rudd erzählt uns folgendes: „Diese kurze Skizze war weit mehr als die äußere Gestalt eines neuen Wagens, nein, es war ein völlig neues Konzept für einen Formel 1-Renner, es war ein tolles Beispiel für Chapmans Genialität. Er wußte, daß wir im Rennsport nichts mehr zu melden hatten und daß wir alles, was falsch zu machen war, falsch gemacht hatten. Nun erhielten wir von ihm eine Strategie, die weit in die Zukunft reichte und sein berühmtes 27-seitiges Papier, in dem er nicht nur die Richtung festlegte, sondern auch Probleme einkreiste und unbeantwortete Fragen übrigließ.

Jetzt sollten ihm so einer wie ich, der ich doch schon zum alten Eisen gehörte, und ein Haufen junger Burschen die Antworten darauf geben."

Von wegen altes Eisen, Rudd war alles andere als das – er hätte sonst wohl kaum seinen Posten bei Lotus ausfüllen können –, aber immerhin hatte er bis 1975 nicht allzuviel mit Rennwagen zu tun, als nun die Forschungs- und Entwicklungsarbeit unter seiner Leitung in Ketteringham Hall begann.

Das alte, geräumige Landhaus lag inmitten der Wälder, unweit des Hauptwerks von Lotus bei Hethel. Im 2. Weltkrieg hatte dort eine Bomberstaffel der 8. US-Luftwaffe ihr Quartier. Sie flogen von Hethel und ähnlichen Stützpunkten, die verstreut waren über die gesamte Norfolk-Ebene zu ihren Einsätzen.

Später brachte man in der „Hall" ein Internat unter. Bevor es dann zur Ruine wurde, erwarb Lotus das Gemäuer, und als einer der ersten zog Ralph Bellamy, der frühere Brabham- und McLaren-Designer, dort ein, um für Lotus ein neues, leichtes Renngetriebe zu entwickeln.

Kurz darauf erschien Rudds „Esprit" Konstruktions-Team, und die Arbeit am langfristigen Formel 1 Forschungsprojekt konnte beginnen. Die Gruppe sollte in aller Ruhe wirken können, unabhängig vom Druck des täglichen Renngeschehens, um Chapman Lösungen anzubieten und die Möglichkeiten des neuen Wagentyps zu testen, den er umrissen hatte.

Sein Plan war auf August 1975 datiert, also ein Monat vor Fertigstellung des neuen Lotus 77, dem zweiten Versuch, einen Ersatz für den Typ 72 zu finden.

Ralpf Bellamy war eines der ersten Mitglieder dieser R&D-Gruppe (R&D = Research and Development = Forschung und Entwicklung), ein zweites war der Luftfahrtechniker Peter Wright, der schon 1969 zusammen mit Tony Rudd bei BRM Zukunftspläne für Flügelautos geschmiedet hatte. Chronischer Erfolgsmangel und ein spleeniges Management sorgten dort für Rudds Entlassung, mitten in der Saison 1969. An seine Stelle trat Tony Southgate als Chassis-Konstrukteur, während Chapman Rudd vom Fleck weg für die Lotus-Gruppe verpflichtete. Wright folgte ihm, nachdem er eine Weile damit verbracht hatte, als Aerodynamik-Spezialist, einen besonderen Windkanal zu entwerfen. Als die beiden, Rudd und Wright, BRM den Rücken gekehrt hatten, wanderte ihr Flügel-Auto Programm in den Papierkorb der neuen Chefetage. Wright kam schließlich deshalb zu Lotus, um ihnen bei der Suche nach brauchbaren Kunststoffen zu helfen. Als diese Aufgabe erfolgreich gelöst war, wurde der kluge Kopf dringend für das neue Formel 1-Projekt gebraucht.

Einen ersten Versuch mit Flügelautos unternahm BRM. Sie benutzten dazu Stummelflügel, die sich zu beiden Seiten vom Monocoque abspreizten, um so Luftturbulenzen zwischen Vorder- und Hinterrädern zu glätten und mehr Abtrieb zu erzielen. Robin Herd verwandte eine ähnliche Konstruktion bei seinem March 701 im Jahre 1970. Aber dieser Gedanke wurde nicht konsequent zu Ende gedacht, da man kein Mittel fand, ein sauberes Anströmen der Tragfläche zu gewährleiten, und Luftwirbel, die durch die äußere Form des Wagens entstanden, zu eliminieren.

Jetzt, im Herbst 1975, machte sich das Trio Rudd, Bellamy und Wright daran, in der Abgeschiedenheit von Ketteringham Hall, oder „Fawlty Towers", wie sie es nannten, Chapmans gordischen Knoten zu lösen.

Auf der Suche nach Abtrieb

Im Prinzip war es ganz einfach: Gestalte die Form des Wagens so, daß ein vorteilhafter aerodynamischer Effekt entsteht, anstatt einer unwirksamen Hülle vorne und hinten Flügel aufzuladen.

Jeder Formel 1-Konstrukteur hatte zu jener Zeit das Verhalten der Luftströmung an den Flanken des Wagens und über ihm mehr oder weniger studiert. Aber nur einige, wie Gordon Murray von Brabham und die McLaren-Boys, beschäftigten sich mit der Unterseite. Ja, die meisten versuchten sogar mit sämtlichen Tricks, einen Luftfluß unterhalb des Fahrzeugs weitgehend zu verhindern.

Die Lotus R&D-Gruppe machte sich nun ans Werk und beauftragte Charlie Prior, einen erstklassigen Modellbauer des Esprit-Teams, Modelle im Maßstab 1 : 4 und aerodynamische Hilfsmittel herzustellen. Damit sollten im Windkanal am Imperial College, London, unter Wrights Leitung ausgedehnte Tests stattfinden.

An dieser Lehranstalt gab es einen Windkanal, der mit einem Rollband ausgerüstet war, das die Bewegung eines Fahrzeugs auf der Straße und bei verschiedenen Geschwindigkeiten imitieren konnte. Bisher wurde in dieser Richtung wenig geforscht. Die Modelle standen normalerweise auf einem festen, unbeweglichen Untergrund oder, weniger befriedigend, sie wurden im Raum aufgehängt. Bei Tests für die Luftfahrt war das natürlich zweckmäßig, was Landfahrzeuge betraf, gab diese Testart jedoch wenig Aufschluß über deren tatsächliches Verhalten. Die Crew verfolgte jede Spur, die zu einer Lösung führen konnte. Wenn man sowohl platte als auch keilförmige Nasen verwenden konnte, wurden auch beide getestet. Sollte sich der Keil als geeigneter erweisen, würden sie ergründen, warum. Wenn er wirklich so gut funktionierte, sollten dann nicht auch andere Wagenpartien keilförmig angelegt werden, um mehr Abtrieb zu erreichen?

Eine weitere wichtige Frage war: Wo bringt man den Kühler am besten unter? Rudd konnte hier auf Erfahrungen aus den Kriegsjahren zurückgreifen, als er bei Rolls-Royce-Merlin für die Analyse der Fehlerquellen von Flugzeugmotoren zuständig war. Damals, so erinnerte er sich, lagen die Kühler beim De Havilland Mosquito an der Vorderkante der Tragflächen, eingebettet in Luftführungsschächte, dicht am Rumpf des Flugzeugs. Die Luft fegte durch das Kühlgehäuse und trat an einer strömungsgünstigen Stelle weiter hinten am Flügelprofil wieder aus. Wenn man nun einem einsitzigen Renn-Chassis solche Seitenkästen, geformt wie diese inneren Tragflächenteile, verpaßte – mit der gewölbten Seite nach unten – würde das dann den nötigen Abtrieb bringen? Ein Modell dieser Wagenpartie sollte für Aufkärung sorgen. Es wurde umgedreht im Windkanal angebracht, um einen Auftrieb zu erzeugen. Das Verhältnis von Auftrieb zu Luftwiderstand war das entscheidende Kriterium – je mehr Auftrieb und je weniger Widerstand, desto besser –. Tony Rudd erinnert sich noch genau an die Nachricht, die er vom Imperial College London in jenem Jahr zu Weihnachten erhielt. Sie lautete schlicht: „Der Mosquito fliegt"!

Mit jener Art Seitenteile, inklusive der Kühlschächte, wollte man nun den Luftstrom unterhalb des Fahrzeugs in geordnete Bahnen lenken, um so die angestrebte Saugwirkung zu erzielen. Die Unterdruckzonen, hervorgerufen durch beschleunigte Luftmassen unter den umgekehrten Flügelprofilen der Seitenkästen, mußten gegen unerwünschten Lufteintritt von den Flanken her, mit einem Schürzensystem gesichert werden. Die Abdichtung zur Fahrbahn hin war das alles Entscheidende.

Das Gesamt-Konzept, Form und Prinzip des kommenden Lotus Typ 78, stand nun unverrückbar fest. Bellamy setzte sich an den Zeichentisch und Wright tüftelte weiter an den Feinheiten der Aerodynamik.

Entwicklung eines Flügelautos

Mike Cooke baute eine Testanlage auf, mit deren Hilfe Belastungen, denen der Wagenkörper im Rennen ausgesetzt ist, simuliert werden konnten. Unakzeptable Deformierungen führten zu Neukonstruktionen bestimmter Teile, solange, bis die Steifheit des Monocoques zufriedenstellend war. Die Testvorrichtung war simpel, aber wirksam; Gewichte wurden über Seile und Flaschenzüge mit betongefüllten Ölfässern verbunden. Dieses Hau-Ruck-Verfahren leistete unschätzbare Dienste beim Aufbau einer zuverlässigen Struktur eines neuen Gefährts. Auch, daß Mängel am damaligen Lotus 77 erkannt und abgestellt werden konnten, und Andretti mit ihm daraufhin den Sieg beim japanischen GP errang, verdankte man dieser Methode.

Bellamy hatte seine Konstruktionspläne fertig und wandte sich nun der Vollendung des Chassis zu, während Martin Ogilvie vom Team-Stützpunkt in der Potash Lane heraufkam, um Aufhängungen und andere „bewegliche Teile" zu berechnen. Danach übernahmen beide zusammen die Gestaltung der Karosserie.

Der Prototyp Lotus 78, später in der John Player Special Serie bekannt als Chassis JPS/15, machte seine erste Spazierfahrt in Hethel mit Ketteringhams Werkstatt-Meister Eddie Dennis. Obwohl für Lotus ein neues Getriebe entwickelt wurde, beließ man dem

Prototyp das alte. Chapman wollte nicht noch mehr Unbekannte mit ins Spiel bringen.

Der frühere Firestone-Ingenieur Bennett, der sich Ende 1974 dem Team anschloß, als sich die amerikanische Firma aus dem Renngeschäft zurückgezogen hatte, installierte von Goodyear geliehene Testinstrumente an Bord. Mit ihnen wurde jede der zahllosen Proberunden, die Andretti und Teamgefährte Gunnar Nilsson drehten, aufgezeichnet und analysiert.

Als Chapman meinte, die Zeit sei reif für den Neuling, sich mal in einem richtigen Rennen zu bewähren, hatte seine R&D-Gruppe ca. dreieinhalb Kilometer Magnetband mit Testaufzeichnungen gesammelt, über 150 Einzelinspektionen durchgeführt, 54 Belastungstests und 400 Stunden Arbeit im Windkanal hinter sich gebracht. Die Statistik war beeindruckend, gewiß, aber funktionierte der Wagen überhaupt, konnte er sich im harten Renneinsatz behaupten . . .?

Den Tests zufolge sollte es so sein, obwohl die Werte für die Aerodynamik des Wagens in Originalgröße ca. 25-30% unter den Vorhersagen lagen, die aufgrund der Windkanal-Arbeit mit dem Modell gemacht wurden.

Am 21. Dezember 1976 erschien der neue „John Player Special Mark III", alias Lotus 78, zum ersten Mal im Scheinwerferlicht der Öffentlichkeit bei einem Empfang im Londoner Royal Garden Hotel. Andretti war da und sprach begeistert von seinem „Boulevard Ritt". Und es war wirklich wie eine Offenbarung, die Gestalt des neuartigen Renners zu erblicken.

Die Monocoque-Zelle war sehr schlank, wie die des Vorgänger-Typs 77, aber breit ausladende Seitenkästen erstreckten sich zwischen Vorder- und Hinterrädern. Voll mit integriert war der Tank im Rücken des Fahrers, dessen Beine von einem mittragenden Versteifungsblech bedeckt waren. Die Schale war leicht und doch sehr stabil, nicht zuletzt durch die spezielle Bauart der vorderen Querwand und der Seitenwände in Sandwich-Manier.

Das Material dafür bestand aus zwei dünnen, festen Blechen, die durch eine Wabenstruktur aus Aluminium miteinander verbunden waren, sehr stark und steif, dennoch federleicht. Es stammte direkt aus dem Flugzeugbau und wurde beispielsweise als Boden in den Trident-Jets eingebaut. Eingesetzt wurde es bisher bei dem Cosworth Allrad-Rennwagen von 1969, aber nur spärlich, auch Derek Gardner machte damit Versuche während seiner Forschungsarbeit bei Tyrrell, 1971—73.

Die Vorderräder hingen an zurückgebogenen Schwinghebeln und breit ausgelegten unteren Dreiecksquerlenkern. Zierliche gegossene Radträger und Lockheed-Scheibenbremsen, im Lotus 77-Stil, mit doppelten Bremszangen lagen innerhalb der Felge. Ein Wort zu den Bremsen: Sie entsprangen der kooperativen Zusammenarbeit beider Firmen. Ursprünglich waren die doppelten, sich gegenüber liegenden Bremssättel beim Typ 77 unter anderem als Befestigungselemente für Teile der Aufhängung gedacht und lagen innenbords. Früh wanderten sie jedoch wieder nach außen, an die Stelle, wo sie jetzt beim 78er ihre Arbeit verrichteten.

Die Schraubfeder-Dämpfer versteckten sich in kleinen Nischen an den Flanken der Röhre. Strömungsgünstig verkleidet waren auch die Träger der oberen Schwinghebel, wie schon beim Typ 77.

Das Heck mit dem altbewährten „Action-Team" Cosworth DFV/Hewland Getriebe entsprach bis auf zwei Ausnahmen dem des älteren Modells. Wo der 77er sich eines einzelnen unteren Querlenkers bediente, sah man beim 78er einen massiv gearbeiteten Dreieckslenker. Die Geometrie veränderte sich dadurch nicht. Ansonsten trug der Newcomer, genau wie sein Vorgänger, die ausbalancierten Bremssättel auf speziellen Seitenplatten innen an der Antriebswelle. Sie ließen verschiedene Einstellungen zu, um so dem Eintauchen des Wagens beim Beschleunigen entgegenzuwirken. Die Bremssättel dienten außerdem der Befestigung der oberen Rechteckquerlenker. Eine zweite Neuerung, die wie so vieles am Typ 78 von anderen Teams später kopiert wurde, war die Plazierung des Öltanks zwischen Motor und Getriebe beim zweiten Chassis JPS/16.

Der JPS/15 transportierte sein Öl in einem Tank am Heck des um ca. 10,5 cm längeren Monocoques. Alle nachfolgenden 78er wurden auf der Linie des JPS/16 konstruiert, mit kürzerem Monocoque und Öltank im Getriebegehäuse. Der Radstand schrumpfte so gegenüber dem des Prototyps (ca. 280 cm) auf ca. 272 cm.

Jedoch der Clou des ganzen, die Quelle der magischen Kraft des neuen Lotus, verbarg sich in den Seitenteilen. Die Kunstwerke waren im Prinzip so konstruiert: Im hinteren Teil beherbergten sie die Kraftstofftanks, gruppiert um das Schwerezentrum des Wagens. Davor saßen die Wasserkühler, im „Mosquito-Stil", innerhalb von Luftschächten, die den Kühlwind nach oben ins Freie leiteten. Die Bodenseite eines Luftkanals war zugleich die hochgeschwungene Oberseite der Tankverkleidung.

Gleichzeitig bogen sich die Unterseiten der Tanks nach oben, bis hin zu einer Abschlußkante in Höhe der Motoraufhängung. Dadurch entstand sozusagen ein umgekehrtes Flügelprofil.

Die so geschaffene Niederdruckzone, zwischen Flügelunterseite und Fahrbahn, ermöglichte es dem Wagen, sich förmlich an die Piste zu saugen. Aber nur dann, wenn man verhindern konnte, daß Luft von den Seiten her den Unterdruck wieder ausglich. Das war der entscheidende Schritt, der weder im BRM-Experiment, noch beim March 701 getan worden war.

Wrights Idee bestand nun darin, die Seiten dieser langgestreckten Flügelkästen über deren ganze Länge mit End- oder besser Seitenplatten aus Sandwichmaterial zu versehen. Daran sollten dann Schürzen befestigt werden, die mit Hilfe von Borsten den Kontakt zur Straße herstellen und somit eine Abdichtung der Unterdruckzone erreichen konnten. Die Jagd auf ein geeignetes Material begann. Es mußte luftundurchlässig sein, zugleich aber auch widerstandsfähig genug, um die enorme Reibung während des Fahrens mit hohen Geschwindigkeiten zu überleben. Eine Bürste schien da ein vernünftiges Hilfsmittel zu sein.

Mittlerweile zog man die Oberteile der Kästen noch weiter nach hinten, entlang der Maschine, bis kurz vor die Räder, wo sie in einer aufgeschwungenen Abrißkante, oberhalb des Krümmergewürms endeten.

Konventionelle Flügel und Flossen halfen, das Fahrzeug zu trimmen und auszubalancieren, aber es gab da noch mehr. Die Montage der Seitenkühler direkt hinter der Vorderradaufhängung brachte mehr Gewicht nach vorne als bisher. Noch verstärkt wurde dieser Effekt durch den weit vor der Frontachse in der Nase untergebrachten Ölkühler und die extrem vorgerückte Fahrer-Position, aufgrund des Arrangements der drei Tankzellen hinter der Pilotenliege. Das brisante Gemisch war so im Schwerpunkt des Wagens konzentriert und erfüllte damit Chapmans Forderung nach minimaler Veränderung von Handling und Fahrverhalten, wenn sich die Spritlast im Rennen verringerte.

Verschiedene Testeinstellungen im allseits veränderbaren Typ 77, der sowohl ein Experimentier-Vehikel als auch ein echter Rennwagen war, zeigten Chapman, daß es nur auf drei Dinge wirklich ankam: Der Radstand, die Spurweite und die Lage des Schwerpunktes: „Wir probierten einmal sieben verschiedene Hinterradaufhängungs-Geometrien aus, und die Fahrer hatten sichtlich Mühe, einen Unterschied zu bemerken. Aber als wir die Frontspur um ca. 2,5 cm erweiterten, gerieten sie ins Schwärmen".

Logischerweise zog man die Vorder-Spur des 78er bis zum Limit auseinander, weiter als beim 77. Der neue Wagen konnte seine Klauen nun lang ausstrecken, wenn der Fahrer das Lenkrad bis zum Anschlag gedreht hatte, und der längere Hebelarm sorgte für zusätzlichen Biß.

Wie niemals zuvor brachte nun ein Lotus Kraft auf Goodyears damalige Vorderreifen und es war überhaupt kein Problem, sie auf eine angemessene Temperatur zu bringen. Ihr Haftvermögen war das stärkste, was die Fahrer je erlebt hatten und erlaubte andererseits den Gebrauch von Differentialen mit einem Schlupf nahe Null, um ein Durchdrehen der Räder einzuschränken. Bei einem Design mit weniger Front-Biß würde so etwas unkontrollierbares Untersteuern hervorrufen.

Der Einbau folgte zum Teil auf Andrettis Bitte hin, der sogleich die Forderung nach einem vom Fahrer verstellbaren hinteren Stabilisator im USAC-Stil nachschob. McLaren hatte einen ähnlichen aufgrund ihrer Erfahrungen auf dem Indy-Kurs eingeführt. Darüberhinaus empfahl er ein spezielles Benzinversorgungssystem, das ihm die Wahl ließ, welchen der drei Tanks er gerade anzuzapfen hatte und um wieviel er ihn erleichtern würde. Gewichtsverlagerungen blieben dadurch während des Rennens steuerbar, solange bis der letzte Tropfen verheizt war.

Vertrauen in die Fähigkeit des anderen und Sympathie knüpften ein starkes Band zwischen Andretti und Chapman, ähnlich der Beziehung, die diesen begnadeten Ingenieur einmal so erfolgreich mit Jim Clark verbunden hatte. Andretti besaß die Erfahrung und einen angeborenen Spürsinn, den Wagen mittels Stabilisator und Benzinlast-Verteilung optimal auszubalancieren. Während der Saison 1977 schuftete er unentwegt und erzielte eine Abstimmung von noch nie dagewesener Präzision.

In den USAC-Rennen, auf Oval-Kursen, wo es nur Linkskurven gab, hatte sich der Gebrauch von Reifen mit unterschiedlichem äußerem Umfang zu immer ausgefuchsteren Praktiken entwickelt. Es gab dem Boliden den gewissen Kick in die bevorzugte Richtung beim Beschleunigen und Bremsen. Ob es sich dabei mehr um Kunst, denn Wissenschaft handelte, sei dahingestellt. Jedenfalls war auch das sogenannte „crossweighting" — die Stabilität des Chassis wurde mehr auf die Diagonale ausgerichtet, indem man die Federteller entsprechend justierte — ein alltäglich vorgeführter Trick, um die wichtigen Kurven des Nudeltopfs mit einem Optimum an Traktion zu durchfahren. Und Andretti hatte die Fähigkeit, genau abzuschätzen, wann, wo und wie diese Feinheiten einzusetzen waren.

Größte Mühe gaben sich er und das Lotus-Team bei der Zusammenstellung von Reifengarnituren für die Formel 1.

Bedingt durch die Herstellungsverfahren von Diagonal-Rennreifen, kam es unweigerlich zu Abweichungen in Bezug auf Charakteristik und Größe der Laufflächen. Mit Chapman zusammen arbeiteten Bennett und kurzzeitig Tony Southgate — auch ein BRM-Flüchtling, der erst bei Shadow und schließlich bei Lotus landete —unter anderem an einer zweckdienlichen Seitenstabilität der Pneus, indem sie mit Hilfe von teilbaren Speedline-Felgen verschiedene Einpreßtiefen ausprobierten.

Der Nutzen, dieses mit Akribie durchgeführten Progamms, lag auf der Hand, als Andretti in

Andretti im Lotus 78 in Monaco, man sieht die breiten, flachen Seitenkästen, in denen sich die umgekehrten Flügelprofile befinden, die Luftschächte für die Wasserkühler und den Ölkühler in der Schnauze des Wagens.

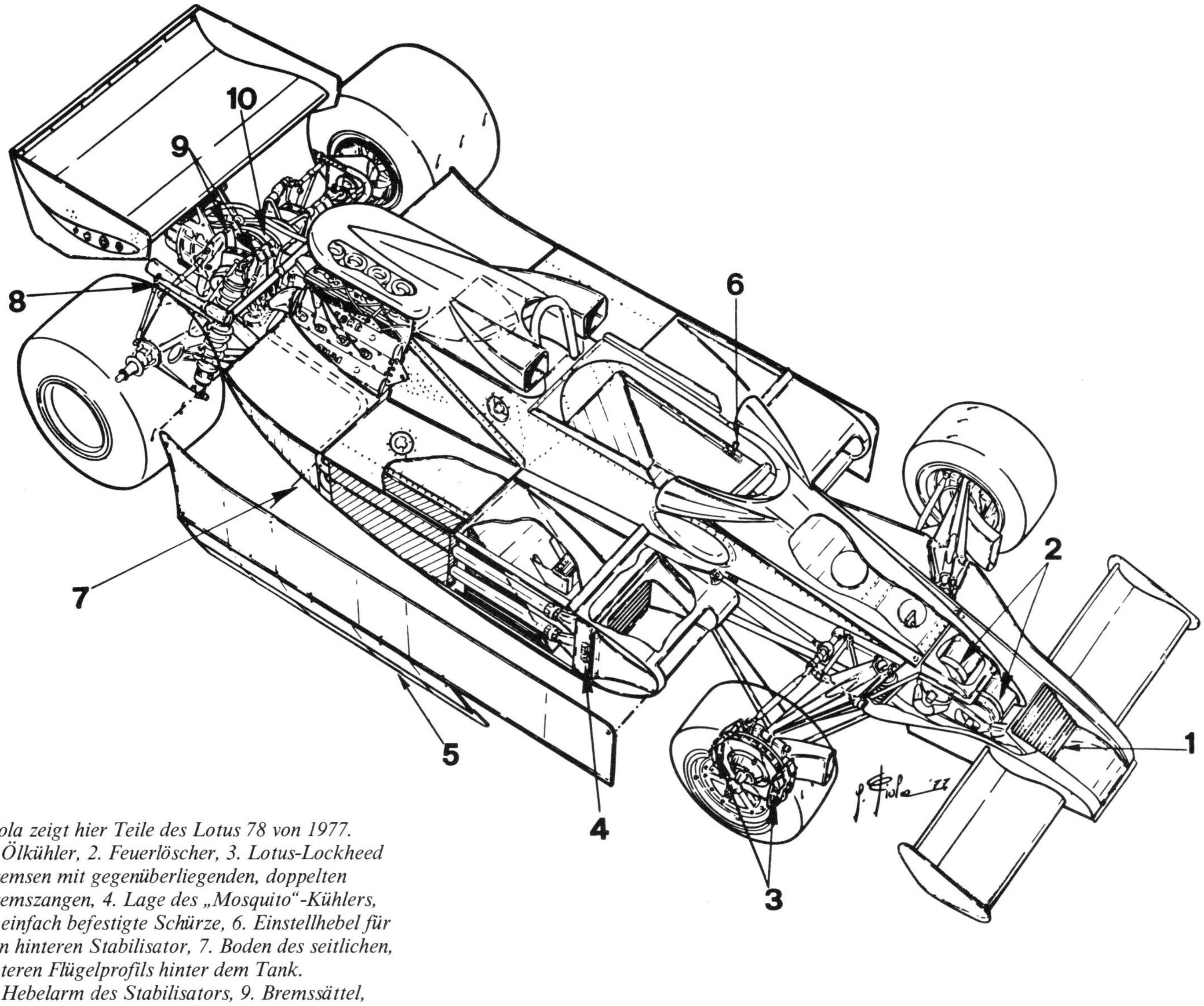

Piola zeigt hier Teile des Lotus 78 von 1977.
1. Ölkühler, 2. Feuerlöscher, 3. Lotus-Lockheed Bremsen mit gegenüberliegenden, doppelten Bremszangen, 4. Lage des „Mosquito"-Kühlers, 5. einfach befestigte Schürze, 6. Einstellhebel für den hinteren Stabilisator, 7. Boden des seitlichen, unteren Flügelprofils hinter dem Tank.
8. Hebelarm des Stabilisators, 9. Bremssättel, 10. Hewland FG400 Antriebseinheit.

der 77er Saison weit öfters in Weltmeisterschaftsläufen die Führung innehatte als alle anderen Fahrer. Er gewann vier Grand Prixs und sein Team-Kamerad Nilsson einen weiteren im verregneten Belgien.

Für einen Weltmeistertitel reichte es jedoch nicht. Eine Serie von Motorschäden, fünf an der Zahl, und drei weitere mechanische Defekte machten alle Hoffnungen darauf zunichte. Drei neu entwickelte Cosworth Aggregate mit schärferen Nockenwellen und größerem Einlaß kollabierten hinter Andrettis Rücken. Die Alternative, ein Nachbau des Nicholson-McLaren DFV, gab schließlich zweimal den Geist auf.

Aber mit Fortuna und der Nicholson-Power an seiner Seite gewann er in Long Beach und im spanischen GP in Jarama, jedoch zeigte er hier auch sein Können. Bei seinem dritten Sieg in Dijon war ihm das Glück noch einmal hold, als Watsons weit vorn liegender Brabham-Alfa Romeo in der allerletzten Runde ausfiel. Seinen schönsten Triumpf feierte der Italo-amerikanische Fahrer bei seinem „Heim"-GP in Monza. Die überarbeitete Cosworth-Maschine, mit zahmerer Ventilsteuerung hielt das Rennen bis zum Schluß durch, und der Lotus 78 war einfach nicht einzuholen.

Als Übeltäter für das wiederholte Versagen der Maschine vedächtigte Cosworth den Öltank des Wagens, der ihrer Meinung nach Belüftungsprobleme hatte. Lotus änderte zwar das System, wie empfohlen, die eigentliche Ursache des Problems wurde aber weder gefunden, noch bewiesen.

Beim Debut des Typs 78 in der Hitze von Buenos Aires wurde die Frontpartie von Andrettis 78/2 durch die Explosion des an Bord befindlichen Feuerlöschers förmlich auseinandergerissen. Ganz schön gefährlich dieses Sicherheitsgerät ... Danach in Brasilien setzte sich die Pechsträhne fort und der Wagen fing Feuer.

In Schweden führte Andretti 68 von 72 zu fahrenden Runden, bis er mit trockenem Tank liegen blieb. Durch Vibrationen wanderte der Regler für das Gemisch in Richtung Fett, was natürlich den Spritverbrauch drastisch erhöhte.

Diese mechanischen Teufeleien zerrten an den Nerven des unglücklichen Fahrers, während Fehler, die er selbst beging, das Team in Rage versetzten. Denn trotz seiner langen Erfahrung, versuchte er zu oft, das Rennen schon in der Eröffnungsrunde zu entscheiden, was in Zolder und Fuji zu funkensprühenden Karambolagen führte, die für ihn jedesmal das Aus bedeuteten. In dieser Saison wurden vier Typ 78 Chassis gebaut, numeriert mit JPS-15-16-17-18, und alle überstanden dieses Jahr. Chassis 78/1 und 78/4 wurden dem mexikanischen Privatier Hector Rebaque für 1978 verkauft. Das Team behielt Nr. 2 und 3 des 78ers.

Die Saison des Lotus 78 stand unter dem Motto: Alles oder nichts. Am Ende fehlten ihm die wichtigen Punkte der niedrigen GP-Plazierungen und Lotus-JPS blieb nur der zweite Platz hinter Ferrari in der Konstrukteurs-Weltmeisterschaft. Im Fahrerpokal wurde Andretti Dritter und Nilsson Achter. Und obwohl Andretti vier GPs gewann, Weltmeister Lauda und Aufsteiger Scheckter jeweils nur drei, machte sich bei ihnen das Punktesammeln auf den unteren Rängen mehr bezahlt.

Das Zählsystem der Weltmeisterschaft belohnte mehr den Beständigen als den Sieger. Das veranlaßte Chapman zu der abfälligen Bemerkung: „Was mich betrifft, sehe ich keinen Sinn darin, nur hinter Punkten herzujagen."

Zweifellos war sein Lotus 78 der Star der Saison des Jahres 1977. Aber er bot noch nicht die glänzende Vorstellung, die die Gegenseite restlos überzeugt hätte, dennoch ließ er ahnen, daß im ground effect-Geschäft noch mehr drinsteckte. Die Verläßlichkeit des Wagens ließ einiges zu wünschen übrig, und obwohl er einen prächtigen Abtrieb entwickelte, fehlte ihm doch gleichzeitig wegen des großen Luftwiderstands auf der Geraden der nötige Speed.

Damals waren sich viele Spitzenfahrer einig, wenn sie sagten: „Gib mir einen Karren, der auf der Geraden gut abzieht, und ich brems' sie alle aus in den Kurven." Es war klar, daß dem Lotus Team die schwache Endgeschwindigkeit des 78er nicht so recht schmeckte. Andererseits wollten die Fahrer auch nicht das Geringste an Abtrieb verlieren, zugunsten eines kleineren Luftwiderstandes und somit höherer Geschwindigkeit. Sie liebten geradezu dieses sichere, satte Gefühl in den Kurven, das ihnen oft erlaubte, auf der Außenspur wie auf Schienen am Gegner vorbeizuziehen, ohne die Haftungsgrenze zu überschreiten.

Vor allem aber war der 78 berühmt für seinen Biß beim Einfahren in die Kurven und beim Herausbeschleunigen aus ihnen. Die Aerodynamik des Flügelautos funktionierte und für 1978 wurde vom Team ein neues Design vorbereitet, das alles aus der neuen Technologie des 78er herausholen sollte.

Die Saison 1978 und der Lotus 79

Der bestehende Typ 78 preschte vor ins neue Jahr mit dem frisch engagierten Ronnie Peterson und dem alten Fuchs Andretti, dem vielleicht stärksten Fahrergespann der Formel 1.

Gleich zum Auftakt in Buenos Aires sah man Andretti als strahlenden Sieger. Peterson ließ sich nicht lumpen und zeigte in Süd-Afrika, daß auch er siegen kann. Nach einem außergewöhnlichen Kampf, Rad an Rad mit einem Tyrrell, übernahm er in der letzten Runde die Führung, nachdem Andrettis 78er schon wieder mit staubtrockenen Tanks stehenblieb.

Mittlerweile stand der Lotus 79, oder JPS Mark IV, schon in den Startlöchern. Ein Modell, das alle Erfahrungen mit dem 78, alias JPS Mark III, raffiniert in sich vereinigte. Wo der 78 mit relativ simplen umgekehrten Flügelprofilen für Abtrieb sorgte, kam der neue 79 dem Ideal eines wahren ground effect-Vehikels wesentlich näher. Die Bodenform seiner Seitenkästen war so ausgeklügelt, daß der vielgepriesene Venturi Effekt und somit die Saugwirkung fast das gesamte Fahrzeug erfaßte.

Nun hoffte man, die fehlenden 25% Abtrieb zu finden, die damals auf dem Weg zwischen Windkanaltests mit dem Modell und der Konstruktion des Typ 78 verloren gegangen waren.

Am Anfang seiner Karriere stand der Typ 78 als Schwergewicht am Start, speckte aber im Laufe der Zeit kräftig ab — normalerweise ist es umgekehrt —. Man hätte den Wagen jedoch gerne noch leichter gebaut; denn Chapman hatte da so seine speziellen Pläne. Er schlug vor, Wagenheber an Bord zu installieren, um so Zeit zu sparen bei Tests und Qualifikationsläufen vor den Rennen. War das bei den bisherigen Wagen wegen des Gewichts völlig auszuschließen, kam der 79 der Sache doch schon um einiges näher.

Die Ketteringham R&D-Gruppe hatte sich unterdessen aufgelöst. Southgate ging zurück zu Shadow, Mitte 1977, und Bellamy zu Copersucar. Beide arbeiteten weiter an Flügelwagen, Southgate allerdings mit mehr Erfolg. Bellamy erschien als der große Befürworter von Wabenkonstruktionen im damaligen 78, hatte jedoch gegen Ende seiner Zeit bei Lotus ein immer schlechteres Verhältnis zu Chapman. Nun, nachdem „der alte Mann" ja die Verantwortung für das Projekt 79 hatte, entschloß sich Chapman, seinen Weg zu gehen. Er kehrte zurück zum Aluminiumblech, das er von früher her noch gut kannte.

Im neuen Chassis sollte nur ein Minimum an Wabenstruktur zum Tragen kommen. Das klingt eher nach Rückschritt, und tatsächlich war der 78 in dieser Hinsicht das modernere Auto.

Allerdings brachte die Verwendung dieser Wabenbleche auch Nachteile mit sich. War die Außenhaut einmal verletzt und die Wabenstruktur zerstört, konnte man von Reparieren nicht mehr reden. Das kaputte Teil mußte schon ganz ausgetauscht werden. Dazu kam die Schwierigkeit, an der sehr dünnen Aluminium-Haut geeignete, genügend starke Befestigungspunkte zu finden. Folglich setzte man den Körper des 79 aus konventionellem Aluminiumblech zusammen, mit einem stabilen Trägersystem an jeder Seite des Cockpits, für die Anbringung der Seitenkästen und anderer Teile. Mit Argusaugen überwachte „der alte Mann" das Zeichenbüro, wo sich Geoff Aldridge und Martin Ogilvie über die Details des neuen Typs hermachten. Das Hauptaugenmerk richtete sich auf die Seitenkästen. Um die Luftströmung in ihnen zu verbessern, ließ man die Außentanks und die hinteren Federdämpfer des 78 erst einmal weg.

Nach Formel 1-Reglement durfte eine einzelne Tankzelle ein Maximalvolumen von 80 l enthalten. Chapman wollte aber die gesamte Spritmenge in einem einzigen Tank tief im Heck der Röhre bunkern. Man ließ die Regel Regel sein und beanspruchte für sich das Recht der Ausnahme. Der neue 79 bekam also sein einzelnes Tanksegment zwischen Fahrer und Maschine. Am Rande bemerkt, sah eine frühe Zeichnung hier zwei Behälter vor.

So schmal wie möglich, hieß der Leitsatz für den Bau des Monocoques und für die Flügelkästen, maximale Ausdehnung. Die seitlichen Cockpit-Verkleidungen waren winzig. Im Bereich des Armaturenbretts war die Schale mit einem gelochten Profil verstärkt. Eine gewölbte Stirnwand umschloß die Schienbeine des Fahrers und verjüngte sich nach vorne zu einer schlanken, flachen Nase. Alle Bauteile bestanden aus Aluminiumblech, nur der Schalenboden hatte die bekannte Sandwich-Wabenkonstruktion.

Die Vorderradaufhängung war nun geradlinig und nicht, wie beim 78, zurückgebogen. Innenbords verbargen sich Schraubfeder-Stoßdämpfer, um den frei fließenden Luftstrom nicht zu stören. Die oberen Schwinghebel und die weit ausgelegten unteren Deiecksquerlenker ließen viel Raum für einen ungehinderten Luftfluß zu den Seitenkühlern und unter die Tragflächenprofile. Für optimales Anströmen hatte man gesorgt, doch wie verschaffte man nun den Luftmassen einen ebenso reibungslosen Austritt? Dafür wurden die ehemals außen angebrachten hinteren Federdämpfer nach innen verlegt, eng an das Getriebegehäuse. Ein anderes Hindernis, die Auspuffanlage betreffend, wurde beseitigt, indem man das Krümmergewirr hochbog und über der Maschine nach hinten wegführte.

Die nun gebäuchlichen Doppel-Zangen-Scheibenbremsen waren auch hier Usus, vorne außen und hinten innen angebracht. Im rechten Seitenteil hing ein einzelner Wasserkühler steil nach vorne geneigt, im linken befand sich der kleinere Ölkühler.

Ohne das ganze Drumherum war der Körper des neuen Typ 79 mager und schmalbrüstig, doch mit den neuen voluminösen Seitenteilen bekleidet, entpuppte er sich als der attraktivste Formel 1-Renner seiner Zeit, eine schwarze, schöne Lady.

Peter Wright beschrieb den Lotus 78 als einen Wagen, der neue Ideen erprobte. Der Lotus 79 war dagegen die Quintessenz dieser Ideen.

Zu Chapmans Plänen gehörte unter anderem auch der Austausch des Hewland Getriebes gegen ein anderes, haltbareres, das auch ohne Kupplung geschaltet werden konnte. Für ihn war das so eine Art Hobby.

Der Prototyp des Lotus 79 (Chassis JPS/19) wurde im Dezember 1977 in Ricard-Castellet getestet. Wright erinnert sich: „Keiner wußte so recht, welche Kräfte der ground Effect freisetzen würde, und was diese Kräfte mit einem Wagen anstellen können ... Die gesamte Konstruktion ermüdete in unglaublich kurzer Zeit!"

Nach etwa 150 Meilen auf dem Testkurs erschien der JPS/19 in einem erbärmlichen Zustand, weich und labil. Die Verwindungssteife des Monocoques war völlig unzureichend. Auch die Aerodynamik ließ einiges zu wünschen übrig und auf der Geraden mußte man noch mehr rausholen können. Für den neuen, hochgewachsenen Fahrer des Teams, Ronnie Peterson, war ein Umbau der flach gewölbten Schale unumgänglich. Seine langen Beine fanden darin kaum genügend Platz. Auch vom neuen Lotus-Getrag Getriebe hatte man sich zuerst mehr versprochen. Anfangs wirkte es wie ein echter Fortschritt gegenüber dem Hewland, viel leichter, einfacher und schneller zu schalten, aber nach ein paar Runden schmiß der Schaltmechanismus das Handtuch. Das brutal einsetzende Drehmoment des Formel 1-Treibsatzes gab dem reichlich unterdimensionierten Räderwerk den technischen K.O. — Chassis 19 trat erst einmal die Rückreise an. In Ketteringhams Werkstatt wurde es auseinandergenommen und diente im Folgenden als Test-Vehikel zur Erprobung neuer Getriebekonzepte — der Job gehörte bis dahin einem alten Lotus 77 —. Später in der Saison, mit den letzten Neuerungen versehen, stand er dem Team als Ersatzwagen zur Verfügung.

Mittlerweile war auch der zweite Lotus 79, Chassis JPS/20 (oder logischer 79/2), fertig. Das Monocoque hatte man versteift und die Cockpitseiten verstärkt. Die Instrumente brachte man höher an, zugleich erweiterte man das Vorderteil der Röhre, um die Beinarbeit des langen Peterson nicht zu behindern. Die Hinterradaufhängung erhielt modifizierte Radträger und längere untere Dreieckslenker. Sorgfältig überarbeitet wurde auch die Form der Seitenteile und der Luftschächte.

Bei der Ricard-Version des Wagens endete die Unterseite des Flügelprofils bereits an der vorderen Maschinenhalterung. Nun erstreckte sie sich entlang des Motors weit nach hinten. Die Verkleidung der Ansaugstutzen wurde flacher gehalten und mit kleinen Flossen versehen. Ein Anströmen des Heckflügels sollte dadurch verbessert werden.

In dieser Form lief der Wagen das erste Mal beim Silverstone International mit Andretti am Steuer. Aber nach 58 Trainingsrunden sagte das neue Lotus-Getriebe Adieu. Das Gegenstück dazu, an Petersons altem 78, verabschiedete sich nach exakt der gleichen Distanz. Dennoch qualifizierte sich der Schwede für die Pole-Position. Andretti war der Drittschnellste und sprach begeistert davon, wie er jeden Meter, den er mit seinem neuen Wagen zurücklegte, genossen hat.

Um die Schwachstelle des Lotus-Getrag Getriebes zu finden, drehte Peterson Runde für Runde, plötzlich wurde er schneller. Teamzeichner Martin Ogilvie erzählt: „Als er zu uns an die Boxen kam, meinten wir, ah, du hast das Schaltproblem also im Griff. Er lächelte nur und sagte, nein, ich habe einfach aufgehört, die Kupplung zu treten."

An dem Tag, als das Rennen stattfinden sollte, goß es in Strömen. Schon in der Aufwärmrunde baute Peterson einen Unfall. Andretti führte kurz das Feld an, bevor sein Lotus aufgrund von

Andretti und Nilsson vom Lotus Team in den beiden neuen Typ 78-Chassis Nr.3 und 2, beim spanischen GP in Jarama 1977. Mario gewann und Gunnar wurde Fünfter. Man beachte die von Tony Southgate empfohlenen Ölkühler nach Shadow-Manier in der Schnauze untergebracht.

Aquaplaning in der Abbey-Kurve abschmierte und sich in ein anderes, frühes Opfer der tiefen Pfützen bohrte. Der 79/2 war ganz schön verbogen. Trotzdem lautete sein Kommentar: „Alles in allem hat uns der 79 in Silverstone eine Lektion erteilt. Junge, Junge der Karren ging echt gut in diesem Regen, wirklich außergewöhnlich gut ..., aber, wir hätten ein Hewland Getriebe haben müssen ... mit dem Getrag hatte ich schon in der ersten Runde Schwierigkeiten, den fünften Gang reinzukriegen ..."

Der Wagen wurde wieder hergerichtet, während der JPS/21 (79/3) bereits fertig dastand. Beide erschienen in der revidierten Mark III-Form. Widerwillig ließ Chapman das Lotus-Getrag Transmission-Experiment fallen. Es sollte zwar weiterentwickelt werden, wurde später aber ganz aufgegeben. Dafür kehrte das gute alte Hewland „Getriebe zum Umrühren" zurück. Über dessen Gehäuse verlegte man das Auspuffsystem, möglichst platzsparend und strömungsgünstig. Klappbare Schürzen aus starrem Aluminium-Sandwich-Material mit abriebfesten unteren Kanten verlängerten den äußeren Rand der Seitenkästen bis zum Boden. Diese Form der Gleitschürzen sollte endgültig sein, lediglich Material und Führungsmechanismen wurden mit der Zeit besser.

Die Jungs von Lotus arbeiteten schnell und schon für Monaco stand dem Team der 79/2 als Ersatzwagen zur Verfügung. Nach dem Training konnte Andretti nur noch staunen über die Fähigkeiten des Boliden: „Er geht genau so gut in die Kurven wie der 78, aber der Hintern bewegt sich mindestens so gut wie das Vorderteil, wohingegen beim 78 mit dem Heck nicht soviel los war. Es sieht so aus, als hätten wir hier den perfekten Rennwagen, vorne wie hinten alles optimal im Griff, eine unglaubliche Traktion ..."

Aber noch immer hieß es, rennuntauglich, vor allem für das Drunter und Drüber von Monaco. Es folgte eine Goodyear Testserie in Anderstorp/Schweden, wo Peterson den 79 in Zeiten bewegte, wovon seine Gegner noch nicht einmal zu träumen wagten. Nachdem er rund 700 Meilen zurückgelegt hatte, brachte man diesen 79 direkt nach Zolder, wo er beim belgischen GP für Andretti als Ersatz bereitstand. Team-Ingenieur Nigel Bennett nahm Andretti beiseite und meinte, man könne durchaus das Einsatzauto aus ihm machen. Andretti erzählte es Chapman und beide „spendeten" jeweils 500 Dollar als Anreiz für die Mechaniker, den 79 so fit zu kriegen, daß er das gesamte Rennen ohne Ausfall überstehen konnte.

So startete der JPS/20 in seinen ersten Grand Prix ... Ein kurzer Rückblick zeigt, daß es die alten 78er waren, die man schlagen mußte. Andretti fuhr bisher den 78/3 und Peterson den 78/2 in allen fünf Rennen, angefangen von Argentinien im Januar bis Monaco im Mai. Ihre zehn Starts führten zu folgenden Ergebnissen: zwei erste Plätze in Argentinien und Südafrika, ein zweiter Platz, zweimal Vierter, einmal Fünfter, einen siebten und einen elften Platz. Um die Zehn vollzukriegen, müssen noch zwei Ausfälle erwähnt werden, aufgrund eines mechanischen Defekts, bzw. einer Kollision in Brasilien, bei der die Aufhängung an Petersons Wagen brach.

In Zolder stand nun der Profilierung des in neuem Glanz erstrahlten 79/2 nichts mehr im Wege. Wie im Vorjahr mit dem 78 qualifizierte sich Andretti auch mit ihm, über eine Sekunde schneller als seine Verfolger. Im Rennen führte er von Anfang bis Ende das Feld an, ohne sich groß anzustrengen. Petersons 78, durch einen Reifenwechsel etwas ins Hintertreffen geraten, kämpfte sich durch die Meute wieder nach vorne und wurde noch Zweiter. Das Lotus-Team belegte so zum vierten Mal in einem „Grande Epreuve" die

Plätze 1 und 2, zwei Tage nach Chapmans 50. Geburtstag. Beim spanischen GP in Jarama war Peterson mit dem nagelneuen 79/3 unterwegs. Das Lotus Paar stand am Start auf den Positionen 1 und 2 und beendete genauso das Rennen. Schnellste Runde: Andretti. Der mexikanische Privatfahrer Hector Rebaque fuhr den 78/1 mit viel Gefühl, mußte jedoch leider ausscheiden. Brabhams Antwort auf Lotus ground effect erfolgte prompt zum schwedischen GP in Anderstorp. Dort tauchte jenes hastig zusammengeschraubte, recht fragwürdige Staubsauger-Auto auf. Immerhin gewann Lauda mit ihm das Rennen. Andretti startete zwar als erster, mußte dann aber aufgeben. Peterson wurde Dritter, hinter dem Arrows, der seinen zweiten Platz mit Haken und Ösen verteidigte. Andrettis Ausfall war auf den Gebrauch von Ventilfedertellern aus Titan zurückzuführen. Sie hielten der Belastung nicht stand, zerbröselten und ließen einige Ventile in die Brennräume fallen.

Nach seinem ersten Auftritt wurde der „Staubsauger" per Reglement aus dem Wettbewerb verbannt, und der Lotus bekam den Status: einziger ground effect-Wagen der Saison, zurück, obwohl andere Teams wie zum Beispiel Wolf, beherzte Versuche unternahmen, die Lücke zu schließen. Der nächste Doppelerfolg des Typs 79 (Plätze 1 und 2) war der französische GP. In Brands Hatch lief es dann nicht so gut. Peterson qualifizierte sich zwar bestens, aber beide 79er blieben liegen, nachdem sie früh die Führung übernommen hatten. Der Große Preis von Deutschland sah wieder einen Lotus als Sieger mit Andretti am Steuer. Peterson startete mit ihm aus vorderster Reihe, ging als erster an die Spitze und markierte die schnellste Runde, bevor er den Wagen abstellen mußte: Getriebeschaden. Rebaque belegte mit seinem zweiten Chassis, dem 78/4, den sechsten Platz.

Seitdem Andretti mit dem 79/3 während der Qualifikation in Ricard einen Randstein geküsst hatte, war er überzeugt, sein Chassis sei irgendwie verzogen. Selbst als es in Ketteringham neu justiert wurde, war er noch skeptisch. Aber die Tatsachen in Hockenheim zertreuten endgültig seine Bedenken. Bis dahin hatte er ständig Zweifel an der Fähigkeit des 79, auf diesem schnellen Kurs den nötigen Speed zu entwickeln: „Alle Befürchtungen waren nun wie weggeblasen. Mit dem 78 bekam ich auf wirklich schnellen Strecken regelmäßig das große Zittern, aber der 79 hat mich beruhigt, der kann es mit jedem aufnehmen."

Der 79/1-Prototyp wurde mit den letzten Standards ausgerüstet und diente am Ende der Saison als Ersatz für die regulären Chassis '3 und '2. In Österreich standen die beiden 79er zum drittenmal hintereinander auf den Startplätzen 1 und 2 und setzten damit neue Leistungsmaßstäbe in der Formel 1. Jedoch auch bei einem Superteam wie Lotus verlief nicht alles reibungslos.

Für den Trainingslauf versorgte man Andrettis Wagen mit neuen, aerodynamisch gestalteten Querlenkern.

Der Anstellwinkel des Heckflügels wurde auf zwei Grad verflacht, um höhere Geschwindigkeiten zu erzielen. „In den schnellen Kurven konnte man das Gruseln kriegen", meinte Andretti später. Das einzig Neue am Wagen, waren die Querlenker. Sie wurden wieder ausgebaut, durch die ursprünglichen ersetzt und alles lief so gut wie eh und je. Eines wußten sie jetzt: diese Renner einer neuen Ära waren äußerst sensibel.

Der erste Versuch, den GP zu fahren, dauerte ganze sieben Runden. Dann spülte der monsunartige Wolkenbruch das gesamte Teilnehmerfeld von der Piste. Nachdem Andretti und Rebaque im ersten Teil des Rennkrimis aneinander geraten waren, spielte in der 47 Runden dauernden

Peter Wright und Colin Chapman;

Die Entstehung des John Player Superteam bei Wintertests in Ricard. Andretti und Peterson posieren mit dem 79/1, der als schwarze Schönheit geschickt von seinen Kinderkrankheiten abzulenken wußte.

Das schmächtige Monocoque 79/2 auf Transporträdern in der Werkstatt von Team Lotus, Anfang 1978. Beachte: hochgewölbte vordere Schale, flache, schmale Wanne im Cockpitbereich und der Wasserkühler ohne Seitenverkleidung.

Fortsetzung Peterson die Hauptrolle. Er siegte im 79/2 und fuhr nebenbei die schnellste Runde.

In Zandvoort, beim GP von Holland, hatten die 79er wieder mal die Nasen weit vorne. Sie überfuhren, wie fast schon üblich, in trauter Zweisamkeit die Ziellinie und belegten die Plätze 1 und 2. Andretti siegte im neuen JPS/22 (79/4), bei dem einige Überbleibsel des Österreich-Wracks, dem 79/3, Verwendung fanden.

Auf dem Programm stand nun der italienische GP von Monza. Beim Aufwärmen am Morgen des Renntags hatte Peterson Probleme mit den Bremsen am 79/2. Er raste mit ihm in die Botanik und mußte daraufhin für's Rennen in den 78/3-Veteran umsteigen, da kein Ersatz-79 bereitstand.

Andretti stand in vorderster Linie mit dem 79/4. Diese Position war nicht nur die günstigste, sondern, an jenem Tag, wohl auch die sicherste. Am Start herrschte ein heilloses Durcheinander. Die Meute stob los, das Feld war dicht zusammengedrängt und bei der Anfahrt auf die erste Kurve, wo es hieß: Schnell die Linie finden und einfädeln, geschah der tragische Unfall. Eine furchtbare Massenkarambolage war die Folge der Rangelei. Dabei schleuderte Petersons Lotus 78 mit hoher Geschwindigkeit, kopfüber in die Leitschiene. Das Vorderteil der einfachen Monocoqueschale hielt dem Aufprall nicht stand und wurde zertrümmert. Beide Beine des Fahrers waren gebrochen. Zu allem Unglück trat auch noch Benzin aus, und das Wrack fing Feuer. Aber beherzte Fahrerkollegen zogen Peterson schnell aus den brennenden Trümmern. Er war zwar schwer verletzt, schwebte jedoch offensichtlich nicht in Lebensgefahr. Peterson wurde gerettet nur, um noch in der Nacht an den Folgen einer Operation seiner Knochenbrüche zu sterben.

Das Rennen wurde neu gestartet und, Andretti wurde als erster abgewunken. Er hatte zwar gesiegt, erhielt aber eine Strafminute, weil er einen Frühstart verursacht hatte. So rutschte er auf den sechsten Platz. Der Weltmeistertitel war ihm aber sicher. Mitten in der Nacht kam dann die Todesnachricht aus dem Krankenhaus.

Die Saison ging zu Ende. Für die GPs von USA und Kanada war das Team gezwungen, zwei Wagen ins Feld zu führen. Deshalb verpflichtete man den französischen Fahrer Jarier, um an Andrettis Seite zu kämpfen. Der Franzose erhielt den neu aufgebauten 79/3, der Italo-Amerikaner fuhr, wie üblich den 79/4. Beim morgendlichen Aufwärmen in Watkins Glen, verlor Andrettis Wagen sein rechtes Hinterrad, der Achsschenkel war gebrochen. Für's Rennen übernahm er den 79/3. Jarier steckte man in den alten 79/1, der soeben aus England eingetroffen war.

Vom Start weg setzte sich Andretti vor die Ferraris an die Spitze. Aber heftiges Übersteuern seines Ersatz-79 und schwammige Bremsen machten ihm das Leben schwer, und die Ferraris rückten näher. Dann machte auch der Motor nicht mehr mit, und das Rennen war für ihn beendet. Jarier hatte unterdessen mit Reifen- und Benzinproblemen zu kämpfen. Er mußte früh an die Boxen, um den linken Vorderreifen zu wechseln, der durch extremes Untersteuern bei vollgetanktem Fahrzeug förmlich verbrannt war. Wieder auf der Piste, wieselte er flink durchs Feld und kämpfte sich vor, bis auf den zweiten Platz. Dann, drei Runden vor Schluß, blieb er mit trockenen Tanks liegen. Immerhin fuhr er die schnellste Runde und unterstrich damit die Überlegenheit der 79er.

In Montreal, beim kanadischen GP, übernahm der Franzose die Pole-Position im 79/3 und hatte nach halber Distanz schon einen Vorsprung von 30 sec. Doch in der 49. Runde wurde er plötzlich langsamer und gab anschließend ganz auf, eine Bremsleitung war geplatzt.

Andrettis 79/4 war während dieses Rennens nur sehr schwer zu handhaben. Es stellte sich heraus, daß das Monocoque verzogen war. Eine Folge des Vorfalls in Watkins Glen. Dummerweise konnte er auf dieser langen Distanz seinen Ersatz-Wagen nicht benutzen; denn dessen Spritvorrat würde nicht ausreichen. Nach einem kleinen Gerangel am Anfang des Rennens, belegte er am Ende einen enttäuschenden 10. Platz. Das war für Lotus der Schluß einer richtungsweisenden, erfolgreichen Saison mit bitterem Nachgeschmack.

Der Typ 79 stand in elf Grand Prix zwanzigmal am Start. Er erzielte sechs erste Plätze, vier zweite, einen dritten, einen sechsten, einen zehnten und einen fünfzehnten (Jariers Plazierung in Watkins Glen), demgegenüber standen sechs Ausfälle. Siebenmal hintereinander stand er auf der Pole, fünfmal fuhr er die schnellsten Rundenzeiten und immer war er ganz vorne mit dabei.

Nach der Einführung des 79 in Zolder, startete der Werks-78 nur noch zweimal. In Belgien erreichte Peterson mit dem 78/2 den zweiten Platz und fuhr die schnellste Runde. Das tragische Ende des Typs kam in Monza, wo Ronnie mit dem 78/3 so schlimm verunglückte. Der Wagen wurde dabei total zerstört. Gerade beim Lotus 78, 79 lagen konzeptionsbedingt die Füße des Fahrers weit vor der Vorderachse und somit leicht verletzbar. Petersons Verhängnis.

Diese bemerkenswerte, aber auch nachdenklich stimmende Saison krönte das Lotus Team mit dem Formel 1 Konstrukteurs-Titel. Sie lagen mit 86 Punkten vor Ferrari mit 58. Andretti gewann den Fahrertitel und Peterson erhielt posthum den 2. Platz.

1979 — Die Konkurrenz schläft nicht

Während der Typ 80 bereits entwickelt wurde, begann Lotus die Saison 1979 noch mit dem 79. Eifrige Zungen bezeichnen heute diese Saison als das totale Desaster für Team Lotus. Eine leichtfertige Behauptung, in Wahrheit lief es am Anfang ganz gut. Natürlich war es klar, daß die Konkurrenten in Sachen ground effect der Spur von Lotus folgten, ja, sie drohten sogar, es viel besser zu machen.

Martini trat im Jahre 1979 als neuer Sponsor des Teams auf, und die Wagen erschienen in englischem Renn-Grün mit roten und blauen Martini-Streifen, bekannt durch die Langstreckenflotte von Porsche. Der Prototyp des Lotus 80 sollte die Chassis-Nr. ML23 erhalten, man folgte dabei dem John Player Special JPS Numerierungssystem. Den Auftakt der Saison jedoch bestritten die alten 79er Chassis 2, 3 und 4. Für das dritte Rennen in Südafrika erhielt Andretti sogar ein brandneues Chassis, den 79/5.

Schon zu Beginn, in Südamerika, entpuppten sich die Ligier-Cosworth JS11 von Gérard Ducarouge als die weit effektiveren Konstruktionen. Sie dominierten sowohl den argentinischen als auch den brasilianischen GP. Aber der neu hinzugekommene Reutemann, kam in Buenos Aires hinter dem JS11 als zweiter ins Ziel. Andretti wurde fünfter. Die 79er mischten also noch kräftig mit. Danach in Brasilien qualifizierten sich die Lotus-Fahrer als Dritter und Vierter hinter dem Ligier-Paar. Im Rennen belegte Reutemann den dritten Platz hinter ihnen. Der Lotus 79 war immer noch der Größte nach den ganz Großen.

Der Lotus 80 trat nur bei drei Formel 1-Meetings in Erscheinung. Zum erstenmal sah man ihn in Spanien, wo er im Ziel an dritter Stelle lag.

Als die Hälfte der Saison vorüber war, — sieben Rennen waren gelaufen, acht sollten noch folgen — tat sich einiges auf der Szene. Der Williams FW07 kam ganz groß raus, die Ferraris entfesselten Urgewalten und waren dabei auch noch sehr zuverlässig, und die Ligiers legten ein höllisches Tempo vor, obwohl nicht mehr so furios wie in Südamerika. Bei diesem Balanceakt in der Zeltkuppel des Grand-Prix-Zirkus verlor Lotus das Gleichgewicht und stürzte ab, genau wie 1975 mit dem Typ 72.

In den ersten sieben Rennen der 79er Saison hatte das Team insgesamt 14 Startmeldungen, dabei konnten sie elfmal Weltmeisterschaftspunkte sammeln. Im Gegensatz dazu kamen in den letzten acht Rennen von 16 Gestarteten lediglich vier überhaupt ins Ziel, davon nur einer in die Wertungsränge. Das war in Monza, wo Andretti fünfter wurde und die sechst-schnellste Runde fuhr. Reutemann landete auf Position 7.

Seinen letzten Auftritt hatte der 80 beim französischen GP, wo einfach nichts mehr stimmte. Bremsen, Aufhängung, die gesamte Aerodynamik, überall war der Wurm drin, und Andretti war den Tränen nahe. So mußte das Team meistens die 79er ins Feld führen, die dann von ihren Gegnern gnadenlos in Grund und Boden gefahren wurden.

Das Lotus Team erlebte sein Waterloo in Österreich. Gleich am Start versagte Andrettis Kupplung, und Reutemann fuhr an die Boxen, um sich neue Reifen aufziehen zu lassen. Schließlich gab er irgendwann auf, wegen „Handling-Problemen".

Andretti gab bestimmt sein Letztes, aber es war offensichtlich, daß dort, wo der Lotus 79 im vorigen Jahr eine Klasse für sich darstellte, nun andere Maßstäbe galten. Das Team konnte dem Druck einfach nichts entgegen setzen.

Dazu Peter Wright: „Zu seiner Zeit war der 79 sehr effektiv, aber damals war er auch der einzige echte ground effect-Wagen überhaupt. Wir mußten eine Menge Kompromisse machen, um diese spezielle Wirkung zu erzielen... Jetzt, 1979, mußte er gegen die zweite Generation Flügelautos antreten, und es zeigten sich entscheidende Mängel in den Bereichen Kühlung, Bremsen und Monocoque-Steife. Der 80, unsere zweite Generation, hatte diese Mängel nicht mehr, dafür stimmte aber die Aerodynamik nicht. Um die Fehler zu finden, mußten wir wieder auf den 79 zurückgreifen, und so standen wir extrem unter Zeitdruck. An ausführliche Tests war also nicht zu denken, und die Entwicklung lief uns einfach davon, speziell in der zweiten Hälfte der Saison..."

Die Karriere des ehemaligen Senkrechtstarters Lotus 79 fand ihr Ende am 7. Oktober 1979 in Watkins Glen. Reutemann qualifizierte sich erstaunlich gut mit dem 79/3 als Sechstschnellster und lag anfangs an dritter Position auf regennasser Strecke. Dann löste sich jedoch der Kasten, der den Auslösemechanismus des Feuerlöschers enthielt. Von diesem, im Cockpit hin- und herfliegenden Teil irritiert, verlor er die Kontrolle über das Fahrzeug und verursachte einen Dreher, der ihn ins Aus warf. Andretti schlug mittlerweile dem Getriebe seines 79/5 so viele Zähne aus, daß er nur noch den vierten Gang reinbekam und den Wagen in der 16. Runde abstellen mußte.

Der Lotus 79 war eine klassische Schönheit, deren Karriere von frühem, steilen Erfolg gekrönt war, um später ebenso schnell in ein kränkelndes Mittelmaß abzurutschen. Mit ihm erlebte Lotus den Aufstieg zum Gipfel des Ruhms, und mit ihm erfolgte auch der klägliche Abstieg in den frühen 80er Jahren. Wie dem auch sei, man erinnert sich an ihn, als das letzte strahlende Juwel, das von Colin Chapman selbst zutagegefördert wurde, und einmal mehr das gesamte Rennwagen-Design revolutionierte.

Letzter Titel für einen 12 Zylinder Sauger: Ferraris 312T4 — 1979

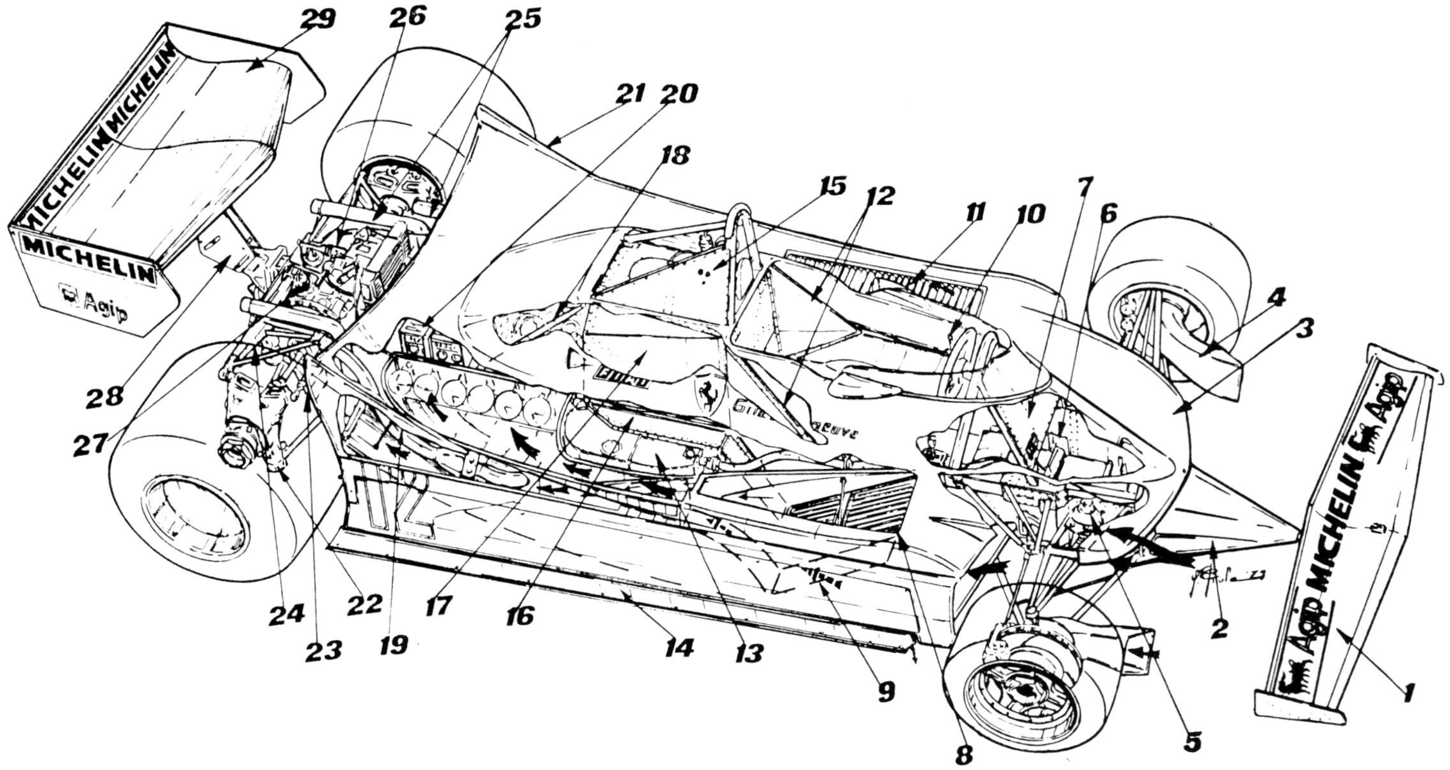

Ferraris 312T4 mit seinen großflächigen Karosserieteilen war nicht der Schönste im Jahre 1979, aber er war gut genug, die Weltmeisterschaft zu gewinnen. 1, Flügel; 2, keilförmige Nase; 3, Schnauze; 4, Luftführung zu den Bremsen; 5, Federdämpfer; 6, Zahnstange der Lenkung; 7, Versteifung des Überrollbügels; 8, Kühler; 9, Lufteinlaß zum Motor; 10, Einstellhebel des hinteren Stabilisators; 11, Entlüftung; 12, Schalenverstärkung; 13, Öltank; 14, Schürze; 15, Funksprechanlage; 16, Zusatztank; 17, Haupttank; 18, Motorhalterung; 19, Auspuffrohr; 20, Batterie; 21, Reifenverkleidung; 22, Radträger; 23, siehe 4.; 24, oberer Schwinghebel; 25, Endrohre; 26, Stabilisator; 27, Getriebe; 28, Flügelsäule; 29, Heckflügel.

Im Laufe des Jahres 1978 hatte sich das Ferrari-Modell 312T3, maßgeschneidert für die neuen Michelin Radialreifen, als falsche Schönheit entlarvt. Das italienische Team verlor den heißbegehrten Konstrukteurs-Pokal an den Lotus 78/79.

Ein neues „Sesam öffne dich", so meinten die Ingenieure in Maranello, hätte Lotus endeckt, indem sie die Unterseite des Wagens dazu nutzten, diesen extremen aerodynamischen Abtrieb zu erzeugen. Aber, was dem Lotus Team und Nutzern des Cosworth V8 goldene Zeiten versprach, war für Ferrari eine Hiobsbotschaft. Ihr ansonsten ausgezeichneter 12 Zyl. mit seinem vorteilhaften, niedrigen Schwerpunkt, vor Kraft strotzend und beruhigend zuverlässig, war für diese Mode einfach nicht gebaut. Er war viel zu breit und so niedrig aufgehängt, daß ein sauberes Abströmen der Luft unterhalb der Flügelprofile nicht gewährleistet war.

Brabham steckte in ähnlichen Schwierigkeiten mit ihrem Alfa Romeo 12 Zyl. Motor. Aber Gordon Murray hatte vorgesorgt und auf seinen Rat hin begann Alfas Autodelta Rennabteilung, unter Leitung von Carlo Chiti im August 1978 mit der Neukonstruktion des 12-Zylinders als 60°V-Motor. Der Prototyp feierte schon im Dezember sein Debut und atmete zum erstenmal Renn-Atmosphäre.

Zu kritisieren gab's viel an der neuen Alfa-Maschine, doch Hut ab vor dieser enormen technischen Leistung. In nur 15 Wochen schafften sie es, einen neuen einsatzbereiten Formel 1-Motor von Grund auf zu konstruieren und zu bauen.

Dies eine Mal konnte Ferrari nicht mit seinen Mailänder Rivalen gleichziehen. Ingenieur Forghieris Team stand zum erstenmal vor der Aufgabe, ein Chassis mit echtem ground effect zu entwerfen, und das mußte auch noch zum vorhandenen Motor passen. Denn man wollte Alfa nicht einfach nachäffen, sondern den 12-Zyl. beibehalten und nur dessen Basisgehäuse schmäler gestalten. Das sah im ersten Moment nach Pfennigfuchserei aus, war in Wirklichkeit aber eine kluge Entscheidung, die wieder einmal bewies, welche Fähigkeiten Signore Ferrari besaß, bei so wichtigen und weitreichenden Vorhaben, den einzig richtigen Weg einzuschlagen.

Es scheint so, als hätte er damals auch auf die Überlegungen seiner Ingenieure gehört, die ihn auf die Möglichkeiten eines 1500 ccm Turbomotors hinwiesen. Zumindest beschloß er, „wenn investiert wird, dann eher dort", als kurzfristig Geld für einen neuen, teuren 3-Liter aus dem Fenster zu werfen, der in 18 Monaten vielleicht nur noch Schrottwert haben würde.

Der Prototyp des Ferrari 312T4, Chassis 037, wurde am 15. Januar 1979 vor den Augen der wie üblich hektisch erregten Schar italienischer Presseleute enthüllt. Es war wirklich kein schöner Anblick, diese Ausgeburt eines Konstrukteur-Hirns. Ein Kommentator bezeichnete den Wagen abfällig als „Motorrasenmäher". Aber, allen Unkenrufen zum Trotz, erwies er sich später als äußerst wirkungsvoll und vor allen Dingen schnell.

Die Monocoque-Zelle, wie üblich aus Aluminium-Blech, war im Bereich des Cockpits mit Winkelprofilen aus dem gleichen Material verstärkt. Das war zwar eine Abkehr von der wahren Monocoque-Praxis, wie sie in den Zeiten vor dem T2 betrieben wurde, bot aber die Möglichkeit, die Röhre stabiler und viel schmäler zu konstruieren als bei den Vorgänger-Ferraris. Man folgte hier dem Stil des Lotus 79, um möglichst große Bodenflächen für die seitlichen Flügelkästen zu gewinnen.

Auch der große, einzelne Kraftstofftank sah nach einer Lotus-Kopie aus. Aber das Spritlager des Südländers stand hoch hinter der Querwand im Rücken des Piloten und enthielt zudem drei separate Tankzellen. Um den großen Durst des 12-Zylinders zu stillen, fügte man noch zwei Zusatztanks an, die wie häßliche Beulen, zu beiden Seiten herauswuchsen. Wie so oft bei Ferrari, sah das nach einem nachträglichen Einfall aus. Der Italiener liebstes Kind war eben der Motor, er war das Herz des Rennwagens und Ferraris Interesse galt in allererster Linie ihm. Das Gestell, das die Räder festhielt, stand immer erst an zweiter Stelle. Nur, die beiden Auswüchse ragten in dem Fall in den Bereich unterhalb der Flügelprofile hinein. Nun ja, wenn sie's nicht tun würden, würden es die Zylinderköpfe mit ihren Ansaugstutzen, die sich der Aerodynamik entgegenstemmten. Die Auswirkungen wären hierbei aber nicht so problematisch, wie bei den Seitentanks, die wie ein Hindernis in die so wichtige ebene Unterseite des Flügelprofils hineinragten. Ein massiver aber leichter Überrollbügel aus Titan stand oben auf der Tank-Sektion. Für höhere Stabilität sorgten Träger, die ihn nach hinten abstützten. Diese verschwanden unter einer Verkleidung, und so entstand zugleich ein praktisches Gehäuse, in dem das Kommunikationssytem und die Notschalter untergebracht waren.

Im Vorderteil der Röhre sorgte eine Querwand aus Magnesium für den nötigen Halt. Daran befestigt waren die Hauptbremszylinder, der Stabilisator und die vordere Strebe des sehr weit ausgelegten unteren Dreiecksquerlenkers. Über dem Armaturenbrett wölbte sich der nach vorne abgestützte zweite Überrollbügel aus Titan. Im Fußraum lagerte die Pedalachse in Magnesium-Klammern.

Wie beim T3 lagen die Koni-Dämpfer mit co-axial Federn innen in der nun schmäleren Schnauze des T4, um den freien Luftfluß zu den Kühlern und unter die Flügelprofile nicht zu behindern. Bedient wurden die Dämpfer von oberen Schwinghebeln aus Rohr, deren Drehpunkte mittels triangel-förmiger Streben am vorderen Querschott abgestützt wurden.

Die hinteren Federdämpfer, auch innenbords, standen in Aussparungen gegen das Getriebegehäuse gelehnt, hinter der Antriebsachse. Stählerne untere Dreieckslenker hielten die Radträger aus Magnesium-Guß, typisch für Ferrari. Die oberen, aus Blechprofil gefertigten Schwinghebel lagerten auf Hörnern aus Magnesium-Guß, die zu jeder Seite des vertrauten quer eingebauten Getriebes hervortraten.

In den weit ausladenden Seitenkästen verbargen sich die Kühler, knapp hinter der Vorderradaufhängung und stark nach vorne geneigt. Die erhitzte Luft konnte so nach oben hin austreten. Der Wasserkühler hing rechts, der Ölkühler links.

Den großen Öltank brachte man im rechten Seitenteil, außen an einem der zusätzlichen Spritbehälter unter. Oberhalb des Differentials thronte ein kleiner Getriebeöl-Kühler frei im Luftstrom über der Abrisskante der Karosserieverkleidung.

Die Karosserie selbst bestand aus einem einzigen Teil, von oben abnehmbar und so gestaltet, daß die Abtriebs-Wirkung der seitlichen Flügelprofile von ihr unterstützt wurde. Ihre Oberfläche erstreckte sich weit nach vorne, teils noch über den spitzen Nasen-Kegel, der den typischen Ferrari-Flügel trug. Das Cockpit war eng und kurz, hinter dem Überrollbügel fiel es jäh ab und die aufgeschwungene, glatte Oberfläche der Verkleidung wies dem Wind einen direkten Weg unter den Heckflügel.

Zusätzliche kleine Leitflossen halfen, die Turbulenzen an den breiten Michelin Gürtelreifen zu verringern. Der Boden der Seitenkästen, also die gekrümmte Seite des Flügelprofils, bog sich hinter den Kühlluftschächten, mit ihren Abluftjalousien, sanft nach oben und verdeckte so Zusatztanks, Öltank, Köpfe und Krümmer des 12-Zylinders. Integrierte Lufteinlaßkanäle, neben den Kühlergehäusen, sogen kühle Luft an und leiteten sie in einen Luftspeicher, der die Reihen der Ansaugstutzen dicht umschloß.

An den Flanken der Seitenteile hingen Gleitschürzen, die mit Hilfe von speziellen Dichtleisten den Kontakt zur Pistenoberfläche herstellten. Einige behaupteten, diese Leisten wären aus Hartgummi hergestellt, andere dagegen erklärten, sie beständen aus Keramik. Die zweite Version scheint aber eher zu stimmen.

Um die innenbelüfteten Bremsscheiben von AP Lockheed, vorne und hinten, klammerte sich jeweils ein Bremssattel mit vier Kolben.

Die Maße des Renners: Radstand 270 cm; Vorderspur 170 cm; Hinterspur 160 cm; Länge 446 cm; Breite 212 cm. Der neue „Rasenmäher" brachte, ohne Kraftstoff und Fahrer, ca. 590 kg auf die Waage und Ferrari versicherte, die hochgetrimmte 312B-Maschine würde locker 515 gebremste PS, bei 12300 Touren, auf die Straße bringen. Der fahrbereite Wagen war volle 25 cm länger als der vorherige 312T3, um Forghieris Forderung nach genügend großer aerodynamischer Oberfläche zu erfüllen. Um trotz der hinderlichen Tanks, Zylinderköpfe und Auspuffkrümmer wertvollen Raum an der Unterseite des Flügelprofils zu gewinnen, erweiterte sich der Radstand gegenüber dem T3 um 15cm.

Unter dem Gesichtspunkt der Aerodynamik versinnbildlichte dieses Fahrzeug für Ferrari den Start ins ground effect-Zeitalter, obwohl sie vorher schon ihren T3 als quasi-Flügelauto verpackt hatten. Aber der neue T4 war, verglichen mit seinem Zeitgenossen, dem Williams FW07, nur ein schwacher Kompromiß. Es galt nun zu entdecken, daß Aerodynamik nicht alles war...

Antrieb kontra Abtrieb

Für die Saison 1979 gesellte sich zum quirligen Franko-Kanadier Gilles Villeneuve vom Ferrari Team der südafrikanische Fahrer Jody Scheckter. Sie starteten ins neue Jahr mit ihren alten 312T3 Wagen, etwas aufgepäppelt mit behelfsmäßigen seitlichen Flügelprofilen und Schürzen, deren Wirksamkeit äußerst zweifelhaft war. Solchen Problemen sollte bei der Entwicklung des T4 vorgebeugt werden, und das Team veranstaltete reihenweise Testserien mit Original-Fahrzeugen im riesigen Windkanal von Pininfarina nahe bei Turin.

Die WM begann in Argentinien. Schon in der ersten Runde mußte das Rennen nach einer Massenkarambolage abgebrochen und neu gestartet werden. Scheckter, der leicht verletzt war, durfte nicht mehr antreten. Er verurteilte daraufhin den Einsatz der beschürzten Flügelautos auf's heftigste. Hätten sich alle Wagen so unmöglich benommen wie sein T3-Provisorium, wäre er sicher von seinen Fahrerkollegen mehr unterstützt worden.

Die modernen Ligiers gewannen sowohl in Argentinien als auch in Brasilien. Doch die neuen Ferraris standen schon bereit. Die beiden T4 sollten das erstemal in Kyalami, beim GP von Südafrika, am 8. März 1979, ins Geschehen eingreifen. Villeneuve erhielt Chassis 037 und Scheckter betrat mit Chassis 038 den heimatlichen Boden. Vor dem Ereignis versuchte man's noch einmal ohne den Frontflügel, aber beide Wagen fühlten sich schwammig an und entwickelten auf der Geraden zu wenig Speed.

Das Rennen ertrank erst einmal in einem heftigen Wolkenbruch, die rote Flagge wurde geschwungen. Beim Wiederholungsstart preschte Villeneuve, immer noch auf nasser Strecke, sofort an die Spitze. Unterdessen spielte Scheckter Reifenpoker und ging mit Slicks an den Start. Er vertraute dem Schicksal und einer langsam austrocknenden Piste. Das Glück war auf seiner Seite, und er ging in Führung, als Villeneuve anhielt, um von Regen- auf Trockenreifen zu wechseln. Aber Scheckters Pneus begannen Blasen zu werfen und nachdem in der 53. Runde eine Vorderbremse blockierte und den Gummi vollends zerfetzte, mußte auch er an die Boxen. Sein Aufenthalt gab das Rennen wieder zurück an Villeneuve, dem es gelang, seinen Teamkameraden bis ins Ziel auf Distanz zu halten. Resultat: Doppelsieg für die Ferrari T4 und eine traumhafte Premiere für den neuen Typ.

Gleich gute Ergebnisse folgten. In Long Beach landeten die Ferraris wieder auf den ersten beiden Plätzen mit Villeneuve als Sieger. Er startete zum ersten Mal in seiner Grand Prix-Karriere von der Pole-Position und fuhr die schnellste Runde. Ferraris Hattrick in dieser Saison war komplett, als er auch noch das weniger bedeutende Rennen in Brands Hatch gewann, diesmal in dem alten T3-Chassis 033.

In Spanien zeigten wieder die Ligiers ihre Stärke. Villeneuves Hoffnungen auf einen Grand Prix-Hattrick lösten sich in Luft auf, als er in der ersten Runde versuchte, an Reutemann vorbeizukommen und einen Dreher verursachte. Das passierte ihm in der nächsten Runde gleich noch einmal. Scheckter hatte auch keinen guten Tag erwischt. Mit seinen Michelin Reifen war er unzufrieden, und als den Motor auch noch die Kräfte verließen, fiel er zurück. Er wurde Vierter, Villeneuve Siebenter.

Aber das Blatt wendete sich wieder zum Guten. In Zolder hatten der überlegene Ligier und der Williams FW07 wenig Glück, und Scheckter siegte mit dem neuen T4-Chassis 040. Villeneuve ging auf's Ganze, nachdem er bei einer kleinen Kollision die Nase seines 039 etwas verbogen hatte und das Rennen an 23. — und somit letzter Stelle — wieder aufgenommen hatte. Er drehte die schnellste Runde, fegte durch das Feld wie ein Besessener und kämpfte bis zum letzten Augenblick um den dritten Platz. Dann ging dem arg gebeutelten T4 die Puste aus, und er blieb mit trockenen Tanks stehen.

In Long Beach hatten die Ferraris einen starken Eindruck hinterlassen mit ihren weit vorverlegten Heckflügeln und einer ausgezeichneten Traktion. Auf diesem Kurs war maximaler Abtrieb allerdings nicht so sehr von Bedeutung. Genau wie jetzt in Monaco, wo die vorverlegten Heckflügel wieder auftauchten. Scheckter übernahm die Pole Position von Kollege Villeneuve und die T4 setzten wieder die Maßstäbe fest. Der Südafrikaner führte vom Start weg bis ins Ziel und errang den zweiten Grand Prix-Sieg in Folge, diesmal nur aufgrund seines Könnens. Villeneuve lag an zweiter Stelle, bis sein Getriebe auf halber Distanz den Dienst quittierte. Es lag wahrscheinlich an dem hektischen Motorwechsel nach dem morgentlichen warm-up, als an der Antriebseinheit eine Ölleitung geplatzt war.

Im späteren Rennverlauf wurde Scheckter von Regazzonis Williams FW07 hart attackiert und hatte im Ziel weniger als eine Sekunde Vorsprung. Man sieht daran, daß der T4 nicht der absolute Superwagen dieser Saison war. Andere, wie die Ligiers und die FW07 waren durchaus schneller, nur fehlte ihnen die ausdauernde Kraft und Zuverlässigkit, die für Ferrari der Schlüssel zum Erfolg sein sollte.

In Dijon-Prenois gewannen die aufgeladenen Renaults ihren ersten Grand Prix und Ferraris stahlender Glanz verblasste mehr und mehr nach dieser phantastischen ersten Saisonhälfte mit dem T4. In den vier Rennen, vom französischen bis zum österreichischen GP lieferte Villeneuve die beste Vorstellung mit seinem zweiten Platz in Dijon, Rad an Rad mit Arnouxs Renault, und einem zweiten in Österreich. Er fuhr beide Male den 041, der in Frankreich sein Debut feierte. Scheckter sammelte konstant seine Punkte, als Fünfter in Silverstone, Vierter in Hockenheim und auf dem Österreichring. Nachdem er in Zandvoort Zweiter wurde, setzte er alles daran, die Weltmeisterschaft beim GP von Italien in Monza für sich zu entscheiden.

Beide Teamfahrer konnten sich jeweils zwei Wagen für diesen Anlaß aussuchen.Es standen ein Paar konventioneller T4 und als Alternative zwei überarbeitete T4Bs zur Verfügung. Sie besaßen außenliegende hintere Bremsen, eine verbesserte Aufhängungsgeometrie und gegenüberliegende doppelte Bremssättel, einer vor, einer hinter der Achslinie, um die Bremsleistung zu erhöhen. Das Auspuffgeschlängel wurde eng an die Seiten des Getriebegehäuses gepackt und die Endrohre bogen sich höher über die Aufhängungsträger. Der Raum unterhalb der seitlichen Flügelprofile konnte so vergrößert werden. Villeneuve bevorzugte sein, auf T4B-Standard gebrachtes, Chassis 038, Scheckter wählte fürs Rennen sein treues 040T4. Als der führende Turbo-Renault erst einmal durch einen Fehler in der Elektrik lahmgelegt war, lagen die beiden Ferraris von der 13. bis zur 50. Runde an der Spitze und verhalfen den T4 so zu ihrem dritten Doppelsieg der Saison. Ein hervorragendes Ergebnis auf Heimatboden, und die italienische Fan-Gemeinde tobte vor Begeisterung.

Zur Feier brachte man die T4Bs, 038 und 041 nach Imola zum Dino Ferrari GP, der aber nicht zur Weltmeisterschaft zählte. Scheckter wurde Dritter und Villeneuve Siebenter, nach einer Rangelei mit dem Brabham Alfa Romeo, der letztendlich gewann: Ein Alfa Romeo Sieg über Ferrari in einem Ferrari Meisterschaftsjahr, ein einzigartiges Ereignis.

Villeneuve war nun versessen darauf, den kanadischen GP in Montreal für sich zu entscheiden, was ihm beinahe gelang: Ein flinker Williams FW07 verdrängte ihn vom ersten Platz, rannte auf und davon und überließ ihm die Rolle des hinterherjagenden Zweiten. Scheckter fuhr ein vorsichtiges Rennen und kam überrundet nach einem Reifenwechsel als Vierter an. Die Saison endete mit einer Regenschlacht in Watkins Glen, wo Scheckter den 040 und Villeneuve den 041 bewegte. Der schaffte mit viel Glück den sechsten T4-Sieg in dieser Saison. Scheckter wechselte in diesem, vom Regen diktierten, Lauf früh von Regen- auf Trockenreifen. Diesmal haute das Glücksspiel nicht so hin, denn einer der Michelin Reifen löste sich auf, und er hatte den schwarzen Peter.

Ferrari gewann die Konstrukteurs-Weltmeisterschaft mit 113 Punkten vor Williams mit 75 Punkten und Scheckter wurde vor Villeneuve Fahrerweltmeister.

Fünf Ferrari T4 hatte man für die Saison gebaut, Chassis Nummern 037, 038, 039, 040 und 041. Außer dem 039 liefen alle am Ende des Jahres in der T4B-Ausführung. Sie standen 26mal in Weltmeisterschafts-Grands Prix am Start, erzielten sechs Siege, sieben zweite Plätze, vier vierte, einen fünften, drei siebente, einen achten und einen vierzehnten, — der zählt allerdings mit zu den vier Ausfällen.

Dies war die letzte Formel 1-Saison, in der ein so provisorischer Kompromiß von einem Rennwagen so stark auftrat und beide Weltmeistertitel gewinnen konnte. Der Ferrari T4 hat die weise Voraussicht und die Effektivität der Strategie seines Herstellers jedem in beeindruckender Weise vorgestellt. Der 12 Zyl. T5 der folgenden Saison geriet wie zu erwarten zu einem nicht konkurrenzfähigen Unikum, als die Flügelautos mit Gleitschürzen ihre ausgereifte Technik präsentierten. Ferrari tüftelte unterdessen an seinem zwangsbeatmeten V6 „modello" 126, ein weiterer Schritt vorwärts.

Vor vielen Jahren entdeckte der Physiker Bernoulli den Zusammenhang zwischen Geschwindigkeit und statischem Druck eines fließenden Mediums (Flüssigkeit oder Gas). Wenn zum Beispiel Luft, ein Gas, durch eine sich verengende, offene Röhre strömt, wird sie beschleunigt und ihr Druck nimmt ab. Eine solche trichterförmige, sich verjüngende Röhre bezeichnet man als „Venturi-Rohr" oder allgemein, „Venturi". Der Ansaugstutzen eines Vergasers ist nach diesem Prinzip geformt.

Ca. 1967 entdeckte die schnelle Zunft der Renngerätebauer diesen physikalischen Grundsatz. Einige Jahre später, 1977—79, lernten vor allem die Formel 1-Konstrukteure für die Aerodynamik ihrer Boliden das Vermächtnis des Herrn Bernoulli besonders hoch zu schätzen.

Zurück zu den Anfängen: 1961 baute ein texanischer Öl-Baron, genialer Hobby-Konstrukteur und Fahrer, namens Jim Hall einen Chevrolet V8-getriebenen Chapparal 1 Sportwagen, der im Renneinsatz einige Erfolge verbuchen konnte. Chevrolets Forschungsabteilung horchte auf und bot Hall ihre Unterstützung an. Man wollte dem Chapparal eine Karosserie in Form eines umgedrehten Tragflächenprofils anpassen, deren Unterboden vorne und hinten hochgebogen war. So ergab sich zwischen dessen Unterseite und der Straßenoberfläche eine Art Venturi-Tunnel. Ein genialer Einfall: Wird das Auto auf der Strecke bewegt, so strömt der Fahrtwind unter den Wagenkörper, die Luft wird beschleunigt, es entsteht Unterdruck, und das Fahrzeug würde sich förmlich an die Piste saugen. Schließlich mußte es laut Herrn Bernoulli funktionieren! Tat es aber nicht.

Als Hall mit dem Vehikel auf dem Versuchsgelände von GM (General Motors) eine Testfahrt unternahm, wurden die Vorderräder mit steigender Geschwindigkeit zusehends leichter. Bei ca. 200 km/h stiegen sie voll aus den Federn, und er hätte beinah abgehoben. Daraufhin baute man vorne an den Wagen einen gigantischen Spoiler, groß wie der Schieber eines Schneepflugs. Der Luftfluß unter die hochgeschwungene Nase sollte nun vollständig eliminiert werden. Das erzeugte so einen enormen Druck auf die Vorderachse, daß Hall in der ersten Runde auf halbem Weg anhalten mußte. Die Reifen hatten sich förmlich nach oben durch die Kotflügel gefressen.

Das Problem des zuerst modifizierten Chapparal war folgendes: Erstens wurde der Unterdruck durch einströmende Luft von den Seiten her zwischen Vorder-und Hinterrädern ständig ausgeglichen. Zweitens staute sich der Fahrtwind unterhalb der hochgewölbten Schauze dermaßen, daß der Wagen locker einen Salto rückwärts hätte machen können, wäre da nicht der massive und schwergewichtige Klotz des Frontmotors gewesen. Der „Schneepflug" löste dann dieses Problem konsequent.

Die neue Mode setzte sich durch. Alle Designer folgten dem Trend, Luftfluß unterhalb des Fahrzeugs zu verhindern. Abtrieb sollte mittels einer aerodynamisch gestalteten Karosserie-Oberfläche unter Hinzufügung von Flügeln erzielt werden.

Chapparal-Chevrolet setzte die Spielerei mit allerlei „Geflügel" fort, bis irgendwann, 1968—69, ein unbekannter Renn-Fan Jim Hall die Skizze eines Sport-Rennwagens zusandte, der mit Hilfe von riesigen, horizontal angebrachten Gebläsen, die die Luft unter dem Rumpf absaugten, auf die Piste gepreßt wurde. Paul van Valkenburgh — Entwicklungsingenieur von General Motors —, Chapparals Don Gates und GMs Abteilungsleiter Charlie Simmons gingen

Angewandte Physik: ground effect

Wrights BRM Flügel-Auto-Modell im Windkanal. Nur die wichtigen Schürzen fehlen.

Von Wright getestete Flügel-Tanks am BRM V12, Snetterton 1968;

der Sache nach und erhielten vielversprechende Resultate bei ihren Tests mit Modellen. Gates entwickelte ein Gebläse und ein Schürzensystem gegen unerwünschten Lufteinfluß von außen. Don Cox, Ernie DeFusco und Joe Marasco schneiderten das passende Chassis dazu. So entstand der Chapparal 2J-"Staubsauger", der im November 1969 seinen ersten Renneinsatz hatte. Er wurde weiterentwickelt und rannte 1970 in der CanAm-Serie, wo er die Sensation war, später jedoch verboten wurde!

Ein 55 PS starker Schneemobil-Motor trieb zwei Entlüfterräder, die die Luft unterhalb des Wagens, der rundum mit Lexan-Schürzen abgedichtet war, ansaugten und am Heck hinausbliesen. Die Karre war ungeheuer schnell, klebte förmlich auf der Straße und flitzte wie auf Schienen um die Ecken. — Ihre Verbannung von den Rennstrecken zog das Verbot von „beweglichen Teilen mit primär aerodynamischer Funktion" nach sich.

Unterdessen schlug sich in England BRMs Cheftheoretiker Peter Wright mit den Problemen der Aerodynamik herum. In der Zeit von 1968—69 entstand sein Konzept, Turbulenzen zu eliminieren und Abtrieb zu erzeugen, indem er den V12-Rennern Seitenkästen, geformt wie Tragflächenprofile — die gewölbte Seite nach unten — ansetzen wollte. Ein BRM V12 wurde mit Flügelkästen aus Glasfiber bestückt und 1968 in Snetterton getestet. Die Ergebnisse ließen zwar keinen endgültigen Schluß zu, waren aber vielversprechend genug, so daß Peter und sein Chef Tony Rudd beschlossen, mit einem „wing-car"-Modell im Windkanal zu experimentieren. Die Tests wurden nach kurzer Zeit abgebrochen, als bei BRM das Management wechselte. Das „wing-car"-Programm wanderte in den Papierkorb, und Rudd erhielt als leitender Ingenieur der Lotus-Gruppe einen neuen Job bei Colin Chapman. Peter Wright fand in Specialised Mouldings (SM), einem Hersteller von Plastik-Verkleidungen für Rennwagen, seinen neuen Arbeitgeber. Er bot nun die BRM-wings Robin Herd an, der sie 1970 am March 701 als Flügeltanks einsetzte. Somit entstand wieder so etwas wie eine Venturi-Sektion zwischen Flügel und Straße, jedoch hoch über ihr, zu den Seiten hin offen.

1973 brachte Gordon Murrays „Dreikantschaber", der Brabham BT42, ein wenig Licht ins Dunkel der aerodynamischen Alchimie. Ein weit nach vorn gezogener, breiter Nasenschild hielt die Luft unter dem Auto weg. Zusammen mit der strömungsgünstig gestalteten Karosserieoberfläche kamen ganz ordentliche Abtriebswerte zustande. Jedoch bei Nickbewegungen des Wagens während der Fahrt wurde der Vorbau regelmäßig beschädigt.

Murray zog daher eine Art Spoiler unter der Wagenmitte in Erwägung, der, im Zentrum der Nickachse angebracht, mit der Piste nicht in Berührung kommen konnte. Er benutzte dafür ein sehr dünnes, leicht flexibles Glasfiberblatt, das in V-Form am Chassisboden befestigt wurde. Aufgrund von Tests ergab sich die Höhe der „Schürze": ca. 3,8 cm für schnelle Kurse, ca. 2,2 cm für holprige.

Von Brabhams früherem BAC-Aerodynamiker Ray Jessop lernte Gordon den Gebrauch eines Manometers für Luftdruckmessungen bei Testfahrten (BAC = British Aircraft).

Er entschied sich für ein Manometer mit einer Flüssigkeitsanzeige, deren Werte der Fahrer während des Tests ablesen konnte. Später war es ihnen mit Hilfe einer Vorrichtung möglich, die Anzeige auf der Skala zu fixieren und dann an der Box abzulesen. Mit diesem Instrument ermittelten sie an allen möglichen Stellen des Wagens — z.B.: vorne an der Nase, an der Airbox, unterhalb des Bodens etc. — die Druckunterschiede während einer Testfahrt. Sie stellten Differenzen von ca. 35 gr/qcm fest. Bezog man das auf die gesamte Fläche, wo diese Differenz ermittelt wurde, so ergaben sich mehrere 100 Pfund echten Abtriebs.

Der Unterboden-Spoiler verursachte eine atmosphärische Unterdruckzone, die sich gut einen Meter weit nach hinten erstreckte. Die erste praktische Lösung, einen ground effect zu erzeugen. Aber die Brabham-Truppe begriff nicht so richtig die Bedeutung ihrer Entdeckung.

Für sie war es vordringlich, den Anstellwinkel des Heckflügels möglichst flach zu halten, und das stand in Einklang mit Gordons Idee, ein wing mit bananenförmigem Querschnitt aufs Heck zu setzen. Das verband größtmögliche Wölbung mit minimaler Stirnfläche. Es brachte Abtriebswerte von ca. 135 kg plus ca. 68 kg von der Unterseite des Wagens.

Brabham wollte diese Entdeckung geheimhalten, aber schon im selben Jahr, 1974, tauchten die Plastikanhängsel auch an den Monocoque-Unterseiten der McLaren M23 auf.

1976—77 stieg dann das Lotus-Team mit Peter Wright als Chef der Aerodynamik-Forschung und von Charlie Prior gebauten Modellen in den Windkanal am Imperial College in Kensington/London. Sie gelangten zu der Erkenntnis, daß Seitenteile, geformt wie umgedrehte Tragflächenprofile mit Schürzen à la Chapparal 2J von 1970 die besten Resultate ergaben. Das System wurde für den Einsatz in der Formel 1 perfektioniert, und die ground effect-Revolution brach aus.

Schon bald erkannte man, daß optimaler Unterdruck, und damit ein „Kleben" an der Piste, nur mit dicht abschließenden Gleitschürzen zu erzielen war. In den Jahren 1978—80 tüftelten alle Teams an diesem Problem. Die Dichtleisten mußten glatt, reibungsfrei und elastisch sein, um auch bei holprigen Strecken oder in Kurven nie den Bodenkontakt zu verlieren. Diese Aufgabe war bald gelöst, aber eine weitaus unangenehmere Erscheinung sorgte für Schlagzeilen: Das gefürchtete, sogenannte „porpoising", zu deutsch etwa: aerodynamisches Stampfen. Der Wagen beginnt auf der Geraden vorne zu wippen, wie bei kurz aufeinander folgenden Bodenwellen. Diese schnelle Schaukelbewegung geht aber dann in ein regelrechtes Springen und Bocken über, und der Pilot verliert total die Kontrolle über das Fahrzeug. Die Ursachen dafür kennt man nicht genau. Es liegt wahrscheinlich an fehlgeleiteten Luftströmungen unter einem aerodynamisch schlecht gestalteten „underbody". Dadurch kann sich ein Luftpolster aufbauen, das den Wagen liftet, bis die Schürzen nicht mehr dicht abschließen, und daher die gestaute Luft entweichen kann. Dann saugt sich das Auto wieder fest, und das ganze beginnt aufs Neue.

Einige waren Herr der Lage, wie der Williams FW07 und der Brabham BT49, andere hilflos: Lotus 80, Arrows A2 und Ferrari 312T5.

Obwohl die Gleitschürzen verboten wurden, und ein flacher Boden seit 1983 Vorschrift ist — was eine Venturi-Zone innerhalb des Radstands unmöglich macht —, gilt dem ground effect immer noch das vitale Interesse der Formel 1-Konstrukteure

Heute versucht man mit tief angesetzten Frontflügeln und Verkleidungen unterhalb des Getriebegehäuses, zur Bildung einer Diffusionszone, genügend Abtrieb zu erzeugen. 1986 war die Frage: „Schleicht sich der ground effect von rücklings ein?" Wieder war es Lotus. Am 98T lieferte für die Trainings-Chaosrunden ein absenkbares Heck den vielgepriesenen Bodeneffekt. Beweisen ließ sich dieses aber nicht so leicht, so daß der 98T nicht disqualifiziert wurde.

Auch Paragraphen können ein Naturgesetz nicht verbieten . . .

Der Typ FW07C von 1981 besaß einen Frontflügel, ähnlich dem des Ferraris.

Vom Winde verwöhnt: Die Williams FW07 1979—1982

Der Williams übernahm das ground effect-System des Lotus 79, und perfektionierte es. Optimale Aerodynamik unter und über dem Auto, perfekte Schürzen, ein ideal ausbalanciertes Handling und eher simple aber effektive Technik waren seine Stärken. Die FWO7 gewannen zwei Konstrukteurs- und zwei Fahrertitel. Dieses Foto zeigt den FWO7B in Paul Ricard 1980.

Nachdem Lotus mit den Typen 78 und 79 den ground effect so erfolgreich eingeführt hatte, geriet der Nachfolger Lotus 80 zum Fehlschlag. Es blieb daher anderen vorbehalten, das Prinzip des Ansaug-Effekts weiterzuentwickeln und erfolgreich zu nutzen. Der wahre Nachfolger des Lotus 79 wurde so der von Patrick Head entworfene Williams FW07 in seinen zahlreichen Varianten.

Head war 1977 bei Gründung der Firma Williams Grand Prix Engineering Chefingenieur geworden. Zum Einstieg fuhr das Team zunächst einen March-Cosworth, während Head mit Interesse die Leistungen des Lotus 78 beobachtete. Als besondere Stärke registrierte er die hohen Kurvengeschwindigkeiten, fand jedoch auch die Schwachpunkte heraus, wie die relativ niedrige Spitzengeschwindigkeit auf der Geraden und die Unzuverlässigkeit der speziellen Cosworth-Entwicklungsmotoren.

Head hatte einige Schwierigkeiten, den aerodynamischen Ansatz des Lotus voll und ganz zu verstehen und dem jungen Team fehlten die Mittel, um Zeit für Tests im Windkanal zu buchen, die ihn hätten lehren können, was er nicht wußte. Folglich versuchte er bei seinem ersten Formel 1-Entwurf, dem Williams FW06, erst gar nicht, das Lotus-Prinzip anzuwenden. Stattdessen baute er ein Auto, das in seiner Pfeilspitzen-Form so elegant und einfach war, wie alle späteren Patrick Head-Entwürfe. Der Wagen erwies sich in der von Lotus dominierten Saison 1978 mit dem Kämpfer Alan Jones am Steuer als beste Kombination des restlichen Feldes.

Nach dieser Saison konzentrierte Head sich ganz darauf, erst einmal mit der Leistung des Lotus gleichzuziehen und sie dann möglichst zu übertreffen. Er hatte erkannt, daß die Aerodynamik der wichtigste Einzelfaktor war, der die Leistung eines Grand Prix-Wagens dieser Epoche bestimmte. „Ich wußte, daß Lotus einen Großteil seiner Windkanal-Versuche am Imperial College in London mit Modellen im Maßstab 1:4 durchführte. Dieser Kanal verfügte über einen Boden, der sich unter dem zu testenden Modell bewegte. Mir leuchtete ein, warum das wichtig war: Rennwagen fliegen eben nicht durch die Luft, sondern rollen mit den Rädern über eine Piste. Ich suchte mir also die Telefonnummer des Imperial College heraus und ließ mich mit dem Leiter des Seminars für Aerodynamik, einem Dr. John Harvey, verbinden. Wir trafen uns und er erzählte mir, daß Lotus in seinem Windkanal arbeite und er auch noch beratend für Arrows tätig sei. Seine Kapazität reiche jedoch noch für ein weiteres Team. Dieses Team wollten wir sein.

Nachdem wir den überlegenen Lotus 79 die ganze Saison über beobachtet hatten, wußten wir genau, was wir zu tun hatten. Natürlich haben wir den Lotus nicht Stück für Stück kopiert, aber er war unverkennbar der wichtigste Einfluß für den Entwurf unseres neuen FW07, so wie dies bei allen anderen Formel 1-Wagen für 1979 der Fall war.

Wir bauten als erstes ein einfaches Holzmodell, stellten es in den Windkanal und fanden heraus, daß es unglaublich schlecht war. Wir testeten zahlreiche weitere Modelle, darunter eines mit sehr langen Flügelprofilen, die die wirkungsvollsten Ansaugkräfte versprachen. Ich scheute jedoch davor zurück, es zu verwenden, da wir noch zu wenig erfahren auf diesem Felde waren. Außerdem wäre es ein sehr komplexes Auto geworden, und ich wollte mit etwas Einfacherem beginnen."

Tatsächlich ähnelte Heads Entwurf äußerlich dem Lotus 79, „doch ich versuchte, die gesamte Konstruktion des Wagens zu optimieren." Als sich der neue Lotus 80 als Fehlschlag erwies, entwickelte Lotus den Typ 79 weiter, der aber gegen die Konkurrenz dieses Jahres nicht mehr stark genug war, während sich Heads Optimierung als ein Auto entpuppte, das alle Hoffnungen seines Konstrukteurs erfüllte.

Auf dem Weg zum Ziel war es für Williams zunächst wichtig, mehr Ingenieurskapazität und Konstruktionserfahrung zur Verfügung zu haben. So stieß in dieser Zeit Heads erster Assistent, Neil Oatley, zum Team. Bald darauf folgte Ex-Hesketh-Ingenieur Frank Dernie. Als er im Januar 1979 die Arbeit in der winzigen Werkstatt in Didcot aufnahm, hatten Head und Oatley etwa die Hälfte des Entwurfs des FW07 geschafft.

Am Ende der vorangegangenen Saison war an Jones FW06 in Watkins Glen eine Nabe gebrochen, worauf das Rad davonflog. Es handelte sich nicht um einen Konstruktionsfehler, sondern um Materialermüdung. Der Stahl, aus dem die Nabe hergestellt war, wies zahlreiche Einschlüsse auf — Unreinheiten, die seine Festigkeit verminderten.

Dieser Fehler alarmierte und ängstigte Head. Er war ein mahnender Hinweis auf die Kräfte, mit denen er es in der Formel 1 zu tun hatte. „Als Chefingenieur fühlte ich mich als hauptverantwortlich dafür, daß keine Teile auseinanderfielen oder sich lösten, und ich nahm das sehr ernst. Es war einer der wesentlichsten Gründe, weshalb ich es bei der Fertigstellung des FW07 langsam angehen ließ. Ich wollte mir bewußt Zeit lassen, um alle Berechnungen doppelt zu überprüfen, damit alles sicher und haltbar genug war. Was den 07 zusätzlich verzögerte, war die Tatsache, daß unsere Belegschaft noch sehr klein war. Der Mangel an Arbeitskräften bestimmte das Tempo, mit dem wir Teile fertigstellen konnten."

Hinzu kam, daß Frank Williams und Patrick Head überzeugt waren, daß der FW06 in den ersten Rennen der Saison noch konkurrenzfähig sein würde, nachdem er bei den letzten Einsätzen auf dem zweiten Rang endete bzw. lange auf dem zweiten Platz gelegen hatte. Doch sie irrten sich. Head hatte das Tempo der Entwicklung bei den anderen Teams unterschätzt. Beim Saisonstart in Argentinien wurden seine 06 ohne Ansaug-Effekt von den Wagen der neuen Generation völlig überrollt.

Zum ersten Mal brachte Williams ein Zwei-Wagen-Team mit den Fahrern Alan Jones und Clay Regazzoni an den Start. In Buenos Aires reichte es nur für die Plätze 9 und 10, Brasilien brachte einen Ausfall und den 15. Rang und auch in Südafrika sprang nicht mehr als ein neunter Platz und ein weiterer Ausfall heraus. Verspätete Zahlungen des Sponsors verzögerten das FW07-Projekt noch weiter. Zwar war der erste Prototyp, FW07/1, rechtzeitig für den vierten Grand Prix der Saison in Long Beach fertig, stand dort aber unter einer Abdeckplane herum — ungenutzt, bis auf den Moment, als der besonders neugierige Boss eines konkurrierenden Teams unter dieser Plane beim Studium des Neulings auf frischer Tat erwischt wurde.

Ende April war das Sponsorgeld endlich freigegeben und zwei FW07 tauchten beim spanischen Grand Prix in Jarama auf. Beide Wagen fielen aus, doch wer Augen hatte zu sehen, konnte bemerken, daß Jones beim morgendlichen warm-up mit vollem Tank Andrettis Lotus 80 weit hinter sich gelassen hatte. Andretti wollte einfach nicht glauben, daß der Williams vollgetankt war. „Ich konnte ihm nicht folgen", stöhnte er. Im Rennen fuhr Jones die zweitschnellste Runde, übertroffen nur von einem Ferrari, der mit Qualifikationsreifen unterwegs war, um verlorenen Boden nach einem Boxenstopp wettzumachen. Die Williams-Mannen bekamen einen ersten Eindruck vom enormen Potential ihres FW07.

Tatsächlich entpuppte sich der Wagen als die erfolgreichste Konstruktion der ground effect-Ära, mit zwei aufeinanderfolgenden Titelgewinnen in der Konstrukteurs-WM 1980 und 1981. Gebaut aus Aluminiumblech mit dazwischenliegenden Honigwaben-Strukturen, war der FW07 so typisch für die Konstruktionen der späten 70er und frühen 80er Jahre, daß wir uns seine Anatomie und seine Herstellungsbauweise genauer anschauen wollen.

Simpel und effektiv: Details der FW07

Ein FW07-Chassis begann sein Leben als flaches Aluminiumblech, etwa 2,08 Meter lang und am vorderen Ende, dort wo später die Frontpartie des Monocoques war, leicht zugespitzt. Zwischen der doppelten Blechhaut saß das 11,4 Millimeter starke Honigwaben-Material. Es entsprach den Spezifikationen des Flugzeugbaus. Im Blech wurden Bohrungen angebracht und mit Aluminiumdübeln und -einsätzen versehen, um als verstärkte Aufnahmepunkte für die spätere Montage der verschiedenen Fahrzeugteile zu dienen. Auf der Innenseite des Blechs wurden Schlitze in Längsrichtung hineingeschnitten, ohne daß die Honigwaben-Struktur verletzt wurde. Wie bei einem Faltmodell aus Papier konnte das Gebilde nun entlang der Schlitze U-förmig zur Grundstruktur des Monocoques gebogen werden. Die verschiedenen notwendigen Klammern wurden anschließend gebogen und am richtigen Platz vernietet. Die Grundstruktur des Monocoques entsprach der des Lotus 79, schlank mit einem großen Treibstoffreservoir hinter dem Cockpit und einem hohen gewölbten Teil vorn.

Versteift wurde die ursprüngliche Röhrenform durch eine Platte auf der Tankoberseite, das rückwärtige Querblech des Sitzes und die inneren Querschotts, über die sich das innere Alublech spannte. Die Version von 1979 erwies sich genau in diesem Cockpit-Abschnitt als zu flexibel, so daß bei der Entwicklung des FW07 B von 1980 an in diesem Bereich Verstärkungen in Höhe der Schultern des Fahrers eingesetzt wurden, wo der ursprüngliche Entwurf einen spitzen Winkel zwischen der Rückwand des Sitzes und der Cockpit-Seite gelassen hatte.

Eine sehr kräftige Aufhängungs-Querstrebe versteifte den vorderen Teil des Monocoques. Die Pedale wurden an Längsstreben am Boden befestigt und genietet, die durch das vordere Querschott bis zu den Hauptbremszylindern führten. Sie waren über eine Öffnung im vorderen Blechgehäuse zugänglich, das zugleich den Frontflügel und die Nase der Karosserie trug.

Der Bereich um den Fußraum, die Aufhängungs-Querstrebe und den Beinraum des Fahrers wurde von einem gewölbten Blech umschlossen, das an einen kräftigen Instrumententräger genietet war, der zugleich die Funktion des vorgeschriebenen vorderen Überrollbügels übernahm.

Abgeschlossen wurde die Monocoque-Struktur durch ein starkes Blech an der Rückseite, wo später der DFV-Motor sitzen würde. Viel Sorgfalt wurde darauf verwendet, alle nach innen gedrungenen Nieten zu entfernen, vor allem um den 182-Liter-Sicherheitstank zu schützen. Die von ATL in Amerika hergestellte Gummiblase wurde durch eine verriegelbare ovale Luke in die Tankzelle eingesetzt. Der Spezial-Einfüllstutzen entsprach den Vorschriften des Flugzeugbaus. Durch den Bajonett-Verschluß konnte kein Benzin danebenlaufen.

Im Aufbau war die Lotus 79-Kopie von Williams doch recht unterschiedlich. Die größte

Ähnlichkeit bestand in der hoch gewölbten vorderen Blechverkleidung, doch erwies sich gerade dieser Bereich wie schon beim Lotus als wenig zufriedenstellend in bezug auf Drehbelastbarkeit.

An der Rückseite des Monocoques hing der bekannte DFV-Motor, gehalten von vier 9,5 Millimeter starken Bolzen. Aluminiumblöcke an den beiden Befestigungslaschen oben und den unteren Aufnahmepunkten nahmen das Gewicht auf. Zwischen Motor und Antrieb saß ein Zwischenstück aus Guß-Magnesium, das drei weitere Funktionen erfüllte: Obenauf saß der Öltank, der Preßluft-Startermotor war ebenso integriert wie die Betätigung der Kupplung. Zwei weitere Zwischenstücke vor und hinter der Antriebseinheit ragten weit zu beiden Seiten hervor und nahmen die oberen Zapfen der Hinterrad-Aufhängung auf.

Das Hewland FGB-Fünfgang-Getriebe mit Rückwärtsgang wurde wie bei allen anderen Teams beim Hersteller gekauft und dann nach den jeweiligen Bedürfnissen modifiziert. Normalerweise führt das Schaltgestänge von unten rechts in das Getriebe. Williams änderte das ab und führte das Gestänge oben rechts in das Gehäuse, da es sonst den Luftstrom aus dem Seitenkasten störte. Zugleich wurde das Schaltgestänge verkürzt und versteift, um den Gangwechsel zu verbessern.

Der Ölkühler für das Getriebe wurde über einen eigenen Einlaß in der Karosserie mit Luft versorgt. Der Auffang-Tank für das Motoröl war über dem Getriebe montiert. An der Strebe des Heckflügels saß das vom Reglement vorgeschriebene rote Rücklicht. Links davon befand sich der Bajonett-Verschluß für den Preßluft-Starter, der mit einem Schlauch und einer Druckflasche von außen versorgt wurde. Rechts saß der Stecker für die Starter-Batterie. Wenn ein Mechaniker die Verbindung herstellte, wurde die Zündung automatisch auf spät gestellt. Sie stellte sich ebenso automatisch wieder auf normal zurück, wenn die Verbindung gelöst wurde.

Der von den Flügelprofilen erzeugte Abtrieb der Williams FW07 konnte bis zu 2270 Kilo betragen. Deshalb mußte die Aufhängung sehr steif sein. Die Federraten an der Vorderachse schwankten tatsächlich zwischen 105 und 175 N/mm sowie 140 und 263 N/mm an der Hinterachse, abhängig von der jeweiligen Strecke und dem dort erzielten Abtrieb. Wenn es den Konstrukteuren nicht gelang, die Aufhängung wunschgemäß daran zu hindern, sich an bestimmten Stellen zu bewegen, dann beeinträchtigten die Bewegungen Haftung und Traktion so sehr, daß die Fahrer Alpträume bekamen.

Um eine sehr stabile Befestigung der vorderen Aufhängungen zu bekommen, bestand die Aufhängungsbrücke über den Schienbeinen des Fahrers aus sehr massiven, aber noch elegant wirkenden 4,75 Millimeter dicken hitzebehandelten Aluminiumplatten. Da beide Platten in einem Stück gearbeitet waren und sowohl die Bolzen der rechten wie der linken Vorderrad-Aufhängung aufnahmen, konnten bei einem Unfall Schäden an beiden Seiten zugleich entstehen. Das machte Reparaturen natürlich schwieriger. Patrick Head war jedoch der Meinung, daß die bessere Steifheit einer einteiligen Konstruktion solche praktischen Probleme leicht aufwog.

Unterhalb dieser Aufhängungsbrücke umschlossen senkrechte Schächte die Koni-Feder/Dämpfer-Einheiten, die unten mit Stahlfüßen am Boden des Monocoques befestigt waren. Ausschnitte in den Schächten sorgten für Zugänglichkeit, um Federn und Dämpfer justieren zu können.

Stahlklammern im Fußkasten des Monocoques hielten die vorderen Arme des Dreieckslenkers unten. Der hintere Arm des Dreieckslenkers war mit Kreuzbolzen im Boden des Monocoques verankert. Die beiden hinteren Aufnahmeplatten ragten ebenso weit zu den Seiten wie die Nockenwellen-Abdeckungen des DFV-Motors. Die oberen Befestigungen bildeten im Ergebnis einen zweiteiligen, umgedrehten oberen Dreieckslenker, dessen in der Länge verstellbares hinteres Verbindungsstück der Einstellung der Spur diente. Die Kipphebel der Hinterradaufhängung verliefen nahe der vorderen Befestigungsplatte und betätigten die senkrechten Koni-Feder/Dämpfer-Einheiten, die unten auf einer Magnesium-Platte standen, die wiederum unterhalb des Getriebes befestigt war. Die stark gespreizten unteren hinteren Dreieckslenker hatten ihre Befestigungspunkte noch vor dem Öltank und am hinteren Ende des Antriebs.

Die stark belasteten Hebelarme und Dreieckslenker der Radaufhängungen waren alle aus speziellem US-Stahl gefertigt, wie er auch im Flugzeugbau verwendet wurde. Die vorderen Radträger waren exzellent gefertigte Magnesiumgüsse. Sie trugen außen montierte innenbelüftete Stahl-Scheibenbremsen. Eingegossen waren Kühllufteinlässe und Luftführungen. Daran montiert waren die Lufthutzen, die vorne zwischen der Aufhängung und hinten über ihr plaziert waren.

Der Durchmesser der Bremsscheiben betrug 28 Zentimeter. Rundum waren je zwei Lockheed-Bremssättel angebracht. Die Stärke der Bremsscheiben variierte von Strecke zu Strecke. In Brands Hatch betrug sie 25,4 Millimeter, auf schnelleren Kursen 22,9 Millimeter. Auf der für die Bremsen besonders kritischen Strecke von Zolder wurden von Lockheed speziell entwickelte Bremssättel verwendet, die Belagfläche blieb jedoch gleich. Schräge Rillen in den Scheiben sorgten dafür, daß Dreck und Staub abgeführt wurden, damit immer ein sauberer Kontakt zwischen Belag und Scheibe erhalten blieb.

Der übliche Waagebalken der Bremskraftverteilung war modifiziert, um die Tachowelle aufzunehmen. Betätigt wurde die Bremskraftverteilung vom Fahrer über einen geränderten Knopf links unterhalb des Armaturenbretts, mit dem er durch Drehung ganz nach Wunsch die Bremskräfte zwischen Vorder- und Hinterachse verstellen konnte. Zusammen mit den Verstellmöglichkeiten für die vorderen und hinteren Stabilisatoren hatte sein Arbeitsplatz eher etwas mit dem eines Flugzeugpiloten als mit dem eines Autofahrers zu tun.

Der Autor hat in der Vergangenheit eine Menge Kontakt mit historischen Rennwagen von Mercedes-Benz, Auto-Union, Alfa Romeo und ähnlich renommierten Marken gehabt. Wenn immer ein verbitterter, älterer Enthusiast darüber klagt, die heutigen Autos seien auch nicht mehr das, was sie einmal waren, mag er technisch recht haben, doch liegt er völlig falsch, was die reine Qualität angeht. Zwar mag es ein Tief bei den Grand Prix-Wagen der späten 50er und frühen 60er Jahre gegeben haben. Doch spätestens seit Ende der 70er Jahre gab es keine Chance mehr für Basteleien, wenn ein Team wirklich konkurrenzfähig sein wollte. Die modernen Formel 1-Autos sind alle hervorragend gemacht.

Zurück zum Williams FW07. Seine Radnaben wurden alle aus Spezial-Stahl gefertigt, mit Timken-Kegelrollenlagern in den Radträgern. An allen Anlenkpunkten der Aufhängung wurden Kugelgelenke verwendet, bis auf die vorderen Aufnahmen der Hinterradaufhängung in einheitlicher Stärke. Wegen des größeren Zugdrehmoments dort waren diese Gelenke stärker dimensioniert. Der hintere Stabilisator konnte vom Fahrer mit einem Hebel auf der linken Seite des Cockpits verstellt werden. In der Saison 1980 kam noch ein einstellbarer vorderer Stabilisator hinzu.

Die Zahnstangenlenkung stammte teils von Jack Knight, teils war sie von Williams gefertigt. Das Gehäuse lag unmittelbar über den Beinen des Fahrers hinter der Vorderachslinie und war zum Schutz vor Verletzungen mit Kunststoff ummantelt. Die kurze Lenksäule, die Universalgelenke und die Lenkhebel wurden von Williams hergestellt, das 25 Zentimeter-Lenkrad stammte von Personal. Zu beiden Seiten des schlanken Monocoques hingen die so überaus wichtigen Seitenkästen mit ihren Flügelprofil-Böden. Beim Williams FW07 waren die Flügelprofile an, in das Monocoque eingelassenen, Aluminiumverstärkungen befestigt. Ursprünglich waren die Böden aus Fiberglas, doch erwies sich dieses Material als nicht stabil genug. Es wurde durch die auftretenden Kräfte buchstäblich außer Form gesaugt. 1980 waren die Böden deshalb aus geformtem Aluminium mit Honigwaben-Verstärkung, das bis zum Ende der FW07-Ära beibehalten wurde. Erst im FW08 wurden Kohlefaser-Böden verwendet. Allerdings waren wegen der äußerst wichtigen Paßform die Einlässe der Kühler von Beginn an aus Kohlefaser gefertigt.

An den äußeren Flanken der Seitenkästen saßen die senkrechten Gehäuse der Schürzen. Ihre Innenwände waren mit Honigwaben-Material verstärkt, weil sie starken Belastungen ausgesetzt waren. Die äußeren Wände dagegen bestanden aus leichtem Kohlefaser-Schaum umschlossen von Fiberglas. Die Schürzen selbst waren aus Kohlefaser-Material mit drei Aluminium-Einsätzen an den unteren Ecken und Keramikkufen, auf denen die Schürzen über die Fahrbahnoberfläche schleiften.

Natürlich konnten sich die Schürzen frei auf- und abbewegen, so wie es die Fahrbahnoberfläche verlangte. Dafür gab es am hinteren Ende jeder Schürze eine Rollenlager-Führung, vorne genügte ein einfacher Führungsstift in einem Schlitz. Nylonröllchen sorgten über die gesamte Länge an der Innenseite des Kastens und an den Schürzen selbst für entsprechend sanfte Bewegungen.

Entscheidend war eine gute Kontrolle der Schürzenbewegungen durch Federungs- und Führungssystem, um einen ständigen Kontakt zwischen Schürze und Fahrbahn zu erhalten und so konstanten Abtrieb zu produzieren. Da die Flügelprofile den Luftstrom beschleunigten und seinen Druck reduzierten, wirkte die Zone niedrigen Drucks unter den Flügeln nicht nur auf die Flügel indem sie das Auto senkrecht nach unten zog, sondern auch auf die Schürzen, die waagerecht angesaugt wurden. Ein Schürzensystem, bei dem sich die Schürzen in ihrer Führung bogen und streckten, beeinträchtigte deshalb die seitliche Abdichtung der Flügelprofile gegen die Fahrbahn. Die Folge wären wechselnde Abtriebskräfte, die das Fahrverhalten spürbar verschlechtern. Das Schürzenführungs-System von Williams war vermutlich das beste in der Formel 1 zwischen 1979 und 1981 (möglicherweise mit Ausnahme von Brabham) und das war an den Ergebnissen abzulesen.

Bei der Befestigung der Heckflügel war es seit 1977/78 Praxis, sie an einem quer über das Getriebe laufenden stabilen Rohr mit Hilfe der tief heruntergezogenen äußeren Begrenzungen zu fixieren. Der Grund war, daß die frühere Befestigung an einem Träger in Fahrzeugmitte den Luftstrom an der Unterseite des Flügels beeinträchtigt hatte. Die neue Befestigung ließ dagegen den Flügel über die gesamte Breite unbeeinflußt. Bei den neuen Flügelautos hieß es nun ‚Kommando zurück'. Jetzt störte der Träger auf dem Getriebe den Luftstrom aus den Seiten-

Der Schlüssel zum Erfolg: In diesem Windkanal „erfand" Williams Grand Prix Engineering die perfekte Form des FW07.

Die entscheidenden Denker hinter den Kulissen: Links Patrick Head und rechts Frank Williams in Hockenheim 1981 mit Alan Jones im FW07D/16.

kästen. Auch Williams montierte nun den Heckflügel wieder auf einer zentralen Stütze. Der Flügel selbst war mit Aluminiumblech überzogen, darunter sorgten zwei mittlere und zwei seitliche Streben für die richtige Profilierung. Die Seitenplatten bestanden aus Aluminium oder Kohlefaser.

Das Team benutzte nur einen einzigen Frontflügel-Typ. Eine Aluminiumstütze diente der Befestigung am Monocoque. Die Form wurde aus Schaumprofilen mittels eines heißen Drahtes und einer Schablone geschnitten und dann mit einer Kohlefaser-Haut verkleidet. Die seitlichen Begrenzungsplatten waren wiederum aus Aluminium.

Ein Kühler vom Golf Diesel

Was die Zulieferteile betraf, so benutzte Williams im ursprünglichen FW07 einen Kühler aus dem VW Golf Diesel. 1980 wurde er durch den Kühler des Citroen CX ersetzt. Er war leicht und wirkungsvoll und hätte mit Sicherheit weder besser noch billiger von einem Spezialisten hergestellt werden können. Der Kühler lag in einem flachen Winkel mit Schaumgummipolstern im rechten Seitenkasten.

Das Kühlsystem bestand darüber hinaus aus einem Verwirbelungsbehälter am Ende des Motors, wo Dampfblasen aus der Flüssigkeit herauszentrifugiert wurden, bevor das heiße Wasser in die außenliegende Seite des Kühlers zurückströmte. Ein Druck-Nachfüllsytem war vorhanden, wenn Wasser während des Zeittrainings oder im Rennen, wo jeder Sekundenbruchteil zählte, nachgefüllt werden mußte. Dazu diente ein modifizierter Feuerlöscher, der an eine Preßluftflasche angeschlossen war.

Der Ölkühler von Serck wies 44 Reihen auf und war 1980 im linken Seitenkasten untergebracht. Der Öltank faßte maximal neun Liter. Zum Rennen in Kyalami 1981 wurden die Kühlsysteme geändert, indem der Wasserkühler auf die linke, der Ölkühler auf die rechte Seite wanderte.

Was die Elektrik angeht, arbeitete Williams sowohl mit Lucas- als auch mit Marelli-Zündsystemen, bevor er sich für das deutsche Contactless-System entschied, das einen besser kontrollierten Zündfunken mit weniger Streuung brachte. Den Fahrern zufolgte brachte es ihnen mehr Leistung über ein breiteres Drehzahlband, allerdings ließ sich der Vorteil nicht auf dem Prüfstand nachweisen. Dem Contactless-System fehlte es an der Möglichkeit, den Drehzahlbegrenzer für Heldentaten auszutricksen, aber der Lucas-Begrenzer wurde ohnehin als ,ein bißchen ungenau' angesehen.

Durch den vorhandenen Preßluftstarter genügte eine winzige Bord-Batterie — Williams verwendete ein Motorrad-Modell, das nur 15 x 6 Zentimeter maß. Es wurden verschiedene Fabrikate von Anzeigeinstrumenten benutzt, mit wechselndem Erfolg.

Das Kraftstoffsystem wurde von einem Sammler hinten im Kraftstofftank versorgt. Es wurde mindestens zweimal während der Bauzeit des FW07 geändert. Zu Beginn, 1979, wurde eine Zahnriemengetriebene Lucas-Benzinpumpe verwendet, die an der Rückseite des Monocoques befestigt war, wo sie den Luftstrom in den Seitenkästen nicht stören konnte. Anfang des Jahres 1980 baute Williams diese Pumpe — sie ist eigentlich eine flache Scheibe, kleiner als ein Handrücken — an die Spitze der rechten Einlaß-Nockenwelle. Cosworth widersprach dieser Anordnung und machte darauf aufmerksam, daß eine undichte Pumpendichtung Benzin in den Ölkreislauf gelangen lassen könnte — mit katastrophalen Folgen für das Triebwerk. Cosworth modifizierte daraufhin ein System von Heath

Robinson. Eine Winkel-Antriebswelle führte vom Ende der linken Einlaß-Nockenwelle zu einem Tacho-Kabel, dieses führte zu einer winzigen Kupplung, dann zu einem Elektrikmotor und schließlich zur Pumpe selbst, die nun auf dem Tank lag. Für den Startvorgang trieb der Elektromotor die Pumpe an, lief das Triebwerk, übernahm die Tachowelle die Aufgabe. Alle Treibstoffleitungen besaßen an den Verbindungen Rückschlagventile, die Lecks verhindern sollten, falls bei einem Unfall der Motor vom Monocoque getrennt werden sollte.

Das Sicherheitssystem im Wagen bestand aus zwei Feuerlöschern mit 5 bzw. 2,4 Kilo Inhalt, die zu beiden Seiten der vorderen Cockpit-Querstrebe am Boden montiert waren. Ein Löscher verteilte seinen Inhalt bei Bedarf rund um das Cockpit, die Leitungen des zweiten führten durch das Titanrohr des Überrollbügels in Richtung Motor, wo feine Düsen auf das V der Zylinderreihen gerichtet waren. Der Sauerstoffbehälter für das Überlebens-System des Fahrers saß oben auf dem Tank, geschützt durch die Streben des Überrollbügels. Die Sitzgurte stammten von der Firma Willans.

Für den Fall, daß der Fahrer den Motor auf der Strecke absterben ließ, gab es in einem der Seitenkästen eine Preßluftflasche für den Starter. Ein Hebel auf der rechten Seite des Cockpits öffnete über einen Bowdenzug für genau zwölf Sekunden das Ventil. Wenn der Motor in dieser Zeit nicht angesprungen war, wurde es Zeit auszusteigen und den Fußmarsch zu den Boxen anzutreten.

Die Karosserie-Verkleidung mußte leicht, aber stabil sein und durfte nicht flattern. Während der Wagen von Alan Jones 1980 mit einer Cockpitverkleidung aus einem Spezialharz mit Honigwaben-Struktur ausgerüstet war, fuhren die anderen mit Fiberglas-Teilen. Die Motorhaube bestand in ihren flachen Teilen 1979 aus Aluminium mit Honigwaben-Verstärkung, eingenietet war ein Buckel aus Fiberglas, in dem die Schutzgitter für die Ansaugtrichter saßen. 1980 bestanden die Motorhauben komplett aus Fiberglas mit einigen Versteifungen aus Hartschaum und Honigwaben-Material.

Williams verwendete einteilige Felgen von Dymag oder mehrteilige von Speedline von 13 oder 15 Zoll Durchmesser. Während die vorderen Felgen durchgängig 11 Zoll breit waren, wurden an der Hinterachse 17 1/4 oder 18 Zoll breite Felgen gefahren. Der Radstand des Williams FW07 betrug 2,69 Meter, die vordere Spur 1,73 Meter. Die hintere Spur war mit 1,62 Meter schmaler, um mit den breiten Rädern nicht die maximal erlaubte Breite des Wagens zu überschreiten. Die Höhe betrug 1,09 Meter, bis der lange Carlos Reutemann 1980 ins Team kam. An seinem Wagen mußte der Überrollbügel erhöht werden. Die Bodenfreiheit betrug nominell 7,6 Zentimeter unter dem Monocoque.

1979 — gleich die ersten Siege

Trotz einer gebrochenen Schürze schaffte Jones 1979 in Zolder mit FW07/1 den dritten Startplatz. Regazzoni hatte mit FW07/2 schon früh im Rennen einen Unfall, aber Jones führte vor den Ligiers, die diese Saison so stark begonnen hatten. Es war das erste Mal seit 1969, daß ein von Williams eingesetztes Auto einen Grand Prix anführte, doch die Freude dauerte nur bis zur 40. Runde. Jones mußte mit Elektrikschaden aufgeben.

Der Australier fuhr in Monaco im neuen FW07/3 auf dem dritten Platz, ehe er gegen eine Leitplanke fuhr. Dafür belegte Regazzoni den zweiten Rang und bescherte Williams die ersten WM-Punkte der Saison 1979. Bei einem Test vor dem GP Frankreich in Dijon pulverisierte der FW07 den Rundenrekord. Im Rennen selbst dominierten die mit Michelin-Reifen ausgerüsteten Renault-Turbo. Sie landeten auf den Plätzen 1 und 3, dazwischen ein Ferrari. Jones wurde Vierter und damit bester Goodyear-Fahrer. Regazzoni belegte Platz sechs. Es folgte ein erstaunlicher Test in Silverstone als Vorbereitung auf den britischen GP. Der Rundenrekord stand auf 1.18 Minuten und Jones hatte bereits 1.13,6 Minuten erzielt, als an seinem Wagen eine neue Verkleidung unter dem Motor montiert wurde. Seine Bestzeit am Ende des Testtages stand auf 1.12,18 Minuten! Die enorme Bodenhaftung der Williams in diesem Rennen brachte sie bald auf die Positionen 1 und 2. Doch dann brach am Wagen von Jones die Wasserpumpe. Das machte den Weg frei für den populären Regazzoni, der im 07/2 den ersten Sieg für den neuen Wagen und das Williams-Team errang, wobei er auch ganz nebenbei noch die schnellste Runde des Rennens fuhr.

Jones unterstrich die Überlegenheit des FW07, indem er die nächsten drei GPs hintereinander gewann: Deutschland und Österreich im neuen 07/4 und Holland im 07/1. In Österreich gab es darüberhinaus einen Williams-Doppelsieg. Ein weiterer Doppelsieg folgte in Kanada mit Chassis 07/4 und 07/1. Ein verpatzter Reifenwechsel in Watkins Glen ließ Jones dort ein Rad verlieren. Am Ende der Saison 1979 war er in der Fahrer-WM nur Dritter, obwohl er wie Andretti 1978 mehr Rennen gewonnen hatte, als jeder andere Fahrer. Die Enttäuschungen zu Beginn der Saison mit dem FW06 und die verspätete Entwicklung des FW07 hatten Williams ohne Zweifel den Titel gekostet, dafür lief 1980 alles viel besser...

1980 — WM Sieg bei Fahrern und Konstrukteuren

Patrick Head und sein Ingenieur-Team gingen davon aus, daß ihr Wagen in der kommenden Saison pro Runde zwei Sekunden schneller sein müßte, um weiterhin zu siegen. Sie entwickelten den FW07B mit Flügelprofilen, die hinten durch die Hinterradaufhängung geführt wurden, um noch mehr Abtrieb zu erzielen. Die umfangreichen Tests auf der Paul Ricard-Strecke in Südfrankreich waren recht vielversprechend, aber beim Training für den GP Argentinien in Buenos Aires erwiesen sich die neuen versteiften Monocoques des FW07B — im Einsatz waren die Chassis 07B/5 und 07B/6 — als unstabil aufgrund des gefürchteten ‚porpoising'. Die Wagen wurden hastig auf den alten Stand zurückgebaut und Jones errang seinen sechsten GP-Sieg.

In Brasilien wurde Jones Dritter, fiel aber in Südafrika mit dem neuen 07B/7 aus, während sein neuer Teamkollege Carlos Reutemann dort mit einem sechsten Platz seinen ersten Punkt für Williams errang. In Long Beach wurden beide Williams Opfer von Kollisionen, während in Didcot die Williams-Ingenieure ein modifiziertes 07B-Paket entwickelt hatten. Die Unterböden endeten jetzt kurz vor dem Heck, außerdem wurde das Kühlsystem verändert.

Diese endgültige 07B-Version erschien erstmals zum GP Belgien in Zolder. Jones wurde von Pironi im Ligier geschlagen, weil ihn ein überhitzter Reifen behinderte, aber Reutemann wurde Dritter und Williams führte nun in der Konstrukteurs-WM.

Während das Renn-Team mit seinen Wagen dem Lauf des Grand Prix-Kalenders folgte, führte Ingenieur Frank Dernie das Test-Team mit eigenem Chassis und eigenen Motoren, das alle erforderlichen Entwicklungsarbeiten durchführte und auch an den Vortests auf den Rennstrecken der nächsten GPs teilnahm.

Williams verfügte insgesamt über 18 Cosworth-DFV-Motoren, deren Neupreis damals je 22 600 Pfund betrug, umgerechnet etwa 90 000 DM. Dreizehn Motoren wurden regelmäßig in den Rennen eingesetzt, vier standen dem Test-Team zur Verfügung und einer diente ausschließlich experimentiellen Zwecken.

Jones verlor den GP Monaco in seinem Einsatzwagen 07B/7 wegen eines defekten Tellerrades und machte damit den Weg zu Reutemanns erstem Sieg für Williams im 07B/5 frei. Das Glück verließ den Argentinier in Spanien, wo er von einem Konkurrenten auf die Hörner genommen wurde, während Jones einen sehr glücklichen Sieg in einem todkranken Auto errang. Das Rennen wurde anschließend aus politischen Gründen nicht für die WM gewertet, was Jones und dem Team neun sehr wertvolle Punkte raubte. Dafür zerstörte Williams beim GP Frankreich in Paul Ricard alle Hoffnungen von Renault und Ligier. Jones gewann im 07B/7, Reutemann wurde Sechster im 07B/5.

Jones und Williams führten die beiden WM-Tabellen für Fahrer und Konstrukteure bis zum britischen GP in Brands Hatch an. Dort sah es nach dem Training so aus, als ob Ligier mit Pironi und Laffite in der Lage wäre, sich bei Williams für den entgangenen Heimsieg zu revanchieren. Doch diesmal hatte Ligier Probleme mit den Rädern und Jones gewann im 07B/7 erneut, Reutemann im 07B/5 wurde Dritter. Die Südafrikanerin Desire Wilson fuhr in Brands Hatch den dritten Williams 07/4, verpaßte aber die Qualifikation. Dieser Wagen wurde später bei einem Testunfall in Donington Park mit Jones am Steuer zerstört. Das Test-Team bekam dann für den Rest der Saison das Chassis 07/5, das in den Nordamerika-Rennen dann als Reservewagen für Jones diente.

Auf den schnellen Kursen in Hockenheim und am Österreichring erwartete man, daß die Renault-Turbo ihre überlegene Leistung ausspielen würden. Aber in Deutschland gewann ein Ligier vor den beiden Williams. Reutemann wurde nach einem Reifenwechsel im 07B/5 Zweiter, Jones im neuen 07B/9 Dritter, nachdem er von der Pole-Position gestartet war und auch die schnellste Runde des Rennens fuhr. In Österreich gewann endlich Jabouille mit dem Renault, aber Williams sammelte mit den Plätzen zwei und drei für Jones und Reutemann erneut wertvolle Punkte.

Dafür ging in Holland dann für das Williams-Team alles schief. Jones hatte im Training mit 07B/5 einen schweren Unfall als das Gaspedal bei Vollgas hängenblieb. Mit dem Reservewagen 07B/7 fuhr er im Rennen achtlos über einen hohen Randstein, beschädigte dabei eine Schürze und wurde Letzter. Der Unfallschaden aus dem Training war so erheblich, daß das Team noch in der Nacht einen neuen Wagen aus England herbeigeschafft hatte, eine Woche später war 07B/5 dann jedoch wieder einsatzbereit. Nelson Piquet mit dem Brabham gewann in Holland und plötzlich war die Führung von Jones vor dem Brasilianer auf magere zwei Punkte zusammengeschmolzen. Auf dem Programm standen noch drei WM-Läufe, aber in Imola schlug Piquet Jones ohne Wenn und Aber und führte nun sogar mit einem Punkt Vorsprung in der Weltmeisterschaft.

In Kanada erschien Williams mit vier Autos, acht Cosworth-Motoren, 5,5 Tonnen Ersatzteilen und 26 Mann. Sie nahmen das Rennen sehr ernst, doch der ganze Aufwand schien zur Farce zu werden, als Jones und Piquet in der ersten Kurve nach dem Start kollidierten, es dahinter zu einer Massenkarambolage kam, und das Rennen abgebrochen und neu gestartet werden mußte. Piquet startete mit seinem Trainingsauto, ausge-

Reutemann in Silverstone 1981 mit dem FW07C/14. Man beachte die leicht über der Straße liegenden Schürzen.

Obwohl der Williams sehr vom Lotus 79 inspiriert war, war eines der wenigen wirklichen Gemeinsamkeiten die große Luke in der Nase des Wagen.

Regazzonis FW07/2 von 1979.

rüstet mit einem speziellen Qualifikationsmotor. Er führte das Rennen an, bis das hochgezüchtete Triebwerk platzte. Jones hatte freie Bahn und gewann mit 07B/9 das Rennen und den Fahrer-Weltmeistertitel.

Das Team ließ auch im letzten Rennen in Watkins Glen die Zügel nicht schleifen, und Jones und Reutemann belohnten die Anstrengungen mit einem makellosen Doppelsieg mit 07B/9 und 07B/8. Williams Grand Prix Engineering Ltd. wurde unangefochten Weltmeister der Formel 1-Konstrukteure.

Frank Williams selbst war im Grunde seines Herzens immer noch Autohändler und da das Team finanziell noch nicht auf Rosen gebettet war, verkaufte er einige der nicht mehr benötigten FW07 von 1979, wie er zuvor auch die FW06 verkauft hatte. John McDonalds Team RAM Racing kaufte die Chassis 07/1, 07/2 und 07/3, die dann von Emilio de Villota und Rupert Keegan gefahren wurden, allerdings immer Schwierigkeiten hatten, sich zu qualifizieren. Keegans beste Plazierung war ein neunter Rang in Watkins Glen, wo Geoff Lees sich nach einem Trainingsunfall nicht qualifizieren konnte.

Die Service-Erfordernisse dieses privaten Teams bedeuteten zusätzliche Arbeit für die Williams-Fabrik in Didcot. Villota schaffte es in einem unbedeutenden Rennen in Monza, sein Auto so stark zu beschädigen, wie es noch keinem Williams-Piloten zuvor gelungen war. RAM wünschte eine schnelle Reparatur, um weiter Rennen fahren zu können. Es war eine gute Übung für die Mannschaft in Didcot und lastete die Leute im Monocoque-Bau aus, wenn nichts für das eigene Rennteam zu tun war.

Der junge Amerikaner Kevin Cogan mietete sich bei RAM für ein Rennen in Montreal ein, schaffte es aber sogar nach 30 Runden im Abschlußtraining nicht, sich zu qualifizieren. Keegan konnte ebenfalls nicht fahren, nachdem er mit 07/2 einen schweren Unfall im Training hatte. RAM wollte beide Wagen unbedingt wieder in Watkins Glen eine Woche später einsetzen. Dave Neal, Chef der Fabrik in Didcot, erhielt in der Nacht zum Sonntag einen Anruf des Teams – natürlich ein R-Gespräch – mit der Bitte, eine Blitzreparatur zu arrangieren. Das beschädigte Monocoque wurde mit Luftfracht nach London geschickt und noch am Montag Nachmittag durch den Zoll geschleust. Die Mannschaft in Didcot arbeitete ohne Pause durch bis Mittwoch, dem Tag, an dem das Monocoque nach New York geflogen wurde, um pünktlich zum Trainingsbeginn in Watkins Glen zu sein. RAM erzielte damit das beste Ergebnis der Saison. Die Sache ist typisch für den Termindruck in der Formel 1 und es bedarf ganz sicher besonderer Leute, um damit fertig zu werden.

Im Winter schickte Williams 07B/7 für Alan Jones nach Australien, der damit das nicht zur WM zählende Rennen in Calder bestritt, das sein verstorbener Vater Stan viele Jahre zuvor gewonnen hatte. Nun tat es ihm der Sohn gleich.

Während des Wintes 1980/81 tobte der Krieg um das Verbot der auf der Fahrbahn schleifenden Schürzen zwischen den Konstrukteuren und der FISA. Die Konstrukteure veranstalteten den GP von Südafrika ohne Segen der FISA, alle Autos mit schleifenden Schürzen ausgerüstet. Die sogenannten „Grande Construttori" oder auch „Legalisten-Teams" – darunter Ferrari, Renault und Alfa Romeo – blieben dem Rennen fern. Reutemann gewann im letzten brandneuen FW07/10, erhielt aber keine WM-Punkte.

1981 – Mit dem 07C wieder Konstrukteursmeister

Die Konstrukteure mußten den Schürzen-Bann akzeptieren, ebenso wie die Sechs-Zentimeter-Bodenfreiheit-Regel und das Minimalgewicht von 585 Kilo. Williams baute deshalb in aller Eile schürzenlose und mit Ballast versehene „Bodenfreiheit-Autos“. Diese FW07C wurden rechtzeitig zur offiziellen Saisoneröffnung am 15. März 1981 in Long Beach fertig, wo die neuen Chassis 07C/11 und 07C/12 erschienen, gebaut nach dem Buchstaben des Gesetzes.

Sie landeten auf Anhieb einen Doppelsieg, Jones gewann vor Reutemann. In Brasilien folgte ein weiterer Doppelsieg, diesmal in umgekehrter Reihenfolge. Dann erschien in Buenos Aires der Brabham mit seiner trickreichen Aufhängung, mit dem Nelson Piquet unschlagbar war.

Obwohl die Schürzen des Brabham am Chassis fixiert waren und seine Bodenfreiheit legal war, wenn das Auto im Stand gemessen wurde, besaß seine Aufhängung eine Hydropneumatik, die das absenkte. Auf diese Weise reichten die Schürzen während der Fahrt doch wieder bis auf den Boden und der Wagen erzielte genau den Ansaug-Effekt, den die FISA hatte abschaffen wollen. Und der Wagen war legal!

Natürlich entwickelte Williams nun auch eine absenkbare Aufhängung, doch bei der Premiere in Imola rammte Jones unglücklicherweise seinen Teamgefährten Reutemann, der allerdings noch Dritter werden konnte. In Zolder gewann der Argentinier im 07C/12 und führte in der Fahrer-Weltmeisterschaft, nachdem Jones im 07C/11 einen Unfall hatte. Reutemann hatte eine unglaubliche Serie mit 15 Grand Prix-Zielankünften hintereinander in den Punkterängen gehabt, klarer Ausdruck der Zuverlässigkeit und Wettbewerbsfähigkeit der Williams. In Monaco jedoch versagte an seinem Auto der Antrieb und Jones erbte kurz die Führung, bevor sein neuer 07C/15 mit Benzinversorgungs-Problemen zurückfiel. Der Australier vergab das Rennen in Spanien durch einen Fahrfehler, so daß in den letzten beiden Rennen 18 potentielle WM-Punkte verschenkt worden waren.

Beim französischen GP erschienen die FW07C mit überarbeiteten Seitenkästen, um ein früh in der Saison aufgetretenes Handling-Problem zu kurieren. Doch mit dem Tempo der Renault konnten sie nicht mithalten. Reutemann fuhr den 07C/14 bei seiner Premiere in Silverstone und wurde Zweiter. Danach wurden die Wagen noch einmal aerodynamisch überarbeitet und wurden damit rechtzeitig zum deutschen GP wieder voll wettbewerbsfähig. Allerdings trat bei Jones wieder der mysteriöse Fehler im Kraftstoffsystem auf, der ihn in Hockenheim vermutlich neun weitere Punkte kostete. Er fuhr in diesem Rennen übrigens das für den Sechsrad-Williams vorgesehene Chassis 07D/16, natürlich in Vierrad-Version.

Der ärgerliche Fehler in der Benzinversorgung wurde nach und nach aufgespürt. Es handelte sich um die Blockade einer Pumpenverbindung. Ein Winkel innerhalb dieser Verbindung war scharf, statt kreisförmig geschnitten worden und erzeugte an dieser Stelle einen Wirbel im durchfließenden Kraftstoff, was zu Dampfblasenbildung führte. Der scharfe Winkel wurde mit einfachsten Mitteln in eine sanfte Kurve verwandelt und das Problem war gelöst — Kosten, höchstens ein paar Pfennige.

Aber es hatte Monate gedauert, das Problem aufzuspüren und Jones viele WM-Punkte gekostet, so daß er die große Chance verpaßte, nach seinem Landsmann Jack Brabham 1959 und 1960 der zweite Weltmeister zu werden, der seinen Titel in der folgenden Saison verteidigen konnte.

In Zandvoort vergab ein ungewöhnlich nervöser Carlos Reutemann im letzten Chassis der FW07-Reihe, 07C/17, nach einer Kollision weitere WM-Punkte, so daß es nun zu einem Kopf-an-Kopf-Rennen zwischen ihm und Nelson Piquet mit je 45 Punkten um den Fahrer-Titel kam. Der Zweikampf hielt an bis zum letzten Rennen in Las Vegas, wo Reutemanns empfindliche Psyche dem Druck nicht standhalten konnte, so daß der Brabham-Pilot sich den Fahrer-Titel sicherte, obwohl Jones im 07D/17 das Rennen unangefochten gewann. Schon zuvor hatte Williams erneut die Konstrukteurs-WM errungen.

Patrick Head und seine Ingenieure waren schon weit fortgeschritten mit der Konstruktion eines kürzeren und leichteren Nachfolgers der FW07-Familie. Dieser neue FW08 sollte ursprünglich ein Sechsrad-Auto werden, erschien aber 1982 als konventioneller Vierradler. Er war extrem leicht mit einem großen Reservoir für die „wassergekühlten“ Bremsen. Dadurch ließ sich der Wagen nach dem Rennen durch Nachfüllen von Wasser leicht auf das vorgeschriebene Minimalgewicht für die Schlußabnahme bringen, im Rennen war der Behälter natürlich gähnend leer. Auf diese trickreiche Weise konnte das Team einen Teil der motorischen Überlegenheit der Renault und Ferrari mit ihren Turbomotoren wettmachen.

1982 — Rosberg wird letzter Saugmotor-Weltmeister durch Beständigkeit.

Alan Jones hatte nach seinem Sieg in Las Vegas, abgestoßen von den Torturen der bretthharten Autos und dem Reglement-Chaos, seinen Rücktritt vom Rennsport erklärt. Carlos Reutemann führte das Team in die neue Saison, sein Partner war der Finne Keke Rosberg. Doch dann erklärte plötzlich auch Reutemann seinen Rücktritt vom Rennsport und die 07C wurden nun von Rosberg, Mario Andretti und Derek Daly gefahren, bevor die neuen FW08 im Frühsommer in Zolder ihr Debut gaben.

In den letzten Rennen des FW07 wurde Reutemann Zweiter in Südafrika, Rosberg belegte dort den fünften Rang. Der Finne wurde nach einer glänzenden Vorstellung in Brasilien Zweiter, anschließend aber disqualifiziert. In Long Beach erreichte er erneut den 2. Platz.

Rosberg beendete die Saison als Weltmeister, der zweite Williams-Pilot, der diesen Titel errang. Die Konstrukteurs-Weltmeisterschaft fiel an Ferraris neue Turbo-Autos, die mehr Grand Prix-Siege hatten, aber keinen ihrer Fahrer zum Weltmeister machen konnten, weil Gilles Villeneuve in Zolder tödlich verunglückte und Didier Pironi einen ähnlich schrecklichen Unfall in Hockenheim nur mit viel Glück überlebte.

Während seiner langen, glanzvollen Karriere, beginnend mit dem GP Spanien im April 1979 und endend mit dem GP USA-West in Long Beach im April 1982, gab es vom Williams FW07 nicht weniger als 16 verschiedene Chassis (Nr. 13 wurde natürlich übersprungen). Sie gewannen 1980 und 1981 den Konstrukteurs-Titel in Folge, dazu 18 Rennen, von denen 15 vollen WM-Status hatten. Sie erwiesen sich als klassische Grand Prix-Wagen, auf die Patrick Head und sein Team mit Recht stolz sein konnten.

Der Sechsrad-Williams

Bereits 1977 hatte Robin Herd von March kurz und mit geringem finanziellen Aufwand die aerodynamischen Vorteile des geringen Luftwiderstandes eines Sechsrad-Wagens in der Formel 1 erprobt. Seine Konstruktion besaß zwei Räder vorn und vier hinten, wobei er rundum die kleinen Vorderrad-Felgen und Reifen benutzte. Dabei fügte er hinten einfach eine weitere angetriebene Achse hinzu, verfügte aber nicht über ein ausreichendes Budget, um seine Idee weiter zu verfolgen.

Dann begannen die Turbomotoren von Renault und Ferrari um 1980/81 Leistungsmaßstäbe zu setzen, mit denen die Cosworth-Motoren der übrigen Teams einfach nicht mehr mithalten konnten. Damals war es für ein Team auch nicht möglich, als Kunde Turbomotoren zu erhalten. Patrick Head von Williams fragte bei Ferrari an, doch die vorhersehbare Antwort lautete „Nein". Cosworth hatte zu dieser Zeit wenig Interesse an dem Versuch, seinen Motoren mehr als die üblichen 497 — 507 PS zu entlocken. Williams begann deshalb in Zusammenarbeit mit der Tuningfirma John Judd Engine Developments in Rugby ein eigenes Entwicklungsprogramm. Mit Hilfe des Nockenwellen- und Ventil-Spezialisten Chris Walters brachten sie ihre DFV-Motoren auf Leistungen zwischen 542 und 547 PS.

Der Hauptvorteil der Turbos war ihre hohe Geschwindigkeit auf den Geraden, außerdem waren sie in der Beschleunigung überlegen, auch wenn dieser Vorteil zumindest teilweise durch das höhere Gewicht wieder aufgehoben wurde.

Die damals gebräuchlichen Hinterreifen hatten einen Außendurchmesser von 29 Zoll und saßen auf ultrabreiten Felgen, womit sie allein für etwa 40 Prozent des Luftwiderstandes des Autos verantwortlich waren. Dieser Luftwiderstand ließ sich natürlich durch die Verwendung der kleineren Vorderräder an insgesamt drei Achsen, davon zwei angetriebenen hinten, erheblich vermindern. Zugleich konnte auf diese Weise die Aufstandsfläche des Gummis auf der Fahrbahn erhalten, eventuell sogar verbessert werden, so daß die Traktion an den Antriebsachsen erhalten blieb. Es sollten aber noch weitere Vorteile hinzukommen.

Die aerodynamisch wirksamen Schürzen waren vom Reglement auf den Bereich zwischen den Achsen beschränkt. Mit einer zusätzlichen Achse konnten die von den Schürzen abgeschotteten Flügelprofile an der Unterseite länger werden, wodurch viel mehr Abtrieb produziert werden würde. Williams baute ein Modell mit sechs Rädern und testete es erfolgreich in seinem Windkanal in Didcot.

Das neue 4 x 4-Heck saß in etwa dort, wo beim konventionellen Vierradler die Hinterachse war, die zweite Achse nur etwa 10 Zentimeter vor der bisherigen Hinterachslinie mit nach vorn gewinkelten Antriebswellen. Direkt dahinter saß die neue dritte Achse, versorgt durch einen angeflanschten zusätzlichen Achsantrieb. Die Firma Hewland half beim Bau des Antriebs. Der March-Sechsradler war von Roy Lane seinerzeit bei Bergrennen eingesetzt worden, wobei das normale Sicherheitsventil des FT-Getriebes gegen durchdrehende Räder oft abgerissen wurde, so daß die Traktion des Vierrad-Antriebs beim Start den ersten Gang ruinierte. Patrick Head erhielt deshalb den Rat, den robusteren Zahnradsatz des DG-Getriebes in Verbindung mit kleineren Achsantrieben zu benutzen.

Das Monocoque des FW07D wurde für die Aufnahme dieses Hecks vorbereitet und Jones fuhr es zum ersten Mal eine Woche nach dem Rennen in Las Vegas 1981. Der Australier stand jedoch zu seiner Entscheidung, sich vom Rennsport zurückzuziehen, obwohl er zwei stehende Starts mit dem Auto hingelegt hatte, bei denen der Wagen abschoß wie eine Pistolenkugel, ohne daß die Räder durchdrehten. Jonathan Palmer testete den Wagen in Silverstone im Regen und war dabei sehr schnell. Das Team nahm sogar an, man könne profillose Reifen auf der dritten Achse fahren, weil die Regenreifen auf den beiden vorderen Achsen das Wasser so gut verdrängten. Patrick Head machte sich jedoch Sorgen, wie der Wagen in sehr engen Kurven gehen würde. Deshalb wurde auch auf der Strecke von Croix-en-Ternois in Nord-Frankreich getestet, wo Palmer identische Zeiten wie mit dem Vierrad-FW08 erreichte. Tatsächlich war das kurze Monocoque des FW08 im Hinblick auf die riesigen Flügelprofile des 4 x 4-Hecks maßgeschneidert worden.

Der Sechsradler war etwa 54 Kilo schwerer, wobei der Abtrieb und der Luftwiderstand dieses Prototyps keine wesentlichen Vorteile boten. Wegen ihrer großen Länge und beträchtlichen Breite kamen die Flügelprofile mit einem recht bescheidenen Anstiegswinkel aus, obwohl sie unter den Antriebswellen hindurchführten, endeten sie dennoch oberhalb der unteren Dreieckslenker, so daß sie den Luftstrom in diesem kritischen Bereich unterbrachen.

Folgerichtig wurde eine zweite Version des Sechsradlers entwickelt, bei der Antriebswellen mit fixierter Länge dafür sorgten, daß die Luftschächte des Flügelprofils unbeeinträchtigt blieben. In dieser Ausführung wurde der auf einer Stütze montierte hohe Heckflügel durch einen einfachen flachen Flügel auf dem hinteren Karosserieteil, ähnlich wie beim Lotus 80, ersetzt.

In der Zwischenzeit erschien der Wassertank-Gewichtstrick kurzfristig aussichtsreicher und Rosberg gewann schließlich die Fahrer-Weltmeisterschaft mit dem Vierrad-FW08. Der Termindruck der Renneinsätze verlangsamte jedoch nur den Entwicklungsprozeß des Sechsradlers, bei dem die Windkanal-Versuche 30 Prozent mehr Abtrieb versprachen.

Wie gut wäre dieses Auto wohl gegangen? Einen Anhaltspunkt lieferte das sehr genaue Computer-Programm für die Kalkulation von Rundenzeiten, das Williams zu dieser Zeit mit einem Spezialisten entwickelt hatte. Es sagte für den Sechsradler auf der Strecke von Paul Ricard eine Zeit von 1.28 Minuten vorher. Vor dem GP von Australien 1985, für eine Strecke, die das Team noch nicht einmal gesehen hatte, fütterte Williams den Computer einfach mit den Daten aus einer simplen Zeichnung. Die Vorhersage ergab, daß ein Williams FW10 eine Trainingsbestzeit von 1.20,4 und eine Rennrunde in 1.23,1 erreichen könnte. Tatsächlich fuhr man 1.20,5 bzw. 1.23,7, so daß sich das Vorhersage-Programm wirklich als unglaublich genau erwies. Ende 1985 fuhr der bärenstarke Williams-Honda, allerdings mit flachem Unterboden, in Ricard Zeiten um 1.32 — ganze vier Sekunden langsamer, als es der ground effect-Sechsradler mit seinem viel schwächeren Cosworth-Motor vermutlich getan hätte.

Aber Sechsrad-Wagen und Vierrad-Antrieb wurden 1983 verboten und das war vielleicht gut so, denn sicherlich hätte die Konkurrenz dem Weg von Williams folgen müssen, und ganze Starterfelder solcher Exoten wären vermutlich zu weit von dem entfernt gewesen, was die Öffentlichkeit und die Sponsoren verstanden hätten, um Glaubwürdigkeit und Interesse der Formel aufrecht zu erhalten. Aber welch interessanter Versuch . . .

Die Zeichnung des BT49 von Giorgio Piola unten zeigt: 1) Girling-Vierkolben-Bremsen 2) Kohlefaser-Oberteil 3) Stabilisator 4) Zahnstangen-Lenkung 5) Kohlefaser-Schürze 6)Innenseite des Schürzenkastens 7) Instrumententafel 8) Monocoque-Einsatz aus Aluminium 9) Wasserbehälter 10) Schaltgestänge 11) Flügelprofil aus Kohlefaser 12) Hitzeschild der Auspuffanlage 13) Aufhängung mit Zugstrebe und progressiver Federung 14) Öltank 15) Girling-Vierkolben-Bremse 16) Heckflügel-Stütze 17) Getriebeöl-Kühler

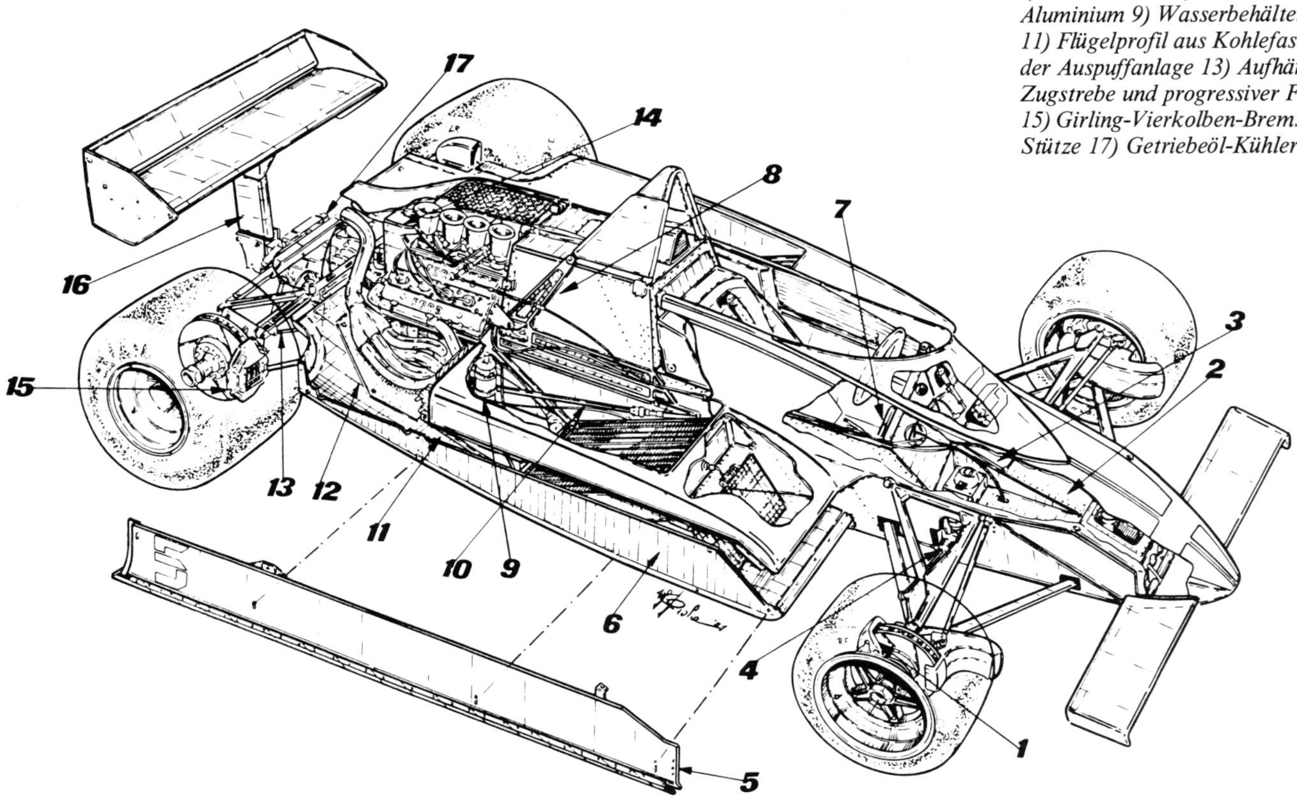

Gordon Murrays Weltmeister-Brabhams BT49—BT52 1980—1983

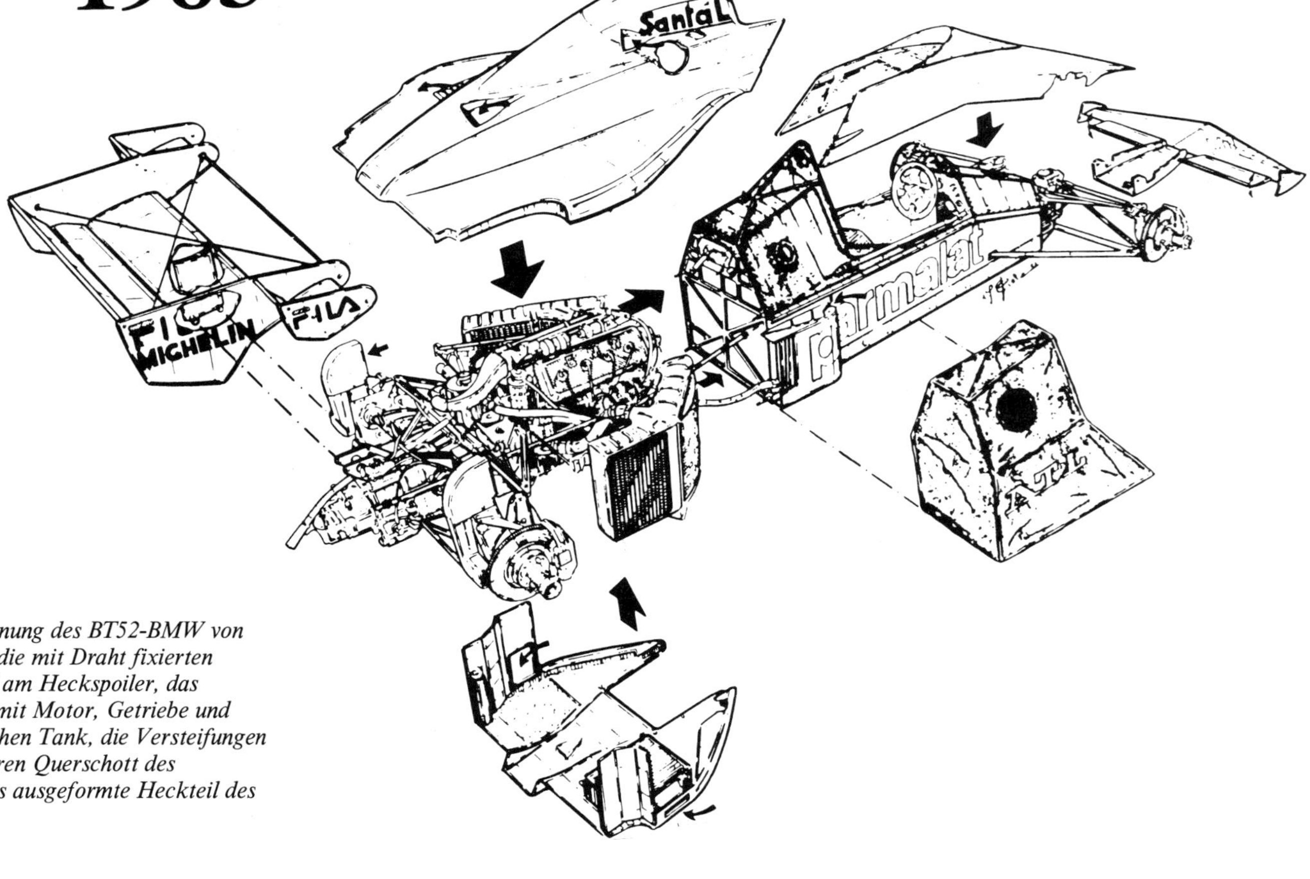

Die Explosionszeichnung des BT52-BMW von Giorgio Piola zeigt die mit Draht fixierten kleinen Seitenflügel am Heckspoiler, das montierte Heckteil mit Motor, Getriebe und Hinterachse, den hohen Tank, die Versteifungen am einteiligen hinteren Querschott des Monocoques und das ausgeformte Heckteil des Unterbodens.

Im September 1979 endete die Zusammenarbeit zwischen Brabham und Alfa Romeo. Zum Abschluß bescherte Lauda den Partnern noch einen Sieg mit dem BT48 im nicht zur WM zählenden Rennen in Imola. Die Entscheidung, zum Cosworth-Motor zurückzukehren, wurde getroffen, weil Alfas Sportabteilung Autodelta sich mit Vorrang um die Entwicklung des eigenen Formel 1-Projekts kümmerte. Mit einer unglaublichen Kraftanstrengung schaffte es Motor Racing Developments, so der offizielle Name des Brabham-Teams, in Chessington drei BT49-DFV für den GP von Kanada in Montreal fertigzustellen. Die noch in roter Lackierung erschienenen Wagen besaßen eine verlängerte Version von Gordon Murrays existierendem BT48-Monocoque, eine schlanke Konstruktion aus Aluminium mit Kohlefaser-Verkleidung. Die neuen Wagen waren leer 17,5 Kilo leichter, mit der für den DFV-Motor erforderlichen Spritmenge aber sogar 49,5 Kilo leichter als der alte BT48.

Die Rennen des BT49

Piquet lag mit BT49/2 lange Zeit auf dem dritten Platz, ehe er mit Getriebeschaden aufgeben mußte. Lauda trat kurz nach Trainingsbeginn plötzlich vom Rennsport zurück, sehr zum Verdruß der Mechaniker, die vor diesem Einsatz so hart geschuftet hatten. Ricardo Zunino übernahm Laudas Sitz im BT49/3. Beim nächsten Rennen in Watkins Glen qualifizierte sich Piquet neben dem Williams von Jones für die erste Startreihe und fuhr die schnellste Runde im Rennen, ehe er mit gebrochener Antriebswelle ausschied. Neuling Zunino erreichte den neunten Startplatz, kreiselte im Rennen aber von der Strecke.

Ende 1979 bereitete sich Brabham auf die erste volle Saison mit Cosworth-Motoren seit vier Jahren vor. Während Piquet an Klasse und Erfahrung gewann, arbeitete das Team hart, sein DFV-Auto zum Sieger-Typ zu machen. Ende 1980 war der BT49 unbestreitbar das schnellste Cosworth-Auto, trotz des Gewinns der WM durch Jones im Williams FW07B. Aber Piquet war Jones so hart auf den Fersen, daß der Australier den Titelgewinn nur mit Mühe sicherstellen konnte.

Als Marke konnte Brabham freilich Williams nicht gefährden, da im Konstrukteurs-Pokal beide Wagen eines Teams Punkte erringen können. Brabham aber war eindeutig das Team mit nur einem Star-Fahrer, während der zweite Sitz an einen Fahrer ging, der bereit war, dafür zu zahlen. Weder Zunino in der ersten Saisonhälfte, noch sein Nachfolger Rebaque konnten genügend Punkte sammeln, um das stark besetzte Williams-Team zu schlagen.

Die zwei bereits Ende 1979 eingesetzten BT49-Chassis, 49/2 und 49/3, erschienen auch Anfang 1980 wieder auf den Pisten. Im Laufe der Saison wurden sieben weitere Wagen gebaut, BT49/4 bis BT49/10. Zum Auftakt in Argentinien war BT49/2 Ersatzwagen, während Piquet und Zunino die neuen 49/4 und 49/5 fuhren. Die Hinterrad-Aufhängung war überarbeitet, ebenso wie die Flügelprofile unter den Seitenkästen, das Schürzensystem, die Anordnung der Kühler und das Treibstoffsystem. Sie waren die schnellsten Autos auf den Geraden und Piquet wurde Zweiter, während Zunino auf der schlüpfrigen Piste sehr vorsichtig zu Werke ging — am Ende des Feldes.

In Piquets Heimatland Brasilien gab es Probleme, dafür kam in Long Beach eine wesentliche Weiterentwicklung. Der Brabham BT49B erschien mit modifiziertem Heck und einem Weismann-Getriebe, das sehr schmal und lang baute und nützlich für eine bessere Gewichtsverteilung war. Die Feder/Dämpfer-Einheiten saßen seitlich am Ende des Getriebes.

Diese Modifikationen erschienen am 49/3, die Einsatz-Autos 49/5 und 49/6 waren mit dem konventionellen Brabham-Getriebe ausgerüstet, hatten aber veränderte Seitenkästen, Karosserieteile und Hinterrad-Aufhängung. Piquet gelang in seinem gewohnten Auto eine perfekte Vorstellung mit Trainingsbestzeit und Führung vom Start bis ins Ziel. Es war zugleich sein erster GP-Sieg.

Ein neues Chassis, BT49/7, stand in Belgien für Zunino bereit, im Training mit Weismann-Getriebe ausgerüstet. Auf dem langsamen Kurs von Monaco tauchten die großen Heckflügel der Brabham-Alfa-Ära wieder auf. Beide Fahrer verunfallten im ersten Zeittraining, wobei die Monocoques beschädigt wurden. Piquet fuhr daraufhin den Ersatzwagen, während für Zunino das Experimental-Auto 49/3 eiligst aus Chessington herbeigeschafft wurde, vorsichtshalber zusammen mit dem gar nicht fertig montierten Chassis 49/6. Die ursprünglichen Monaco-Wagen wurden mit großem Aufwand rechtzeitig für Spanien repariert. Der versteifte neue 49/8 gab sein Debut in Frankreich als Ersatzwagen, wurde dann aber von Piquet im Rennen eingesetzt. Der Wagen war sehr schnell auf der Geraden, es fehlte jedoch an Traktion.

Größere 15-Zoll-Vorderräder und der große Heckflügel von Monaco wurden in Brands Hatch benutzt. In Deutschland tauchten an Piquets 49/3 neue Seitenkästen auf, er fuhr das ursprünglich als Reservewagen vorgesehene Chassis dort im Rennen. Am Österreichring beschädigte Piquet seinen 49/7 im Training schwer, so daß er wieder auf den alten 49/3 umsteigen mußte. Trotzdem beendete er zum achten Mal ein Rennen in den Punkterängen, während sein Teamkollege Rebaque im BT49/6 dem Weismann-Getriebe die erste Zielankunft bescherte.

Wichtige Änderungen kamen in Holland. Gordon Murray und sein Assistent David North hatten eine neue Vorderrad-Aufhängung entworfen, die einen um 7,6 Zentimeter verlängerten Radstand mit sich brachte. Dadurch verlagerte sich auch der Schwerpunkt des Wagens, die Seitenkästen wurden deshalb entsprechend modifiziert. Brabham konnte nun mit flacher gestelltem Heckflügel fahren, gewann an Höchstgeschwindigkeit auf der Geraden, ohne in den Kurven wesentlich an Abtrieb zu verlieren. Beide Chassis, 49/6 für Rebaque und 49/7 für Piquet, waren mit Weismann-Getriebe ausgerüstet. Piquet gewann das Rennen, nachdem der führende Jones über einen Randstein gerutscht war und dabei eine Schürze beschädigt hatte.

Der Kampf um die Fahrer-Weltmeisterschaft zwischen Piquet und Jones war nun voll entbrannt. Für Piquet stand in Imola mit BT49/9 ein neues Chassis zur Verfügung. Der modifizierte BT49 war dem Williams FW07B nun überlegen. Auf der Suche nach Zuverlässigkeit wurden die Weismann-Getriebe ausgebaut und durch die bewährte Brabham-Kraftübertragung ersetzt. Piquet gewann prompt seinen zweiten Grand Prix in Folge.

Vier Wagen traten die Reise nach Kanada an, darunter der brandneue BT49/10 für Rebaque. Piquet rammte im Training einen Renault und fuhr seine Zeit im Reservewagen BT49/7. Beide Fahrer zogen die kleineren 13-Zoll-Vorderräder vor. Piquet und Jones kollidierten in der ersten Kurve. Zum Neustart des Rennes mußte Piquet in den Ersatzwagen umsteigen, in dem noch der Qualifikationsmotor aus dem Training steckte. Piquet führte, als dieses Sprint-Triebwerk versagte. Es kostete ihn den WM-Titel. „Das Auto war dort absolut super“, erzählte Gordon Murray später. „Aber dann glitt uns alles aus der Hand, was wirklich eine bittere Enttäuschung war. Nicht so sehr für mich, aber für unsere Mannschaft, die über so lange Zeit so gewaltige Anstrengungen unternommen hatte.“

Während dieser Saison beendete Piquet 10 von 14 WM-Läufen, mit den Plazierungen 2-4-1-3-4-2-4-5-1-1 fuhr er sogar jedes Mal in die Punkteränge. Zunino erschien bei sieben GPs, verfehlte die Qualifikation in Monaco, fiel dreimal aus und plazierte sich auf den Rängen 7, 8 und 10 in den ersten drei Rennen in Argentinien, Brasilien und Südafrika. Der Mexikaner Rebaque fuhr die letzten sieben Rennen, von denen er drei auf den Rängen 7, 10 und 6 beendete. Seinen einzigen Punkt holte er ausgerechnet in Montreal am Ort von Piquets und des Teams bitterster Enttäuschung. Im Konstrukteurs-Wettbewerb wurde Brabham Dritter hinter Williams und Ligier.

Die Saison 81 und Murrays großer Trick

Die Saison 1981 wurde geprägt vom Bann der am Boden schleifenden Schürzen. Die Regeln schrieben einen Mindestabstand von 6 Zentimeter zwischen dem niedrigsten gefederten Teil des Fahrzeugs und der Fahrbahnoberfläche vor. Goodyear hatte sich im Winter vom Grand Prix-Sport zurückgezogen, Brabham verwendete nun Michelin-Radialreifen. Alle Teams hatten viel nutzlose Zeit damit verbracht, Autos mit Schürzen zu entwickeln und zu testen. Das war die Szenerie für eine bemerkenswerte Saison.

Gordon Murray beschrieb die Lage nach dem FISA-Beschluß über die „Bodenfreiheit-Regel“ so: „Die Teambosse sagten uns weiterhin, es sei alles in bester Ordnung, es würde schon bei den Schürzen bleiben. Aber wir sahen Teams beim Testen ohne Schürzen und wurden immer nervöser. Uns wurde immer wieder versichert, die Schürzen seien legal, deshalb haben wir auch überhaupt keine Tests ohne Schürzen gefahren. Dann ging nach Kyalami die Bombe hoch (die FOCA veranstaltete dort ein Rennen mit Schürzen, das folgerichtig seinen WM-Status verlor) und plötzlich gab es die 6-Zentimeter-Regel. Das war ein echter Schock. Wir hatten alle diese Regel diskutiert, ihre Einführung aber stets als unmöglich verworfen. Jetzt blieb uns noch genau ein Monat, um vor dem Rennen in Long Beach „Bodenfreiheit-Autos“ zu bauen. David North und ich nahmen das Reglement und lasen es noch einmal ganz genau durch...“

Die beiden Brabham-Techniker waren fest überzeugt, daß alle Teams einfach weiche Federn verwenden würden, um damit dem natürlichen und unvermeidlichen Abtrieb des Autos bei hohen Geschwindigkeiten zu erlauben, den Wagen tiefer auf die Straße zu pressen. Auf diese Weise würden die Flügelprofile erneut den Ansaug-Effekt produzieren, auch wenn die seitliche Abdichtung durch die am Boden schleifenden Schürzen nun fehlte.

„Es war überhaupt kein Problem, jedes nur denkbare aerodynamische Hilfsmittel an den vollständig gefederten Teilen des Autos anzubringen, aber wir durften nichts haben, was die Lücke zum Boden überbrückt hätte — das war sonnenklar. Kein Teil unseres Wagens mit Ausnahme der Räder und Reifen würde bei einer Messung im Stand dem Boden näher als 6 Zentimeter sein. Gewiß würde kein Teil systematisch oder permanent den Boden berühren, wie es die nun vom neuen Reglement verbotenen alten Schürzen taten. Selbst damals, wenn das Auto über eine Bodenwelle oder einen Randstein fuhr, hob die Schürze für kurze Zeit vom Boden ab, und das hieß eben nicht permanent den Boden berühren. Die neue Regel war also nicht zu erzwingen. Sie sagte nichts über die Bodenfreiheit des Wagens während der Fahrt und wir verstanden unter Korrektur der Aufhängungshöhe alles andere, als den normalen Abtrieb eines Rennwagens.

Wenn man zum Beispiel einen Ford Escort im Stand so einstellt, daß er 6 Zentimeter Bodenfreiheit hat und fährt dann damit auf die Straße, wird er einfedern und irgendwann nur noch 5,99 Zentimeter Bodenfreiheit haben. Bedeutete das etwa, daß wir das Auto im Stand auf 7 Zentimeter einzustellen hatten, um sicher zu gehen, daß es bei voller Fahrt dem Boden nicht näher als 6 Zentimeter kommen würde? Genau das sagte die Regel nicht. Es war eine blöde Regel. Wir sagten den Funktionären, daß sie nicht zu kontrollieren sein würde. Aber wir bauten ein System, das sie buchstabengetreu erfüllte.

Wir wählten weiche, pneumatische Federn. An allen vier Ecken der Aufhängung saßen Hydraulik-Zylinder, die durch Druckleitungen mit einem zentralen Reservoir verbunden waren. Dieses Reservoir war wiederum mit einem Kolben versehen, der mit einem Luftbehälter verbunden war. Der Kolben preßte Luft zusammen. Durch sorgfältige Wahl der Größe der Öffnungen konnten wir dann die Hydraulikflüssigkeit zurück in die Zylinder leiten, um damit die Aufhängung wieder hochzupumpen.

Auf diese Weise wurde das Auto tatsächlich heruntergepreßt, wenn es die Boxen oder die Startlinie verließ, und der Abtrieb durch die Geschwindigkeit zunahm. Dabei wurde die Flüssigkeit aus den Zylindern gepreßt und der Kolben unter Druck gesetzt, wodurch die Luft im zentralen Reservoir komprimiert wurde. Wenn wir den Leitungsquerschnitt richtig hinbekamen, blieb das Auto auch in langsamen Kurven trotz des geringeren Abtriebs unten. Wenn der Wagen dann sehr langsam in die Boxenstraße rollte, drückte die komprimierte Luft auf den Kolben, die Hydraulikflüssigkeit wurde zurück in die Zylinder an allen vier Aufhängungspunkten gepumpt, so daß das Auto hochkam und bei der fälligen Messung wieder 6 Zentimeter Bodenfreiheit hatte."

Der schlaksige Südafrikaner mit der ruhigen Stimme erzählte mir diese Geschichte am Ende der Saison, beugte sich vor, um ganz ernsthaft hinzuzufügen: „Es war eine so offensichtliche Lücke in den Regeln, daß wir dachten, alle würden es so machen wie wir."

Brabham ging mit den neuesten BT49C nach Long Beach, gespannt zu sehen, wer das beste Absenk-System haben würde. Für den Fall der Fälle hatten sie noch ein paar weitere Tricks im Ärmel. Zu ihrer großen Überraschung war aber keines der anderen Teams auf die Idee mit der hydropneumatischen Aufhängung gekommen. Gorden Murray und seinem Team sollte Ähnliches noch häufiger passieren.

Zunächst gab es in Long Beach nur Probleme. „Das Auto sank ab und wollte nicht wieder hochkommen, dann kam es hoch und ließ sich nicht mehr absenken, dann war das Vorderteil oben, das Heck aber unten. Es war schrecklich. Um Gewicht zu sparen, benutzten wir Hydraulikleitungen aus Kunststoff. Sie platzten oder schmolzen an irgendwelchen heißen Teilen, die Flüssigkeit tropfte heraus, das Auto sank ab und blieb unten. Es sah so aus, als ob Nelson sich nicht würde qualifizieren können. Deshalb entfernten wir das System aus seinem Auto und fuhren mit konventioneller Federung."

In Brasilien gab es wieder Probleme, aber Piquet fuhr Trainingsbestzeit und nur eine falsche Reifenwahl verhinderte den Erfolg. Sowohl dort als auch in Long Beach waren die BT49C außen mit Plastikschürzen ausgerüstet, unten versehen mit dickeren Blöcken aus ähnlichem Material, um die untere Ecke dort zu schützen, wo sie den Boden berühren könnte. Diese Schürzen entsprachen den Regeln, wie sie vor der Ära der am Boden schleifenden Schürzen gültig waren. Brabham verwendete also die gleichen festen Schürzen, wie sie damals ohne Beanstandung üblich waren. Das Material hätte eine Bodenberührung nicht überlebt, aber wenn das Auto erst einmal abgesenkt war, verhinderten diese Schürzen danach das Einströmen der Luft, das den Ansaug-Effekt ruiniert hätte.

Williams und die übrige Konkurrenz protestierten gegen das Brabham-System, um Klarheit zu bekommen, was als legal zu betrachten sei, und was nicht. Sie zielten dabei auf die Flexibilität der Schürzen, durch die sie unter Sogwirkung leicht nach innen gezogen wurden, so daß sie gerade eben über die Straßenoberfläche glitten. Dies wurde als Verletzung der Vorschrift betrachtet, nach der die Schürzen unbeweglich im Verhältnis zum gefederten Teil des Wagens zu sein hatten.

Murrays Reaktion war sehr einfach: „Alles bewegt sich bis zu einem gewissen Grad. Wie steif ist steif? In Argentinien hatten alle irgendeine Art von Schürzen, meist Stücke rund um die Hinterräder, um sie gegen die Seitenkästen abzuschotten. Sie bogen sich, wenn das Rad sie berührte. Sie hatten sie nur nicht rund um das Auto wie wir."

Am Ende sagten Murray und Ecclestone, sie würden sich den Protesten sofort beugen, wenn alle bereit seien, Farbmarkierungen an ihren festen Schürzen anzubringen und jeder disqualifiziert würde, dessen Schürze den Boden berührt hätte. Diesem Vorschlag wollte niemand zustimmen, weil jedes Auto während einer schnellen Runde irgendwo den Boden oder einen Randstein berührt.

Ironischerweise funktionierte das Absenksystem des Brabham BT49C immer noch nicht richtig. Murray flog zwischen den Rennen in Brasilien und Argentinien zurück nach England, um es zu überarbeiten. Die zweite Version war in Argentinien zwar besser aber immer noch unzuverlässig. Das Auto wollte am Ausgang langsamer Kurven einfach nicht unten bleiben. Zum Glück macht Piquet in den schnellen Kurven genügend Boden gut, um das Handikap auszugleichen. Er siegte, während Rebaque ausfiel, nachdem er lange Zeit auf dem zweiten Platz gelegen hatte. Übrigens wurde eine komplette vordere Federeinheit samt Zylinder dort aus der Brabham-Box gestohlen, und das Team wartete voller Spannung, wer wohl mit einem ähnlichen System in Imola auftauchen würde. Der Brabham-Trick sorgte immer noch für viel Mißstimmung. „Es war eine unangenehme Situation. Plötzlich sprachen alle die Leute, die sonst immer nett mit uns geplaudert hatten, kein Wort mehr mit uns..."

Das Team hatte das System erneut überarbeitet. Die Zylinder saßen nun nicht mehr in den Federn, sondern an der Aufhängung und die Hydraulikleitungen waren nun aus Metall statt aus Kunststoff. Diese dritte Version arbeitete nun endlich zuverlässig, zumindest bis zum Rennen, denn in den letzten zehn Runden donnerte Piquets Brabham wie ein Rennboot um den Kurs von Imola, mit hochgepumpter Frontpartie, während das Heck noch am Boden klebte.

Die Technischen Kommissare in Imola hatten übrigens das Hydraulik-System überprüft und abgenommen, die Schürzen aber beanstandet. „Wir sagten ihnen: Fein, suchen Sie doch das Material aus, das Sie akzeptieren können. Wir brachten ihnen eine Auswahl und sie fanden ein Material, das sie nicht biegen konnten. Das bauten wir dann ein. Es machte für den Abtrieb keinen großen Unterschied, wir mußten nur die Aufhängung steifer machen, um eine konstantere Bodenfreiheit während der Fahrt zu erreichen. Wir nahmen härtere Federn, packten mehr Blöcke in die Aufhängung, um die Bewegungen der Räder zu begrenzen und das Auto war so gut wie zuvor — es gab nur keine Federwege mehr."

Inzwischen arbeiteten die konkurrierenden Teams verzweifelt daran, Brabhams Vorsprung aufzuholen. Von Ligier wurde behauptet, sie hätten ein Absenksystem, das einfach über einen Getriebeschalter betätigt wurde, was nach dem Wortlaut der Regel schlicht illegal war. Murray machte Ecclestone sofort darauf aufmerksam: „Wir haben so viel getüftelt und gearbeitet, um unser System voll funktionsfähig zu machen, und nun kommen andere Teams daher und benutzen Schleichwege, die wir nicht gegangen sind, weil wir wußten, daß sie illegal sind."

Nach einer Sitzung in Paris veröffentlichte die FISA eine ihrer berühmten Regel-Klarstellungen. Sie besagte, die Schürzen dürften nicht stärker als 6 Millimeter und nicht höher als 6 Zentimeter sein. Obwohl Absenksysteme mit Schalter eklatant gegen die Regeln verstießen, konnten sie nicht kontrolliert werden. Murray fehlte beim Rennen in Zolder, weil er an Mumps erkrankt war. Während er zu Hause im Bett lag, riefen täglich Leute an, „die mir erzählten, wer alles einen Schalter im Auto hatte. Die Abnahme-Kommissare wuschen ihre Hände in Unschuld, zuckten mit den Achseln und meinten, sie könnten es nicht kontrollieren."

„In Monaco bauten wir in eines der Autos ebenfalls ein mittels Schalter betätigtes System ein, behielten aber unser legales System im anderen Wagen. Ein weiteres neues System blieb als Reserve im Transporter. Ich wollte unter dem Schalter ein gut sichtbares Schild „Korrekturschalter für Bodenfreiheit" anbringen, aber Bernie ließ mich nicht."

Es wurde eine Saison voller Anarchie, alle Teams fuhren nun über Schalter betätigte Absenksysteme. Piquet vergab in Monaco den Sieg, als er in Führung liegend und unter Druck von der Strecke rutschte. In Spanien reichte es zwar für die Punkteränge, die Brabham waren aber außer Form. Beim GP von Frankreich war Brabham geschlagen, als das Rennen wegen Regens unterbrochen werden mußte, und das Team keine passenden Reifen für die restlichen Runden hatte.

Während dieses Jahres hatte sich der Federweg der Wagen von rund 16,5 Zentimeter auf ganze 3,8 Zentimeter verringert, wovon die Hälfte von den Reifen stammte. Der Bann der auf dem Boden schleifenden Schürzen, ursprünglich auf Wunsch der Fahrer eingeführt, um langsamere und sichere Autos zu bekommen, führte letztendlich zu Wagen, die ihre Fahrer und sich selbst buchstäblich zermarterten.

Goodyear war nach Zolder in die GP-Szene zurückgekehrt, als Michelin nicht länger in der Lage war, das gesamte Feld auszurüsten. Die Franzosen wollten Brabham keinen Vertrag geben und so fuhr das Team wieder die Reifen der Amerikaner. Ihr zeitweiliger Rückzug hatte jedoch dazu geführt, daß sie über keinerlei Erfahrung mit dieser neuen Generation von merkwürdigen Autos verfügten. Das kostete Brabham in Dijon und Silverstone alle Chancen: den GP Frankreich, weil Goodyear nach dem Neustart keine Reifen hatte, die weich genug für den Sprint über die Restdistanz waren, den GP England, weil Piquet aufgrund eines Reifenschadens in eine Böschung knallte. Beim GP Kanada in Montreal waren sowohl die harten, als auch die weichen Regenreifen immer noch viel zu hart für die bitterkalten Bedingungen.

Brabham hatte in dieser Saison nur einen technischen Defekt an Piquets Auto zu verzeich-

Gordon Murray, Brabhams ruhiger und erfinderischer Chefingenieur, ein geborener Südafrikaner.

Piquets BT49/8 unter vollem Abtrieb in der S-Kurve in Paul Ricard 1980, als die schleifenden Schürzen — hier deutlich zu sehen zwischen den rechten Rädern des Autos — noch legal waren. Die Diagonal-Verbindungen in der Vorderrad-Aufhängung sind die Zugstreben, die die innenliegenden Feder/Dämpfer-Einheiten betätigten.

Nelson Piquet gewann seinen ersten Weltmeister-Titel 1981. Das Foto zeigt seinen BT49C mit der hydraulisch geregelten Aufhängung und der gut geformten Karosserieverkleidung, die die Luft unter den Heckflügel leitete.

nen. Vermutlich durch das Versagen eines Kolbenbolzens platzte in Monza der Motor. „Dafür war die Zahl der Teile, die an seinem Auto nach nur einem Rennen gebrochen, verbogen, zerrissen oder zerstört waren, unglaublich hoch. Früher hatte das alles mehrere Rennen gehalten, obwohl die Belastung mit schleifenden Schürzen höher, dafür aber konstanter war. Wir mußten die Wartungs- und Überholungsarbeiten an den Wagen in dramatischer Weise intensivieren."

Während der Saison wurden sieben BT49 eingesetzt, die Chassis 7, 9, 10, 11, 12, 14 und 15. Piquet und Zunino fuhren im letzten Rennen mit schleifenden Schürzen in Kyalami die Chassis 10 und 7 in 49B-Version. Danach erschienen die 49C mit Chassis 11 und 12 für Piquet und Rebaque in Long Beach, Chassis 9 war der Ersatzwagen. Mit diesem Auto fuhr Piquet das Rennen in Imola, sonst saß er bis zu seinem schweren Unfall in Silverstone durch den Reifenschaden stets in seinem 49C/11. Das neue Chassis 14 stand ihm in Deutschland erstmals zur Verfügung, und er benutzte es bis zum Rennen in Kanada, wo Chassis 15 sein Debut gab. Mit diesem Wagen errang er dann auch im Oktober in Las Vegas den Fahrer-Weltmeister-Titel.

Piquet beendete elf von 15 Rennen, dabei nur einmal nicht in den Punkterängen. Er siegte in Buenos Aires, Imola und Hockenheim, seine sonstigen Plazierungen lauteten 3-12-3-3-2-6-5-5. Sein Teamkollege Rebaque startete bei allen 15 WM-Läufen, nachdem Zunino nur in Kyalami im zweiten Brabham saß. Rebaque sah die Zielflagge nur fünfmal, in Monaco schaffte er die Qualifikation nicht. Seine Plazierungen lauteten 4-9-5-4-4, die besten drei Resultate erreichte er in Imola, Hockenheim und Zandvoort. Brabham beendete die Saison mit 61 Punkten auf dem zweiten Platz in der Konstrukteurs-WM, Williams hatte 95 Punkte erzielt.

Der BT50 für 1982 und das Motorendurcheinander

Zur Mitte der Saison hatte Brabham in der Zwischenzeit den neuen Typ BT50 entwickelt, der dazu diente, den neuen BMW-Vierzylinder-Turbo zu testen. Die Saison 1982 wurde bei Brabham dann ganz von der Entwicklung des BMW-Turbo bestimmt. Ihre Höhepunkte waren die drei Siege zu Beginn des Jahres, zwei mit dem DFV-Motor, und der erste Erfolg des BMW-Motors durch Nelson Piquet im GP Kanada, übrigens vor seinem neuen Teamkollegen Patrese mit dem DFV-Auto. Das war schon deshalb eine bemerkenswerte Leistung, weil das Team gleichzeitig logistisch mit zwei völlig verschiedenen Autos operieren mußte, dem BT49D und dem BT50. Das Chassis wurde während dieser Saison nur sehr wenig weiterentwickelt. Unterschiede zwischen dem BT49D und dem BT50 betrafen in erster Linie die Aerodynamik, den Schwerpunkt und das Zentrum des Abtriebs. Die Grundkonstruktion der Monocoques mit dem Unterteil aus Aluminiumblech und der oberen Versteifung aus Kohlefaser beruhte immer noch auf dem „steinalten" Entwurf für den Brabham BT48 mit Alfa Romeo V12-Motor. Sie wurde nur im Laufe der Jahre in Höhe und Länge den neuen Erfordernissen angepaßt. Brabham baute immer viele Chassis, um stets die erforderliche Steifheit zu erhalten. Die Monocoques wurden in regelmäßigen Abständen auf Verwindungsfestigkeit untersucht und die nicht mehr ausreichend steifen Chassis in Pension geschickt, so daß auch 1982 wieder ein hektisches Jahr für die Chassis-Abteilung in Chessington wurde.

Die BT49D mit DFV-Motor zu Beginn des Jahres besaßen neue Monocoques, die niedriger als zuvor waren, um die Karosserie insgesamt flacher zu machen. Es gab ein „Schwalben-Heck“ und Bremsscheiben aus Kohlefaser, hergestellt von der amerikanischen Spezialfirma Hitco, dazu unzählige weitere Detailverbesserungen. Gordon Murray hielt den BT49D für einen größeren Fortschritt gegenüber dem 49C, als es dieser verglichen mit dem ursprünglichen BT49 gewesen war.

Das Team war gezwungen, sich vor allem auf den noch immer problematischen BT50-Turbo zu konzentrieren, nachdem BMW öffentlich darauf bestanden hatte. Der BT50 brauchte fürs Rennen einen 214-Liter-Tank, verglichen mit dem 173-Liter-Tank für den Saugmotor BT49D. Probleme mit dem BMW-Motor, vor allem mit dem elektronisch gesteuerten Zündungs- und Einspritzsystem, ruinierten weitgehend die Chancen für den Rest der Saison. Der neue Motor mit all seinen Kühlern, Wärmetauschern und der Elektronik war rund 30 Kilo schwerer als ein DFV. Positiv war, daß BMW über ausreichende Vorräte an Motoren verfügte, weil Brabham beispielsweise beim GP Frankreich gleich 7 bis 8 Motoren verheizte. Das war jedoch keineswegs der Rekord, denn bei einem Test in Paul Ricard gingen sogar neun Motoren drauf, wobei allerdings „nur etwa drei richtig spektakuläre Motorplatzer waren.“

Kraft und Drehmoment der BMW-Turbomotoren schufen Probleme mit den guten, alten Achsantrieben. Sie stammten teils von Brabham, teils von Hewland und waren ursprünglich 1976 für den Alfa Romeo V12-Motor konstruiert worden. Seitdem übertrugen sie die Kräfte des V12, der Cosworth-V8-Motoren und nun der Vierzylinder-Reihenmotoren mit Turboaufladung, die sich ein bißchen zu stark erwiesen.

Während der Saison entwickelte Gordon Murray den Trick mit dem Tankstopp. Brabham startete mit nur gut zur Hälfte gefülltem Tank und auf weichen, schnellen Reifen, fuhr sich dann einen genügenden Vorsprung heraus, um bei Halbzeit an der Box nachzutanken und frische, weiche Reifen aufzuziehen. Auf diese Weise konnte außerdem Treibstoff für die Kühlung des Motors verwendet werden, was wiederum dazu führte, daß im Rennen mit mehr Ladedruck und damit mit mehr Leistung gefahren werden konnte. Murray meinte jedoch, daß diese Taktik alles in allem ein Fehlschlag war. Der einzige Erfolg in jenem Jahr war, „daß wir unseren Sponsoren spektakuläre Fernsehbilder bescherten, bei Rennen, die wir ohnehin nicht gewinnen konnten.“

Piquet gewann in Rio mit dem BT49D-DFV, wurde aber disqualifiziert, nachdem Renault gegen das Nachfüllen von Wasser-Ballast zur „Bremskühlung“ protestiert hatte, und die FISA die Berufung verwarf. Piquets zweites und letztes Rennen mit dem DFV-Motor war Long Beach, wo er ausfiel. Mit dem BMW-Motor hatte Piquet die Saison in Kyalami eröffnet, dann widmete er sich ab Zolder, wo er Fünfter wurde, ganz der Entwicklung des Turbomotors. Er fiel aus in Monaco, konnte sich in Detroit nicht qualifizieren, gewann in Montreal, war Zweiter in Zandvoort, fiel dann viermal hintereinander aus, ehe er Vierter in Dijon wurde und die Saison mit zwei weiteren Ausfällen beendete. Sein Teamkollege Patrese war Dritter mit dem DFV-Motor in Long Beach, gewann mit Glück in Monaco und erreichte mit dem DFV einen zweiten Platz in Montreal. Er startete zehnmal mit dem BMW-Motor, sah aber nur zweimal das Ziel: als 15. in Zandvoort und als Fünfter in Dijon beim GP der Schweiz. Brabham belegte den fünften Platz in der Konstrukteurs-WM 1982.

Der 1981er Prototyp BT50/1 war Teil des neuen Brabham-BMW-Teams in Kyalami, zusammen mit den neuen Chassis BT50/2 für Patrese und BT50/3 für Piquet. Als die BMW-Autos dann sehr zum Verdruß der Münchner zur Weiterentwicklung in der Garage blieben, diente BT49C/15 als Reservewagen, wurde aber von Patrese in Long Beach gefahren. Zwei neue Chassis, BT49D/16 für Piquet und BT49D/17 für Patrese, erschienen in Rio. Patrese zerstörte seinen Neuwagen im Training in Long Beach, der jedoch rechtzeitig wieder intakt war, um Patrese zum Sieg in Monaco zu verhelfen. Mit Chassis BT49D/16 wurde er Zweiter in Montreal, wo der neue BT49D/18 als Reservewagen auftauchte. Er wurde danach nicht mehr gesehen und sollte mit seiner extrem geringen Laufleistung der letzte in der langen Reihe der BT49-Modelle bleiben.

Die Produktion der BT50-Typen ging weiter mit BT50/4, der erstmals in Zandvoort für Patrese eingesetzt wurde sowie BT50/5, neu für Piquet in Dijon und zugleich das letzte 1982 gebaute Auto.

Das kurze Leben des BT51

Für 1983 zeichneten Gordon Murray und David North den brandneuen BT51, ausgelegt als ground effect-Auto mit Flügelprofilen an der Unterseite und einem kleinen Tank, weil Tankstopps von vornherein eingeplant waren. Nur drei Monate vor dem ersten GP der Saison 1983 verbot die FISA am 3. November 1982 Flügelprofile innerhalb des Radstandes und verordnete stattdessen der Formel 1 einen flachen Unterboden. Die bereits existierenden Baupläne waren nur noch für den Papierkorb gut, der BT51 wurde ohne einen einzigen Renneinsatz demontiert. Murray und North waren überzeugt, daß der einzig erfolgversprechende Weg, mit den neuen Regeln fertigzuwerden, darin bestand, ein völlig neues Auto zu konstruieren und zu bauen.

Mit dem BT52 und BMW zum 2. WM-Titel

So wurde der Brabham-BMW BT52 geboren, mit spitzer Frontpartie, geformt wie eine Speerspitze, mit abgewinkelten seitlichen Kühlern und kurzen Seitenkästen. Das Monocoque war eine typische Gordon Murray-Konstruktion, bestehend aus einem gefalteten Aluminium-Unterteil, zusammengehalten durch sehr leichte, aber stabile einteilige Aluminium-Querschotts vorn und hinten. Das Oberteil des Monocoques und der Tankzelle bestand aus Kohlefaser-Material. Die breitspurige Vorderrad-Aufhängung besaß innenliegende Feder/Dämpfer-Einheiten mit Druckstreben und doppelten Dreieckslenkern. Die Hinterrad-Aufhängung, ebenfalls mit innenliegenden Feder/Dämpfer-Einheiten, stützte sich auf ein schlankes Brabham-Antriebsgehäuse, dessen Versteifungen innen lagen. Der deltaförmige Frontspoiler sorgte für die notwendige aerodynamische Balance zum riesigen Heckflügel, der auf einer Stütze ruhte. Unten gab es hinter der Hinterachslinie hochgezogene Luftschächte, um wenigstens noch ein bißchen Abtrieb zu erzielen.

Am Ende der Saison blickte Gordon Murray auf ihren Kraftakt zurück: „Wir sind uns treu geblieben mit unseren besonderen Anstrengungen. Wir überzeugen uns selbst, daß dies der einzig gangbare Weg ist, daß jeder diesen Weg gehen wird, und wir gehen ihn mit voller Kraft. Und wenn wir dann zum ersten Rennen kommen, stellen wir fest, daß alle anderen es sich viel einfacher gemacht haben, so daß wir mit unserer Lösung ganz allein dastehen und bereits durch die ganzen Anstrengungen vorher außer Puste sind.“

Piquet gewann jedoch das Premiere-Rennen des BT52 in Rio und danach hatte Brabham-BMW laut Murray „seine wohl beständigste Saison seit 1974/75. Es gab keine Strecke, auf der wir nicht wettbewerbsfähig waren, außer wir fuhren das Rennen mit zu wenig Leistung oder wählten die falschen Reifen. Es war befriedigend zu sehen, daß alle diejenigen, die 1982 über uns lachten, weil unsere Autos oft gar nicht bis zum geplanten Tankstopp hielten, nun eifrig bemüht waren, uns mit dem Routine-Tankstopp zu folgen. Es hat auch Spaß gemacht, das neue Auto zu entwickeln, aber die Tiefpunkte waren so dumme Enttäuschungen, wie die Führung am Ende eines Rennens durch einen Plattfuß zu verlieren, durch ein Benzin-Feuer in den letzten Runden oder einen Fahrer, dem in Sichtweite des Ziels die Straße ausgeht.“

Zu Beginn der Saison erwies sich das Getriebe als besonderer Schwachpunkt. Der amerikanische Spezialist Pete Weismann half dabei, es zu verstärken, damit es der Kraft des BMW-Motors standhielt. In Rio brachte die Konzentration der Kühler im hinteren Bereich die Dämpfer zum Kochen. Neue Lufteinlässe lösten das Problem. Der einzige Test vor Rio hatte in Brands Hatch mitten im englischen Winter stattgefunden, kaum die ideale Vorbereitung auf den brasilianischen Hochsommer.

Paul Rosches Techniker-Mannschaft bei BMW hatte inzwischen sprunghaft Fortschritte gemacht. Der kompakte, kleine Turbomotor mit seinem wirkungsvollen elektronischen Bosch-Motorenmanagement war zunächst vor allem in den Rennen wettbewerbsfähig. Ein bedeutender Leistungszuwachs kam rechtzeitig zum GP Holland am Beginn der zweiten Saisonhälfte, als eine „Turbo-Strecke“ auf die andere folgte.

Mit ihrem Tankinhalt von 195 Liter konnten die BT52 lediglich die Stadtkurse Non-Stop absolvieren. Sie waren jedoch von vornherein als Tankstopp-Autos geplant und besaßen deshalb eingebaute Druckluft-Wagenheber, spezielle Radverschlüsse für schnelle Reifenwechsel und Spezial-Tankstutzen.

Brabham setzte sechs BT52-Chassis ein. Die Pause im Rennkalender zur Saisonmitte wurde zur Entwicklung einer neuen BT52B-Version genutzt. Sie erhielt unzählige Verbesserungen im Detail, darunter einige, die das Monocoque versteifen sollten, so zum Beispiel eine neue Innenverkleidung aus Kohlefaser. Gewicht wurde durch die Montage leichterer Querschotts gespart. Die neue Karosserieverkleidung bestand aus einem überarbeiteten Unterboden und beseitigte auch den charakteristischen Buckel auf dem Frontteil, unter dem die Vorderrad-Aufhängung arbeitete. Auch die bisherige dunkelblau-weiße Lackierung wurde geändert. Die Wagen erschienen nun mit weißem Oberteil und dunkelblauen Flanken, um den Schriftzug des Sponsors Parmalat, einer italienischen Firma für Molkereiprodukte, besser zur Geltung zu bringen.

Fortsetzung S. 137

Abschlußtraining Monaco 1967. Lorenzo Bandinis Ferrari 312/67 001 sticht in die Bahnhofskurve. Zwischen den Ansaugreihen des 12 Zylinders wuchert förmlich ein „Schlangennest" aus Auspuffwindungen über- unter- und durcheinander, alle säuberlich weiß lackiert. Das Chassis ist über die ganze Länge des Motors nach hinten gezogen und enthält in diesem Bereich noch einen Zusatztank. Heiße Kühlluft entweicht durch die Öffnungen in der Fronthaube. Die innenliegenden Frontdämpfer werden durch kleine Karosserieöffnungen vor der Vorderachse gekühlt. Die hinten innen liegenden Bremsen bekommen ihrerseits Kühlung durch die silbernen Hutzen am Motorende. Und dieser Ferrari hat durch den kleinen Schriftzug Prova MO53 unter dem Motor sogar Straßenzulassung.

PAM
ENGLEBERT
BANDEN
daf
VOL
5
TEAM LOTUS
FORD

Ganz oben: Ron Tauranacs Repco Brabham BT24. Bevor im Streben um die Sicherheit die Rennstrecken der Formel 1 „flurbereinigt“ wurden, flogen auch Formel 1 Autos über Kuppen und die Konstrukteure mußten diesen Belastungen entsprechend die Radaufhängungen stabil genug konstruieren. Hier ist Denny Hulme auf dem Weg zum Sieg im Großen Preis von Deutschland 1967 auf dem Nürburgring. Die Autos damals glichen eigentlich eher Zigarren und wurden zu recht oft als Einbäume bezeichnet.
Oben: Mitten aus dem Flügelzeitalter. Graham Hills Lotus 49B/6 hebt beim Beschleunigen fast mit den Vorderrädern ab. Der 49er war so konstruiert, daß das Auto beim Bremsen und Gasgeben stark nickte. Diese Tendenz wurde durch den großen Abtrieb des gewaltigen Heckflügels noch verstärkt. Progressiv wirkende Federung war noch unbekannt. *Links:* Mitten aus der verträumten Idylle vergangener Tage. Der große Star der 60er Jahre, Jim Clark, nimmt gerade in seinem neuen Lotus 49/2 Platz, um ihn das allererste Mal um den Kurs von Zandvoort zu steuern. Es waren an diesem Trainingstag gezählte 26 Zuschauer dabei. Am folgenden Sonntag würde er den neuen Cosworth Motor zu seinem ersten Sieg treiben und eine neue Ära einläuten.

Die Formel 1-Motoren aus den ersten Jahren der Dreiliterformel. *Oben:* Der Gurney-Weslake V12 in Gurneys Eagle beim GP von Monaco 1967. Bemerkenswert ist der sinusförmig gebogene Stabilisator über dem Getriebe und der stabile, schön verchromte Hilfsrahmen um das Getriebe geschwungen. *Rechts: von oben links bis rechts unten:* Gegen Ende der Saison 67 war die Zündbox am Lotus Cosworth zwischen die Ansaugtrichter gewandert. Die innenbelüfteten Bremsscheiben sind verschwunden.

Daneben: Der wohl exotischste Formel 1-Motor, der je gelaufen ist. Der BRM H16 aus dem Jahre 66, wobei 16 nicht für die Ventile, sondern für die Zylinderzahl steht. Deutlich sieht man die 8 Zylinder der linken Seite, die 4 Auspuffsysteme und den riesigen Anlasser am Getriebeende. Bemerkenswert sind auch die dünnen Bremsscheiben, die kupfernen Bremsleitungen an den oberen Längslenkern und die vielen durchsichtigen Plastikschläuche. Beim Matra V12 von 1968 lagen die Ansaugtrichter zwischen den Nockenwellen. Dieser Motor wurde durch gigantische Auspuffendrohre und eine verwirrende Fülle von Ölschläuchen gekennzeichnet. Als die Sauger noch richtig brüllten. Hondas Techniker grübeln über den 66er RA273V12 mit seinen im weiten V angeordneten Zylindern. Auch der im Prinzip aus zwei Achtzylindern zusammengebaute H16 BRM gab seinen Erbauern jede Menge Denkarbeit. Der Honda RA302 V8 aus dem Jahre 68 war Luftgekühlt und hing unter einer Verlängerung des Monocoque Chassis. Der BRM V12 im McLaren M5A in Monza 67. Brabhams 4 Nockenwellen 32-Ventil Repco 860V8 in Monaco 1968. Ferraris 312B 12 Zylinder wurde von 1970 bis 1980 eingesetzt. Hier ist die 74er Version im Bild. Das Schaltgestänge verläuft über dem rechten Zylinderkopf vom Getriebe zum Cockpit.

HONDA

DUNLOP

Monaco 1969 sah das Ende der Flügel. Nach der ersten Trainingssitzung wurden sie verboten. An John Surtees BRM P138/01 kann man gut erkennen, daß die Flügel direkt auf die Radträger wirkten und mit einem V-förmigen Gestänge um die Radaufhängung geführt wurden. Die ganze Abtriebskraft sollte direkt auf's Rad wirken und nicht die Arbeit der Aufhängung beeinflussen. *Links:* Jackie Stewart in Monaco auf dem „entflügelten" Matra MS80/02 und seinen bauchigen Tanks. Die Zeit der schlanken Zigarren geht 1969 dem Ende zu.

EMERSON FITTIPALDI
5

Shell
18

Links: Emerson Fittipaldi fuhr die Lotus 56B Gasturbine nur in einem einzigen Rennen, in Monza 1971. Dieser mit Allradantrieb versehene Renner verbrauchte für die damalige Zeit sehr viel Benzin. In den bauchigen Tanks unter der Startnummer mußten 230 Liter untergebracht werden. Der Lotus fuhr vorne wie hinten dieselbe Bereifung und sollte seinen Gewichtsnachteil durch eine besonders hohe Endgeschwindigkeit speziell auf schnellen Strecken wie Monza wieder wettmachen. Die Abgase der Turbine entwichen hinter dem Kopf des Piloten, und die überbeanspruchten hinteren Bremsen wurden durch Kühlhutzen mit Luft versorgt. *Links unten:* Ronnie Peterson im March 701/8 aus dem Jahre 1970. Für die längeren Grand Prix konnte der March seitliche Zusatztanks montieren, die genau wie Flugzeugtragflächen geformt, Abtrieb erzeugen sollten. Hinter diesen Zusatztanks steckt dasselbe Denken, das uns 8 Jahre später mit dem Lotus 78 den „ground-effect“ bescherte.

GOODYEAR
elf
elf
4
elf

Links: Das erfolgreichste Chassis der Formel 1 Geschichte. Stewarts Tyrrell 003 gewann 8 Große Preise, den letzten 72 hier in Paul Ricard. Das Auto bestach durch die Form einer Cola Flasche mit einer breiten Nase vorneweg. Durch diese Nase hatte der Tyrrell sowenig Auftrieb auf der Vorderachse wie nur möglich. Um dem gigantischen Heckflügel und der hohen Airbox auszuweichen mußten die Rückspiegel auf Stelzen gestellt werden. Sicherheitsgurte waren seit 3 Jahren vorgeschrieben. *Oben:* Das klassische Profil des Lotus 72. Keilform, Niederquerschnitt-Reifen und ein weit nach hinten ausragender Heckflügel, unter dem der Öltank montiert war, verdeutlichen „Aerodynamik über alles". Anfang der 70er Jahre veränderten sich auch die Rennstrecken gewaltig. Der Kurs von Paul Ricard in Südfrankreich galt als die sicherste Strecke überhaupt und wurde schnell die Winterheimat der Formel 1. Die klimatischen Verhältnisse erlauben Testfahrten durch's ganze Jahr. Bei dieser Startszene aus dem Jahr 73 demonstrieren McLaren, Tyrrell, Lotus und der Brabham ganz rechts vier verschiedene Nasen.

Marlboro
TEXACO
GOODYEAR
5
TEXACO-Marlboro

Oben: Ferraris 312T-Modelle waren Mitte der 70er Jahre schwer zu schlagen. Hier ist der 312T-022 1975 mit Lauda am Steuer abgebildet. Der Ferrari besaß vorne einen eigenen Flügel vor der Vorderachse. Die Airbox war mit der ganzen Cockpitverkleidung aus einem Stück und am Heck sieht man die kleine Heckbeleuchtung, für Regenrennen gedacht. *Links:* Der McLaren M23/5 aus der Vogelperspektive 1974. Die Airbox ist schlank gestaltet, um anströmende Luft auf dem Heckflügel nicht zu stören. Die innenbelüfteten Bremsscheiben hinten sind durch kleine Kühlschläuche „beatmet". Gut sichtbar ist auch der hintere Hilfsrahmen für die Radaufhängung. Die sorgfältig ausgesuchte Reifenbestückung ist speziell nach Fahrer und Mischung markiert. EF steht für Emerson Fittipaldi. *Nächste Doppelseite:* Start zum Großen Preis auf dem Nürburgring 1975. Auch zwei Jahre nach der Startszene aus Paul Ricard ist keine Einigung über die optimale Gestaltung der Nasen erreicht. Vom Frontflügel-Ferrari, über den Doppelkühler-Brabham, den Flachnasen-Tyrrell bis hin zum vollverkleideten March ganz rechts hinten ist alles vertreten.

TOTAL
Conti TS
UNIROYAL
TEXACO

DUNLOP
Das Ass
TEXACO

Kaum ein Rennwagen bekam soviel Aufmerksamkeit wie der 6-Rad Tyrrell 34 aus dem Jahre 76. Gegen die riesigen Heckwalzen sahen die kleinen Vorderreifen richtig niedlich aus. Der Fahrer konnte durch ein Seitenfenster auf die Räder schauen. Die Bremsen der ersten Vorderachse wurden durch die Öffnungen in der großen Frontnase gekühlt, die der zweiten Vorderachse durch die aufgesetzten Lufthutzen. *Unten:* Der McLaren M23/8-2 mit James Hunt am Steuer 1976. Nach den neuen Airboxregeln ist diese jetzt flach über dem Motor gelegen mit je einer Öffnung seitlich des Fahrerkopfes. Die Ölkühler liegen jetzt seitlich des Motors hinter den Wasserkühlern in der Verkleidung.

TEXACO
TEXACO
GITANES
MAZDA

Vorherige Seite: Drei sehr verschiedene Konstruktionen demonstrieren 1976 in Monaco die Ideallinie: Laudas Ferrari 312 T2 führt den Geleitzug in der Portier-Kurve, gefolgt von Ronnie Petersons March 761, dem zweiten Ferrari von Clay Regazzoni und den beiden Sechsrad-Tyrrell von Patrick Depailler und Jody Scheckter.
Oben: Die von Gordon Murray konstruierten Brabhams waren alle wunderschön gebaut, keiner war jedoch populärer als der BT44 B von 1975. Gut zu erkennen ist die breite Frontpartie mit den vorstehenden Lippen, die Brabham zu ersten Experimenten mit dem ground effect veranlaßten, und die innenliegenden, geteilten Wasserkühler. Deutlich zu sehen sind auch die Radaufhängung mit Zugstreben und das pyramidenförmige Monocoque. Die schwarzen Griffe an der Seite erwiesen sich als notwendig, um den Händen des Fahrers Halt zu geben, wenn er sich aus dem Sitz hochstemmen wollte. Er wäre sonst glatt an den schrägen Seiten abgerutscht. Die Goodyear-Regenreifen sind ein ungewohnter Anblick bei so sonnigem Wetter. Der Luftschlauch zeigt, daß Druckluft-Werkzeuge inzwischen in Mode gekommen sind.
Rechts Laudas Ferrari 312 T2 hetzt Hans-Joachim Stucks Martini-Brabham BT45 Alfa Romeo 1977 durch die alte Bahnhofskurve in Monaco. Der flache Zwölfzylinder-Alfa-Motor benötigte viel Treibstoff und gute Kühlung.

GOODYEAR
MARTINI
Agip
MARTINI
FINA
CHAMPION
FINA
CHAMPION
8
MARTINI
BRABHAM
alfa romeo
GOODYEAR

Oben: Beginn einer neuen Ära: Mario Andrettis Lotus 78 Flügelauto kündet davon, daß die Formel 1 im Verlauf des Jahres 1977 die aerodynamischen Probleme des Ansaug-Effekts in den Griff bekommt. Auf dem Bild ist Andretti auf dem Weg zum Sieg im Großen Preis von Argentinien 1978. Der als Flügelprofil geformte Unterboden des Lotus 78 produzierte den Ansaug-Effekt relativ weit vorn, eine Folge der vorstehenden Tanks in den Seitenteilen sowie der Lage des Auspuffs und der hinteren Radaufhängungen, die voll im Strom der unter den Seitenteilen hindurchgeführten Luft lagen. Dadurch hatte die Vorderachse mit ihrer breiten Spur stets mehr Haftung als die Hinterachse.

Rechts: Der Lotus 79, hier mit Andretti und seinem Konstrukteur Colin Chapman, besaß über das Getriebe geführte Auspuffrohre. Der Treibstoff befand sich in einem einzigen Tank hinter dem Fahrer. Dadurch verlagerte sich der Schwerpunkt des Ansaug-Effekts weiter nach hinten und das Auto war 1978 so gut, wie es aussah. Im folgenden Jahr zeigten sich dann die Unzulänglichkeiten des Systems und die mangelnde Steifheit des Chassis.

WASTE OIL
VALVOLINE
OLYMPUS CAMERAS
Valvoline
5
Valvoline
GOODYEAR

MICHELIN
Agip
11

GOODYEAR
Tony Matthews 1981

Links: Scheckters „Rasenmäher"-Ferrari 312 T4 von 1979 nutzte die Möglichkeiten optimaler Luftführung über der Karosserie, um eine bessere Aerodynamik zu erreichen, während die neue Technologie des Ansaugeffekts bei Ferrari zunehmend Verwirrung stiftete. Auffällig ist der sauber geführte Luftstrom auf den vorderen Flügel, um das Cockpit herum und über die flache hintere Haube auf das stark gewölbte Heckteil der Karosserie. Ein Teil des Anpreßdrucks ging durch die hochaufragende Partie hinter dem Kopf des Fahrers unvermeidlich wieder verloren. Daher gab Ferrari der Mitte des Heckflügels diese charakteristische Form, um die nutzbare Fläche in diesem Bereich zu vergrößern. *Unten:* Alan Jones mit dem Williams FW07 in Long Beach 1980. Dieser Wagen repräsentiert das Endstadium der Ära der Flügelautos, obwohl Jones hier gerade zur Abwechslung einen Teil des Ansaug-Effekts verliert. Die Schürze auf der linken Seite mit ihrer abriebfesten Ecke hebt an dieser Kuppe gerade von der sich neigenden Fahrbahn ab. Der kleine Luftsprung kostet Zeit. *Links:* Die Zeichnung von Tony Matthews enthüllt einige der Geheimnisse des Williams FW07C von 1981, mit dem die 6-Zentimeter-Bodenfreiheit-Regel ausgetrickst wurde.

GOODYEAR
Agip
27
GOODYEAR
Agip
olivetti

GOODYEAR RACING
Visco 2000
R. Arnoux
FIAT
LONGINES
Agip
GOODYEAR
olivetti

Links oben: Gilles Villeneuve mit dem von einem 1,5-Liter-Turbo getriebenen Ferrari 126C2 beim verregneten Großen Preis von Südafrika 1982 in Kyalami. Das von Harvey Postlethwaite konstruierte, in Aluminium-Sandwich-Bauweise ausgeführte Monocoque gab den Ferraris die Straßenlage, um mit der Kraft ihrer Turbomotoren fertigzuwerden. Interessant sind die fixierten Schürzen mit der verstärkten vorderen Ecke, die auf der Fahrbahn schleift sowie der sauber über die Karosserie geführte Luftstrom. *Links:* „Alles war Ferrari braucht, ist ein halbwegs anständiges Chassis. Dann würden wir nicht einmal mehr sehen, wo sie uns davongefahren sind,“ pflegten die Engländer zu sagen. Dr. Harvey Postlethwaite wurde von den Italienern verpflichtet, um ihnen aus der Verlegenheit zu helfen. Er tat es mit dem Kohlefaser-C3 von Mitte 1983, hier in Silverstone mit René Arnoux im Cockpit. Der vorgeschriebene flache Unterboden sorgte für verkürzte Seitenteile. Der Tank in Fahrzeugmitte zwingt dazu, den Fahrer weiter vorn zu plazieren. Verwendet wird eine Vorderrad-Aufhängung mit Zugstreben, die Außenhaut des Monocoques bildet zugleich Karosserieoberfläche. *Oben:* Gordon Murrays Versuch, mit dem vorgeschriebenen flachen Unterboden fertigzuwerden, führte zum neuen Brabham-BMW BT52, geformt wie eine Speerspitze. Auf dem Foto ist Nelson Piquet in Monaco zu sehen – trotz des etwas stark auf Abtrieb konstruierten Hecks gewann diese Kombination den Fahrer-Weltmeistertitel. Die Michelin-Radialreifen wiesen konstruktionsbedingt nur sehr geringe Fertigungstoleranzen auf, so daß der Anblick verzweifelter Reifen-Spezialisten auf der Suche nach einem Satz von Walzen gleichen Umfangs der Vergangenheit angehörte.

ALFA
ROMEO
5

BMW M Power

Gordini
RENAULT
CHAMPION

Gordini
RENAULT

Verlust der Unschuld: Wenn in den späten 70er Jahren ein Cosworth-Auto in die Box zum Service kam, kratzten sich die Mechaniker am Kopf und waren nicht sicher, ob nicht die Hälfte fehlte — so einfach wirkten die 3-Liter-Sauger-Autos verglichen mit den Turbos. *Gegenüberliegende Seite, von oben links nach unten rechts:* Ein Lotus 79 von 1978 im gestrippten Zustand. Zu sehen sind das filigrane Monocoque, die hochgelegten Auspuffrohre, die innenliegenden hinteren Bremsen, die nah ans Getriebe verlegten hinteren Feder/Dämpfer-Einheiten, ein Gewirr von Schläuchen und das rote Kabel zur Verstellung des Stabilisators. Brabhams Alfa Romeo V12-Motor wurde für 1978 in Rekordtempo hergestellt, die Zuverlässigkeit ließ aber sehr zu wünschen übrig. Der Unterboden des linken Seitenteils steigt sichtbar an, die Rippen verraten, daß der Alfa-Motor immer noch sehr viel Kühlung brauchte. Der BMW M12/13-Turbomotor im Brabham von 1982. Dieses Triebwerk entwickelte sich zum stärksten Formel-1-Motor, mit über 1270 PS Prüfstand-Leistung im Jahr 1985. Die vielfältigen Abschirmungen gegen Hitze waren außerordentlich wichtig. Renault spielte von 1977 an den Turbo-Pionier — hier ein V6-Motor vom Typ EF4 im Lotus 95T von 1984. Die Auspuffkrümmer auf der linken Seite speisen einen Lader, die verdichtete Frischluft wird dann durch den Ladeluftkühler in den Lufteinlaß oben auf dem Motor geführt. Zu beachten sind das Kohlefaser-Monocoque, die verjüngte Heckpartie à la McLaren, die hinteren Luftführungen, deren Ansaug-Effekt durch die ausströmenden Auspuffgase verstärkt wurde und die kleinen Hilfsflügel, die vor die Höhe der Hinterachse plaziert werden mußten. Im Renault-Werkswagen zeigt der V6 sein stattliches Aufgebot an elektronischen Steuereinrichtungen, die unverzichtbar waren, um Mitte der 80er Jahre auf die Leistung von 950 PS zu kommen. Der Ferrari 126 C-V6 von 1981 läßt doppelte Turbolader, plaziert im V der Zylinder, mit zentralem Abblas-Ventil erkennen. Die an den Seiten montierten Ladeluftkühler versorgen direkt die seitlichen Lufteinlässe. Die Wasserkühler davor sind geneigt montiert, die seitlichen Unterböden steigen nach hinten an. Gut zu sehen ist auch der winzige Stabilisator auf dem Getriebe. *Rechts:* Der überlegene Motor des Jahres 1984: McLarens von Porsche konstruierter TAG-Turbo V6 war zuverlässig, leistungsstark und dank der Wünsche John Barnards unerhört kompakt. Das Nockenwellengehäuse mißt gerade zwei Handspannen, die Befestigung am Monocoque erfolgt wie beim Cosworth-Motor mit zwei Metallplatten. Gut zu sehen ist das von McLaren eingeführte verjüngte Heck, die innenliegende Feder/Dämpfer-Einheit, der große Öltank, der tiefliegende KKK-Turbolader, der sorgfältig abgedichtete Ladeluftkühler und ein Stück des Kohlefaser-Monocoques. Dank der Zustimmung von McLaren International und TAG Turbo Engines unten die erste veröffentlichte Schnittzeichnung des TTE-PO1 V6, des Motors, der drei Weltmeisterschaften gewinnen half.

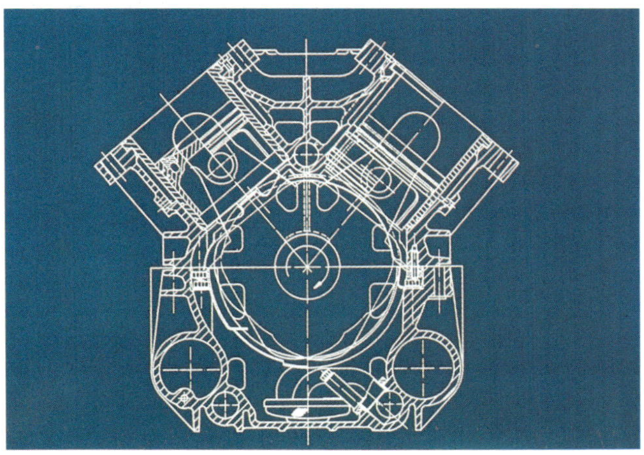

RENAULT elf
elf
MAGNETI MARELLI
MAGNETI MARELLI

Draufsicht auf ein Formel 1-Auto mit flachem Unterboden des Jahrgangs 1984, in diesem Fall Patrick Tambays Renault RE50. Die Feder/Dämpfer-Einheiten liegen innen in der Karosserie. Die Seitenteile sind verkürzt, die Lufteinlässe liegen in einem Bereich, wo die Luft nicht besonders stark verwirbelt wird. Die Füße des Fahrers befinden sich zwischen den vorderen Aufhängungsteilen. Die roten kleinen Seitenflügel am großen Heckflügel sind so montiert, daß sie genau vor der Hinterachse sitzen, weil das Reglement dahinter die Breite des Flügels einschränkte. 1985 machte ein strikter gefaßtes Reglement diese kleinen Flügel illegal.

HARIBO
Marlboro
MICHELIN

Alain Prost im McLaren MP4/2 mit TAG-Porsche-Turbomotor, dem Auto, das Maßstäbe setzte. Das 1984 in Zandvoort entstandene Foto vermittelt ein gutes Bild von der sorgfältig konzipierten Fahrzeugform mit ihrem geringen Luftwiderstand bei optimalem Abtrieb. Schön zu sehen sind die diagonalen Streben der Radaufhängung, die Lufteinlässe für die Turbolader unmittelbar vor den Hinterrädern und die gut befestigten kleinen Seitenflügel am großen Heckflügel. Prost gewann das Rennen nach Trainingsbestzeit mit 10 Sekunden Vorsprung auf seinen Teamkollegen Niki Lauda, wobei er 61 der insgesamt 71 Runden führte.

Nächste Seite oben: Aufgehende Sonne — nach gründlicher Überarbeitung der Honda V6-Motoren entwickelten sich die Williams FW10 zu den stärksten Wagen im Feld. Das Bild zeigt Keke Rosberg bei seinem Sieg in Detroit. Gut zu erkennen sind die Konstruktion der Vorderrad-Aufhängung, der die kleinen Hilfsflügel ablösende Doppeldecker-Heckflügel und das sich verjüngende Heck à la McLaren. Das hohe Heckteil hinter dem Fahrer wurde im Verlauf der Saison nach Modifikationen am Motor abgesenkt, um eine bessere Anströmung des Heckflügels zu erreichen. Diese Änderung zusammen mit einer überarbeiteten Hinterrad-Aufhängung sorgte für deutlich verbesserte Leistungen in den Rennen.

Nächste Seite unten: Ayrton Senna im Lotus-Renault 97T beherrschte den Großen Preis von San Marino 1985 in Imola, bis ihm das Benzin ausging. Der senkrechte kleine Windabweiser neben den Vorderrädern verhinderte Luftturbulenzen in diesem Bereich. Neben dem mit einem Mittelarm befestigten Heckflügel sind die dem Reglement entsprechenden, nach der Hinterachse ansteigenden Luftführungen zu sehen, deren Ansaug-Effekt noch durch die mit hoher Geschwindigkeit an der Wagenunterseite ausströmenden Auspuffgase gesteigert wird.

GOODYEAR
DENIM
DENIM
POWERED by HONDA
GOODYEAR
Collins & Aikman
ICI
Tactel
DENIM
6
Mobil 1
6
Canon
Canon
Canon
MYLANTE

GOODYEAR
John Player Special
elf

Gordon Murrays Weltmeister-Brabhams
Fortsetzung von S. 104

Drei Original-BT52 waren rechtzeitig für ihr Debut im März in Brasilien fertig geworden. BT52/4 kam für Patrese in Imola neu hinzu und wurde von ihm, unmittelbar nachdem er die Führung im Rennen übernommen hatte, übel verbogen. Das Chassis wurde innerhalb von Tagen repariert und in Monaco erneut eingesetzt, diente dann als Reservewagen in Montreal und wurde danach zum Ausstellungsauto. BT52/1 wurde nach Montreal zur B-Version umgebaut und diente am Ende der Saison als Reservewagen, nachdem Patrese mit ihm das Rennen in Brands Hatch bestritten hatte. Der zweite Prototyp BT52/2, neu für Patrese in Rio, wurde nach dem GP Frankreich das Testauto des Teams. Piquet zerstörte den Wagen bei Testfahren in Brands Hatch am 31. August 1983.

Der BT52/3 wurde ebenfalls nach Montreal zur B-Version umgebaut und dann als Reservewagen in Silverstone und Hockenheim eingesetzt, wo er von Piquet im Rennen gefahren und durch das Feuer, das den Brasilianer zum Ausscheiden zwang, irreparabel beschädigt wurde. BMW hatte einen Benzinfilter aus der Serienproduktion eingebaut, der in seiner Leichtmetall-Ummantelung einen Gußfehler aufwies. Durch die Vibrationen des Motors entstand ein Riß, Benzin tröpfelte in den Luftstrom und entzündete sich an der Turboflamme, die beim Schaltvorgang entsteht.

In der Zwischenzeit waren für Silverstone zwei brandneue BT52B gebaut worden. BT52B/5 war Piquets Auto, mit dem er nicht nur die Großen Preise von Italien und Europa gewann, sondern auch seinen Fahrer-Weltmeistertitel in Kyalami sicherstellte. BT52B/6 war das Patrese-Auto für die letzten Rennen der Saison, mit dem er den GP Südafrika gewann.

Es war eine dramatische Saison gewesen, in der die Brabham-BMW alle möglichen kleinen Fehlschläge erlitten. So schied Piquet zweimal mit Problemen am Gaszug aus. In Zandvoort sorgte der Leistungszuwachs der BMW-Motoren und ein von Gordon Murray mit seiner typischen Akribie vorbereitetes leichtes Spezial-Qualifikations-Auto endlich auch für die beste Startposition für Piquet, aber Prost drückte den Brasilianer bei einer leichten Kollision von der Strecke. Zu diesem Zeitpunkt sah es so aus, als ob Prost den Titel bereits in der Tasche hätte, aber dann erlebte er einen Rückschlag nach dem anderen, während die Brabham-BMW BT52 von Erfolg zu Erfolg eilten.

Brabham und BMW hatten miteinander ihre Probleme gehabt, aber der Fahrer-Titel ist nun einmal der, der im Blickpunkt der Öffentlichkeit steht. Dagegen war Ferraris Konstrukteurs-Weltmeisterschaft nur von geringer Bedeutung — es sei denn, man ist zufällig Italiener.

Piquets BT52/3 beim GP Brasilien in Rio. Der untere Teil des Monocoques ist aus gefaltetem Aluminium, das schwarze Oberteil aus Kohlefaser-Material. Die Druckstreben der Vorderrad-Aufhängung müssen stärker dimensioniert sein als Zugstreben.

Piquets BT52B/3 geht durch die Kraft des BMW-Motors beim GP Deutschland 1983 in Hockenheim hinten tief in die Federn.

Der Brabham-„Staubsauger“ BT46

Bereits früh während der Saison 1978, als Lauda und Watson bewiesen, wie wettbewerbsfähig die Brabham-Alfa BT46 gegenüber allen anderen Wagen mit Ausnahme der Lotus 78/79 mit Ansaug-Effekt waren, kämpften Gordon Murray und seine rechte Hand David North mit dem Problem, ein ground effect-Auto rund um den breiten und flachen Alfa-Zwölfzylinder-Motor zu bauen. Seine Zylinderköpfe ragten höchst hinderlich genau in den Bereich, wo die Schächte der den Ansaug-Effekt produzierenden Flügelprofile zu sitzen hatten.

Die beiden Brabham-Ingenieure untersuchten alle denkbaren Möglichkeiten, darunter auch die Version, den Motor vorn zu plazieren. Dann dachten Sie daran, den Tank hinten zwischen Motor und Getriebe anzuordnen. Das hätte funktionieren können, allerdings wäre der Wagen durch die zusätzlich notwendigen zahlreichen Verbindungen sehr schwer geworden. Außerdem wären die Veränderungen im Fahrverhalten zwischen vollem und leerem Tank sicherlich spektakulär gewesen.

Voller Verzweiflung studierten sie erneut das Reglement und fanden tatsächlich ein Schlupfloch: sie konnten ein Gebläse bzw. einen Propeller verwenden, um den Luftdruck unter dem Auto zu reduzieren, solange dessen „primäre Funktion“ nicht „aerodynamisch“ im Sinne der Formel 1-Regeln war. Mit anderen Worten: sie konnten behaupten, daß die primäre Funktion ihres Gebläses darin bestand, Luft durch einen Kühler zu saugen, um die Motorkühlung zu verbessern und nicht etwa darin, durch den rotierenden Propeller selbst die Leistungsfähigkeit des Autos zu steigern.

Brabham hatte bereits vorher einmal ein Gebläse verwendet, als man in Südamerika voller Panik versuchte, die waagerechten Ölkühler des BT45C zu besserer Wirkung zu bringen, aber es gab eigentlich keine Verbindung zwischen den beiden Tricks.

Der Brabham-„Staubsauger“ wurde ein Parade-Beispiel für die spitzfindige Umdeutung der Regeln, weil es natürlich im wahrsten Sinne des Wortes immer noch eine „aerodynamische“ Funktion ist, Luft durch einen Kühler zu saugen. Der Schöpfer dieser neuen Deutung ist allerdings bis heute felsenfest davon überzeugt, daß sie vollkommen legal war. Tatsächlich bestätigten auch die Sport-Autoritäten seine Lesart, nachdem sie ihre weitere Anwendung durch eine Veränderung des Wortlauts der Regeln wirkungsvoll unterbunden hatten.

So entstand also der berühmte Brabham BT46B-„Staubsauger“. Die ursprüngliche Idee wurde etwa zur Zeit des Rennens in Kyalami geboren, also sehr früh am Beginn der Saison, ein deutlicher Beweis für Gordon Murrays bemerkenswerte Voraussicht. Die 40 Mann starke Belegschaft in Chessington machte sich daran, zwei Wagen für Monaco zu bauen. Alle Teile wurden hergestellt und waren fertig, nur die Schürzen und die Entwicklung des Propellers verzögerten das Renn-Debut. Endlich, zum GP Schweden in Anderstorp erschienen die zwei Wagen, die modifizierten Chassis BT46/6 und 46/4. Lauda gewann prompt das Rennen, und auch Watson bot eine glänzende Vorstellung.

Der BT46B besaß einen großen, waagerechten Wasserkühler oberhalb des Motors. Der gesamte Motorraum war nach unten mit flexiblen Schürzen abgedichtet, die bis auf die Fahrbahn reichten, um das Einströmen der Luft von außen zu verhindern. Ja, selbst die Schlitze, in denen sich Antriebswellen und Radaufhängungen bewegten, waren noch einmal zusätzlich abgedichtet. Die endgültige Fertigstellung der Schürzen, des Gebläses und des Kühlers hatte erhebliche Anstrengungen gekostet.

David Cox, ein Fachmann für Thermodynamik, hatte die notwendige Anzahl der Propellerblätter, den Anstellwinkel und die optimale Rotations-Geschwindigkeit berechnet. Murray und North brüteten in ihrer typischen Art über möglicherweise auftauchende Probleme und versuchten, sie bereits von Beginn an konstruktiv zu lösen.

Angetrieben wurde der Propeller über die untere Getriebewelle, doch hätte dies ähnliche Probleme wie beim BRM H16 verursachen können, wenn man einen direkten Antrieb gewählt hätte, weil dadurch der rotierende Propeller die Hauptantriebswelle des Getriebes weiter auf Touren gehalten hätte, während der Fahrer versuchte, sie ausreichend abzubremsen, um einen anderen Gang einlegen zu können.

Deshalb wurde ein Freilauf am Ende des Getriebes eingebaut, um den Propeller immer dann abzukoppeln, wenn der Fahrer seinerseits die Kupplung für den Gangwechsel betätigte. Um einen häßlichen Unfall an der Box zu vermeiden, wurde eine Vorrichtung installiert, mit der die Mechaniker den Propeller abkoppeln konnten, während der Motor im Leerlauf weiterlief.

Eine Stirnrad-Gelenkwelle für den Propeller war notwendig, um die Nabe ausreichend abzuheben, damit Propellerblätter von vernünftiger Größe verwendet werden konnten. Das Problem, der Antriebswelle des Propellers die Belastung eines Renn-Starts zu ersparen, führte zum Einbau einer Rutschkupplung, die in der Nabe untergebracht war. Testfahrten in Brands Hatch zeigten überraschend, daß weder der Freilauf noch die Trenn-Vorrichtung für die Boxen notwendig waren, da der Gangwechsel auch dann völlig unbeeinflußt blieb, wenn der Freilauf blockiert war.

Aber die ursprünglichen Propellerblätter aus Kunststoff lösten sich auf, mit Glasfiber verstärkte Blätter ebenfalls. Nur eine Woche vor dem GP Schweden wurden Propellerblätter aus Magnesium gegossen und neue, aus dem Vollen gefertigte Naben hergestellt. Nur drei Stück waren rechtzeitig fertig.

Die Abdichtung an den Seiten und nach hinten durch die Schürzen machte keine Probleme, aber die vordere, quer zur Fahrtrichtung vor dem Motorraum verlaufende Schürze verursachte eine Menge Kopfschmerzen. Bis David North ein brillantes System erdachte, wobei er zwei aus Segeltuch genähte Wursthüllen benutzte, in die eine Reihe von Löchern geschnitten waren, so daß sie sich durch den Fahrtwind unter dem Wagen aufbliesen und auch prall blieben, wenn Druck oder Unebenheiten sie zwingen wollten, von der Fahrbahn abzuheben.

Am ersten Trainingstag in Anderstorp wurde diese trickreiche Abdichtung verschlissen, aber die Brabham-Mechaniker befestigten für den zweiten Tag vorne eine Gleitkufe und dann arbeiteten die Dinger ganz vorzüglich.

Selbst wenn der Wagen in der Boxengasse stand, und der Fahrer trat kurz auf das Gaspedal, ging das Auto bereits in die Knie. Fünf Teams protestierten und bezweifelten die Legalität, noch bevor Lauda und Watson sich für die Startplätze 2 und 3 hinter dem Lotus 79 qualifiziert hatten. Der Österreicher gewann das Rennen, hinter sich eine Wolke von Staub und Dreck, die aus dem Gebläse kam.

Noch vor dem nächsten Rennen wurde der berühmte Staubsauger und alle denkbaren Nachfolger mit diesem System vom Wettbewerb ausgeschlossen, obwohl das Ergebnis von Schweden bestätigt wurde, und der Brabham-Staubsauger selbst niemals für illegal erklärt wurde. Die meisten betrachteten Gordon Murray und David North mit erneuertem und geradezu ehrfürchtigem Respekt.

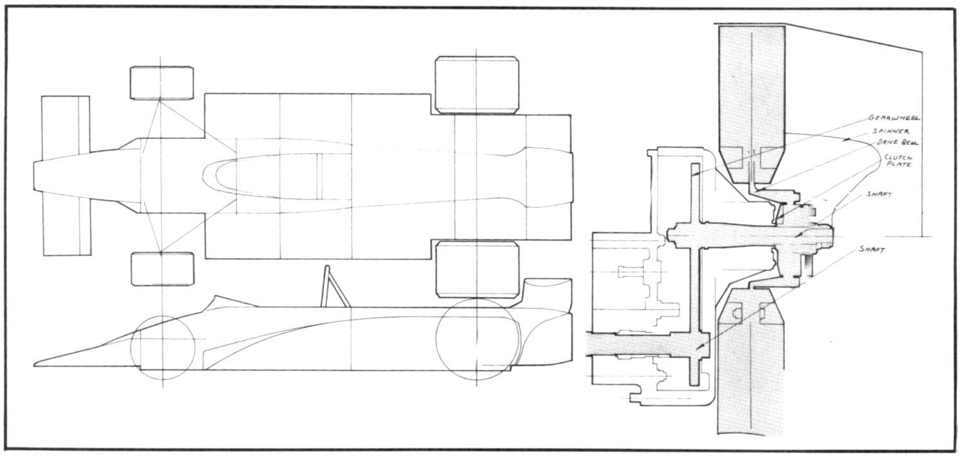

Oben links: *Propeller, Auspuff und Abdichtung des Motorraumes in Anderstorp 1978.* Oben: *Schematische Zeichnung des BT46-Staubsaugers und des Gebläse-Mechanismus.*

Oben rechts: *Der flachgelegte Wasserkühler rechtfertigte den Propeller.*

Die an Eishockey-Pucks erinnernden Dunlop-Kohlefaser-Bremsen, die Brabham 1976 in der Formel 1 erstmals einführte.

Der Brabham BT46B: 1) Luftstrom-Geschwindigkeitsmesser 2) Anzeige für die Strömungsgeschwindigkeit an der Unterseite 3) Plastik-Schürzen 4) Wasserkühler 5) Einlaß für Bremsenkühlung 6) senkrechter Abdichtungsschlitz 7) Abdicht-Schürzen des Motorraums 8) Auspuff-Endrohr 9) Gebläse

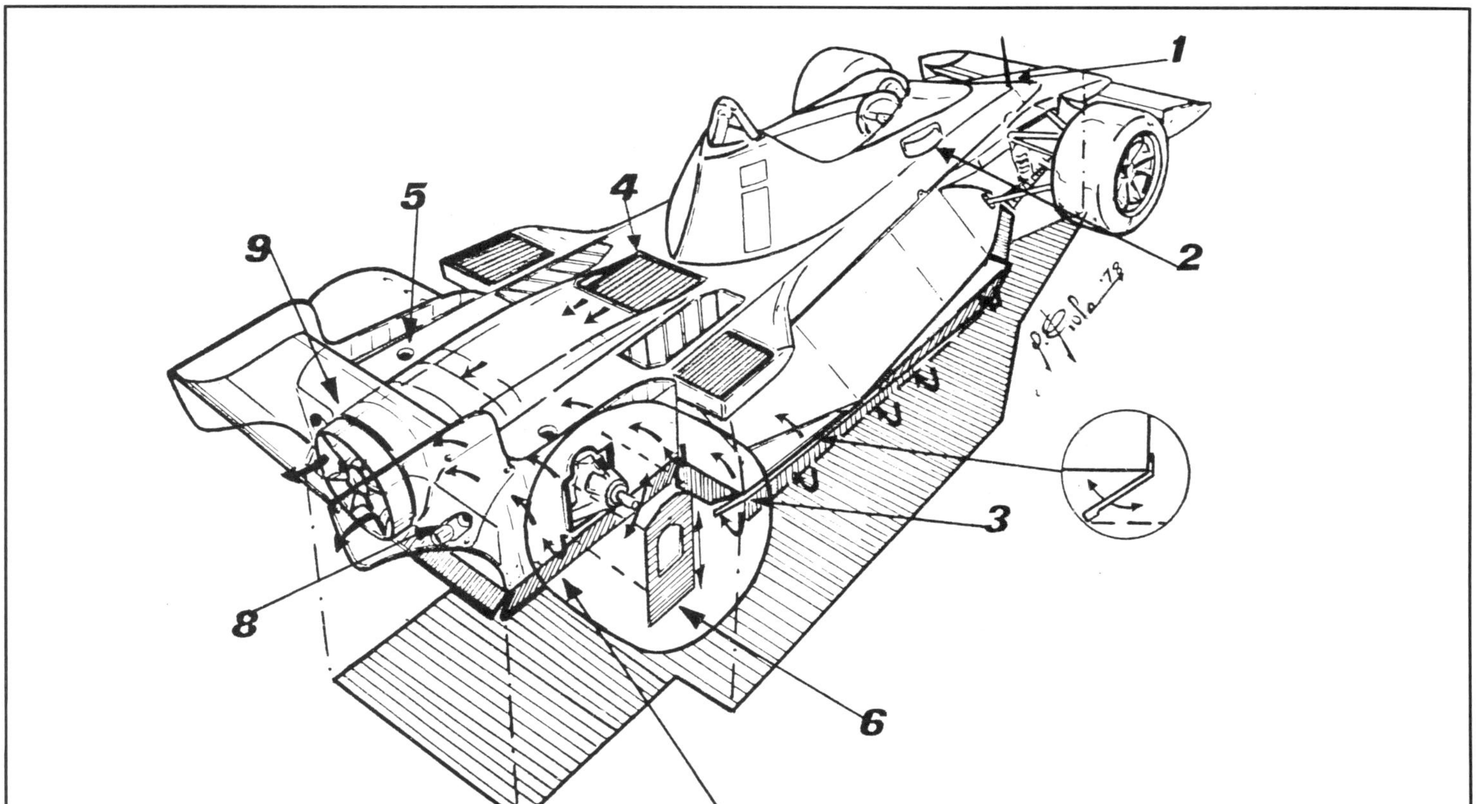

Legende mit Aufladung: Der Ferrari 126C 1981-83

Arnoux in Hockenheim 1983 auf dem 126C 066. Die Seitenkästen sind deutlich kürzer als bei den Flügelautos. Für's sekundenschnelle Nachtanken der Einfüllstutzen auf der Flanke des Ferrari. Die Kühler stehen aufrecht längs. Die Vorderbremsen-Lufthutzen und der Heckflügel sind gigantisch gewachsen.

Formel 1 Saison 1979: Die Ferrari 312T4 mit ihren herrlichen Zwölfzylindern sammeln auf den Rennstrecken der Welt noch erfolgreich Punkte, da wird zuhause, in Maranello, schon über einen Nachfolger nachgedacht. Nach dreißig Jahren soll es wieder einen aufgeladenen Ferrari-Treibsatz in der Formel 1 geben, und am 9. Juni 1980 faucht der erste turbo-beflügelte 126C über die Pista di Fiorano.

Die mühsame und oft genug fast entmutigende Pionierarbeit mit Turbo-Triebwerken in der Formel 1 und in Sportwagen hatte 1977-78 Renault geleistet. 1979 kam für die Franzosen der erste große Sieg, Triumph für einen turbobefeuerten Renault-Sportwagen beim 24 Stunden-Rennen in Le Mans! Das erste Ziel war erreicht, jetzt konzentrierten sich alle Kräfte auf die Formel 1. Prompt stellten sich in der zweiten Saisonhälfte die Erfolge ein. So zeigte der Renault V6 den Weg, den es zu gehen galt. Was auf alle Turbo-Anwärter zukam, war jetzt schon klar: ein unvorstellbarer Aufwand an Geld und Arbeit. Aber die Aussicht auf 650 oder noch mehr Pferde im Rennen, während die stärksten Sauger vielleicht 530 PS mobilisierten, war unwiderstehlich.

Der Motor

So setzten sich in Maranello ein paar Leute mit dem Schuß Superbenzin im Blut und jeder Menge Grips im Kopf zusammen: Für den Motorenbau verantwortlich waren die Ingenieure Franco Rocchi und Walter Salvarani, assistiert von Angiolino Marchetti. Alles stand unter dem Kommando des Chefingenieurs Mauro Forghieri. Das Ergebnis ihrer Forschungen war eine 120° V6 Maschine, an der sie drei verschiedene Aufladungssysteme erprobten. Zwei davon arbeiteten mit abgasgetriebenen Turboladern von Kühnle, Kopp und Kausch (KKK) aus Deutschland bzw. von Garrett AiResearch, einem US-Hersteller. Als dritte Möglichkeit testete Ferrari einen riemengetriebenen Druckwellen-Kompressor von Brown Boveri & Co.

Die einzige Gemeinsamkeit des neuen V6 mit älteren Ferrari V6-Maschinen war der Winkel von 120° zwischen den Zylinderreihen. Vom flachen V12 wurden dagegen die doppelten, obenliegenden Nockenwellen und die Vierventilzylinderköpfe mit einer Kerze pro Zylinder abgeleitet. Der V6 bot verschiedene Vorteile gegenüber etwa einem V8- oder dem Vierzylinderkonzept. Jede Zylinderreihe war nur „drei Zylinder lang", so konnte nicht nur der Block, sondern auch Kurbelwelle und Nockenwelle viel kürzer und stabiler ausfallen.

Mit weniger bewegten Teilen als im V8 hatte der V6 geringere Reibungsverluste. Im Vergleich mit einem Vierzylinder hat jeder Kolben eine kleinere Oberfläche, was geringere thermische Probleme bringt. Insgesamt ist die Kolbenoberfläche aber vergrößert. Das weitwinklige V bot zwischen den Einlaßseiten der Zylinderkopfdeckel genug Platz, um Turbolader, elektronische Zündung und Einspritzung unterzubringen.

Der neue V6 baute viel schmaler als der alte V12. Dadurch blieb auf jeder Seite genug Raum für die Luftkanäle, in denen unter Flügelprofilen der wing-cars der „ground effect" erzeugt wurde.

Alle Gußteile am Motor bestanden aus Aluminium. Zwei zahnradgetriebene obenliegende Nockenwellen pro Zylinderreihe bewegten vier Ventile über jedem Brennraum. Bohrung und Hub betrugen 81 bzw. 48,4 mm, pro Zylinder ergab das ein Volumen von 249,4 cm^3. Der Hubraum des neuen Ferrari-Kraftpaketes wurde mit 1496.43 cm^3 angegeben. Weitere Daten des kompakten V6: Verdichtungsverhältnis mit installierten KKK-Ladern: 6,5 : 1, Leistung 540 PS bei 11 000 U/Min. Na ja, das war erstmal nicht so überwältigend, verglichen mit den 510 oder mehr Rossen, die der saugende Zwölfzylinder bei 12 000 U/Min. springen ließ. Überzeugender war da schon, daß der Turbo bei 7 500 Umdrehungen satte 100 PS mehr hatte als sein Vorgänger.

Ferrari entwickelte in enger Zusammenarbeit mit Lucas und Magneti Marelli Einspritzungen und das Digiplex-Zündsystem, die den Motor in allen Drehzahl- und Ladedruckbereichen mit extrem genau dosierten Gemischmengen versorgen sollten.

Zu der Zeit hatte Renault in Frankreich schon wieder zwei ganz wesentliche Fortschritte in Sachen Turbo-Technologie gemacht. Der erste war der Kunstgriff der Ladeluftkühlung (Kühle Luft ist „dichter" als warme, und füllt dadurch die Brennräume besser). Den zweiten großen Ruck vorwärts brachte der Einsatz von je einem kleinen Turbolader pro Zylinderreihe. Dadurch konnte im Vergleich zum bisher verwendeten Einzellader die rotierende Masse in jeder Einheit verringert, das Ansprechverhalten des Motors ganz erheblich verbessert werden. Denn kleinere Lader drehen schneller hoch als große und stellen damit viel eher vollen Druck zur Verfügung. Beide Neuerungen fanden sich selbstverständlich später auch am 126C.

Der Druckwellenkompressor von Brown, Boveri unterschied sich ziemlich von den „konventionellen" Turboladern. Das „comprex"-System war eigentlich für Dieselmotoren in LKW gedacht. Der schweizer Hersteller wollte jetzt auch auf den Markt für Mittelklassewagen-Motoren, deshalb die werbeträchtige Verbindung mit Ferrari-Fiat.

Durch den Riemenantrieb hängt die Leistung des Kompressors direkt von der Motordrehzahl ab, erst in zweiter Linie von dem Fluß der Auspuffgase. Denn das Comprex-System steuert den abgegebenen Ladedruck nach dem Druck der austretenden Auspuffgase. Erste Leistungsvergleiche zeigten, daß der Kompressor ein weit besseres Ansprechverhalten als der Turbolader bot. Aber das KKK-Power-Pack brachte zuverlässig mehr Kraft, war einfach schneller.

Das erste Chassis

In der langen Tradition der seit 1969 durchgängig vergebenen Chassisnummern erhielt der erste Prototyp des 126C die „049". Das Monocoque war wunderbar schlank. Es bestand aus einer vernieteten Aluminiumhaut im Stil des Lotus 79/Ferrari T5. Um der Verkleidung bei dem kleineren Monocoque-Querschnitt ausreichende Steife zu geben, wurde sie von einem kräftigen Rahmen gestützt. Von vorne gesehen zeigte die schmale Schale einen achteckigen Querschnitt, hinter dem Cockpit lag der zentrale Benzintank.

Die Radaufhängungen vorne bestanden aus unteren, weit geöffneten Dreieckslenkern und oberen Kipphebeln. Die Dreieckslenker bewegten sich an dem zur Verstärkung eingebauten Rahmen, die oberen Wippen an einer gegossenen Querverstrebung. Ein Rohrrahmen nahm die Drehzapfen der oberen Wippen der Hinterradaufhängung auf, die unteren Dreieckslenker waren am Getriebegehäuse befestigt. In dieser Anordnung bildete der neue V6-Motor einen voll mittragenden Bestandteil des Chassis. Feder-/Dämpfereinheiten schmiegten sich dicht an das Getriebegehäuse, um den Luftstrom unter den Flügelprofilen nicht zu stören. Bei dem Getriebe handelte es sich übrigens um das bewährte, querliegende trasversale-Räderwerk in verbesserter Version. Wahlweise standen dem Piloten 5 oder 6 Gänge zur Verfügung. Die sehr kurze Maschine, sie maß ja nur noch 3 Zylinder in der Länge statt der bisherigen 6 beim alten Zwölfer, erlaubte den Einsatz eines Distanzstücks zwischen Motor und Kraftübertragung im „British Style".

Die Bremsen kamen von Brembo. Das ehrgeizige Unternehmen war in Motorradkreisen schon bekannt und brannte darauf, in die Königsklasse des Sports aufzusteigen. Brembo reagierte blitzschnell auf alle Anforderungen, die aus Maranello kamen. Die belüfteten Scheibenbremsen wanderten im Sinne eines ungestörten Luftstroms am Flügelprofil nach außen in die Speedline-Felgen – alles gehorchte damals ausschließlich den Gesetzen der Aerodynamik.

Auf dem Monocoque des Renners saß eine einteilige Karosserie, die zugleich die Cockpit-Abdeckung bildete, und dahinter die Motorverkleidung. Sie hatte die Form eines „Halbflügels" und sollte so die Wirkung des auf einer zentralen Säule stehenden Heckflügels unterstützen. Der Frontspoiler war um die spitze Nase herumgebaut, nicht mehr draufgesetzt, wie man es bei Ferrari 6 $^1/_2$ Jahre lang gemacht hatte.

Die Seitenkästen beherbergten links den Wasser- rechts den Ölkühler in derselben, nach vorne geneigten Lage wie bei 312 T4 und T5. Jeweils hinter ihnen lagen die Ladeluftkühler. Wie alle Flügelautos schleppte der 126C in den Außenwänden seiner Seitenteile die obligaten „Schürzen" mit herum, die den „ground effect" erst ermöglichen. Oben waren die seitlichen Pontons etwa wie beim alten T4 geformt, denn dieses design hatte viel Abtrieb gebracht. Nach oben trat auch die Heißluft aus den Kühlern aus. Die hinteren Teile der Seitenkästen waren so aufgewölbt, daß sie den Luftstrom möglichst harmonisch um die mächtigen Michelin-Walzen herumlenkten.

Radstand 2719 mm, Frontspur 1761 mm, Heckspur 1626 mm, Länge über alles 4468 mm, Gewicht 600 kg, das waren die Maße des 126 C. Kurioserweise bestand der Commendatore darauf, daß das „C" Corsa (Rennen) bedeutet, und nicht Compressore, Aufladung, wie es eigentlich logisch gewesen wäre.

Die ersten Gehversuche

Wochenlang kreisten die Gedanken der italienischen Motorsport-Enthusiasten um nichts anderes als die Entwicklung ihres neuen Ferrari. Am 13. September 1980, zum GP Italien auf der Rennstrecke Dino Ferrari in Imola, ist es dann endlich soweit. Nach zehn Wochen intensivster Testarbeit wird das neue rote Nationalheiligtum dem begeisterten Publikum präsentiert. Als der 126C mit dem erklärten Liebling der Tifosi, Gilles Villeneuve, am Steuer im Training zum ersten Mal aus der Boxengasse herausbeschleunigt, vermißt man zunächst das aggressive Kreischen des Zwölfzylinders. Dann gibt Gilles seinem neuen Rennpferd die Sporen und der Ferrari zischt, kocht, brodelt um den Kurs. Das heisere Röhren des Sechszylinders ist Musik, neue, gute Musik in den Ohren der Fans. Die ersten Ausritte bringen 1.35er Zeiten.

Genauer: Der unglaubliche Villeneuve gab alles, was er hatte und knallte mit dem Turbo-Geschoß 1.35,751 auf die Bahn. Damit war er schneller als in seinem 312T5.

Zur ersten Bewährungsprobe war der Renner schon heftig überarbeitet erschienen: Die Wippen der vorderen Aufhängung waren nach vorne geschwenkt. Dadurch wanderte verhältnismäßig mehr Gewicht nach hinten. Die Ladeluftkühler standen nun fast senkrecht, überschüssiger Ladedruck wurde beim überarbeiteten 126C über ein vertikales statt ein horizontales Rohr abgeblasen. Die Motorabdeckung war nicht mehr flügelförmig, sie fiel jetzt sanft nach hinten ab.

Im Winter 1980/81, FISA und FOCA zankten gerade mit zunehmender Erbitterung, trat Jody Scheckter zurück. An seiner Stelle kam der Franzose Didier Pironi ins Team.

Tests in Fiorano zeigten, wo man stand: Der Neue war extrem schnell, fraß dabei aber reichlich Bremsen, soff enorm viel Sprit und war noch wenig zuverlässig. Politische Querelen ließen die Konstrukteure im Unklaren, ob 1981 nun die schleifenden Schürzen — damit der ground effect — verboten würden oder nicht. Scheckter hatte in Fiorano den Rundenrekord mit einem beschürzten T5 auf 1.08,74 ‚runtergebürstet'. Villeneuve fuhr im unbeschürzten 126C am 11. Januar 1981 1.10,19. Mit der Comprex-Aufladung schaffte der Kanadier 1.10,61, dann ging es zum „öffentlichen Testen" nach Paul Ricard.

Die Saison 81

Ferrari boykottierte den ersten GP der 1981er Saison, Südafrika, der als „FOCA-Rennen" mit Schürzenautos ausgefahren wurde. So begann der Ferrari seine aktive Rennlaufbahn also im März beim GP der USA West in den Straßen von Long Beach. Tony Köllbrunner, Chef des Comprex-Entwicklungsprogramms bei Brown Boveri, sah auf dem winkligen Stadtkurs gute Chancen für seinen Kompressor. Hier kam es mehr auf spontanes Ansprechverhalten als auf Spitzenleistung an. Die Verwendung des Kompressors konnten auch die Zuschauer an dem einfacheren Auspuffsystem gut erkennen: Ein Auspuffrohr, groß wie ein Megaphon mit ovalem Querschnitt, lag auf dem Getriebe vor dem Heckflügel. Ein Hitzeschutzschild bewahrte das Getriebegehäuse vor größeren Schäden.

Inzwischen war die Karosserie noch einmal überarbeitet worden. Anstatt der breiten Vorderpartie, die der des T4 ähnelte, sah man jetzt eine schlanke Cockpitumgebung mit einfachen Abdeckungen über den Drehzapfen der Vorderradaufhängung. Die Seitenkästen hatten ein neues Profil erhalten, die Auslässe für die Kühlerabluft lagen jetzt oben drauf, etwa neben dem Cockpit. Seitenkästen mit ganz glatter, ununterbrochener Oberfläche und seitlichen Abluftöffnungen wurden zu der Zeit bereits getestet. Ab dem nächsten GP, Brasilien, gehörten sie zum Standard. Beim Leistungsvergleich in Fiorano legte Pironi im T5 1.08,96 als Maß der Dinge hin. Villeneuve antwortete mit 1.08,469 auf einem 126C mit Schürzen. Beide schafften im Comprex-Auto ohne Schürzen 1.10,2. Pironi umrundete Ricard in 1.05,67. Bruno Giacomelli flog im Alfa Romeo V12 179C mit Schürzen aber in 1.04,77 um den Kurs.

Doch zurück an die kalifornische Küste, nach Long Beach. Die Turbo- und die Kompressorversion wurden im Training gefahren. Der Kompressorwagen, Bezeichnung zunächst 126BBC, dann 126CX, war nicht nur wesentlich leiser, sondern auch deutlich langsamer als der KKK-turbogeladene 126CK, den entzückte Fans schon an seinem infernalischen Geknalle im Schiebebetrieb erkannten. Im Rennen wurden die eingesetzten Chassis 049 und 051 dann auch von den deutschen Turbos befeuert. Der Comprex tauchte zum brasilianischen und argentinischen GP noch mal auf, wurde aber nie im Rennen eingesetzt. Ferrari konzentrierte sich ganz auf die KKK-Turbolader.

Im Training wurde klar: Wenn die Ferrari 126C richtig ans Laufen kommen, muß die Konkurrenz sich ziemlich warm anziehen. Aber zunächst war die Zuverlässigkeit noch arg mies: Bei den ersten drei Grands Prix gab's nur Ausfälle. Einer davon war allerdings durch Kollision verursacht. Mit 610 Kilo waren die Boliden noch zu schwer, das Handling eher bescheiden. Die letzte Generation der Williams und Brabham mit ihren absenkbaren Aufhängungen, die den Bodeneffekt zurückbrachten, zeigten sich noch deutlich überlegen.

In dieser Saison wurden insgesamt sechs 126C gebaut. Die ersten drei, 049, 050, 051 waren völlig identisch. Die Nachfolgemodelle 052, 053 und 054 erhielten vor der Pedalbox noch eine zusätzliche, schützende Struktur. Die inbords liegenden Federn/Dämpfer waren neu verkleidet, zur Gewichtsersparnis bestanden die Aufnahmepunkte der oberen Kipphebel-Querlenker bei den neuen Modellen aus Titan.

Noch umfassendere Überarbeitungen erlebten später aber die ersten drei 126C. Die „Knautschzone" für die Füße des Fahrers wurde in die Schale integriert. Auch die Beine des Piloten waren nun bis zur Höhe des vorderen Überrollbügels von einer schützenden Struktur umgeben. Um das Chassis im kritischen Cockpit-Bereich noch steifer zu gestalten, wurden auf jeder Seite zusätzliche Blechstreifen angebracht. Die dergestalt überarbeiteten Ferrari liefen als „B-Spezifikation".

Vorne wurden die Anlenkpunkte der oberen Querlenker mit Blechen noch windschnittiger gemacht. Zum Ende der Saison erschienen die Renner aus Maranello zu Tests in Castellet mit nochmals versteifter Cockpit-Sektion.

Mal wieder ein paar Daten für Besessene: Die 050 und 051 debutierten in Long Beach, Nummer 052 in Imola, wo Pironi die ersten WM-Punkte für das Auto holte, er kam als Fünfter ins Ziel. Hier — in Italien! — hatte Villeneuve das Auto auf die Pole gestellt und im Rennen zunächst geführt! Der 053 rannte zuerst in Jarama, 054 auf der Britischen Insel, in Silverstone.

Viel Glück und Villeneuves sagenhafter Kampfgeist brachten den verhältnismäßig unterentwickelten 126C 1981 zwei GP-Siege: Monaco und Spanien. Die roten Renner waren zwar extrem stark und schnell aus den Ecken 'raus, aber das Handling blieb übel, vor allem bei Versuchen mit der absenkbaren Aufhängung á la Brabham. Da gab es böse Überraschungen, zum Beispiel in Zolder: Villeneuves Aufhängung senkte sich wunschgemäß ab, kam im Rennen aber vorne tückisch wieder hoch und klemmte fest. Wie ein Rennboot, die Nase hoch in der Luft, so fetzte der Ferrari um den Kurs. Den Piloten ließ das offenbar kalt, voller Hammer wie immer. Übrigens hatten nicht nur die Italiener solche Probleme: Der Vorreiter Brabham gewann den GP Italien in Imola ebenfalls in Powerboot-Manier.

Bei ihren dreißig Starts in den fünfzehn WM-Läufen der Saison gewannen die Italiener zweimal, waren einmal Dritter. Die weitere Bilanz: zwei vierte, drei fünfte, zwei neunte Ränge, ein zehnter und ein fünfzehnter Rang. Sechzehn Ausfälle gab's zu verzeichnen: Fünf Unfälle, der Rest mechanische Probleme. Vier Kolben- oder andere Motorenausfälle, zwei Laderschäden, zweimal gebrochene Antriebswellen. Um die Schreckensliste vollständig zu machen: Ein Ausfall wegen Elektrik-, einer durch Einspritz- und ein weiterer wegen Schmierungs-trouble.

Der 126C2

Mitte der 81er Saison beobachtete die britische Brigade zunehmend nervös die unglaubliche Kraft und doch beachtliche Zuverlässigkeit der Turbo-Motoren von Renault und Ferrari. Vor allem aus Italien fürchteten die Gentlemen Schlimmes.

Schon einmal hatte Ferrari sich 1963 blitzschnell auf den neuesten Stand (britischer) Chassis-Baukunst katapultiert: durch die Verpflichtung von John Surtees und Mike Parkes. Zum Entsetzen der Konkurrenz geschah Ähnliches 1981/82 wieder, Dr. Harvey Postlethwaite ging in schneller Mission nach Süden. „Alles, was Postlethwaite denen bauen muß, ist ein halbwegs anständiges Chassis", so die Meinung in England, „und die fahren uns höllisch um die Ohren". — Was die Weltmeisterschaft der Konstrukteure angeht, sollte genau das 1982 dann auch passieren.

Für die italienische Zunge (nicht nur für die) ist ein Name wie „Postlethwaite" schlicht ein Unding, der Sprecher südlich der Alpen ständig in Erstickungsgefahr. Also wurde aus dem mühsamen „Posseleitweit" ein kurzes „Haarravie" — oder noch einfacher „Mr. Thompson". Das war der Mädchenname seiner Frau Cherry.

Harvey hatte 1978 bei Wolf gefaltete Alu-Honigwaben-Sandwichkonstruktionen eingeführt, die sein ehemaliger Assistent Patrick Head 1979 im Williams FW 07 dann so erfolgreich einsetzte. Die britische Konkurrenz wähnte Ferrari noch im finstersten aerodynamischen Mittelalter. Postlethwaite trat nun mit seinem enormen Wissen auf diesem Gebiet und seinen Kenntnissen über Kohlefaserverarbeitung an, um das gründlich zu ändern.

Also gab es bald auch ein Ferrari-Chassis in Alu-Wabenkonstruktion. Sie bestand aus zwei dünnen Alu-Blechen, zwischen die die Waben eingeschlossen waren. Das Chassis des Wolf von '78 und des Fittipaldi von 1980 bestand jeweils aus zwei Sandwich-Bauteilen, die wie ein großes „U" geformt waren. Die beiden u-förmigen Hälften wurden nun mit den offenen Seiten gegeneinandergelegt und fest verbunden. Sie ergaben zusammen so die Zelle.

Am 126C konzentierten sich die Arbeiten zunächst auf die Versteifung des Chassis. Mehr als ein halbes Jahr verging, ehe in Maranello Einrichtungen für den Sprung in die high-tech-Zeit entstanden waren: Autoklav-Öfen, in denen die Honeycomb-Verklebungen und die Kohlefaserbauteile „gebacken" und getrocknet werden konnten. Teile des neuen Superwerkstoffs Kohlefaser, die für die eigenen Öfen zu groß waren, ließen die Ferrari-Leute aushäusig backen: beim europäischen Ableger der amerikanischen Hexcel-Company in Belgien. Der Bau des ersten 126C2 in Maranello dauerte ungefähr einen Monat. Im Lauf der Saison 1982 steigerten sich die Jungs von der Traumfabrik ganz gewaltig: Eine neue Ferrari 126C-Zelle brauchte ganze $1^1/_2$ Tage!

Die 126C2 waren im bewährten Postlethwaite-Stil gebaut: Zwei gefaltete, kanalförmige Honigwabenprofile, gegeneinandergelegt und an der Zentrallinie fest verbunden. Kohlefaser-Schottwände versteiften die Konstruktion erheblich.

Der Querschnitt des Monocoques war, von vorne gesehen, wieder achteckig Die Konstruktion war aber insgesamt niedriger und fiel vom Schott hinter dem zentralen Treibstofftank nach vorne schräg ab. Dadurch konnten die im „V" der Zylinderreihen liegenden Turbolader samt ihren Rohrleitungen nach vorne wandern.

Hohe Seitenwände umgaben den Piloten im Cockpit, die nach vorne über dem Armaturenbrett zusammenliefen. Weiter zum Bug hin spitzte sich das Monocoque bis zur Größe der Footbox mit ihrer Knautschzone zu.

Die Honeycomb-Platten der Zelle waren verklebt, am schön glänzenden Ferrari-Chassis war nicht eine einzige Reihe von Nieten zu sehen. Die neue Konstruktion war schön, aber auch schön leicht: sie brachte 4800 Gramm weniger auf die Waage als die Zelle des 126C.

Der weiterentwickelte Sechszylinder war als mittragendes Teil des Chassis ausgelegt. An ihm

Villeneuve demonstriert das gefürchtete Springen und Bocken des 126 CK052 in Jarama, beim GP Spanien, 1981. Gilles gewann das Rennen auf ziemlich simple Art: Er ließ die Schnelleren einfach nicht vorbei.

Villeneuve, wieder im 052, diesmal auf Siegesfahrt in Monaco. Das relativ einfache Chassis sollte die Konzentration auf die Motorenentwicklung ermöglichen.

Der 126C2 ohne das gewohnte „trasversale"-Getriebe, versuchsweise mit längs eingebauter Kraftübertragung. Gut sichtbar die Kohlefaser-Flügelprofile und der ziemlich „kopflastige" V6 mit obenliegenden Ladern.

saßen die vorderen Befestigungen der Hinterradaufhängung. Die hinteren Enden der Querlenker-Drehzapfen bewegten sich in einem leichten Metallprofil, das zugleich als Basis für den Heckflügel diente. Vorne entsprach die Aufhängung im wesentlichen der des 126C.

Wasser- und Ladeluftkühler lagen in den Seitenkästen, deren Unterseite jetzt aus einem einteiligen Flügelprofil statt dem alten, zweigeteilten, bestand. Die an den Kühlern erhitzte Luft trat durch Schlitze mit Jalousien in den Seitenwänden der Pontons aus.

Vor der Nase des roten Renners sorgte nun ein über die ganze Breite gehender, einteiliger Flügel für Abtrieb. Der Frontflügel stand auf einer zentralen Strebe.

Ganz hinten am Wagen bot das trasversale-Getriebe einen sechsten Gang, falls nötig. Die Unterseite des Motors und auch des Getriebegehäuses war windschlüpfrig verkleidet. Diese Verkleidung zog sich an den Flanken des Getriebes hoch. Für die Antriebswellen waren kleine Schlitze gelassen.

Und so stand er schließlich da: Radstand 2657,8 mm, Frontspur 1787,4 mm, hintere Spur 1644 mm, Länge 4333 mm, Breite über alles 2110 mm, Höhe 1025 mm, Gewicht 595 kg.

Das neue Auto sah wunderbar aus, es wirkte im Vergleich zu seinem Vorgänger klein, zierlich. Fast alle Details waren mit der sprichwörtlichen Liebe ausgeführt und einfach schön.

Das Jahr 82

Die zweite Turbo-Saison begann für das Team mit dem springenden Pferd in Südafrika. Als Reservewagen brachte man den überarbeiteten 049B, als erste Garnitur zwei brandneue 126C2, den 055 und den 056 nach Kyalami. Beiden neuen Chassis war kein langes Leben beschieden. Didier Pironi zerstörte den 055 kurz nach dem Debut in Paul Ricard bei Testfahrten, später im Jahr ließ er den 056 auf ähnliche Weise folgen. Beide Unfälle waren sehr schwer, Pironi kam mit viel Glück ohne größere Verletzungen davon.

In Rio kamen zwei neue Boliden, der 057 und der unglückselige 058 heraus. Für Zolder erhielt Pironi später den brandneuen 059, in Zandvoort stellte ihm Ferrari den 060 hin.

Der erste Abschnitt der Saison wurde in Maranello vor allem mit einem zugebracht: dem Bauen von Autos. Viel Zeit und Arbeit wurde in die Anordnung von Kühlern, Wärmetauscher, Hilfsaggregaten investiert, zunächst ohne sichtbaren Erfolg. Postlethwaite meinte dazu später, die Zündbox zum Beispiel sei „um das Auto gewetzt wie ein aufgescheuchtes Karnickel."

Zolder brachte dann einen der düstersten Tage für die Formel 1 und für alle, die Gilles Villeneuve kannten, schätzten, mochten: Der junge Kanadier starb bei einem Trainingsunfall zum GP Belgien. Ob Villeneuve besonders viel wagte, weil ihm Pironi entgegen der Teamorder 13 Tage vorher in Imola den Sieg entrissen hatte, läßt sich nicht sagen. Jedenfalls befand er sich in Zolder in seiner letzten Qualifikationsrunde, zum Äußersten entschlossen, um Pironis Zeit zu unterbieten, als er mit einem dahinrollenden March kollidierte. Sein C2 058 stieg über das rechte Hinterrad des March auf, überschlug sich in der Luft. Beim ersten Aufprall bohrte sich die Nase des Wagens in den Sand, das Heck in der Luft. Dadurch wurde die Drehbewegung des Ferrari brutal gebremst, und das Chassis brach hinter dem Fahrersitz in zwei Teile. Das Schott hinter dem Sitz wurde herausgerissen, mit ihm die Befestigungspunkte von Villeneuves Gurten. Als man Villeneuve in das Krankenhaus brachte, war sein Zustand schon hoffnungslos.

Zutiefst betroffen und von solchen unglaublichen Zerstörungen des Chassis verunsichert, unternahmen Postlethwaite und seine Entwicklungsgruppe Versuche in Maranello, um ähnliche Schäden im Labor am Monocoque herbeizuführen. Die erforderlichen Kräfte waren viel höher als alles, was man bis dahin von einem Unfall befürchtet hatte. Und das Chassis des 126C2 hatte sich ja bei Pironis schweren Unfällen bei den Testfahrten als äußerst stabil erwiesen. Also ging Villeneuves Unfall auf eine tragische Verkettung ganz unglücklicher Zufälle zurück, wie sie extrem selten einmal vorkommt, schlossen die Ingenieure.

Die Kritiker der Alu-Honigwaben Konstruktionen erinnerten aber daran, daß wegen der Gewichtsersparnis die Bleche auf den Waben nur die Hälfte der Dicke von konventionellen Monocoque-Blechen aufweisen. Diese dünnen Häute, so die Kritiker, würden bei einem Unfall viel schneller reißen. Postlethwaite und Head glaubten nicht recht an diese Warnung.

Nach Villeneuves Tod trat Ferrari in Zolder nicht an, kam aber mit einem Wagen für Pironi nach Monaco. Auf seinem 059 ging Didier in der vorletzten Runde in Führung. Zu seinem großen Pech brach aber im letzten Umlauf die Elektrik des Ferrari zusammen. Immerhin sprang noch ein zweiter Rang 'raus.

Zu den folgenden Rennen in Detroit und Kanada brachte der italienische Rennstall neue Zugstreben-Aufhängungen mit. Neben vielen anderen Schwierigkeiten hatten die C2 am Anfang nämlich ein Riesenproblem: Sie fraßen Reifen wie irre. Das Team war nach vier Jahren mit Michelin zu Goodyear zurückgekehrt. Aber das italienische Chassis schien sich mit den US-Pneus nicht zu vertragen. Zu hohes Gewicht konnte nicht der Grund des Übels sein, die Renner lagen hart am unteren Limit. Jede Menge Testmeilen brachten schließlich Abhilfe.

Inzwischen hatten zum Beispiel Brabham und Williams die Vorteile von Radaufhängungen entdeckt, bei denen die innenliegende Feder/Dämpfereinheit über leichtgewichtige, filigrane Zugstreben und Wippen aktiviert wird. Das Sytem macht die schwergewichtigen oberen Querlenker überflüssig. Ferrari reagierte schnell, zum GP Detroit Mitte der Saison präsentierte man ebenfalls ein Zugstreben-System an der Frontaufhängung.

Die Verbannung der Schürzen 1981 hatte eine Autobrut mit absenkbaren Chassis hervorgebracht, deren einzige „Federung" noch die Reifeneinfederung war. Und unter der unglaublichen Belastung des gewaltigen Abtriebs begannen zudem die Querlenker, praktisch wie ungedämpfte Federn zu arbeiten. Deshalb fielen die Dinger immer mächtiger aus, wurden zum Gewichts- und -aerodynamischen Problem.

Diese Probleme konnten mit der Anwendung von Zugstreben beseitigt werden, außerdem bot das System ein progressives Federungsverhalten. Für die Radaufhängung reichten jetzt oben einfache Dreieckslenker aus Rohr, die ja nicht mehr die extremen Lasten auf die Federn/Dämpfer bringen mußten. Mit dieser sehr leichten Aufhängung blieben praktisch nur noch die Räder als ungedämpfte Federn, die Kopfzerbrechen bereiteten.

Die 126C2 wurden vorne insgesamt deutlich versteift und damit viel besser fahrbar. Und das Team schwor, Pironi wäre durch das Rennen in Montreal spaziert, hätte ihn nicht ein schwerer Startunfall arg früh gebremst. Nach dem Rennen wurden die Ferrari um die neue Zugstreben-Aufhängung herum neu aufgebaut. So wurde aus dem „Flickwerk" für schnellere Rundenzeiten ein harmonisches Ganzes.

Zum GP der Niederlande kam der populäre Franzose Patrick Tambay ins Team. Pironi gewann das Rennen souverän im 060, der hier seine Jungfernhatz erlebte. Endlich waren die Renner mit dem springenden Pferd jetzt ganz vorne dabei, und das ziemlich regelmäßig: Die Plätze 2 und 3 in England, dritter und vierter Rang in Frankreich!

Pironi sah schon aus wie der kommende Weltmeister, als ein schwerer Trainingsunfall in Hockenheim seine Karriere vorerst abrupt beendete. Bei dem Unfall zog sich Pironi schwerste Beinverletzungen zu. Was aber alle zusätzlich erschreckte: Der Unfall glich aufs Haar dem von Villeneuve, gleiche, verheerende Schäden am Auto, durch die möglicherweise die schweren Verletzungen eingetreten waren.

Tambay trat zum Großen Preis von Deutschland an und siegte. Es folgte ein vierter Platz in Österreich, aber auch arges Zwacken im Kreuz des jungen Galliers: Ein Nerv war durch die hohen Belastungen bei der Rennerei eingequetscht worden. Tambay war außer Gefecht gesetzt, der Schweizer GP in Dijon-Prenois sah daher keinen Ferrari am Start. Für diesen GP hatte man einen 126C2 in „B-Spezifikation", das heißt, von Grund auf um die neue Aufhängung gebaut, nach Frankreich gebracht. Das neue Stück trug die Chassis-Nummer 062,063 und 064 folgten bis zum Jahresende.

Als weitere Neuerung am Auto wurde ein schmales, längs eingebautes Getriebe entwickelt, Die neue Form sollte einen ungestörten Luftstrom unter den Flügelprofilen ermöglichen. Das Räderwerk wurde ausgiebig getestet, gegen Ende des Jahres auch im Training gefahren, erlebte aber nie einen Renneinsatz.

Zum vorletzten Rennen des Jahres, dem GP von Italien in Monza, lud Enzo Ferrari Mario Andretti zur Rückkehr in sein Team ein. Der ehemalige Weltmeister bedankte sich standesgemäß mit einer Pole-Position auf seinem 061 und einem dritten Platz im Rennen hinter Tambay, der beim Heimspiel den 062B lenkte. Für's Abschlußrennen der Saison in Las Vegas erhielt Patrick von seinem Nerv wieder rotes Licht. Andretti fiel mit einem Aufhängungsschaden aus.

Die Saison 1982 war für das Team von Villeneuves Tod und Pironis schwerem Unfall überschattet. Nach dem tragischen „Aus" für Pironi änderte sich die Zielrichtung für Ferrari radikal. Es ging jetzt nur noch darum, die neuen Piloten „einzuspielen" und aus dieser zerrissenen Saison 'rauszuholen, was noch drin war. — Aber das taten alle bei Ferrari auf unvergleichliche Weise, alle von Tambay, Andretti, bis zum jüngsten Teammitglied in Maranello. So konnte das Team in seiner zweiten Turbosaison zwei tolle Erfolge verbuchen: Ferrari gewann den fünften Konstrukteurstitel in acht Saisons und den ersten Titel für einen turbogetriebenen F1-Renner überhaupt!

Der Stall aus Maranello wurde mit 61 Punkten F1-Konstrukteursweltmeister vor McLaren mit 54 Zählern.

Bei den 16 zur WM zählenden Rennen war das Team nur 22 mal gestartet. In Monaco, Detroit, Kanada, Deutschland, Österreich und Las Vegas rannte nur ein Ferrari, in Belgien und der Schweiz verzichtete der Stall auf den Start.

Und so sah der Weg zum WM-Erfolg aus: Drei Siege, vier zweite, fünf dritte und zwei vierte Plätze. Dreimal sprang ein achter, einmal ein neunter Rang 'raus. Von den vier Ausfällen waren drei durch Unfälle verursacht, einer durch Andrettis trouble mit der Hinterradaufhängung in Las Vegas. — Kein einziger Motorschaden!

Die Saison 83

Der Winter 1982/83 kam, und mit ihm eine Revolution der Formel 1. Am 3. November 1982 verbannte die technische Kommission der FISA sämtliche Flügelprofile unter den Rennwagen. Das Reglement verlangte jetzt unmißverständlich: flache Böden.

Bei Ferrari lief zu der Zeit für die Titelverteidigung schon alles auf Hochtouren. Als Waffe war ein unheimlich hoch entwickelter 126C3 gedacht, der den erfolgreichen, aber irgendwie unter einem schlechten Stern fahrenden C2 ablösen sollte.

Die Motorenzauberer um Forghieri hatten in Zusammenarbeit mit AGIP auf der Suche nach noch mehr Power eine Wassereinspritzung ausgetüftelt. Ein ziemlich umstrittener Kunstgriff. Das Prinzip: Wird ein Gas komprimiert, wie zum Beispiel im Turbolader, so heizt es sich auf. Heißes Gas ist aber weniger dicht als kälteres. Also muß es auf dem Weg zum Brennraum wieder 'runtergekühlt werden, das geschieht im Ladeluftkühler, mittels Wasser oder Luft. Wird nun noch Wasser eingespritzt, so sorgt das Verdampfen der Tröpfchen für ein weiteres Abfallen der Temperatur. Die Dichte steigt weiter an, die Ladekapazität wird verbessert. Es ergibt sich ein deutliches Power-Plus.

Bei Ferrari und Renault wurden schnell die eigenen Systeme entwickelt. Die Motorenmagier von BMW, die jetzt den Brabham mit bayerischer Urkraft rüsteten, waren von der Legalität der Wassereinspritzung nicht überzeugt. Denn das Regelwerk verbietet Benzinzusätze jeglicher Art. Also auch Wasser, so jedenfalls die Ansicht der Bayern. Ferrari und Renault hielten dagegen, es handele sich bei dem umstrittenen Wasser nicht um ein Benzinadditiv sondern, ganz harmlos, um ein „Kühlmittel". Mit Haken und Ösen wurde mal wieder um die „Primärfunktion" des Zankapfels gefeilscht. Solche netten Spitzfindigkeiten hatte es 1978 in der Formel 1 schon einmal gegeben: Beim Brabham Staubsaugerauto gab's damals viel Zank um die „Primärfunktion" des „Kühlerpropellers". Das gigantische Ding saugte ja ganz klar die Luft unter dem Renner weg und heftete ihn damit auf die Strecke. Aber die Brabham-Leute bestanden eben darauf, primär handele es sich nicht um eine — verbotene — aerodynamische Hilfe, sondern eben um einen ganz harmlosen Kühlerpropeller. Nach diesem Streit war das Gummiwort eigentlich aus den F1-Regeln verschwunden. Aber die großen Hersteller hatten eben eine ziemliche politische Macht. — Es blieb bei der Wassereinspritzung.

In Maranello war inzwischen ein 126C3 Prototyp, noch als wing-car, entstanden. Basis war das C2 Alu-Honigwaben-Chassis. Der Prototyp besaß eine längs angeordnete Kraftübertragungseinheit, die von Ferraris fünf-Mann Spezialistentruppe schon 1982 gebaut worden war. Es muß ein Superauto gewesen sein, Postlethwaite meinte, das Ding sei die „absolute bomba". Mit den neuen „Flachbodenregeln" wurde die bomba leider unversehens zum Blindgänger und wieder auseinandergebaut.

Die neue Situation verlangte eine neue Strategie. Ferrari entschloß sich, zunächst den C2B in Richtung Flachboden umzubauen. Der 126C3 sollte total neu überdacht und neu gezeichnet werden. Ziel war ein extrem leichtes, hochfestes Monocoque aus Kohlefaser. Also rannten in der ersten Hälfte der Saison '83 Ferrari C2 mit Honigwaben-Chassis, während Postlethwaite seinen Kohlefaser-C3 baute.

Im Laufe des Jahres '82 hatte sich bei Ferrari im Werk einiges getan. Weihnachten war die Rennabteilung (das hört sich in italienisch viel

Postlethwaites 126C2 Alu-Honigwaben-Zelle war das erste Ferrari-Chassis ohne eine sichtbare Niete. Das Cockpit hat einen Karbon-Einsatz, die Kühler sind geneigt eingebaut. Frontaufhängung mit Zugstreben und lange Lufthutzen für die Bremsen.

Postlethwaites Alu-Honigwaben 126C2 von 1982 im Röntgenbild: 1 einteiliger Frontflügel, 2 „footbox", 3 oberer Kipphebel-Querlenker, 4 Strebe zum Querlenker-Drehzapfen, 5 unterer Dreiecksquerlenker, 6 Luke über den Pedalen, 7 Oberseite der Zelle, 8 Bremsen-Lufthutze, 9 hohe Zellenflanke zum Schutz des Fahrers, 10 Lufteinlaß Seitenkasten, 11 Seitenteil in Honigwaben-Ausführung, 12 Ladeluftkühler, 13 Einlaß-Luftspeicher, 14 zentraler Benzintank, 15 Gehäuse für Schürze, 16 Auspuff, 17 Turbo-Einlaß, 18 KKK-Turbo, 19 Wastegate-Abluftrohr, 20 Bremsen-Lufthutze, 21 Getriebeölkühler, 22 hinterer Stabilisator, 23 Profil zur Aufnahme der Kipphebel-Querlenker-Drehzapfen, 24 Kipphebel-Querlenker, 25 Bremszange, 26 Motor-Entlüftung, 27 Getriebeglocke, 28 Heckflügel-Strebe.

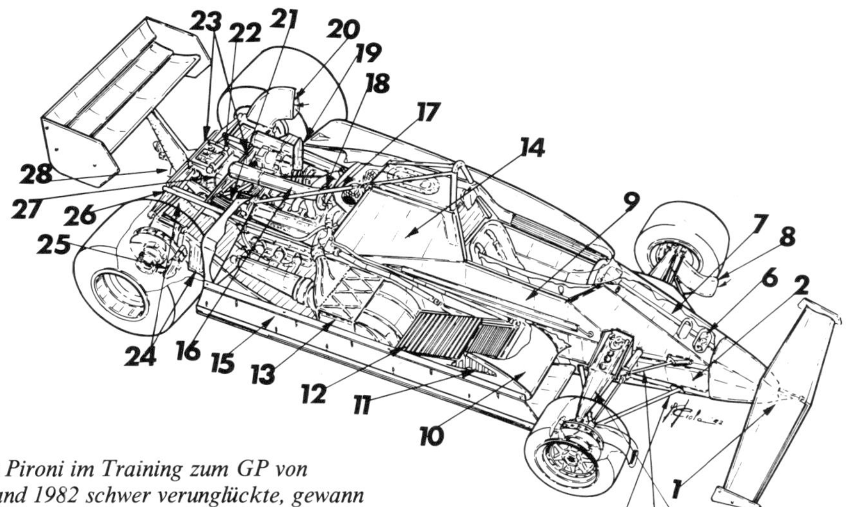

Villeneuves 126C2 058 mit Forghieris trickreich versetztem Flügel über die ganze Wagenbreite, Long Beach '82.

Nachdem Pironi im Training zum GP von Deutschland 1982 schwer verunglückte, gewann Teamkollege Tambay im 126C2-061 das Rennen. Die Skirts schleifen auf der Straße, und die Vorderflügel sind extrem tief angebracht.

besser an: Reparto Corse) ins neue, maßgeschneiderte Gebäude umgezogen. Es liegt teilweise auf dem Gelände des alten Parkplatzes an der Straße Formigine-Maranello, gegenüber den „normalen" Produktionsstätten.

Ein Hauptziel der Ingenieure war es, die Voraussetzungen für den Bau von eigenen Formel 1 Kohlefaser-Chassis zu schaffen. Erste Voraussetzung war die Anschaffung von Autoklav-Öfen, in denen unter Druck die Matrix-Harze in den Kohlefasermatten gleichmäßig verteilt werden können. Enzo Ferrari, der weise Comendattore, hörte sich die Vorschläge seiner Leute an, gab sein ok zur Anschaffung eines solchen Ofens und bewies wieder mal seine Umsicht: „Baut den Ofen so groß, daß ein ‚400' reinpaßt." Der ‚400' ist der größte Straßenferrari.

Aber ein so großer Autoklav, bei einem Spezialhersteller gebaut, hätte ein Riesenvermögen gekostet. Die Lösung des Problems war einfacher als zunächst gedacht, denn wir befinden uns schließlich in Italien. Dazu noch in der Region Emilia, zu Recht bekannt für ihre hochentwickelte Industrie. Und um die Ecke der Reparto Corse liegt ein Unternehmen mit dem wohlklingenden Namen Pannini. Spezialität: Nicht etwa köstliche Teigwaren, sondern Druckbehälter jeder Art und Größe. Da aber ein Autoklav-Ofen im Prinzip nichts weiter als ein mit sehr feiner Regulierung beheizter Druckbehälter ist, ging der Comendattore mal 'rüber. Und da der Pannini-Chef, wie wohl alle Italiener, einen Schuß Rennbenzin im Blut hat, baute er das gewünschte Heizinstrument für Ferrari. In Rekordzeit und zum Vorzugspreis, versteht sich. Das neue maßgeschneiderte Prachtstück fand seinen Platz in einer Ecke der Werkstatt und arbeitete selbstverständlich computergesteuert.

Während man in Maranello noch heftig übte, mit dem neuen Ofen und ein paar kleineren Exemplaren für weniger große Teile umzugehen, startete die Saison 1983. Ferrari ging mit den 126C2B 063 und 064 mit flachen Böden in den Kampf. Von Grund auf neu gebaut wurden noch die C2B/83 065 und 066.

Zu Tambay kam René Arnoux ins Team, er hatte bei Renault schon reichlich Turbo-Erfahrung gesammelt. Arnoux fuhr in den meisten Rennen der frühen Saison den 064, Tambay saß im 065.

Die Flachboden-C2B gaben bei Tests vor der Saison in Rio keine gute Vorstellung: mangelnde Traktion, hinten kein Abtrieb. Auch im brasilianischen GP war's nicht gerade berauschend, die Autos erschienen zu schwer und harmonierten nicht mit den Goodyear-Reifen.

Endlich, für Long Beach, hatten die Ferrari-Mannen dann Abtrieb am Heck gefunden: Hinten auf dem C2B stand ein gigantischer Heckflügel, an beiden Seiten noch durch kleine Flügelchen vergrößert. Bei der Konkurrenz löste die etwas monströse Installation zunächst einige Heiterkeit aus. Das Lächeln verflog aber ziemlich schnell, als die Stoppuhren unbarmherzig zeigten: Die wohnzimmertischgroßen Flügel machten die Ferrari unheimlich schnell. Die bärenstarken Ferrari V6 schienen den Luftwiderstand der großen Flügel einfach zu ignorieren. So hatten die roten Pfeile in den Ecken guten Abtrieb, waren aber auf den Geraden trotzdem sauschnell. Tambay stellte sich prompt auf den ersten Startplatz. Das Rennen führte er locker an, drosselte aber dann zwecks Reifenschonung seine Gangart. Keke Rosberg verstand die Tempoänderung miß, griff wüst an und — schoß den führenden Tambay in einer Haarnadel ab. Arnoux gab eine eindrucksvolle Vorstellung von der Power seines Ferrari: Er fuhr wie der Leibhaftige, mußte zweimal Reifen wechseln und war am Schluß noch Dritter!

Zum Race of Champions in Brands Hatch, kein WM-Lauf, trat René mit dem 063 an. Das Auto hatte hinten eine neue Aufhängung mit progressiver Federung. Die altbekannten, mächtigen oberen Kipphebel waren durch Dreieckslenker und Zugstreben ersetzt. Der Renner war mit dieser Aufhängung in Brands Hatch aber zu nervös, für's Rennen wurde zurückgebaut. Wieder knallte der Ferrari ab wie eine Rakete, führte ... Arnoux verschliß in seinem ungeheuren Temperament drei Sätze Reifen und mußte schließlich aufgeben, weil an den Boxen keine neuen Pneus mehr greifbar waren.

Für die berühmte Mistral-Gerade beim nächsten GP in Le Castellet erhielten die C2B kleinere Heckflügel, jetzt aus Kohlefaser gefertigt. Weitere Neuerungen waren leichtere Karosserien und abgespeckte Anlasser. Ferrari legte, genau wie Brabham, nach etwa halber Renndistanz einen Boxenstop mit Nachtanken und Reifenwechsel ein. Beim Rennen hatte dann am Schluß Renault die Nase vorn, die C2B kamen aber immerhin als Vierter und Siebter ins Ziel.

Zum GP von San Marino in Imola kreuzten die Ferrari 062, 064 und 065 mit Zugstreben-Hinterradaufhängung auf. Totaler Triumpf zu Hause: Arnoux katapultierte sich auf die Pole, wurde im Rennen Dritter ... und Tambay stand ganz oben auf dem Treppchen: Feiertag in Italia!

In Monaco gab's Grande Casino: Nach Feindberührung steht Arnoux an der Box, die Crew arbeitet wie irre, um sein Auto wieder flott zu machen. Draußen kreist Tambay und gibt verzweifelt Zeichen: Das Wetter ändert sich schlagartig, er braucht Regenreifen. Vier lange Runden rudert Tambay auf ungeeigneten Gummis um den Kurs. Am Schluß beendet Arnoux den GP auf seinem geflickten Ferrari nicht, Tambay wird zwar immerhin noch Vierter. Aber ein bißchen cooles Management hätte die Sache anders aussehen lassen.

In die Ardennen, nach Spa-Franchorchamps, kam das Team mit dem 062 für Arnoux, der 064 wurde in Maranello noch aufgebaut. Arnoux nahm seinen Renner wieder sehr hart 'ran, räuberte über die Randsteine, warf die Hutze einer Vorderbremse ab. Eine gebrochene Nockenwelle beendete schließlich die wilde Fahrt. Tambay war vom zweiten Platz hinter Prost gestartet und beendete das Rennen auch als Zweiter, wieder stand er auf dem Siegerpodest.

Detroit sah Arnoux in seinem gewohnten 064 auf der Pole-Position, Tambay startete vom dritten Platz. Oder besser: Er versuchte es vergebens. Dampfblasen, irgendwo im sensiblen Bereich der Wassereinspritzung, ließen seinen Motor absterben. Die übereifrigen Streckenposten schoben ihn fern von der rettenden Boxenmannschaft ins Aus: Keine Chance mehr. Rene' Arnoux flog dem Feld auf und davon ... bis ein losgerütteltes Kabel im Ferrari-Einspritzsystem auch seinen Boliden kampfunfähig machte. Das Wochenende sah einen der wenigen Totalausfälle des amtierenden Konstrukteursweltmeisters.

Jetzt war Arnoux wirklich in Höchstform auf einem brillianten Auto: Pole-Position und Sieg auf dem 064 beim Grand Prix von Kanada. Tambay trug mit viel Feingefühl seinen Ferrari mit einem überhitzten Hinterreifen auf den dritten Rang.

Doug Nye diskutierte in der folgenden Woche mit Postlethwaite den Stand der Dinge: „Das Problem ist jetzt", so Harvey, „uns selbst davon zu überzeugen, daß der C3 wirklich schneller als der C2 ist. Nach den letzten tollen Rennen, vor allem Kanada, müßte der C3 schon mit einer klaren Runde Vorsprung seine Rennen gewinnen."

Bis zum britischen GP im Juli auf dem superschnellen Kurs von Silverstone waren jetzt Wochen Zeit. Jetzt konnte der 126C3 fertiggemacht werden. Ende Juni ging's zu Reifentests nach England, in der Woche vorher stand die Pressepräsentation in Fiorano an. Auf den ersten Blick sah man kaum Unterschiede zum C2B. Tatsächlich bot die schöne Bestie mit Namen 126C3 aber einiges Neue:

Der „tipo 632", so der interne Name in der Reparto Corse, war um eine Kohlefaser-Kevlar-Zelle herum aufgebaut. Die Zelle wurde aus einer oberen und einer unteren Hälfte wie ein Plastikmodell zusammengesetzt und durch Magnesium-Schottwände verstärkt. Während der C2 noch eine „richtige" Karosserie über der Zelle hatte, war jetzt im Front- und Cockpitbereich die Schale unverkleidet. Die einzigen Öffnungen, mal abgesehen von Tankdeckel, Cockpit, Durchlässen für Kabel und Rohre, befanden sich in der Spitze des Neuen über den Hauptbremszylindern und der Pedalrückseite. Eine weitere kleine Luke erlaubte Arbeiten an der Lenksäule und den Pedalauflagen.

Ein paar Probleme gab's mit dem Ersatzwagen. Denn die beiden Piloten sind ja deutlich unterschiedlich lang geraten: Tambay eher groß, Arnoux eher kürzer. So mußten die Pedale ständig versetzt werden. Findige Journalisten machten sich diese Unbill zunutzte: Die Stellung der Tretgeräte verriet, wer im Team gerade die besseren Karten hatte. Pedale vorne: Tambay wurde verhätschelt. Pedale hinten: Arnoux hatte den Platz an der Sonne. Die Mechanikertruppe unter dem stämmigen Vittorio Bellentani war meistens auf Tambays Seite.

Der C3 hatte kürzere, weiter nach hinten gewanderte Seitenkästen als sein Vorgänger. Sie beherbergten die Wasserkühler. Die Aufhängungen arbeiteten mit dem bewährten Zugstreben-System vorne und hinten. Auch beim Getriebe blieb alles beim Alten, das heißt, beim querliegenden trasversale, denn ungestörter Luftstrom unter Flügelprofilen war kein Thema mehr.

Forghieri beschrieb den Silverstone-C3 als „ein Weiterentwicklungsmodell, das die guten Eigenschaften des 126C2 mit verbesserter Wendigkeit und agilerem Handling verbinden soll." Tambay war denn auch begeistert, der C3 reagierte viel spontaner und präziser als sein alter Renner. Beim C3 lagen die Trubolader noch immer auf dem Motor, waren jetzt aber mehr nach hinten geneigt. Das sollte für eine bessere Beatmung sorgen. Nach ausgiebigen Tests erhielt der Neue statt der kurzen später wieder längere Seitenkästen wie der C2B. Denn die hinten montierten Ölkühler arbeiteten nicht zufriedenstellend und wanderten deshalb wieder in die verlängerten Pontons.

Auch für die 126C3 wurde die 1969 beim 312 Zwölfzylinder-"Boxer" begonnene Chassis-Numerierung beibehalten. Also kam Arnoux mit dem 126C3/066, Tambay im 067 zum GP auf die Insel. Goodyear brachte sehr gute Qualifiers mit. Arnoux nutzte seine Chance und stellte den Neuen gleich auf den ersten Startplatz: Zeit: 1.09,462, Schnitt: 244,46 km/h. Das entspricht ungefähr der Höchstgeschwindigkeit von Gonzales' 4.5 Liter Ferrari 375V12, der hier vor 32 Jahren zum ersten Mal die Kompressor-Alfa Romeo verblasen hatte.

Im Rennen zeigten sich die Michelins dann dem amerikanischen Gummi doch überlegen. Die kleinen Heckflügel für den Hochgeschwindigkeitskurs verbesserten die Traktion auch nicht gerade.

Tambay, feinfühlig wie immer, trug seinen Ferrari mit angegriffenen Reifen auf den dritten Platz, Arnoux, ein bißchen ungestümer, wurde Fünfter.

Nach dem Rennen war mal wieder Politik

angesagt. Tyrrell protestierte offiziell gegen die Ferrari/AGIP Wassereinspritzung. Renault, mit einem ähnlichen System von ELF, war auch betroffen. Der Protest wurde schließlich abgelehnt, die Sache zog sich aber ziemlich lange hin.

Zwischendurch gab's wieder Lorbeer für die C3. Nach einer tollen Vorstellung im Training, Tambay auf der Pole, Arnoux neben ihm, holte sich der kleinere Fanzose den Großen Preis von Deutschland. Tambay blieb mit einem der äußerst seltenen Motorschäden stehen: Ventiltrieb im Eimer.

Und weiter ging das Ferrari-Feuerwerk am Österreichring: Dritte Pole-Position in Folge, wieder Tambay. Das Rennen wird dann zum Krimi. Tambay wird im Rennen von einem weit Zurückliegenden gebremst. Arnoux übernimmt die Führung. Zu allem Überfluß gibt Tambays Motor später den Geist auf. Prost nimmt Arnoux sechs Runden vor Schluß die Führung ab, der verliert auch noch seinen vierten Rang. Am Schluß ist Arnoux Zweiter. Renault holt sich die Führung in der Konstrukteurs-WM zurück, die die Franzosen in Deutschland gerade an Ferrari verloren hatten.

Schon beim nächsten Großen Preis, Zandvoort, kämpfte sich Ferrari wieder an die Spitze. Der dritte C3, 068, war für Arnoux fertig. Aber der Franzose trat hier wie für den Rest der Saison auf seinem Siegerwagen von Deutschland an. Vor dem Rennen hatten die Mannen aus Maranello noch ein bedenkliches Erlebnis. Bis jetzt waren sie und der Rest der Welt sicher gewesen, den Motor mit der mächtigsten Power zu besitzen. Im Training zeigte sich aber der BMW-Vierzylindertreibsatz als noch stärker, die Bayern hatten einen Riesenschritt vorwärts getan. Das Problem Piquet/Brabham-BMW wurde im Rennen dann durch Prost gelöst, er erwischte den Brasilianer breitseits, als sein Renault von der Strecke kreiselte. Und Arnoux war da, übernahm die Führung und behielt sie bis ins Ziel. Tambay drehte nach einem eher mäßigen Auftakt kräftig auf und stellte sich als Zweiter neben seinen Teamgefährten auf das Treppchen.

Die Saison neigte sich langsam ihrem Ende zu. Aber jetzt stand das wichtige Datum „Monza" im GP-Kalender. Der vierte 126C3, 069 erschien als Ersatzwagen. Das Training brachte für das rennverrückte Italien ein zwiespältiges Ergebnis. Zwar stand ein Italiener, Riccardo Patrese im Brabham-BMW auf dem ersten Startplatz, aber die roten Nationalheiligtümer folgten „erst" auf den Rängen zwei und drei. Als die Ampel dann auf „Grün" sprang, war Patrese nicht zu halten und siegte. Arnoux blieb immerhin dran und wurde Zweiter. Tambays Motor litt an schlimmer Auszehrung, ein vierter Platz, mehr war nicht drin. Trotzdem: Ferrari führte mit einem 17-Punkte Polster vor Renault.

Bei den letzten beiden Grands Prix des Jahres geriet Ferrari dann irgendwie in ein Formtief.

Beim GP von Europa sah man Tambay in Brands Hatch ohne Hinterbremsen mit blockierten Vorderrädern von der Strecke fetzen. Arnoux drehte sich ein paarmal und taumelte ziemlich schwindelig als Neunter über die Ziellinie.

In Südafrika stellte Tambay den 069 in seinem Abschiedsrennen für Ferrari noch einmal auf den besten Platz der Startaufstellung. Alboreto würde 1984 seinen Platz im Team übernehmen. Arnoux unternahm im 066 noch einen letzten, verzweifelten Angriff auf die Fahrer-WM. Aber der Abstand zwischen den Goodyear-Rennreifen und den Michelin-Gummis, die von den jetzt beherrschenden Brabham-BMW und Renault gefahren wurden, erschien größer als je zuvor.

In Maranello hatte es vor diesem letzten GP im Team ein paar politische Streitereien gegeben. Vielleicht wirkte sich das Übel auf die berühmte Zuverlässigkeit der Ferrari aus. Tambay blieb in Südafrika mit Zündungsproblemen stehen, Arnoux gab mit gebrochenem Zylinderkopf auf.

Dieses große Pech konnte aber den Supererfolg des italienischen Rennstalls nicht verringern. Ferrari ging auch 1983 als Sieger aus dem langen, heißen Rennen um die Weltmeisterschaft der Konstrukteure hervor, der Titel von 1982 wurde erfolgreich verteidigt! Leider konnte keiner der Piloten die Krone des Fahrerweltmeisters erringen.

Die Bilanz des Jahres konnte sich wirklich sehen lassen: Tambay und Arnoux waren dreißig mal am Start, 20 mal im Ziel (Arnoux 11, Tambay 9). Dabei errangen sie vier Siege (Arnoux drei). Achtmal stand ein Ferrari auf der Pole Position, hier teilten die Piloten brüderlich: jeder vier. Dreimal stanzte ein Ferrari Rundenrekord auf die Bahn. Tambay hatte sechs, Arnoux vier Ausfälle zu verzeichnen, erwähnenswert ist sicher noch, daß Tambay bei jeder Zielankunft punktete.

So erkämpfte Ferrari 1983 zum sechsten Mal den Titel eines Konstrukteurs-Weltmeisters in neun Saisons. Ein unglaublicher, ungeschlagener Rekord.

Der Motor des 126C.

Perfektes Chassis — Power by Porsche

Prosts Weltmeisterwagen von 1985, der MP 4/2B in Imola. Prost gewann, der Wagen war aber nach dem Rennen zu leicht: Disqualifikation. Der 85er McLaren mußte mit einem kleineren Heckflügel auskommen. In den Seitenkästen die riesigen Abluftöffnungen der Kühler. Unter den hinteren Kühlschlitzen liegen die Turbolader.

Der McLaren TAG-Turbo MP4/2 1984–86

Daß aus dem MP4/2 mal was ganz Großes werden würde, ließ sich schon bei einem Blick auf seine Abstammung voraussagen. Sein direkter Vorfahr, der MP4/1, war das erste Formel 1 Gerät mit vollständigem Kohlefaserchassis, ein revolutionäres Ding. Man schrieb damals das Jahr 1981, und John Watson, zu der Zeit bei McLaren im Brot, fuhr den Neuen beim britischen GP zum Jungfernsieg. 1982 gewannen er und Lauda vier große Preise, der Renner rollte in einer verbesserten Version als MP4/1B zum Start, einen Cosworth-Sauger vor der Hinterachse. Im folgenden Jahr, 1983 , sah Watson immerhin in Long Beach als Erster die karierte Flagge. Der McLaren Bolide, jetzt als /1C, war im verzweifelten Kampf der Sauger gegen die Turbo-Übermacht deutlich der Beste in der Saugerbrigade.

Mit dem Rückzugskampf war Schluß, als McLaren am 28. August 1983 in Zandvoort den MP4/1E aus dem Transporter holte. Im Heck des von Lauda gesteuerten Monoposto kauerte der TAG-Turbo V6. Eine sagenhaft schlagkräftige Kombination von Chassis und Motor spielte ab jetzt im Grand-Prix-Zirkus mit. Gut, der erste Auftritt endete mit Laudas Ausfall. Watson trat noch mit Saugerkraft an.

Trotzdem gab's beim Team im Hintergrund, Teddy Mayer, Tyler Alexander und dem „Dreierclan" Ron Dennis, Creighton Brown, John Barnard, keine langen Gesichter, man war am Anfang. In Kyalami gab Lauda auf dem MP4/1E dann einen ersten Warnschuß ab: Der Österreicher war schnellster Mann im Feld, auf Platz zwei, als ein Defekt ihn stoppte.

Dann kam die Winterpause. Die Teams zogen sich zur Entwicklungsarbeit zurück. Im McLaren-Werk zu Woking baute man heftig am MP4/2, dem Renner für '84.

Wie war es zur Ehe McLaren — TAG-Porsche eigentlich gekommen? Ganz einfach, als die Turbo-Streitmacht immer stärker wurde, fragte man sich auch im „Cosworth-Team" McLaren:

Woher all' die Power nehmen?

Der Dreiliter-Cosworth hatte in der F1 nicht mehr lange zu leben. Das deutete sich 1977 an, als Renault mit dem ersten 1500 ccm Turbomotor 'rauskam, der 1979 stark und standfest wurde. Ferrari, BMW und Alfa Romeo zogen mit Turbo-Treibsätzen nach, in Britannien versuchte Brian Hart, seine aufgeblasenen Vierzylinder-Knalltüten standfest zu machen.

Kurz nachdem John Barnard, der geniale McLaren-Konstrukteur, sein Kohlefaserchassis für den MP4 präsentiert hatte, verhandelte er mit Heidegger, einem Spezialisten für BMW Formel 2-Motoren. Heidegger führte ihm seinen turbogeladenen Sechszylinder-Reihenmotor vor. Aber der Triebling baute Barnard deutlich zu lang. Die Kraft wurde in der Mitte der Kurbelwelle abgenommen, und der Motor konnte nicht als voll mittragendes Chassisteil integriert werden. Barnard war nicht zufrieden: „Die Motorleute denken eben nur an ihren Motor, vielleicht allenfalls noch, wie sie ihn auf einen Prüfstand montieren können. Aber so ein Ding muß harmonisch in das Ganze eines Rennwagens eingefügt werden."

Und auf diesen Gedanken versteifte sich Barnard mehr und mehr: Er wollte nicht ein Chassis für einen vorhandenen Motor bauen. Sein Himmel auf Erden war ein für den Wagen maßgeschneiderter Motor, und ein Fahrgestell, das in vollkommener Harmonie zu diesem Motor paßte. Solche traumhaften Verhältnisse gab's ja, zum Beispiel bei Ferrari oder Renault. Teddy Mayer und Tyler Alexander standen schon beim Gedanken an die Kosten eines solchen Traumwagens die Haare gen Himmel. Sie machten eine Bestandsaufnahme: Was war an diskutablen Motoren da?

Der Renault V6: Ursprünglich eine Zweiliter-Sportwagenmaschine, wurde der Treibsatz in einer ersten Kur für die Formel 2 umgemodelt. Als die Franzosen dann noch einen Kraftquell suchten, der beim Nationalereignis „Le Mans" den Sieg bringen könnte, wurde er für die Alpine A442-Sportwagen mit Turboladern bestückt. Für die höchste Klasse des Motorsports wurde der Motor nochmal intensiv verändert. John Barnard traute dem Braten nicht: „Der Motor ist nicht wirklich als mittragendes Teil konzipiert. Außerdem erschienen mir die Pumpen und das ganze Zeug nicht astrein. Vielleicht überfordert."

Der BMW Reihenvierzylinder: „Der ist auch nicht als voll belastbares Chassisteil gebaut. Sein Block basiert auf Serienteilen. Ich hatte wenig Vertrauen zu einem solchen Kompromiß."

War der Ferrari V6 die Lösung? Ein traumhafter Motor, aber leider nur ein schöner Traum, die italienische Rennwagenschmiede verkauft nicht an Kunden. Der Alfa Romeo V8 war noch nicht angekündigt. Und Brian Hart leistete mit seiner Truppe sicher Großes, nur war der Erfolg — siehe oben — wenig überzeugend.

Frage also: Welcher Hersteller hat das Know-how, den Erfindungsgeist, die Erfahrung und das technische Potential, um einen Spitzenmotor für die Formel 1 zu bauen? Welches Werk liefert zudem solche Hochtechnologie an Kunden aus? Die Antwort: Porsche in good old Germany!

Also arrangierte Ron Dennis im Winter 1981/82 ein Treffen mit dem Chefingenieur der Porsche-Entwicklungsabteilung, Helmuth Bott. Viele Gerüchte wollten von der Rückkehr des Werks in die Formel 1 wissen. Aber Porsche konzentrierte sich damals auf Langstreckenrennen, hier war der Nutzen für die Entwicklung der Serienwagen direkter.

Viele Teams hatten schon versucht, Porsche als Motorenlieferant für sich zu mobilisieren, keines hatte Erfolg gehabt. Ron Dennis machte den Stuttgartern aber ein Angebot, das sie praktisch nicht ausschlagen konnten: „Würden sie als mein Vertragspartner einen Formel 1 Motor bauen, wenn ich alle Kosten übernehme?" — Der letzte Teil der Frage war dabei wohl der wichtigste. Antwort: „Klar, Herr Dennis, kommen Sie 'rein!"

Es war die hohe Zeit der Flügelautos, ein Gesetz diktierte alles, aber auch alles in der Formel 1: Aerodynamik. Und Barnard wollte DAS Flügelauto bauen, mit absolut perfekten, ungestörten Flügelprofilen unter den Seitenkästen, von vorn bis hinten. Die Tunnels sollten nach hinten leicht aufeinander zulaufen, so konnten sie um die breiten Hinterreifen herumgeführt werden. Sein Traummotor brauchte deshalb eine extrem kleine Stirnfläche, der Auspuff mußte möglichst weit oben liegen, um die „wings" nicht zu stören. Barnard hatte ein Modell seines Wunschautos mit maßgeschneidertem Motor in den Windkanal gestellt und er traute seinen Augen nicht: 30% bessere Abtriebswerte als bei allen anderen Wagen! In Zusammenarbeit mit Hans Mezger, dem Rennmotorenzauberer bei Porsche, kristallisierten sich weitere Vorstellungen heraus: Es sollte ein Sechszylinder V-Motor werden, nur „drei Zylinder lang". Der Winkel zwischen den Zylinderreihen durfte 90° nicht überschreiten, sonst würde es mit der Aerodynamik wieder kritisch. Öl- und Wasserpumpe sollten, um die Stirnfläche so klein wie möglich zu halten, an der Front des Motors liegen. Natürlich wurde der Treibsatz als voll mittragendes Teil ausgelegt. Die Befestigung am Rumpf sollte ähnlich einfach wie beim guten alten Cosworth sein. Ebenfalls im Sinne einer möglichst geringen Frontfläche sollten die Ladeluftleitungen zwischen Maschine und Monocoque verlaufen.

Hans Mezger, ein exzellenter Motorenbauer und reich an Erfolg und Erfahrung, schlug eine dreijährige Entwicklungszeit vor. Barnard erinnerte ihn an die Schnellebigkeit und rasante Entwicklung in der Formel 1 und zeigte sich gleich als ungeduldiger Kunde: „Macht's in einem Jahr!" Eine Herausforderung für die Denkfabrik in Süddeutschland.

Laut Vertrag zwischen McLaren und Porsche bezahlte das Team zunächst die Entwicklung und den Bau eines Prototyps. Das Design, die Produktionsrechte, sogar die Typennummer wurden Eigentum der Engländer. Der Prototyp sollte nach einer sechsmonatigen „Phase I" fertig sein.

Barnard achtete während der Entwicklungszeit darauf, daß seine Vorstellungen von optimaler Windschlüpfrigkeit nicht unter die Räder der Motorenbauer kamen. Die Entscheidungen über optimale Bohrung, optimalen Hub, Ventilwinkel, Form der Brennräume und, und, und . . . fielen bei Porsche. Mezgers Team experimentierte mit Zylinderwinkeln zwischen 60 und 90°. Weniger als 60° waren nicht drin, denn oben im „V" sollten ja noch Nebenaggregate untergebracht werden. Am Schluß waren 80° die optimale Lösung.

Die Arbeit bei Porsche ging schnell voran... und mußte gut bezahlt werden. Für Ron Dennis und McLaren wurde deshalb eine Frage immer dringlicher:

Woher all' den Schotter nehmen?

Dennis holte sich eine Menge Absagen. Die Rettung brachte, fast wie im Märchen, ein Mann aus dem Morgenland: Mansour Ojjeh und sein Techniques d'Avant Garde-Konzern zeigten sich interessiert. Ojjeh hatte schon Williams begeistert und großzügig unterstützt. Aber ein von Porsche entwickelter F1-Motor, das war auch für einen Konzern wie TAG ein dicker Brocken. Mansour ging mit seinen Teilhabern in Klausur. Das Risiko war groß, die ganze Anfangsinvestition würde alleine von der bisherigen Motorentwicklung aufgefressen. Und was wäre, wenn beispielsweise nur ein Zylinderkopf sich als Fehlentwicklung herausstellen würde? Allein die Neuentwicklung eines solchen Teils verschlingt in der Formel 1 Millionenbeträge. Gut, Ferrari, Alfa oder Renault stecken so was weg und lernen dabei. Aber war so was überhaupt sinnvoll für einen privaten Sponsor wie TAG?

Die Entscheidung lautete: Ja, wir machen's!

Damit hatte Ojjeh natürlich auch Verfügung über den Motor. Er bot ihn Williams an. Aber Frank Williams setzte auf Power aus dem Hause Honda. Auch gut.

Der nächste Schritt war die Gründung eines Unternehmens mit Namen „TAG Turbo Engines", das auch McLaren-Mitarbeiter beschäftigte.

Im Dezember 1982 war es dann soweit: Die „Phase II" konnte in Angriff genommen, der Vertrag über die tatsächliche Produktion des Turbo-Triebwerks wurde zwischen Porsche und „TAG Turbo Engines" geschlossen. Am 18. Dezember 1982 lief der TTE PO1V6-Prototyp auf dem Prüfstand in Weissach! Grund zu eitel Freude, wenn nicht . . ., ja, wenn nicht die FISA am 3. November ein Reglement in Kraft gesetzt hätte, das für Formel 1 Rennwagen unmißverständlich flache Unterböden vorschrieb. Wing car adé! Barnard war erst mal verzweifelt. Über Nacht hatte sein maßgeschneiderter Motor einiges von seiner Existenzberechtigung eingebüßt. Barnard: „Für einen Flachboden-F1 hätten wir ein paar Sachen am Motor ganz anders gemacht. Zum Beispiel hätten wir die Auspuffrohre nach unten gebogen, um die Lader näher 'ran zu kriegen. Ich hätte die Pumpen an die Flanken des Motors angebaut, um ihn kürzer zu machen und hätte es mit einer niedrigeren Kurbelwellenmittelachse versucht. Trotzdem: Auch unter den neuen Regeln ist die Maschine für mich optimal. Die neue Aerodynamik verlangt geradezu nach einem superschmalen Heck, dafür ist der Motor phantastisch, sehr gut ist auch, daß er insgesamt so vorbildlich kompakt geraten ist."

Also wurde unbeirrt mit Volldampf weiterentwickelt und bald war es soweit:

Ein Vollblut lernt das Laufen

Der Prototyp konnte auf dem Genfer Salon, im April 1983, bestaunt werden. Hans Mezger erklärte: „Der V6 stellt für die jetzige Formel 1 das Optimum dar. Unsere Anforderungen sind: niedriger Benzinverbrauch, konkurrenzfähige Leistung, geringe Außenabmessungen. Unser Motor ist kompakter, hat geringere innere Reibungswerte als etwa ein V8 und kann höher drehen als ein Reihenvierzylinder. Ein 60°-Layout kam für uns nicht in Frage, zwischen den Zylinderreihen liegen Einspritzung und Einlaßtrakt. 80°, so unsere Rechnung, ist der richtige Kompromiß. Honda kam völlig unabhängig zum gleichen Ergebnis. Das muß ja wohl einen Grund haben. Warum vorher niemand auf den 80°-Winkel kam? Vielleicht weil vorher niemand so genau kalkuliert hat wie wir." Es kamen nur wenige Details über den Neuen an die Öffentlichkeit, alle Mann im Team waren zu äußerster Geheimhaltung verdonnert, der technische Vorsprung sollte gesichert werden. Jedenfalls: Der Block und die Köpfe des TTE PO1V6 sind aus einer Aluminium-Legierung gegossen, die Zylinderlaufbüchsen verfügen über eine Nikasilbeschichtung. Die Kurbelwelle hat drei Hubzapfen im Winkel von 120°. Jeder Zylinderkopf beherbergt zwei zahnradgetriebene Nockenwellen, die selbstverständlich vier Ventile pro Zylinder betätigen. Dasselbe Räderwerk treibt auch Wasser- und Ölpumpen an. Achtern an der Maschine aktiviert die Auslaßnockenwelle über einen Zahnriemen die Einspritzung und den Zündverteiler, für jede Zylinderreihe je ein Exemplar. Der Motor wog mit allem Drum und Dran 150 Kilo. Bohrung und Hub hatte Hans Mezger mit 82,0 × 47,3 mm festgelegt. Das ergab einen Hubraum von 1499 ccm. Porsche gab als Leistung zunächst 600 PS an. McLaren gewann also neben vielem anderen auf Anhieb 75 PS! Die Spitzenleistung stand zwischen 10 000 und 11 500 Umdrehungen an, aber schon ab 8 500 hatte die Maschine richtig Dampf. — Und schön war sie! Ein Stück technischer, funktionaler Kunst.

Apropos Kunst: Die Zusammenarbeit zwischen Porsche und McLaren verlief nicht immer ganz spannungsfrei. Der arme Ron Dennis hatte bisweilen ganz schön Mühe, John Barnards forderndes Naturell und seine Neigung zu Temperamentsausbrüchen etwas abzumildern.

Der Pilotmotor wurde einem Porsche 956 Gruppe C eingepflanzt und erst mal über die Porsche-Teststrecke in Weissach gejagt. Jetzt hieß es für Lauda und Watson: Bitte aufsteigen zum Testritt! Lauda war begeistert: „Unglaublich, phantastisch! Es ist, als ob dir von hinten ein Pferd ins Kreuz tritt!"

Trotzdem waren die Testbedingungen nicht optimal. Der Motor arbeitete im 956 nicht als mittragendes Teil, er ruhte stattdessen in einem Rohrrahmen. Dazu kamen Schwierigkeiten mit der turbo-typischen Verzögerung beim Gasgeben. Immerhin spulte Watson 540 km, Lauda um die 300 ab, zuverlässig war das neue Prachtstück.

Zu den nächsten Testfahrten brachte McLaren den MP4/1D als fahrendes Turbotestlabor mit nach Deutschland. Auch mit dem fünf Zentner leichteren Auto war das Ansprechverhalten nicht zufriedenstellend. Außerdem blies der Treibsatz so in cirka zehn Runden seinen gesamten Ölvorrat in die Umwelt, was für diese wie für das doch ziemlich komplizierte Innere des Aggregats nicht sonderlich gesund war.

Aber Porsche reagierte schnell, die KKK-Turbolader und das Auspuffsystem wurden getauscht, um den Motor spontaner auf Gaspedalbewegungen reagieren zu lassen. Auch das Problem mit der Ölpest kriegten die Schwaben in den Griff. Die Tests gingen weiter.

In Silverstone hatte Niki Lauda dann das tolle Erlebnis, mit seinem Formel 1 schneller als dreihundert Stundenkilometer zu werden. Und das in einem schweren, mit Instrumenten vollgestopften Testgerät. Es deuteten sich riesige Möglichkeiten an. Lauda empfand auch diese neue Technik als Herausforderung und machte Druck, den Turbomotor so schnell wie möglich im Rennen einzusetzen, die Sponsoren standen natürlich wie ein Mann hinter ihm. Das aber behagte dem absoluten Perfektionisten Barnard überhaupt nicht. Der hätte am liebsten alles bis ins kleinste Detail durchgedacht, durchgerechnet und erst dann den neuen McLaren gebaut. Aber Barnard war schnell überstimmt. Also sollten Übergangs-Turborenner die Cosworth-Waffen des Teams jetzt sehr bald ablösen.

Immerhin gibt es keinen besseren Test für F1-Wagen als Rennkilometer. Eine richtig extreme Rennstunde bringt oft Probleme an den Tag, die in Tests wochenlang verborgen bleiben. Mit dem Testwagen konnte McLaren natürlich nicht zum Rennen antreten.

Barnard erinnert sich: „Also bauten unsere Jungs in sechs Wochen zwei neue Autos. Oder präziser: Eins wurde für Zandvoort fertig, das andere zu 85%. Niki war in Holland auf den Geraden unglaublich schnell. Aber die Flügel, die wir im wesentlichen vom Cosworth-Auto übernommen hatten, waren ungeeignet. Und erst die Bremsen! Der Turbo-Motor machte den MP4 auf den Geraden bis zu 50 km/h schneller, die Dinger kochten!"

Die Übergangs-Turbo-F1 gingen aus den Monocoques der MP4/1 C05 und 06 hervor. Sie liefen als MP4/1E 01 und 02. Der 02 wurde Laudas Standardrennwagen. Beide Monocoques mußten vor allem für die neuen Kühler und das elektrische Gerät verändert werden.

In Zandvoort zeigte sich der TAG-Turbo unwillig anzuspringen. Die Wurzel dieses Übels ging ziemlich weit und auf eine Regeländerung für die Formel 1 zurück. Denn für 1984 wurde der Tankinhalt von 250 auf 220 Liter beschränkt, Tankstops waren 1984 verboten. Um ihren Motor trotz der neuen Beschränkungen auf Höchstleistung halten zu können, schalteten die Porsche-Mannen Bosch ein. Eine Entwicklungsgruppe von Bosch arbeitete bereits an einer semi-mechanischen Einspritzung für BMW. Jetzt kam von Porsche noch der Auftrag, ein 100% elektronisches System zu entwickeln und zu bauen. Ein Spezialistenteam ging ans Werk. Ziel: Über Sensoren und eine Computereinheit sollten Benzinmenge und der Zeitpunkt der Treibstoffabgabe an jeden einzelnen Brennraum hochpräzise gesteuert werden und genau dem jeweiligen Bedarf entsprechen. Dieses vollelektronische System wurde als Motronic MS 3 bekannt, ein hochkomplizierter Apparat. Trotzdem funktionierte bei Tests in Weissach alles optimal. Aber dann in Zandvoort und bei Tests weigerte sich der Motor einfach und ziemlich beharrlich anzuspringen. Dieses Problem quälte das Team und natürlich am schlimmsten die Bosch-Mannschaft noch eine ganze Weile.

Auch in Monza, im September, wollte Laudas Motor zunächst nicht so richtig. Im Rennen kämpfte sich Watson, jetzt auch mit Turbokraft im Rücken, immerhin bis auf den siebten Platz vor. Laudas Vorstellung endete mit defektem Nockenwellenantrieb. Die Aerodynamik der McLaren-Zwitter ließ ebenfalls noch zu wünschen übrig, trotz überarbeiteter Heckflügel.

Eben dieser Heckflügel brach beim nächsten Rennen in Brands Hatch an Watsons Monoposto zusammen, Lauda wurde wieder von seinem Ventiltrieb gestoppt. Beim Training hatten beide McLaren üble Startprobleme, und die Bosch-Leute deshalb abends schlimme Ohrenschmerzen.

Der letzte Grand Prix der Saison '83 in Kyalami brachte wieder einen Haufen Ärger, aber auch den berühmten Silberstreif am Horizont. Das Team rückte mit drei Wagen an, der dritte MP4/1E war aus dem Chassis des MP4/1C-07 aufgebaut worden. Im Training wieder the same old story: Die Maschinen gaben endlos lang keinen Muckser von sich. Im Bosch-Quartier liefen die Computer heiß, und für das Rennen fanden die Elektronen-Gehirne das richtige Programm ... dazu wurde die perfekte Wahl von Turbos, Reifen, Flügel getroffen. Gegen Ende des Grand Prix brannte Lauda dann ein wahres Feuerwerk ab und jagte als schnellster Mann im Feld den führenden Patrese, bis ein Elektrikfehler jäh seine tolle Fahrt stoppte. - Watson saß derweil um ein paar graue Haare reicher im Transporter: Er war wegen eines Fehlers beim Start disqualifiziert worden.

Bosch mußte wieder mal Lehrgeld zahlen. Laudas Motor war stehengeblieben, weil der installierte Serienregler von den Vibrationen einfach kleingehauen worden war. Aus.

Im Januar 1984 kam McLaren noch mit den alten MP4/1E nach Rio zu Reifentests. Die Expedition wurde zu einer mittleren Katastrophe. Wieder wollten die Motoren weder richtig starten, noch gaben sie vernünftig Leistung ab. Vor allem die Bosch-Spezialisten kehrten erschüttert nach Deutschland zurück, von Porsche und McLaren kam jetzt ziemlich Druck auf die Elektroniker. Das ganze Motronic-System wurde nochmal gründlich überarbeitet, jetzt konnte die neue Saison eigentlich kommen.

Das Jahr 1983 hatte von McLaren, TAG-Porsche und Bosch eine Menge an Energie und Ausdauer verlangt, aus den ersten Tests '84 in Rio nahm man noch einmal wichtige Erfahrungen mit nach Hause, und in der kommenden Saison wollten alle voll auf der Erfolgstraße fahren. Der Bolide dazu war fertig:

Brasilien 1985. Prost wird auf seinem McLaren MP4/2B als Sieger des Grand Prix abgewunken. Er erringt für das Team den achten Sieg in Folge. Eine sagenhafte Serie, die in Brands Hatch, Juli '84, begann.

1984: ein Riesenjahr für McLaren. Niki Lauda wird mit winzigem Vorsprung und 5 GP-Siegen Fahrerweltmeister vor seinem Teamgefährten Alain Prost, der 7 Rennen gewinnt. Lauda fuhr über die ganze Saison ein Chassis, den MP4/2-1. Ein deutliches Zeichen für die Klasse des Wagens und seines Piloten. Der MP4/2 besticht durch sein sauberes Finish. Am großen Heckflügel die beiden kleinen Winglets. Schubstreben-Frontaufhängung, hinten sind die oberen kräftigen Querlenker sichtbar.

REDE GLOBO
DIMEP
01
P1
PROST
Marlboro
SAIMA
2

Marlboro
SAIMA
Marlboro
8
HERCULES
HERCULES
UNIPART
MICHELIN

Der MP 4/2 bei seinem ersten, eindrucksvollen Auftritt in Rio. An Prosts Wagen ist gut das „Flaschenhalsheck“ zu sehen, Barnards Trick für enormen Abtrieb.

John Barnard, der eigenwillige Designer der MP4/2

Der TAG-Turbo V6: Ein Muster an Kompaktheit. Die tiefliegenden KKK-Turbolader sind in den Seitenkästen verborgen.

Der Sieger: McLaren MP4/2

Jetzt hatte John Barnard endlich seinen Traum erfüllt. Der MP4/2 war für das TAG-Porsche Triebwerk, der Motor für den McLaren entstanden, eine harmonische Einheit.

Wie schon beim MP4/1, so wurde auch das Kohlefaserchassis des MP4/2 bei Hercules in Salt Lake City, USA, gebacken.

Der Tank war etwas niedriger, dafür cirka 6 cm länger als beim MP4/1 geraten. Das wurde möglich, weil der TAG-Turbo kürzer ist als der Cosworth V8. Die Seitenteile fielen länger und voluminöser aus, als es 1984 in der Formel 1 gerade Mode war, nach hinten lief die Verkleidung in Form eines Flaschenhalses zu. Kurz über dem Boden, in der Taille dieses Flaschenhalses auf jeder Seite, lag eine horizontale Flosse, die in der anströmenden Luft einen ground effect erzeugte. Dieser Flügel bog sich in elegantem Schwung an jeder Seite des Getriebes hoch. Die unteren Dreieckslenker versteckten sich unter dem Heckleitblech, nur die oberen Querlenker und die Antriebswellen lagen zwischen Wagenkörper und Hinterrad frei im Luftstrom

Was bei Porsche für die Motoren galt, war auch das oberste Gebot beim Bau der McLaren-Chassis: Geheimhaltung. Keiner der Kohlefaserrenner wurde je an Privatkunden verkauft. Zu Rennwagenausstellungen wurde eine Karosserie in den Marlboro-Farben mit Holzchassis geschickt. So sicherte McLaren seinen Vorsprung in Sachen Kohlefaser-Verarbeitung.

Zum Schutz des Fahrers besaß das Kohlefaser-Chassis im Bug eine Knautschzone aus Aluminium. Neben den Schienbeinen des Piloten standen die innenliegenden Feder-/Dämpfereinheiten.

In jedem der Seitenkästen stand schräg nach vorne geneigt ein geteilter Kühlerblock. Die linke Seite des Blocks wurde von Kühlwasser, die rechte von Öl durchströmt. Beim Vorgängermodell, dem 4/1 E, hatten in den längeren Seitenteilen zwei getrennte Kühler hintereinander gestanden, Ölkühler vor Wasserkühler.

Die Bosch-Motronic, beim 1E in zwei Boxen in jedem Seitenponton verstaut, wanderte beim 4/2 auf die zentrale Tankzelle, jetzt in einer „Blackbox“ untergebracht. Gegenüber dem MP4/1 E hatte sich an der Auspuffanlage einiges getan. Ragten die Rohre beim alten Modell noch ziemlich gerade aus dem Motor, um den Turboladern das heiße Gas ohne jeden Umschweif zuzublasen, so war das Auspuffgewürm jetzt im motornahen Bereich deutlich nach vorne gekrümmt. Grund: Mit den gerade aus dem Motor ragenden Auspuffrohren wäre das Heck zu breit geworden, die Flaschenhalsform erforderte aber eine sehr schmale hintere Partie des Wagenkörpers. Da Auspuffe auch in der Formel 1 gewöhnlich nach hinten zeigen, mußten sie nach ihrem Vorwärtsschwenk noch einmal drastisch nach hinten umgelenkt werden, um dann eng am Getriebe entlang zu liegen. Die Porsche-Leute zeigten sich von den Umleitungsaktionen nicht begeistert, aber Barnard bestand im Namen der Aerodynamik auf seiner Lösung, der Erfolg sollte ihm Recht geben.

Zu einer gesunden Turboumwelt gehört natürlich Luft in jeder Menge. Also wurden die Einlässe für die Hochleistungsgebläse in eine Zone mit extrem hohem Luftdruck oberhalb der Luftleitbleche in die Taille der Karosserie geschnitten. Die von hier hereingeschaufelte und im Turbo verdichtete Luft strömte in Rohrleitungen zur Unterseite der großen BEHR-Ladeluftkühler. Die gekühlte Luft trat oben wieder aus und rauschte in dicken Rohren zum Einlaßtrakt oben auf dem Motor.

Der Öltank war in das Zwischenstück zwischen Motor und Getriebe integriert. Letzteres bestand vor allem aus Hewland-Teilen, hier griff McLaren also auf Altbewährtes zurück. Das gute Stück zeigte sich aber von den inzwischen 750 Porsche-PS doch deutlich gestreßt. Als erste Kuranwendung wurde die Ölversorgung des Geräders total überarbeitet, ab Mitte der ’84er Saison ein neues Kraftübertragungskonzept vorgestellt. Trotzdem führte das Team rein getriebemäßig das ganze Jahr über einen Eiertanz auf. Zur Erhöhung des Abtriebs mündeten Auspuff- und Wastegaterohre unter dem Luftleitprofil im Heck des McLaren ins Freie. Tatsächlich verbesserten die mit hoher Geschwindigkeit austretenden Gase den ground effect, nur litt das dichtbei liegende Getriebe schlimm unter der Hitze. Ein Kohlefaserschutzschild sorgte für Abhilfe.

Gegenüber dem MP4/1 änderte sich an der Hinterradaufhängung nicht viel. Unten blieb es bei dem Dreieckslenker mit flachem Querschnitt. Oben betätigten geschmiedete, kräftige Querlenker die innenliegenden Feder-/Dämpfereinheiten. Eine einzelne nach hinten geschwenkte, obere Strebe kontrollierte Vorspur und Sturz. Der kurze V6 ließ die innenliegenden Dämpfer weiter nach vorne wandern. Dadurch konnten die oberen Querlenker nach hinten geschwenkt eingebaut werden. Diese Anordnung erlaubte eine noch schlankere Karosserie im Heckbereich, die Motor und Getriebe voll verkleidete.

Der 80° V6 TAG-Turbo mit zwei KKK-Ladern, Überdruckventilen, hochgezogener Auspuffanlage

Porsche konnte gegenüber den zehn Motorenprototypen von 1983 noch einmal Gewicht einsparen: Die Stehbolzen des Kurbelgehäuses waren jetzt aus Titan gefertigt, der Einlaßkrümmer aus Magnesium gegossen.

McLaren benötigte 15 bis 20 komplette Maschinen mit 5 bis 10 Sätzen Ersatzteilen, um den Laden in Schwung zu halten. Bereits im Juni 1984 waren sämtliche Motoren, Nummer 21–35 geliefert und im Einsatz auf den Grand Prix Strecken der Welt.

Beim Bau der MP4/2 waren Perfektionisten am Werk, entsprechend wurden Anfang 1984 erst zwei der McLaren fertig. Die neuen Rennwagen konnten gerade noch drei Tage in Paul Ricard getestet werden, bevor sie am 25. März 1984 beim Grand Prix von Brasilien pünktlich zum Saisonauftakt an den Start rollten. Brasilien brachte es an den Tag: Der McLaren MP4/2 war ein Siegertyp. Prost, jetzt statt Watson für McLaren im Einsatz beim Kampf um WM-Punkte, ging von Startplatz 4 ins Rennen, fuhr die schnellste Runde und siegte! Lauda, vom 6. Platz gestartet, führte bis Runde 38, fiel dann aber ohne Ladedruck aus. Fazit des ersten Rennens: Ein brillantes Chassis, Porsche und Bosch hatten zudem über Winter und seit den Januar-Tests noch einmal einen unglaublichen Aufwand getrieben, um den Benzinverbrauch des Motors weiter zu senken, die Startprobleme zu beseitigen und noch mehr Power zu finden: Alle hatten ganze Arbeit geleistet.

Die Saison 1984 wurde für McLaren zu einem einzigen Triumphzug. Von 16 WM-Läufen gewann das Team nicht weniger als 12!

Alain Prost stand siebenmal ganz oben auf dem Treppchen: in Rio, Imola, Monaco (Regenrennen mit Abbruch und halber Punktzahl), Zandvoort, Hockenheim, auf dem Nürburgring und in Estoril. Die anderen fünf Siege gingen auf Niki Laudas Konto: Kyalami, Dijon, Brands Hatch, Österreich und Monza. Lauda erkämpfte 72 WM-Punkte und damit seinen dritten Weltmeistertitel. Prost mußte sich mit 71 ½ Zählern ganz knapp geschlagen geben, dabei stellte er 1984 Jim Clarks Rekord von sieben Siegen in einer Saison ein.

Noch nie vorher gewann ein Rennstall den Titel des Konstrukteursweltmeisters so haushoch überlegen, wie jetzt McLaren. Bei der Endabrechnung hatte das rot-weiße Team 143,5 Punkte auf seinem Konto. Der Zweite, Ferrari, brachte es auf ganze 57,5.

Neben den 12 Siegen fuhren Prost und Lauda fünf zweite, einen dritten, zwei vierte und einen siebenten Rang heraus. Elf Ausfälle waren zu verzeichnen. Noch mehr Statistik gefällig? Prost führte 34,47% aller gefahrenen Kilometer der Saison, Lauda fuhr dem Feld 16,78% der Strecke vorweg. Er belegte damit Rang drei hinter Nelson Piquet auf Brabham-BMW mit 24,08%.

Es entspricht nicht der Porsche-Politik, spezielle Höllenmaschinen für das Qualifying zu bauen. Trotzdem stellte sich Prost dreimal auf die Pole.

Gut, im Training waren die McLaren nicht immer bei den Schnellsten. Im Rennen sah das ganz anders aus: achtmal schnellste Runde! Vielleicht ist es aufschlußreich, daß nur zwei schnellste Runden in der ersten Saisonhälfte, aber sechs in der zweiten gefahren wurden. Die ständige Verbesserungsarbeit bei Porsche und die zunehmende Turboerfahrung des Teams kamen zum Tragen. Dagegen sah Brabham, was die schnellsten Rennrunden anging, ziemlich alt aus: Die Saison brachte ganze zwei.

Natürlich war der totale McLaren-Triumph auch vom Glück begünstigt: Die Probleme der Gegner in Rio, die Rote Flagge im Regen von Monaco oder Piquets Reifentrouble in Österreich, die Lauda retteten. Aber wie war noch der sinnreiche Spruch? Das Glück ist mit dem Tüchtigen.

In Monaco gab es zwei wichtige Neuerungen für McLaren: neue Gleason-Differentiale und leichtere Turboladergehäuse von KKK. Die neuen Schnecken konnten mit geringeren inneren Toleranzen gefertigt werden, erlaubten höheren boost und wurden für den Rest der Saison eingesetzt.

Im Lauf des Jahres wurden außerdem modifizierte Frontradträger und einige andere Überarbeitungen getestet, sie brachten aber oft keinen Vorteil. Die Rennwagen blieben so praktich während des ganzen Jahres unverändert. Ein Beweis für die Richtigkeit des Grundkonzeptes.

Auf der Rubbelpiste von Detroit brachen sich beide McLaren die vorderen Stabilisatoren. Barnard entwarf neue aus Titan, die allerdings eine Weile auf sich warten ließen. Überflüssig zu sagen, daß John schrecklich unter dem Provisorium litt, weil es ein Provisorium war.

Die Karosserie der Monoposti wurde im ganzen Jahr nur zweimal nennenswert überarbeitet. In Österreich tauchten sie mit neuen Frontflügeln auf, um Abtrieb und Handling weiter zu perfektionieren, in Holland erhielten die Lufteinlässe für die Turbolader einen neuen Querschnitt, das war's.

Das Team probierte eine ganze Menge Kühlluftführungen und Luftschläuche für die McLaren-SEP Kohlefaserbremsen aus. Aber die erste Lösung war auch hier die beste: Am Ende der Saison hatten die Bremsen die gleiche Kühlluftführung wie zu Beginn.

Nicht mehr als vier komplette MP4/2 wurden 1984 gebaut. Ein fünftes Chassis blieb in Reserve. Von den vier kompletten wurde der letzte — MP4/2-4 — zum Testauto gemacht, sodaß McLaren TAG-Porsche den Weltmeistertitel mit ganzen drei Rennwagen erkämpfte. Niki Lauda wurde der erste Weltmeister der modernen Formel 1, der seinen Titel auf einem einzigen Chassis 'reinfuhr, dem MP4/2-1.

Prost ging normalerweise auf dem MP 4/2-2 ins Rennen. In Südafrika mußte er mit dem „3" Vorlieb nehmen, genau wie in Imola und Hockenheim. Der Franzose beendete die beiden letzteren Grand Prix auch auf dem ungewohnten Chassis als Sieger, der „3" kam auch in Italien noch mal als Rennwagen zum Einsatz, daneben lief er bis zur Fertigstellung von Chassis Nummer 4 als Testwagen. So kann nur ein Team mit optimalem Material und zwei Fahrern der absoluten Spitzenklasse arbeiten, denen kaum Fehler unterlaufen. Kaum — in Österreich drehte sich Prost ins Aus, weil er in einer schnellen Kurve den vierten Gang festhalten mußte, das war jedenfalls seine Erklärung, als er zu Fuß an die Boxen kam. Als die Mechaniker sein Getriebe öffneten, sahen sie, daß Alain doch ein bißchen schneller als zugegeben war: Der Fünfte war mit ziemlicher Kraft dringehalten worden! Bei seinem Ausrutscher hatte der kleine Prost ausgesprochenes Pech: Sein Renngerät war zwar unbeschädigt, sprang aber nicht wieder an, der Preßluftstarter war zu schwachbrüstig. John Barnard hatte diese Gefahrenquelle vorher schon erkannt. Denn ein heißer Turbomotor braucht schon einen kräftigeren Anlasser als ein Cosworth-Ford. Die alten Alu-Preßluftflaschen vom MP4/1 hatten für den Job viel zu wenig Inhalt. Natürlich bestellte Barnard sofort bei Hercules Kohlefaser-Druckflaschen, die doppelt soviel Luft bei halbem Gewicht faßten. Schicksal: Als sich Prost in Österreich ins Aus drehte, stand die erste Lieferung der Kohlefaserbehältnisse auf Barnards Schreibtisch in Woking. Sie hatten bei Vortests Luft verloren und waren deshalb in England geblieben.

Am TAG-Turbo gab es im Verlauf der Saison keine revolutionären Neuerungen, die Kombination mit der Bosch-Motronic wurde immer besser, und die gegnerischen Piloten berichteten andächtig vom Antritt des Sechszylinders aus langsamen Kurven heraus, während Prost noch ein bißchen seinem Renault aus vergangenen Tagen nachtrauerte. Zwischendurch auftretende fehlerhafte Verbrennungen, die augenblicklich zum Kolbentod führten, bekam Hans Mezgers Team schnell in den Griff.

Aber auch der zuverlässigste Motor läuft nur mit astreinem Sprit, und den gab's beim Großen Preis von Belgien nicht, dafür dann aber im Training gleich reihenweise Kolbenschäden. Im Rennen fielen alle zwei McLaren aus. Eine solche Katastrophe ereignete sich 1984 nur noch einmal, in Dallas (wo sich Katastrophen normalerweise in stinkreichen Familien abspielen, wissen wir aus dem TV).

Alarmstimmung bei Porsche auch im Training zum Grand Prix von Frankreich, in Dijon: In den 750 PS-Monstern starben wieder die Kolben. Aber die Männer aus dem Ländle wußten Abhilfe, über Nacht wurden Motoren eingeflogen. Lauda gewann das Rennen, Prost wurde Siebter.

Erst spät in der Saison ließ sich Porsche darauf ein, für die „Chaos-Runden" im Zeittraining zusätzliche Kühlmöglichkeiten für die Ladeluft, für Öl und Wasser zu installieren, um so an die unheimliche Spitzenleistung der BMW-Trainingsbomben heranzukommen.

Auf der Reifenseite lieferte Michelin Spitzengummis, allerdings bemerkten die McLaren Ingenieure, daß die französischen Reifenkocher mit fortschreitender Saison etwas nachließen. Vielleicht deutete sich hier schon der Ausstieg von Michelin aus der Formel 1 am Ende des Jahres an. McLaren beherrschte die Saison '84 mit 12 GP-Siegen ja absolut. Worin lag eigentlich der Grund für diese Dominanz? Machte das Team nur das Beste aus einem schlechten Jahr für Brabham, Ferrari, Renault und die anderen? Oder war es ausschließlich die Porsche-Maschine, die in jedem anderen brauchbaren Chassis auch einen Weltmeister produziert hätte? Es sieht fast so aus, als hätte die Unzuverlässigkeit der meisten Teams den Grund, daß sich alle furchtbar lang machen mußten, um von den McLaren Porsche nicht noch erbarmungsloser abgehängt zu werden. Und dabei übernahmen sich die McLaren-Gegner. Die McLaren-TAG-Porsche 1984: Eine unschlagbare Kombination, sie waren extrem schnell, extrem zuverlässig und dabei so sparsam wie kein Gegner. Mit Lauda und Prost saßen zwei Männer in den Cockpits, die bei allem Unterschied ihrer Charaktere eines gemeinsam haben: großes Fahrgenie.

Hier sei auch noch ein Wort zu den „Garagisten" erlaubt. Dieses abfällige Wort hört man schon mal als Bezeichnung für die englischen Rennställe aus den höheren Etagen großer Automobilkonzerne. Gemeint sind Teams wie Brabham, McLaren, Lotus. Nun fährt Brabham bekanntlich BMW-Motoren, McLaren solche von Porsche, Lotus vertraut auf Renault-Kraft. Ein Akt der Nächstenliebe von Seiten der großen Hersteller? Wohl eher die Erkenntnis, daß kleine, hochqualifizierte, überschaubare Teams mit der Möglichkeit zu sehr schnellen Entscheidungen und ungewöhnlichen Arbeitsweisen in einer extremen Leistungsgesellschaft wie der Formel 1 sicherer zum Erfolg führen als eine Riesenorganisation — siehe Renault — wo Entscheidungen durch viele Instanzen diskutiert, und jede Schraube mit einem Formular in zehnfacher Ausfertigung bestellt werden muß.

Auch die Doppelweltmeisterschaft von McLaren-TAG 1984 brachte mal wieder den Beweis für die Schlagkraft solcher Verbindungen.

1985: Der Zweite Streich

Für das folgende Jahr konnte John Barnard auf dem fast unschlagbaren MP 4/2-Design aufbauen. Das Kohlefasermonocoque erhielt eine neue Karosserie, eine Schubstreben-Hinterradaufhängung, neue Radträger vorne und überarbeitete Radnaben.

1985 mußten die kleinen, seitlichen Zusatzflügel am Heckleitwerk laut FISA-Beschluß verschwinden. So gab's über Winter eine wichtige Aufgabe für die Konstrukteure: Der verlorene Abtrieb am Heck mußte irgendwie wiedergefunden werden. Also: Alles ab in den Windkanal. Die Kanalarbeit war ein voller Erfolg, ohne große Abtriebseinbußen war durch die kleineren Heckflügel der Luftwiderstand der Boliden verringert worden. Zusätzlich spendierten die Motorenlieferanten einen kräftigen Schuß Extra-Kraft, und so schmolzen die Rundenzeiten dahin wie Butter in der Sonne.

Auch 1985 war der Terminkalender für die Formel 1 wieder proppenvoll. Barnard stellte sich auf seine Art auf den Terminstreß ein: „Wir brauchten ein Auto, dessen Service total kalkulierbar war, also Teile, deren Lebensdauer wir präzise vorhersagen konnten, das hält 800 Kilometer, das hält 1500. So konnten wir unseren Bedarf exakt planen. Mit Unfällen mußten wir ja bei unseren Piloten glücklicherweise nicht rechnen. Ich brauchte ein Getriebe, einen Motor, eine Aufhängung, die wir für zwei Rennen total vergessen konnten. Das war extrem wichtig bei zwei Grand Prix an zwei aufeinanderfolgenden Wochenenden. Für mich ist es nämlich ein Alptraum, in einer Box irgendwo, weit weg von zu Hause, einen Formel 1 erst mal mit viel unnötigem Getüftel rennfertig zu machen."

Rechtzeitig zum ersten Kräftemessen in Rio wurden die MP4/2B fertig. Sie waren auf den Chassis „3" (Ersatzwagen) „4" für Lauda und „5" für Prost aufgebaut. Der alte Rumpf mit Chassisnummer 2 kam ab Silverstone für Prost zum Team. Der Grand Prix von Südafrika brachte eine technische Premiere für das Team McLaren: Chassis Nummer 6 war in Heimarbeit in der eigenen Fabrik zu Woking „gebacken" worden, nicht mehr bei Hercules in Salt Lake City. Die McLarens begannen die neue Weltmeisterschaftsrunde mit einem Paukenschlag, sie fuhren die Konkurrenz in Grund und Boden, zur Mitte der Saison schienen die rot-weißen in ein Formtief zu rutschen, speziell in Montreal und Detroit, waren aber auf schnellen Strecken wie beim britischen GP in Silverstone voll wieder da.

Für die Formschwankungen gab's zwei Gründe, Veränderungen an der Radaufhängung und das Verhalten der McLaren-SEP Kohlefaserbremsen. Barnards Kommentar zum Aufhängungsproblem: „Unsere Piloten klagten, daß der MP4/2B unter gewissen Bedingungen tückisch zwischen Unter- und Übersteuern wechselte. Sie hatten kein totales Vertrauen mehr ins Handling ihrer Wagen. Also verlegten wir die Aufnahmepunkte der vorderen Aufhängungen und erzielten prompt eine Verbesserung, die sich sehen lassen konnte." Prost testete die neue Aufhängungsgeometrie in Silverstone beim Training, fand sie gut und gewann dann auch gleich das Rennen.

Bei McLaren gibt's keine halben Sachen, deshalb wurde für den GP Österreich auch die Hinterradaufhängung verbessert. Prost konnte auf dem modifizierten Wagen nicht antreten, nahm den Reservewagen — und gewann wieder, nachdem er in Hockenheim als Zweiter über die Ziellinie gerauscht war. Lauda wurde in Deutschland Fünfter und fiel in seinem Heimatland zum Jammer der Österreicher aus.

Und das Bremsenproblem? Das Team hatte auch während der ganzen '85er Saison reichlich mit den schwarzen Scheiben zu tun, Barnard meinte: „Unsere Jungs werden 1985 wohl zum Jahr der Bremse erklären." 1984 hatte McLaren das ganze Jahr über Kohlefaserscheiben mit hausgemachten Alu-Bremssätteln gefahren, keine Probleme. Am Ende der Saison war man sicher, die Dinger auch 1985 unverändert einsetzen zu können. Irrtum.

Denn in den Rennen konnten die Porsche-Motoren jetzt mit höherem Ladedruck gefahren werden, durch die neuen, kleineren Flügel war der Luftwiderstand geringer. Also wurden die MP 4-Geschosse immer schneller, knallten mit immer irrwitzigerem Tempo auf die Kurven zu. Und Mitte der Saison war's dann für die Bremsen zu viel. „In Kanada hatten wir so gut wie keine Bremsen mehr, in Monaco waren wir absolut am Limit, auch wenn wir gewannen. Plötzlich hatten die Teams mit ihren Brembo-Bremssätteln aus dem Laden an der Ecke bessere Karten als wir. In Detroit gab's nochmal höchsten Alarm, keine Bremsen: Ich stürzte mich mit aller Energie auf das Problem. Ricard und Silverstone waren keine Bremsenstrecken, zum GP Deutschland hatte ich alles unter Kontrolle." Soweit die Erklärung der Formschwankungen im Hause McLaren-TAG-Porsche, Originalton Barnard.

Auch der TAG-Porsche V6 war über den Winter optimal vorbereitet worden, er blieb in der Saison '85 die beste Kombination von schierer Kraft, Zuverlässigkeit und Sparsamkeit in der Formel 1.

Mitte des Jahres lieferte KKK neue, spiegelbildlich gebaute Turbolader. Die ursprünglich eingebauten, identischen Kraftschnecken machten an einer Auspuffseite des Motors kleine Korrekturen nötig. Die wiederum ließen für eine Zylinderreihe nicht die optimale Leistungsausbeute zu. KKK beseitigte das Problem souverän.

Das elektronische Gehirn des Motors, die Bosch Motronic, löste Barnards Begeisterung aus: „Das System arbeitet brillant. Bei den meisten Rennen verbrauchten wir exakt die vorausberechnete Treibstoffmenge. Andere Teams schleppten vorsichtshalber Extrasprit — also Extragewicht — mit in die Schlacht, weil ihre Motormanagements nicht so präzise arbeiten.“ Auch 1985 wurden von Porsche keine speziellen Trainingsmotoren gebaut, vielleicht sah der TAGV6 im reinen PS-Vergleich mit BMW, Renault oder Ferrari gar nicht so gut aus. Nur: Was fängt man mit astronomischen Leistungsdaten an, wenn der Treibsatz nicht hält? Aber eben das tat der TAG-Turbo unter extremsten Bedingungen.

Prost war der König der Saison, sammelte für sich und McLaren unangefochten Punkte.

Er startete 16mal, kam 13mal ins Ziel, und zwar jedesmal in den Punkten, sieht man von der Disqualifikation in Imola (Fahrzeug zu leicht) ab. Seine Plazierungsbilanz liest sich so: 1.-(1.)-1.-3.-3.-1.-2.-1.-2.-1.-3.-4.-3. In Rio, Monaco, Silverstone, Österreich und Monza war der Franzose siegreich. Seinen Triumph in Imola verlor er am grünen Tisch. Aber eine solche Serie kann nur eine Konsequenz haben: Alain Prost war der Fahrerweltmeister 1985, McLaren-TAG-Porsche sicherte sich zum zweiten Mal hintereinander den Titel des Konstrukteursweltmeisters.

Für Niki Lauda war das Jahr, sein letztes in der Formel 1, ein schlechtes Jahr. Er startete zu 14 Grands Prix und kam nur dreimal in die Punkte, in Imola (Vierter), Deutschland (Fünfter) und Holland. Zandvoort 1985: der letzte (?) Formel 1-Sieg für Niki Lauda, eine der größten Fahrerpersönlichkeiten, die den Sport jemals bereicherten. In Adelaide, zum Abschluß der Saison, lag Lauda in Führung, als er mit blockierenden Hinterradbremsen von der Strecke mußte.

Das ganze Team hatte 1984 und 1985 Unglaubliches geleistet. Zwei Jahre hintereinander Fahrer- und Konstrukteursweltmeisterschaft! Es war schon eine tolle Kombination: Perfektes Chassis — Power by Porsche.

1986: Auf und Ab mit glücklichem Ende

Wie gut John Barnards MP4/2-Design tatsächlich war, sollte sich in der Saison 1986 erneut erweisen. Als das Team mit Alain Prost und der Neuerwerbung Keke Rosberg zu den Tests in Rio erschien, gab es am Wagen nur minimale Änderungen. Barnard hatte die Hinterradaufhängung überarbeitet — und das war's schon im Prinzip. Porsche hatte über den Winter Triebwerk und Motor-Management dem neuen Verbrauchslimit von 195 Liter angepaßt. Da die McLaren in der vergangenen Saison in punkto Verbrauch allen Teams überlegen waren, schienen in dieser Hinsicht Sorgen nicht angebracht. Es gab wiederum keine speziellen Qualifikations-Motoren, so daß Prost und Rosberg bei der Jagd nach guten Startpositionen ihren Konkurrenten unterlegen waren. Dafür hoffte man, im Rennen nach wie vor das günstigste Verhältnis zwischen Leistung und Verbrauch zu haben, was nach den Erfahrungen der Vergangenheit locker ausreichte, um Rennen zu gewinnen.

Möglich, daß Ron Dennis und John Barnard die Fortschritte von Honda ein wenig unterschätzten, denn 1986 wurde es für McLaren mit dem MP4/2C doch sehr eng. Atypische Kolbenschäden ruinierten den Saisonauftakt in Rio, aber auch in den folgenden Rennen mußte das Team bis an die äußersten Grenzen gehen, um mithalten zu können. So mußte Prost beispielsweise in Imola auf den letzten Metern schon Zick-Zack fahren, um die letzten Tropfen Treibstoff in seinem Tank noch in die Einspritzleitungen zu befördern.

Zumindest was Rosberg angeht, war die Saison in vieler Hinsicht ein Spiegelbild des letzten Jahres von Lauda bei McLaren. Während Prost im Normalfall wenigstens noch in den Punkterängen landete und damit ständig Kontakt zum Williams-Duo Piquet und Mansell sowie zu Lotus-Pilot Ayrton Senna hielt, kämpfte der Finne mit einer endlosen Reihe von Defekten und gewann 1986 bei McLaren kein einziges Rennen. Mitte der Saison gab Rosberg seinen Rücktritt vom Rennsport zum Saisonende bekannt, ein allerdings schon lange zuvor gefaßter Entschluß.

Auch die Zusammenarbeit mit Porsche gestaltete sich nicht reibungslos. Dennis und TAG-Boß Mansour Ojjeh klagten immer wieder über die Rechnungen aus Weissach. Zur Erinnerung: Der TAG-Motor war und ist für Porsche ein normaler Fremdauftrag, bei dem alle Entwicklungs- und Revisionskosten zu bezahlen sind. Voller Neid blickte Dennis zu Williams oder Brabham, wo Honda bzw. BMW alle Kosten auf der Motorseite trugen. Hinzu kam für Dennis die weltweite Publizität, die Porsche mit dem erfolgreichen Motor verbuchte, ohne dafür auch nur einen einzigen Pfennig zu riskieren. Als Renault, ohne eigenes Team, aber als Motorenlieferant für Lotus, Ligier und Tyrrell weiter in der Formel 1, nach dem Absprung von Ligier (zu Alfa Romeo) und Lotus (zu Honda) für 1987 dringend ein Top-Team als Partner suchte, begann Dennis intensive Verhandlungen mit den Franzosen. Renault bot exzellente Konditionen, doch der Handel scheiterte in letzter Minute, als McLaren-Vertragspartner Shell auf Einhaltung der Laufzeit bestand. Renault sich aber nicht von seinen langjährigen Verbindungen mit Elf trennen konnte und wollte. Porsche zeigte sich von diesem Manöver unbeeindruckt und dachte nicht daran, auf Dennis' kostspielige Wünsche einzugehen.

Die Zusammenarbeit mit dem eigenwilligen Barnard gestaltete sich ebenfalls schwierig. Beeindruckt vom neuen, ultraflachen Brabham, wollte Barnard sein Auto ebenfalls flacher machen. Die Porsche-Techniker begannen deshalb während der Saison, die Nebenaggregate des Motors so zu verlegen, daß die Bauhöhe reduziert werden konnte. Als die flacheren Motoren erschienen, baute Barnard sie in die unveränderten Autos ein, weil er mal wieder nicht rechtzeitig fertig geworden war. Da das Umfeld nicht stimmte, ergaben sich Motorprobleme, die Prost um ein Haar die Saison gekostet hätten. Barnard erhielt ein Angebot von Ferrari, dort Technischer Direktor zu werden, und akzeptierte. Dennis warf seinen langjährigen Weggefährten daraufhin noch vor Saisonende hinaus.

Ohne Barnard kamen die Dinge rasch wieder ins Lot. Die bewährten Motoren wurden wieder eingebaut und plötzlich präsentierte sich McLaren zum Saisonschluß in alter Stärke. Zusätzlich profitierte Prost vom Stallkrieg bei Williams und machte den verlorenen Boden wieder gut.

Das letzte Saisonrennen in Adelaide mußte über die Titelvergabe entscheiden: Mansell, Piquet oder Prost. Der McLaren-Pilot mußte ungedingt gewinnen, Mansell durfte gleichzeitig nicht über Rang 4 hinauskommen. Es wurde ein hochdramatisches Finale. Rosberg geigte schon bald mit Riesenvorsprung vorneweg. Prost hatte beim Überholen eine Karambolage mit Berger und mußte einen Vorderreifen wechseln, während seine Konkurrenten durchfuhren. Innerhalb weniger Minuten schieden aber sowohl Rosberg als auch Mansell mit spektakulären Reifenschäden aus. Piquet wurde daraufhin sicherheitshalber zum Wechsel an die Box geholt. Prost siegte und war damit erneut Fahrer-Weltmeister, der erste seit 1960, dem es wie Sir Jack Brabham gelang, seinen Titel erfolgreich zu verteidigen.

Auch wenn McLaren den Konstrukteurs-Titel an Williams abgeben mußte, ist der dreimalige Gewinn der Fahrer-WM ein Riesenerfolg. Ob die Serie auch unter der Regie des neuen Chefkonstrukteurs Gordon Murray, nach dem Flop des ultraflachen Brabham BT55 und dem tödlichen Testunfall von Elio de Angelis in Paul Ricard von seinem langjährigen Arbeitgeber Brabham geschieden, anhalten wird, muß die Zukunft zeigen.

Der entscheidende Mann hinter den Motoren: Hans Mezger (rechts).

Harter Stoff: Kohlefaser

Der Karbon-Lotus 94T.

Verbundmaterialien werden im Motorsport schon ziemlich lange verbaut.

Robin Herd stellte 1966 sein M2B Monocoque aus einer „Sandwichkonstruktion" her: Die Wände des Chassis bestanden aus einem Balsakern zwischen zwei dünnen Aluminiumblechen. Für damalige Standards war dieser Werkstoff extrem leicht und fest.

Schon in den fünziger Jahren arbeiteten die Flugzeugbauer mit „Honigwaben"-Paneelen: Zwischen zwei dünnen Alublättern lagen sechseckige „Waben" aus Alufolie. 1966 hatte der Ford „J" bereits ein Chassis aus solchem Wabenwerk, das 1967 den Ford Mark IV in Le Mans zum Sieg trug. Die Vorteile des neuen Materials: Geringes Gewicht bei hoher Festigkeit mußten aber mit Nachteilen erkauft werden: Die Wabenwände waren schwer zu verarbeiten und nach einem Crash so gut wie überhaupt nicht zu reparieren.

In der Fomel 1 machte Herd 1969 mit seinem Cosworth-Allrad die ersten Versuche mit Honigwaben Sandwich-Platten, gefolgt von Derek Gardner bei Tyrrell. Der McLaren M26 von 1977 trug in seinem schlanken Leib Sandwichplatten mit Kevlar-und Nomexfüllung. Harvey Postlethwaite wagte sich 1978 wieder ein Stückchen weiter vor. Sein Wolf-Chassis bestand aus einem Stück von Alu-Wabenstruktur, das in U-Form gebogen und durch Streben und Schotts verstärkt war. Zur Vollendung brachte Patrick Head dieses Prinzip bei seinem Williams FW07, dem perfektesten Alu-Wabenchassis, das je gebaut wurde.

Aber der neue Superwerkstoff war nicht unumstritten. Um die Wabenstruktur leichter als eine vergleichbar feste „Vollaluminiumschale" zu bauen, durften die Alu-Bleche nur weniger als halb so stark wie beim herkömmlichen Monocoque sein. Diese sehr dünnen Alu-Bleche, so die Kritiker, rissen bei einem schweren Schlag wie Papier. Dickeres Aluminium verformt sich dagegen und absorbiert so die Energie bei einem Unfall.

Es gab viel zu lernen und einige Unsicherheiten mit dem neuen leichten Zeug, zum Beispiel bei der Verklebung von Waben und Blechen. Die Honeycomb-Struktur des Williams FW06 etwa war mit einem Kleber verklebt, den Bremsflüssigkeit auflöste . . .

Aber perfekt gebaute Chassis aus Honigwaben-Material waren eine tolle Neuerung für die Teams. Es gab keinen Ärger mehr mit Nieten, deren Löcher sich mit der Zeit vergrößerten, was das Monocoque „weich" und instabil werden ließ. Glasfiberteile für Rennwagenkarosserien wurden, ebenfalls schon in den Fünfzigern, aus Verbundmaterial hergestellt, das schon eher dem entspricht, was man heute darunter versteht. Das Material wurde zu einem Faden ausgezogen, zu Matten verwoben und mit Hilfe einer aushärtenden Harzgrundmasse in der gewünschten Form fixiert.

In diesem Zusammenhang ist der Young-Modul ganz aufschlußreich. Er beschreibt als Elastizitätskennzahl die Steifheit von allen möglichen Materialien. Der Young-Modul beträgt für Stahl 30 Millionen englische Pfund (0.454 kg) pro Quadratzoll, für Holz 2 Mio., Gummi bringt's noch auf 1000 englische Pfund.

Seit etwa 1960 waren nun in Japan, England und den USA Forschungslabors auf der fieberhaften Suche nach DEM supersteifen, superleichten Material für die Raumfahrt. Die Amerikaner fanden Borfasern mit einer Elastizitätskennzahl von 60 Mio./Quadratzoll und die Engländer legten noch eins drauf: Ihr Kohlefasermaterial brachte es auf unglaubliche 110 Mio./Quadratzoll.

Eine weitere, vielversprechende Faser kam aus Amerika, Kevlar. Dieses Material hatte zwar nur ein Drittel der Steifheit von Borfasern, war aber dafür deutlich billiger. Auf dem Markt sind Kohlefaser und Kevlar zu fertigen Matten verwoben und mit einem Epoxy-Harz vorgesättigt zu haben. Mit Hilfe eines chemischen Katalysators oder einer ausgeklügelten Hitze-/Druckbehandlung in einem Autoklavofen wird das Harz zu einer festen Grundmasse. Die Kohlefasermatte nimmt dabei jede gewünschte Form an. Durch die aushärtende Harzgrundmasse werden die Kohlefasern fest zusammen betoniert.

Die Richtung der Fasern kann variiert werden, um die hohe Reißfestigkeit und Steifigkeit jeder Faser optimal zu nutzen. Zugleich können so stärkere Kompressionen vermieden werden, denn die Stärke dieser Verbundwerkstoffe ist extrem richtungsabhängig.

Wenn einzelne Fasern unter hoher Beanspruchung brechen, beeinflußt das die Stärke des ganzen Verbunds noch nicht entscheidend. Denn die Harzmatrix verteilt die Belastung gleichmäßig auf alle Gewebefasern. Wo eine bricht, ist immer eine andere, intakte, nebenan. So entwickeln sich Faserrisse selten zu großen Sprüngen im Bauteil, die Risse oder Brüche werden durch die Grundmasse zusätzlich gestoppt. Erstaunlicherweise kann man Öffnungen von jedem Grundriß in die Kohlefaserbauteile oder -monocoques schneiden, ohne daß hiervon Risse oder Brüche ausgehen. Das passiert zum Beispiel bei eckigen Luken in Aluminiumblechen sehr schnell.

Die Begeisterung für den neuen Werkstoff führte anfangs zu recht gefährlichen Experimenten, wie zum Beispiel Kohlefaser-Rädern, die wegen der Kompression des Materials zusammenbrachen.

Bald tauchten am Hesketh von Harvey Postlethwaite Flügelteile aus dem schwarzen Stoff auf. John Horsman spendierte seinem Gulf Mirage gleich einen ganzen, superleichten Flügel. Die Säule für den Heckflügel des Hill GH 1 zeigte dann wieder, daß die Faser nur mit großer Sachkenntnis eingesetzt werden darf: Die ungenügend verstärkte Stütze brach zusammen und führte zu Rolf Stommelens folgenschwerem Unfall beim GP Spanien 1975.

Aber die Entwicklung ging weiter. Gordon Murrays Brabham BT46 von 1978 führte wesentliche Chassisteile aus dem neuen Material. Und 1979/80, als die Flügelautos immer schmalere und stabilere Rümpfe brauchten, stürzte sich die ganze Designer-Gilde auf das vielverheißende Gewebe.

John Barnard beschritt 1979/80 neue Wege, als er mit dem „Project 4 Team" einen neuen F1 entwickelte, dessen Chassis zur Gänze aus dem schwarzen Stoff bestand: den MP4/1. Peter Wright bei Lotus hatte für den Lotus 88 ebenfalls viel Kohle im Kopf, und Carlo Chiti von Autodelta suchte jemanden, der für seine Alfa Romeo ein Kohlefaser-Monocoque backen konnte.

Die Hercules Corp. in Utah/USA hatte schon einige Erfahrung im Umgang mit Kohlefaser, hier entstand der McLaren-Rumpf. Roger Sloman in England tat Gleiches für Alfa Romeo. Beide formten das Chassis aus „einem Stück". Bei Lotus dagegen brachte man einzelne Kohlefaserplatten in die gewünschte Form und klebte sie praktisch mit „Nut und Feder" aneinander. Die Chapman-Männer verbauten die Kohlefaser also wie „schwarzes Aluminium".

Für den Brabham BT52, BT53 ging Gordon Murray extrem auf „Nummer Sicher": Der Aluminium-Rumpf des Rennwagens wurde durch eine Kohlefaser-Einlage noch einmal verstärkt.

Generell bestehen die Renner-Rümpfe heute aus der schwarzen Faser, Kevlar wird dabei oft noch als „Rißstopper" verwendet. Sein Anteil nimmt aber mit zunehmender Erfahrung der Teams mit der Karbon-Faser ab, mit den Wandstärken des verbauten Materials tasten sich die Teams auch so langsam ans Limit. Inzwischen bestehen auch Querlenker, Bremsscheiben und -beläge (Betriebstemperatur ab 800° C aufwärts), andere Aufhängungsteile aus Karbon. Ab 1987 dürfen Sauger 500 Kilo wiegen!

Das neue Material hat den Motorsport revolutioniert. Bis ungefähr 1980 hätte sich auch ein Mechaniker aus der Vorkriegszeit mit dem Material für die schnellen Einbäume ausgekannt. Nur zwei Jahre später wäre er wohl ziemlich ratlos dagestanden, wenn man ihm eine Rolle von labbrigem Stoff und einen Autoklavofen als Grundlage für ein Rennwagenchassis vorgeführt hätte.

Turbo-Aufladung

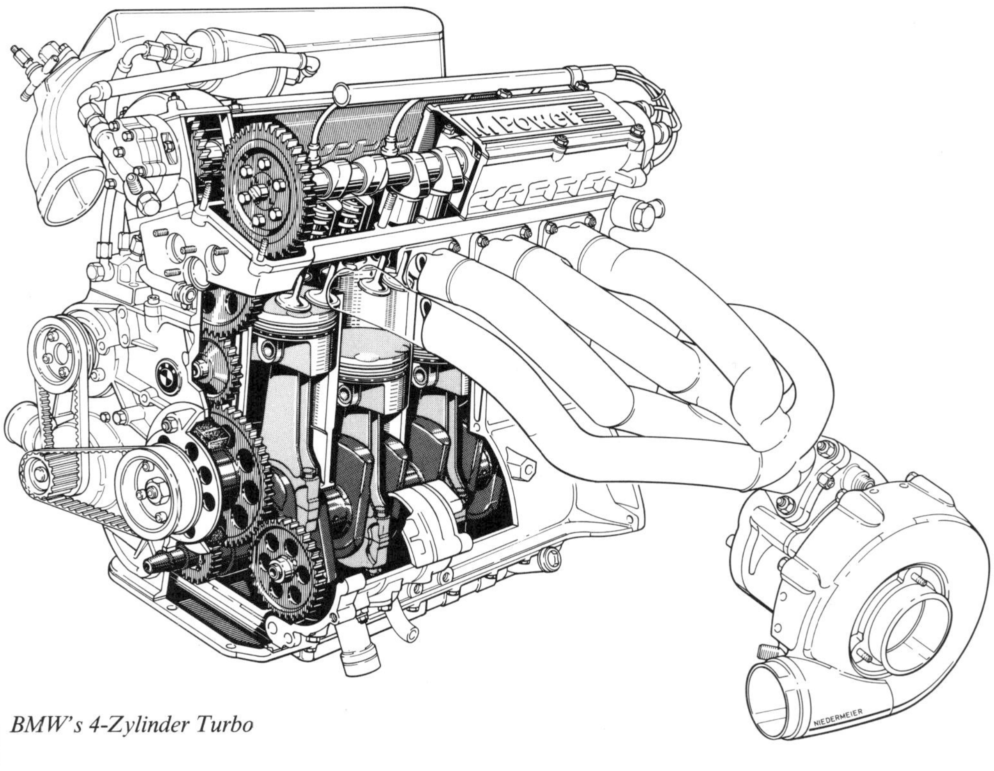

BMW's 4-Zylinder Turbo

Die Idee, mit Auspuffgasen eine Turbine anzutreiben, mit der Luft in die Brennräume eines Motors gepreßt wird, ist ziemlich alt. Um die Jahrhundertwende ging Dr. Alfred Büchi in der Schweiz ein entsprechendes Licht auf.

Das Prinzip ist simpel: Ein kleines Turbinenrad wird von den anströmenden Auspuffgasen auf sehr hohe Drehzahl gebracht. Es treibt über eine Welle ein zweites Schaufelrad an, das Luft in den Motor drückt. Zu dem Lader gehören noch ein spezieller Ansaug- und Auspufftrakt, der Düsenring für die Turbine, Lager, Dichtungen und die Schmierung für die Laderwelle.

So 7—9 Kilo Zusatzgewicht mußten anfangs für den schneckenförmigen Kraftquell gerechnet werden, inzwischen gibt's leichtere Exemplare. Die Werkstoffe müssen wahnsinnigen Beanspruchungen standhalten. Der Einlaßtrakt muß in den heißen Gasen Temperaturen von mehr als 1000° Celsius überleben. Die Lager in großen Turboladern halten Drehzahlen zwischen 100 000/Min. und 130 000/Min., in kleinen Exemplaren so um 180 000/Min. aus. In der Formel 1 werden inzwischen Ladedrücke zwischen 4 und 5 bar gefahren.

Der große Vorteil des Turboladers gegenüber dem Kompressor ist, daß er wenig mechanischen Aufwand zum Antrieb benötigt. Ein konventioneller, mechanisch angetriebener Roots-Kompressor schluckt immerhin 50 bis 70 PS, allein, um sich zu bewegen. Die Lader produzieren dagegen nur einen gewissen Rückstau im Auspuff, gegen den sich die Kolben beim Auspufftakt bewegen müssen. Dieser Effekt kann aber verhältnismäßig einfach kontrolliert werden. Man hält den Boost im Einlaßbereich identisch oder höher als den Rückstau. Der Ladedruck unterstützt den Kolben so auf seinem Abstieg beim Einlaßtakt.

Die Größe des Turbos kann so gewählt werden, daß sie schon bei mittleren Motordrehzahlen optimalen Druck erzeugen. Dreht die Maschine dann höher, wird der überflüssige Ladedruck über das „waste gate" abgeblasen. Damit ist konstanter, optimaler Druck garantiert. Der Boost, bei dem sich dieses „Lader-Ventil" öffnet, kann natürlich vorgewählt werden. Zum Qualifying werden wesentlich höhere Drücke gefahren als im Rennen. Das Ergebnis sind dann vierstellige PS-Zahlen für die wenigen, entscheidenden „Chaos-Runden" im Training.

Aber der Turbolader bringt nicht nur unheimlich viel Kraft, sondern auch einen Haufen Probleme. Kolben, Kolbenringe und Ventile stehen im aufgeblasenen Motor unter unheimlichem thermodynamischen Streß. Die ganze Mechanik ist extrem gestiegenen Belastungen ausgesetzt.

Eines der größten Probleme war aber für Rennmotoren das „Turbo-Loch": Der Lader muß, nachdem der Pilot auf's Gaspedal gestiegen ist, erst hochdrehen, um anständig Ladedruck und damit Kraft aufzubauen. Als Folge davon gibt es immer eine Verzögerung zwischen Gasgeben und entsprechender Reaktion der Maschine. Die kommt dafür dann aber schlagartig und kaum kontrollierbar. In Deutschland wurde dafür das schöne Wort vom „Turbo-Bums" erfunden. Und Keke Rosberg verglich noch 1985 die harmonische Leistungsentfaltung seines Honda-Turbos mit dem Verhalten einer gezündeten Handgranate.

Um die Turbo-Verzögerung zu beseitigen, mußte die rotierende Masse (und damit ihre Trägheit) so klein wie möglich gemacht werden. Je kleiner die Schaufelrädchen, um so spontaner reagieren sie. Als weiterer Trick für besseres Ansprechverhalten erwies sich eine „Extraportion" Sprit im Augenblick der Beschleunigung. Die so entstehende besonders starke „Woge" von Auspuffgas warf das Radl ordentlich an.

Bald zeigten sich die Kugellager an den Turboladerwellen dem Streß nicht mehr gewachsen. Sie wurden durch schwimmende Gleitlager ersetzt. Unter Hochdruck stehendes Öl schmiert und kühlt diese Lager. Geht diese Anordnung zu Bruch, ist der Lader hin und ein Riesenspektakel für die Zuschauer fällig. Denn das Öl gerät auf den glühenden Turbolader und produziert gewaltige blaue Wolken.

Von 1977, als Pionier Renault die neue Technik in die Formel 1 brachte, bis 1982, als Brabham die Boxenstops erfand, mußten die Teams mit dem Treibstoff haushalten.

Mit der Nachtank-Strategie stand plötzlich Benzin in jeder Menge zur Verfügung. Und die findigen Techniker fuhren ein extrem fettes Gemisch, um mit der latenten Verdampfungswärme des Treibstoffs ihre hysterischen Rennmaschinen zu kühlen. Eine kühlere Füllung bedeutet, daß die Verbrennung später einsetzt und unkontrollierte Verbrennung, die jeden Kolben killt, eher vermieden werden kann. Das alles brachte ein deutliches Mehr an Leistung, bis die 220-Liter-Regel und das Nachtank-Verbot der Entwicklung zunächst Einhalt geboten.

Jetzt kam es darauf an, wer die beschränkte Benzinmenge am cleversten ausnutzen konnte. Und das war zunächst ganz klar der TAG-Turbo, made by Porsche, mit Bosch-Motronic. Das sagenhaft teure MS3-System bot die beste Kombination von Benzinverbrauch, Temperaturkontrolle und Kraftausbeute.

Als sehr wirksam in Richtung Mehrleistung erwies sich die Ladeluftkühlung. Wenn Luft komprimiert wird, erhitzt sie sich und verliert an Dichte. Zwar bleibt der Sauerstoffanteil in der Luft relativ konstant, nimmt aber absolut je Einheit, die in die Brennräume des Motors geschaufelt wird, ab. Und mit weniger dichtem Gas kommt insgesamt weniger „Brennbares" in die Zylinder. Deshalb erinnerten sich die F1-Macher eines alten Tricks aus den US-Rennserien und turbogeladenen Dieselmotoren, eben der Ladeluftkühlung.

Ein Ladeluftkühler ist eigentlich nichts anderes als ein Kühlerblock, durch den statt Öl oder Wasser heiße Luft strömt.Die Luft wird vom Fahrtwind oder, wie zeitweise bei Renault, von zirkulierendem Wasser, gekühlt. Das Luft/Luftsystem ist zwar viel platzraubender, arbeitet aber wesentlich effektiver als die Luft/Wasser-Anordnung. Die Gestaltung der Innereien des Ladeluftkühlers gibt immer wieder Probleme auf. Denn der Luftstrom muß optimal fließen, sonst gibt's keinen konstanten Ladedruck. Ladeluftkühler bringen die Temperaturen der eingeblasenen Luft von 230-240° C auf ungefähr 40° bei 3.5 bar Ladedruck 'runter. Es gilt die Regel: Ein Plus von 10° C in der Ladeluft kostet 20-30 PS!

Renault und Ferrari tüftelten gar noch eine Wassereinspritzung aus, um die Dichte der Ladung weiter zu erhöhen. BMW hielt nichts von der Lösung und das eingespritzte Wasser für ein unerlaubtes Benzinadditiv. Bei Ferrari hielt man rückblickend die Versuche mit der Wassereinspritzung für vertane Zeit.

1980 mobilisierten die 1500 ccm-Turbos um 500 PS, im Winter 83/84 schon 640 Minimum. 1984 knallten die $1^1/_2$ Liter Kraftpakete dann im Renntrimm 800 PS auf die Bahn. 1985 sollen's sage und schreibe 850-900 gewesen sein, für die berühmt-berüchtigten Qualifikationsrunden spricht man inzwischen von 1200—1400 PS. Damit ist eine Literleistung von 1000 PS in Sichtweite gerückt. Wie so vieles in der Formel 1 ging auch die Entwicklung der Turbo-Motoren unglaublich explosiv und dynamisch voran — und schoß dabei vielleicht doch über die Ziellinie hinaus.

Mit Turbo-Kraft aus Japan: Williams Honda FW11

Here comes Nigel! Die eigentliche Nummer Zwei im Williams-Honda Team und Nelson Piquet beherrschten die Saison '86 praktisch nach Belieben, sicherten sich frühzeitig den Konstrukteurs-Pokal. Eine schier unschlagbare Kombination von Chassis, Motor. Reifen und Piloten. Eingeweihte wollen wissen, daß Honda sich das F1-Abenteuer bis jetzt 500 Millionen Dollar kosten ließ.

Nur 30 Minuten lagen zwischen der Präsentation der beiden wichtigsten Formel 1-Motoren der Jahre 1984 bis 1986. Während auf dem Stand von TAG-Turbo-Engines auf dem Genfer Automobilsalon 1983 das von Porsche entworfene Triebwerk mit großem Tam-Tam der Öffentlichkeit vorgestellt wurde, ging es bei Honda weitaus bescheidener zu. Still und leise zog man das Tuch vom „RA 163-E", einem kurzhubigen V6 mit Doppelladern, und das war's auch schon.

Ein Vergleich war dennoch reizvoll. Auf der einen Seite das deutsche Triebwerk, von Hans Mezger praktisch auf einem Blatt weißem Papier begonnen, und ein Meisterstück im Hinblick auf kompakte Abmessungen, maßgeschneidert für die Installation in John Barnards McLaren. Auf der anderen Seite der japanische Motor, entstanden aus dem erfolgreichen Formel 2-Triebwerk und ein typisches Motorenbauer-Produkt, dem man ansah, daß es eher im Hinblick auf die Montage auf einem Prüfstand, denn mit Blick auf den Einbau in einem Rennwagen konstruiert war.

Die weitausladenden obenliegenden Nockenwellen deuteten entweder auf einen ungewöhnlichen Winkel zwischen den doppelten Ein- und Auslaßventilen, oder eine extrem große Bohrung hin. Der Nockenwellen-Antrieb lag an der Vorderseite des Blocks, zwei Verteiler saßen jeweils auf den Enden der Einlaß-Nockenwellen und die zu Schauzwecken provisorisch installierten beiden KKK-Turbolader versorgten pummelige Luftsammler, die hoch oben auf dem Motor thronten.

Parallelen zum Porsche-Motor gab es vor allem in der Geheimhaltung selbst der einfachsten Details durch Hondas Forschungs- und Entwicklungs-Abteilung in Wako, nahe Tokio. Offensichtlich hatte man die Öffentlichkeitsarbeit dem Geheimdienst anvertraut, denn bis heute sind nicht einmal Bohrung und Hub der Triebwerke veröffentlicht worden.

Es scheint jedoch sicher, daß der Motor die 90 Millimeter Bohrung des Formel 2-Triebwerks erbte, was den winzigen Hub von 39,2 Millimeter bedeutete, um nach der FISA-Berechnungsformel Bohrung × Bohrung × Hub × 0,785 × Zylinderzahl auf einen Hubraum von 1495,52 Kubikzentimeter zu kommen. Damit kommt der Honda-Motor auf ein Hub/Bohrungs-Verhältnis von 0,44 und die sehr große Kolbenfläche von 381,7 cm^2. Zum Vergleich die mutmaßlichen Werte des Porsche-Motors: Bohrung 82 mm, Hub 47,2 mm, Hubraum 1494,83 cm^3, Kolbenfläche 316,9 cm^2.

Der ursprüngliche V6 aus der Formel 2 hatte bestenfalls eine Literleistung von 177 PS, während es die Formel 1-Version nun bei einem Ladedruck von 3,5 bar auf 770 PS, bei 4,0 bar auf 870 PS und bei 4,5 bar auf etwa 970 PS bringen sollte. Solche Ladedrücke standen in Genf freilich noch in den Sternen und die erste Leistungsangabe lautete etwa 610 PS mit zwei KKK-Ladern.

Die deutschen Lader sollten schon bald durch japanische IHI-Lader (Ishikawaljima-Harima-Industries) ersetzt werden. Honda unterhielt keine Beziehungen mit anderen etablierten Formel 1-Zulieferern mehr, was die Aura des Geheimnisvollen um diesen Motor nur noch verstärkte. Auch das vollelektronische Motormanagement wurde in Japan von Honda Kikaki entwickelt.

Sein Renndebut feierte der Motor am 10. April 1983 beim Race of Champions in Brands Hatch in einem Spirit-Chassis mit Stefan Johannson am Steuer. Die Zusammenarbeit mit Spirit litt von Beginn an unter einem zu schmalen Budget. Schon vorher hatte es Gepräche mit Frank Williams gegeben, die während der Spirit-Honda sein WM-Debut in Silverstone absolvierte, in ernsthafte Verhandlungen eingemündet waren. In Österreich verkündeten Ingenieur Nobuhiko Kawamoto, Präsident der Honda Forschungs- und Entwicklungsabteilung und 1966 noch einer der Mechaniker bei Brabham-Honda, und Williams Grand Prix Engineering ihren Pakt, der die kostenlose Lieferung von Motoren an Williams vorsah.

Die Partner verloren keine Zeit. Schon vor der Verkündung hatte Williams grünes Licht für die Entwicklung eines Prototyp-Chassis für den Honda-Motor erhalten. Bereits kurz vor dem GP Italien wurde der FW09 in Donington getestet, obwohl kein Renneinsatz in diesem Jahr mehr vorgesehen war. Doch in Monza wurden Patrick Head und Frank Williams anderen Sinnes. Sie hielten es für unausweichlich, in Südafrika am Schluß der Saison mit zwei neuen Turbo-Autos anzutreten, wenn man 1984 ein ernsthaftes Wort in der WM mitsprechen wollte.

Per Telex wurde Honda um Zustimmung und Lieferung von Motoren gebeten. Doch Entscheidungen in Japan dauern länger und bevor Kawamoto zustimmen konnte, war die Arbeit an den neuen Autos schon in vollem Gange. Die Williams-Honda von Rosberg und Laffite schlugen sich im Training recht wacker, doch reichte im Rennen die Kapazität der Ladeluftkühler nicht, um mit soviel Druck wie nötig zu fahren.

Während beide Fahrer sich lobend über das Handling der neuen Autos äußerten, beklagten sie sich über die schlagartig einsetzende Leistung des Motors. In der Saison 1984 litten sie freilich unter einem nicht zu kurierenden Untersteuern ihrer Chassis beim Einlenken. Diese Handling-Probleme wurden durch das schmale nutzbare Drehzahlband und die explosive Leistungsentfaltung des Honda-Motors noch verschlimmert. Die mit einem Riesenknall einsetzende Leistung überforderte nicht nur die Chassis-Struktur, sondern löste nach dem unangenehmen Untersteuern ein plötzliches tückisches Übersteuern aus. Das Auto war kaum beherrschbar, geschweige denn schnell.

Nur dank guter Teamarbeit und seiner unglaublichen Fahrzeugbeherrschung gewann Rosberg Mitte 1984 den GP USA in Dallas. Als die Honda-Ingenieure Kitamoto und Hagi versuchten, dem Sechszylinder mehr Leistung über ein breiteres Drehzahlband zu entlocken, begann eine Serie von spektakulären Motorschäden, zumeist im Bereich der Kolben. Als die Motoren endlich durchhielten, war ihr Benzindurst so groß, daß es nie bis zur Zielflagge reichte. Die 1984 eingesetzte D-Version war eben immer noch von der Basis her ein kurzhubiges Formel 2-Triebwerk. Im aufgeladenen Zustand litt es an allen thermischen Problemen, die auftreten, wenn einem Motor die doppelte Leistung dessen abverlangt wird, wofür er ursprünglich konstruiert war.

Die Wende kam beim GP Holland 1984. Honda-Boss Kawamoto war persönlich nach Europa gekommen und sah ein Desaster. Rosberg, der lange Zeit an dritter Position gelegen hatte, mußte wegen des Benzindurstes des Motors den Ladedruck zurücknehmen und verlor Platz auf Platz. Am Ende rollte er trotzdem noch ohne Sprit vor den Füßen Kawamotos in der Boxengasse aus. Laffite war Sechster, als sein Triebwerk vor den Augen Kawamotos explodierte. Als Patrick Head die Überreste sah, grinste er nur und meinte: „Ein Glück, daß er nicht ins Ziel gekommen ist. Er wäre glatt wegen Untergewichts disqualifiziert worden."

Kawamoto erkannte, daß sowohl der gegenwärtige Motor, als auch Hondas bisheriger Einsatz den Anforderungen der Formel 1 nicht gerecht wurden. Auch die Zusammenarbeit mit Williams erschien ihm verbesserungsfähig. Kawamoto bildete deshalb ein neues Forschungs- und Entwicklungsteam unter Leitung von Ingenieur Ichida, das ausschließlich für das Formel 1-Programm arbeitete. Als Ursache der Kolbenschäden wurden einzelne lokale Hitzepunkte ausgemacht, die Handlingsprobleme zum Teil auf ungenügende Stabilität des Kurbelwellengehäuses und des Blocks zurückgeführt.

Während die neuen FW10, Williams erste Kohlefaser-Autos, in die Saison 1985 mit versteiften D-Typ-Motoren starteten, entwickelte Ichida und sein Team maßgeschneiderte, neue Triebwerke, den sogenannten E-Typ. Äußerlich fielen nur die externen Kühlleitungen auf, im Innern gab es jedoch so gravierende Änderungen, daß man auch von einem neuen Motor sprechen könnte. Wie üblich, gab es aber keinerlei präzise Informationen. Sicher ist, daß Honda den Grauguß-Block kräftig verstärkte und vor allem auf ein breiteres nutzbares Drehzahlband und bessere mechanische Zuverlässigkeit achtete. Vermutlich wurde das Hub/Bohrungs-Verhältnis verändert und dürfte inzwischen in etwa dem des TAG-Porsche entsprechen.

Auf jeden Fall legte das Triebwerk auch in der Leistung mächtig zu. Berechnungen in Silverstone 1985 ergaben etwa 821 PS im Rennen und mehr als 1085 PS im Zeittraining. Werte, die vom Team als „ziemlich richtig" bezeichnet wurden. Um mit der Leistungsentwicklung Schritt zu halten, entwickelte Williams ein neues, robusteres Sechsgang-Getriebe. Trotzdem war laut Patrick Head die Leistung ausreichend, „um die Räder im zweiten und dritten Gang durchdrehen zu lassen — und leider auch im vierten und fünften".

Bis heute halten sich hartnäckig Gerüchte, daß der Leistungszuwachs der Honda-Motoren auf die Verwendung von Keramik im Innern des Triebwerks zurückzuführen sei. Diese Gerüchte sind fehl am Platze. Es stimmt zwar, daß Porsche beim 944 Turbo keramisch verkleidete Auslaßkanäle einsetzt, um die heißen Brenngase mit möglichst wenig Wärmeverlust dem Lader zuzuführen, der die zusätzliche Abgasenergie in mehr Leistung umsetzt. Eine ähnliche Technologie wäre auch bei Honda denkbar. Ansonsten ist die Isolation des Brennraums nicht sinnvoll, weil frühzeitige und unkontrollierbare Verbrennung die Folge wäre. Gerade die Formel 1 kämpft aber damit, die entstehenden hohen Temperaturen unter Kontrolle zu halten.

BMW hat 1986 im Zeittraining angeblich Leistungen von fast 1370 PS erreicht, Honda dürfte bei etwa 1220 PS angelangt sein. Aus gutem Grund hat man diese Motoren als Bomben bezeichnet, die mit Hilfe ihres elektronischen Motormanagements haarscharf an der Explosionsgrenze entlang gesteuert werden. Der kleine BMW entwickelte in Rio im Training angeblich so viel Hitze, daß nach drei Runden das Material des Zylinderkopfes weich wurde. Sehr wahrscheinlich ist, daß Honda-Zulieferer IHI für den Rotor des Turboladers Keramik verwendet. Durch sein geringeres spezifisches Gewicht verbessert sich das Ansprechverhalten des Laders ganz erheblich. Bei Versuchen sind Verbesserungen von über 40 Prozent ermittelt worden. Was den Einsatz solcher Keramik-Rotoren in der Serie noch erschwert, ist in der Formel 1 ohnehin kein Thema: Jedes einzelne Teil muß wegen der enormen Beanspruchung vor dem Einbau getestet werden.

Die neue E-Version des Honda-Motors erschien erstmals 1985 in Montreal, wo Rosberg trotz zweier Stopps noch Zweiter wurde. Mansell hatte ein Problem mit dem Ladedruck und brauchte nur 185 Liter Sprit statt der erlaubten

Das japanische Wunderwerk, der Honda-Motor.

Der Williams-Honda FW11

220 Liter. Bereits das nächste Rennen in Detroit endete mit einem Sieg Rosbergs.

Noch wurde keine Serie daraus. Erst in Spa erwiesen sich Chassis und Motor wieder auf der Höhe der Zeit: Mansell wurde Zweiter, Rosberg Vierter. Williams hatte Honda immer wieder gedrängt, den Motor insgesamt niedriger zu machen. In Brands Hatch kamen Motoren mit flacheren Luftsammlern, die es erlaubten, niedrigere Heckhauben zu verwenden, so daß der Heckflügel besser angeströmt wurde. Eine neue Hinterradaufhängung half, den Reifenverschleiß in Grenzen zu halten, doch blieb der Williams, verglichen mit dem McLaren, stets ein Auto, das Reifen fraß.

Das Saisonende 1985 gab der Konkurrenz bereits einen Vorgeschmack auf 1986: Mansell gewann in Brands Hatch und Kyalami, Rosberg wurde in diesen Rennen Dritter bzw. Zweiter. Der Finne selbst siegte schließlich in seinem letzten Rennen für Williams in Adelaide – trotz dreier Boxenstopps, um frische Reifen zu fassen. Der Honda-Motor besaß nun alles, was einen erfolgreichen Rennmotor ausmacht: Leistung, guter Wirkungsgrad und Zuverlässigkeit.

Zweifellos hatte auch Treibstoff-Lieferant Mobil daran seinen Anteil. BMW war 1983/84 Schrittmacher einer Entwicklung gewesen, die zur Verwendung der umstrittenen Spezial-Treibstoffe auf Toluene-Basis, einem Abfallprodukt der Teer-Herstellung, geführt hatte. Ausgangspunkt war die Überlegung, daß bei einer Treibstofflimitierung auf zunächst 220 Liter und später auf 195 Liter eben mehr Leistung aus jedem einzelnen Liter geholt werden müßte. Wintershall, eine BASF-Tochter, braute für BMW einen maßgeschneiderten Treibstoff und Honda folgte dem Vorbild mit Hilfe der Chemiker von Mobil.

Diese hocharomatischen Treibstoffe sind extrem „dicht", das heißt, sie besitzen innerhalb eines gegebenen Volumens den maximalen Anteil an Wasserstoff- und Kohlenstoff-Atomen für die optimale Verbrennung mit Sauerstoff. Sie entsprechen hinsichtlich der Oktanzahl den Regeln und sind ideal für eine Verbrauchsformel, die die Treibstoffmenge begrenzt. Dafür werfen sie andere Probleme auf. Sie brennen nur sehr langsam und sind schwer zu entzünden. Dies ist der Grund, weshalb heutige Formel 1-Autos bei niedrigen Temperaturen schwarze Rauchfahnen hinter sich herziehen, weil dann die Einlässe zu kalt sind, um den Treibstoff ausreichend zu zerstäuben. Zu beobachten ist diese Rauchfahne außerdem im Qualifikations-Training, wenn die Motoren im Interesse einer besseren Kühlung besonders fett eingestellt sind, und viel unverbrannter Treibstoff durch die Auspuffrohre entweicht. Wem schon einmal nach dem Anlassen eines Formel 1-Motors in der Box die Augen geträni haben, weiß, wie wenig dieser Treibstoff noch mit handelsüblichem Benzin zu tun hat.

Abgesehen vom Spezial-Treibstoff beruhten Hondas Fortschritte bei Leistung und Verbrauch auch auf einer wesentlichen Verbesserung des vollelektronischen Motor-Managements durch die Techniker von Honda Kikaki. Dabei wurde vor allem der Verbrennungsprozeß optimiert, so daß die Honda-Motoren einen sehr guten Wirkungsgrad erreichten.

Die Bedeutung einer guten Logistik in der Formel 1 wird oft unterschätzt. Einige Probleme der Vergangenheit resultierten auch aus der enormen geografischen Entfernung zwischen Wako und Didcot, was zwangsläufig mit Zeitverlusten bei rasch notwendig werdenden technischen Modifikationen verbunden war. Auch der Zeitbedarf für die Motorrevisionen verlängerte sich durch die weiten Transportwege. Für die Versorgung des Williams-Teams wurde deshalb eine sehr große Anzahl von Motoren benötigt.

Honda richtete deshalb im Juni 1985 in unmittelbarer Nachbarschaft der Teambasis in Didcot eine eigene Motoren-Werkstatt ein, wo seitdem etwa 20 Japaner unter Leitung von Ingenieur Goto, der das Team auch zu allen Rennen begleitet, die fälligen Motorrevisionen ausführen. Auch dort läßt sich Honda aber nicht in die Karten sehen: Williams-Personal hat zu der japanischen Enklave keinen Zutritt. Ähnliches gilt übrigens auch für den an eine Klinik erinnernden Honda-Renntransporter im Fahrerlager, wo nur die Fahrer und Ingenieure gelegentlich zu Konferenzen empfangen werden.

Neue Motoren kommen übrigens nach wie vor nur aus Japan, wobei die Blöcke offensichtlich auf einem ganz normalen Fließband der Serienproduktion entstehen. Dort genügt ein Knopfdruck, und es laufen zwischendurch mal schnell 50 Formel 1-Blöcke vom Band, bevor die nächsten 5000 Serienblöcke an der Reihe sind. Inzwischen residiert die Formel 1-Entwicklungsabteilung allein in Wako, die Serienentwicklung ist inzwischen nach Tochigi mit seiner Teststrecke, rund 100 Kilometer nördlich von Tokio, umgezogen. Ein neues Williams FW11-Chassis steht in Japan für Testzwecke zur Verfügung, wo Saturo Nakajima als Testpilot fungiert. Für die Saison 1986 entwickelte Ichida mit seinem Team die F-Version des V6-Turbo, abgestimmt auf die reduzierte Treibstoffmenge von 195 Liter. Die Luftsammler wurden noch einmal flacher, sonst gibt es keine sichtbaren Veränderungen. Das neue Auto, der FW11, unterschied sich kaum von seinem Vorgänger. „Es ist wirklich nur eine Weiterentwicklung des FW10", erklärte Patrick Head bei der Vorstellung. Dennoch wurde aufgrund des kleineren Tanks ein ganz neues Kohlefaser-Monocoque gebaut, flacher und rund 5 Zentimeter länger als zuvor. Die Einstiegsöffnung wurde kleiner, auch Flügel und Karosserie waren neu. Der Radstand wuchs ebenfalls leicht an, weshalb auch die Aufhängungsgeometrie überarbeitet werden mußte, wobei die Grundkonstruktion unangetastet blieb. Erstmals benutzte Williams für seine Neukontruktion einen CAD/CAM-Computer (Computer Aided Design/Computer Aided Manufacturing). Als die neuen Honda-Motoren noch flacher als erwartet ausfielen, konstruierte Team-Ingenieur Frank Dernie mit Computer-Hilfe innerhalb von drei Stunden eine neue Heckhaube, die rechnergesteuert mit geringsten Toleranzen in Rekordzeit gefertigt wurde. Ein Beispiel für diese Computer Zeichnungen ist das Ferrari 156 Diagramm von Seite 240.

Der FW11 wurde prompt der erste von Patrick Head entworfene Wagen, der bereits sein allererstes Rennen – in Rio – gewann. Das gleiche galt für die neue F-Version des Honda-Motors. Chassis und Motor dominierten die Saison 1986. Neun der 16 Läufe wurden von den Williams-Honda gewonnen. Fünf Siege gingen auf das Konto von Nigel Mansell, viermal siegte Nelson Piquet. Mit 141 WM-Punkten errang das Team überlegen die Konstrukteurs-Weltmeisterschaft, verfehlte aber den Rekord von McLaren aus der Saison 1985 mit 143,5 Punkten. Der Erfolg ist umso höher zu bewerten, als das Team zwei Wochen vor Saisonbeginn einen schweren Schicksalsschlag zu verdauen hatte. Auf der Rückfahrt von Tests in Paul Ricard verunglückte Teamchef Frank Williams mit einem Leihauto so schwer, daß er seitdem querschnittsgelähmt ist. Patrick Head vertrat ihn jedoch glänzend.

Trotz der Überlegenheit der Williams-Honda-Kombination ging dem Team der in der Öffentlichkeit viel höher bewertete Fahrertitel durch die Lappen. Nigel Mansell, dem im letzten Rennen der Saison in Adelaide ein dritter Platz genügt hätte, schied nach einem spektakulären Reifenplatzer bei über 300 km/h aus. Piquet, der bei einem Sieg den Titel in der Tasche gehabt hätte, büßte alle Chancen ein, als er nach Mansells Unfall, in Führung liegend, sicherheitshalber zum Reifenwechsel an die Box beordert werden mußte.

Verloren wurde der Titel aber schon vorher: Zwischen Mansell und Piquet entwickelte sich im Laufe der Saison ein teaminternes Duell, das darin gipfelte, daß wichtige technische Informationen aus dem Training nicht mehr ausgetauscht wurden. Damit war die Schlagkraft des Teams in einigen Rennen geschwächt, was den einen oder anderen wertvollen Punkt kostete.

Fast wäre es übrigens 1986 zum Zerwürfnis mit Honda gekommen, weil die Japaner mehr Einfluß auf die Teampolitik verlangten, als Williams zugestehen wollte. Dafür wird der Honda V6-Turbo 1987 zusätzlich auch Lotus zur Verfügung stehen. Honda gelang es im Gegenzug, dort mit Satoru Nakajima einen Japaner in ein Formel 1-Cockpit zu hieven.

Damit kommen auf Honda neue Anforderungen zu, die sich aus der Rolle als Motorenlieferant für zwei konkurrierende Teams ergeben. Für die drei leitenden Ingenieure des Formel 1-Programms – Sakurai als Koordinator, Ichida als Chefingenieur in Wako und Goto als Chef der Motoren-Werkstatt in Didcot – sicher keine leichte Aufgabe.

1986 hatten sie zumindest ihre Motoren fest im Griff. Mit Hilfe eines neuartigen Telemetrie-Systems konnten sie selbst während des Rennens bei jeder Vorbeifahrt an der Box die wichtigsten Motordaten per Funk abrufen und mit ihren Computern blitzschnell Ist- und Sollwerte vergleichen. Bei Unregelmäßigkeiten erhielten die Fahrer über Sprechfunk Order, eine der anderen im Cockpit einstellbaren Ladedruckstufen zu wählen oder beispielsweise das Gemisch anzureichern oder abzumagern. Zugleich ließen sich die gewonnenen Daten natürlich speichern – ein unglaublich wertvoller Erfahrungsschatz über das Verhalten der Motoren unter Ernstfallbedingungen. Alle Daten wurden laufend an das Entwicklungsteam in Japan übermittelt. Eines scheint deshalb sicher: Hondas Rivalen werden sich auch 1987 warm anziehen müssen.

Die Teams

Im Grunde könnte man hier eine grobe Unterteilung treffen: Sieger, Verlierer — und hoffnungslose Fälle. Doch eine solch grobe Kategorisierung wäre in vielen Fällen nicht fair. Oft genug kam es vor, daß ein langsamer Wagen nur deshalb langsam war, weil das Team nicht genug Geld hatte, um einen potenten Motor einzubauen oder einen kompetenten Fahrer zu engagieren. „Dem Tüchtigen steht das Glück zur Seite" — die alte Volksweisheit hat in der Formel 1 keine Gültigkeit: Es gibt einfach zu wenig Titel — oder zu viele Tüchtige.

Alfa Romeo
AGS
Amon
Arrows
ATS
Beatrice Lola
Bellasi
Benetton
Brabham
BRM
Connew
Cooper
Cosworth
De Tomaso
Eagle
Ensign
Ferrari
Fittipaldi
Hesketh
Hill
Honda
Kauhsen
Kojima
LEC
Ligier
Lola
Lotus
Lyncar
Maki
March
Martini
Matra
McGuire
McLaren
Merzario
Minardi
Osella
Parnelli
Pearce
Penske
RAM
Rebaque
Renault
Shadow
Shannon
Spirit
Surtees
Tecno
Theodore
Token
Toleman
Trojan
Tyrrell
Williams
Wolf
Zakspeed

Alfa Romeo

Alfa Romeos Tipo 1260 12-Zylinder Motor.

Alfa Romeo - ein Name, den echte Motorsport-Enthusiasten sich noch heute auf der Zunge zergehen lassen, obwohl der Anlaß dafür bereits gute 30 Jahre zurückliegt. Nur bis 1952 währte nämlich die Epoche der Alfa-Dominanz auf den Rennpisten. Was danach kam, war weitaus weniger rühmlich. Nach einem Fehlstart mit Cooper 1968 kehrten die Milanesen 1970 in die Formel 1 zurück. Nur „um in Kontakt zu bleiben", stellte Alfa dem McLaren-Team einen 3-Liter-V8 zur Verfügung, der im folgenden Jahr auch von March benutzt, dann aber ins Aus geschoben wurde. 1975 folgte der nächste Versuch, diesmal mit einem Zwölfzylinder. Die ersten Probeläufe absolvierte er in einem von Graham Hills Embassy-Lolas, um schließlich an Brabham geliefert zu werden. Verantwortlich für die neuzeitlichen Renn-Aktivitäten war die Firma Autodelta, 1963 in Udine vom ehemaligen Ferrari-Ingenieur Carlo Chiti gegründet. Chiti befaßte sich mit dem Wettbewerbs-Tuning für diverse Alfa-Modelle, siedelte 1964 in einen Vorort von Mailand um und wurde schließlich 1966 zu einem festen Bestandteil von Alfa Romeo. Ab 1967 war Autodelta für den Bau und die Einsätze der Alfa T33-Sportwagen verantwortlich — und erhielt im Bedarfsfall Unterstützung durch das Werk.

Die Zusammenarbeit mit Brabham war eng, aber wenig erfolgreich. Schon 1977 begann man deshalb mit dem Bau eines eigenen Chassis', das ein Jahr später, gelenkt von Vittorio Brambilla, seine ersten Runden auf dem Alfa-Testgelände in Balocco drehte. Während man — auf Anregung von Brabham-Konstrukteur Gordon Murray — für die Ground-effect-Ära den flachen Zwölfzylinder zum V-Motor mit einem Winkel von 60 Grad modifizierte, ging man bei Autodelta gleichzeitig daran, ein neues Chassis nach dem Wing-car-Prinzip zu konstruieren. Der desolaten Finanzlage bei Alfa zum Trotz folgte wenig später die Vorstands-Entscheidung, auf eigene Faust in die Formel 1 einzusteigen.

Bruno Giacomelli beim Debut des Alfa 177 -1979 in Zolder.

Die Premiere erfolgte 1979 beim Großen Preis von Belgien in Zolder: Aus einem geliehenen, schon leicht ramponierten Transporter luden die zehn Mechaniker des neuen Teams den rundlichen, fast klobigen Prototyp 177. Bruno Giacomelli war im Traning schneller als die beiden Werks-Renaults und hielt sich im Rennen mit dem anfangs belächelten Vehikel problemlos im Mittelfeld, bis er nach einer Kollision ausschied. Vier Monate später, beim Heimspiel in Monza, feierte der Wing-car-Prototyp 179 sein Debut und beeindruckte vor allem durch sein weit vorn angesiedeltes Cockpit und die ungewöhnliche Anordnung der Kühler. Einen Monat später rannten beim Großen Preis von Kanada bereits zwei 179er — und Vittorio Brambilla wäre beinahe in den Punkten gelandet. 1980 änderte sich einiges: Während Patrick Depailler anstelle von Brambilla ins Team kam, ergatterte Autodelta Marlboro als Sponsor und enthob sich damit einiger finanzieller Schwierigkeiten. Die Teamorganisation ließ nach wie vor einiges zu wünschen übrig — in Brasilien dauerte ein Radwechsel 53 Sekunden — doch technisch machte man Fortschritte. Die Geometrie der Hinterachse wurde verfeinert, die Aerodynamik optimiert und der Motor um 12 Kilo erleichtert. Beim Chassis 179/6, das beim englischen Grand Prix in Brands Hatch erstmals eingesetzt wurde, verwendete man die ersten Kohlefaser-Bauteile am Monocoque. Im Verlauf der Saison hatte man jedoch

Mit Seitenteilen in Williams-Manier brachte Bruno Giacomelli den Alfa 179 beim Großen Preis der USA 1980 auf den besten Startplatz und zeitweise in Führung.

Der große alte Mann bei Autodelta: Carlo Chitis Konstruktionen waren zwar immer schnell fertig, aber selten wettbewerbsfähig.

Alfas V8-Zylinder Motor von 1970 im McLaren M7D hatte gegen den Cosworth kaum Chancen.

Sternstunde für Andrea de Cesaris: Beim Start zum belgischen Grand Prix 1983 bringt er den Alfa 183T in Führung.

mehrfache Brüche der Radaufhängungen verzeichnet – und einer davon dürfte auch für den Unfall von Patrick Depailler bei den Testfahrten in Hockenheim verantwortlich gewesen sein.

Den Tiefschlag verdaute das Team jedoch schnell: Sechs Wochen später, beim Grand Prix in Imola, stand Giacomelli in der zweiten Startreihe – und in der Alfa-Box warf die Turbo-Ära ihre Schatten voraus. Der 1500 cm^3 große Turbo-V8 von Autodelta war dort zu besichtigen. Beim WM-Finale im amerikanischen Watkins Glen folgte dann der Paukenschlag: Bruno Giacomelli fuhr Trainingsbestzeit und führte in überzeugender Manier über 30 Runden, bis ihn ein Zündungs-Defekt aus dem Rennen warf.

Zum Jahresbeginn 1981 verbannte die Internationale Automobilsportbehörde FISA die flexiblen Schürzen – und das warf Alfa, wo man gerade damit zurecht kam, entscheidend zurück. Zweiter Fahrer neben „Panda" Giacomelli wurde Mario Andretti, und das Chassis, da nur notdürftig modifiziert, hieß nun 179C. Nach hoffnungslosen Experimenten mit der hydropneumatischen Chassis-Absenkung griff man jedoch wieder auf die Vorjahres-Autos zurück, bis beim englischen Grand Prix in Silverstone eine erneut modifizierte Version auftauchte: Der Typ 179C/D, der insgesamt fünf Zentimeter flacher war und über eine neue Hinterachsaufhängung verfügte. Richtig voran ging es allerdings erst wieder ab dem holländischen Grand Prix. Von diesem Zeitpunkt an zeichnete nämlich der ehemalige Ligier-Mann Gerard Ducarouge als Alfa-Konstrukteur verantwortlich – und gab als erstes im Interesse höherer Steifigkeit ein Monocoque in hundertprozentiger Kohlefaser-Bauweise in Auftrag.

Es erschien Anfang 1982 in Form des Typs 182, der darüber hinaus weitere entscheidende Verbesserungen enthielt: Bedingt durch die Kohlefaser-Bauweise wog bereits der Prototyp weniger als das Mindestgewicht, nämlich nur 535 Kilo. Auch der Fahrzeugboden war aerodynamisch in Form einer Venturi-Düse durchgestylt – und eine geänderte Anordnung von Pumpen und Leitungen ließ auch die Einbauhöhe des Motors geringer werden.

Beim ersten Grand Prix in Rio hatte man die Öltemperatur noch nicht im Griff, doch schon in Long Beach kam das erste Hoch: Andrea de Cesaris, der neue Mann im Team, fuhr mit dem neuen 182 Trainingsbestzeit, landete im Rennen aber nach anfänglicher Führung an einer Mauer. Und am Vorabend des historischen Rumpf-Grand-Prix der FISA-Teams in Imola rollte Alfa-Testpilot Giorgio Francia erstmals mit dem Prototyp des Alfa-Turbomotors auf die Teststrecke in Balocco. Wenig später brach eine Ölleitung und der Wagen fing Feuer - kein gutes Omen.

Wenig vorteilhaft für die Weiterentwicklung war auch die Tatsache, daß Andrea de Cesaris sich als höchst kostspieliger Fahrer profilierte. Nach dem Crash in Long Beach zerstörte er Chassis Nr. 4 in Kanada, Nr. 5 in Frankreich und Nr. 6 in Österreich. Nur geringen Trost brachte der Alfa-Truppe die Erkenntnis, daß ihr V12 offensichtlich der stärkste aller Formel-1-Saugmotoren war – ohne Turbo konnte man nicht mehr siegen. Der lange erwartete 182T debutierte schließlich in Monza, doch der erste Eindruck, den er hinterließ, war nicht sehr ermutigend. Alsbald kam fast zwangsläufig das Gerücht auf, das Team werde sich zum Jahresende zurückziehen. Es kam dann doch etwas anders: Paolo Pavanellos Euroracing-Team übernahm die Bewerber-Funktion von Autodelta, während Carlo Chiti und seine Truppe weiterhin für die Bereitstellung der Hardware verantwortlich waren.

Beim Saisonauftakt 1983 in Brasilien standen drei der turbo-geladenen Kohlefaser-Renner für die beiden Piloten Andrea de Cesaris und Mauro Baldi bereit, die sich im Verlauf der ersten Saisonhälfte aber nicht sonderlich in Szene setzen konnten. Aufsehen erregte das Team erstmals beim Großen Preis von Frankreich in Le Castellet: Nach dem ersten Zeittraining stellten die Sportkommissare fest, daß der Feuerlöscher im Wagen von Andrea de Cesaris leer war. Der dafür fälligen Disqualifikation folgte ein Rausschmiß: Konstrukteur Ducarouge mußte die Verantwortung übernehmen und ging, nicht ohne darauf hinzuweisen, daß seine Feinde innerhalb des Teams die ganze Aktion betrieben hätten.

Sein Nachfolger wurde Luigi Marmiroli, der in Monaco erstmals eine stärkere Motor-Version einsetzen konnte. Der V8 war damit wieder konkurrenzfähig. In Spa führte de Cesaris beim Großen Preis von Belgien für 18 Runden das gesamte Feld an, während zwei zweite Plätze in Detroit und Südafrika ebenfalls bewiesen, daß es wieder aufwärts ging.

Die Vorzeichen für die Saison 1984 standen damit auf grün – nicht zuletzt dank der Tatsache, daß die Alfas nun in eben dieser Farbe erstrahlten: Auf den von Luigi Marmiroli konstruierten 184T prangte unübersehbar der Schriftzug des Textil-Giganten Benetton. Die Chauffeure waren ebenfalls neu: Riccardo Patrese und Eddie Cheever sollten nun den Durchbruch erzwingen, doch während der ersten Saisonhälfte tat sich außer zwei vierten Plätzen in Kyalami und Rio nicht viel. Paolo Pavanello sah die Wurzel allen Übels vor allem in Carlo Chiti und erreichte schließlich zur Saisonmitte das Einverständnis von Alfa-Präsident Massacesi, den alten Patriarch seiner Verantwortung zu entheben. Neuer Technik-Chef wurde daraufhin Giovanni Tonti, den man der Konkurrenz in Gestalt des Lancia-Gruppe C-Teams abgeworben hatte. Doch auch mit Tonti änderte sich noch nicht allzu viel: Ein dritter Rang von Patrese in Monza war die klägliche Ausbeute der zweiten Saisonhälfte. Doch es sollte noch schlimmer kommen. Unter Mithilfe des bei Toleman abgeworbenen Designers John Gentry konstruierte Marmiroli für 1985 den 185T, der sich jedoch als absoluter Flop erwies. 16 Rennen zählte die Saison 1985 —und nicht ein einziges Mal landeten Cheever oder Patrese in den Punkterängen.

Mehrfach dagegen räumten sich die beiden gegenseitig von der Strecke und schadeten damit außer Alfa Romeo auch noch ihrem eigenen – ohnehin schon ramponierten Image.

Der Image-Verlust für Alfa war dagegen weitaus schlimmer. Sechs Jahre lang hatte man sich auf der Grand-Prix-Bühne produziert, ohne auch nur ein einziges Mal zu gewinnen. Zwei Trainingsbestzeiten und eine schnellste Runde im Rennen waren die einzigen Superlativen aus sechs Jahren. 1980 buchten die Renner mit dem klangvollen Namen vier WM-Punkte auf ihr Konto, 1981 waren es zehn, 1982 nur sieben, 1983 folgte die erfolgreichste Saison mit 18 Punkten – und dann ging es bergab: Elf Punkten 1985 standen deren Null 1985 gegenüber, Grund genug für das Alfa-Management, dem Treiben ein Ende zu bereiten. Im Nachhinein betrachtet hätte man es besser von Anfang an gelassen ...

AGS

Neue französische Nummer im GP-Zirkus: Das AGS-Jolly Club-Team. In Monza 1986 tauchte Henri Julien erstmals mit seiner Truppe und einem sauber gearbeiteten, konventionellen Monoposto auf. Ivan Capelli fuhr den neuen Formel 1, als Kraftquelle dient der Motori Moderni V6 Turbo, den Carlo Chiti, legendärer Motorenmann von Ferrari und Alfa Romeo, baute, freilich ohne durchschlagenden Erfolg. Immerhin: Qualifikation gleich beim ersten Auftritt, Trainingsrang 25. Bei der ersten Vorstellung halfen ein paar Leute von Renault kräftig mit, denn der AGS besteht aus jeder Menge alter Renault-Teile, die der Stall bei der Auflösung des gallischen Prestigeunternehmens aufkaufte.

Amon

Der „Pechvogel vom Dienst" ist ein häufig strapazierter Begriff. Nur selten trifft er so hundertprozentig zu wie auf den Neuseeländer Chris Amon. Von 1967 bis 1969 fuhr er für Ferrari, und Insider stellten ihn mit Jackie Stewart, Jochen Rindt und Jacky Ickx auf eine Stufe, als er 1970 zu March wechselte. Für das neu gegründete englische Team konnte er jedoch ebensowenig siegen wie zuvor für Ferrari oder die beiden folgenden Jahre für Matra-Simca. Er war einer der schnellsten Männer im Geschäft, doch die Krönung blieb ihm versagt. Erst recht, als er 1973 bei Tecno anheuerte. Wenn auch mit dem Team völlig unzufrieden, war Amon jedoch von Tecno-Konstrukteur Gordon Fowell dermaßen angetan, daß er beschloß, mit ihm zusammen für 1974 einen eigenen Formel 1 zu bauen.

Doch auch diese Operation erwies sich als Flop. Das von einem Ford Cosworth DFV getriebene und von einem Professor John Boyce aerodynamisch seltsam zugerichtete Vehikel debutierte beim spanischen Grand Prix in Jarama, wo es nach einem Bruch der Bremswelle ausschied. Der erste sollte auch der einzige Renneinsatz bleiben. Im Training sah man den Amon zwar noch in Monaco, am Nürburgring und in Monza. Dann aber sah der Fahrer und Teameigner, der sich in seinem eigenen Wagen nicht mehr wohl fühlte, von weiteren Einsätzen ab.

Arrows

Vier Abtrünnige der Shadow-Truppe gründeten im Winter 1977/78 das Team Arrows: Teammanager Alan Rees, Sponsor-Vermittler Jackie Oliver, Konstrukteur Tony Southgate und Designer Dave Wass formulierten den Namen des Teams aus ihren Initialen und finanzierten sich zunächst aus den reichlich sprudelnden Quellen des italienischen Bankiers Franco Ambrosio. Innerhalb von zwei Monaten zeichnete und baute die junge Truppe ihr erstes Werk, den Arrows FA1, der noch vor dem Shadow DN9 fertig war, den Southgate noch an den Shadow-Zeichentischen kurz vor seinem Abgang fertig gezeichnet hatte. Und gleich beim zweiten Auftritt kam es zur ersten Sensation: Riccardo Patrese, in Kyalami vom siebten Startplatz aus ins Rennen gegangen, führte unglaubliche 30 Runden lang, bevor ihn der Cosworth-Motor im Stich ließ. Bei den folgenden Rennen landete Patrese fast schon regelmäßig in den Punkterängen, bevor es im Sommer zur zweiten, diesmal weniger positiven Sensation kam.

Chris Amons AF 1 beim spanischen Grand Prix 1974 in Jarama. Statt einer ursprünglich konzipierten „Tragfläche" über dem Bug verwandte er doch konventionelle Frontspoiler.

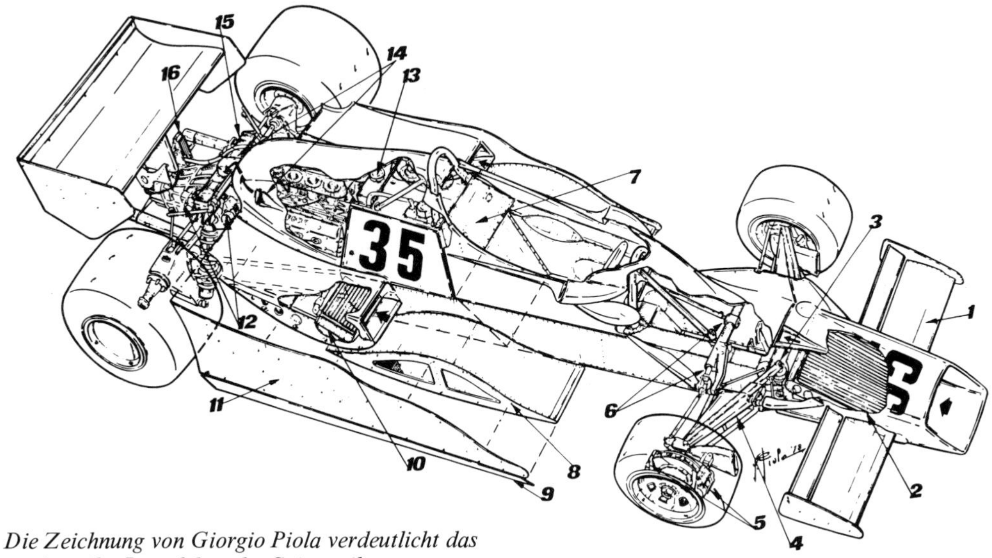

Die Zeichnung von Giorgio Piola verdeutlicht das zweigeteilte Innenleben der Seitenteile am Arrows A1.

Die beiden erfolglosen Arrows A2 mit dramatisch angewinkelten Motoren beim Grand Prix von Holland 1979.

Patreses Arrows A3 beim GP von Spanien 1981 mit schiefem Frontflügel. Zu dieser Zeit schien der A3 einiges zu versprechen.

Shadow-Chef Don Nichols ließ seinen Deserteuren per Gerichtsbeschluß verbieten, den A1, der dem Shadow DN9 tatsächlich täuschend ähnlich sah, im Rennen einzusetzen. Doch Konstrukteur Southgate hatte schon vorgesorgt und einen Nachfolge-A1 mit eigenständigem Design auf die Räder gestellt, so daß das Team auf keinen Grand Prix verzichten mußte. In Monza war es Arrows-Pilot Patrese, der mit seiner Verwicklung in den Peterson-Unfall für negative Schlagzeilen sorgte, zur Strafe beim amerikanischen USA-Grand Prix in Watkins Glen nicht starten durfte, sich beim Finale in Kanada jedoch mit einem vierten Rang erneut hervorragend in Szene setzte und damit den nachdrücklichen Schlußpunkt einer hektischen Saison lieferte. Seit dem südafrikanischen Grand Prix hieß der Sponsor des Teams Warsteiner – und der zweite Fahrer Rolf Stommelen, der jedoch mit deutlich schlechterem Material als Patrese bedient wurde und so zumeist um die Qualifikation zu kämpfen hatte.

1979 machte Rolf Stommelen Platz für Jochen Mass, der zunächst mit einer modifizierten Version des A1, dem A1B, zu rennen hatte. In Dijon, zur Mitte der Saison, debutierte dann eine völlig neue Kreation, der A2. Southgates neue Schöpfung sah höchst ungewöhnlich aus. Charakteristisch für den A2 waren die kugelförmige Frontpartie sowie die im Interesse einer optimalen Ground-effect-Aerodynamik angewinkelt eingebaute Motor-Getriebe-Einheit. Doch was in der Theorie so gut zu sein schien, erwies sich in der Praxis als unfahrbar. Die neuartige Anordnung der Antriebseinheit hatte den Schwerpunkt des Wagens nach oben verschoben, was zur Folge hatte, daß das Chassis höchst störrisch auf Lenkbefehle reagierte. Schließlich wechselten Mass und Patrese wieder auf die A1B-Chassis', denen sie auch bis zum Saisonende treu blieben.

1980 dann erschien der A3, der sich als arger Untersteuerer entpuppte. Über die gesamte Saison hinweg versuchten Southgate und die Fahrer, den Wagen besser auszubalancieren. Daß dennoch am Saisonende elf Punkte auf dem Arrows-Konto standen, war Konstrukteur Southgate offenbar nicht genug. Er verließ das Team ebenso wie Jochen Mass, während Teamboß Jackie Oliver Dave Wass zum Chefkonstrukteur und den Italiener Siegfried Stohr zum zweiten Fahrer ernannte. 1981 wäre fast zum großen Arrows-Jahr geworden: Beim zweiten Saison-Grand Prix in Long Beach fuhr Patrese die schnellste Trainingszeit und führte auch im Rennen, bis die Benzinpumpe ihren Geist und Patrese somit zwangsläufig das Rennen aufgab. Es schien nur eine Frage der Zeit zu sein, bis ein Arrows ganz vorn mit dabei sein würde, doch dann kam das Reifen-Drama. Zur Saisonmitte mit dem Goodyear-Comeback konfrontiert, sah sich Arrows-Lieferant Michelin plötzlich außerstande, seine britischen Kunden weiter zu bedienen. Anstatt sich auf die von Bernie Ecclestones Tochterfirma Avon bereitgestellten Notreifen zu verlassen, machte Liver einen Vertrag mit Pirelli.

Die Italiener erwiesen sich zwar als hilfreich, nicht aber als konkurrenzfähig. Die Pirelli-Pneus hatten lange nicht so viel Grip wie die Produkte der Konkurrenz und wogen überdies deutlich schwerer. Am Saisonende schließlich, als sich Jacques Villeneuve weder in Kanada noch in den USA mit Pirelli-bereiften A3 qualifizierte, war die Lage hoffnungslos. Trotzdem hatte man, dank des guten Saison-Starts, zehn WM-Punkte auf dem Konto. Der Hoffnungsträger für 1982 hieß A4 – doch auch diesmal ließen die Tiefschläge nicht lange auf sich warten. Marc Surer verunfallte mit einem der neuen Chassis' bei Tests in Kyalami – und schon bald stellte sich heraus, daß auch der neue Arrows der deutlich besser finanzierten Konkurrenz eindeutig unterlegen war. Mit vornehmlich kleinen, lokalen und ständig wechselnden Sponsoren schleppte man sich über die Runden, in denen schließlich doch noch immerhin fünf Punkte für Marc Surer und Mauro Baldi heraussprangen.

1985 dann war die Reifen-Durststrecke beendet. Arrows wechselte zurück zu Goodyear, das Modell A6 war kein übler Wurf, doch nun offenbarte sich ein neues Manko: Die Ära der Saugmotoren neigte sich dem Ende zu — und Turbo-Triebwerke waren Mangelware auf dem Markt. Ganze vier Punkte sammelte man in einem Jahr, in dem neben Stammpilot Marc Surer auch Chico Serra, Alan Jones und schließlich Thierry Boutsen ins Arrows-Lenkrad griffen. Boutsen schließlich sollte dem Team auch weiterhin treu bleiben und malte sich die Zukunft in den rosigsten Farben, als Oliver Anfang 1984 einen großen Coup landete: Er schloß mit BMW einen Vertrag über die Lieferung von Turbo-Motoren ab. Für die bevorstehende Saison kam dies jedoch etwas zu kurzfristig. Das neue Chassis vom Typ A7 konnte nicht mehr optimal für die Aufnahme eines Turbo-Triebwerks konzipiert werden. Als entscheidender Nachteil erwies sich im Verlauf der Saison vor allem die Tatsache, daß man im Unterschied zur Konkurrenz nach wie vor über ein Monocoque in Aluminium/Honeycomb-Bauweise verfügte, das im Vergleich zur aktuellen Kohlefaser-Technologie deutlich weniger Verwindungssteifigkeit besaß. Ein neunter Platz im Konstrukteurs-Pokal und ganze sechs WM-Punkte waren die magere Ausbeute des ersten Turbo-Jahres, das eigentlich nur ein halbes war.

1985 war es dann so weit: Für Thierry Boutsen und den österreichischen Youngster Gerhard Berger baute man den Arrows A8 — in Kohlefaser-Technik und mit, nach Art des Hauses, eingebauter Zuverlässigkeit. Der A8 erwies sich nicht unbedingt als Abonnent für Punkteränge. Immerhin standen am Jahresende 14 Zähler auf dem Arrows-Konto, doch beeindruckender waren die zahlreichen Zielankünfte: Bei 32 Starts waren die Arrows 21mal im Ziel. Bei BMW jedoch regte sich Unzufriedenheit. Der neue Geschäftsführer der Motorsport GmbH, Wolfgang-Peter Flohr, hatte sich mehr erhofft als eine bloße Mitläuferrolle und verlängerte den Arrows-Vertrag erst nach langem Zögern um ein weiteres Jahr.

Er wird sich fragen, ob er damit das richtige getan hat, denn Arrows kam über die Hinterbänkler-Rolle 1986 nicht hinaus. Im Training und im Rennen sah man die beigen Renner bestenfalls im Mittelfeld. Daran änderte sich auch nichts, als nach Marc Surers schwerem Rallyeunfall Christian Danner neben Boutsen ins Rad griff. Der Deutsche kam zum GP USA ins Team. Das von den Piloten sehnlich erwartete A8 Nachfolgemodell, der A9 wurde mit ziemlicher Verspätung in Österreich eingesetzt und zeigte sich bald extrem verwindungsfreudig, also vorwärts zurück zum alten A8. Für 1987 stellt sich die Motorenfrage, BMW liefert nicht mehr.

Le Castellet 1980: Marc Surer im von Gustav Brunner konstruierten ATS D4, einer Beinahe-Kopie des Williams FW 07.

ATS

„Blinder Eifer schadet nur" sagt der Volksmund -und Günther Schmid ist der Beweis. Der Pfälzer Felgenproduzent stieg 1977 in die Formel 1 ein, mit Material des aufgelösten Penske-Teams und Jean-Pierre Jarier als Fahrer. Das Debut in Long Beach verlief mit dem sechsten Rang sogar vielversprechend, doch es war nur ein Glückstreffer. Denn was danach kam war zeitweise chaotisch. Schmid, ein Mann einsamer Entscheidungen, heuerte und feuerte, was das Zeug hielt. Für die Saison 1978 ließ er sich von March-Konstrukteur Robin Herd ein eigenes Chassis bauen, den HS 1, der später von John Gentry in den D1 modifiziert wurde. Neben Jarier bewegten auch Jochen Mass, Michael Bleekemolen und Keke Rosberg die gelben Vehikel, die bisweilen bereits an der Qualifikation scheiterten.

1979 sollte es aufwärts gehen. Der Routinier Fred Opert übernahm das Management des Teams, während der ehemalige Ferrari-Mann Giacomo Caliri für diverse Chassis-Änderungen verantwortlich zeichnete. Das Fahren besorgte Hans-Joachim Stuck, der zum Jahresende sogar zwei Punkte eroberte: Im strömenden Regen von Watkins Glen ruderte der bayrische Regen-Spezi den ATS auf Rang fünf. 1980 erschien Schmid erneut mit einer neuen Truppe: Konstrukteure waren diesmal Gustav Brunner und Tim Wardrop, die die Typen D3 und D4 auf Kiel legten, von denen letzterer eine ziemlich exakte Kopie des damals höchst erfolgreichen Williams FW07 darstellte. Marc Surer und Jan Lammers hatten das zweifelhafte Vergnügen, für ATS zu starten, wobei der Holländer einmal kurzfristig glänzen konnte: In Long Beach fuhr er die drittschnellste Trainingszeit — doch Punkte machten weder er noch Surer während der gesamten Saison.

Das besorgte dafür der schwedische Schlagzeuger und Hobby-Rennfahrer Slim Borgudd beim Großen Preis von England 1981. Mit dem nun vom Franzosen Hervé Guilpin konstruierten HGS1 war Borgudd Nutznießer vom Spritmangel anderer und erbte so einen sechsten Rang. 1982 saßen Manfred Winkelhock und der Chilene Eliseo Salazar in den ATS-Cockpits, während Don Halliday für die Technik zuständig war und die HGS-Chassis zu D5-Typen ummodifizierte. Während Winkelhock gleich beim zweiten Einsatz in Brasilien zwei Punkte holte, schlug Salazars große Stunde in Imola beim Rumpf-Grand Prix der FISA-treuen Teams: ebenfalls Rang fünf! Anfang 1983 öffnete sich der Himmel über ATS: Heraus fielen BMW-Turbo-Aggregate, um die diesmal wieder Gustav Brunner ein ideenreiches und vielversprechendes Chassis zeichnete. Winkelhock bewies mehrfach, daß der DG kein schlechtes Auto war, qualifizierte sich fast regelmäßig im vorderen Mittelfeld, kam aber während der gesamten Saison nicht zu Punkten, weil ein destruktives und eigensinniges Management sämtliche Hoffnungen ruinierte. Weltmeisterschaftspunkte blieben trotz diverser positiver Ansätze aus — und 1984 wurde alles noch schlimmer. In einem „finale furioso" kündigte schließlich sogar Manfred Winkelhock, der bis dahin seinem Chef stets die Treue gehalten hatte. Als dann auch noch BMW die nur leihweise zur Verfügung gestellten Motoren zurückbeorderte, blieb Schmid nur noch der Rückzug — und niemand weinte dem Mann eine Träne nach, der den Erfolg seines eigenen Teams stets mit traumwandlerischer Sicherheit torpediert hatte. Schmid rächte sich auf seine eigene Art: Er blieb Manfred Winkelhock, dem Fahrer, der ihm am längsten loyal zur Seite gestanden hatte, die letzte Gage über dessen Tod hinaus schuldig...

Neuling 1986: Der Beatrice-Lola THL2 mit dem Ford V6 Turbomotor. Das saubere und zierliche Auto kam aber über einige gute Plazierungen nicht hinaus.

Beatrice-Lola

Bereits in relativ fortgeschrittenem Alter betätigten sich zu Beginn der 80er Jahre die beiden McLaren-Direktoren Teddy Mayer und Tyler Alexander als Aussteiger. Sie veräußerten ihre Teamanteile an TAG-Chef Mansour Ojjeh und zogen danach in den USA ihren eigenen Indy-Rennstall auf. Die Erfolge ihrer Cosworth-getriebenen March-Chassis blieben nicht aus, doch die Formel 1 konnte ihnen die US-Szene nicht ersetzen. Im Verlauf des Jahres 1984 schmiedeten sie erste Pläne, mit einem in England beheimateten, aber aus den USA solide finanzierten Team in ihre alten Jagdgründe zurückzukehren. Die gesuchte Unterstützung kam schließlich vom amerikanischen Lola-Statthalter Carl Haas und von dem gigantischen Beatrice-Konzern, der unter anderem Markennamen wie Avis oder Samsonite unter seinem Dach vereint. Während Mayer ein Team namens FORCE (Formula One Race Car Engineering) gründete, das unter Federführung des ehemaligen Williams-Ingenieurs Neil Oatley die ersten Prototypen fertigte, gründete Haas das Team Haas-Lola, das fortan als Bewerber auftrat, obwohl die Stammfirma Lola Cars am Design überhaupt nicht beteiligt war. Während die ersten drei Rennen zum Saisonende 1985 ausschließlich vom ehemaligen Weltmeister Alan Jones mit Hart-Motoren bestritten wurden, bliesen die Haas-Mannen für 1986 zum Großangriff: Patrick Tambay, seit jeher ein Intimus von Carl Haas, kam als zweiter Fahrer hinzu – und beim Großen Preis von San Marino zeichnete im Heck des zierlichen Lola THL 2 erstmals der neue Ford Cosworth-Turbomotor für den Vortrieb verantwortlich, dessen Verwendung sich das Team zunächst exklusiv sichern konnte.

Der Ford V6-Turbo im Lola-Chassis. Kompakter geht's nimmer. Vielleicht ist Ford mit der Neuentwicklung etwas zu spät in die Formel 1 gekommen.

Bellasi

Ende 1969 erhielt der italienische Formel-3-Konstrukteur Vittorio Bellasi vom Schweizer Teamchef und Fahrer Silvio Moser den Auftrag, ihm ein Cosworth-getriebenes Formel-1-Chassis zu bauen. Moser hatte zuvor in den ehemaligen Werks-Brabhams seines Landsmanns Charles Vögele ein paar ansehnliche Grand-Prix-Gastspiele geboten – und nun baute ihm Bellasi ein klobiges, schweres, in bester Handwerksmanier vernietetes Monocoque mit Radaufhängungen, die auf denen des alten Repco-Brabham BT24 basierten. Das Projekt war von Anfang an zum Scheitern verurteilt: Bei seinem Debut in Zandvoort 1970 qualifizierte Moser sich nicht. Das schaffte er zum ersten und einzigen Mal beim Großen Preis von Österreich 1970, wo er als letzter startete und mit einem Loch im Kühler ausfiel. Drei Wochen später in Monza fiel er ebenso durch die Qualifikation wie ein Jahr später – ebenfalls in Monza, wo er nach einjähriger Pause erneut und zum letzten Mal erschien. Zu bestaunen ist der Bellasi noch heute im Rennwagenmuseum von Donington.

1970: Silvio Moser in seinem Bellasi-Cosworth.

Benetton

1986 zog ein neu-altes Team auf die Grand Prix Strecken der Welt. Der italienische Strickgigant Benetton hatte den Toleman Stall mit Haut und Haaren aufgekauft. Die Truppe bezog ihre Kraft aus einem BMW Turbo und bestach neben dem „Entdecken" von Jungstar Gerhard Berger vor allem durch gute Aerodynamik des Renners. Den zweiten Wagen fuhr Teo Fabi. Leider war es aber mit der Zuverlässigkeit der Rennwagen mit den tollen Farbtupfern auf den Seiten nicht weit her, so daß sogar einige schnellste Trainingszeiten nicht in Grand Prix Siege verwandelt werden konnten, und dies lag nicht immer am BMW Motor. Besonders auf schnellen Kursen konnten sie ihre gute Aerodynamik demonstrieren. Neuentdeckung Gerhard Berger verlor zum Beispiel den Sieg im Österreich GP nur durch eine leere Batterie. Aber beim GP von Mexiko kam dann doch die große Stunde von Benetton und Berger. Nachdem die gesamte Goodyear Konkurrenz mindestens einmal Reifen wechseln mußte, konnte der Österreicher durchfahren, nutzte seine Chance und gewann.

Teo Fabi auf dem Benetton B186 BMW 4. Der kompakte Italiener stellte seinen Boliden in Österreich und Monza '86 auf die Pole.

Boro

siehe Ensign

Brabham

Die detaillierte Geschichte der Weltmeister-Autos von 1966 und 1967, den Repco-Brabhams, steht auf einem anderen Blatt, genauer gesagt in Kapitel 2 dieses Buches. Nachdem aber Jochen Rindt und Jack Brabham während der gesamten Saison 1968 ganze zehn WM-Punkte mit dem betagten Repco-Aggregat einfuhren, beugte man sich bei Brabham dem Umvermeidlichen: Die BT26-Chassis wurden zur Saison 1969 für die Aufnahme des Cosworth-Motors modifiziert, hießen nunmehr BT26A — und waren hinsichtlich der Straßenlage vermutlich die Besten ihres Jahrgangs. Dafür mangelte es ihnen an Zuverlässigkeit. Teamchef Jack Brabham, Trainingsschnellster beim Saisonauftakt in Kyalami, lag auf Rang zwei, als ihm der Heckflügel wegbrach — ein Schicksal, dem auch Teamkollege Jacky Ickx zum Opfer fiel. In Barcelona schied der Boß mit Motorschaden, und Ickx wegen eines gebrochenen Querlenkers aus. Im weiteren Verlauf des Jahres jedoch kam immer mindestens ein Brabham in die Punkteränge — und so sprang am Jahresende nach zwei Siegen von Ickx am Nürburgring und in Kanada ein ordentlicher zweiter Platz im Konstrukteurspokal — hinter Matra —heraus.

Ab 1970 mußten die Fahrzeugtanks reglementsbedingt metallbeschichtet sein, was Brabham-Konstrukteur Ron Tauranac wie fast alle seine Kollegen dazu bewog, erstmals ein Monocoque-Chassis zu bauen. Im BT33 saßen Jack Brabham und Rolf Stommelen, die erneut eine durchwachsene Saison erlebten. Zum Auftakt seines letzten Jahres als aktiver Fahrer gewann Brabham zwar den Grand Prix von Südafrika, danach jedoch entglitt ihm mehrfach der Sieg noch in den letzten Runden. Stommelen brachte es in seinem ersten Formel 1-Jahr auf stolze zehn Zähler, die zusammen mit den 25 des Chefs für den vierten Rang im Konstrukteurs-Wettbewerb gut waren. Der erste Tiefpunkt des Teams kam 1971: Jack Brabham hatte sich nach Australien auf's Altenteil abgesetzt — und Tauranac vermißte ihn schmerzlich beim Versuch, das Team mit knappem Budget allein weiterzuführen. Zumal er nicht gerade über erstklassige Piloten verfügte: Graham Hill hatte den Zenith seiner Karriere bereits hinter sich — und Nummer-Zwei-Fahrer Tim Schenken war schlicht und einfach nicht gut genug. Das 71er Chassis, wegen seiner an den Ecken des Frontspoilers angebrachten Kühler auch „Hummerschere" genannt, basierte auf dem BT33, und Hill stritt sich mit Tauranac oft und gerne darüber, ob es nun besser oder schlechter als sein Vorläufer war.

Tauranac jedenfalls war zum Jahresende bedient: Ganze sieben Punkte hatten Hill und Schenken im Saisonverlauf an ihre Fahnen geheftet — und da kam Bernie Ecclestone gerade recht: Der ehemalige Manager des ein Jahr zuvor verunglückten Jochen Rindt kaufte das komplette Team und ernannte zunächst den ehemaligen McLaren-Designer Ralph Bellamy zum Konstrukteur. Graham Hill blieb dem Team auch unter dem neuen Chef treu, während das argentinische Jungtalent Carlos Reutemann an die Stelle von Tim Schenken trat. 1972 war eine Saison des Experimentierens: Bellamy baute zunächst den BT37, der sich ebensowenig als Offenbarung erwies wie der BT39, der in nur einem Exemplar entstand. Mit ihm nämlich ließ Ecclestone die Formel 1-Tauglichkeit des von Ford finanzierten Weslake-Zwölfzylinder-Sportwagenmotors testen. Von den angeblich zur Verfügung stehenden 445 PS waren bei den Tests jedoch nie alle vorhanden — und Ecclestone legte das Projekt zu den Akten. Am Jahresende standen erneut nur sieben Punkte auf dem Brabham-Konto, und Bellamy ergriff die Konsequenz: Er kündigte.

Sein Nachfolger wurde der gebürtige Südafrikaner Gordon Murray. Der erst 29Jährige war ein Fan des zierlichen Lotus 25 der Jahre 1962/63 und entwickelte in Anlehnung daran das Modell eines kleinen, leichten und simplen Formel 1. Ecclestone gab ihm grünes Licht — und es entstand der BT42, an dem nichts, aber auch gar nichts mehr an seine Vorläufer erinnerte. Im Interesse eines extrem niedrigen Schwerpunkts und minimaler Stirnfläche gab Murray seinem Erstling ein Monocoque mit dreieckigem Querschnitt, was diesem in Branchenkreisen den Spitznamen „Dreikantschaber" eintrug. Trotz diverser Verwindungs-Probleme und einer nicht ausreichenden Höchstgeschwindigkeit war Brabham mit dem BT42 wieder bei der Musik: Andrea de Adamich, Wilson Fittipaldi und Carlos Reutemann eroberten im Verlauf des Jahres 1973 insgesamt 22 WM-Punkte und sicherten ihrem Team so den vierten Platz im Konstrukteurs-Pokal.

Für 1974 entwickelte Murray eine Evolution des BT42, den Typ 44, den langgediente Teammitglieder wie der damalige Mechaniker und heutige Teammanager Herbie Blash als einen der schönsten Brabhams aller Zeiten ansehen. Erstmals verwandte Murray am BT44 progressive Zugstreben-Aufhängungen an der Vorderachse, eine Innovation, die seine Kollegen in den anderen Teams bald ebenso nachahmten wie die später von ihm kreierten Schubstreben-Versionen. Ansonsten war nichts wirklich neu am BT44, sondern nur besser durchdacht und konstruiert als beim Vorläufermodell. Die Saison begann mit einem Alptraum: Beim Auftakt in Buenos Aires führte Carlos Reutemann trotz verlorener Airbox bequem, bis fünf Runden vor Schluß der Motor wegen eines gelockerten Zünd-

Rechte Seite:
Vier Brabhams aus der Murray-Ära — oben links *der erste „Dreikantschaber" namens BT42.* Oben rechts *der BT44B von 1975 mit aerodynamischen Verfeinerungen.* Unten links *der oberflächengekühlte BT46 von 1978 —* und unten rechts *Nelson Piquet beim ersten Auftritt des BT54, 1985 in Rio.*

Gordon Murray, nach Colin Chapman unbestritten der innovationsfreudigste aller Formel 1-Konstrukteure, in Betrachtung der Zugstreben-Aufhängung an seinem BT44.

Erster Auftritt des Brabham-Boxenstopp-Balletts in Zeltweg 1982. Vier Runden später erlitt Patrese im BT50 einen Motorschaden.

Graham Hill im „Hummerzangen"-Brabham BT34 in Brands Hatch (links) *— und das Nachfolgemodell BT37 von 1973 mit als Knautschzonen ausgebildeten Seitenteilen* (darunter).

GOODYEAR
GOODYEAR

MARTINI
GOODYEAR
GOODYEAR
7
MARTINI
brabham

MARTINI RACING
MARTINI RACING
MARTINI RACING
MARTINI
FINA
GOODYEAR
7
GOODYEAR
FINA
MARTINI
BRABHAM

olivetti
olivetti
BMW M Power
BMW M Power
olivetti
7
PIRELLI
PIRELLI

kabels nur noch auf sieben Zylindern lief und eine Runde vor dem Ziel schließlich ganz abstarb — wegen Spritmangels! Neben Reutemann versuchten sich bis zur Saisonmitte auch die zahlenden Gäste Richard Robarts und Rikky von Opel in den Brabham-Cockpits, bevor in Brands Hatch Carlos Pace debutierte — und sich nicht qualifizierte.

Ecclestone verlor trotzdem nicht den Glauben an den jungen Brasilianer, den er für 1975 erneut verpflichtete, ebenso wie Reutemann und — erstmals — die beiden Großsponsoren Martini und Fina. Mit mehr Mitteln kam auch mehr Erfolg, obwohl Murray den BT44 für die neue Saison nur leicht modifiziert hatte — zum BT448. Reutemann gewann damit am Nürburgring, Pace siegte bei seinem Heim-Grand Prix in Interlagos — und zum Jahresende war Brabham Zweiter im Konstrukteurspokal, geschlagen nur von Ferrari. Fürs erste war das Brabhams beste Saison, die noch besser hätte sein können, wenn Gordon Murray sich nicht zwischendurch auf ein neues Projekt hätte konzentrieren müssen: einen Brabham mit Alfa-Motor. Bereits 1974 hatte Ecclestone sich mit Autodelta kurzgeschlossen und mit Carlo Chiti über die Nutzung des Zwölfzylinder-Sportwagenmotors in der Formel 1 diskutiert, und nun war es so weit. Der Alfa-Treibsatz hatte zwar 510 PS im Vergleich zu den 480 des Cosworth, doch dafür war er rund 40 Kilo schwerer, rund 25 Zentimeter länger und brauchte mehr Sprit und Öl als die Konkurrenz aus Northampton. Dementsprechend war der Brabham des Jahrgangs 1976, genannt BT45, ein ziemlicher Brocken: Mittels massiver Verwendung von Titan und Magnesium sowie der Einführung von Kohlefaser-Bremsen sparte man zwar einiges an Gewicht, doch schließlich waren es Kleinigkeiten, die Brabham nur auf dem neunten Rang der Konstrukteurs-Wertung landen ließen. Zum Beispiel die Tatsache, daß ohne vorherige Warnung die Befestigungspunkte der Motoren manchmal um Zentimeter differierten, was beim Einbau stets für heikle Situationen sorgte.

1977 kam John Watson anstelle von Carlos Reutemann ins Team — und mit dem modifizierten BT458 kam wieder Optimismus auf: Im Vergleich zu seinem Vorgänger war er um 55 Kilo leichter! Die Moral erhielt jedoch bereits nach den drei ersten Rennen einen Dämpfer, als Carlos Pace bei einem Flugzeugabsturz in Brasilien ums Leben kam. Seinen Platz erhielt Hans-Joachim Stuck, der beim letzten Grand Prix der Saison in Watkins Glen — im Regen — kurz führte, bevor er nach einem Unfall ausschied. Immerhin war man am Jahresende wieder unter den ersten fünf Teams bei der Wertung zum Konstrukteurs-Pokal. Bereits zur Saisonmitte jedoch hatte Murray sein altes Lieblingsthema wieder aufgegriffen: Den neuen BT46 versah er wieder mit einem pyramidenförmigen Monocoque-Querschnitt und darüber hinaus mit einer völlig revolutionären Neuerung: Rechteckige Waben auf den Seitenteilen verrieten, daß hier Oberflächenkühlung angesagt war, die allerdings nicht optimal funktionierte. Der Motor wurde so heiß, daß selbst der neu angeheuerte Niki Lauda nicht damit zurecht kam, worauf Murray schließlich wieder zur konventionellen Kühlung griff. Stattdessen ließ er sich, inspiriert vom Lotus 79, einen neuen Gag einfallen: Beim Großen Preis von Schweden in Anderstorp debutierte der „Staubsauger“ (siehe Hauptkapitel) auf eindrucksvolle Art und Weise, wurde aber wenig später verboten. Trotzdem fiel die Saisonbilanz nicht übel aus: Mit 44 Punkten landete Niki Lauda auf Rang vier der Fahrer-WM. Doch die Überlegenheit der Lotus hatte es allen gezeigt:

Der 4 Zylinder BMW M12/13 Turbomotor im Brabham BT53 von 1984. Der Intercooler liegt links, der Kühler rechts vom Motor.

Ist er nicht toll? Der Brabham BT55, das flachste Formel 1 Auto aller Zeiten. Leider konnte das „Bügelbrett“ nicht die hohen Erwartungen erfüllen, die das revolutionäre Design und der neue BMW-Treibsatz weckten.

Wer in Zukunft siegen wollte, mußte über einen Wing-car verfügen. Dafür allerdings war der flach bauende Alfa-Zwölfzylinder nicht geeignet, und Murray überzeugte Chiti von der Notwendigkeit eines V12-Aggregats. Autodelta ging an die Arbeit, baute innerhalb von drei Monaten den ersten Prototyp des „1260"-Triebwerks, doch die von Gordon Murray intuitiv entworfene Aerodynamik erwies sich der Windkanal-Schöpfung von Lotus als unterlegen. Vor allem die Brabham-Fahrer hatten unter dem dadurch bedingten „porpoising", einer hüpfenden Auf-und-ab-Bewegung des Wagens bei hohen Geschwindigkeiten, extrem zu leiden. Folglich ging 1979 als eines der übelsten Jahre in die Brabham-Annalen ein, nachdem Lauda und das Jungtalent Nelson Piquet im Verlauf der gesamten Saison ganze sieben Punkte für ihr Team verbuchen konnten. Doch dann kam der Durchbruch: Zunächst mit Cosworth-Motoren und dann mit BMW-Turbo-Power verbuchten Murray und seine Mannen sowie der inzwischen gereifte Piquet zwei WM-Titel, deren Zustandekommen an anderer Stelle gewürdigt wird.

Erst 1984 geriet die Brabham-Truppe wieder aus dem Rausch, den die beiden Welmeistertitel ihres Fahrers Nelson Piquet ausgelöst hatten — und der Rückfall auf den Boden der Tatsachen war ziemlich schmerzhaft: Aus weiterentwickelten Versionen des Weltmeister-Autos von 1983, dem BT52, hatte Murray den BT53 entwickelt, der von Nelson Piquet und — im Wechsel — den Fabi-Brüdern Teo und Corrado gefahren wurde. Hinsichtlich der Resultate verlief das Jahr für Ecclestones Männer katastrophal, doch Gordon Murray gewann der kargen Bilanz noch etwas gutes ab: „Wir waren immerhin die einzigen, die den McLaren-Porsche wenigstens hier und da noch die Stirn bieten konnten." Immerhin gewann Piquet in Montreal und Detroit — und das reichte zusammen mit einigen weiteren Plazierungen doch noch für den vierten Rang im Konstrukteurs-Pokal. Am Ende der Saison kam ein weiterer Tiefschlag hinzu: Der bisherige Reifen-Lieferant Michelin zog sich aus dem Sport zurück, und Ecclestone kam zwar mit Pirelli zu einem lukrativen Abschluß, hatte damit aber auch auf einen relativen Neuling im Geschäft gesetzt.

Über den Winter absolvierte man zwecks Reifenentwicklung rund 12000 Test-Meilen in Kyalami und Rio, was nebenbei zu zuverlässigeren Motoren führte. Doch die italienischen Reifen waren danach der Konkurrenz von Goodyear immer noch nicht ebenbürtig. Wenn einmal alles zusammenpaßte, waren sie kaum zu schlagen — wie beim französischen Grand Prix in Le Castellet — doch im Normalfall waren sie kaum mit den Außentemperaturen in Einklang zu bringen! Zum Saisonende stand lediglich der Sieg in Frankreich auf der Habenseite, und gleichzeitig endete eine Ära: Doppel-Weltmeister Nelson Piquet, seit sieben Jahren im Team und fast schon zum Inventar gehörend, wechselte zu Williams und räumte sein Cockpit für Elio de Angelis, der 1986 dann bei Testfahrten tödlich verunglückte.

Das Jahr 1986 stand überhaupt für Bernie Ecclestones Team nicht unter einem guten Stern. Die neueste Schöpfung von Gordon Murray der BT55 erwies sich nicht als Topauto. Daran änderte auch der von BMW speziell für den superflachen Renner weiterentwickelte Vierzylinder, der auf der Längsachse um 74° geneigt eingebaut wurde, nichts. Es fehlte an grip, vor allem in schnellen Kurven. Gegen Ende der Saison kamen die BT55 langsam ans Laufen und waren immerhin auf den Geraden schon bei den Schnellsten, eine Folge ihrer geringen Stirnfläche. Man darf gespannt sein, wie es mit Brabham 1987 weitergehen wird, Gordon Murray wechselt zu McLaren.

BRM

Gegründet als eine Art Interessenverband zur Organisation eines rein britischen Rennstalls war British Racing Motors seit 1952 eine Tochterfirma der Owen Organisation, die in Bourne in der Grafschaft Lincolnshire residierte. Im Grunde war BRM immer das englische Pendant zu Ferrari. Während die meisten anderen Teams ihre Fahrzeuge größtenteils aus Fremdteilen zusammenschraubten, machte man bei BRM — wie bei Ferrari — alles selbst: Chassis, Motoren und Getriebe baute man nicht nur, man verkaufte sie sogar zum Teil an die Konkurrenz.

Während der letzten Jahre der 1,5-Liter-Formel — von 1963 bis 1965 — war BRM ein hervorragendes Team ohne den kleinsten Schwachpunkt. Nach dem Gewinn der Weltmeisteschaft 1962 durch Graham Hill plazierte sich BRM in den drei darauffolgenden Jahren jeweils auf Rang zwei des Konstrukteurspokals. Mit dem Start zur Drei-Liter-Formel begann dann eine neue Ära: Hinsichtlich der Motorisierung entschied sich Chefingenieur Tony Rudd für einen 16-Zylinder mit H-förmiger Anordnung der Zylinderbänke, der aus je zwei Aggregaten des bis dahin erfolgreichen Achtzylinders zusammengesetzt wurde. Zum Saisonbeginn 1966 starteten die Werksfahrer Graham Hill und Jackie Stewart jedoch noch mit einer Übergangslösung, dem 1,9 Liter großen Achtzylinder namens P261, der für die Tasman-Formel entwickelt worden war. Stewart siegte damit sogar noch in Monaco, doch beim Großen Preis von Italien feierte der H16-Motor sein Renndebut. In Monza fielen die beiden BRM ebenso aus wie der Lotus von Jim Clark, der ebenfalls mit einem BRM-Treibsatz bestückt war, doch wenige Wochen später beim Großen Preis der USA, folgte die Sensation: Ausgerechnet Jim Clark, der Mann mit dem Kunden-Motor, gewann — und Konstrukteur Rudd hatte nach seiner Heimkehr einiges zu erklären...

Immerhin war man mit 22 Punkten Vierter im Konstrukteurspokal, die allerdings samt und sonders mit dem Tasman-Renner errungen worden waren. 1967 sollte das Jahr des H16 werden. Bei Prüfstandsläufen über den Winter hatte Rudds Monstrum über 400 PS produziert und war damit das stärkste aller Aggregate. Doch es war auch das schwerste von allen: Trotz einer extrem leichten Karosserie aus Magnesium lag das Gewicht des BRM-Renners um mehr als 100 Kilo über dem Limit, was seine Chancen ebenso schmälerte wie die chronische Unzuverlässigkeit. Beim Saisonauftakt in Südafrika platzte Stewarts Motor bereits in der zweiten Runde, während der neue Teamkollege Mike Spence immerhin 32 Runden weit kam, bevor ihn eine gebrochene Ölleitung lahmlegte. Ähnlich verlief die gesamte Saison, die das BRM-Management schließlich sogar dazu bewog, das gesamte H16-Abenteuer zu den Akten zu legen, obwowhl zum Saisonende eine weiterentwickelte Version mit 64 (!) Ventilen rennreif war. Parallel dazu hatte man nämlich in Bourne einen Zwölfzylinder-

Jackie Stewart im alten P261 der Tasman-Formel beim französischen Grand Prix in Le Mans 1967.

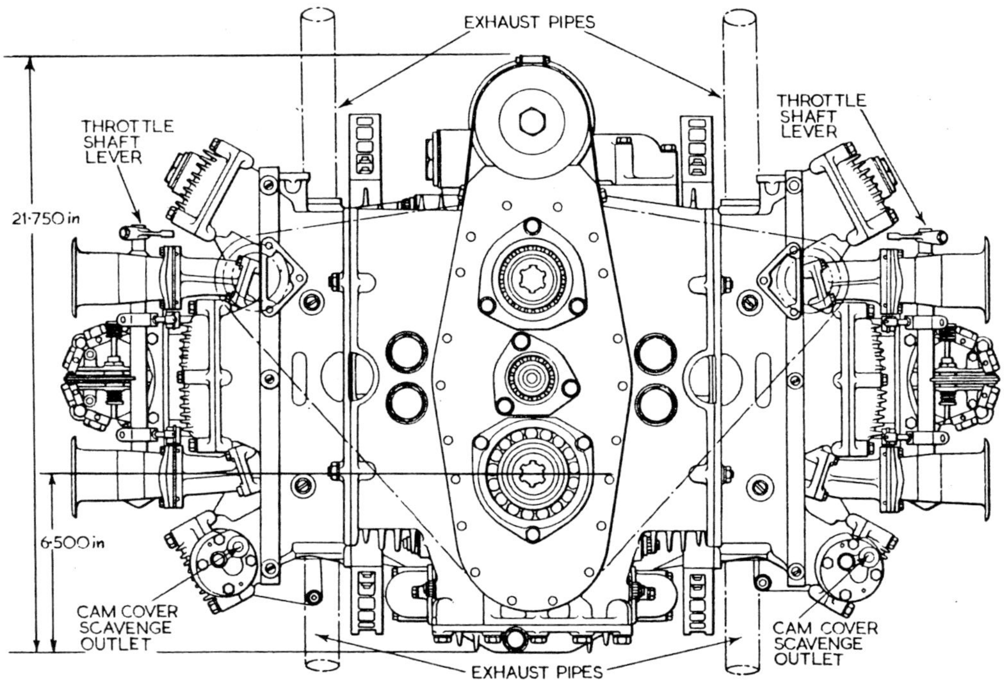

Der BRM 16 Zylinder von 1966 war der Versuch, aus zwei 8-Zylinder 1,5-Liter-Motoren einen 3-Liter zu machen.

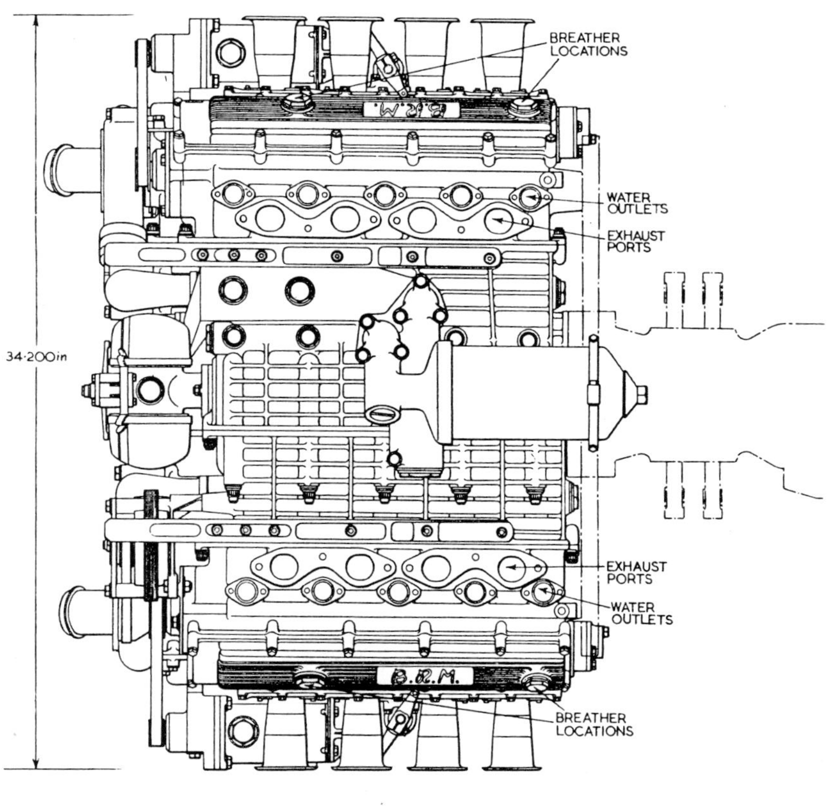

Motor entwickelt, der eigentlich für den Einsatz in Sportwagen gedacht war, sich aber auch für die Formel1-Verwendung empfahl. Beim ersten Rennen der Saison 1968 in Kyalami gab Mike Spence die Abschiedsvorstellung des H16, während sein neuer Teamkollege Pedro Rodriguez das Jungfernrennen mit dem V12 bestritt. Der freischaffende Designer Len Terry hatte für BRM das Chassis mit der Bezeichnung P126 entworfen, mit dem Rodriguez und — nach dem Tod von Mike Spence in Indianapolis — der Brite Richard Attwood für diverse Achtungserfolge sorgten. Der Durchbruch sollte dann 1969 erfolgen — mit Vierventil-Zylinderköpfen. Doch beide Fahrer — John Surtees und Jackie Oliver waren neu zum Team gekommen — mokierten sich über mangelndes Drehmoment, während die Zuverlässigkeit auch weiterhin zu wünschen übrig ließ. Im Verlauf der Saison kam noch erschwerend hinzu, daß man angesichts der Motorprobleme die Weiterentwicklung der Chassis' vernachlässigte. Während die Konkurrenz längst flachere und breitere Modelle an den Start rollte, erschien BRM nach wie vor mit fast schon antik anmutenden Zigarren-ähnlichen Monocoques. Angesichts einer solchen Vielzahl von Problemen war es kein Wunder, daß BRM am Jahresende mit ganzen sieben WM-Punkten dastand, errungen bei immerhin 27 Starts.

Das war Anlaß genug, einen neuen Anfang zu machen: Mit Tony Southgate holte man sich einen neuen Kontrukteur, der den P153 auf die Räder stellte. Das wegen seines bauchigen Monocoques „Zwiebel" getaufte Mobil erwies sich nach der Überwindung einiger Kinderkrankheiten als durchaus konkurrenzfähig: Rodriguez gewann damit nach einem epischen Duell mit March-Mann Chris Amon sogar den Großen Preis von Belgien in Spa und führte auch in diversen weiteren Rennen, fiel dort aber stets aus, was sich in der Saisonbilanz in relativ ärmlichen 23 Punkten niederschlug. Es hätten mit etwas mehr Glück durchaus doppelt so viele sein können. Doch immerhin: Sponsor Yardley war mit seiner ersten Saison in der Formel 1 so zufrieden, daß man beschloß, mit BRM weiterzumachen. Eine glückliche Entscheidung, wie sich bald herausstellen sollte: Für 1971 konstruierte Southgate den besten BRM der Drei-Liter-Formel, den P160, der schöner, niedriger und leichter war als sein Vorgänger. Auch fahrerisch verbesserte man sich: Anstelle von Jackie Oliver kam der Schweizer Jo Siffert neu ins Team. Rein statistisch wurde die Saison zu einem vollen Erfolg. Aus 59 Starts — zeitweise hatte man drei oder gar vier Wagen ins Rennen geschickt — holte man 36 Punkte, darunter zweimal neun bei den Siegen in Österreich und in Italien, doch ein schwarzes Jahr war es dennoch: Pedro Rodriguez war zur Saisonmitte am Norisring tödlich verunglückt — und Jo Siffert erlitt dasselbe Schicksal beim Saisonabschluß in Brands Hatch.

Danach ging es mit BRM nur noch bergab. Temachef Louis Stanley, verheiratet mit einer Mitbesitzerin der Owen Organisation, sicherte sich für 1972 Sponsorgelder von Marlboro und verfiel anschließend dem Größenwahnsinn: Sechs Wagen wollte er bei jedem Grand Prix an den Start rollen, um damit sich und seinem Sponsor die maximale Aufmerksamkeit zu sichern. „Wer ein Auto einsetzt, kann auch zehn Autos einsetzen — er braucht halt nur das zehnfache Personal", so lautete Stanleys Philosophie, die sich als herbe Fehleinschätzung der Materie erwies. Während der Saison 1972 kam es zu 50 BRM-Starts in der Weltmeisterschaft, aber nur zu vier Zielankünften in den Punkterängen. Verglichen mit den 16 Zielankünften von McLaren bei 25 Starts war das eine katastrophale Bilanz.

Oben: *Graham Hill im BRM P83 beim französischen Grand Prix in Reims 1966.*

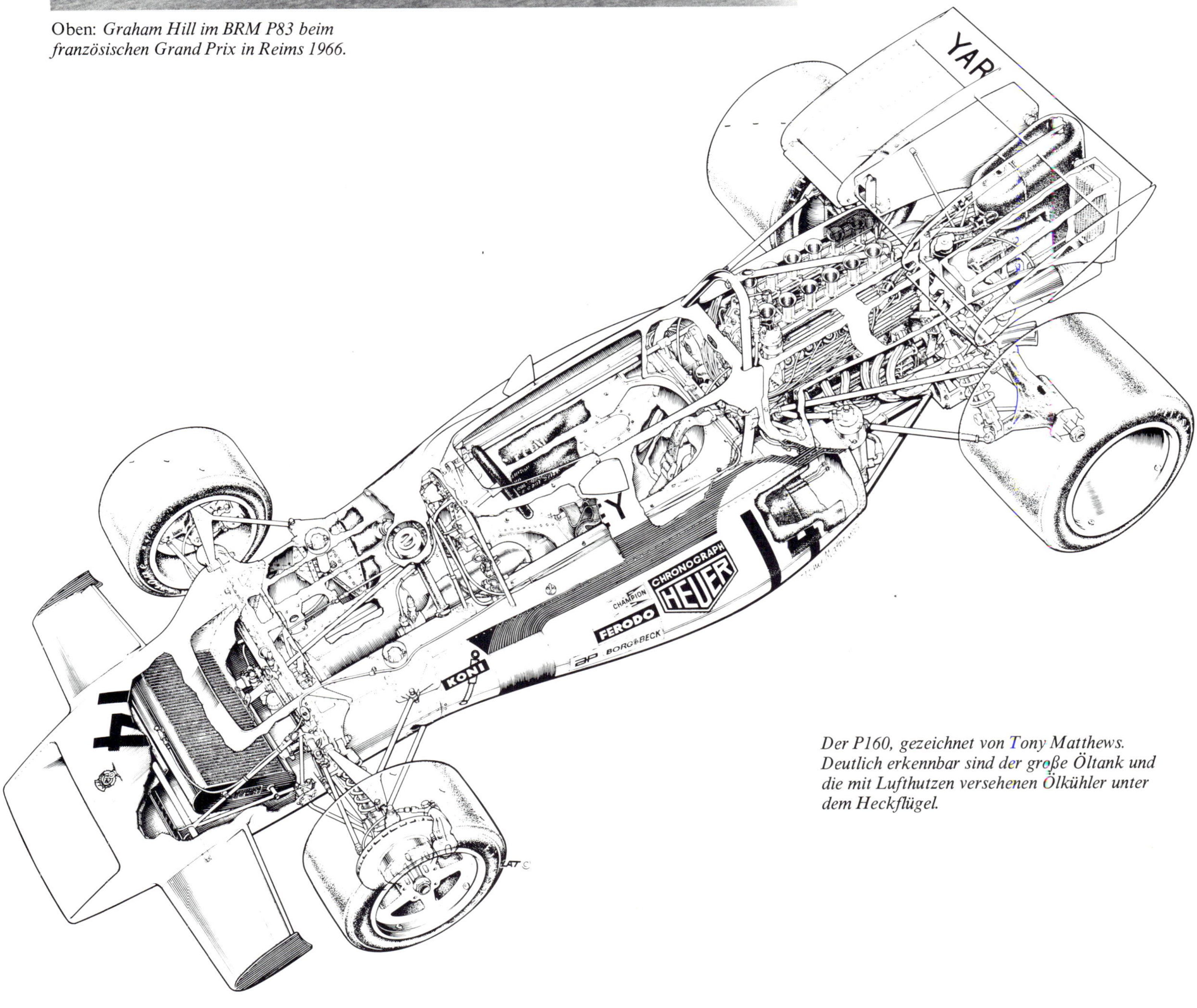

Der P160, gezeichnet von Tony Matthews. Deutlich erkennbar sind der große Öltank und die mit Lufthutzen versehenen Ölkühler unter dem Heckflügel.

Monaco 1972: Beltoise auf dem Weg zum letzten Grand Prix-Sieg von BRM.

1968 feierte der BRM V12 Premiere.

Richard Attwood bei seiner brillanten Fahrt auf den zweiten Rang beim Grand Prix in Monaco 1968.

Jean-Pierre Beltoise beim Grand Prix von Italien 1972 mit dem P180.

Tony Southgates P160 war 1971 ein absolutes Spitzen-Auto. Hier sieht man deutlich, warum er den Spitznamen „Zwiebel" erhielt.

Der BRM P201 von 1974, konstruiert von Mike Pilbeam.

Nicht weniger als zehn verschiedene Fahrer gaben sich die Lenkräder in die Hand, während Teammanager Tim Parnell gleichzeitig vier oder fünf Wagen zu betreuen hatte. Verständlich, daß bei solcher Hektik weder Motor noch Fahrwerk auch nur halbwegs weiterentwickelt werden konnten. Tony Southgate erinnert sich: „Tim Parnell und ich verloren zeitweise den Überblick. Manchmal mußte ich die Fahrer an den Boxen fragen, was wir an ihrem Auto zuletzt verändert hatten. Ich kam mit meinen Aufzeichnungen nicht mehr nach, weil permanent mindestens zwei Autos an der Box standen."

Als Fahrer agierten während der Chaos-Saison anfangs Jean-Pierre Beltoise, Peter Gethin, Howden Ganley, Helmut Marko und Alex Soler-Roig, während Reine Wisell und Vern Schuppan als Reservisten verpflichtet worden waren. Nachdem Soler-Roig aus dem Team schied und Helmut Marko wegen einer Augenverletzung seine Karriere beenden mußte, kamen auch noch Brian Redman, Jackie Oliver und der Kanadier Bill Brack in die BRM-Cockpits, doch für die beiden einzigen Siege der Saison — in Monaco und Brands Hatch — zeichnete Beltoise verantwortlich. Beltoise war auch der einzige, der 1973 im Team blieb, nachdem Parnell und Southgate bei Sponsor Marlboro dafür gesorgt hatten, daß maximal noch drei Fahrer für BRM starten sollten. Neben dem Franzosen belegten Clay Regazzoni und Niki Lauda die Cockpits der beiden übrigen P160, die auch in ihrem dritten Rennjahr der Konkurrenz noch immer ebenbürtig waren — zumindest, was ihr Fahrverhalten anging. Zum Schwachpunkt bei BRM wurden nach dem Weggang von Motorenmann Aubrey Woods die Zwölfzylinder, die infolge stagnierender Entwicklung nicht mehr mit der Cosworth-Konkurrenz Schritt halten konnten. Trotz der hervorragenden Fahrerbesetzung kam man in der gesamten Saison nur zu zwölf WM-Punkten, so daß zum Jahresende neben Sponsor Marlboro auch Lauda und Regazzoni zu Ferrari abwanderten. Übrig blieb Beltoise, der dank des neuen Sponsors Motul zwei Landsleute zu Kollegen bekam: Henri Pescarolo und Francois Migault. Während Teamchef Stanley zu Saisonbeginn 1974 das traditionelle „british racing green" zu neuen Ehren erhob und die wachsende politische Rolle der Sponsoren in den anderen Teams kritisierte, baute Tony Southgates Nachfolger Mike Pilbeam einen neuen BRM, den P201, der vom Handling zwar exzellent war, der aber ebenso wie sein Vorgänger am nicht mehr konkurrenzfähigen Motor krankte. Immerhin brachten die Bemühungen der Fahrer noch zehn Punkte auf das BRM-Konto — und fast ahnte man schon, daß es die letzten sein würden.

Das Endstadium des einst ruhmreichen Teams war lange und qualvoll: 1975 plagten sich zuerst Mike Wilds und später Bob Evans mit dem alten P201 um die Ecken — die beste Plazierung bei nur vier Zielankünften war ein neunter Rang. 1976 sollte nach Stanleys Willen ein Jahr des Neubeginns werden — nach einem einzigen Einsatz in Brasilien mit Ian Ashley zog man sich nach Bourne zurück, um sich ausgiebig für 1977 vorzubereiten. Doch auch das Comeback war wenig ruhmreich. Es begann damit, daß Fahrer Larry Perkins beim Saisonauftakt in Buenos Aires vergeblich auf sein Auto wartete — es hatte beim Verladen in England nicht durch die Ladeklappe des Flugzeugs gepaßt. Nachdem ein frustrierter Perkins den Löffel warf, versuchten sich noch Guy Edwards, Conny Andersson und Teddy Pilette in dem vom Len Terry konstruierten, klobigen P207 — und dann kam das Ende. Die Uhrenfirma Rotary, der Stanley das Blaue vom Himmel versprochen hatte, zog ihre Spon-

Jo Siffert (oben) *und Peter Gethin* (darunter) *siegten mit dem P160 1971 in Zeltweg und Monza.*

Erster Sieg für den V12: Pedro Rodriguez 1970 in Spa.

Der P192 BRM V12-Motor von 1974 hätte mehr Zeit und Geld zur ordentlichen Weiterentwicklung nötig gehabt.

sorschaft zurück und prozessierte gegen Stanley, der daraufhin endgültig resignierte.

Connew

Peter Connew war ein Designer im Team des zweifachen Weltmeisters John Surtees, der sich nach zweijähriger Tätigkeit im Angestellten-Verhältnis 1972 dazu entschloß, auf eigene Faust einen Formel 1 zu bauen. Ohne über auch nur halbwegs ausreichende finanzielle Mittel zu verfügen, baute er zusammen mit ein paar Freunden in einem kleinen Schuppen ein Chassis zur Aufnahme eines Cosworth-Motors, das beim englischen Grand Prix 1972 debutierte. Als Fahrer agierte Francois Migault, der sich aber wegen eines Aufhängungsschadens nicht qualifizieren konnte. Beim nächsten Rennen, am Nürburgring, ließen die Veranstalter den unerfahrenen Migault noch nicht einmal zum Training zu. Erst beim dritten Anlauf, in Österreich kam der Connew ins Rollen, doch Probleme mit der Hinterradaufhängung sorgten nach 22 Runden für den Ausfall. Schließlich qualifizierte David Purley den Connew PC1 beim Saison-Abschlußrennen in Brands Hatch, doch Elektrik-Probleme verhinderten seinen Start. Danach modifizierte Peter Connew seinen Renner für die Formel 5000, wo das wohl am schlechtesten finanzierte Formel-1-Projekt aller Zeiten schließlich in der Versenkung verschwand.

Peter Connews Eigenbau beim englischen Grand Prix 1972.

Cooper

Anfang 1965 verkaufte John Cooper seine Cooper Car Company an die Chipstead Motor Group, einen großen Londoner Autohändler. Einer der leitenden Angestellten bei Chipstead war der Italiener Mario Tozzi-Condivi, der mit den Maserati-Besitzern Adolfo und Omer Orsi befreundet war. Nachdem feststand, daß sich der langjährige Motoren-Lieferant von Cooper, die Firma Coventry-Climax, nicht in der Drei-Liter-Formel betätigen würde, ließ Tozzi-Condivi seine Drähte zu den Orsis spielen. Am Ende seiner Aktivitäten stand die Zusage von Maserati, Motoren an Cooper zu liefern — und die Entstaubung der damals schon neun Jahre alten 2,5 Liter großen Zwölfzylinder, die noch in der Frontmotoren-Ära konzipiert worden waren. Ingenieur Giulio Alfieri machte sich an die Arbeit, den Motor zu vergrößern und auf den neuesten Stand zu bringen — und auf der London Racing Car Show im Januar 1966 stand der erste aller britischen Formel 1 der Drei-Liter-Formel, der bereits mit einem zum Reglement passenden Motor ausgestattet war. Gleich sechs Chassis' wurden gebaut, von denen drei an private Bewerber verkauft wurden: Whisky-Erbe Rob Walker kaufte eines für Jo Siffert, und auch die als Teamchef und Fahrer in Personalunion firmierenden Guy Ligier und Joakim Bonnier kauften Cooper — während die restlichen drei Wagen den Werkspiloten Jochen Rindt und Richie Ginther vorbehalten blieben.

Zur Saisonmitte kam mit Ferrari-Flüchtling John Surtees noch ein dritter Werksfahrer hinzu, der sich alsbald als höchst segensreich erwies: Erst Surtees war in der Lage, dem etwas ungeschlacht wirkenden Cooper ein berechenbares Fahrverhalten anzuerziehen. Schnell genug waren die Cooper bereits vorher — mit immerhin 360 PS mußten sie sich vor der Konkurrenz leistungsmäßig nicht verstecken. Am Nürburgrig verbuchte Surtees die schnellste Runde für sich, und in Watkins Glen beim Grand Prix der USA hätte der weißhaarige Altmeister vermutlich sogar gewonnen, wenn ihn nicht ein Hinterbänkler beim Überrunden von der Strecke gedrängt hätte. Dafür war es dann beim Finale in Mexico so weit. Die Höhenluft bekam dem Zwölfzylinder so gut, daß Surtees die schnellste Trainingszeit und am Ende auch den Sieg davontrug. In der Weltmeisterschaft landeten Surtees und Rindt auf den Rängen zwei und drei — und Cooper war mit 35 Punkten Zweiter im Konstrukteurspokal und hatte damit die beste Saison seit vier Jahren hinter sich.

Besser sollte es allerdings auch nicht mehr werden. Surtees verließ Ende des Jahres das Team und ging zu Honda, während Pedro Rodriguez den Platz neben Rindt einnahm. Motoren-Mann Alfieri steuerte zum Saisonbeginn in Monaco einen neuen Dreiventil-Zylinderkopf bei — doch auch damit waren dem schweren Cooper T81, den die Fahrer „das Biest" nannten, nicht ausreichend lange Beine zu machen. Als beim englischen Grand Prix das Nachfolgemodell T86 debutierte, erwies sich auch das nicht als „frontrunner", sondern erregte den Zorn der Ästheten: Es verfügte über die anerkannt häßlichste Frontpartie aller bis dahin bekannten Formel 1-Vehikel! Darüber hinaus hatte der T86 noch schwerer wiegende Unarten: Als man beim Testen herausfand, daß sein Bug zum Abheben tendierte, beschwerte man ihn mit 30 Pfund Blei, bevor man ihm in Monza erstmals einen Frontspoiler anmontierte. Auch die Motoren-Betreuer neigten zu abenteuerlichen Problemlösungen: Zum Saisonende in den USA erschienen die Maserati-Motoren mit Dreifachzündung, was Keith Duckworth von der Konkurrenz zu einem sarkastischen Kommentar veranlaßte: „Wenn ein Funken nicht genügt, hat alles ohnehin keinen Zweck mehr. Dann ist irgend etwas total daneben." Tatsächlich war es das Problem der Technologie der 50er Jahre, die hier bis zum Geht-nicht-mehr ausgereizt wurde. Ende 1967 lief der Vertrag mit Maserati aus und wurde aus verständlichen Gründen nicht mehr erneuert. Stattdessen sicherte sich John Cooper die Dienste seines ehemaligen Konstrukteurs Tony Robinson, der den T86 zu einer B-Version modifizierte und dafür den Einbau des BRM-Zwölfzylinders vorsah.

Die ersten Vorteile des neuen Triebwerks machten sich auf der Kostenseite bemerkbar: Da der BRM-Zwölfzylinder deutlich leichter war als das Maserati-Monstrum, konnte beim Chassisbau auf die Verwendung teuren Magnesiums verzichtet werden. Auch bei den Radaufhängungen wurde gespart: Sie stammten — kaum verändert — vom Vorgängermodell. Da die Markt-Interessen der Chipstead-Gruppe sich inzwischen auch auf Alfa Romeo ausgeweitet hatten, wagte man mit dem Formel 1 ebenfalls einen Versuch in diese Richtung: Irgendwann im Verlauf der Saison testete Lucien Bianchi sogar einen Cooper mit dem 2,5 Liter großen Alfa-Sportwagenmotor, doch der von den Italienern zugesagte Dreiliter-Treibsatz erschien nie auf der Bildfläche.

Es hätte wahrscheinlich auch nicht viel am weiteren Werdegang des ehemals renommierten Teams geändert. Zum Jahresende 1967 war der Sponsorvertrag mit BP ausgelaufen — ein Einnahmeverlust, den die Truppe nie überwand. Unter den beschränkten Mitteln litt zwangsläufig die Bilanz der nächsten Saison: Ludovico Scarfiotti, Brian Redman, Lucien Bianchi und Vic Elford brachten während des ganzen Jahres nur magere 14 Zähler zusammen — und zum Jahresende stand ein Cooper-Cosworth auf den Reißbrettern, doch er wurde nie gebaut. Nachdem sich die letzten vielversprechenden Sponsorverhandlungen für 1969 zerschlagen hatten, kam das bittere Ende.

Copersucar

siehe unter Fittipaldi

Cosworth

Man schrieb das Jahr 1969, als man sich in der britischen Motorenschmiede Cosworth daran begab, einen avantgardistischen Formel 1 zu konstruieren, der über Allradantrieb verfügen sollte, um so dem von allen Cosworth-Motorenkunden beklagten Traktionsübel abzuhelfen. Der nach damaligen Maßstäben abrupte Leistungseinsatz des Cosworth-Achtzylinders — die Verwender heutiger Turbomotoren lächeln darüber — war das Hauptproblem, mit dem der frisch von McLaren zu Cosworth gewechselte heutige March-Chef Robin Herd zu kämpfen hatte. Der Allradantrieb war eine zwar theoretisch offenkundige, praktisch jedoch nur schwer durchführbare Lösung — im wahrsten Sinn des Wortes. Die für den Kraftfluß an alle Räder notwendige Mechanik nämlich wog ziemlich schwer — und ließ sich selbst durch einen Magnesium-Motorblock, bis heute ein Unikum, gewichtsmäßig nicht ausgleichen.

In ausgiebigen Testfahrten mit Mike Costin und Brian Redman stellte sich allerdings auch heraus, daß eine Verlagerung nennenswerter Leistung auf die Vorderachse die Fähigkeiten der damaligen Reifen bei weitem überstieg. Das daraus resultierende Untersteuern ließ die Konstrukteure zunehmend zu der Erkenntnis gelangen, daß es sinnvoll sei, einen möglichst großen Teil der Leistung der Hinterachse zuzuführen. Schließlich kristallisierte sich heraus, daß der Heckantrieb eigentlich doch ideal sei, was das gesamte Projekt ad absurdum führte. Robin Herd: „Bruce McLaren beschrieb das Problem am besten, als er sagte: Einen allradgetriebenen Formel 1 zu bewegen, ist genau so wie Autogramme zu schreiben, während dir pausenlos jemand gegen den Ellenbogen schlägt. Bruce schlug eine variable Sperre an der Vorderachse vor, doch schließlich stellte sich heraus, daß man mit aerodynamischen Mitteln auf billigere Art bessere Resultate erzielen konnte — und damit war das Projekt gestorben." Ohne daß auch nur ein einziger Renneinsatz erfolgt war, verschwand der Cosworth-Formel 1 im Rennwagenmuseum von Donington.

"Das Biest" – Pedro Rodriguez im unförmig-klobigen Cooper-Maserati T81. Gut sichtbar: die gekröpften Enden der unteren Querlenker.

De Tomaso

Auf Wagen der Marken OSCA, Maserati und Ferrari hatte sich der argentinische Unternehmer Alessandro de Tomaso in den Fünfziger Jahren einen Namen als Amateur-Rennfahrer gemacht – und im Anschluß daran in Modena eine Firma zur Produktion von Hochleistungs-Fahrzeugen gegründet. Um dem Namen de Tomaso ein größeres Renommee zu verleihen, beteiligte sich das Unternehmen 1969 in der Formel 2. Konstrukteur war der junge Ingenieur Gian Paolo Dallara, dessen Schöpfung den Briten Frank Williams so überzeugte, daß er de Tomaso überredete, mit ihm als Teamchef in die Formel 1 einzusteigen. Bereits 1970 war es soweit: Fahrer Piers Courage schaffte bereits beim dritten Rennen mit dem Cosworth-getriebenen Boliden einen dritten Rang – und Jackie Stewart, der den de Tomaso im Training zur Daily Express Trophy in Silverstone kurz bewegt hatte, gab einen weltmeisterlichen Kommentar darüber ab: „Er ist ziemlich gut." Die Moral im Team war entsprechend, und nach zwei weiteren ordentlichen Vorstellungen erschien zum holländischen Grand Prix in Zandvoort ein neuer, leichterer de Tomaso. Es war gleichzeitig das Ende: Im Rennen, auf Rang sieben liegend, hatte Courage einen fürchterlichen Unfall, bei dem er im Cockpit eingeklemmt – verbrannte.

Danach verlor de Tomaso sein Interesse an dem Projekt, während Williams nach kurzer Pause weitermachte. Nacheinander fuhren Brian Redman und Tim Schenken den de Tomaso in den verbleibenden Rennen der Saison, doch die Erfolge blieben aus. Firmenchef de Tomaso ließ das letzte produzierte Chassis mit der Bezeichnung 505/3 in sein Werk nach Modena bringen, wo es heute noch steht – und Williams begann, eigene Autos zu bauen.

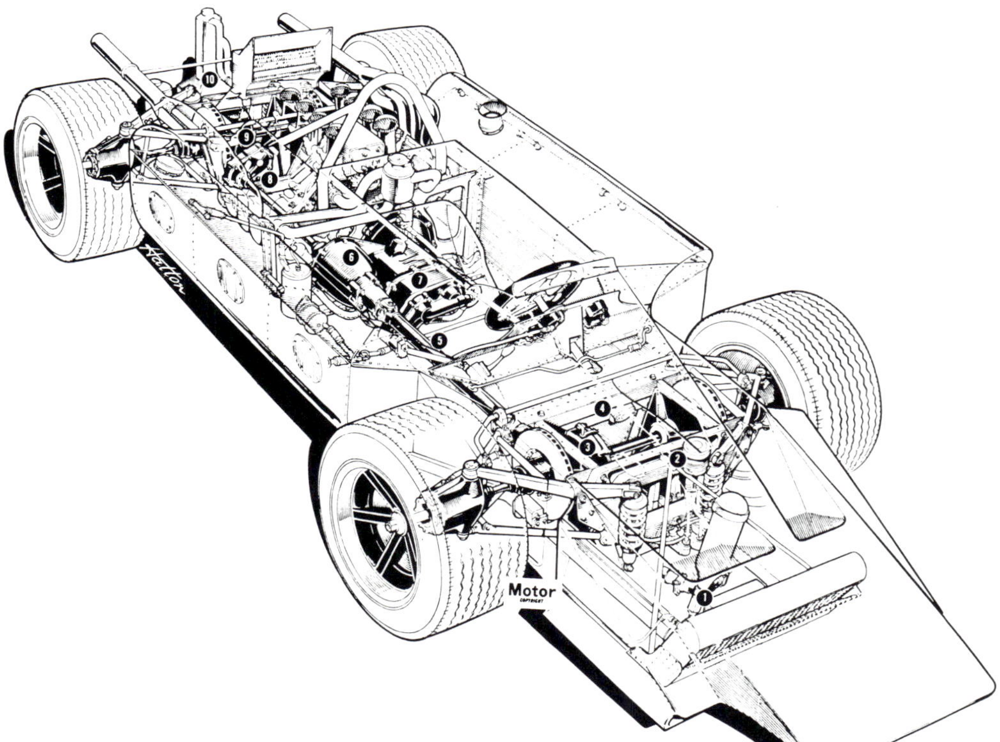

Eine Phantom-Zeichnung des Cosworth-Formel 1 sagt mehr aus als das Foto, auf dem Mike Costin den Allradler in Silverstone testet. Später erhielt der Wagen auch noch einen niedrigen Heckflügel.

Eagle

Die beiden ehemaligen Le Mans-Sieger Dan Gurney und Carroll Shelby – auch bekannt als Schöpfer des legendären Ford Cobra – gründeten 1965 ein Team namens All American Racers, mit dem sie zunächst ausschließlich die 500 Meilen von Indianapolis ins Visier nahmen. Doch Gurney bis 1965 für Brabham auch in der Formel 1 aktiv, strebte mit dem Beginn der Dreiliter-Formel auch in die Grand Prix-Szene. Unter dem Namen Eagle hatte der ehemalige Lotus-Konstrukteur Len Terry einen Indy-Renner konstruiert, den er nun für den Einsatz in der Formel 1 durch die Verwendung symmetrischer Radaufhängungen modifizierte. Das bemerkenswerteste Detail des Eagle T1G jedoch waren die insgesamt vier Bremsscheiben an der Vorderachse, die allerdings nach den ersten Tests wieder in der Versenkung verschwanden. Für den Antrieb wählte man ein völlig neues Triebwerk aus, einen Zwölfzylinder in V-Anordnung der englischen Firma Weslake, den der ehemalige BRM-Mann Aubrey Woods konzipiert hatte. Die ersten Rennen wurden jedoch noch mit den fast schon antiken 2,75-Liter-Coventry-Climax-Vierzylindern bestritten. Beim Jungfernrennen im belgischen Spa, Gurney hatte sich als letzter qualifiziert, passierte Unglaubliches: Gurney wurde Siebter, nachdem er etwa zur Mitte des Rennens auf offener Strecke gestoppt hatte. Er war aus dem Cockpit gestiegen, hatte den Motor

Flaches Monocoque, Schnabelnase und perfekte Verarbeitung kennzeichneten die AAR-Eagle-Weslakes: Chassis Nummer T1G-102 in Le Mans 1967.

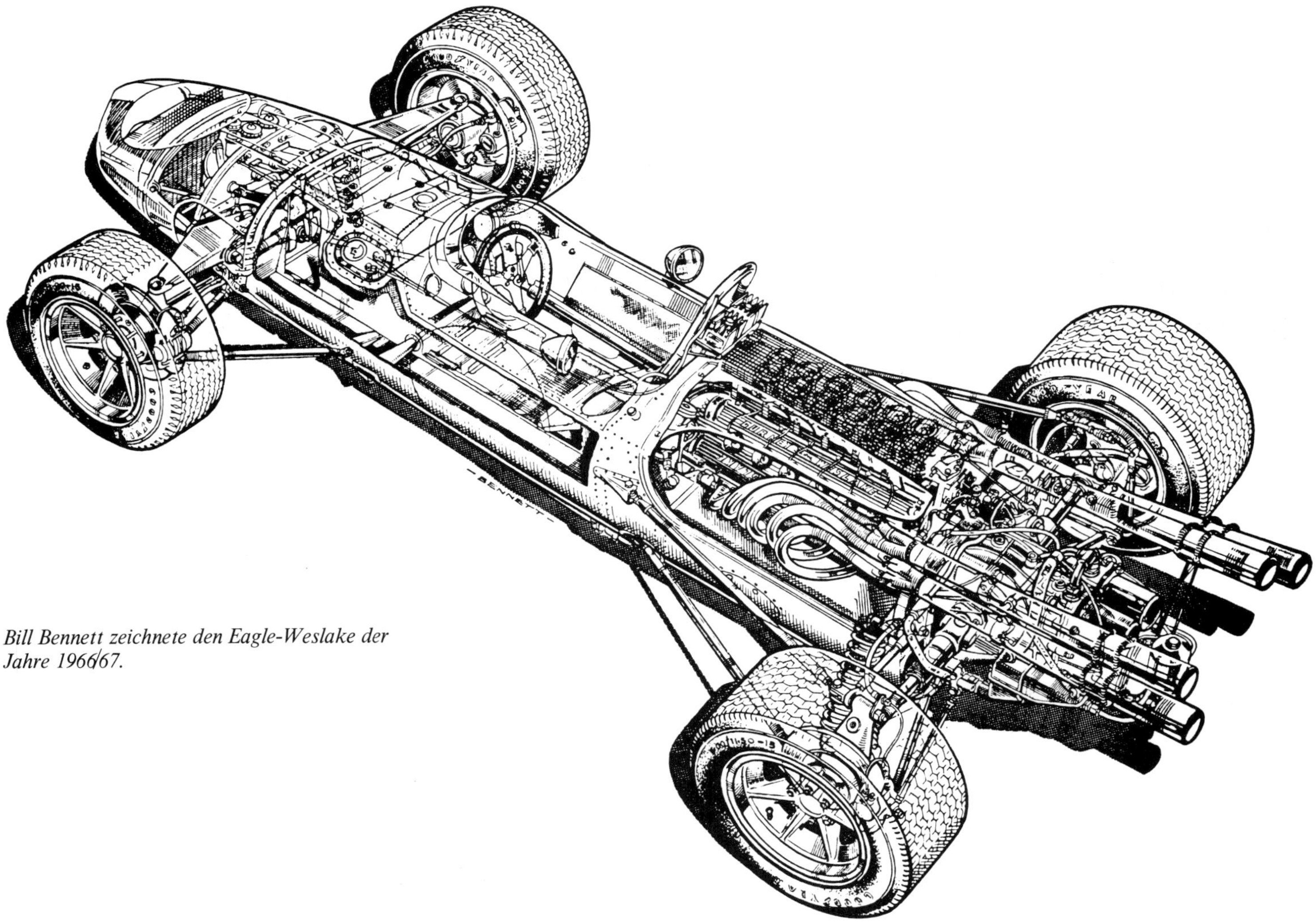

Bill Bennett zeichnete den Eagle-Weslake der Jahre 1966/67.

laufen gelassen, den Wagen mit einem Stein vor dem Hinterrad vor dem Wegrollen gesichert und war kurz in einem Gebüsch verschwunden. „Die Vibrationen waren so stark," erklärte er später, „daß ich befüchtete, irgend etwas in mir würde platzen."

Beim nächsten Rennen in Reims fuhr Gurney durch und erbte prompt einen fünften Platz und damit die ersten WM-Punkte für sein junges Team. Noch besser lief es beim dritten Rennen in Brands Hatch — zumindest zeitweise: Gurney war Dritter im Training und lag im Rennen auf Rang zwei, bevor gebrochene Kolbenringe zur Ursache für seinen Ausfall wurden. Gute Trainingsleistungen, aber Probleme im Rennen kennzeichneten auch den weiteren Verlauf der Saison, bevor im italienischen Monza erstmals der Weslake-Motor zum Einsatz kam. Probleme mit dem Benzinsystem und zu hohen Öltemperaturen bedingten seinen Ausfall nach 17 Runden — ähnliche Schwierigkeiten gestalteten auch die restlichen Rennen nicht gerade erfreulich.

Für 1967 wurde der alte Climax-Motor endgültig ausgemustert — und anstelle des bis dahin sporadisch eingesetzten Bob Bondurant kam Gurneys Landsmann Richie Ginther als zweiter Mann ins Team. Beim Race of Champions in Brands Hatch führte Gurney lange vor Ginther, bevor dieser ausfiel — doch Gurney gewann knapp vor einem Ferrari. Unbestritten war der Eagle zu diesem Zeitpunkt eines der schönsten Formel 1-Autos, doch er war immer noch um rund 80 Kilo zu schwer, was wohl auch der Grund für Ginthers Nicht-Qualifikation in Monaco war. In Zandvoort jedoch, wo mit dem AAR 104 eine leichtere Version mit Magnesium-Verkleidung erschien, trat Ginther mit der Begründung, „für den modernen Rennsport nicht mehr geeignet zu sein", zurück, weshalb Gurney in Spa allein die Eagle-Farben vertrat — und gewann. Beim französischen Grand Prix debutierte Bruce McLaren als zweiter Eagle-Fahrer, fiel jedoch wie sein Teamchef aus.

Die restlichen Rennen der Saison zeigten ein einheitliches Bild: Die Autos waren durchaus schnell und konkurrenzfähig, doch nicht lange genug. Fast immer waren Motorschäden unterschiedlichster Prägung für die notorischen Ausfälle verantwortlich. Verständlich, daß man bei AAR die bei Weslake geleistete Arbeit in Qualitäts-Zweifel zog und entsprechende Konsequenzen ergriff. Fortan baute man die Weslake-Teile in eigener Regie zusammen, doch die Ergebnisse blieben kläglich: Das Saison-Debut 1968 in Südafrika endete ebenfalls mit einem Totalausfall, weshalb man zugunsten der ungestörten Entwicklung eines verbesserten Eagle Mark 1A beim Großen Preis von Spanien gar nicht antrat. Einer erneuten Enttäuschung in Monaco folgten weitere Startverzichte — und auch bei den beiden letzten Eagle-Auftritten am Nürburgring und in Monza fiel Dan Gurney aus. Den Rest der Saison bestritt der AAR-Boß auf einem McLaren-Cosworth, während sein neuer Konstrukteur Tony Southgate einen Nachfolger zeichnete, der aber nie vom Reißbrett auf die Piste gelangte. Im November 1968 erklärte Gurney den Rückzug von AAR aus der Grand Prix-Szene.

Ensign

Morris Nunn, ein ehemaliger Lotus-Werksfahrer auf Sportwagen und in der Formel 3, baute unter dem Namen Ensign Formel-3-Fahrzeuge, als ihm einer seiner Kunden, der reiche Liechtenstei-

Ein wahres Chromwunder und optisch sicher der schönste der 3-Liter-Motoren: Der Gurney-Weslake V12 aus den 60ern.

Kurz vor dem Ende: Dan Gurney mit dem damals neuen Bell Star Helm auf dem Weg zur einzigen Zielankunft mit dem aerodynamisch modifizierten Eagle-Weslake 104 bei der Regenschlacht 1968 auf dem Nürburgring.

Großer Tag für die Eagles: Dan Gurney (5) und Richie Ginther (6) dominierten das „Race of Champions" 1967 in Brands Hatch.

Clay Regazzoni im vielversprechenden Ensign N180 bei dessen Debut in Buenos Aires. Mit diesem Fahrzeug erlitt der Schweizer in Long Beach den Unfall, der seine Karriere beendete.

ner Rikky von Opel, Ende 1972 bat, für ihn einen Formel 1 zu bauen. Das Debut des Ensign-Cosworth N173 erfolgte beim Großen Preis von Frankreich 1973. Die eher simple Monocoque-Konstruktion wurde überstrahlt von einer ziemlich gewagt gestylten Verkleidung, die dem Ganzen ein recht klobiges Erscheinungsbild verlieh. Von Opel war kaum mehr als ein optimistischer Amateur, und so war es wohl weniger die Schuld des Wagens, daß der reiche Erbe — wenn überhaupt — auf den hinteren Rängen ins Ziel kam. Immerhin warf von Opel seinem Konstrukteur zum Saisonende vor, der Wagen sei nicht konkurrenzfähig und kaufte sich bei Brabham ein, wo er jedoch auch bald die Lust verlor. Nunn dagegen hatte an der Formel 1 Feuer gefangen und machte weiter. Gastfahrer Brian Redman sorgte 1974 in Silverstone für einen Achtungserfolg, als er den Ensign auf den achten Rang brachte, doch die Finanzen waren knapp. Auch der Hongkong-Chinese Teddy Yip brachte nur kurzfristig Geld in die Ensign-Kasse, um seinen Günstling, den Australier Vern Schuppan, in der Formel 1 unterzubringen. Nach wenigen Rennen stand Nunn wieder alleine da und setzte für die restlichen vier Rennen der Saison den Briten Mike Wilds in sein Auto, der sich allerdings nur einmal, beim Grand Prix der USA; fürs Rennen qualifizieren konnte.

1975 war ein weiteres Chaos-Jahr, in dem die beiden Holländer Roelof Wunderink und Gijs van Lennep sowie der Neuseeländer Chris Amon den Ensign nicht gerade erfolgreich bewegten. Einziger Lichtblick: Der große Preis von Deutschland, bei dem van Lennep mit seinem sechsten Platz auf dem Nürburgring den ersten WM-Punkt für Mo Nunn holte. Auch 1976 hatte zu Saisonbeginn einen Lichtblick zu bieten. In Long Beach brachte Chris Amon das mittlerweile drei Jahre alte Chassis Nummer 2 auf den achten Rang im Ziel und zeigte damit, wie gut entweder das Auto war oder er selbst sein konnte. Wenig später war auch das von Dave Baldwin konstruierte neue Modell mit der Typenbezeichnung MN05 rennfertig, das für einige Überraschungen sorgen sollte. Gleich beim Debut in Jarama kam Amon damit auf den fünften Platz — und im schwedischen Anderstorp kam die Sensation: Amon startete aus der zweiten Reihe, bevor im Rennen beim Kampf um Rang drei ein Vorderrad des Ensign abbrach und einen heftigen Unfall verursachte. Danach war die Saison gelaufen. Die beiden Belgier Patrick Nêve und Jacky Ickx ersetzten nacheinander den außer Gefecht gesetzten Amon — und Ickx setzte den Schlußpunkt, als er in Watkins Glen dermaßen dramatisch abflog, daß es den MN05 in zwei Stücke riß. Der nicht kleinzukriegende Mo Nunn machte trotzdem weiter. Für 1977 sicherte er sich finanzielle Mittel von Castrol und Tissot sowie die fahrerischen Dienste von Clay Regazzoni, der den „Kulturschock" des Wechsels von Ferrari zu Ensign gut überwand. Im späteren Verlauf der Saison gesellte sich noch Patrick Tambay mit Yip-Geldern zu dem Schweizer, mit dem zusammen er schließlich zehn WM-Punkte auf das Ensign-Konto fuhr. Damit war der Höhepunkt der wechselvollen Ensign-Geschichte erreicht. 1978 starteten neben Stammfahrer Derek Daly, der im letzten Rennen der Saison den einzigen WM-Punkt des Jahres erfuhr, sage und schreibe sechs verschiedene Fahrer: Lamberto-Leoni, Danny Ongais, Jacky Ickx, Harald Ertl, Brett Lunger und Nelson Piquet. 1979 wurde es noch schlimmer. Neben Daly fuhren Marc Surer und der Franzose Patrick Gaillard, die sich allerdings nur fünfmal qualifizierten und nur zweimal ins Ziel kamen.

Trotzdem schaffte Nunn es irgendwie, für 1980 nicht unbeträchtliche Sponsormittel des britischen Unipart-Konzerns aufzutreiben. Mit dem Geld ließ er sich von den ehemaligen Lotus-Konstrukteuren Nigel Bennett und Ralph Bellamy den vielversprechenden N180 bauen und verpflichtete erneut Clay Regazzoni als Fahrer. Was sich so gut anließ, endete schon bald im Desaster: Beim vierten Grand Prix der Saison, in Long Beach, brach Clay Regazzoni, auf Rang vier liegend, das Bremspedal. Der darauf folgende Anprall auf eine Betonmauer beendete die Karriere des Schweizers und ruinierte die Hoffnungen von Ensign auf eine strahlende Zukunft. Der Rest der Saison verlief erneut kläglich, doch Nunn gab immer noch nicht auf. Mit zusammengebissenen Zähnen tauchte er zum Saisonbeginn 1981 mit einem leicht modifizierten Chassis namens N1808 und Marc Surer auf — und der Schweizer bescherte ihm in Rio seinen wohl größten Erfolg: Im strömenden Regen brachte er den alten Ensign auf Rang vier und sicherte dem Team damit wieder ein paar Dollars zum Überleben. Auch in Monaco brachte Surer den Ensign in die Punkte, doch dann kaufte sich der Chilene Eliseo Salazar ins Team ein, ohne weitere Erfolge zu bringen.

1982 dann war das Jahr des Schwanengesangs: Roberto Guerrero, der fahrerisch durchaus nicht unbegabte Kolumbianer, schaffte es während der gesamten Saison nur ein einziges Mal, ein Rennen zu beenden — und das war das Ende. Nunns alter Sponsor und Partner Teddy Yip kaufte die Restbestände des Teams auf, kombinierte sie mit dem ebenfalls aquirierten Shadow-Nachlaß und firmierte fortan unter dem Namen Theodore.

Ferrari

Ferraris erster Formel 1 der Dreiliter-Ära verfügte über einen Zwölfzylinder in V-Anordnung, der aus dem Aggregat des 3,3-Liter-275P-Sportprototyp abgeleitet war. Offiziell sollte er über 360 PS verfügen, die sich laut Fahrer John Surtees aber wie „nicht mehr als 270 PS" anfühlten. Der Motor war nicht nur äußerst durstig, sondern baute auch ziemlich breit, so daß die Monocoques vom Typ 312 recht voluminös ausfielen. Drei Wagen dieses Typs wurden gebaut, einer davon speziell für Mike Parkes, der nach dem Weggang von John Surtees zur Saisonmitte für diesen einsprang und wegen seiner Körperlänge ein extra langes Monocoque benötigte. Angesichts der konstruktiven Überlegenheit gegenüber der Konkurrenz hätte Ferrari unter normalen Umständen die Weltmeisterschaft locker gewinnen müssen, doch politische Querelen in Maranello waren schließlich für das Scheitern des Unternehmens verantwortlich. John Surtees hatte kaum den belgischen Grand Prix in Spa gewonnen, als er, der ewigen Querelen überdrüssig, dem Team den Rücken kehrte. Ludovico Scarfiotti gewann dann noch den Heim-Grand Prix in Monza, doch die restlichen Plazierungen der ruhmreichen Squadra reichten noch nicht einmal für den Sieg im Pokal der Konstrukteure. Für 1967 plante man in Maranello daher den Großangriff. Trotz parallel laufender Aktivitäten auf dem Sportwagen-Sektor verpflichtete man für die Formel 1 vier Fahrer — nämlich Bandini, Parkes, Scarfiotti und Amon, von denen in jedem Rennen drei starten sollten. Um die Aerodynamik des 312 zu verbessern, hatte Motoren-Entwickler Franco Rocchi einen neuen Zylinderkopf kreiert, bei dem die Auslaßventile in der Mitte des V angeordnet waren. Speziell durch diese Modifikation sah der Wagen höchst elegant aus, doch die Ergebnisse waren mehr als kläglich. Lorenzo Bandini qualifizierte sich in Monaco zwar für den zweiten Startplatz, verunglückte aber im Verlauf des Rennens tödlich. Beim nächsten Grand Prix, in Zandvoort, kamen alle drei gestarteten Ferrari auf den Rängen vier, fünf und sechs ins Ziel, doch in Belgien ereignete sich ein weiteres Drama: Mike Parkes verunglückte im Verlauf der ersten Runde in Spa, was für ihn das Ende seiner Karriere und für den Augenzeugen Scarfiotti die Aufgabe bedeutete. Amon wurde zwar Dritter, doch bei Ferrari hatte man fürs erste genug von solchen „Massen-Einsätzen". Den Rest der Saison bestritt alleine Amon mit einem neuen Vierventil-Zwölfzylinder, der nun standfeste 390 PS leistete, aber keine weltbewegenden Resultate erzielte.

1968 konzentrierte sich Ferrari aus Ärger über ein neues Sportwagen-Reglement auf die Formel 1 — und das sollte sich auszahlen. Neben Amon kam Jacky Ickx neu ins Team, während der Italiener Andrea de Adamich ebenfalls sporadisch zum Einsatz kam. Zum Sieg langte es jedoch nur einmal, beim Großen Preis von Frankreich auf der Strecke von Rouen-Les Essarts, wo Jacky Ickx seinen Ruf als Regenmeister begründete. Zu diesem Zeitpunkt hatte Amon sein Image als notorischer Pechvogel bereits gefestigt: Dreimal hintereinander, in Jarama, Spa und Zandvoort, hatte er den 312 auf den besten Startplatz gebracht, doch zu Siegen langte es nie — auch nicht im kanadischen St. Jovite, wo die Saison für Ickx nach einem schweren Unfall endete — und Amon das Rennen trotz ausgefallener Kupplung dominierte, um 17 Runden vor dem Ziel doch noch wegen Getriebeschadens auszufallen. Ferrari hatte bei 30 Starts zwar nur einen Grand Prix-Sieg gelandet, doch immer-

Chris Amon im Ferrari 312 in Spa 1967. Die Wagen mit der flachen Schnauze und dem Zentralauspuff zählen heute zu den gefragtesten Sammlerstücken.

Lorenzo Bandini beim Großen Preis von Monaco 1966 im Tasman-Ferrari mit 2,4-Liter-Motor, der nur zu Saisonbeginn eingesetzt wurde.

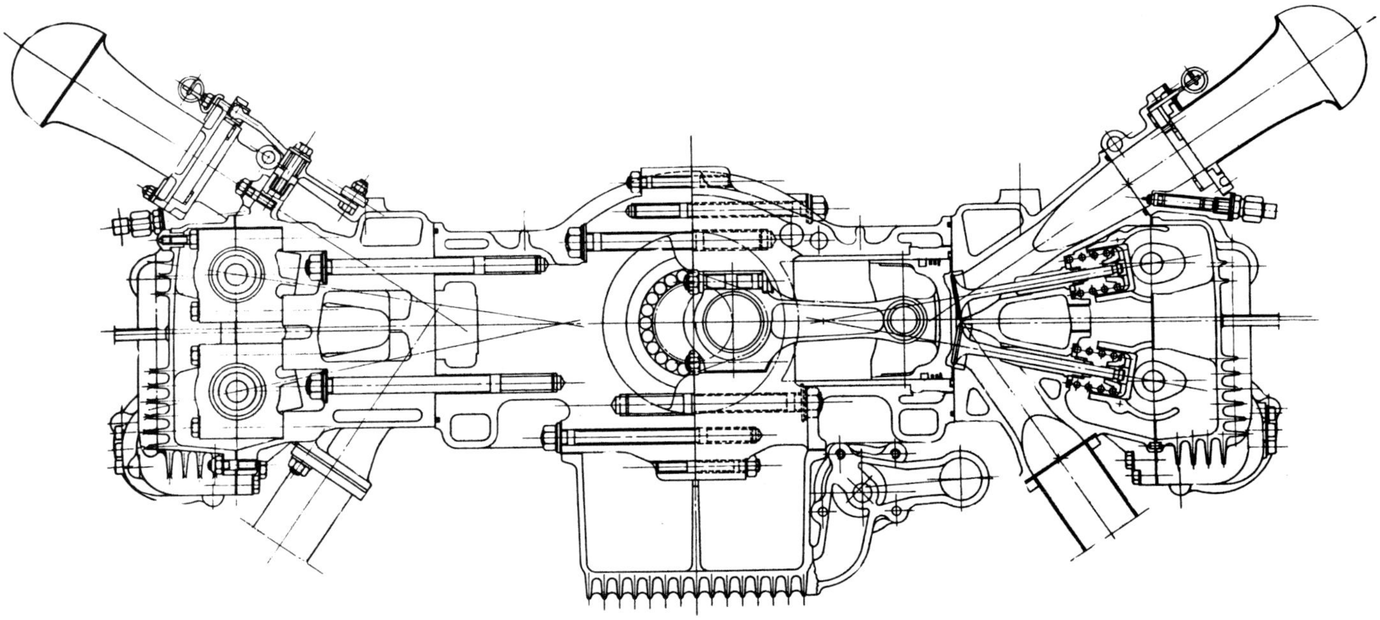

Der Grundriß des 312B 12-Zylinders zeigt: tiefliegende Ölwanne, enger Winkel zwischen den Ventilreihen, Ansaugtrakt oberhalb der Köpfe, Auslaßtrakt unterhalb, aufwendige kreuzweise Verschraubung des teilbaren Kurbelgehäuses.

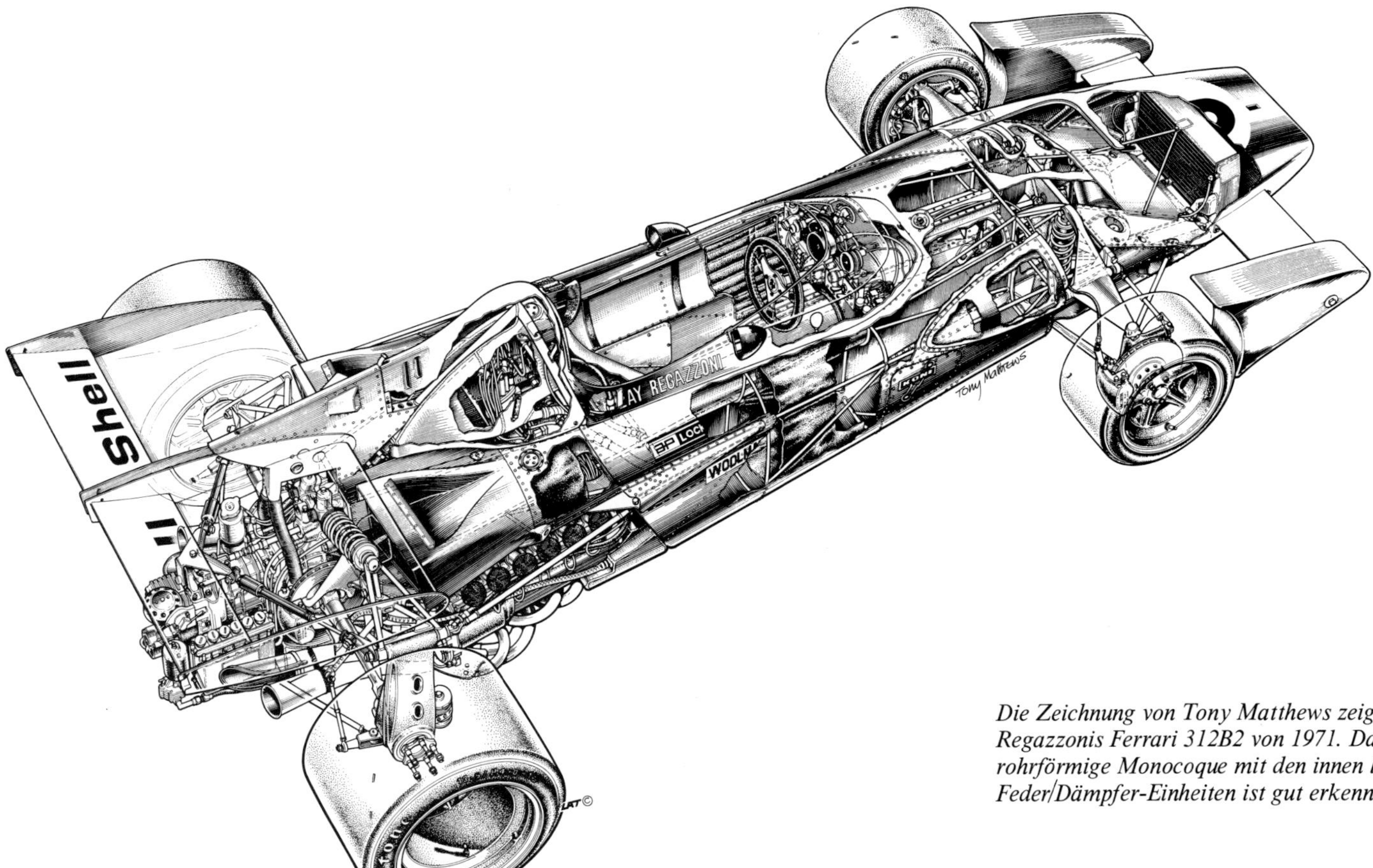

Die Zeichnung von Tony Matthews zeigt Regazzonis Ferrari 312B2 von 1971. Das rohrförmige Monocoque mit den innen liegenden Feder/Dämpfer-Einheiten ist gut erkennbar.

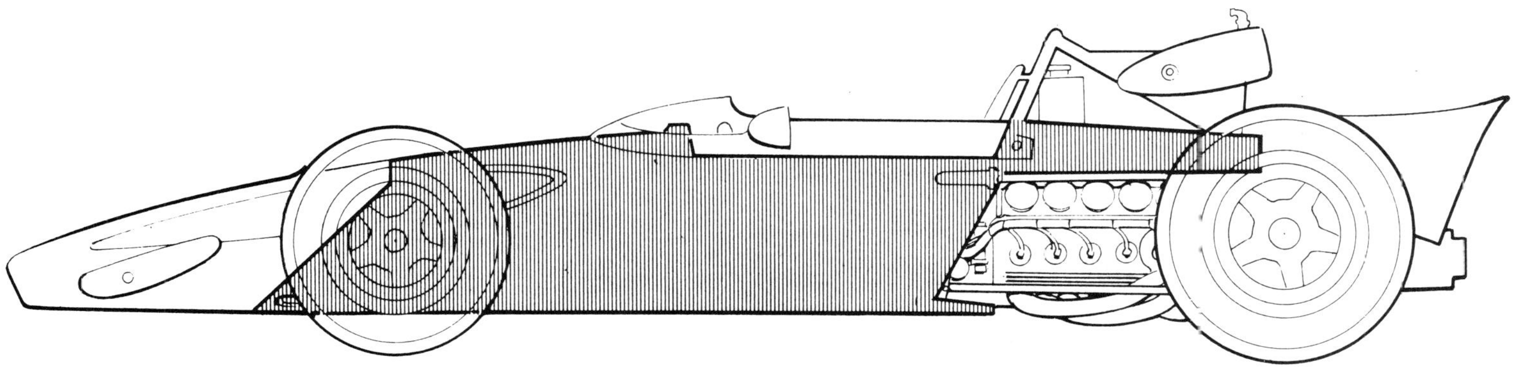

Die schraffierte Fläche zeigt deutlich die Form der annähernd in Monocoque-Bauweise gefertigten Fahrerzelle des Ferrari 312B von 1970 mit einer Verlängerung, an der der Motor aufgehängt wurde — ähnlich wie beim Honda RA302 von 1968.

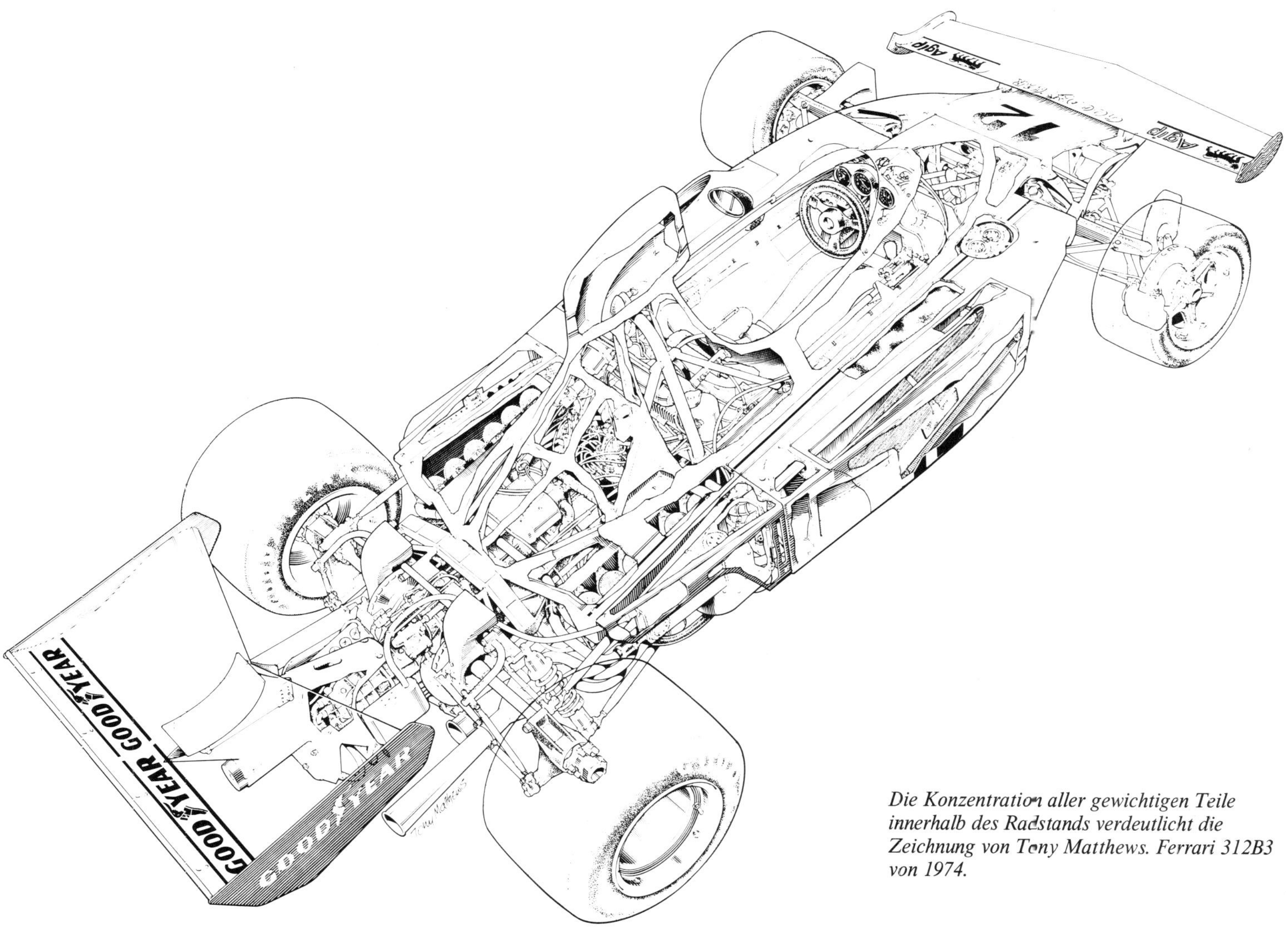

Die Konzentration aller gewichtigen Teile innerhalb des Radstands verdeutlicht die Zeichnung von Tony Matthews. Ferrari 312B3 von 1974.

Klassische Schönheit: Jacky Ickx im Ferrari 312B auf dem Weg zum zweiten Platz beim Grand Prix von Spanien 1971.

Niki Lauda dominierte den holländischen Grand Prix 1974 in Zandvoort mit dem Ferrari 312B3: Motor, Tanks und Kühler befinden sich komplett zwischen den Rädern.

Beim Einbau des Motors deutlich erkennbar: Die hängende Position des Zwölfzylinders unter der Verlängerung des Monocoques.

Hier testet der Chef: Ferrari-Teammanager Peter Schetty — mit Regazzonis Helm — im 312B2 auf dem Flugplatz von Modena im Oktober 1971.

Jacky Ickx beim Grand Prix von Monaco 1972 im 312B2.

Ferraris 126C V6 mit KKK Turbolader, 1981

Die Formen der 80er Jahre: Ganz oben Michele Alboreto im Ferrari 126C von Harvey Postlethwaite beim Grand Prix von Monaco 1984 mit riesigem Heckflügel. Oben: Das gleiche Chassis vier Monate später in Monza mit geänderten Seitenteilen.

Alboretos Ferrari 156 von 1985 beim Großen Preis von Österreich, wo das Team zwar mehrere Motorschäden erlitt, am Ende aber immerhin den dritten Platz errang.

hin neunmal stand man beim Start in der ersten Reihe — und dreimal hätte man beinahe gewonnen.

1969 herrschte bei Ferrari finanzielle Flaute, die den alten Mann aber nicht daran hinderte, erneut in die Sportwagenszene einzusteigen. Dementsprechend kochte man die Formel 1 nur auf Sparflamme. Während der ersten Saisonhälfte startete lediglich Chris Amon für Maranello. Als das Team zum deutschen Grand Prix nicht antrat, um derweil den neuen 312B für sein Debut in Monza zu testen, warf Amon das Handtuch, weil das neue Chassis zwar gut, der Motor jedoch nach wie vor höchst unzuverlässig war. Der Mexikaner Pedro Rodriguez übernahm das verwaiste Cockpit, doch außer einem fünften und zwei sechsten Plätzen tat sich auch für ihn nicht viel.

Erst mit einem flachgelegten Zwölfzylinder ging es wieder voran. 1970 hatte Ferrari die Fusion mit Fiat hinter sich gebracht und konnte damit wieder frei von den ärgsten finanziellen Sorgen agieren. Jacky Ickx kam als Nummereins-Pilot ins Team zurück, während ihm wechselweise Clay Regazzoni und Ignazio Giunti assistierten. Die Statistik der Saison liest sich eindrucksvoll: Die ersten Punkte fielen zwar erst beim vierten Rennen an — Giunti war Vierter in Belgien — doch dann ging es Schlag auf Schlag. Im fünften Rennen Start aus der ersten Reihe und schnellste Runde im Rennen, während bei den folgenden acht Einsätzen insgesamt fünf Pole Positions heraussprangen. Bei 25 Starts kamen die wiederauferstandenen roten Renner 17mal ins Ziel, siegten in vier der fünf letzten Rennen der Saison und verbuchten sogar drei Doppelsiege. Am Ende verpaßte Ferrari den Konstrukteurspokal nur um vier WM-Punkte, wobei die Differenz allerdings hätte höher ausfallen können, wäre die Lotus-Nummer-eins Jochen Rindt in Monza nicht tödlich verunglückt. Die Cosworth-befeuerte Konkurrenz jedenfalls war ebenso beeindruckt wie verunsichert — erst recht, als Ferrari mit dem leicht modifizierten 312B2 gleich die drei ersten Rennen der Saison 1971 gewann. Doch hier täuscht die Bilanz ein wenig. Ickx und Regazzoni äußerten sich ebenso negativ wie der neu zu Ferrari gestoßene Mario Andretti über die wenig erbaulichen Fahreigenschaften des B2, dessen nervöses Handling durch neu entwickelte Firestone-Reifen mit extrem niedrigem Profil noch verstärkt wurde. Ickx gewann zwar noch ein nicht zur WM zählendes Rennen in Hockenheim sowie den verregneten holländischen Grand Prix, doch als dann auch noch die Motoren zunehmende Probleme aufwarfen, war es fürs erste mit der Ferrari-Dominanz vorbei.

Die Konsequenzen für die Saison 1972 waren minimal. Man spendierte lediglich aerodynamische Verbesserungen sowie leicht modifizierte Radaufhängungen, doch ansonsten blieb — einschließlich der Fahrerbesetzung — alles beim alten. Auch die Konkurrenzfähigkeit hatte sich nicht verbessert, was sich schon nach wenigen Rennen zeigte. Der B2 war schwer, aerodynamisch mißglückt und von seinen Fahreigenschaften dem damals dominierenden Lotus 72 haushoch unterlegen. So reichte es denn auch nur zu einem einzigen Sieg — beim Großen Preis von Deutschland auf dem Nürburgring, wo dem triumphierenden Jacky Ickx allerdings in erster Linie seine profunden Streckenkenntnisse zugute kamen.

Für die Saison 1973 konzipierte Ferrrari-Konstrukteur Mauro Forghieri den Prototyp eines neuen Modells mit extrem kurzem Radstand und einer Schneepflug-ähnlichen Frontpartie, das nicht nur häßlich aussah, sondern auch im Urteil der Fahrer nach ersten Tests schlecht wegkam. Die Folge: Forghieri wurde wie schon 1969 in die Entwicklungsabteilung verbannt, während der ehemalige Innocenti-Ingenieur Sandro Colombo mit der technischen Betreuung des Formel-1-Teams beauftragt wurde. Die damals zahlreichen Streiks in Maranello veranlaßten Colombo, die Produktion der Monocoques im Fremdauftrag an den Briten John Thompson zu vergeben, der nach Colombos Entwürfen drei Chassis vom Typ 312B3 produzierte. Probleme mit heißlaufenden Motoren und einem hoffnungslosen Fahrwerk führten jedoch dazu, daß Jacky Ickx während der ersten Saisonhälfte lediglich zu drei WM-Punkten und Forghieri zurück in die Rennabteilung kam. Die restlichen neun Punkte der Saison hatten Ickx und Merzario mit dem Vorläufermodell errungen, so daß Forghieri auf dessen Basis einen neuen 312B3 für 1974 entwickelte.

Parallel dazu fand auf Druck von Fiat eine massive Umstrukturierung der Rennabteilung statt, aus der der junge Luca di Montezemolo als neuer Teammanager und Mauro Forghieri als Technischer Direktor hervorgingen. Auch die Fahrerbesetzung wurde erneuert: Clay Regazzoni kam zurück ins Team, während der ob seiner jüngsten BRM-Erfolge berühmt gewordene Niki Lauda das zweite Cockpit besetzte. Die neuen Monocoques fielen in erster Linie dadurch auf, daß die Cockpits um runde zwölf(!) Zentimeter nach vorn gerückt waren und somit eine deutlich bessere Gewichtsverteilung ermöglichten. Modifizierte Zylinderköpfe steigerten den Leistungs-Output auf stolze 495 PS — und die beiden Fahrer taten ein übriges, um Ferrari wieder in die Siegerlisten zu bringen. Bei 30 Starts kamen Lauda und Regazzoni 18mal ins Ziel und siegten dreimal, in Spanien, Holland und Deutschland. Imposanter noch war die Zahl von neun Trainingsbestzeiten, von denen allein Lauda sechs hintereinander fuhr. Mit 65 Punkten wurde Ferrari Zweiter im Pokal der Konstrukteure, doch für die folgenden drei Jahre sollte es noch besser kommen (siehe eigenes Kapitel). 1978 dann wollte man mit Carlos Reutemann und Gilles Villeneuve zum vierten Mal hintereinander den Titel erobern, doch mit dem Lotus 79 hatte die ground-effect-Ära begonnen, in der Ferrari wegen des breit bauenden Zwölfzylinders nicht optimal mithalten konnte. Trotzdem siegten Reutemann und Villeneuve mit den Chassis vom Typ 312T3 insgesamt fünfmal und mußten im Konstrukteurspokal nur der Lotus-Konkurrenz den Vortritt lassen.

1979 war es dann wieder soweit: Der Südafrikaner Jody Scheckter gewann mit dem 312T4 erneut die WM (siehe eigenes Kapitel), während das darauffolgende Jahr zum absoluten Debakel geriet. Der 312T5 war eine Verlegenheitslösung, mit der sich Scheckter und Villeneuve herumschlagen mußten, während sich im Team alle Kräfte auf die Entwicklung eines turbo-geladenen Modells für 1981 konzentrierten. Entsprechend die Saisonbilanz: Drei fünfte und zwei sechste Plätze waren alles, was mit den nur halbherzig entwickelten Vehikeln herauszuholen war. Doch die langfristige Investition sollte sich in den drei darauffolgenden Jahren auszahlen. Mit verschiedenen Versionen des Typs 126C schnitt Ferrari bereits 1981 hervorragend ab und gewann sowohl 1982 wie auch 1983 den Konstrukteurspokal (siehe eigenes Kapitel).

1984 dann zog ein weiters Tief über Maranello herauf. Die neuen Renner vom Typ 126C4 waren tatsächlich nur modifizierte Versionen des 126C3, die sich in erster Linie durch einen etwas niedrigeren Schwerpunkt auszeichneten. Schlecht waren die Wagen nicht, doch das Schlimmste, was passieren konnte, war Michele Alboretos Sieg in Zolder, relativ früh in der Saison. In völliger Fehleinschätzung der Lage sah man sich bereits als erneuten Weltmeister, obwohl nur eine Menge Glück den Sieg beim Großen Preis von Belgien ermöglicht hatte. Alboreto war in Superform, die Goodyear-Reifen paßten an diesem Tag phantastisch auf die Strecke — und die Opposition war infolge einer schlechten Sprit-Lieferung zum Ausfall verurteilt. Danach rutschte man fast in den Abgrund, zumindest nach Ferrari-Maßstäben. Alboreto kam zwar noch dreimal in die Punkte, doch ein Siegerauto hatte man ihm nicht zu bieten. Absoluter Tiefpunkt war das Heimspiel in Monza, wo sich die Ferrari von den Erzfeinden aus dem Hause Alfa Romeo überholen lassen mußten. Es kam, was kommen mußte: Mauro Forghieri wurde ein weiteres Mal in die Entwicklungsabteilung verbannt, während sein ehemaliger Assistent Antonio Tomaini die technische Herrschaft im Team übernahm.

Der von Tomaini und seinem Kollegen Ildo Renzetti mit Computer-gestütztem Design entwickelte Ferrari 156/85 war eines der schönsten und während der ersten zwei Saison-Drittel auch erfolgreichsten Autos des Jahres. Doch unter dem Druck der stetig wachsenden Opposition — im Verlauf der Saison wurden neben McLaren auch Honda und BMW zu ernsthafter Konkurrenz — riß die Kette der Ferrari-Erfolge. Von den ersten elf Rennen der Saison hatte Alboreto allein acht unter den ersten Drei beendet, was ihm für den überwiegenden Teil des Jahres die Führung in der WM-Tabelle eingebracht hatte. Doch am Ende ging alles in die Binsen. Sowohl der Fahrer-Titel wie auch der Konstrukteurs-Pokal fielen an die Mc-Laren-Opposition — in erster Linie, weil man seitens Ferrari leistungsmäßig unterlegen war. Vor allem diese Tatsache, auf dem Motoren-Sektor geschlagen worden zu sein, traf die Männer in Maranello wie eine kalte Dusche und war Grund genug, für die Saison 1986 eine weitere Reorganisation der Rennabteilung einzuläuten.

In Rio '86 tauchte der rote Stall mit einem Motor, der zu 30% neu sein sollte, auf. Zusätzlich erhielt der F1 86 V6 eine stark überarbeitete Heckpartie. Ergebnis: Im Training ist Alboreto langsamer als mit dem Vorjahres-Renner. Bis zum GP von Belgien bleibt die Ausbeute für Ferrari äußerst mager. Ein vierter Platz von Johansson in San Marino bringt die einzigen Punkte für die WM-Wertung. In Belgien berichtet Alboreto nach dem Training: „Immer dasselbe, Auto instabil, Untersteuern, kein Grip." Trotzdem ein unerwartet gutes Ergebnis: Der Italiener 3., der Schwede 4. Danach driftet das Maranello-Team, das einzige ohne Budget-Limit, wieder ins Abseits. Alleiniger Lichtblick in dieser verkorksten Saison und zugleich Höhepunkte: Die Plätze 2 und 3 im GP von Österreich. Fazit: Für 1987 muß endlich ein wirklich neues Auto her. John Barnard, der Superdesigner, soll Ferrari im neuen Jahr wieder an die Spitze bringen; vielleicht wird ihm das junge Fahrertalent Gerhard Berger dabei zur Seite stehen.

Fittipaldi

Als Wilson Fittipaldi, älterer Bruder des brasilianischen Weltmeisters, seine eigene, nie von Erfolg gekrönte Karriere als Formel 1-Fahrer vorläufig beendet hatte, machte er sich auf, ein eigenes Team zu gründen. Mit dem brasiliani-

Der von Caliri gestylte Copersucar-Fittipaldi F5A hatte unter den begnadeten Händen des Doppelweltmeisters einen guten Auftritt, hier vor de Angelis' Shadow DN9B, 1979 in Buenos Aires.

schen Zuckergiganten Copersucar hatte er sich auch gleich einen potenten Sponsor an Land gezogen. Geld war also genug vorhanden und zusammen mit dem ehemaligen Mechaniker Richard Divila entwickelte Wilson 1975 in Sao Paulo seinen ersten Formel 1-Wagen.

Der Prototyp, mit dem klangvollen Namen Copersucar-Cosworth FD01, wies ein hübsches tiefgezogenes Monocoque mit in der Frontpartie und hinten angebrachten Kühlereinheiten auf.

In der Saison 1975 wurden insgesamt davon 3 Chassis hergestellt, die in 13 GPs eingesetzt wurden, jedoch nur magere Ergebnisse brachten. Der Prototyp wurde von Wilson bereits im ersten Rennen in Buenos Aires zerstört. Die beiden anderen Wagen erwiesen sich bei den restlichen GPs als hoffnungslos konkurrenzunfähig und mehr als ein zehnter Rang in Watkins Glen war einfach nicht drin.

Da auch Wilson Fittipaldi nicht gerade einer der talentiertesten Fahrer war, holte man 1976 zum großen Schlag aus. Kein geringerer als sein Bruder, der Doppelweltmeister Emerson, konnte für die kommende Saison, dank einer großzügigen Geldspritze von Copersucar, als Fahrer für das Team gewonnen werden.

Divila hatte vier neue Wagen des Typs FD04 mit parallel zur Fahrtrichtung angebrachten, von den Seitenkästen überdeckten Kühlern und einer — ähnlich dem Hesketh 308B — vollverkleideten, keilförmigen Frontpartie konstruiert.

In Brasilien herrschte Karnevalsstimmung, jedoch sollte die anfängliche Euphorie rasch verschwinden.

Bis auf einige, von Emerson mit viel Glück herausgefahrene, sechste Plätze, verlief die Saison nicht so, wie das Team und die Nation es sich gewünscht hatten. Der zweite Fahrer, Ingo Hoffman, konnte sich gar bei vier Starts nur dreimal qualifizieren.

Auch 1977 startete man wieder mit den schwachen FD04-Autos. Glücklicherweise konnten die Fittipaldis aber schon kurz nach Saisonbeginn den ehemaligen Ensign-Designer Dave Baldwin ins Team holen, der den Wagen zunächst gründlich überarbeitete und später drei neue Wagen der Reihe F5 bauen ließ, die sehr dem Ensign LNF 75 ähnelten. Aber noch vor dem Debut seines Wagens in Frankreich verließ Baldwin wieder das Team, was für die Weiterentwicklung des Autos natürlich nicht von Vorteil war.

Mit den überarbeiteten FD04-Autos lief es mit ein paar vierten und fünften Plätzen schon besser als im Vorjahr, aber der von Baldwin erdachte F5 konnte wegen der nicht konsequent betriebenen Weiterentwicklung nicht überzeugen.

Mit dem Erscheinen der Flügel- bzw. groundeffect-Autos 1978 waren auch die Fittipaldis gezwungen, sich dem neuen Trend anzupassen. In Giacomo Caliris Windkanal wurde als Baldwins F5 ein Flügelauto mit der Bezeichnung F5A gezaubert, das zwar kein Siegerauto werden sollte, aber immerhin, im Gegensatz zu den bisherigen Wagen, konkurrenzfähig war. Fittipaldi gelang es, sechsmal zu punkten, in Brasilien fuhr er sogar bis auf den zweiten Platz. Mit 17 Punkten schaffte man im Konstrukteurspokal 1978 den siebten Rang und die beste Saison überhaupt.

Für 1979 konnte man den ehemaligen Lotus-Designer Ralph Bellamy überreden, für das Team ein Flügelauto der zweiten Generation zu bauen. Bellamy konstruierte also für die Fittipaldis den neuen F6A, der zwar mit seinen nach hinten versetzten Seitenkästen und der schmalen Nase sensationell aussah, aber — wie sich schnell herausstellte — eine Fehlkonstruktion war. Das Auto mußte wieder auf die Seite gestellt und von den bereits eingemotteten, aber dann nochmals überarbeiteten F5A-Rennern ersetzt werden.

Die nun folgende Saison verlief sehr mäßig und mehr als ein Punkt in Argentinien war nicht drin.

1980 entschloß man sich zur Fusion mit dem Team von Walter Wolf und übernahm dessen Bestände. Dabei konnte man sich auch den bereits von Harvey Postlethwaite neu konstruierten Wagen sichern, der die Bezeichnung F8 erhielt und für Emerson bzw. für Rosberg ab dem GP von England eingesetzt wurde. Bis dahin mußten aber noch die alten Wolf WR7 und WR8 herhalten.

Insgesamt verlief die Saison auch mit den alten Wolf-Autos, die nun die Bezeichnung F7 hatten, nur mittelmäßig Die besten Ergebnisse wurden in Argentinien bzw. Long Beach mit je einem dritten Platz für Rosberg bzw. Emerson erreicht. Aber auch der neue F8, der eine recht kurze Nase und lange Seitenkästen aufwies, hielt nicht das, was man sich von ihm versprochen hatte.

Am Ende der Saison hängte Emerson seinen Helm an den Nagel, Postlethwaite wechselte zu Ferrari und Copersucar stieg als Sponsor aus. Damit stand Wilson Fittipaldi plötzlich ziemlich verlassen da. Mit Gary Thomas entwickelte er zwar für 1981 den F8 nochmals weiter, aber die Autos, die unter der Bezeichnung F8C für Rosberg und Chico Serra eingesetzt, und von denen vier Stück gebaut wurden, waren einfach nicht konkurrenzfähig und konnten, bis auf einen sechsten Platz Rosbergs, nie vorne mithalten. Es mangelte eben an guten Motoren, guten Reifen und vor allem am technischen Know how. Allein die Tatsache, daß sich Rosberg viermal und Serra gar achtmal nicht qualifizierten, spricht für sich.

Das Jahr 1982 begann, die Fittipaldis aber gaben immer noch nicht auf. Mit einem nochmals überarbeiteten 1981er Auto, dem F8D quälte sich das Team und der noch verbliebene Serra durch die ersten Rennen der Saison. Zum englischen GP hatte dann das letzte Auto, der von Richard Divila und Tim Wright konstruierte F9 sein Debut. Aber mit dem bereits eingeläuteten Ende der Cosworth-Ära hatte Serra auch mit dem neuen Wagen keine Chancen mehr. Ohne Turbomotor fuhr man nur noch hinterher und konnte nur mit Glück in Zolder einen sechsten Platz belegen.

Nachdem die Brüder im Winter 1982/83 keine neuen Sponsoren mehr für ihre Autos finden konnten, machten sie den Rennstall endgültig zu und verschwanden von der Formel 1-Bühne.

Hesketh

Lord Alexander Fermor Hesketh war nicht nur ein sehr junger, sondern auch schon sehr wohlhabender britischer Aristokratensohn, als er sich in den frühen siebziger Jahren ein eigenes kleines Formel 3-Rennteam leistete.

Die Sache war für ihn zwar zunächst nur ein Spaß, er konnte aber schon damals auf die Erfahrungen eines gewissen Anthony ‚Bubbles' Horsley zurückgreifen.

In der Folgezeit engagierten sich die beiden immer mehr im Motorsport und griffen auch einem jungen Mann namens James Hunt hilfreich unter die Arme, indem sie ihm Einsätze in der Formel 2 und 1972 in der Formel 1 (mit einem Surtees) ermöglichten.

Bereits 1973 konnte Hunt auf einem von ihnen eingesetzten March in der Formel 1 erste Achtungserfolge verbuchen.

Der von Postlethwaite konstruierte 74er Hesketh mit Frontwasserkühler und seitlich angebrachten Ölkühlern. Später wanderten die Wasserkühler auch an die hinteren Seiten.

James Hunts Hesketh 308 in Zandvoort 1974. Deutlich erkennbar die abgeflachte Oberfläche, die nach den Seiten gewölbte Wanne, sowie die stumpfe, horizontal eingekerbte Frontpartie und der Heckflügel.

Hierdurch ermutigt, plante man für die Saison 1973 den Bau eines eigenen, neuen Fahrzeuges. In Easton Neston, einen Steinwurf von Silverstone entfernt, machte sich das Team Hesketh Racing unter der Leitung des Konstrukteurs Postlethwaite daran, den Hesketh 308 zu bauen. Postlethwaite konnte hierbei auf seine hervorragenden Aerodynamik-Kenntnisse zurückgreifen und konstruierte ein wunderschönes Auto, welches durch seine keilförmige Profilierung und seine Oberflächenform, die einer Colaflasche nicht unähnlich war, Aufsehen erregte.

Anfang 1974 testete Hunt den ‚308/1' in Brasilien und stellte ihn in Brands Hatch sogleich auf die Pole-Position. Nachdem er dort und in Kyalami zwar ausgefallen war, konnte er aber in Silverstone bei der International Trophy mit der Pole-Position, der schnellsten Runde und dem Sieg erstmals glänzen. Bei den nächsten fünf GP's lief es, bis auf einen dritten Platz in Schweden, allerdings nicht mehr so gut.

Das Auto erschien eigentlich recht unzuverlässig und hinter vorgehaltener Hand hieß es, daß seine Konkurrenzfähigkeit einzig Hunts fahrerischen Fähigkeiten zuzuschreiben war.

Ab dem GP von Deutschland wurde Chassis ‚308/3' eingesetzt. In Österreich erreichte man damit den 3. Rang, während für die Läufe in Kanada und USA wieder Chassis Nr. 2 zum Zuge kam und somit ein vierter bzw. dritter Platz erreicht werden konnte.

In dieser ersten, recht vielversprechenden Saison belegte Hesketh im Konstrukteurspokal den sechsten Gesamtplatz und Postlethwaite sah sich bestätigt, den 308B für 1975 weiterzuentwickeln. Seine Pläne für den absolut neuen Wagen 308C stellte er vorerst einmal zurück. Am 308B wurden viele neue Dinge ausprobiert, u.a. der Einsatz von Gummifederung, die aber bald nach Beginn der Saison wieder den herkömmlichen Schraubenfedereinheiten weichen mußten.

Allmählich bekam der ‚308/3' Standfestigkeit, was Hunt mit einem zweiten und einem sechsten Platz in Argentinien bzw. Brasilien unterstrich.

Das Team Hesketh hatte keinen Sponsor aus der Industrie und obwohl die oft recht rauschenden Feste des Lords anderes vermuten ließen, wurden die finanziellen Mittel allmählich immer knapper. Man war daher gezwungen, ältere Fahrzeuge entweder zu verkaufen oder zu vermieten. So kamen in der Folgezeit u. a. Fahrer wie Alan Jones, Rob Walker oder Harald Ertl, der trotz seines schmalen Budgets beachtliche Erfolge mit dem Hesketh verbuchen konnte, in den Besitz eines Renners seiner Lordschaft.

Den größten und einzigen Erfolg konnte Hesketh und sein Team 1975 in Zandvoort feiern. Hunt startete dort aus der zweiten Reihe und fuhr nach einem durch Regen und Sonne, sprich Reifenwechsel, geprägtem Rennen seinen ersten GP-Sieg nach Hause. Im nächsten, dem französischen GP wurde er, wie später noch einmal in Österreich, Zweiter.

In Dijon, dem „GP der Schweiz", hatte dann endlich der 308C sein Debut. Seine besonderen Merkmale waren das flache Chassis und die seitlich angebrachten Kühler, doch waren sowohl die Aufhängung als auch das Chassis zu starr und zu schwerfällig. Hunt konnte mit dem Wagen, der einfach kein gutes Handling aufwies, später nie mehr in die vorderen Punkteränge vorstoßen.

Ende 1975 gab Lord Hesketh dann die Formel 1 auf und verkaufte die 308C-Wagen mit einem Teil des Personals und Dr. Postlethwaite an Walter Wolf. Hunt ging zu McLaren und wurde Weltmeister, während Horsley die Firma weiter aufrecht erhielt, und dort sowohl Cosworth DFV-Motoren als auch die alten 308-Wagen im Kundenauftrag wartete. Denn mit Ertl, Edwards, Stommelen und Ribeiro waren 1976 noch genug private Fahrer mit diversen Hesketh-Rennern auf den GP-Strecken unterwegs.

Auch 1977 machte der unerschütterliche Horsley in der Formel 1 weiter. Er engagierte einen jungen Ingenieur namens Frank Dernie, der für ihn fünf neue, bemerkenswerte, pfeilförmige Wagen, mit der Bezeichnung 308 E, konstruierte. Schnell fand man auch junge Fahrer wie Keegan, Rebaque oder Ashley, die als Privatkunden zwar gut zahlten, aber am Ende der Saison fast alle Autos aufgearbeitet, sprich zerstört, hatten.

1978 sollte endgültig das letzte Jahr sein, in dem Hesketh Formel 1-Autos auf den GP-Strecken zu bewundern waren. Sowohl die Rennamazone Devina Galica, als auch Fahrer wie Daly und Cheever versuchten ihre ersten Gehversuche in der höchsten Motorsportklasse auf diversen 308E-Autos. Allerdings stets recht erfolglos und mit dem Ende dieser Saison war auch der Name Hesketh aus der Formel 1 verschwunden.

Hill

Im Jahre 1973 gründete der ehemalige Weltmeister Graham Hill sein eigenes Formel 1-Team, das Embassy Racing Team. Am Anfang begnügte er sich noch mit einem alten Shadow DN1, dem 1974 ein in Lizenz gebauter Lola T370 folgte. Da aber auch Hill nach Höherem strebte, finanzierte er im Winter 1974/75 den Entwurf und die Konstruktion einer Weiterentwicklung des T370. Dieser Lola sollte aber schnell als Hill GH1 bekannt werden.

Der Wagen wirkte Lola-typisch, mit hinter den Vorderrädern angebrachten Wasserkühlern, à la Ferrari. Das Antriebsaggregat — wie sollte es anders sein — stammte von Cosworth. Für den Entwurf dieses Autos war ein ehemaliger Lola-Angestellter, namens Andy Smallman, verantwortlich.

Sein Debut hatte der GH1/1 1975 in Kyalami, und Stommelen erreichte dort einen vielversprechenden siebten Rang.

Da Hill seine Rennwagen nicht mehr ständig selbst fuhr, setzte er beim GP von Spanien Migault in den GH1/1, während Stommelen den nagelneuen GH1/2 fuhr. Gegen alle Warnungen des Konstrukteurs installierte man jedoch auf dieser holprigen Strecke an Stommelens Wagen versuchsweise einen Heckflügelträger aus Karbonfiber, der seinen Anforderungen aber nicht gerecht werden sollte. Nachdem bereits in der Anfangsphase des Rennens das Starterfeld durch Unfälle dezimiert wurde, sah sich Stommelen plötzlich in Führung. In der ersten Kurve dieser GP-Strecke gab es noch immer den gefürchteten Buckel, der dem Flügel des legendären Lotus 49B bereits 1969 zum Verhängnis wurde. Exakt an der gleichen Stelle brach auch jetzt Stommelens Heckflügelträger. Sein Wagen wurde über die Leitplanken geschleudert und tötete fünf Zuschauer. Daraufhin wurde das Rennen sofort abgebrochen. Stommelen, der erhebliche Verletzungen erlitt, mußte mehrere Monate pausieren. Trotz dieses Schocks machte das Team jedoch weiter. Nachdem Hill nun wieder selbst fuhr, sich in Monaco aber nicht qualifizieren konnte, hängte er den Helm an den Nagel und überließ jüngeren Fahrern wie Tony Brise, Jones, Migault, Schuppan und später wieder Stommelen das Cockpit seiner Wagen.

Hills größte Entdeckung war zweifelsohne der sehr begabte Tony Brise, der 1975 neun Rennen fuhr und einmal, in Schweden, Sechster werden konnte. Die Kombination Hill/Brise erschien, vor allem für die Zukunft, sehr vielversprechend.

Aber auch Jones kam mit dem Wagen sehr gut zurecht und erreichte in Deutschland sogar einen fünften Platz. Insgesamt sollte am Ende dieser Saison zwar nur Platz 11 in der Konstrukteursweltmeisterschaft herauskommen, für das nächste Jahr hatte sich das Team aber sehr viel vorgenommen.

Ein von Smallman entworfener neuer Wagen, der GH2 wurde im Winter 1975/76 fertig. Da die ersten Tests in Ricard etliche Probleme aufwarfen, entschloß man sich, zurück nach England zu fliegen, um diese dort zu lösen.

Als Hills Privatflugzeug, in dem außer dem Ex-Weltmeister auch Brise, Smallman und andere Teammitglieder saßen, das neblige London erreichte, stürzte die Maschine, nachdem sie einige Bäume gestreift hatte, ab. Alle Insassen wurden getötet und mit einem Schlag hatte Hills Formel 1-Team aufgehört zu existieren. Der GH2/1 , der nie zum Einsatz kam, steht heute in einem englischen Motorenmuseum, als Erinnerung an einen der besten und beliebtesten Rennfahrer und sein glückloses Team.

Honda

Hondas Formel 1-Motoren: Oben der V12 von 1967 mit obenliegendem „Schlangennest", Mitte: Der luftgekühlte V8 aus dem Honda RA302 von 1968 und das aus der F2 abgeleitete 80° V6 Turbotriebwerk im Spirit von 1983.

Nachdem die japanische Honda Motor Company nach einem eher halbherzigen Start in kürzester Zeit die gesamte Opposition auf dem Motorrad-Sektor niedergebügelt hatte, entschloß man sich 1964 in Tokio, das gleiche auch auf der Formel-1-Bühne zu versuchen. Während der Saison 1965 startete ein aus zwei Wagen bestehendes Werksteam bei allen Großen Preisen mit Chassis vom Typ RA 272 — und zum Saisonende war der fernöstliche V12 der mit Abstand stärkste Motor von allen. Richie Ginther gewann mit ihm den Grand Prix von Mexiko.

Ungeachtet der Tatsache, daß man wegen des Beginns der Dreiliter-Formel ein höchst aussichtsreiches Auto mangels Einsatzmöglichkeiten ins Museum schieben mußte, konzentrierte Entwicklungschef Yoshio Nakamura seine Aktivitäten auf die neue Formel. Trotzdem erschien der Nachfolger vom Typ RA273 erst spät. Beim Großen Preis von Italien erst debutierte der ebenfalls mit einem V12 ausgerüstete Wagen unter Richie Ginther — und beeindruckte auf Anhieb wegen seiner konkurrenzlosen Leistung. In den Kurven war der RA273 zwar ziemlich langsam und wirkte höchst ungelenk, doch Beschleunigung und Endgeschwindigkeit am Ende der Geraden waren jenseits von Gut und Böse.

Anhand zahlreicher Konstruktionsdetails und aufgrund der Tatsache, daß Leistung und Drehmoment nur in einem relativ engen Drehzahlbereich nutzbar waren, merkte man dem Motor an, daß er aus einem Motorradwerk stammte. In erster Linie der Motor war es auch, der dem Honda zu einem beträchtlichen Gewicht verhalf: Mit 740 Kilo lag der Wagen um runde 40 Prozent über dem Minimalgewicht, was ihn zusammen mit dem gewaltigen Leistungspotential vor allem für die Power-Strecken wie Monza, Spa oder Reims prädestinierte. Entsprechend gestaltete sich der Ablauf der Premiere: Ginther qualifizierte den Honda in Monza für die zweite Startreihe und lag im Rennen auf dem zweiten Platz, als in der Curva Grande ein Reifen platzte und einen haarsträubenden Abflug auslöste. Ginther war zwar nur leicht verletzt, doch das Chassis war hinüber. Zwei neue Wagen debutierten somit beim nächsten Rennen in Watkins Glen, für Ginther und den Amerikaner Ronnie Bucknum. Beim Saisonfinale in Mexiko führte Ginther für zwei Runden, fiel dann wegen nachlassender Motorleistung zurück, sicherte sich aber immerhin einen vierten Rang und damit die ersten Punkte.

Für 1967 beauftragte die Honda-Entwicklungsabteilung ihren ehemaligen Motorradchampion John Surtees mit der Wahrung ihrer Formel-1-Interessen. Surtees gründete im englischen Slough die Firma Honda Racing, doch seine Hoffnungen, Honda würde in der Formel 1 ebenso auftrumpfen wie Jahre zuvor in der Motorradbranche, erfüllten sich nicht. Während seines zweijährigen Wirkens für die Japaner konzentrierten sich diese immer mehr auf die Entwicklung von Serienfahrzeugen, was naturgemäß Kapazitäten aus der Rennabteilung abzog. Die Folge: Surtees mußte sich mit unfertigem Material und einer höchst unerfahrenen Truppe abquälen — und die Zuverlässigkeit des nach wie vor eingesetzten RA273 war dementsprechend. Das hohe Gewicht, die unberechenbare Straßenlage, extrem hoher Reifenverschleiß und ständiger Ärger mit der von Honda selbst entwickelten Niederdruck-Benzineinspritzung taten ein übriges.

In zähen Verhandlungen mit Entwicklungschef Nakamura hatte Surtees erwirkt, ein neues Chassis bauen zu dürfen. Infolge enger Kontakte zu Lola lehnte man sich bei der Konstruktion des

Richie Ginthers Honda RA273 V12 im direkten Duell mit dem Ferrari 312 von Mike Parkes — 1966 in Monza.

John Surtees 1968 in Monza beim letzten Einsatz des erfolglosen Honda RA302 mit dem luftgekühlten Achtzylindermotor.

RA 300 eng an das Design des für Indianapolis konzipierten Lola T190 an — und zum Großen Preis von Italien rollte Chassis Nummer RA300/1 an den Start, runde 100 Kilo leichter als sein Vorgänger. Und schneller schien der „Hondola", wie ihn die Branche taufte, auch zu sein: In überlegener Manier siegte Surtees mit dem Neuling in Monza, nach einem sensationellen Finish. In Mexiko setzte es erneut einen vierten Rang, doch während man sich bei Honda fürs Weitermachen entschied, zog sich Hauptsponsor BP aus Surtees' Unternehmen zurück, den ehemaligen Champion mit äußerst schmalem Budget zurücklassend. Irgendwie rettete er sich über den Winter — und beim Grand Prix von Spanien in Jarama feierte der von Honda versprochene RA301 Premiere. Ein „Leichtgewicht" hatte es werden sollen, doch tatsächlich wog der Wagen des Jahrgangs 1968 runde 40 Kilo mehr als sein Vorgänger. Schlecht war er trotzdem nicht: Beim Debut lag Surtees vor seinem Ausfall auf Rang drei, in Belgien führte er, bis die Aufhängung brach — und beim französischen Grand Prix wurde er zweiter, doch beim gleichen Rennen war ein zweiter Honda in eine Tragödie verwickelt.

Zur Saisonmitte war ein völlig neuer Honda aufgetaucht, der RA302, den Surtees kurz vor dem französischen Grand Prix in Rouen getestet, ihn dabei aber noch nicht für einsatzfähig befunden hatte. Firmenchef Soichiro Honda jedoch befand sich just zur selben Zeit mit seinen höchsten Managern auf Geschäftsreise in Frankreich — und die Unternehmensleitung entschied: Der Neue muß in Rouen starten! Kurzfristig verpflichtete Surtees Jo Schlesser für den Einsatz, den dieser mit dem Leben bezahlte: Der vom Start weg unsauber laufende Motor quittierte schließlich in einer schnellen Kurve komplett den Dienst und löste damit einen Unfall aus, den Schlesser nicht überlebte. Und das war der Anfang vom Ende. Der RA302, mit seiner luftgekühlten (!) V8-Maschine ein revolutionäres Auto, landete zum Saisonende ebenso wie seine Vorgänger im Museum, während sich Honda von seinem zuletzt nur noch halbherzigen Einsatz offiziell und komplett zurückzog — um 1983 als Lieferant von Turbo-Motoren wiederzukommen.

Kauhsen

Im Jahre 1978 nahm der Deutsche Willibald Kauhsen, der bis dahin Sportwagen gefahren und auch eingesetzt hatte, sein eigenes Formel 1-Projekt in Angriff. Zur Verwirklichung dieser Pläne beauftragte er neben einigen Professoren der TH Aachen auch den Ingenieur Klaus Kapitza von Ford Köln. Gemeinsam wurde der Bau eines Flügelautos, ähnlich des Lotus 78, geplant. Der Entwurf des Aluminiummonocoques stammte von dem ehemaligen Porscheingenieur Kurt Chabek und für den Antrieb sollte die zuverlässige Cosworth/Hewland-Kombination sorgen.

Der erste Einsatz war beim GP von Spanien in Jarama, zu dem Kauhsen bereits mit den Modellen „004" und „005" erschien. Da das Team aber nicht vom Beginn der Saison an dabei war, hatte Kauhsen, noch bevor sein Fahrer Brancatelli ins Cockpit steigen durfte, an die FISA erst einmal 30 000 Dollar zu zahlen.

Im Training zeigte sich Kauhsens Rennwagen als absolut chancenlos und war volle fünf Sekunden langsamer als die Spitze. Sowohl hier als auch bei seinem zweiten und letzten GP in Belgien konnte sich der Wagen nicht qualifizieren.

Nach Kauhsens Aussage waren vor den in Spanien und Belgien eingesetzten Wagen bereits drei Prototypen fertiggestellt worden, die aber noch weniger funktionierten.

Insgesamt hatte also Kauhsen Geld in den Bau von fünf kompletten Formel 1-Autos gesteckt und keines davon war in der Lage, konkurrenzfähig zu sein. Da sich das ganze Projekt schnell als zu teuer und aussichtslos erwies, gab Kauhsen kurzerhand auf und verschwand genauso schnell von der Formel 1-Bildfläche, wie er gekommen war.

Kojima

Japan war schon immer ein Land, das für den Formel 1-Sport sehr empfänglich ist. Und als 1976 dort erstmals ein Weltmeisterschaftslauf ausgetragen wurde, erschien auch gleich ein eigener Formel 1-Wagen, der Kojima KE007.

Matsuhisa Kojima, ehemaliger Werks-Motocrossfahrer bei Suzuki, hatte sich bis dahin schon einen Namen mit dem Bau von recht erfolgreichen Rennwagen gemacht, die er bei nationalen Rennen einsetzte.

Sein KE007, mit genieteter Aluminiumschale und seitlich angebrachten Kühlern, wurde von einem Cosworth angetrieben. Fahrer des Autos war einer der besten Japans, Masahiro Hasemi.

Im ersten Training erreichte Hasemi auf japanischen Dunlopreifen zwar gleich die viertbeste Zeit, im zweiten Training zerstörte er jedoch den Wagen total. Kojima schaffte es aber, über Nacht einen zweiten Wagen aufzubauen, mit dem man das Rennen vom zehnten Startplatz in Angriff nehmen konnte.

Hasemi war wild entschlossen, dem Rest der Welt die Vorzüge japanischer Rennwagenkonstruktion zu beweisen, mußte sich aber zum Schluß mit dem elften und letzten Platz begnügen.

Beim GP von Japan 1977 erschienen gleich zwei — diesmal Bridgestone-bereifte Kojima-Renner, die KE009, mit den Fahrern Takahara und Hoshina. Beide schafften es zwar, sich auf dem elften und neunzehnten Platz zu qualifizieren, das Rennen selbst beendete aber nur Hoshina mit einem elften Rang.

Der Name Kojima sollte danach nur noch einmal im Zusammenhang mit der Formel 1 genannt werden, als 1978 Willibald Kauhsen reges Interesse an den japanischen Wagen zeigte, um damit ein eigenes Team zu gründen. Letztendlich baute er aber seine eigenen, unrühmlichen Formel 1-Wagen.

LEC

1977 erschien erstmals beim Race of Champions in Brands Hatch ein Formel 1-Auto mit der Bezeichnung LEC CRP1.

Am Steuer dieses Wagens, dessen Monocoque aus Aluminium gefertigt war und der seitlich angebrachte Kühler aufwies, saß der in den Jahren 1973—74 bekannt gewordene britische Formel 1-Fahrer David Purley. Zusammen mit seinem Vater, dem Besitzer einer bekannten englischen Kühlschrankfabrik, hatte Purley dieses Auto finanziert und aufgebaut. Das Design stammte von dem ehemaligen BRM-Ingenieur Mike Pilbeam.

Hier in Brands Hatch fuhr Purley zwar sofort einen respektablen sechsten Platz heraus, doch bereits im ersten ernsthaften Leistungsvergleich beim GP von Spanien konnte er sich nicht qualifizieren. Bei den darauffolgenden Rennen änderte sich die Situation mit einem 13. bzw. 14. Platz nicht grundlegend.

Purley machte aber trotzdem weiter, und beim GP von England in Silverstone hatte sich das Team einiges vorgenommen. Doch leider sollte es nicht soweit kommen. Bereits im Training hatte er durch einen klemmenden Gasschieber einen so schweren Unfall, daß der Wagen völlig zerstört wurde, und Purley nur mit viel Glück überlebte. Erst 1979 baute man wieder ein neues Auto, mit dem Purley aber nur noch bei nationalen britischen Formel 1-Läufen antrat, jedoch ohne nennenswerte Erfolge zu erzielen.

Ligier

Der französische Bauunternehmer Guy Ligier machte sich zunächst als Rennfahrer, später auch mit seiner 1969 in Vichy gegründeten Firma Automobiles Ligier einen Namen. In Erinnerung an Guys Freund und Teamkameraden Jo Schlesser, der 1968 in Rouen beim GP von Frankreich in einem Honda tödlich verunglückt war, wurde das erste Modell JS1 genannt, und war ein Wettbewerbscoupé mit 1,8 l Ford Cosworth FVC-Motor.

1971 erschien der von Michel Tétu entwickelte JS2 - Straßensportwagen zunächst mit einem 2,6 l Ford V 6 aus deutscher Produktion, der aber bald durch den Maserati V6 aus dem Citroen SM ersetzt wurde. Die hieraus abgeleitete Wettbewerbsversion, eine Art GT-Prototyp, erzielte bis 1974 einige Achtungserfolge. 1975 rüstete man den JS 2 für die Markenweltmeisterschaft mit dem Cosworth DFV aus und errang in Le Mans den 2. Platz.

Seit Ende 1974 liefen aber bereits die Planungen für den Einstieg Ligiers in die Formel 1, nachdem man zuvor das französische Tabakmonopol SEITA (Gitanes) als Sponsor gewonnen hatte.

Ligier konnte sich finanziell auch den Matra V12-Motor leisten. Die Lieferverträge mit Matra wurden im Mai 1975 abgeschlossen, noch ehe der Shadow DN 7-Matra eingesetzt worden war.

Die Matra-Konstrukteure Gerard Ducarouge und Paul Carillo wechselten zu Ligier und konstruierten zusammen mit Michel Beaujon und dem Spezialisten für Aerodynamik Robert Choulet von der Firma SERA (Societe d'Etudes et de la Realisation Automobile) den Ligier-Matra JS5, den man quasi als Nachfolger des Matra MS120 D von 1972 betrachten konnte.

Die JS5 hatten ein konventionelles Monocoque, großen Radstand und Spur sowie eine Vorderradaufhängung, deren oberer Querlenker als Kipphebel ausgebildet, die innenliegende Feder-Dämpfer-Einheit betätigte.

Die Herstellung des Schalenrahmens wurde an die Luftfahrtfirma Hurel-Dubois in Velizy vergeben, die später Renault beim Einstieg in die Kohlefaser-Technologie half. Georges Martin und Jean-François Robin von Matra Sports hatten trotz dreijähriger Abwesenheit ihrer Firma von der Formel 1 vor allem dank des Sportwagenengagements bis '74 den V12 Typ MS73 weiterentwickelt.

Der Ligier-Gitanes JS5 wurde am 29. 10. 1975 in Paris vorgestellt. Auffallend waren die riesige

Airbox und die kurze, aber über die volle Wagenbreite gehende Verkleidung vor der Vorderachse. Nach ersten Tests zog es Guy Ligier vor, Laffite anstelle von Beltoise für die Saison '76 zu verpflichten. Die markante Airbox fiel ab Spanien neuen Bestimmungen zum Opfer. Die ersten WM-Punkte gab es in Long Beach (4.) und in Zolder, wo Laffite hinter den beiden Ferrari für einen 3-fach Sieg der 12-Zylinder sorgte. Mit dem Chassis JS5-02, ohne die leicht gebogenen Seitenteile des 01, belegte Laffite in Österreich den 2. Platz. In Monza startete er aus der Pole und erreichte den 3. Platz. Der 7. Platz in der Fahrer-WM sowie der 5. Platz im Konstrukteurspokal bedeuteten einen vielversprechenden Anfang.

Im Dezember '76 erfolgten die ersten Tests des JS7. Der anfänglich Probleme bereitende Matra MS76 V12 war durch Modifikationen zwischen Kurbelwelle und Ölwanne in der Höhe um 27 mm geschrumpft. Die Radaufhängungspunkte lagen damit auch niedriger. Weiterhin änderte man die Gewichtsverteilung mehr zugunsten der Vorderachse, indem die Ölkühler weiter nach vorne rückten.

Die von SERA überarbeitete Karosserie war abgerundeter als die des JS5, dazu kam ein über die volle Breite verlaufender Vorderflügel ähnlich demjenigen des Ferrari. Das Monocoque wurde nur unwesentlich verändert. Dank des neuen Sponsors NOREV konnte man für Kyalami einen zweiten JS7 als Ersatzwagen fertigstellen. Laffite konnte zwischen zwei verschiedenen Radständen und einem 5- oder 6-Gang-Getriebe wählen. Höhepunkt der Saison war Laffites Sieg mit dem 02 in Anderstorp. Ein drittes Chassis hatte ab Hockenheim eine um 20 cm verringerte Spur zur Erhöhung der Endgeschwindigkeit.

Über die gesamte Saison betrachtet, fehlte es Ligier vor allem an einem Vollblut-Techniker an der Rennstrecke. Außerdem erfüllte der Motor die Erwartungen nicht. Laffite belegte den 10. Platz in der WM-Abschlußtabelle. Infolge von Beschränkungen für die Tabakwerbung im Sport nahm sich SEITA viel Zeit, die Sponsorgelder für '78 zu bewilligen. Ebenso gab es bei Matra Überlegungen, die Entwicklung des V2 einzustellen.

Deshalb wurde der JS7 für die Saison '78 überarbeitet, während sich die Fertigstellung des JS9 verzögerte. Der neue Wagen war mit dem Hewland FGA 6-Gang-Getriebe anstelle des schwereren und langsamer zu schaltenden TL 200 ausgestattet. Der JS9 wies auch die charakteristischen, vor den Hinterrädern hochgezogenen Seitenkästen auf. Der JS7 bekam diese Modifikationen auch. Das Debut des JS9 erfolgte in Monaco, wo das Leichtbaugetriebe zerbrach. Laffite mußte in Belgien und Frankreich auf den JS7/9-01 zurückgreifen. Mit dem JS9-01 erreichte er aber zwei dritte Plätze in Spanien und Deutschland, wo auch ein zweites Chassis mit neuer Aufhängungsgeometrie bereitstand.

Die JS7 und 9 erwiesen sich als sehr zuverlässig, denn Laffite schied nur zweimal in 16 Rennen aus. Angesichts des geplanten Rückzugs von Matra hatte man leider die Motorentwicklung seit längerem eingestellt.

19 Punkte reichten in der Konstrukteurswertung für den 6. Platz.

Zu Beginn der Saison 1979 setzten die von Beaujon und Ducarouge mit ground-effect konstruierten JS11 Cosworth V8 die Maßstäbe. Zum ersten Mal nahm man eine Saison auch mit einem 2-Wagen-Team für Laffite und Depailler in Angriff. Es standen 3 Chassis zur Verfügung, 01 diente als Ersatzwagen.

Die JS11 hatten tiefe Venturi-Seitenkästen mit hohen und steilen Abschlüssen vor den Hinterrädern. Die seitliche Verkleidung mit den Schürzen lag dabei sehr nahe am Hinterreifen an, damit sich durch die hohe Raddrehzahl eine gewisse Sogwirkung aufbauen konnte, die wiederum die Luftgeschwindigkeit im Seitenkasten und damit den Abtrieb erhöhte. Das Monocoque wurde von Ducarouge bewußt sehr steif konstruiert. Er hatte schon früh erkannt, welchen Belastungen es im ground-effect-Zeitalter ausgesetzt war. Die Flügelprofile im Seitenkasten erwiesen sich aber als zu nachgiebig.

Trotz der hohen Wettbewerbsfähigkeit, vor allem zu Beginn der Saison mit den beiden Laffite-Siegen in Südamerika, erreichte Ligier im Konstrukteurspokal nur den 3., Laffite den 4. Platz der Fahrer-WM.

Die Gründe hierfür waren vielfältiger Art: Man leistete sich mit Laffite und Depailler zwei Nummer 1-Fahrer, die gegeneinander fuhren.

Dies zeigte sich in Jarama, wo Depailler seinen in der WM besser plazierten Teamkameraden nicht vorließ. Laffite, im Windschatten Depaillers fahrend, fand seinen Wagen im Fahrverhalten schwierig, verpaßte einen Gang und überdrehte den Motor. Dann verletzte sich Depailler bei seinem Absturz mit einem Drachenflieger. SEITA bestand auf einen französisch sprechenden Ersatzpiloten. Man engagierte Ickx, der aber mehrere Jahre keinen wettbewerbsfähigen Formel 1-Wagen mehr gefahren und daher nicht in der Lage war, Laffites Titelambitionen zu unterstützen.

Außerdem waren die Leistungen des Teams von Rennen zu Rennen sehr schwankend. Als Grund erfuhr man etwas von ungenauen Einstellgeräten und einem verzogenen Chassis-Montagegestell. Jedenfalls konnte man Depaillers Wagen nach dessen Unfall in Belgien nicht mehr sauber aufbauen. Noch nachteiliger stellte sich der Windkanal-Wechsel zur Saisonmitte heraus. Mit Hilfe von Guy Ligiers politischen Beziehungen arbeitete man nun mit dem staatseigenen Institute des Arts et Metiers in St. Cyr zusammen mit dem Ergebnis, daß die Wagen ab Juli/August nicht mehr gut lagen. Vermutlich fand man nicht mehr zu der im Eiffel-Windkanal (SERA) erarbeiteten guten Grundeinstellung zurück. Neue Seitenkästen und die zu spät geänderte Radgeometrie machten den JS11 zwar immer schneller, aber Siege errang man nicht mehr.

Die überarbeiteten JS11 tauchten 1980 als JS11/15-01-02-03-04 mit neuem Heck, neuen Flügelprofilen, Schürzen und geänderter Aufhängung mit nahe ans Hewland FGB-Getriebe verlegten hinteren Dämpfern wieder auf.

Man hatte 2 Modifikationen für schnelle und langsame Strecken zur Verfügung: kleine Seitenkästen und Heckflügel für die schnelleren sowie größere Seitenkästen und Heckflügel für die langsameren Kurse. Mehrere Überarbeitungen der Aerodynamik, vor allem im Bereich der Seitenkästen zur besseren Nutzung der Abtriebskräfte, machten den JS15 immer konkurrenzfähiger. Die neuen, 3 kg schwereren 15 Zoll-Felgen (vorher 13 Zoll) bekamen in Brands Hatch Risse und sorgten so für Reifendruckverluste.

In Hockenheim verwendete man 16 statt 19 Zoll breite Goodyear-Hinterreifen zusammen mit abgesenkten Seitenkästen. In Zeltweg überhitzten diese schmaleren Hinterreifen, und man rüstete auch auf normale Seitenkästen zurück.

In Imola schließlich klagten Laffite und Pironi über mangelnde Reifenhaftung.

Insgesamt gesehen neigte das Ligier-Team dazu, sich zu verzetteln. Es zeigten sich Probleme bei der Vorbereitung der Autos, man hatte keine so glückliche Hand bei der Reifenwahl wie etwa Brabham oder Williams, und die beiden Fahrer nahmen sich wieder gegenseitig die Punkte weg.

Die Wagen dominierten, ehe es Probleme gab, in Frankreich und England. Sie hätten in Argentinien, Brasilien, Monaco und Kanada gewinnen

Jaques Laffite auf Ligier-Matra JS5, Zolder 1976. Die Fans erinnern sich mit Wonne des infernalischen Sounds, den der französische Zwölfzylinder brachte.

In Detroit '82 fuhr Cheevers Talbot-Ligier-Matra JS17-04 auf den zweiten Platz. Das Auto war eher groß und schwer, kam aber sehr gut aus den engen Kurven heraus.

können, tatsächlich gab es nur 2 Siege: Pironi in Belgien und Laffite in Deutschland. Man belegte bei den Konstrukteuren hinter Williams den 2. Platz, Laffite und Pironi landeten auf dem 4. bzw. 5. Platz.

Nach den beiden Jahren mit Cosworth-Motoren schloß Guy Ligier für 1981 einen Vertrag mit Talbot ab und kehrte damit zum Matra V12-Motor zurück, dessen überarbeitete MS 81-Version über 510 PS bei 12500 U/min leistete. Das ohrenbetäubende Kreischen des 12-Zylinders war wieder zu hören. Ducarouge und Beaujon konstruierten den JS17, von dem 5 Wagen entstanden. Es war der einzige damalige Formel 1-Wagen, der seinen Ölbehälter zwischen Cockpit und Motor behielt. Pech für Talbot-Ligier war, daß nun die beweglichen Schürzen verboten waren und die Zeit der absenkbaren Chassis begann. Denn man ging in die Saison mit absolut vorschriftsmäßigen Autos, die bald nicht mehr konkurrenzfähig waren, da die anderen die Schlupflöcher im Reglement ausnutzten. Notgedrungen begann man die Arbeit mit einem sich absenkenden Chassis, indem man zuerst zwei Federn pro Dämpfer verwendete, wobei die weichere Feder nachgab, sobald Geschwindigkeit und Abtrieb anstiegen, um die gewünschte geringe Bodenfreiheit zu erreichen. Als bessere Lösung des Problems erwies sich das ab Imola verwendete und von Citroen entwickelte hydropneumatische System. Zwangsläufig ergaben sich Probleme mit den starren Schürzen, deren Abdichtung man im Laufe der Saison ebenso in den Griff bekam wie die Eigenheiten eines absenkbaren Chassis. Ab dem GP von Belgien hatte man mit Hilfe eines Sensors nicht nur die Bodenfreiheit, sondern auch den Abtrieb und das „Stampfen" unter Kontrolle.

Matra lieferte im Laufe der Saison schrittweise überarbeitete Motoren. In Argentinien drehte der V12 zunächst wegen Zündproblemen 800 U/min zu wenig. Beim GP von San Marino erklärte man bei Matra, daß die Motoren ihre Prüfstandleistung im Rennwagen nicht erreichten. Ab Monaco hatte man eine verbesserte Einspritzpumpe zur Verfügung. Die Höchstdrehzahl des Motors wurde ab Spanien auf 12800 U/min erweitert. In Österreich schließlich konnten die Motoren bis 13000 U/min gedreht werden.

Laffite und Jabouille sollten die Wagen ursprünglich fahren, aber Jabouille war nach den bösen Beinverletzungen, die er sich Ende 1980 bei seinem Unfall mit dem Renault zugezogen hatte, nicht in der Lage, die Saison von Anfang an zu bestreiten. Jarier sprang in Long Beach und Rio ein. Ab Argentinien fuhr Jabouille den JS17-03, konnte sich dort aber nicht qualifizieren. Laffite fuhr den 02. Ab Belgien wurden anstelle von Gotti-Felgen solche von Campagnolo verwendet, dazu kamen neue dreiteilige Heckflügel, sowie ab Monaco neue Schürzen.

Für Spanien erhielt Laffite das neue Chassis 04. Dies wurde das letzte Rennen für Jabouille. Guy Ligier hatte ihn überredet, seine Fahrerkarriere zu beenden und sich auf die technische Leitung des Teams zu konzentrieren.

In Frankreich übernahm Tambay seinen Platz. Beide Wagen wiesen eine 10 cm engere Spur an der Vorderachse auf. Nun verließ Ducarouge das Team und wechselte zu Alfa Romeo. In England wies Tambays Chassis 03 neugestaltete Karosserieteile im Bereich der Kühlluftaustrittsöffnungen oben auf den Seitenkästen auf. Nun beschäftigten Radlagerprobleme das Team.

In Österreich errang Laffite vor allem dank Jabouilles Rat bezüglich Reifen und Schürzen den Sieg, den ersten für Ligier seit über einem Jahr.

Tambays neues Chassis 05 wurde rechtzeitig für Zandvoort im Bereich des Cockpits und an der Hinterachse versteift. In Monza ermöglichten verbesserte Seitenkästen einen flacher eingestellten Heckflügel und damit eine höhere Endgeschwindigkeit. Die Schürzen wurden erneut geändert und das Chassis 06 versteift.

In Kanada meldete Laffite mit seinem zweiten Saisonsieg verstärkte Ansprüche auf die WM an. Beim Finalrennen in Las Vegas hatte er immerhin eine Außenseiterchance auf den Titel. Er lag an zweiter Stelle und erkämpfte nach einem Reifenwechsel noch den sechsten Platz in der letzten Runde. Das reichte für den 4. Platz in der Fahrer-WM. Tambay erlitt bereits in der 3. Runde des GP von Las Vegas einen Unfall, bei dem das Vorderteil des 06 vollständig zerstört wurde.

Talbot-Ligier belegte in der Konstrukteurswertung den 4. Platz.

1982 kam Cheever für Tambay ins Team. Man fuhr anfangs mit den überarbeiteten aber schwergewichtigen JS17-02/04/05 und 06 Matra V12. Die Entwicklung des Matra V6 Turbo wurde eingestellt.

Man testete Kohlefaser-Scheibenbremsen von Aerospatiale. In Monaco erschienen die JS19-01 und 02, deren charakteristisches Merkmal die bis ins Heck reichenden Seitenkästen mit Schürzen waren. Bei der Abnahme wurden die Teile beanstandet, und die Schürzen mußten um fast 1 m im Heck gekürzt werden. Vier Monate Entwicklung waren umsonst, und 30 Prozent Abtrieb verloren.

Piolas Zeichnung des 80er Ligier JS15-DFV:
1. Flügelbefestigungen
2. Hauptbremszylinder
3. Vorderradaufhängungsverkleidung
4. Footbox
5. Bremshutze
6. Girling Bremsbacke
7. Radnabe
8. Alu-Bremsscheibenverkleidung
9. Sitzschale
10. Ölkühler
11. Wasserkühler
12. Schürzen
13. Entlüftungen des Kühlers
14. Wasserbehälter
15. Benzinpumpenschutzschild
16. Rahmen der Seitenkästen
17. Sauerstoffflasche
18. Wasserschlauch
19. Tankstutzen
20. Cockpitverkleidung
21. Unterboden
22. Radverkleidungsansatz
23. Benzintank
24. Motorbefestigungspunkt
25. Auspuff
26. Seitenverkleidung
27. Motorverkleidung
28. Auspuffendrohre
29. Kupplungsglocke
30. Bremshutze
31. doppelte Bremsbacken hinten
32. innenliegende Federn/Dämpfer
33. Hilfsrahmen
34. Heckflügel

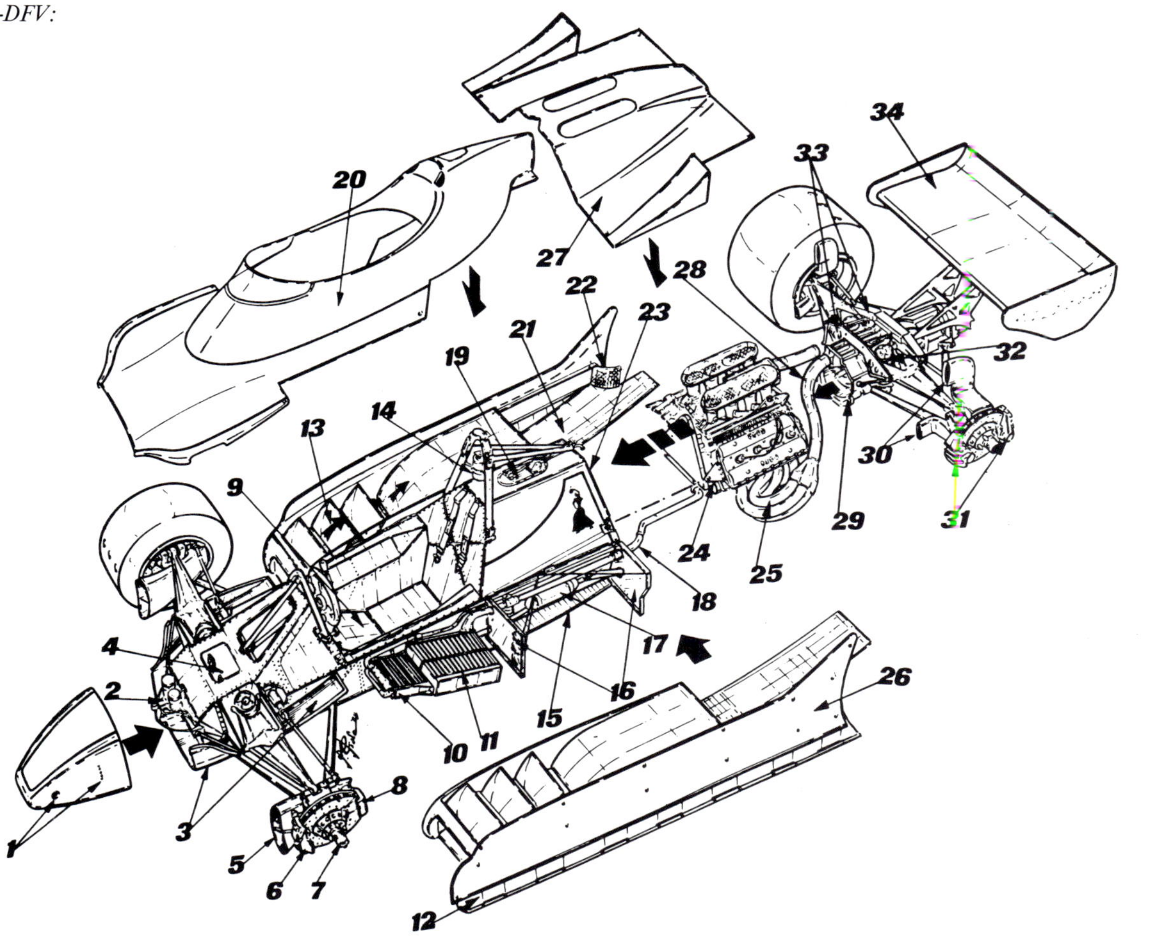

Der Ligier mit dem Matra-Talbot V12 war in den Jahren '81, '82 recht konkurrenzfähig. Bemerkenswert ist die große Tankzelle zwischen Motor und Cockpit, der schlank gebaute Motor und die Cockpitverstärkungen aus Karbon.

Laffites Ligier JS11/15-DFV 01 beim Grand Prix in Paul Ricard 1980. In jenem Jahr war das französische Team nicht weit entfernt vom Titelgewinn.

Der Ligier-Renault JS25 beim Großen Preis von Brasilien 1985. Der ursprünglich zu schwere Wagen entwickelte sich gegen Saisonende zur Konkurrenzfähigkeit.

Die Luft konnte das Heck des JS19 ohne störende Einflüsse durchströmen, da die Radaufhängung vollständig im Seitenkasten verpackt war.

Bei der technischen Abnahme in Detroit wurde verlangt, daß die Schürzen im Heck bis zur Radmitte entfernt werden müßten. Deshalb wurden in Amerika die JS17 eingesetzt. Gleichzeitig arbeitete man mit dem JS19-02 im Windkanal von St. Cyr.

Die JS19 mit nunmehr verkürztem Seitenteil kehrten in Holland zurück. Ein dritter JS19 wurde für Laffite in England eingesetzt und ersetzte den in Holland beschädigten JS19-02. Das Team schlug sich aber noch mit der mangelhaften Abdichtung der Schürzen herum. Guy Ligier entschied nun, alle Arbeiten auf den JS19 zu konzentrieren. Man entwickelte neue Seitenkästen, änderte die Aufhängungspunkte im Verlauf der restlichen Saison und verstärkte für Las Vegas die Kohlefaserteile im Cockpit-Bereich. Da der Vertrag mit Talbot am Jahresende auslief, bedeutete der GP in Las Vegas den letzten Einsatz des Matra V12. Mit 20 Punkten beendete Ligier die Saison auf dem 8. Platz in der Konstrukteurswertung.

Ein 2. Platz sowie drei 3. Plätze waren die besten Einzelergebnisse.

Für die Saison '83 kehrte Ligier zum Cosworth V8-Motor zurück. Die alten JS19-01 bis 03 wurden für die Aufnahme des V8 modifiziert. Der 03 wurde regelmäßig von Raoul Boesel gefahren, während Jarier den neuen JS21-04 fuhr. Michel Beaujon und Claude Galopin hatten die Wagen mit stark verkleinerten Seitenkästen dem neuen Reglement mit flachem Unterboden angepaßt.

Die Ligier hatten aber in dieser von den Teams mit Turbo-Motoren beherrschten Saison nur geringe Chancen auf vordere Plätze. So geschah es, daß das Ligier-Team zum ersten Mal keine Punkte in der WM erzielte. Die besten Resultate waren je ein 7. Platz in Long Beach für Boesel und in Zeltweg für Jarier. Bei 15 Rennen fiel Jarier neunmal aus.

Für '84 bekam das Team dann Renault-Turbomotoren. De Cesaris und Hesnault fuhren die neuen JS23 mit Kohlefaser-Chassis. Die vier gebauten Wagen waren nicht erfolgreich. Für die beiden letzten Rennen der Saison erhielt der JS23-03, jetzt JS23 B, eine Schubstangen-Aufhängung und eine überarbeitete Ladeluftkühlung. Diese Modifikationen zahlten sich nicht aus. Die alte ruhmreiche Ligier-Zeit war lange vorbei. Nach dieser Saison wechselte der bisherige Renault Sport-Teamchef G. Larrousse zu Ligier, mit ihm kam — darüber war man bei Renault bestürzt — der ehemalige Ligier-Techniker und Chassis-Konstrukteur Michel Tétu zurück.

Das neue JS25-Chassis war schon im Bau und Tétu entwickelte es während der Saison '85 soweit, daß Laffite und de Cesaris einige gute Ergebnisse erzielen konnten, obwohl die Wagen nicht wie Siegerfahrzeuge wirkten. Fünf Chassis wurden im Laufe der Saison gebaut. In Rio hatte man allerdings abgesehen von Osella die schwersten Wagen. De Cesaris hatte nach Guy Ligiers Meinung zu viele Unfälle und wurde, nach seinem im Fernsehen oft gezeigten Überschlag in Österreich, entlassen und durch Philippe Streiff ersetzt. De Cesaris kam bei 11 Starts nur dreimal ins Ziel, darunter ein 4. Platz in Monaco. Die 8 Zielankünfte bei 15 Rennen von J. Laffite zeigten aber, daß das Team langsam wieder konkurrenzfähig wurde. Er erzielte in Brasilien und Monaco den 6., in England und Deutschland den 3. und in Australien den 2. Platz.

Streiff kam bei 4 Starts immer ins Ziel, wobei er die Unbesonnenheit besaß, in Adelaide auf dem 3. Platz fahrend, seinem vor ihm liegenden Teamkameraden Laffite den 2. Rang streitig zu machen und dabei leicht mit ihm zu kollidieren, was aber keine nachteiligen Folgen für die Plazierung bedeutete.

Das Ligier-Team konnte Ende '85 wieder optimistischer in die Zukunft sehen.

1986 wurde der Typ JS27 wieder mit Renault Turbos eingesetzt. Ganz knapp hinter den Williams-Lotus und McLaren herfahrend verbuchten Arnoux und Laffite einige sehr gute Plazierungen. Nach Laffites unverschuldetem Unfall in England mußte er für den Rest der Saison durch den jungen Franzosen Philippe Alliot ersetzt werden.

Lola

Die Eric Broadley gehörende Firma Lola Cars baute 1962 Formel 1-Wagen mit Rohrrahmen und Climax V8-Motoren für das Bowmaker Team von John Surtees.

Bis 1974 tauchten aber keine Lola mehr bei den GP auf. In diesem Jahr beauftragte Graham Hill Lola mit dem Bau eines gewöhnlichen Cosworth/Hewland — F1, um die Shadow DN1 zu ersetzen.

Hill und Edwards fuhren die von Embassy gesponsorten Lola-Ford. Gethin ersetzte in Brands Hatch den verletzten Edwards und ab Österreich fuhr Stommelen den zweiten Wagen des Teams.

Alle Eigenentwicklungen des Hill-Teams am Lola-Chassis führten aber zu nichts, ja G. Hill gab in Österreich zu, daß man nun zum ursprünglichen Lola-Design zurückkehre. Die Wagen waren aber nie konkurrenzfähig. Man belegte lediglich einige hintere Plätze.

Ende des Jahres war es Hill beinahe gelungen, für 1975 den 12-Zylinder Alfa Romeo Motor zu erhalten. Man hatte schon am alten Chassis die Anpassungsarbeiten für den Alfa begonnen, als die Verhandlungen sich zerschlugen. Brabham erhielt stattdessen die Motoren.

1975 bestritt man die ersten drei Läufe mit den alten Lola T370-Ford. Stommelen erbte in Kyalami immerhin einen 7. Platz. Danach stand dem Team das neue Hill-Chassis zur Verfügung.

— Siehe auch unter Beatrice.

Lotus

Colin Chapman hatte 1966 mit seinem Lotus-Team wenig Hoffnung, den 1965 mit Clark gewonnenen WM-Titel zu verteidigen. Der im Laufe des Jahres 66 entwickelte Typ 43 mit BRM H16-Motor wird im Kapitel über den Lotus 49 beschrieben. Den Typen 72, 78, und 79 sind eigene Kapitel gewidmet.

Anfang 1966 tauchten mehrere ältere, auch privat eingesetzte Lotus für Spence, Clark und Arundell auf. Das Werk selber setzte den Monocoque-Typ 33 Chassis R9 und R11 mit 2-Liter BRM P56 und Coventry Climax V8-Motoren ein. Ein neuer 33, der R14, sollte für Clark ab dem GP von England solange eingesetzt werden, bis der 43-H16 konkurrenzfähig wäre.

Der aus Teilen des 25 und 33 gebaute sogenannte Percy des privaten Parnell-Rennstalles war mit dem 2-l BRM V8 ausgerüstet. Spence war damit sehr schnell. Die älteren 25er dieses Teams, R3 und R7, erschienen nur kurz mit 2,7-l Climax 4-Zyl.-Motoren und den alten 1,5-l V8.

Spence gewann für das Lotus-Team mit dem R9 den nicht zur WM zählenden GP von Südafrika. Ausgerüstet war der Wagen mit dem ersten von 2 speziell für Lotus gebauten 2-l Climax V8. Ab dem GP von England wurden diese Motoren für Clarks schnellen R14 reserviert. Er belegte bei seinem Heimat-GP nach Bremsflüssigkeitsverlust den 4., in Holland nach hartem Kampf mit den Brabham Repco und einem Leck im Kühlsytem den 3. Platz. Am Nürburgring war Clark Trainingsschnellster, hatte im Rennen aber einen Unfall. In Monza fuhr er dann den 43/R1.

1967 fuhren Clark und Hill für Lotus. Ein zweiter 43 H16 wurde für den Saisonstart fertiggestellt. Die beiden Wagen erwiesen sich aber als nicht sehr renntauglich. In Monaco fuhr Clark zum letzten Mal den R14, schied aber mit gebrochener Dämpferbefestigung aus. Hill wurde Zweiter im R11-BRM. Beim nächsten Rennen in Zandvoort begann dann die große Zeit des Lotus 49. Irwin belegte hier mit dem Percy den 7. Platz. Danach konzentrierte sich das Parnell-Team auf den quasi-Werks BRM P261 und P83 H-16. Der R11 wurde an Craig Fisher in Kanada verkauft.

1969 versuchte Colin Chapman den erfolgreichen Lotus 49 durch den Allrad-Lotus 63 zu ersetzen. Schon Anfang 1968 hatten sich Probleme gezeigt, die Kraft des Cosworth V8 mit dem abrupt einsetzenden hohen Drehmoment im mittleren Drehzahlbereich auf den Boden zu bringen. Der Allradantrieb wurde deshalb als Allheilmittel angesehen. Gleichzeitig begann das Flügelzeitalter. Nun ließen sich die Traktionsprobleme billiger, unkomplizierter und mit beträchtlich geringerem Gewicht lösen. Davon waren allerdings zunächst die am Vierrad-Antrieb interessierten Konstrukteure, darunter auch Chapman, nicht überzeugt. Deshalb wurden 2 Lotus 63 mit umgedreht eingebautem V8, breitem, flachem Monocoque und zwei Antriebswellen fertiggestellt. Rindt wurde überredet, das Experiment ernst zu nehmen und belegte mit dem 63/1 als bestes Ergebnis 1969 immerhin den 2. Platz beim Oulton Park-Gold Cup. John Miles und J. Bonnier fuhren ebenfalls mit dem 63. Aber die Vorderreifen waren mit der zusätzlichen Aufgabe der Kraftübertragung überfordert, und das Formel 1-Allrad-Experiment scheiterte letztlich am untersteuernden Fahrverhalten, am hohen Gewicht und der komplizierten Technik.

Bereits 1968 hatte sich Hill mit dem für Indianapolis gebauten allradgetriebenen Lotus 56-Turbinenwagen als schnellster für das USAC-Straßenrennen in Mosport qualifiziert. Er war begeistert, wie gut sich das Turbinenauto für einen Starßenrundkurs eignete. Colin nahm mit Pratt & Whitney Verhandlungen zum Bau von F-1 Gasturbinen-Motoren entsprechend dem 3 Liter-Reglement auf. 3 Wagen waren für 1969 geplant, aber das oberste Interesse von Pratt & Whitney galt Indianapolis, und die Entwicklung einer F1-tauglichen Turbine verzögerte sich. Erst nach dem GP von Monaco 1970 konnte Chapman darangehen, eine P & W-Turbine in das Indy-Chassis Typ 56/4 einzubauen. Man hoffte damit, die Gegner auf der Hochgeschwindigkeitsstrecke von Monza zu überraschen, aber die verzögerte Gasannahme und die Bremsen erwiesen sich als problematisch, deshalb wurde der jetzt 56B genannte Wagen bis 1971 zurückgestellt.

Das Debut erfolgte dann beim Race of Champions mit Fittipaldi. Der Wagen lag schlecht.

Der Lotus 76, wie er 1974 der Presse vorgestellt wurde. Als Nachfolger des 72 konnte er trotz einiger „Verbesserungen“ wie dem doppelten Heckflügel die in ihn gesetzten Erwartungen überhaupt nicht erfüllen.

Bob Evans in Brands Hatch auf dem Lotus 77, 1976. Auffällig die von Len Terry entwickelten, im Luftstrom liegenden Vorderradbremsen.

Schließlich brach die rechte hintere Radaufhängung. Wisell lag im Oulton Park kurz auf dem 5. Platz. Fittipaldi qualifizierte den Wagen mit größeren Bremsen für die erste Startreihe in Silverstone und belegte den 3. Platz im zweiten Lauf. Dann wurde der Wagen mit größeren Tanks für die volle GP-Distanz ausgerüstet. Dave Walker fuhr im Juni in Hockenheim, kam aber nicht über das Training hinaus. Beim GP von Holland hatte Walker im Regen mit dem Allradwagen eine gute Chance, setzte ihn aber neben die Strecke. Wisell fuhr den Wagen beim GP von England. In Monza tauchte als einziger Lotus der 56B in gold-schwarzer Lackierung auf. Rechtliche Probleme nach Rindts tödlichem Unfall 1970 hinderten Lotus daran, unter dem richtigen Namen und den normalen Teamfarben zu fahren. Die hohe Außentemperatur war aber schlecht für die Leistung der Turbine und Fittipaldi belegte den 8. Platz. Eine Woche später qualifizierte er sich beim Preis der Nationen für die F5000 in Hockenheim in der ersten Reihe, belegte am Ende den 2. Platz und drehte die schnellste Runde. Trotzdem wurden die Tests mit dem 56B eingestellt.

Das Team konzentrierte sich stattdessen auf den Lotus 72. Dessen bemerkenswerte Leistung auf neuen Goodyear-Reifen in Brasilien 1973 überzeugte Chapman, daß man lediglich einen 100 Pfund leichteren Typ 72 benötigte, um weiterhin vorne mitzufahren. Der ex-Brabham und McLaren-Designer Ralph Bellamy wurde mit der Konstruktion eines verbesserten Monocoques beauftragt. Die Radaufhängungen des neuen Typs 76 sollten ähnlich wie beim Lotus 72 aussehen. Das Monocoque hatte eine flache und schlanke Delta-Form. Anfangs war der 76 mit einer elektromagnetischen Kupplung, die mit einem Knopf auf dem Schalthebel bedient wurde, ausgerüstet. Man wollte dem Fahrer ermöglichen, mit dem linken Fuß zu bremsen, um mit dem rechten die Motordrehzahl hochzuhalten. Schätzengelernt hatte man diese Technik in Indianapolis. Peterson zeigte sich von dem Sytem begeistert, aber es gab viel Ärger damit und wurde schließlich fallengelassen.

Der Typ 76 war der erste Lotus, der gänzlich unter dem Sponsor John Player Special gebaut wurde. Das System der Chassis-Nummern wurde für den „Mark I“ genannten Typ 76 geändert. Das Chassis 76/1 trug die Bezeichnung JPS9, der alte 72/8 wurde als JPS8 bezeichnet. Das zweite neue Auto, der 76/2 wurde ein JPS10, aber die Motorpresse übernahm dieses System nicht, sondern benutzte die alten Typenbezeichnungen weiter.

Der Lotus 76 stellte sich immer mehr als Flop heraus und Peterson konnte Chapman schließlich überzeugen, daß der erprobte 72er das bessere Auto sei. Der Lotus 76 diente in Monaco und Anderstorp nur noch als Ersatzwagen. Auf der Heimreise von Schweden testete Peterson den 76/1 in Zandvoort und erlitt einen schweren Unfall, nachdem man mit neuartigen Bremsbelägen Probleme hatte. In Holland erschien der 76/2 von Ickx mit nach vorne hinter die Vorderräder verlegten Wasserkühlern zusammen mit neuen Seitenteilen. Colin erzählte: „Als wir den 76er bekamen, funktionierte nichts, weder Benzin- noch Ölversorgung, weder Kühlung noch Bremsen. Auch die Lenkung war nicht gut. Eigentlich nichts Ernstes... Auf halbem Weg durch das Entwicklungsprogramm wollten aber weder Ronnie noch Jackie damit fahren. Dann stellten wir fest, daß der 76 genauso schwer war wie der alte 72. Die hinteren Radnaben brachen und ich hatte Angst, daß man ein Rad verlieren könnte. Damit konnte ich nicht leben und damit sagte ich zu Ralph, daß es keinen Sinn habe, all die Probleme zu lösen, wenn man schließlich einen Wagen hätte, der gleich schwer wie die 72er sei, nur mit 50 neuen Problemen . . .“

Der reparierte 76/1 ging als Ersatzwagen Ende 74 mit nach Nordamerika, wo Schenken ihn in Watkins Glen nur als Reservewagen für das Rennen qualifizierte. Als passender Abschluß für die Rennkarriere des 76 wurde Schenken nach reglementwidrigem Start in der 6. Runde disqualifiziert.

Anfang 1975 wurde in Hethel unter dem Teammanager Peter Warr ein neues Designteam zusammengestellt. Mike Cooke, Geoff Aldridge und Martin Ogilvie sollten Colins neues F1 Konzept in die Tat umsetzen. Parallel dazu arbeitete Ralph Bellamy an einer neuen Kraftübertragung und Chapmans Lieblingstheorie, daß 2 Pedale zum Fahren eigentlich genügten. Außerdem wollte Chapman die Wirkungen von kurzem und langem Radstand sowie breiter und enger Spur erforschen. Der Typ 77 wurde als Zwischenlösung auf dem Weg zum Lotus 78 konstruiert, der das Team 1977 zurück an die Spitze führen sollte.

Der Lotus 77 oder „JPS Mark II“ hatte ein von Aldrige gezeichnetes schlankes Alu-Monocoque. Von Martin Ogilvie stammte das innenliegende Bremssystem, wobei die Bremssättel auch die Aufnahmepunkte der Radaufhängung trugen. Die Kühler saßen in kleinen Seitenkästen.

Beim ersten Rennen 1976 in Brasilien beschädigte Peterson den 77/2 (JPS12) im Training schwer, nachdem Kühlwasser auf die Hinterreifen getropft war. Nach der Reparatur gab es Probleme mit der Lenkung. Andretti fuhr für Lotus dieses eine Rennen mit dem 77/1 (JPS11) und kollidierte mit Peterson.

So etwas hatte es mit den glücklosen Lotus 76 bei deren Debut in Kyalami 2 Jahre zuvor auch schon gegeben. Peterson wechselte nach diesem Rennen zu March, und Lotus engagierte die unerfahrenen Bob Evans und Gunnar Nilsson für Südafrika, Brands Hatch und Long Beach. Nilsson fuhr in Silverstone alleine für das Team. Wie zuvor beim Lotus 72 erreichte auch der 77 keine ausreichende Reifentemperatur vorne. Len Terry rüstete als freier Lotus-Mitarbeiter die Wagen auf außenliegende Vorderradbremsen zurück, indem er Ralt F2/F3-Radträger verwendete. Getestet wurde diese Lösung am 72/2 und dann für den 77 übernommen. Andretti fuhr ab dem GP von Spanien endgültig für das Team und Tony Southgate schloß sich nach diesem Rennen ebenfalls Lotus an. Sofort ging Chapman mit Southgate in seinem Ferienhaus auf Ibiza für 3 Tage in Klausur, eine tolle Erfahrung für den von Shadow gekommenen Konstrukteur. Es stellte sich heraus, daß das Know-how bei Lotus, beispielsweise über die Gewichtsverteilung, nicht mehr auf dem neuesten Stand war.

Man versteifte den 77, und Andrettis Sieg mit dem JPS11 in Japan beim letzten Saisonrennen zeigte, daß das Team sich wieder gefangen hatte. Obwohl der 77/3 (JPS14, eine Nummer 13 gab es nicht) bei Testfahrten in Anderstorp von Andretti arg ramponiert worden war, qualifizierte er sich für die erste Startreihe des GP von Schweden und führte das Rennen 45 Runden bis zu einem Motorschaden an. Das beschädigte Auto wurde repariert und mit weiter nach vorne verlegtem Schwerpunkt versehen. Der Ölkühler lag nun in der Wagenschnauze. Später kam ein vom Cockpit aus verstellbarer hinterer Stabilisator und ein leichter Pressluftstarter wie bei McLaren hinzu. In Monza sah man eine neue vordere Aufhängungsgeometrie sowie tiefere Schürzen. In Nordamerika liefen die 77 mit um 10 cm verkürztem Radstand und bürstenähnlichen Schürzen. Letztere testete man im Hinblick auf den Lotus 78, der dann zusammen mit dem Typ 79 neue Maßstäbe setzte und die ground effect-Revolution in den Jahren 77/78 begründete.

1979 hatten dann andere Teams die Nase vorn, als Lotus den Typ 80, der sich später als Versager herausstellte, zu entwickeln versuchte. Chapman ging es beim Lotus 80 darum, die Flügelfläche in den Seitenkästen zu vergrößern, um noch mehr Abtrieb zu erzeugen. Die Flügelflächen wurden deshalb bis ins Wagenheck verlängert. Die Abtriebskräfte sollten um den Wagenschwerpunkt herum am stärksten wirken, um sich die gewöhnlichen Front- und Heckflügel zu ersparen.

Der Brabham-Designer Gordon Murray hatte diese Lotus-Entwicklung in seiner BT48-Alfa V12-Konstruktion vorweggenommen. Er wurde

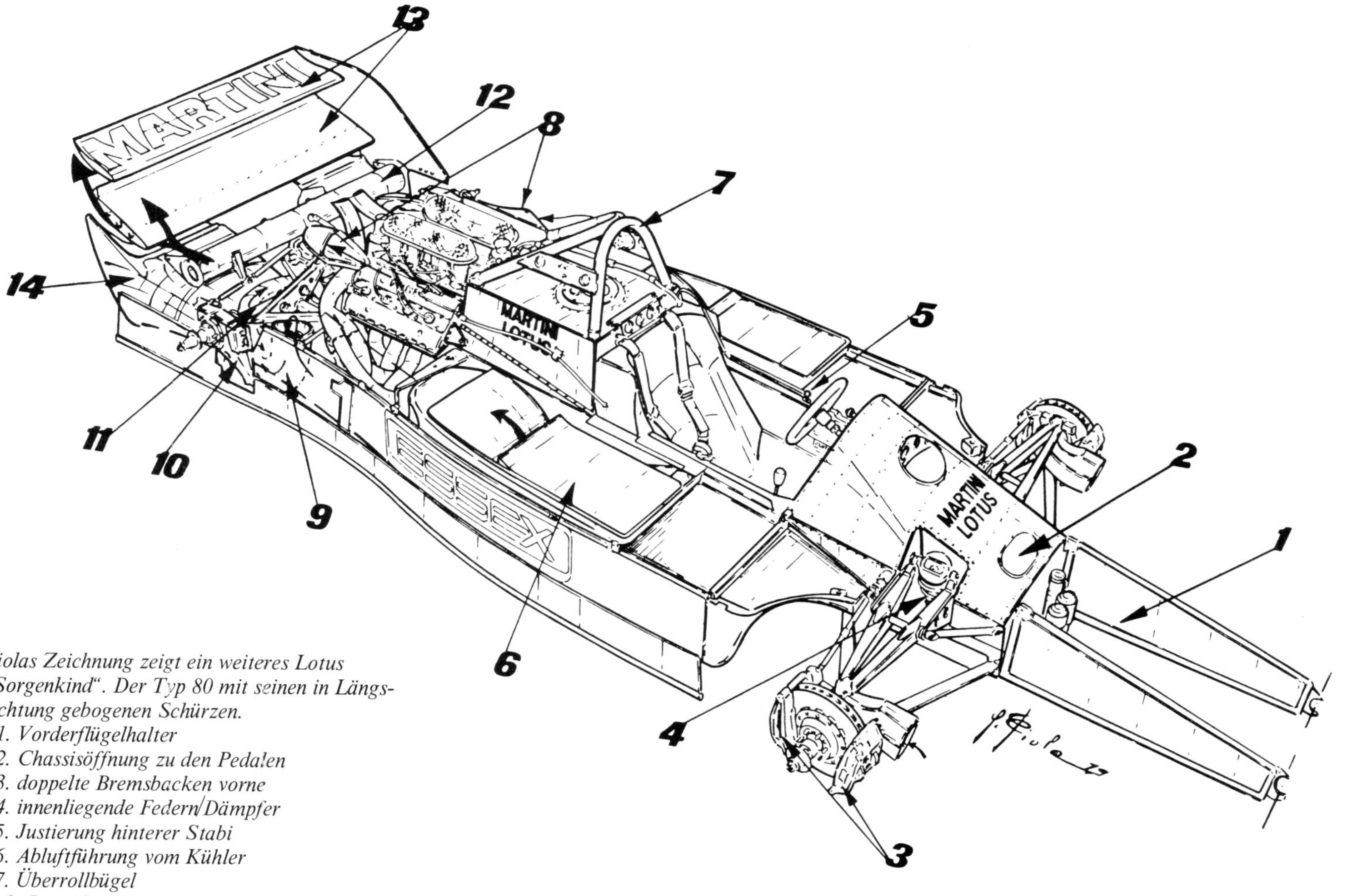

Piolas Zeichnung zeigt ein weiteres Lotus „Sorgenkind“. Der Typ 80 mit seinen in Längsrichtung gebogenen Schürzen.
1. Vorderflügelhalter
2. Chassisöffnung zu den Pedalen
3. doppelte Bremsbacken vorne
4. innenliegende Federn/Dämpfer
5. Justierung hinterer Stabi
6. Abluftführung vom Kühler
7. Überrollbügel
8. 9. Bremshutze
10. hinterer Radträger
11. Antriebswelle
12. Rohrtraverse hält den Heckflügel
13. zweigeteilter Heckflügel
14. Heckflügelseitenteile

aber sofort mit dem durch die Aerodynamik, verursachten Stampfen im Training für den GP von Argentinien konfrontiert und verkleinerte die underwing-Fläche wieder.

In Kyalami fuhren die BT48 bereits problemlos ohne Frontflügel, während der Lotus 80 noch nicht auf der Strecke erschienen war. Er bekam ein in Honeycomb-Bauweise gefertigtes schlankes Alu-Monocoque mit im Bereich der Hinterräder nach innen gezogenen Seitenkästen und Schürzen. Zusätzliche Schürzen gab es unter der Schnauze. Eine zentrale Kompensationsluftklappe in der Mitte der Schnauze leitete die Luftströmung nach oben und sorgte damit für den nötigen Abtrieb am Bug. Das ganze Heck war neukonstruiert, auffallend das schöne Gußstück zur Aufnahme des Getriebes und des Öltanks.

Bei Testfahrten bereitete der 80/1 oder ML23, wie er nun im von Martini gesponsorten Team genannt wurde, Probleme mit den starren Schürzen unter der Schnauze, die bei den Nickbewegungen des Wagens sich am Boden abschliffen. Man ließ die Schürzen weg und montierte normale Frontflügel. Es war sogar ursprünglich beabsichtigt, den Heckflügel zwischen den großen Seitenplatten wegzulassen, wenn die geplante underwing-Front funktionieren würde. Dann wäre man nur mit einer auf der Karosserie befestigten Trimm-Klappe gefahren.

Der Lotus 80 feierte in Jarama ein ordentliches Debut. Andretti wurde Dritter und fuhr die schnellste Runde. Nach Testfahrten in Dijon verzweifelte Peter Wright an den schlimmen Spring- und Nickbewegungen, möglicherweise verschärft durch die gebogenen Hauptschürzen, die sich in ihren Führungen verklemmten und damit den Saugeffekt zuweilen abrupt abreißen ließen, um kurz danach wieder zu funktionieren und den vollen Abtrieb herzustellen. Steifere Aufhängungen machten den Wagen bockig und unkontrollierbar. Man fand keinen Weg aus dieser Misere.

Bis Mitte in der Saison konnten die Probleme nicht beseitigt werden, deshalb stellte man den Typ 80 nach dem GP von Frankreich beiseite. Ein weiterer Lotus war damit als Flop in die Geschichte eingegangen. Drei Chassis waren gebaut worden. 1980 wurde das Team von Essex gesponsort. Die Fahrgestellbezeichnungen begannen nun also mit EL für Essex-Lotus. Testfahrten im Winter mit einem stark modifizierten 79X, einer Kreuzung zwischen den Typen 79 und 80, dienten der Entwicklung des Lotus 81.

De Angelis mit dem 81/2 und Andretti mit dem zweiten Chassis starteten mit den neuen Wagen schon in Buenos Aires. Drei weitere Fahrgestelle wurden im Laufe der Saison fertig. Der 81/3 wurde von de Angelis bei einem Unfall in Long Beach stark beschädigt, und das gleiche widerfuhr dem 81/4 durch Andretti in Monaco.

Alle bisherigen Erkenntnisse flossen in den 81B, der mit der Chassis-Nr. 81/4 und neuem Monocoque in Österreich bei Mansells Debut erstmalig eingesetzt wurde. Der Lotus 81 konnte insgesamt nicht beeindrucken. Andretti beendete nur fünf GPs mit einem einzigen Punkt, errungen Ende der Saison in den USA. De Angelis faßte Fuß in der Formel 1 nach seinem Weggang von Shadow. Er fuhr zwar auch nur fünf Rennen zu Ende, darunter waren aber ein zweiter Platz in Brasilien und zwei vierte Plätze in Italien und den USA. Neuling Mansell tauchte bei drei Rennen mit dem 81B auf, konnte sich in Monza nach seinem Trainingsunfall aber nicht qualifizieren. Nur 14 Punkte standen Ende der Saison im Konstrukteurspokal zu Buche, das reichte nur für den 5. Platz. Im Jahr zuvor waren es immerhin noch 39 Punkte gewesen.

Die massiven Abtriebskräfte verlangten eine überaus harte Federung. Fahrer und Farzeuge schienen physisch überfordert. Lotus experimentierte Ende 1980 mit dem Typ 86, der um ein Alu-Monocoque, ähnlich demjenigen des 81, herum gebaut wurde. Colins Team erfand die Doppelchassis-Konstruktion, die beim Lotus 88 dann verwirklicht wurde. Wright, Ogilvie und die anderen Konstrukteure erkannten, daß sehr leichtes aber steifes Chassis-Material nötig war. Sie begannen deshalb, einzelne Chassis-Teile aus

Die Essex-Lotus 81 in Long Beach 1981, nachdem der Doppelchassis Typ 88 verboten worden war.

Kohlefaser herzustellen. Auf der Suche nach weiterer Gewichtseinsparung, ohne aber die Festigkeit des Monocoques zu beeinträchtigen, wagten sie den nächsten Schritt: das Aluminium gänzlich durch die festere und leichtere Kohlefaser zu ersetzen.

Während McLaren bereits seine Kohlefaser-Chassis in einem Arbeitsgang herstellte, war man bei Lotus noch nicht soweit. Man mußte einzelne Kohlefaser-Platten erst zurechtschneiden, zusammenfügen, verkleben, um schließlich den gesamten Rahmen zu backen.

Während der Typ 87 ein konventionelles Formel 1 Auto darstellte, entwickelte Lotus alternativ dazu den Typ 88 mit Doppel-Chassis, mit dem man versuchte, den Bodeneffekt auch weiterhin nach dem Verbot der flexiblen Schürzen auszunutzen.

Das innere Chassis, von Chapman Sekundärchassis genannt, bestand aus dem Monocoque, dem Tank, der Motor-Getriebe-Einheit und den Radaufhängungen. Seine weich auslegbare Federung bestimmte das Fahrverhalten des Wagens.

Das äußere Chassis, auch Primärchassis genannt, bestand aus der Karosserie einschließlich der Seitenkästen, den Flügeln und den Kühlern. Dieses Chassis, das den Anpreßdruck aufnahm und sich damit während der Fahrt auf den Boden absenkte, hatte seine eigene Federung an den 4 Radträgern. So sah es jedenfalls die FISA, obwohl Lotus hartnäckig gegen diese Auslegung ihrer Absichten argumentierte.

Der Vorteil dieser Konstruktion war, nicht nur den Abtrieb optimal nutzen zu können, sondern dabei auch den Fahrer vor den schlimmen Folgen des neuen Schürzenreglements bewahren zu können. Chapman versuchte, den 88/1 in Long Beach, Rio und Buenos Aires an den Start zu bringen, aber man bekam den Wagen entweder nicht durch die Abnahme oder man wurde, wie in Long Beach, aus dem Training protestiert. Schließlich faßte man das Reglement klarer, um den Lotus 88 verbieten zu können.

Wäre das Lotus-Konzept von der FISA akzeptiert worden, würde vermutlich ein großer Pilot noch leben und die Karriere eines zweiten wäre nicht beendet worden...

Der englische Automobilclub unterstützte Colins Konzept weiterhin und wollte den 88 in modifizierter Form als 88B zum Start zulassen. Ferrari, Talbot-Ligier und Alfa protestierten erneut und die FISA stellte klar, daß auch alle Weiterentwicklungen des Lotus 88 illegal seien. Lotus mußte die 88B endgültig und in kürzester Zeit für den GP von England zurückrüsten.

Schon in Monaco hatte man den Lotus 87 einsatzbereit. Fünf Chassis standen im Laufe des Jahres zur Verfügung, darunter auch das zurückgerüstete Chassis Nr.88B/4. Das Chassis Nr. 87/2 war für Silverstone mit Zwillings-Chassis als 88B/2 ausgestattet worden, ehe es danach wieder als 87/2 auftauchte.

Trotz aller Kontroversen zeigte de Angelis, daß der Lotus 87 ein ordentliches Potential besaß: 14 Starts, zehnmal im Ziel, dabei nur zweimal nicht in den Punkten, aber mehr als ein 4. Platz war nicht darunter.

Mansell fuhr nicht so beständig. Von 13 Rennen beendete er fünf, landete dreimal in den Punkterängen, darunter ein 3. Platz in Belgien. Mit dem 7. Platz in der Konstrukteurs-WM hatte man zwar wieder einen Tiefpunkt erreicht, aber die 22 Punkte zeigten doch eine kleine Aufwärtstendenz an.

Beim Saisonstart 1982 in Kyalami fuhr man noch mit dem Typ 87, wobei das Chassis 87/5 mit Zugstreben-Aufhängung versehen war. Ab Rio war der Typ 91 einsatzbereit. Die Chassis-

Der Typ 88 in Long Beach 81. Beachtlich sind die eher hohen, glatten Linien des Wagens.

Die zwei Teile des Lotus 88 Doppelchassiswagens.

Ayrton Senna, hier in Monaco '86 auf dem Lotus 98T Renault V6. Der von Gérard Ducarouge gebaute schwarze Schönling war unheimlich schnell, leider nicht ausdauernd genug.

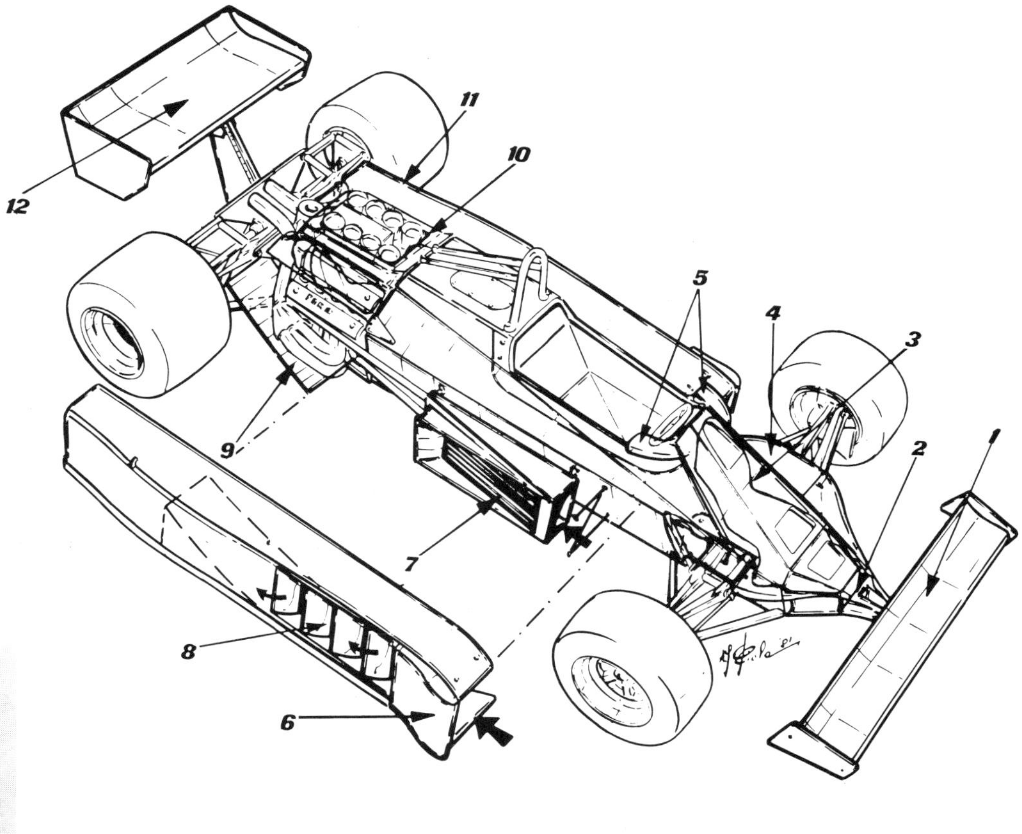

Der Ersatz für den Typ 88 war der Typ 87 mit Karbonchassis.

1. *Vorderflügel*
2. *Nase*
3. *Karbonchassis*
4. *Vorderachsverkleidung*
5. *Rückspiegel*
6. *Verkleidung zur optimalen Abführung von Kühlluft.*
7. *Kühler*
8. *Kühlluftabsaugbleche*
9. *nach oben geführter Fahrzeugboden*
10. *Motor*
11. *Seitenkasten*
12. *Heckflügel*

Der von Gérard Ducarouge entworfene Lotus-Renault 95T in Rio 1984. Nach langen Jahren der Mittelmäßigkeit sah Lotus mit diesem Typ wieder bessere Zeiten.

Nummern waren weiter durchnumeriert worden: den 91/6 lenkte de Angelis und Mansell fuhr den 91/7.

Laut Peter Wright bestand ein Konstruktionsziel darin, alle Teile 10% leichter zu bauen. Drei weitere Chassis entstanden, wobei die Nr.91/9 mit dem Spitznamen „Flexi-Flyer" nur auf Ausstellungen herumstand.

Der Lotus 91 fiel durch die langgestreckte Motorabdeckung, das weit nach vorne gerückte Cockpit und die kurze Frontverkleidung auf. Radstand und Vorderachsspur waren wie beim Lotus 77 in den Jahren 75/76 variabel, als man ebenfalls um den Anschluß kämpfte. Den GP von Österreich konnte De Angelis mit dem 91/8 sogar gewinnen, nachdem alle Turbos Probleme bekommen hatten. In einem dramatischen Finale siegte er mit 0,05 Sekunden Vorsprung vor Rosberg.

Das war der 150. Grand Prix-Sieg eines Ford-Cosworth DFV-Motors und leider der letzte Lotus-Sieg, den Colin Chapman miterleben durfte.

Mansell bestritt 13 Rennen und erreichte in Brasilien den 3. und in Monaco den 4. Platz. In der WM-Tabelle belegte Lotus den 6. Platz mit 30 Punkten. Es ging langsam aber stetig aufwärts. Im Rückblick auf die Saison 82 betrachtet, laborierte Lotus an zwei Hauptproblemen: Das Chassis-Stampfen über Unebenheiten und das Untersteuern auf langsamen Kursen. Beim GP von England testete man eine Zugstreben-Aufhängung, sonst fuhr man immer mit der Kipphebel-Konstruktion. Die Wagen lagen auf schnellen Strecken besser. Dazu bedurfte es jedoch einer Menge Testkilometer, um eine geeignete Einstellung zu erarbeiten, die gleich gut für das Fahren mit vollem und leerem Tank geeignet war.

Kurz vor seinem Tod hatte Colin einen Vertrag mit Renault Sport über die Lieferung von V6 Turbo-Motoren für 1983 abgeschlossen. Peter Warr leitete nun das Team. Da zu Saisonbeginn noch nicht genügend Turbo-Motoren geliefert waren, mußte sich Mansell bis zum GP von Kanada mit zwei Lotus 92-Cosworth begnügen. Diese Wagen basierten auf dem 91/5 und 91/10 und waren dem neuen Reglement mit flachem Unterboden angepaßt. In Detroit erreichte er im vorletzten Rennen mit einem Lotus-Cosworth noch einen Punkt. De Angelis fuhr von Saisonbeginn an die Lotus-Renault 93T1 und 2. Sie waren zu groß und zu schwer, um erfolgreich zu werden. Die Pirelli-Reifen schienen auch nicht mit den Fahrgestellen zu harmonieren. Tests mit einer aktiven Radaufhängung wurden nicht weiter verfolgt.

Im Juni wurde der bei Alfa Romeo entlassene Konstrukteur G. Ducarouge engagiert, von dem Colin schon seit dessen Zeit beim Matra Simca-Sportwagenteam beeindruckt war. Ducarouge nahm den alten Schalenrahmen des Typs 91 als Basis für die neuen 94T/1 und 2, die nun sehr viel leichter und mit neuer Gewichtsverteilung versehen dem Team neue Hoffnung gaben. Nach nur fünf Wochen Bauzeit standen beim GP von England die beiden Lotus-Renault 94T am Start. De Angelis und Mansell konnten endlich mit gleichen Waffen kämpfen. Lotus zeigte sich stark verbessert. Im Training war de Angelis Viertschnellster, während beim Rennen Mansell den 4. Platz herausfuhr.

Diese Leistung konnten sie bei den nächsten Starts durchaus untermauern. Ein drittes Chassis stand in Zandvoort zur Verfügung. 12 Punkte im Konstrukteurspokal reichten aber nur für den 7. Platz.

Ducarouge zeichnete für 1984 den Lotus 95T, der nunmehr mit Goodyear-Reifen unbestreitbar das beste Handling aller Formel 1-Wagen 1984 besaß. Nur einmal wurde ein Monocoque beim Überfahren eines Randsteins leicht beschädigt. Das Team hatte übrigens bis dahin keinen von 17 seit 1981 gebauten Kohlefaser-Rahmen verloren.

Ducarouge hatte zwei aerodynamische Modifikationen für schnelle und langsame Kurse entwickelt. Das waren aber auch schon die einzigen Änderungen, die man je nach Strecke vornahm. Es entstanden vier Lotus 95T. Der 95T/1 diente als Test- und Ersatzwagen und wurde nur einmal in Imola von Mansell gefahren, die 95T/2 und T/3 waren die Einsatzwagen von Mansell bzw. de Angelis, während Chassis Nr. 4 als Ersatz diente und von de Angelis auch bei 3 Rennen bewegt wurde.

Obwohl Lotus für Goodyear viele Reifentestfahrten absolviert — Ferrari und Williams hatten wohl andere Probleme — erreichte man nicht die Klasse der Michelin-Reifen. Aber auch der große Durst des Renault-Motors war ein Grund dafür, daß Lotus nicht ganz an der Spitze fuhr. Der Renault-Techniker Bruno Mauduit war Lotus zugeteilt worden und freute sich regelmäßig darüber, daß die Lotus-Renault die Werks-Renault in den Schatten stellten.

De Angelis hätte in Rio, Detroit und Hockenheim gewinnen können, und Mansell lag in Monaco in Front. Das Getriebe bereitete jedoch mehrfach Probleme. Ein neues stand aber erst Ende der Saison zur Verfügung.

De Angelis erwies sich als zuverlässiger Punktesammler, und im Laufe der Saison sah es einmal so aus, als könne er den WM-Titel gewinnen, da Prost und Lauda bei McLaren sich die GP-Siege gegenseitig wegnahmen. Er beendete zwölf von 16 Läufen, die ersten zehn Rennen davon in Folge immer im Ziel und nur einmal nicht in den Punkten. Zum Schluß hatte er 34 Punkte und war WM-Dritter. Mansell fuhr 13 Zähler nach Hause und trug so zum 3. Platz des Teams im Konstrukteurspokal hinter McLaren und Ferrari bei. Auch 1985 ging es mit Lotus weiter aufwärts. Vier Lotus 97 T-Renault wurden auf der Basis des vielversprechenden 95T gebaut. Der Lotus 96 war ein totgeborenes Indy-Projekt.

Die 97T besaßen kleine Flügel hinten auf den Seitenkästen, nachdem die übergroßen Flügelgebilde von 1984 verboten worden waren. Außerdem übernahm man die zuerst in der CART-Serie aufgetauchten vertikalen Flügel hinter der Vorderradaufhängung, die die Turbulenzen und den Luftwiderstand reduzierten.

Andere Konstrukteure versuchten mit unterschiedlichem Erfolg, Ducarouges Ideen zu kopieren.

Auch in diesem Jahr mußte wieder kein Monocoque durch Unfall abgeschrieben werden.

Renault stellte die alten EF4- sowie die neuen EF15-Motoren zur Verfügung. Im Zeittraining benutzte man die EF4 mit vollem Ladedruck, den die EF15 — Kunden — Motoren nicht vertrugen. Nach dem Qualifikationstraining baute man immer die EF15-Motoren für das warm-up und das Rennen zusammen mit einer neuen Kraftübertragung ein.

Das Ersatzfahrzeug stand mit dem EF15-V6 beim Training für Verbrauchsmessungen bereit. Nach gut 400 Kilometern mußte jede Maschine zum Service.

Infolge von neuen Reifenentwicklungen bei Goodyear mußten an den 97T nun mehr Änderungen vorgenommen werden als im Jahr zuvor. Bis Detroit fuhr Senna den 97T/2, anschließend den T/4. Chassis-Nr. 3 war durchweg in de Angelis' Händen.

Senna wurde zum neuen Star des Teams. Sieben 1. Startplätze wurden von ihm herausgefahren und er führte in zehn von 16 GPs, gewann aber nur zweimal in Estoril und in Spa. Die ersten acht Rennausfälle hatten folgende Gründe: zweimal gab es Chassis-Defekte, fünfmal Schäden im Bereich des Motors und einmal machte Senna einen Fehler. De Angelis fuhr wieder sehr beständig, kam elfmal ins Ziel und siegte nach Prosts Disqualifikation in Imola.

Für Peter Warr wurde in Monza ein Meilenstein wieder erreicht. Er sagte, 1970 sei man hier erstmals mit einer 200 Meilen-Übersetzung im Lotus 72 gefahren, und nun habe es glatt 15 Jahre gedauert, bis man das wieder erreicht habe, nun aber mit größeren Sicherheitsreserven.

Lotus hatte das Siegen wieder gelernt. Colin Chapman wäre begeistert gewesen.

1986 gehörte Lotus wieder zu den Teams, die den Weltmeister hätten stellen können. Erst kurz vor dem Ende der Saison, ab dem GP von Portugal gehörte Ayrton Senna nicht mehr zu den Anwärtern auf den Fahrertitel. Immerhin konnte Senna in Spanien und den USA gewinnen. Sein neuer Teamgefährte Johnnie Dumfries, ein britischer Adliger mit sagenhaftem Vermögen im Hintergrund, fristete ein eher tristes Nummer Zwei-Dasein, zwei Punkte in Ungarn waren eine magere Ausbeute. Lotus machte sich bei den Konkurrenzteams 1986 nicht gerade beliebter, als Ducarouge für das Training ein Heck entwarf, daß für die entscheidenden Runden abgesenkt werden konnte und einen echten ground effect erzielt haben soll. Ayrton war mit dem Trick im Training funkensprühend und oft in Richtung Pole-position unterwegs.

Ab 1987 hat das urbritische Image des Lotus-Rennstalls einen Knacks: Gigant Honda kaufte die Mehrheit der Anteile an dem Traditionsteam.

Lyncar

Der Lyncar-Formel 1 war ein gewöhnlicher Cosworth-Hewland-Rennwagen, der von Martin Slater konstruiert und 1974 von dem für McLaren arbeitenden Motorentuner John Nicholson privat eingesetzt wurde. Nicholson hatte vorher schon die sehr erfolgreichen Lyncar-Formel Atlantik gesteuert. Slaters Formel 1-Projekt hatte die Fahrgestellnummer 007 innerhalb der Lyncar-Rennwagenserien, die nach dem Namen seiner Frau benannt waren.

Nicholson debutierte beim Race of Champions in Brands Hatch mit dem 16. Platz und belegte bei der Silverstone International Trohpy immerhin den 6. Rang. Nicht qualifizieren konnte er sich beim GP von England 1974. Das gelang ihm erst ein Jahr später beim gleichen Rennen, bei dem er trotz Unfalls noch als 17. gewertet wurde, nachdem das Rennen infolge eines Platzregens verkürzt worden war. Ansonsten bestritt er 1975 ohne nennenswerten Erfolg die beiden nicht zur WM zählenden Rennen, in Brands Hatch und Silverstone. Danach konzentrierte Nicholson sich auf Motorbootrennen und widmete sich verstärkt seiner erfolgreichen Motortuning-Firma.

Maki

Hinter diesem kleinen japanischen Formel 1-Projekt standen Kenji Mimura und Masao Ono, die einen großen und ungewöhnlich gestylten Formel 1-Rennwagen um die Cosworth-Hewland-Einheit herum konstruierten. Der F-101 wurde mit großem Aufwand vorgestellt und sollte vom früheren McLaren- und BRM-Piloten Ganley gefahren werden.

Beim GP von England 1974 konnte er sich nicht qualifizieren und erlitt beim Training zum GP von Deutschland auf dem Nürburgring bei hoher Geschwindigkeit, vermutlich wegen gebrochener Aufhängung, einen bösen Unfall.

Beim Aufprall in die Leitplanken wurde das gesamte Vorderteil einschließlich der Radaufhängung und der Pedale weggerissen. Ganley trug Fuß- und Beinverletzungen davon, als das Wrack nach dem Aufprall weiterkreiselte und seine Beine aus dem zerstörten Vorderteil herausragten.

Vor dem Unfall meinte Ganley noch, der Wagen fühle sich tatsächlich gut an...

Die Meinungen der anderen Teams über den Maki gingen so weit, daß jemand sagte, die meisten Teams würden noch nicht einmal einen Wassertank so bauen..., geschweige denn einen Formel 1. Erst 1975 tauchte ein stark veränderter F101-02 wieder auf. Dave Walker war für die GPs in Belgien und Schweden gemeldet, trat aber nicht an.

Howden Ganley mit dem Maki in Brands Hatch 1974.

Hiroshi Fuchida versuchte, den Wagen für die GPs von Holland und England zu qualifizieren, lag aber um Welten zurück. Bei den folgenden Rennen in Deutschland, Österreich und Italien versuchte Tony Trimmer dasselbe ohne Erfolg. Beim nicht zur WM zählenden GP der Schweiz in Dijon wurde Trimmer mit sechs Überrundungen als 13. gewertet. Im Training fehlten ihm pro Runde mindestens fünf Sekunden.

1976 tauchte das Team mit Trimmer beim Heim-GP in Fuji mit einem angeblich neuen Wagen, dem F102A-1 auf, qualifizierte sich aber wieder nicht.

Formel 1-Begeisterung allein hat noch nie ausgereicht...

March

Die Firma March Engineering wurde 1969 von Max Mosley, Alan Rees, Graham Coaker und Robin Herd gegründet, um Rennfahrzeuge in Kleinserien zu produzieren. Zu der Zeit gab es neben einem Markt für Formel 2- und Formel 3-Fahrgestelle mehrere Teams, darunter auch Ken Tyrrells Weltmeisterteam, die auf der Suche nach geeigneten Formel 1-Chassis waren. Außerdem wollten sich mehrere Sponsoren in der Formel 1 engagieren. Mit finanzieller Unterstützung von STP konnte March sich nicht nur ein Werksteam mit 2 Wagen, sondern auch ein drittes Auto für den bei STP unter Vertrag stehenden Andretti leisten. Tyrrell kaufte 3 Wagen für Stewart und Cevert. Das Team Crabbe Antique Automobiles setzte einen weiteren March für das Formel 1-Debut des zukünftigen March-Werksfahrers Peterson ein.

Herd konstruierte einen einfachen Formel 1-Rennwagen, der ohne lange Entwicklungsarbeit wettbewerbsfähig sein mußte. Der March 701 besaß ein Aluminium-Monocoque mit vorderem Abschlußteil aus Magnesium. Frontkühler, Feuerlöscher und Batterie lagen vorne in einer Aufnahmepfanne. Dazu kamen die übliche Cosworth-Hewland DG 300-Einheit sowie außenliegende Feder/Dämpfer-Einheiten. Man hatte kaum Zeit, die Wagen zu bauen, geschweige denn sich mit komplizierten Radaufhängungen zu beschäftigen.

Zusammen mit dem ex-BRM Techniker und Spezialisten für Aerodynamik Peter Wright, der zu der Zeit die Arbeiten im Windkanal der Firma Specialised Mouldings leitete, entwickelte Robin flügelförmige Hilfstanks aus Glasfaser, die an beiden Seiten des Rahmens angeschraubt waren. Diese aerodynamische Konstruktion war quasi ein Vorläufer von Wrights späteren ground-effect-Seitenkästen, die beim Lotus 78/79 eingeführt wurden. Zu der Zeit gab es einen großen Unterschied, was die benötigte Kraftstoffmenge von Rennen zu Rennen betraf. Deshalb waren Zusatztanks notwendig. Gleichzeitig hatte man damit mehr Abtrieb gefunden ohne Verschlechterung des cw-Wertes.

March produzierte in drei Monaten sechs Wagen des Typs 701 — mit Erfolg. Der Wagen beinhaltete jedoch so viele Kompromisse, daß March nicht mehr länger konkurrenzfähig war, nachdem Lotus und Ferrari ihre anfänglichen Probleme gelöst hatten. Tyrrell kaufte vom Typ 701 die Chassis 2-4-7 für seine Fahrer Stewart und Servoz-Gavin. Letzterer beendete in Monaco seine Karriere und wurde durch Cevert ersetzt.

Die Werksfahrer Amon und Siffert fuhren mit den Chassis 701/1 bzw. 701/5, wobei der 701/1 Mitte der Saison einen neuen Schalenrahmen unter derselben Chassis-Nummer erhielt. Damit begann bei March eine Eigenart, die diejenigen verwirrte, die versuchten, die Fahrgestellnummern auseinanderzuhalten. Es war unter Zeitdruck wichtiger, die alte Chassis-Nummer zu behalten, da man somit auch die vorhandenen Zollpapiere weiter benutzen konnte. Andrettis STP-Team fuhr mit dem Chassis-Nr. 3, das in Österreich zerstört und nicht mehr aufgebaut wurde. Petersons Crabbe-Team fuhr mit dem 701/8.

March hatte ein fantastisches Formel 1-Debut und gewann drei der ersten vier Rennen. In Kyalami waren fünf March am Start. Stewart stand neben Amon in der ersten Reihe, doch nur Stewart und Siffert konnten das Rennen auf dem 3. bzw. 10. Rang liegend beenden. Stewart gewann das Race of Champions mit dem 701/2 ohne die seitlichen Flügeltanks. In Spanien ging er von der ersten Startreihe aus ins Rennen und erzielte für March den ersten Grand Prix-Sieg. Amon gewann mit einem Start-Ziel-Sieg die International Trophy in Silverstone. Stewart wurde bei diesem Rennen Zweiter.

Dieser Anfangserfolg war ungewöhnlich, sollte aber nicht andauern. Die March-Piloten waren bei den folgenden GPs sehr schnell, doch Siege gab es mit dem 701 keine mehr. Das Tyrrell-Team baute für 1971 schließlich seine eigenen Fahrgestelle.

Robin Herd hatte 1971 mit dem Modell 711, einer von Frank Costin mitgestalteten windschlüpfrigen Konstruktion, einen guten Saisonstart. Der 711 besaß einen elliptischen, in der Mitte abgestützten Vorderflügel, kompakte seitliche Kühler, ein Alu-Monocoque und rundherum innenliegende Bremsen zur Verringerung der ungefederten Massen.

Der charakteristische Frontflügel war für das Fahrverhalten von großer Bedeutung. Der Wagen reagierte schon auf kleinste Veränderungen des Einstellwinkels. Als man auf dem Österreichring diesen Flügel flacher stellte, um den Luftwiderstand zu verringern und somit eine höhere Endgeschwindigkeit zu erreichen, untersteuerte der Wagen schlimm und verdarb Laudas Grand Prix-Debut.

Die 711 verloren im Laufe der Saison viel von ihrer ursprünglich guten aerodynamischen Form. Nach einem Bremswellenbruch bei Peterson rüstete man auf außenliegende Vorderradbremsen zurück. Ansonsten zeigten die 711 nur wenige Konstruktionsmängel. Versuche mit dem Alfa Romeo V8-Motor brachten March auch nicht weiter.

Die alten 701 wurden auch noch in der ersten Saisonhälfte 71 eingesetzt. Das Chassis 701/6 fand im Williams-Team Verwendung, das Chassis 11 fuhr im neuen Mordaunt-Guthrie-Team mit Beuttler als Fahrer, während Chassis Nr. 10 an John Love für die südafrikanische Formel 1-Meisterschaft verkauft wurde. Der 701/9, in Besitz von Hubert Hahne, wurde von Jarier Ende des Jahres im Oulton Park gefahren. Das Shell-Arnold-Team setzte diesen Wagen dann für den Franzosen in Monza ein.

March baute insgesamt sechs Wagen des Typs 711. Peterson fuhr anfangs den 711/2, meistens den 711/6 und schließlich den 711/4 bei seinem Sieg in Brands Hatch. Der 711/1, ausgerüstet mit dem Alfa V8, wurde normalerweise von de Adamich und Galli gesteuert. Peterson zerstörte dieses Chassis bei einem Unfall in Silverstone, nachdem die Gasschieber steckengeblieben waren. Der Alfa-Motor wurde daraufhin für den GP von Frankreich in den 711/6 eingebaut — wenn man den Chassis-Nummern glauben darf. Peterson fiel jedoch bei diesem Rennen aus und in der Folge wurden ausschließlich Cosworth V8-Motoren eingesetzt.

In Spanien fuhren alle vier 711 mit außenliegenden Vorderradbremsen. Bei den STP-Werksautos lagen außerdem die Batterien vorne. In Monaco erhielt Petersons 711/2 eine verstärkte Hinterradaufhängung. Ein Frontteil mit niedrigerem Luftwiderstandsbeiwert wurde in Monza getestet. Der 711 fuhr hier jedoch mit der üblichen Frontverkleidung, allerdings ohne den markanten elliptischen Flügel. In Kanada erschien der 711/5 in den Farben des Gene Mason-Racing Teams für den Amerikaner Skip Barber.

Peterson erzielte das ganze Jahr hindurch hervorragende Ergebnisse. Er wurde Zweiter in der Fahrer-WM hinter Stewart. Er erreichte fünf zweite Plätze, wobei er in Monza nur 0,01 Sekunden hinter dem Sieger über die Ziellinie fuhr. In der Konstrukteurswertung belegte March zusammen mit Ferrari hinter BRM und Tyrrell wie auch schon 1970 den 3. Platz.

Herd war nun entschlossen, 1972 die Weltmeisterschaft zu gewinnen. Er investierte viel Zeit und Mühen in den March 721X mit verbessertem Handling. Zunächst fuhr man noch mit dem leichteren Vorjahrestyp 711, der nun aber die Bezeichnung 721 trug. Nach dem GP von Argentinien verzichtete man endgültig auf den elliptischen Vorderflügel und verwendete stattdessen ein breites Frontteil mit Flügeln vor den Vorderrädern. Peterson fuhr den 721/1 und sein neuer Teamkollege Lauda den 721/2.

Beim 6 Std.-Rennen für Sportwagen in Watkins Glen 1971 hatte Peterson einen Alfa Romeo T33 mit vor der Hinterachse liegendem Getriebe gesteuert und war von dessen Handling sehr angetan. Der Motor war durch die neue Getriebeanordnung weiter in die Mitte des Wagens gerückt. Petersons Urteil verleitete Robin dazu, seinen größten Fehler zu begehen. Denn nun wurde Alfa Romeo beauftragt, dieses Getriebe für den 721X zu liefern. Auch eine neue Hinterradaufhängung mit innenliegender Feder/Dämpfer-Einheit wurde konstruiert. Leider war die neue Gewichtsverteilung des 721X nicht für die jetzt verwendeten Goodyear-Reifen geeignet. Die geringen Platzverhältnisse an der Hinterachse schränkten auch die Wahl der Differentiale ein.

Die Fahreigenschaften des 721X waren schwierig. Er untersteuerte am Kurvenbeginn und übersteuerte am Kurvenausgang, wenn er auch sonst in schnellen Kurven ganz gut lag. Obwohl Peterson den Wagen durchaus mochte, bezeichnete sein Teamkollege Lauda ihn bei seiner ersten Fahrt als unfahrbar — und er sollte recht behalten.

Firestone glaubte, geeignetere Reifen für den 721X liefern zu können. Da die Saison aber bereits fortgeschritten war, mußte man eine sofortige Entscheidung treffen. Die beiden 721X wurden nach nur vier Rennen zurückgezogen und durch den 721G für den GP von Frankreich ersetzt. Bei diesem Chassis handelte es sich um ein verbessertes Formel 2-Fahrgestell.

In nur neun Tagen und noch vor dem GP von Spanien wurde der erste 721G für Beuttlers Team gebaut. Das „G" stand wohl für „Guiness-Buch der Rekorde". Beuttler sagte der Wagen zu und zwei weitere Chassis wurden für Lauda und Peterson fertiggestellt. Peterson belegte mit dem G/3 in Clermont den 5. Platz, in Deutschland den 3. und in Kanada qualifizierte er sich sogar für die erste Startreihe. Peterson und Lauda wurden in diesem Rennen disqualifiziert: Ronnie, weil er in der Boxengasse zurückgesetzt hatte und Niki, weil er fremde Hilfe in Anspruch genommen hatte. Nur wenige Teams teilten je mit March dieses Schicksal.

Nach dem 4. Platz in Watkins Glen stand Peterson in Brands Hatch sogar auf der Pole-Position. Migault debutierte bei diesem Rennen mit dem 721G/5, der eigentlich für den Bergrennfahrer Daniel Rouveyran vorgesehen war, beschädigte den Wagen aber schwer. Pace und Pescarolo fuhren in diesem Jahr im Williams-Team mit dem 711/3 bzw. 721/3. Pescarolo erlitt jedoch mehrere Unfälle. Auch das ehemalige Lauda-Chassis 721/2 tauchte bei Williams unter der Nummer 721/3 wieder auf.

Für das Team Eifelland Caravans fuhr Stommelen in diesem Jahr neun Rennen mit dem

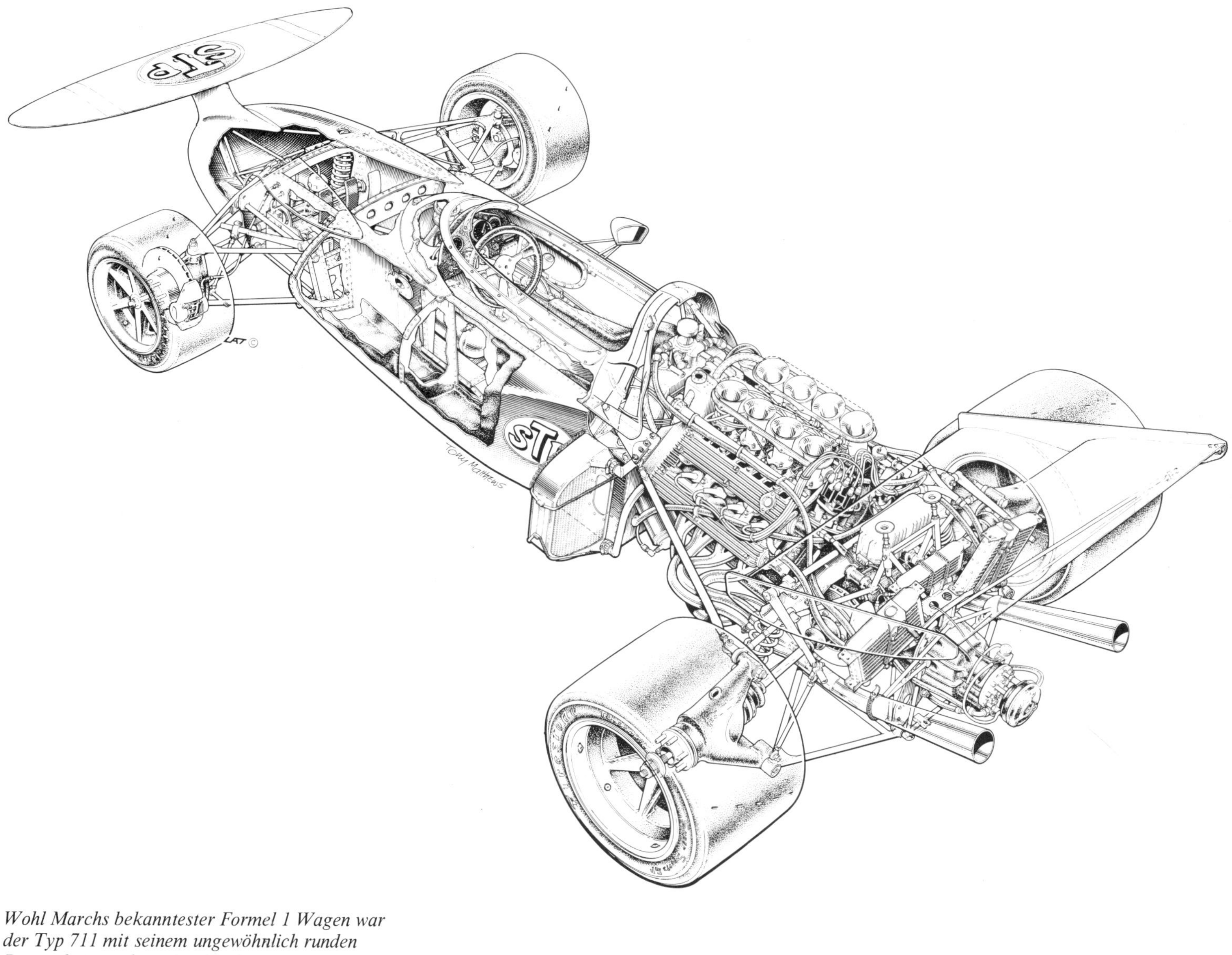

Wohl Marchs bekanntester Formel 1 Wagen war der Typ 711 mit seinem ungewöhnlich runden Bug und einem darauf stehenden „Rasiertisch"-Flügel.

721/4, der von Luigi Colani mit neuer auffallender Karosserie verkleidet wurde. Bemerkenswert war vor allem die kuriose Spiegelanordnung hoch über dem Cockpit. Das Team griff jedoch schnell auf viele Karosserieteile von March zurück. Stommelen kam über hintere Plätze nicht hinaus.

Nach dem GP von Österreich verkaufte Stommelen den Wagen an die Firma Hexagon in London, die den Wagen für Watsons Formel 1 Debut beim Saisonfinale in Brands Hatch einsetzte. Dabei sprang ein 6. Platz heraus.

Ab 1973 befaßte sich March nicht mehr ernsthaft mit der Formel 1. Wie Herd erklärte, baute man von nun an nur noch Formel 2-Fahrgestelle für die Formel 1 um. Für gutes Geld stellte man diese Wagen dann sowohl Fahrern als auch Sponsoren zur Verfügung. Die Budgets reichten aber bestenfalls für die Formel 2 aus.

Teammanager Rees hatte March verlassen und gründete das Shadow-Team. Mosley und Herd führten das March-Team alleine weiter, solange ihre Formel 2- und 3-Fahrgestelle dominierten. Das Hesketh-Team setzte 1973 für Hunt March-Chassis ein, die von dem früheren March-Konstrukteur Harvey Postlethwaite weiterentwikkelt wurden. Hunt debutierte in Monaco und war in den folgenden 5 GPs überaus erfolgreich. In Watkins Glen kämpfte er um die Führung, markierte die schnellste Runde und wurde mit 0,312 Sekunden Rückstand Zweiter. Ein guter Fahrer konnte also auch mit einem lediglich verstärkten Formel 2-Chassis erfolgreich sein.

Die Vorjahres-721 wurden für 1973 überarbeitet. Beuttler und Purley fuhren diese Wagen mit Seitenkästen, die die Tanks schützten, und engerer hinterer Spur. Der Wagen hatte sein Aussehen stark verändert. Das Monocoque des Hesketh-Teams war trotz der alten Chassis-Nr. 721G/3 mit Sicherheit neu. Dr. Postlethwaite wollte kein altes, müdes Chassis für seinen Fahrer.

March setzte für den F-2 Europameister von 1972, Jarier, einen 731 (721G/4) ein. Roger Williamson übernahm diesen Wagen in England und Holland. Bei seinem Debut wurde er schuldlos in die von Scheckter ausgelöste Kollision verwickelt und bei seinem 2. Rennen in Zandvoort verunglückte er vermutlich infolge eines Schadens an der Aufhängung tödlich.

1974 tauchten die March 741 für die Fahrer Stuck, Ganley und Brambilla mit stark verlängerter Schnauze und fast parallel zum Motor liegenden seitlichen Kühlern auf. Stuck zeigte ein Fahrkönnen, das demjenigen von Peterson kaum nachstand. Das Team landete einige Achtungserfolge. In Jarama allerdings zerstörte Brambilla den 741/2 nach einem Totalausfall der Hinterradbremsen. Der lose Heckflügel hatte eine Bremsleitung gegen die Bremsscheibe gedrückt...

Das fällige neue Monocoque lief natürlich unter der alten Chassis-Nr. 741/2 weiter. Dasselbe machte man mit Stucks Unfallwagen nach Monaco. Um mehr Abtrieb zu erhalten, verlängerte man in Schweden wie beim Formel 2-Wagen das Frontteil. Die verkleinerte Spur sorgte für eine höhere Geschwindigkeit auf der Geraden.

Die Saison 1975 begann Brambilla in einem überarbeiteten 741. Die Batterie lag wieder vorne in der Schnauze, und der Motor hatte sein eigenes Feuerlöschsystem. Ab Spanien fuhr Brambilla zusammen mit Lella Lombardi die neuen 751/2 und 751/3. Die Plätze 5 und 6 beim GP von Spanien waren das Beste, was March seit Jahren erreichte.

Es ging noch weiter aufwärts. Brambilla war sehr schnell in Zolder, aber da March sich keine

Robin Herds '72er March 721X sollte neue Maßstäbe setzen, war aber ein Flop.

Zwei eigentlich zur Formel 1 aufgewertete Formel 2 Renner: Oben James Hunt im 731 in Silverstone 1973, unten Mark Donohue im Penske-March 751 auf gleicher Rennstrecke zwei Jahre später.

F-1 tauglichen Bremsen leisten konnte, war das Schicksal bei diesem Rennen besiegelt. Die Strecke in Anderstorp war für den 751 wie geschaffen. Neue 20 Zoll breite Hinterreifen sorgten für mehr Stabilität. Außerdem lag der Wagen näher am Gewichtslimit. Ausgerüstet mit extrem harten Federn fuhr Brambilla die schnellste Zeit und führte das Rennen an, bis ein Gelenk brach. Für den GP von England kaufte Penske den 751/1 für Donohue. Dort wiesen die Werks-751 eine neue Aufhängungsgeometrie auf. Außerdem waren sie mit einer neuen hinteren Flügelkonstruktion ausgerüstet, die den Spitznamen „Gepäckträger" erhielt.

Die bodennahen, horizontal angeordneten Luftleitflächen hinter den Hinterreifen sorgten für die Beruhigung der Turbulenzen. Der Trick wurde nicht beanstandet und erbrachte 200 U/min mehr auf der Geraden.

Diese Konstruktion war ein Vorläufer der 1983/84 verwendeten, im Bereich der Hinterachse hochgezogenen, Unterböden. Aber Herd verfolgte die Idee nicht weiter. Brambilla gewann mit dem 751/3 den wegen Regens vorzeitig abgebrochenen GP von Österreich, nicht ohne in der Ehrenrunde bei einem Ausritt seine Frontverkleidung zu demolieren. Beim morgendlichen warm-up zu diesem Grand Prix war Donohue infolge eines Reifenschadens links vorne bei hoher Geschwindigkeit tödlich verunglückt. Beim GP von Italien beklagte Brambilla einen Kupplungsdefekt und sowohl Stuck als auch Lombardi waren in Unfälle verwickelt. In den USA erreichten beide wieder das Ziel.

Nach Beginn der Saison 1976 verließ Peterson Lotus und kehrte zu seinen alten Freunden bei March zurück. Sie bestritten die Saison mit einem Jahresetat von nur 35 000 £. Die 761 waren kurvenfreundlich, schnell auf den Geraden und immens schnell im Regen. Sie erwiesen sich mit ihren parallel zum Motor liegenden Kühlern und der breiten Frontverkleidung mit einem unten vorgesetzten Spoiler für ein solch schmales Budget als die richtigen Wagen. Auf der Mistral-Geraden in Ricard waren Peterson und Brambilla mit ca. 292 km/h bzw. 287 km/h die Schnellsten.

Peterson fuhr für March in dieser Saison 15 Rennen, beendete jedoch nur sechs. In Monaco schied er auf dem 2. Platz liegend aus, er führte in Österreich und war Trainingsschnellster bei den GPs von Italien und Holland. In Monza gewann er schließlich. Ein Regenschauer kam hier den überhitzten Bremsen seines Wagens sehr zu Hilfe. Auch bei den Übersee-Rennen startete er aus vorderen Positionen.

Brambilla kam nur fünfmal ins Ziel. Als bestes Ergebnis sprang ein 6. Platz in Holland heraus. Merzario beendete nur zwei von fünf Rennen und wechselte Ende des Jahres zu Wolf-Williams. Stuck hatte fünf Zielankünfte, die dem Team noch acht Punkte einbrachten. Ein gewisser Karl Oppitzhauser konnte sich in Österreich nicht qualifizieren. March beendete die Saison auf dem 7. Platz in der Konstrukteurswertung.

Für 1977 wurden verbesserte 761B und 771 mit Frontkühler von Herd und dessen Assistent Martin Walters gebaut, von denen drei während der Saison zum Einsatz kamen. Mosley, der sich eher mit Paragraphen auskannte, betreute das March-Team mit Ribeiro und Ian Scheckter als Ingenieur an der Rennstrecke, da BMW, Marchs Formel 2-Sponsor, damit gedroht hatte, sich zurückzuziehen, falls Herd nicht aufhöre, an seinen Formel 1-Wagen herumzuspielen, anstatt sich auf das F-2 Programm zu konzentrieren.

Frank Williams kaufte für seinen neuen Rennstall ein March-Monocoque und setzte es mit Nève als Fahrer ein. Man startete bei acht Rennen, konnte sich aber für drei weitere Rennen nicht qualifizieren. March baute insgesamt sieben Chassis, die im Laufe des Jahres u.a. auch privat von Merzario, Bleekemoelen, de Dryver, Boy Hayje, Henton, Lunger, Stuck (er fuhr nur das Rennen in Südafrika, bevor er zu Brabham wechselte) sowie von Sutcliffe ohne nennenswerten Erfolg eingesetzt wurden.

Das von Rothmans gesponsorte Mosley-Team für Ribeiro und Ian Scheckter ging zusammen 22mal an den Start, beendete aber nur sechs Rennen und seine besten Plazierungen waren der 8. Platz für Ribeiro in Deutschland und Kanada. Neunmal konnten sie sich nicht qualifizieren.

Ende der Saison verkaufte March seine FOCA-Mitgliedschaft an das ATS-Team und verschwand aus der Formel 1, um sich auf die höchst erfolgreiche Rennwagenproduktion für die unteren Formelklassen zu konzentrieren. Formel 1-March, gefahren von Edwards, Zaborowski, Allison, Biechteler, Lees sowie Leech tauchten u.a. bei F5000 Rennen auf.

In den Jahren 1978/79/80 fuhr March nicht mehr in der Formel 1. 1981 erhielt man den Auftrag, für das RAM-Team Formel 1-Wagen zu bauen. Diese wenig konkurrenzfähigen Flügelwagen vom Typ 811-Cosworth wurden von Daly und Salazar gefahren. Zwölfmal konnten sie sich nicht qualifizieren, viermal erreichte man nur das Ziel, darunter ein 7. Platz beim GP von England. Nicht weniger als sechs March 811 mit den Nummern RM01 bis RM06 wurden gebaut.

1982 starteten Mass und Boesel mit den 821-07/08/09/10/11. Bezeichnend für RAM war, daß beide Fahrer eine Reihe von Unfällen hatten. March machte zumindest in dieser Beziehung in diesem Jahr Schlagzeilen. Boesel zerstörte den RM08 bei einer Testfahrt in Snetterton. Der 09 wurde in Detroit in den Startunfall verwickelt. Mass hatte mit dem RM10 in Frankreich bei hoher Geschwindigkeit einen bösen Unfall. Sein Wagen geriet in die Fangzäune, überschlug sich in den Zuschauerraum und fing Feuer. Wie durch ein Wunder wurde niemand ernstlich verletzt. Dieser Unfall war möglicherweise der letzte Anstoß, die ground-effect-Wagen abzuschaffen.

1983 baute RAM Automotive seine eigenen Cosworth-Wagen und bezeichnete sie nur anfangs noch als March-RAM.

Martini

Tico Martini, nicht zu verwechseln mit dem Spirituosen-Herteller Martini & Rossi, fuhr in den 60er Jahren Bergrennen, ehe er sich im Automobilsport der 70er Jahre einen Namen als Konstrukteur und Hersteller sehr erfolgreicher Formel Renault, Formel 3- und Formel 2-Wagen machte. Sein Team, mit Sitz an der Rennstrecke von Magny-Cours und geleitet von Hugues de Chaunac, gewann 1975 und 1977 die Formel 2-Europameisterschaft.

1978 wagte man mit Arnoux den Sprung in die Formel 1. Der MK23, MK stand für Martini/Knight – die Familie Knight unterhielt eine auch in Magny-Cours ansässige Rennfahrerschule –, hatte ein schlankes Monocoque, das an das Fahrgestell des Williams FW06 erinnerte und war mit dem Cosworth V8 sowie dem Hewland FGA 6-Gang-Getriebe ausgerüstet. Die Vorderachse wies eine innenliegende Feder/Dämpfer-Einheit auf, während die Hinterachse mit Rechteckquerlenkern ausgestattet war. Gesponsort wurde das Team von RMO, Silver Match und Elf. Der Martini debutierte in Kyalami, konnte sich dort aber nicht qualifizieren. In Silverstone verhinderte fehlender Öldruck einen Start. In Monaco und Hockenheim überstand er nicht einmal die Vorqualifikation. Die GPs von Belgien und Österreich beendete er auf dem 9., den Heim-GP in Ricard auf dem 14. Rang. Nur in Zandvoort schied er vorzeitig aus dem Rennen aus. Danach entschied sich Tico Martini gegen eine weitere Formel 1-Beteiligung.

Matra

Über das Debüt des Matra Sports-Teams in der Formel 1 sowie den WM-Sieg des Matra-Cosworth 1969 wird an anderer Stelle berichtet.

Matra Sports experimentierte 1969 eher halbherzig an dem allradgetriebenen MS84 mit Rohrrahmen-Chassis. Er stellte konstruktiv gesehen die einfachste und billigste Lösung unter den Allrad-Formel 1-Wagen dieses Jahrgangs dar. Servoz-Gavin belegte mit ihm den 6. Platz beim GP von Kanada. Dies sollte der einzige WM-Punkt bleiben, den ein vierradgetriebener Formel 1-Rennwagen je erreichte.

Für das Saisonfinale in Mexiko rüstete man den MS84 auf Hinterradantrieb zurück, und Servoz-Gavin sprach von einer großen Verbesserung des Fahrverhaltens.

Nach der Saison 1969 konnte Matra den Ford Cosworth V8 nicht mehr verwenden, da die Automobilabteilung des Matra-Konzerns nun mit der unter Chrysler-Regie geratenen Firma Simca kooperierte.

Matras eigener 12-Zylinder-Motor wurde für 1970 von Georges Martin in Zusammenarbeit mit der Firma Moteur Moderne in Boulogne einer größeren Überarbeitung unterzogen. Nach der Verstärkung des Kurbelwellengehäuses konnte der MS12, wie schon zuvor der Ford Cosworth, als tragendes Teil verwendet werden. Die vollkommen neu konstruierten Zylinderköpfe waren leichter geworden. Der kleinere Ventilwinkel sorgte für einen flacheren Brennraum. Die Einlaßkanäle lagen nun nicht mehr zwischen den Nockenwellen, sondern innerhalb des V. Der Einlaßquerschnitt wurde vergrößert und leichtere Kolben fanden Verwendung.

Bernard Boyer mußte für 1970 ein neues Monocoque zeichnen. Die spitz nach vorne zulaufenden seitlichen Benzintanks waren so konstruiert, daß sie eine zusätzliche Abtriebsfläche darstellten. Während die Radaufhängungsgeometrie ähnlich wie beim Vorgänger MS80 ausfiel – lediglich die vordere Spur war enger geworden –, hatte man beim neuen MS120 einen längeren Radstand gewählt. Der Wagen wies außerdem einen großen Heckflügel sowie eine breitere Schnauze mit kleinen Flügeln auf beiden Seiten auf. Eine Servo-Lenkung von Citroen wurde getestet, aber schließlich verworfen.

Pescarolo fuhr normalerweise den MS120-02 und Beltoise den 03. Das Chassis 01 wurde bei zwei Unfällen, jeweils in Brands Hatch, einmal von Beltoise und dann auch von Pescarolo beschädigt und diente später nur noch als Ersatz.

Von elf Rennen beendete Pescarolo neun, darunter waren der 3. Platz in Monaco und der 5. Rang beim GP von Frankreich in Clermont-Ferrand, den er trotz sinkenden Öldrucks, eines Dämpferdefekts sowie eines kleineren Unfalls herausfahren konnte. Sogar der Rahmen wurde bei dem Unfall verzogen.

Beltoise startete bei 12 Rennen und konnte 6 davon zu Ende fahren. Zwei 3. Plätze in Belgien und Italien, zwei 5. Plätze in Holland und

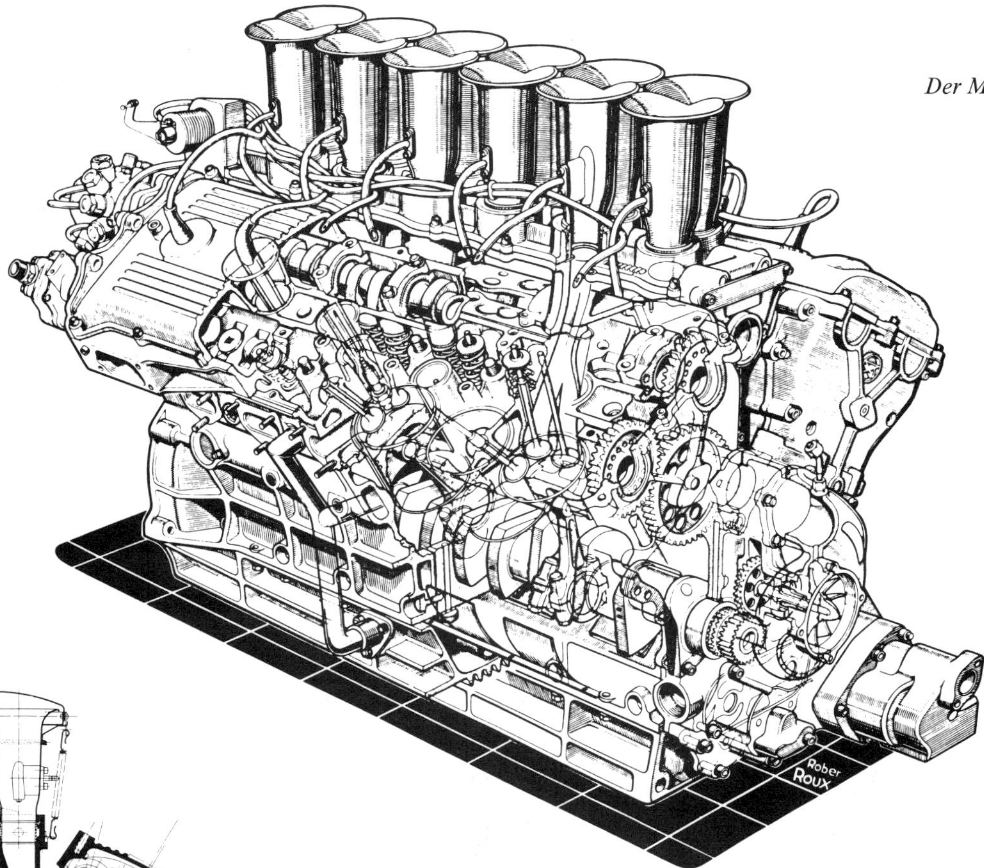

Der Matra MS12 Motor von 1970.

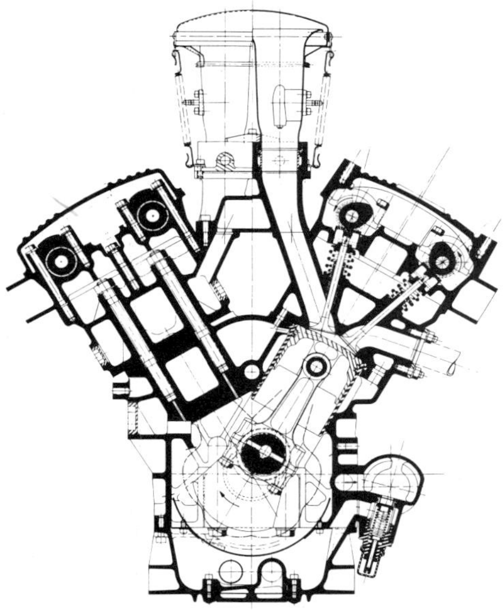

Die überarbeitete Version des MS12 V12 von 1971.

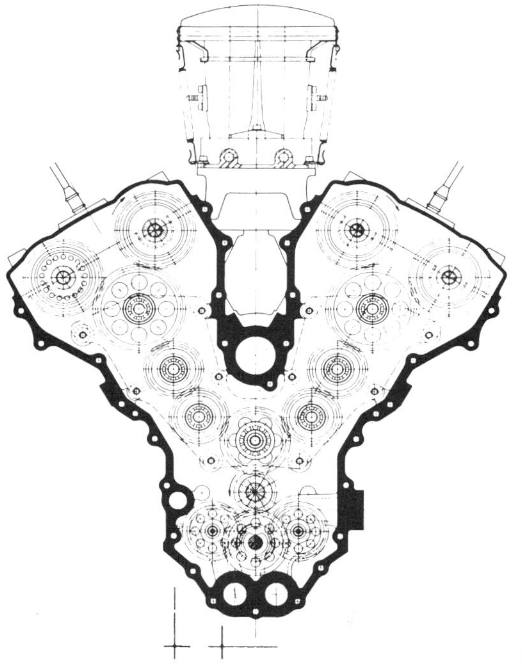

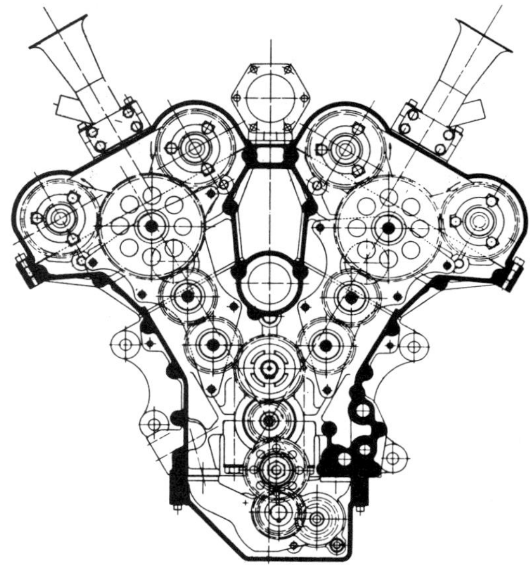

Die Stirnseite des V12 Motors einmal 1968 und später in der 1981er Version, als er von Ligier gefahren wurde (rechts).

Mexiko und ein 6. Rang in Österreich standen bei ihm zu Buche.

Er fuhr erstmals in Spanien das verbesserte Chassis 03 mit 13 statt 15 Zoll Vorderrad-Felgen, besseren Bremsen, neuen Flügeln und leichten Titan-Radnaben.

Der Versuch mit den kleineren Felgen schlug dort aber fehl, da nun die Bremsen überhitzten.

Für Monaco und alle folgenden langsamen, engen Kurse rüstete man den MS120 wegen der besseren Bremskühlung mit 15 Zoll Rädern aus. In Spa beispielsweise probierte man aber wieder die windschlüpfrigeren 13 Zöller. Neue Stabilisatoren und ein veränderter Radsturz sollten ab Clermont das ständige Untersteuern kurieren. Beltoise führte seinen Heim-GP auch bis zu einer Reifenpanne an.

Der Matra V12 leistete 1970 etwa 435 PS bei ohrenbetäubenden 11000 U/min. In Monza erschien die nächste Entwicklungsstufe des Motors. Der MS12T war nun mit nochmals versteiftem Kurbelgehäuse und vermutlich mit Titan-Pleueln ausgestattet. Die Zuverlässigkeit der Maschine schien aber bei den Übersee-GP darunter zu leiden.

Ein großer Nachteil des Matra V12 bestand darin, daß ein Motorwechsel bis zu 8 Stunden in Anspruch nahm. Der Cosworth V8 dagegen ließ sich in 90 Minuten austauschen.

Die durchweg schlechten Handling-Eigenschaften des MS120 führte man auf die mangelnde Torsionssteifheit des Chassis zurück. Die Matra-Chassis der Jahre 68 und 69 waren wohl deshalb so viel steifer, weil die Benzintanks noch innerhalb des Monocoque lagen.

1971 wurde Pescarolo von Amon abgelöst. Mit dem 02 gewann er im Januar den nicht zur WM zählenden GP von Argentinien. Dies sollte Matras einziger Sieg bleiben. Das Chassis 02 diente fortan nur noch als Ersatz. Amon fuhr den 03, ausgestattet mit neuer breiter Frontverkleidung, in Kyalami auf den 5., in Ontario auf den 4. und in Spanien auf den 3. Platz.

Hier der MS10 V12 bei seinem Debut in Monaco 1968.

In Spanien steuerte Beltoise den neuen MS120 B-05. Boyer hatte das Monocoque verstärkt, und Martin für den 12-Zylinder ein neues Auspuffsystem, schärfere Nockenwellen und eine verbesserte Kurbelwelle konstruiert.

Beltoise hatte 1971 eine schwierige Saison. Bis zum GP von Spanien konnte er nicht starten, nachdem man ihn für Giuntis tödlichen Unfall beim 1000 km Rennen von Buenos Aires verantwortlich gemacht hatte.

Später im Jahr entzog man ihm nochmals die Lizenz.

Der MS120B-06 wurde für Amon in Monaco fertig und schließlich für den GP von Holland mit dem neuerlich im Bereich des Zylinderkopfes überarbeiteten Motor, Typ MS71, ausgerüstet. Den ersten Renneinsatz des 06 gab es in Frankreich. Amon wurde dort Fünfter trotz mehrerer gebrochener Ventilfedern. Der MS71 bereitete auch weiterhin laufend Probleme.

Für die Reifendruckverluste machte man die Felgen verantwortlich. Das Team versuchte, mit höherem Reifendruck zu fahren, was aber nur übermäßiges Untersteuern nach sich zog.

Mittlerweile hatte das Sportwagenprogramm bei Matra Priorität erlangt. Die Entwicklung des Formel 1-Wagens ging nur noch schleppend voran.

Man verzichtete sogar auf einen Start in Österreich und versteifte das Chassis des 06 zwischen Cockpit und Motor. Auf der Suche nach mehr PS änderte man die Einlaßkanäle des Motors.

In Monza qualifizierte Amon den 06 prompt für den 1. Startplatz, führte das Feld auch an bis sein Visier wegbrach und er auf den 6. Platz zurückfiel. Im Winter 1971/72 gelang es den Motorentechnikern Martin, Loze und Fortin, die Leistung des MS71 bei 11500 U/min um 10 PS auf 450 PS zu erhöhen.

Das überarbeitete Chassis MS120C war für die neueste Goodyear-Reifengeneration mit einer anderen Vorderradaufhängung ausgerüstet, und

Der Matra-Matra. Beltoise fuhr den MS10 V12 in Rouen 1968. Dem schlanken Formel 2-Design ist der große 12 Zylinder angeflanscht.

Der MS120C hier in Monza fiel durch seine ungewohnte Form auf. Die flache, breite Schnauze verjüngte sich keilförmig bis hin zum Heckflügel.

Kurz vor dem Ende der Matra F1-Geschichte. Chris Amons MS120D 07 in Clermont Ferrand 1972, wo er lange Zeit den GP anführte.

der Wagen wies nun ein glattes, breites Frontteil mit zwei Kühlluftauslässen auf. Diese wiederum von Boyer durchgeführte Weiterentwicklung reichte jedoch nicht aus, den Wagen konkurrenzfähig zu halten.

Amon startete 1972 alleine für das Matra-Team. Mangels Vorbereitung konnte er in Argentinien nicht an den Start gehen. Für Kyalami wurde die Gewichtsverteilung geändert, indem man den Öltank nach hinten verlegte. Beim GP von Spanien brachte der MS120C-06 sogar 35 kg weniger auf die Waage. Man verwendete nämlich nun Auspuffrohre aus Titan, einen leichteren Heckflügel sowie neue leichtere Felgen.

In Monaco wollte Amon lieber in seinem alten MS120B-04 fahren. Deshalb baute man den Motor und einige andere Teile des MS120C-06 in den Ersatzwagen ein. Amon mußte bei diesem Regenrennen infolge von Problemen mit seinem Helmvisier viermal an die Box und belegte schließlich den 6. Platz.

Der MS120D-07 erschien beim GP von Frankreich mit neukonstruiertem Monocoque. Die ursprünglich geradlinige Form war verschwunden. Die abgerundete Karosserieform im Bereich des Cockpits erinnerte an den alten MS80. Der Öltank lag nun endgültig im Heck.

Amon stand in Frankreich in der 1. Startreihe. Die begeisterten Franzosen glaubten schon an ein Wunder, als der blaue Matra 19 Runden lang das Feld anführte. Ausbesserungsarbeiten am Straßenkurs von Clermont hinterließen jedoch an den Rädern scharfe Steinsplitter, die bei etlichen Wagen zu Reifenschäden führten, unter ihnen auch der Matra, der zwischenzeitlich auf den 9. Rang abgerutscht, noch den 3. Platz belegte. Beim Training in Brands Hatch zerstörte Amon den 07, fuhr dann den 04 und kam nach einer Kollission auf den 4. Platz.

In der Zwischenzeit hatte Matra-Simca erstmals das prestigeträchtige 24 Stunden-Rennen von Le Mans gewonnen. Die Teamleitung entschied nun, dem Sportwagen-Programm endgültig mehr Bedeutung zu schenken. Das Formel 1-Engagement wurde Ende des Jahres zugunsten der Marken-Weltmeisterschaft fallengelassen. Dort holte sich die Equipe Matra-Simca in den folgenden beiden Jahren den WM-Titel.

1975 kehrte Matra in die Formel 1 zurück und zwar probeweise als Motorenlieferant für Shadow. Von 1976–1978 und dann wieder 1981/82 lieferte Matra seinen weiterentwickelten V 12-Motor an das Ligier-Team. Auch ein V 6-Turbo lief bei Matra schon auf dem Prüfstand. Sein Einsatz scheiterte aber neben seinem hohen Preis auch an der schwierigen Team-Politik im Firmen-Konglomerat von Ligier-Talbot-Matra-Peugeot. Eigene Formel 1-Fahrgestelle baute Matra nicht mehr.

McGuire

Die beiden Australier Brian McGuire und Alan Jones kamen Anfang der 70er Jahre nach England, um Formel 3-Rennen zu fahren. Während Jones sich einen Namen machte, hatte McGuire wenig Erfolg.

1976 kaufte er den ex Werks-Williams FW04/1 und gewann das Shellsport-Clubrennen in Thruxton.

1977 versuchte er vergebens, den Wagen für Grands Prix konkurrenzfähig zu bekommen. Sein Wagen mit der Bezeichnung McGuire BM1 tauchte erstmals beim GP von England in Silverstone auf. Er schaffte es jedoch noch nicht einmal, über die Vorqualifikation hinauszukommen. Daraufhin gab McGuire keine weiteren Nennungen für die Großen Preise mehr ab.

Beim Training für ein nationales Rennen in Brands Hatch verunglückte McGuire dann im selben Jahr im BM1 tödlich. Mit ihm starben zwei Streckenposten, als sich der Wagen in Stirling's Bend überschlug.

McLaren

Mit Beginn der 3l-Formel 1966 verließ der Neuseeländer Bruce McLaren nach 7 Jahren das Cooper-Team, um zusammen mit dem Amerikaner Teddy Mayer seinen eigenen Rennstall mit Sitz in Colnbrook zu gründen.

Robin Herd, der sich zuvor bereits als Ingenieur bei der Royal Aircraft einen guten Ruf erworben hatte, entwarf ein modernes Formel 1-Monocoque für die erste Saison des McLaren-Teams.

Das Chassis dieses M2B bestand aus dünnen Alu-Platten mit Mallite, einem Balsaholz-Produkt, als Füllung dazwischen. Material und Konstruktionsmethode stammten aus der Luftfahrt. Ein solches Monocoque besaß eine beispielhafte Torsionssteifheit. McLarens Motorenwahl fiel zunächst auf einen modifizierten Ford-Indy V8, der ein sehr kleines nutzbares Drehzahlband hatte und deshalb wenig konkurrenzfähig war. Diese 3 l-Maschine (Bohrung × Hub = 95,3 × 52,4 mm) leistete 300 PS bei 9 000 U/min. McLaren übernahm sehr bald den italienischen Serenissima V8 mit seitlichem Auspuffsystem. Dieser 3 l-Motor (91,5 × 57 mm) leistete angeblich 350 PS bei 8.600 U/min, tatsächlich waren aber wohl nur etwa 260 PS vorhanden.

Mit dem M2B/2 und diesem M166 genannten Motor fuhr Bruce McLaren immerhin den ersten Punkt mit dem 6. Platz in Brands Hatch nach Hause. Nur zwei M2B wurden gebaut. Den M2B/1 rüstete man für die GPs der USA und Mexiko mit einem überarbeiteten Ford V8 mit Chrysler Hemi-Einlaßtrakt aus, der die Leistung auf 321 PS bei 9 500 U/min anheben sollte. Ein 5. Platz sprang dabei für McLaren in Amerika noch heraus. Von 4 Rennen konnte man also zwei in den Punkten beenden.

Die Saison 1967 begann mit dem 2,1 l BRM Tasman V8 bis der BRM P101 V12-Motor einsatzfähig war. Der V8 wurde in das Formel 2 M4A Alu-Chassis eingebaut. Ausgerüstet mit größeren Tanks startete der Wagen unter der Bezeichnung M4B. Bruce bestritt mit ihm fünf Rennen. Besonders geeignet war der kleine Wagen für die Strecke in Monaco, wo Bruce den 4. Platz erreichte. Nach einem ersten Unfall beim GP von Holland brannte der wiederaufgebaute Wagen bei Testfahrten schließlich aus.

Das neue Monocoque M5A mit BRMV12-Motor war im August für den GP von Kanada fertig. Es bestand nur noch aus Aluminium. Mallite-Chassis wurden aus Gewichtsgründen und wegen des komplizierten Aufbaus keine mehr gebaut. Das rundliche M5A-Chassis war auch im vorderen Bereich voll mittragend ausgebildet. Zwei Motorträger hielten den 12-Zylinder, der angeblich 370 PS bei 9.750 U/min an das Hewland DG 5-Gang-Getriebe abgab. Der Einbau des Motors gestaltete sich schwierig, da er länger als ursprünglich geplant ausfiel. Vor allem für die Wasserpumpe und die Verteiler war kaum ausreichend Platz vorhanden. Um Gewicht zu sparen, ließ man die Lichtmaschine weg. Die Batterie lag gekippt hinter dem Sitz in der Nähe des Ölbehälters. Während des Rennens in Kanada gab es genau in diesem Bereich große Probleme. Solange die Strecke naß war, lag Bruce trotz eines Drehers zunächst auf dem 2. Platz. Dann brachte jedoch der heiße Öltank die Batterie zum Kochen, was beim Motor mehr und mehr zu Fehlzündungen führte. Bruce mußte sich eine neue Batterie holen und belegte nur den 7. Platz. In Monza gehörte der McLaren M5A zu den Schnellsten, nachdem man bei BRM nochmals 19 PS gefunden hatte. Aus der 1. Reihe gestartet, kämpfte Bruce 20 Runden vor Schluß Rad an Rad mit dem Honda von Surtees um die Führung, als eine Zylinderlaufbüchse brach. Auch bei den letzten beiden GPs des Jahres fiel Bruce aus.

Hulme steuerte den M5A/1 beim Saisonstart 1968 in Südafrika auf den 5. Platz. Danach kaufte Bonnier diesen Wagen. Der McLaren-BRM war aber nun selbst den 340 PS leistenden Brabham Repco unterlegen. Der neue Ford Cosworth DFV bot als Minimum sogar schon 408 PS.

Mit Sponsorgeldern von Gulf Oil bestellte McLaren fünf DFV-Motoren bei Cosworth für den neuen von Herd konstruierten M7A mit wannenförmigem Alu-Chassis. Herd verließ das Team jedoch, so daß sein Assistent G. Coppuck die drei geplanten Wagen dieses Typs fertigstellen mußte.

Von Saisonbeginn an waren Bruce und Hulme mit den M7A absolut konkurrenzfähig. Sie gewannen zunächst die nicht zur WM zählenden Rennen in Brands Hatch und Silverstone. Bruce siegte dann beim GP in Spa, als Stewart eine Runde vor Schluß zum Nachtanken an die Box mußte. Hulme holte sich den Sieg in Monza, und in Kanada feierte das Team einen Doppelerfolg mit Hulme als Sieger. In Kanada und den USA fuhr Gurney als dritter Fahrer den M7A/3 des Teams. Hulme beschädigte in Amerika seinen M7A/2 nach einem Achswellenbruch. Der Wagen mußte eiligst für die WM-Entscheidung in Mexiko zwischen Hulme, Stewart (Matra-Cosworth) und Hill (Lotus) wieder hergerichtet werden.

Schon früh schied der Neuseeländer mit gebrochenem Querlenker und anschließendem Unfall aus. Bei 29 Starts mit den M7 kamen die Fahrer 20 mal ins Ziel.

Auch 1969 wurden die M7 weiter eingesetzt. Der M7A/1 war aber an den Südafrikaner Basil von Rooyen verkauft worden. Bruce experimentierte vergeblich an seinem M7A/3 mit breiten seitlichen Tanks in der Hoffnung, das bessere Fahrverhalten seines Can-Am-Sportwagens mit vergleichbarer Tankanordnung auf den M7 übertragen zu können. Den M7A/3 oder auch M7B fuhr Bruce in Südafrika und Brands Hatch, bevor er den für die Formel 5000 gebauten M7C in Silverstone übernahm. Dieser Wagen hatte erstmals eine große hintere Monocoque-Abschlußwand, die bis in Schulterhöhe des Fahrers reichte. Während für die Formel 5000 M10A-Rennwagen mit ihren amerikanischen V8-Motoren spezielle Motorträger benötigt wurden, brauchte der M7C-Cosworth keine solche Motoraufhängung. Der M7B wurde an Colin Crabbes Antique Automobiles Team verkauft und mit Elford bei vier GPs eingesetzt.

Anfang der Saison 1969 investierte das McLaren-Team viel Zeit und Geld in den glücklosen M9A mit Vierradantrieb. Dieser Wagen wurde nur einmal beim GP von England von Bell gefahren. Er schied mit einem Aufhängungsschaden aus. Der von Jo Marquardt gezeichnete M9A war aber noch einer der besseren unter den allradgetriebenen Formel 1-Rennwagen von 1969.

Bruce McLaren im M4B mit 2,1 Liter BRM Triebwerk 1967 beim Oulton Park Rennen. Dieser „Formel 2" lief recht ordentlich bis er bei einem Testunfall komplett abbrannte.

Denny Hulme gewann den GP von Italien mit diesem flügellosen M7A. Dieser McLaren war auf der rechten Seite mit einem Zusatztank ausgestattet. Die M7A begründeten McLarens Ruf für hervorragendes Finish und Vorbereitung.

Die Goodyear-Reifen, mit denen auch McLaren ausgerüstet war, zeigten sich gegen Saisonende den Pneus von Firestone und Dunlop gewachsen. Nicht zuletzt deshalb gewann Hulme den GP von Mexiko beim 26. Renneinsatz des M7A/2. Dies blieb der einzige Sieg eines McLaren 1969. Mit 19 Zielankünften bei 26 Starts waren die Wagen aber wieder sehr zuverlässig, wobei sie nur zweimal nicht in die Punkteränge gelangten. Sensationell war vor allem der Zieleinlauf beim denkwürdigen GP von Italien in Monza, bei dem Bruce mit 0,14 Sekunden Rückstand auf den Sieger als Vierter durchs Ziel fuhr.

Die nunmehr veralteten M7 wurden im Januar 1970 durch zwei neue M14A ersetzt, die man als Weiterentwicklung des erfolgreichen Vorgängers ansehen konnte. Während die Vorderradaufhängung des M7 mit ihren nach hinten geführten Lenkern noch eine zusätzliche Querwand im Monocoque aus Gründen der Festigkeit verlangte, war die vordere Aufhängung des M14 stärker nach vorne gezogen, um einerseits einen großen Lenkeinschlag und andererseits größere Tanks im nunmehr geschlossenen Rumpf zu ermöglichen.

Ein M14D wurde für den Einbau des ursprünglich nur für Sportwagen vorgesehenen Alfa Romeo V8-Motors konstruiert. 1968 war dieser Motor schon einmal für den Formel 1-Einsatz, damals jedoch bei Cooper, im Gespräch. De Adamich fuhr den McLaren-Alfa, der es aber nie mit dem McLaren-Ford aufnehmen konnte. Beim GP von England war der M14D/1 mit dem Cosworth-Triebwerk ausgerüstet und wurde prompt Dritter. Ein älteres M7-Fahrgestell tauchte auch als M7D mit dem Alfa wieder auf. Der alte M7A/2 stand in dieser Saison dem Werksteam immer noch zur Verfügung. Bruce McLaren verunglückte im Juni 1970 mit dem CanAm-Sportwagen bei Testfahrten in Goodwood tödlich. Er wurde durch Gurney ersetzt und fuhr zusammen mit Hulme und Gethin. Surtees kaufte den M7C/4 und startete bei vier Rennen ohne Erfolg, bevor er sein eigenes Fahrgestell einsatzfähig hatte.

Der ehemalige Brabham-Designer Ralph Bellamy konstruierte 1971 für McLaren den M19A mit dem charakteristischen colaflaschenförmigen Monocoque sowie rundum progressiv wirkender Aufhängungsgeometrie. Nach dem vielversprechenden Debut des M19A/1 mit Hulme in Kyalami, wo er vier Runden vor Schluß in Führung liegend, mit einem herausgefallenen Bolzen in der hinteren Radaufhängung Probleme bekam und nur noch den 6. Rang belegte, geriet man bei der Weiterentwicklung der Aufhängung immer tiefer in eine Sackgasse.

Bellamy erzählte, daß diese Art der Aufhängung viele theoretische Vorteile bot, aber praktisch nur an der Vorderachse ordentlich funktionierte. Donohue, ein Meister im Abstimmen eines Rennwagens, kam Ende des Jahres zu dem Ergebnis, daß das Problem des M19 eher mit untauglichen Flügeln als mit der schwierigen Fahrwerkseinstellung zu erklären war.

Neben Hulme und Gethin kamen auch Oliver in Österreich, Donohue in Kanada mit einem 3. Platz und Hobbs in den USA zum Einsatz. Donohue und Hobbs fuhren in den dunkelblauen und gelben Farben des Penske-Sunoco-Teams. Neben dem 4. Platz in Monaco und dem 5. Rang in Spanien erreichte Hulme nur noch den 3. Platz beim Questor GP in Ontario.

Reifenvibrationen beschäfigten alle Teams 1971. Durch härtere Hinterradfedern kam man bei McLaren diesem Problem bei, aber nur auf Kosten der Traktion. Bellamy verließ im Winter 71/72 McLaren und kehrte zunächst zu Brabham zurück, wechselte dann aber zu Lotus. Die

M19 wurden 1972 mit verbesserten Flügeln und konventioneller Hinterradaufhängung in die Saison geschickt. Hulme gewann quasi als Entschädigung für die Saison 71 mit dem A/2 in neuen Yardley-Farben den 2. WM-Lauf des Jahres in Kyalami.

Ein neuer, leichterer M19C/1 — angeblich der letzte seiner Serie — wurde für das Race of Champions fertig. Redman vertrat später den noch USAC-Rennen bestreitenden Revson und erlitt mit dem M19A/2 einen Unfall in Clermont. Der Wagen tauchte als Ausstellungsfahrzeug wieder auf, während die Fahrgestellnummer M19A/2 mit neuem Chassis weiterlebte. Beim GP von Österreich erreichten Hulme und Revson mit dem 2. bzw. 3. Platz hinter Fittipaldis Lotus 72 das beste Saisonresultat.

Der alte M19A/1 wurde für ein 500 km-Rennen in Brands Hatch mit größerem Tankvolumen ausgerüstet. Redman erzielte dort den 2. Platz. Unter dem Strich war 1972 eines der besseren Jahre für McLaren gewesen.

Die M19 wurden auch noch zu Beginn der Saison 73 eingesetzt. Die Abschiedsvorstellung des M19C/1 endete allerdings mit Scheckter beim Race of Champions mit einem Unfall.

Das Debut des neuen M23 erfolgte mit Hulme in Südafrika. Über die Geschichte dieses Typs wird in diesem Buch an anderer Stelle berichtet, sie trägt uns bis ins Jahr '76.

1976 debutierte der von Gordon Coppuck mit Honeycomb-Chassis konstruierte M26, praktisch eine leichtere, niedrigere und mit seitlichen Kühlern versehene Weiterentwicklung des M23. Mass fuhr den M26/1 erstmals in Zandvoort, danach noch in Monza. Da McLaren sich aber noch voll auf den M23 konzentrierte, stellte man den neuen Wagen noch beiseite, um ihn im Winter 76/77 erst einmal ausgedehnten Testfahrten zu unterziehen. Bis zum GP von Spanien 1977 vertraute man bei McLaren aber weiterhin auf die M23, nachdem Hunt bei Tests in Kyalami den M26/1 verschrottet hatte. Ein Bolzen aus einem vorderen Bremssattel hatte sich gelöst und war in die Felge eingedrungen...

Der M26/2 war für Hunt in Jarama 1977 einsatzbereit. Der Wagen legte jedoch ein tückisches Fahrverhalten an den Tag, und Hunt fiel aus. In Monaco sah man daraufhin wieder die M23, während in Zolder der M26 mit überarbeiteten Flügeln und einem Front-Ölkühler erschien. Jetzt wurde der M26 von Rennen zu Rennen besser. Hunt erzielte in England die Pole Position und siegte nach dem Ausfall des Brabham-Alfa. Zwei weitere Siege folgten für Hunt in Watkins Glen und Fuji. In Kanada beförderte Mass seinen Teamkollegen aus dem Rennen. Dabei wurde der M26/2 an einer Mauer arg verbogen.

Tambay und Hunt bestritten die Saison 1978 mit den M26/3/4/5. Der M26/6 stand Brett Lunger quasi als Kundenfahrzeug zur Verfügung. Giacomelli erschien im sogenannten McLaren-B-Team in Zolder mit dem M26/7.

Als die neuen Flügelautos das Laufen lernten, fielen die McLaren M26 jedoch immer weiter ab. Das Chassis Nr. 4 wurde nach einem Trainingsunfall in Jarama mit rechtwinkligen Seitenkästen, flexiblen Schürzen und einer neuen hinteren Motorverkleidung ausgestattet. Dieser M26E brachte kaum Besserung.

Am 17. Oktober wurde dann Coppucks neuer ground effect-M28 von Tambay getestet. Mit dieser Konstruktion begann bei McLaren jedoch eine längere Durststrecke. Ein Nomex-honeycomb-Monocoque war die Basis für den Flügelwagen mit großem Radstand und Spurweite. Coppucks Absicht war, Platz zu schaffen für möglichst große Flügelprofile, um noch mehr Abtrieb als beim Lotus 79 zu erzielen. Der M28

Der „Colaflaschen" M19 von 1971 mit seinen Schöpfern. Ralph Bellamy links, Phil Kerr rechts und Hulme im Cockpit.

James Hunt gewann mit dem M26 den GP von England 1977. Dieser Typ war weit weniger erfolgreich als erwartet und schien geprägt von einer recht konzeptlosen aerodynamischen Gestaltung. Alle McLaren vorher besaßen weit weichere Linien.

1979 hatte McLaren nichts als Schwierigkeiten mit dem M28 und baute schnell diesen M29-Ersatz für John Watson.

wurde im Windkanal bei Lockheed in Atlanta ausgiebigen Tests unterzogen. Watson und Tambay bekamen mit dem Prototyp jedoch sofort große Probleme. Man mußte feststellen, daß an den Verbindungsstellen von Magnesium-Teilen mit dem honeycomb-Chassis Risse entstanden, die eine größere Überarbeitung erforderten. Das zweite Chassis wurde deshalb von Anfang an stärker ausgelegt. Abgesehen von diesen Chassis-Problemen verliefen die ersten Tests von den Zeiten her noch recht vielversprechend, weil Goodyear vermutlich einen besonders guten Teststreifen anbot. Aber danach zeigte sich das ganze Ausmaß der Misere: Der M28 war einfach zu groß, zu schwer und zu langsam. In Jarama hatte Watson den neuen gut 12 cm kürzeren und 50 Pfund leichteren M28B zur Verfügung. Die hinten innenliegenden Feder/Dämpfer-Einheiten waren hinter die Achslinie verlegt worden. Auch die vordere Radgeometrie war geändert.

In Monaco fuhr Watson den M28/3C mit neugestalteten Seitenkästen, neuer Karosserie und nochmals verbesserter innenliegender Vorderradaufhängung. In Dijon tauchte auch der M28/2 mit C-Modifikation auf.

Bereits seit Anfang Mai arbeitete man bei McLaren aber bereits am Nachfolger, dem M29, der mit seinem schlanken Monocoque, dem zentral angeordneten Tank und den VW-Wasserkühlern stark an den Williams FW07 erinnerte und dem Team einen kleinen Hoffnungsschimmer bereitete. Das Öl wurde genau wie bei Williams vom Kühlwasser in einem Wärmetauscher gekühlt. In den 50er Jahren hatte man dieses Prinzip aber schon einmal bei BRM gesehen.

Der M29 war 125 Pfund leichter als der M28. Trotzdem waren beispielsweise die Fahrerfüße anders als bei den üblichen wing-cars durch eine kräftige Konstruktion des Fußraumes besser geschützt. Die Hinterradbremsen lagen immer noch innen und verhinderten damit eine gute Luftströmung. Alle Bremsen arbeiteten nur noch mit je einer Bremszange. Der Heckflügel war nun zentral abgestützt. Der M29-Prototyp entstand bei John Thompson in Northampton, während die beiden weiteren Chassis in Colnbrook gebaut wurden.

Watson und Prost begannen die Saison 1980 im 29C mit geänderter Gewichtsverteilung. Während der Franzose im Laufe der Saison mehrere Unfälle erlitt, verschwand Watson immer mehr in der Mittelmäßigkeit.

Der neue, 50% steifere M30 mit rundum innenliegenden Feder-Dämpfer-Einheiten aber außenliegenden Bremsen erschien in Zandvoort, verbesserte die Situation bei McLaren aber auch nicht.

Ende 1980 standen bei McLaren größere Veränderungen ins Haus. Man gründete die Firma McLaren International. Coppuck verließ das Team. Der neue Chef-Konstrukteur John Barnard konzentrierte sich schon bald auf sein neues Kohlefaser-Auto für 1981, den MP4/1, der dann endlich den langersehnten Aufschwung brachte. Beim Training zum GP von Long Beach fuhr Watson erstmals den MP4/1, von dem bis Jahresende noch weitere 3 Chassis abgeleitet und bei Hercules gebaut wurden. McLaren war plötzlich wieder erfolgreich. Watson belegte bei den drei aufeinanderfolgenden Rennen in Spanien, Frankreich und England den 3., 2. und 1. Platz. De Cesaris fuhr weniger beständig und hatte zu viele Unfälle.

Barnards Mut, das Monocoque aus leichter und hochfester Kohlefaser herzustellen, wurde von einigen Formel 1-Insidern als zu gefährlich verurteilt, da sie glaubten, ein solches Chassis besäße keine ausreichende Stoßfestigkeit und würde bei einem Unfall zersplittern. Erst Watsons spektakulärer Unfall in Monza, als er rückwärts in die Leitplanken der Lesmo-Kurve prallte, und Motor sowie Getriebe vom Chassis abgerissen wurden, belehrte die Kritiker eines Besseren. Watson überstand den Unfall völlig unverletzt. Der Rahmen des MP4/1 — 3 schien trotz vieler kleiner Risse fast noch reparabel.

Barnard war übrigens nach dem 2. Platz von Dijon zufriedener als nach dem Sieg in England, da der Wagen in Frankreich von Trainingsbeginn an ohne große Änderung an der Fahrwerkseinstellung zu den schnellsten gehörte. In Silverstone waren die Fahreigenschaften des Wagens nicht ausgewogen.

Die überaus harte Feder/Dämpfer-Einstellung war auch verantwortlich für das Hüpfen im Fahrverhalten. McLaren war '81 das einzige Cosworth-Team, das mit Michelin-Reifen fuhr. Während Renault und Ferrari von Michelin Reifen verlangten, die in der Lage waren, die Turbo-PS auf die Straße zu bringen, stellte McLaren andere Ansprüche. Die MP4/1 bauten mehr Abtrieb auf, hatten aber halt weniger Leistung als die Turbos.

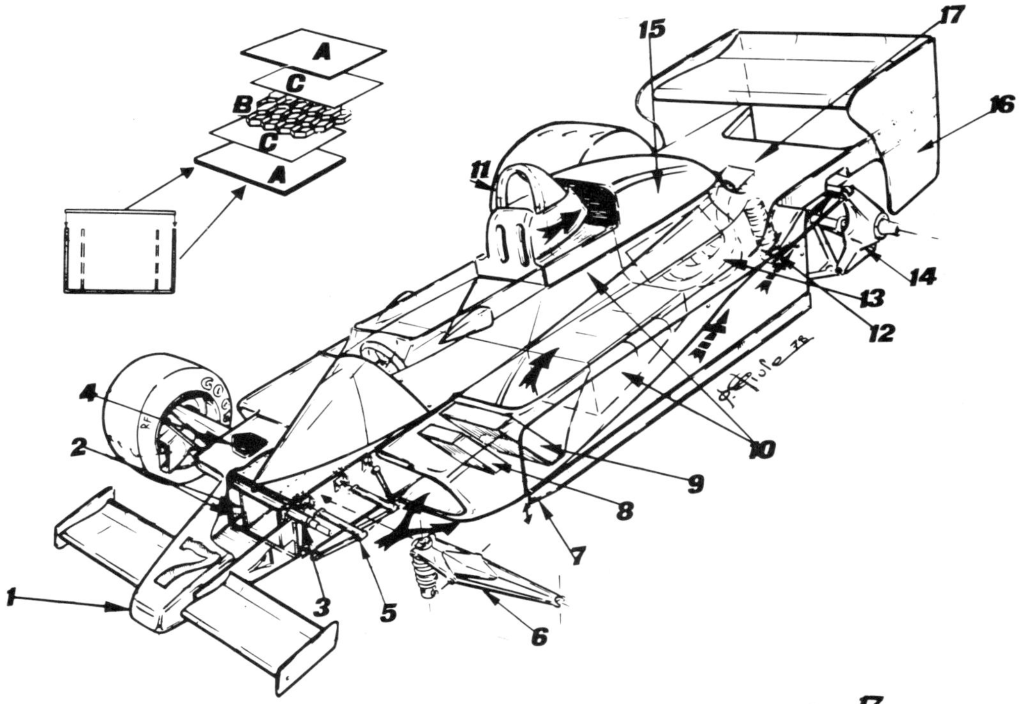

Der McLaren M28 von 1979
1 Nase aus Kevlar, 2 vorderes Querschott, 3 Zahnstangenlenkung, 4 Aussparung für den inneren Schenkel des Schwinghebels, 5 Schwinghebelträger, 6 Schwinghebel, 7 Gleitschürze, 8 Ölkühler, 9 Wasserkühler, 10 Unterseite des Flügelprofils in Wabenstruktur, Kevlar-Karosseire, 11 Überrollbügel aus Titan, 12 innenliegende Feder/Dämpfer-Einheiten, 13 Auspuffkrümmer, 14 Magnesiumguß-Radträger, 15 Lufthutze, 16 Seitenplatten des Heckflügels, 17 Blende an den Endrohren, a) Außenhaut, b) Kern aus Honigwabenstruktur, c) Klebefilm

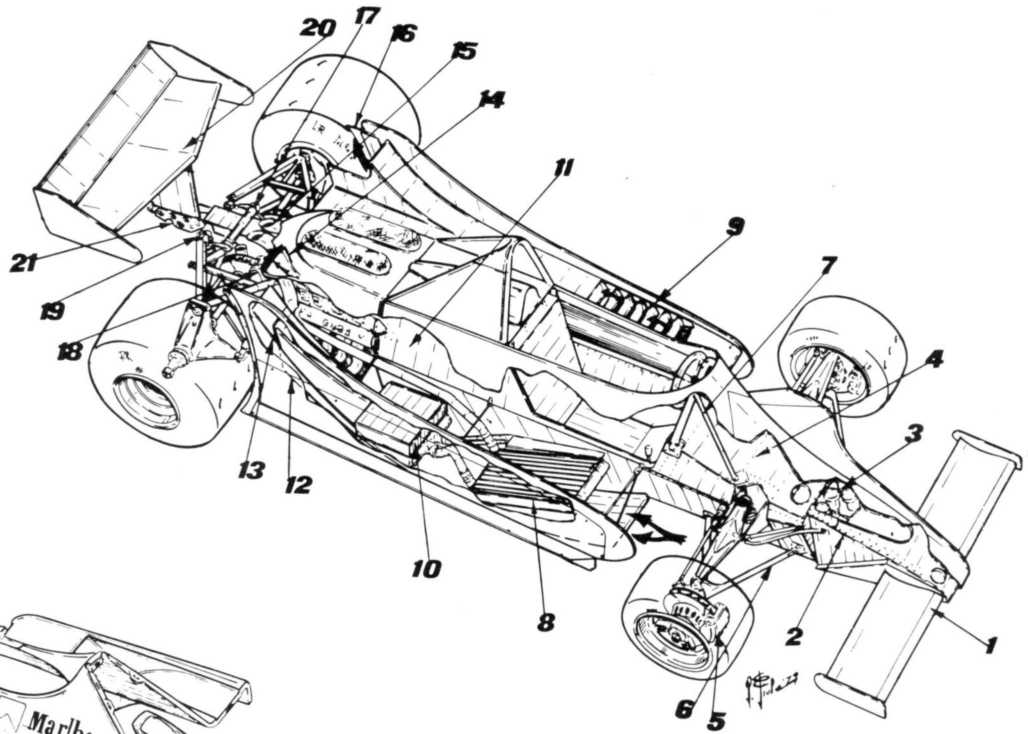

Der McLaren M29
1 Frontflügel, 2 Aluminiumrahmen in der Schnauze, 3 Hauptbremszylinder, 4 Chassis aus Aluminium, 5 Bremssattel vorne, 6 unterer Dreieckslenker, 7 Stützen des Überrollbügels, 8 Wasserkühler, 9 Luftauslaß-Jalousien, 10 Öl-Wasser-Zwischenkühler, 11 Sprittank, 12 Hinterkante der Unterflügelseite, 13 Wand des Seitenkastens, 14 NACA-Luftführung zu den Bremsen, 15 Endrohre, 16 weit nach hinten gezogener Seitenkasten, 17 einstellbarer hinterer Stabi, 18 hintere Bremssättel, 19 innenliegende Feder/Dämpfer, 20 Heckflügel, 21 Löcher zur Einstellung des Anstellwinkels

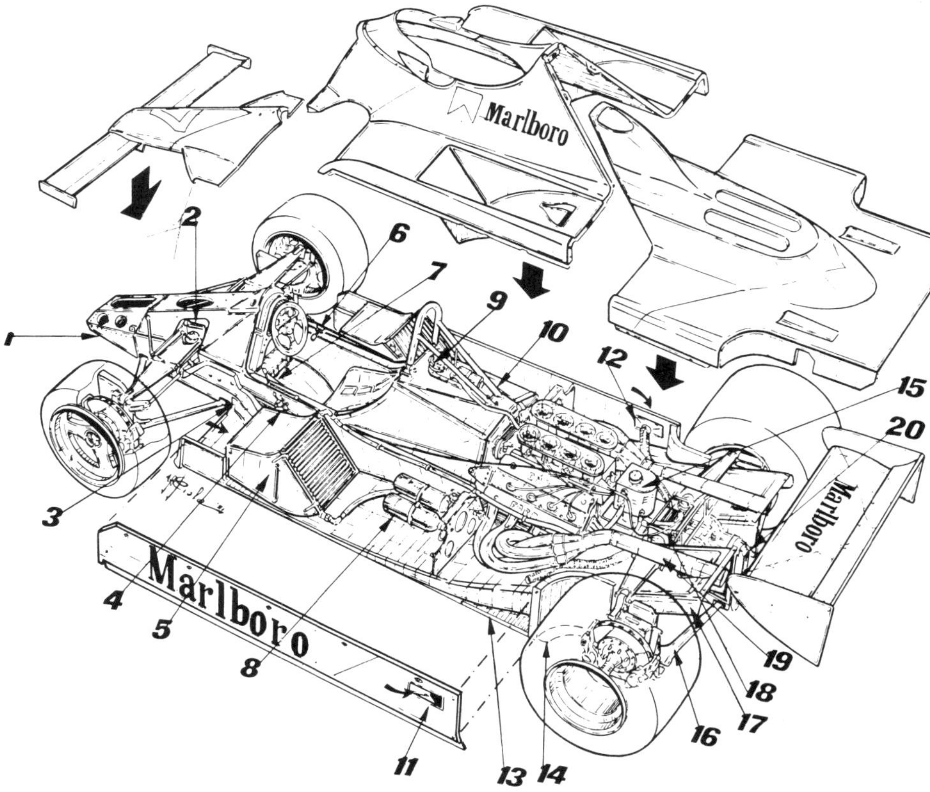

John Barnards Kohlefaser-Monocoque MP4/1, 1981, von Piola seziert:
1 Nase aus Aluminium, 2 Reaktionsstab des vorderen Stabis, 3 Aufnahmepunkt der hinteren Strebe des Dreiecksquerlenkers, 4 Auslöser des Preßluftstarters, 5 Luftschacht aus Wabenstruktur für Ölkühler, 6 Schalthebel, 7 Hebel zur Einstellung des hinteren Stabis, 8 Preßluftflaschen, 9 Einfüllstutzen für Schnellbetankung, 10 Überrollbügel aus Titan, 11 und 12 Kühlluftführungen zu den hinteren Stoßdämpfern, 13 Unterseite des Flügelprofils aus Kohlefaser, 14 Abdichtung des Flügelkastens zum Hinterrad, 15 Öltank, 16 unterer Dreieckslenker, 17 Ende des Flügelprofils, 18 hinterer Stabi, 19 Endrohr, 20 Getriebeöltank

Hier und da bekam man das „Hüpf-Problem" durch die Verwendung einer anderen Reifenkonstruktion besser in den Griff.

Die MP4/1 wurden für die Saison '82 überarbeitet und liefen nun unter der Bezeichnung MP4/1B. Die Chassis-Nummern 5/6 und 7 kamen im Laufe der Saison für die Fahrer Lauda und Watson hinzu. Im Winter 81/82 führte man ausgedehnte Windkanaltests beim National Maritime Institute in Feltham durch und ging anschließend auf die Michelin-Teststrecke bei Clermont-Ferrand, die mit hochmodernen, in die Straße eingebauten Waagen ausgerüstet ist, die die Radlasten beim Darüberfahren aufzeichnen. Die im Windkanal gewonnenen Erkenntnisse bestätigten sich dort.

Äußerlich änderten sich die Wagen kaum, obwohl Barnard das Gewicht weiter reduzierte, die Aufhängungen änderte und auf größtmögliche Steifheit aller Teile achtete. Zum Sieg in Long Beach steuerte Michelin spezielle 15 Zoll-Vorderreifen bei, die besser auf die Lenkung reagierten als die 13 Zoll TRX-Reifen. Überhaupt klappte die Zusammenarbeit mit Michelin weit besser als 1981. Auf vielen Strecken konnte McLaren sogar schmälere Hinterreifen verwenden, die bei Renault wegen der hohen PS-Zahlen nie und nimmer ein Rennen durchhielten. Im Laufe des Jahres variierte Barnard mehrfach sowohl die Spurweite als auch den Radstand, wobei man die vordere Spur so groß wie möglich wählte, und mit meist um 5 cm verlängertem Radstand fuhr.

Kohlefaserbremsen wurden in Brasilien und Long Beach getestet, waren aber noch nicht renntauglich. Die McLaren waren sehr zuverlässig. Das zeigte auch der Gewinn der Vize-WM bei den Konstrukteuren hinter Ferrari. Lauda gewann die GPs in Long Beach und Brands Hatch, während Watson in Zolder und Detroit siegreich war.

1983 wurden die MP4/1 B dem geänderten Reglement entsprechend mit flachem Unterboden ausgerüstet und als MP4/1 C weiter eingesetzt. Die Chassis Nr. 2, 4, 5 und 6 wurden gefahren, wobei Nr. 6 für den Einbau des TAG-Turbo umgerüstet wurde. Dazu kamen noch die Neukonstruktionen Nr. 7 und 8.

Das letztere Monocoque wurde allerdings bei einem sonderbaren Unfall in der Werkstatt zerstört, als man versuchte, das Nachtanken mit höherem Druck durchzuführen. Das in den Tank schießende Benzin spritzte auch in den Entlüfter und blockierte ihn wohl zeitweilig, wobei der entstandene Überdruck den Tank ganz einfach auseinanderriß. 1983 stand aber schon ganz unter dem Zeichen des Porsche Motors.

Lauda fuhr beim Debut des McLaren-TAG in Zandvoort mit dem Chassis Nr. 6 unter der Bezeichnung MP4/1E. Die Chassis-Nummern 5 und 7 dienten umgebaut auf den TAG als Ersatz für den Rest des Jahres.

Über die nun folgenden drei höchst erfolgreichen Jahre '84, '85 und '86 des McLaren-Teams wird wieder an anderer Stelle berichtet.

Merzario

Arturo Merzario, italienischer Rennfahrer von kleiner Statur, ist wohl eine der schillerndsten Persönlichkeiten, die man je auf den GP-Strekken erlebt hatte. Sein Leben war das Rennfahren, und als die Angebote von den Werkteams ausblieben, baute er eben seinen eigenen GP-Wagen, auf der Basis eines March 751.

Mit diesem Wagen, dem er die Bezeichnung Merzario A1 gab, tauchte er erstmals 1978 auf. Da Merzario nicht nur spindeldürr, sondern auch sehr klein geraten war, wirkte sein Auto um so größer und gewaltiger. Manchmal mußte man schon sehr genau hinschauen, um ihn überhaupt im Cockpit zu entdecken.

In dieser Saison stellte er zwei Wagen her. Daß sein Enthusiasmus manchmal größer war, als seine Perfektion, wird schon daran deutlich, daß z.B. der zweite Wagen in Österreich erst im letzten Augenblick vor dem Rennen in der Box zu Ende gebaut wurde. Von 16 in Angriff genommenen GP's konnte er sich nur für acht Rennen qualifizieren, nicht einmal sah er die Ziellinie.

Das war für ihn aber noch lange kein Grund, die Flinte vorzeitig ins Korn zu werfen. Merzario machte auch 1979 weiter, zuerst mit einem überarbeiteten A1B, dann mit einem neuen A2, den er zusammen mit seinem Mechaniker auf die Räder stellte. Aber weder das eine, noch das andere Auto konnte man als konkurrenzfähig bezeichnen, zumal keines ein „wing-car" war. In Long Beach erschien Merzario dann mit einem dritten Auto, das sich aber sofort als zu zerbrechlich erwies.

Nachdem sich Merzario einen Arm gebrochen hatte, setzte er den durch den Rückzug Kauhsens arbeitslos gewordenen Brancatelli in sein Auto. Der aber bestand nicht einmal die Vorqualifikation in Monaco. Für den GP von England erschien Merzario erstmals mit einem aus ehemaligen, übernommenen Kauhsen-Teilen zusammengezimmerten neuen Wagen, dem A4. Aber auch mit dieser Konstruktion gelang ihm der erhoffte Durchbruch nicht.

Estmals richtig kam Merzario beim GP von Italien in Monza in die Schlagzeilen. Dies nicht, weil das Auto plötzlich so gut war, sondern weil Merzario als erster GP-Fahrer sein Auto als Werbefläche für einen Bestattungsunternehmer zur Verfügung stellte. Begraben wurden am Ende dieser Saison jedoch nur Merzarios Formel 1-Träume. Auch er mußte schließlich einsehen, daß ihn die Entwicklung in der Formel 1 überrollt hatte und für kleine „Bastelbuden" einfach kein Platz mehr war. Gute Reifen bekamen nur die FOCA-Teams, alle anderen, so auch Merzario, nur die viel zu langsamen „Holzreifen". Auch Merzario konnte die Türen von FOCAs geschlossener Gesellschaft nicht einrennen.

Minardi

Als sich Giancarlo Minardi 1985 entschloß, den gewagten Schritt in die Formel 1 zu machen, konnte er schon auf einige Jahre Erfahrung mit der Formel 2, in der er verschiedene Autos eingesetzt hatte, zurückblicken. Wie bei vielen Formel 1-Anfängern stand auch bei ihm die Begeisterung und der Reiz des finanziell Machbaren im Vordergrund.

Als Fahrer sollte der wohlhabende italienische Formel 3-Meister Pierluigi Martini eingesetzt werden.

Der von Giacomo Caliri entworfene Formel 1-Wagen war ursprünglich dafür vorgesehen, einen Alfa Romeo V8-Turbomotor aufzunehmen. Als aber 1984 Carlo Chiti bei Alfa Romeo entlassen wurde und daraufhin seine eigenen Motoren mit dem klangvollen Namen Motori Moderni V6-Turbo schuf, griff Minardi sofort zu und wurde Chitis erster und bis 1987 auch fast einziger Kunde.

Minardi ließ gleich vier aus Karbon gefertigte Chassis seines M85 bauen. Da aber Chiti seine V6-Motoren weder für Rio, noch für Estoril pünktlich liefern konnte, mußte Minardi seinen Renner zunächst einmal wieder für die Aufnahme eines altehrwürdigen Cosworth-Motors umkonstruieren. Das bekam dem Wagen jedoch nicht allzu gut und Martini hatte daraufhin arge Schwierigkeiten mit dem Handling. Nachdem der Minardi bei beiden Rennen die Ziellinie nicht zu sehen bekam, war es in Imola dann soweit. Nach 700 anstandslosen Testkilometern wurde endlich der neue Motori Moderni V6 eingepflanzt. Doch die anfängliche Begeisterung sollte bald herber Enttäuschung weichen. Chitis Motor stellte sich als zu kraftlos heraus und auch während der restlichen Saison sollte sich keine nennenswerte Verbesserung einstellen.

Bei insgesamt 12 GPs schied Martini wegen technischer Mängel oder Unfällen neunmal aus. Sein bestes Ergebnis war ein achter und gleichzeitig letzter Platz in Australien.

1986 erschienen gleich 2 Minardis vom Typ M185-B pilotiert von de Cesaris und Nannini auf den Pisten, aber wiederum ohne nennenswerte Erfolge. Trotz Lucas-Marelli Benzineinspritzung, die von Ferrari freigegeben wurde, waren die Motoren zu schwach, zu anfällig und zu durstig.

Osella

Eines der vielen kleinen Farbtupfer im Formel 1-Zirkus ist das Team des Italieners Enzo Osella. Bereits in den siebziger Jahren hatte er, nachdem er die Firma Abarth erworben hatte, mit dem Einsatz kleiner Sportwagen auf nationaler Ebene beachtliche Erfolge. Ab 1976 stieg Osella dann in die Formel 2 ein und konnte 1979 dort sogar mit Cheever drei Siege verbuchen. Osella war von diesen Erfolgen so angetan, daß er bereits 1980 den Sprung in die Formel 1 wagte.

Zusammen mit Giorgio Stirano baute er ein Cosworth-getriebenes Flügelauto, den FA1, das erste Auto, das mehr als 650 kg wog. Obwohl der Wagen im Laufe der Saison konsequent abgespeckt wurde, hatte Cheever damit nicht gerade Grund zur Freude. Viermal verpaßte er die Qualifikation und nur ein Rennen konnte er beenden.

Vom FA1, dessen Monocoque sehr dem des Ferrari ähnelte, wurden 1980 zwei Exemplare gebaut.

Der überarbeitete Wagen mit der Bezeichnung FA1B, den Cheever in den letzten drei Rennen fuhr, hatte eine viel leichtere und schmalere Aluminiumschale, die die Verwendung von größeren Flügeln gestattete.

Das Jahr 1981, in dem Osella gleich zwei Wagen einsetzte, kann man ebenfalls nicht als erfolgreich bezeichnen. Mit verschiedenen Piloten wie Gabbiani, Francia, Ghinzani und Guerra kämpfte das Team ständig mit dem Rücken zur Wand und die Qualifikation eines dieser Fahrer kam schon fast einem GP-Sieg gleich. Erst als Osella für die letzten sieben GPs den altbewährten Jarier in seinen Wagen setzte, lief es besser. Jarier konnte sich für alle Läufe qualifizieren und erreichte sogar zwei achte Plätze.

Auch 1982 fuhr Jarier weiter für Osella. Ab dem GP von Monza setzte man einen neuen Wagen, den FA1C ein, der vorne wie ein Arrows und hinten wie ein Brabham aussah. Dieser Wagen hatte den kürzesten Radstand aller Formel 1-Autos. Insgesamt konnte Jarier drei Rennen beenden, in Imola gelang ihm sogar ein

Piercarlo Ghinzani mit dem flachen, pfeilförmigen und von Southgate entworfenen Osella FA1E ‚003', 1983 in Kyalami.

vierter Platz, allerdings nur, weil aufgrund eines FOCA-Boykotts ganze 12 Autos am Start waren. Neben Jarier hatte Osella auch noch dem jungen italienischen Formel 2-Fahrer Riccardo Paletti eine Chance gegeben. Doch die Cosworth-Ära ging allmählich dem Ende zu und Paletti hatte ständig Schwierigkeiten, sich zu qualifizieren.

In Montreal hatte die kurze Karriere Palettis dann ein tragisches Ende. Nachdem er sich endlich einmal qualifiziert hatte, wurde er dort bei einem grauenhaften Startunfall getötet, sein Wagen vollständig zerstört. Für den Rest der Saison setzte Osella daraufhin nur noch Jarier ein.

Der FA1C wurde im Laufe dieser Saison weiterentwickelt und erhielt bald die Bezeichnung FA1D, der dann auch zu Beginn der 1983er Saison, allerdings dem neuen Reglement entsprechend, eingesetzt wurde. Da Osella auch ständig auf der Suche nach mehr Leistung war, sollten seine Autos ab Saisonmitte mit Alfa Romeo V12-Motoren ausgestattet werden. Der FA1D wurde also allmählich für die Aufnahme dieses Motors hergerichtet bzw. zum FA1E umkonstruiert. Der erste FA1E wurde noch von Ghinzani mit einem Cosworth gefahren, der zweite und dritte war bereits Alfa-getrieben. Bemerkenswert hierbei ist, daß die beiden lezten FA1Es von Tony Southgate entworfen und in jener britischen Werkstatt gebaut wurden, die ursprünglich für die Produktion der Ford C100-Sportwagen vorgesehen war.

Als zweiten Fahrer hatte Osella Corrado Fabi angeheuert. Aber auch diese Saison war für das Team absolut erfolglos. Beide Piloten schafften sowohl mit den Cosworth als auch mit den Alfamotoren sehr oft nicht einmal die Qualifikation. Das lag aber sicher auch daran, daß Alfa bzw. die Firma Autodelta sich mehr mit der Entwicklung des V8-Turbomotors beschäftigte, und der alte V12-Sauger dort im Prinzip vergessen war. Im Jahre 1984 war dann auch für Osella endlich der V8-Turbomotor erhältlich. Um kein Risiko einzugehen, übernahm er gleichzeitig auch ein ehemaliges Alfa Romeo 183T-Auto mit Karbonchassis. Ghinzani aber zerlegte diesen Wagen in Kyalami prompt so erfolgreich, daß man ihn, kaum einmal richtig bewegt, schon wieder voll abschreiben mußte. Nach dem Ableben des Alfas entwarf Osella – ohne Southgates Hilfe – drei neue Wagen für Ghinzani und den ab Brands Hatch neu ins Team genommenen Jo Gartner. Gartner schaffte in Monza mit einem alten, langsamen und daher benzinsparenden FA1E-Sauger sogar einen fünften Platz, nachdem fast alle Favoriten wegen Benzinmangels das Handtuch werfen mußten. Ähnlich erging es auch Ghinzani, der in Dallas von den Ausfällen der anderen profitierte und mit seinem langsamen Osella ebenfalls auf den fünften Rang gespült wurde.

1985 erschien Osella zunächst mit zwei überarbeiteten 84er FA1F-Chassis, allerdings nur mit Ghinzani als Piloten. Ab Imola wurde dann der neue FA1G vorgestellt. Dieser Wagen hatte eine veränderte aerodynamische Form und war mit einem Alfa V8-Turbo ausgestattet. Ab dem GP von Deutschland wurde Ghinzani, der zu Toleman wechselte, durch den Holländer Rothengatter ersetzt. Aber beide Fahrer hatten auch in dieser Saison mit den Autos von Osella wenig Glück. Ghinzani sah nur dreimal, Rothengatter gar nur zweimal die Ziellinie.

Auch 1986 änderte sich das Bild nicht. Ghinzani und der Kanadier Berg kamen auf keinen grünen Zweig. Zu schwache Motoren und ein technischer Aufwand wie vor 10 Jahren ließen sie hinterherrennen.

Auch wenn Osella mit seinen Konstruktionen bisher nur ganz hinten anzutreffen war, sollte man jedoch nicht verkennen, daß auch dort mit viel Enthusiasmus gearbeitet und gekämpft wird, und auch diese Teams die Formel 1 attraktiv und interessant machen.

Parnelli

Bereits im Jahre 1969 gründeten der Serbo-Amerikaner Velco Miletich und sein Freund, der Indianapolisgewinner Rufus Parnelli Jones die Firma Vel's Parnelli Jones Racing. Da sie sowohl bei USAC-Rennen, als auch mit Dragstern und in der Formel 5000 recht erfolgreich waren, fanden ihre Rennaktivitäten schnell spürbare Unterstützung der Reifenfirma Firestone. 1974 kam dann der Einstieg in die Formel 1, natürlich mit einem Firestone-bereiften Auto und mit Andretti als Fahrer. Dieser Schritt war für viele gar nicht so überraschend, denn bei VPJ standen zu diesem Zeitpunkt bereits einige ehemalige Lotus-Angestellte, darunter Chefingenieur Maurice Phillippe, auf der Lohnliste.

Der neue Formel 1-Wagen, VPJ4 genannt, war daher naturgemäß auch eine Weiterentwicklung von Phillippes Arbeit am Lotus 72, also keilförmig, mit seitlich angesetzten Kühlern, Torsionsfederung und innenliegenden Bremsscheiben rundum.

Sein Debut hatte der Wagen beim kanadischen GP, wo Andretti prompt den siebten Platz erreichte. In Watkins Glen fuhr er sogar die drittbeste Trainingszeit heraus, die ihm aber wegen elektrischer Probleme beim Start leider nichts einbrachte.

Für die kommende Saison 1975 versprach sich das Team von dem neuen Auto eine Menge. Doch mit dem Rückzug Firestones aus der Formel 1 wurde das Team zunächst weit zurückgeworfen. Firestone hatte Parnelli lediglich die noch vorhandenen Reifen überlassen und die in der Formel 1 so notwendigen Weiterentwicklungen auf dem Reifensektor blieben nun natürlich aus. Beim Saisonauftakt in Argentinien startete Andretti zwar mit seinem VPJ4/002 noch auf Firestones, im nächsten Rennen wechselte er aber auf Goodyear. In dem nicht zur WM zählenden Rennen in Silverstone wurde Andretti dritter und beim spanischen GP konnte er bis zu seinem Unfall gar eine Weile das Feld anführen. Die Bilanz dieser Saison zeigte Andretti viermal im Ziel und in Schweden bzw. in Frankreich erreichte er sogar einen vierten und einen sechsten Platz.

Von dem Wagen wurden drei Exemplare gebaut und ähnlich wie beim Lotus 72 wurde auch bei Parnelli mit den innen- bzw. außenliegenden Bremsscheiben und mit der Vorderradaufhängung sehr oft herumexperimentiert. Eine gewisse Verwandtschaft zum Lotus ließ sich eben nicht verleugnen. Mit dem Ende der Saison 1975 wurde langsam deutlich, daß die beiden Teameigentümer, die sich offenbar mehr versprochen hatten, allmählich die Lust an der Formel 1 verloren hatten, und eigentlich in den USA „busy" genug waren.

Doch Andretti, der sich noch immer sehr viel von der Sache versprach, übernahm kurzerhand Anfang 1976 die Verantwortung für das Projekt und konnte mit einem leicht veränderten Wagen in Kyalami sogar Sechster werden. Nachdem dann das Auto in Long Beach jedoch ausschied, hatten die beiden Eigentümer endgültig keine Lust mehr und lösten Vel's Parnelli F1 Team auf. Zurück blieb ein hervorragendes Auto, und ein verbitterter Andretti, der die verschenkten Möglichkeiten heute noch offen bedauert.

Pearce

Der Name Pearce tauchte in der Formel 1 erstmals 1966 auf. In dieser Saison hatte J.A. Pearce, Reifenhändler und Chassisschweißer aus West-London, einen Formel 1 Cooper-Ferrari 250 GT 12 gebaut, mit dem Chris Lawrence für ihn Rennen fuhr. Da man auch ein bißchen Erfolg hatte, also ein wenig Startgeld kassieren konnte, wollte Pearce bald seinen eigenen Formel 1-Wagen bauen. Er entwarf zwei neue Rohrrahmenchassis, die mit Martin V8-Motoren angetrieben werden sollten.

Den Prototyp seines Formel 1-Autos stellte Pearce erstmals bei einer Racing-Show in London vor, allerdings noch mit dem Ferrarimotor aus dem älteren, schwereren Cooper. Insgesamt hatte Pearce drei kompakte Rennwagen gebaut, von denen zwei mit Martinmotoren ausgestattet waren. Doch leider mußte er seine Träume vom eigenen Formel 1-Team, noch bevor es richtig losging, frühzeitig begraben.

Der Prototyp wurde von Lawrence bei Testfahrten in Brands Hatch vollständig zerstört. Zum International Trophy Rennen in Silverstone hatte dann Pearce seine beiden Pearce-Martins und den alten Cooper-Ferrari mitgebracht. Doch unglücklicherweise brannte, noch bevor die Autos überhaupt die Rennstrecke gesehen hatten, der Transporter und mit ihm alles, was Pearce lieb und teuer war, vollständig aus.

Penske

Nachdem sich Roger Penske bereits in den frühen sechziger Jahren mit dem Einsatz amerikanischer Sportwagen einen Namen gemacht hatte, war er danach auch mit CanAm-, Langstrecken- und Indyautos recht erfolgreich. Als Fahrer hatte er dabei meist Mark Donohue unter Vertrag. Als Donohue 1972 erfolgreich die CanAm-Meisterschaft auf Penske-Porsche für sich entschieden hatte, trat er zwar zunächst vom aktiven Rennsport zurück, war aber sofort wieder für einen Einsatz im Cockpit zu begeistern, als während des Jahres 1974 Penske laut über Formel 1-Pläne nachdachte.

Da Penske seine Formel 1-Aktivitäten nicht von den weit entfernten USA lenken wollte, übernahm er kurzerhand die McRae Formel 5000-Werkshallen in Poole, England. Dort sollten seine Wagen entworfen, gebaut und präpariert werden.

Der erste Penske Formel 1-Wagen hatte die Bezeichnung Penske PC1 und stammte aus der Feder des ehemaligen Brabham-Zeichners Geoff Ferris. Der Wagen hatte eine sehr gelungene Keilform mit seitlich angebrachten Kühlern. Sein Debut hatte der Prototyp 1974 beim kanadischen GP in Mosport. Donohue konnte sich dort auf Anhieb qualifizieren und beendete das Rennen als Elfter. Beim nächsten GP in den USA fiel er dann allerdings aus.

1975 wurde der zweite PC1 fertiggestellt, allerdings mit einer noch breiteren Spur, einer veränderten Vorderradaufhängung und einem überarbeiteten Flügel. Damit wurde Donohue in Argentinien bereits Siebter.

Trotz eines guten sechsten Platzes in Silverstone war Donohue weder mit sich, noch mit dem Auto, das offenbar doch kein Siegerauto war, zufrieden. Obwohl man zwar mit dem Wagen in technischer Hinsicht schnell Fortschritte machte, wurde das Team doch sehr oft durch diverse Unfälle Donohues zurückgeworfen. Erst beim GP in Schweden konnte man mit einem fünften Platz und zwei WM-Punkten die Früchte der bisherigen Arbeit ernten.

In Zandvoort kam dann das Chassis Nr. 3 zum Einsatz. Aber ein enttäuschender achter Platz hier und ein erneuter Ausfall in Frankreich ließ den bisher vom Erfolg verwöhnten Penske von seinem eigenen PC1 kurzfristig abkommen. Er entschied, für die weiteren Formel 1-Einsätze einen March 751 zu verwenden.

Entscheidend hierfür waren wohl auch Testfahrten, die Donohue mit einem Werks-March 751 in Silverstone machte. Dieser Wagen war auf Anhieb zwei Sekunden pro Runde schneller als sein alter PC1. Der Penske-March, mit dem Donohue die weiteren WM-Läufe bestreiten sollte, brachte dem Team aber kein Glück. Im Warm up des GP von Österreich platzte Donohue ein Vorderreifen, und er verunglückte tödlich.

Da auch der March total zerstört war, mußte sich Penske nun wieder etws einfallen lassen. Er setzte daraufhin seine beiden Ingenieure Ferris und Don Cox in England zusammen und ließ sie in gemeinsamer Arbeit ein neues Auto entwerfen.

Dieser PC3 war zwar einem March mehr als ähnlich, hatte aber im Gegensatz zu diesem ein Hewland FGA-Getriebe, und die hintere Partie glich dem guten alten PC1. Watson, der als neuer Fahrer im PC3 eingesetzt wurde, qualifizierte sich in Watkins Glen sofort im Mittelfeld. Da aber das Auto im warm-up von Fehlzündungen geplagt wurde, mußte Penske wohl oder übel den alten, nicht rennfertigen und nur für Showzwecke mitgebrachten PC1 im Rennen einsetzen. Für alle überraschend, fuhr Watson mit diesem alten Wagen einen hervorragenden neunten Platz heraus.

1976 startete Watson zunächst mit dem PC3 und holte in Kyalami einen fünften Platz. Im Juni in Schweden erschien ein absolut neues Auto, dessen Monocoque sehr flach wirkte. Dieser PC4 war sogleich wesentlich schneller als der alte Wagen. In Ricard erreichte das Team auf Anhieb einen dritten Platz, wurde aber anschließend disqualifiziert, da der Heckflügel einige Zentimeter zu hoch war. Dadurch ließ sich aber das Team nicht beirren. Man sah sich mit dem Auto auf dem richtigen Weg, und Watson belegte in Brands Hatch sofort wieder den vierten Platz.

Den absoluten Höhepunkt sollte das Team Penske dann beim GP von Österreich erleben. Watson startete aus der ersten Reihe und beendete das Rennen als Sieger. Jetzt war man richtig motiviert. Beim GP von Holland kämpfte Watson lange Zeit, bis zu seinem Ausfall, um den Sieg. In den USA belegte er den sechsten Platz, und auch in Japan fuhr der Penske bis zu seinem Motorschaden vorne mit.

Obwohl man 1976 tatsächlich eine gute Vorstellung gegeben hatte, entschied Penske sich für den Rückzug aus der Formel 1, um sich wieder voll auf amerikanische Rennen konzentrieren zu können. Alle GP-Autos des Typ PC4 wurden daraufhin an Günther Schmid und dessen ATS-Formel 1-Team verkauft, der diese 1977 in der WM zum Einsatz brachte (siehe ATS).

RAM

Bereits 1976 erschienen John MacDonald und Mick Ralph erstmals mit ihrem Team RAM in der Formel 1. Damals setzten sie noch hervorragend präparierte Brabham- und March-Autos ein, hatten aber bei der Wahl ihrer Fahrer nur wenig Glück. Mit Unterstützung von Bernie Ecclestone, der durchaus ein Herz für kleinere Teams hat, machten sie weiter.

Ab 1983 setzten sie dann eigene Autos ein, die zwar zunächst noch den Namen March trugen, aber eigentlich von Dave Kelly nur für das Team RAM entworfen wurden. Aber weder mit den Fahrern Salazar, Schlesser, Acheson und Jacques Villeneuve, noch mit den drei eingesetzten Wagen wurden akzeptable Ergebnisse erzielt.

Im Zuge der allgemeinen Aufrüstung erhielt 1984 erstmals auch das RAM-Team einen Turbomotor, den Hart 415 T-Vierzylinder, der sich vorher bereits bei Toleman bewährt hatte.

Das Debut des neuen RAM02, mit Karbonchassis und Turbopower erfolgte in Rio. Fahrer war der Franzose Alliot, der den Prototyp Nr. 01 bis zu seinem Unfall in Dallas ständig einsetzte. Der zweite Wagen dieser Serie erschien erstmals in Zolder mit Jonathan Palmer, der, nachdem er bis dahin noch mit dem alten RAM01 vorlieb nehmen mußte, diesen Wagen an Ort und Stelle bereits zerstörte.

Für den britischen GP kam ein dritter Wagen für Alliot zum Einsatz, den dieser aber nach den ersten Rennkilometern zerlegte.

Insgesamt sah diese Saison für das Team trotz aller Anstrengungen mehr als mager aus. Palmer kam bei 14 Starts nur sechsmal ins Ziel, Alliot bei 13 Starts gar nur dreimal. Das beste Ergebnis war ein achter Platz durch Palmer.

Die Saison 1985 sollte mit einem neuen Sponsor (Skoal tabacco) und mit Gustav Brunner als neuem Konstrukteur besser werden. Brunner entwarf einen ganz neuen Wagen, den RAM 03, von dem vier Exemplare gebaut wurden. Als Fahrer hatte man neben Alliot auch Manfred Winkelhock verpflichtet. Leider waren auch die 03 wenig konkurrenzfähig. Zu oft hatte man Probleme mit den Hart-Motoren, und deren Reparatur- und Überholungskosten stürzten das Team sehr bald in eine finanzielle Krise. Der tragische Tod von Winkelhock bei einem Gruppe C-Rennen in Kanada machte dem Team auch moralisch sehr zu schaffen. Auch der für Winkelhock ab Österreich eingesetzte Kenny Acheson schaffte nicht den Durchbruch.

Bis auf einen achten Platz in Rio durch Alliot hatte man keine weiteren nennenswerten Ergebnisse erzielt. Die Hart-Motoren waren mehr und mehr konkurrenzunfähig, und als sich gegen Ende der Saison noch der Sommer verabschiedete, war RAM auch in finanzieller Hinsicht auf dem Nullpunkt angelangt.

Bei den letzten beiden GPs in Kyalami und Adelaide erschien das Team schon nicht mehr auf der Nennliste.

Rebaque

1979 tauchte ein reicher mexikanischer Privatmann namens Hector Rebaque erstmals mit verschiedenen Lotus 78 und einem Lotus 79, die er von Lotus erworben hatte, auf den GP-Strecken auf. Sehr erfolgreich war er aber damit nie.

Daher entschied er sich, einen eigenen Formel 1-Wagen einzusetzen. Da ihm sowohl das technische Know how als auch die finanziellen Mittel für ein gänzlich neues Auto fehlten, nahm er als Basis einen nagelneuen Lotus 79-Kern. Alle anderen Teile ließ er u.a. durch den ehemaligen Penske-Ingenieur Geoff Ferris neu entwerfen oder überarbeiten, wobei die Seitenkästen und die Schürzen sehr denen von Williams ähnelten. Dieser Wagen, mit der Bezeichnung HR100, hatte sein Debut in Monza, konnte sich aber weder dort, noch in Watkins Glen qualifizieren. Lediglich in Kanada gelang es Rebaque, seinen Wagen an den Start zu bringen, die Ziellinie sah er aber auch dort nicht.Im Winter gab Rebaque, nachdem er sich vergeblich um Unterstützung für die nächste Saison bemüht hatte, sein Projekt auf. Stattdessen fuhr er 1980 als zweiter Fahrer in einem Werks-Brabham noch sieben Rennen und ward danach nicht mehr gesehen.

Renault

Als der französische Staatskonzern Renault 1977 in die Formel 1 einstieg, um mit einem 1500 cm^3 großen Turbomotor eine Alternative im Reglement auszunutzen, startete man auf der Basis der damals bereits existierenden V6-Sportwagenmotoren. Während Cheftechniker Francois Castaing zusammen mit Bernard Dudot und Jean-Pierre Boudy den Motor entwickelte, gesellte sich mit Michelin ein starker Partner zu dem französischen Staats-Rennstall, der über die Formel 1 seine Radial-Reifen-Technologie weltweit propagieren und gleichzeitig am Ruhm des Goodyear-Konzerns kratzen wollte. Bereits im April 1976 war der ehemalige Renault-Werksfahrer Gérard Larrousse zum Direktor der neu gegründeten Abteilung Renault Sport berufen worden, doch das Debut des mit Spannung erwarteten Renners vom Typ RS01 ließ noch bis zum 16. Juli 1977 auf sich warten. Passend zur Charakteristik des Motors erfolgte der erste Auftritt auf der schnellen Flugplatz-Piste von Silverstone beim Großen Preis von England. Abgesehen vom Motor wies der Wagen keine konstruktiven Sensationen auf, er war im Gegenteil eher simpel nach dem damals üblichen Muster gestrickt, um die zu erwartenden Probleme mit dem Antrieb nicht noch durch Schwierigkeiten mit dem Chassis zu verkomplizieren.

Es war so schon schwierig genug: Jean-Pierre Jabouille qualifizierte sich in Silverstone für den 21. Startplatz, schied im Rennen aber früh wegen eines geplatzten Luftsammlers aus. Zwecks einer schöpferischen Pause ließ Renault danach ein paar Rennen aus, erschien aber noch in Holland, den USA, Italien und Kanada – doch Jabouille kam nie ins Ziel. Auch 1978 blieb Jabouille einziger Fahrer bei Renault, weil der Konzern parallel zu seinem Formel-1 Engagement auch noch in Le Mans gewinnen wollte und deswegen die Kräfte nicht auf die Formel 1 konzentrierte. Folglich ging die Entwicklung zwar langsam, aber stetig voran. In Monaco 1978 verbuchte man mit einem zehnten Rang die erste Zielankunft, und beim Großen Preis der USA in Watkins Glen zum Saisonende wurde Jabouille Vierter und holte damit die ersten WM-Punkte. Das Management der Régie war zufrieden, gab grünes Licht für 1979 – und die Konkurrenz war verunsichert.

Anfangs hatte man die zischenden gelben Ungetüme noch belächelt, doch nun waren die ersten einer immerwährenden Cosworth- oder Sauger-Überlegenheit gar nicht mehr so sicher. Speziell in Monza waren viele Fahrer geradezu erschüttert über die Höchstgeschwindigkeit des Renault, und Gilles Villeneuve bemerkte: „Das Ding geht ja unglaublich gut. Auf der Geraden rauschte es mit mindestens 10 km/h Differenz an mir vorbei.“ Auch an andere Absonderlichkeiten hatte sich die Konkurrenz im Verlauf des Jahres gewöhnen müssen: Begriffe wie Intercooler oder Laderschaden waren noch neu in der Branche – ebenso die Verwendung von Trockeneis, wie sie beim Zeittraining in Hockenheim erstmals zur besseren Kühlung zum Tragen kam.

Für 1979 konstruierte der von Ligier ins Team gekommene Michel Têtu ein neues Chassis vom Typ RS10, das bereits nach dem ground-effect-Prinzip funktionierte und sich durch ein schmales Monocoque bei ausladenden Seitenteilen auszeichnete. Neben Jabouille kam René Arnoux neu als zweiter Fahrer ins Team, während man auch im motorischen Bereich aufstockte: Anstelle des bis dahin verwendeten einzelnen Garrett-Turboladers tauchte in Monaco erstmals eine Motorversion mit je einem KKK-Lader für jede der beiden Zylinderbänke auf. Die Doppellader-Variante, die heute in fast allen Formel-1-Motoren anzutreffen ist, war geboren und zeichnete sich von Anfang an durch ein besseres Ansprechverhalten und mehr Drehmoment im mittleren Drehzahlbereich aus.

Nach Monaco folgte im WM-Kalender eine vierwöchige Pause bis zum Renault-Heimspiel in Dijon, die zu exzessiven Testfahrten genutzt wurde. Bei einer Reifentest-Woche gastierte der damalige Wolf- und heutige Ferrari-Konstrukteur Harvey Postlethwaite an der Lichtschranke des Renault-Teams, die ihm ein Schlüsselerlebnis bescherte: „Ich werde es nie vergessen“, sagt

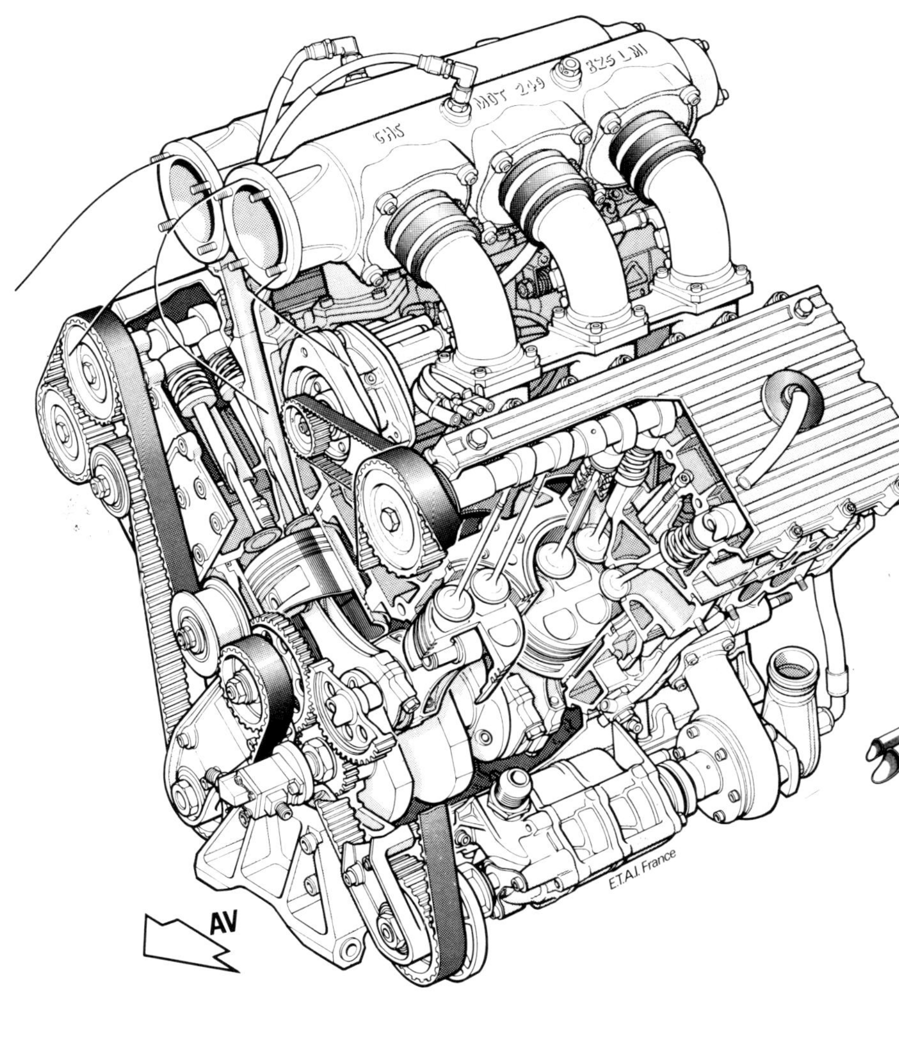

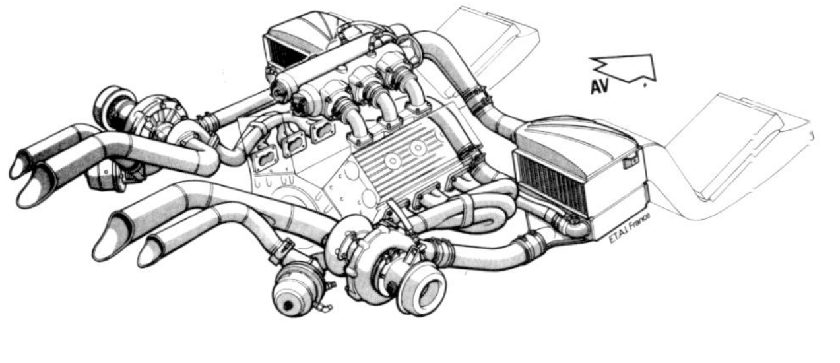

Kaum einer investierte soviel Geld in Formel 1-Motoren wie Turbo-Pionier Renault. Dies hier ist die 1980er Version mit Doppellader und zwei Intercoolern, 4-Ventil DOHC als V6. Er gewann zwar sehr viele Große Preise, aber Weltmeistermotor zu sein, schaffte er nie.

Eine neue Monocoque-Form debutierte im RE30 1981 in Zolder.

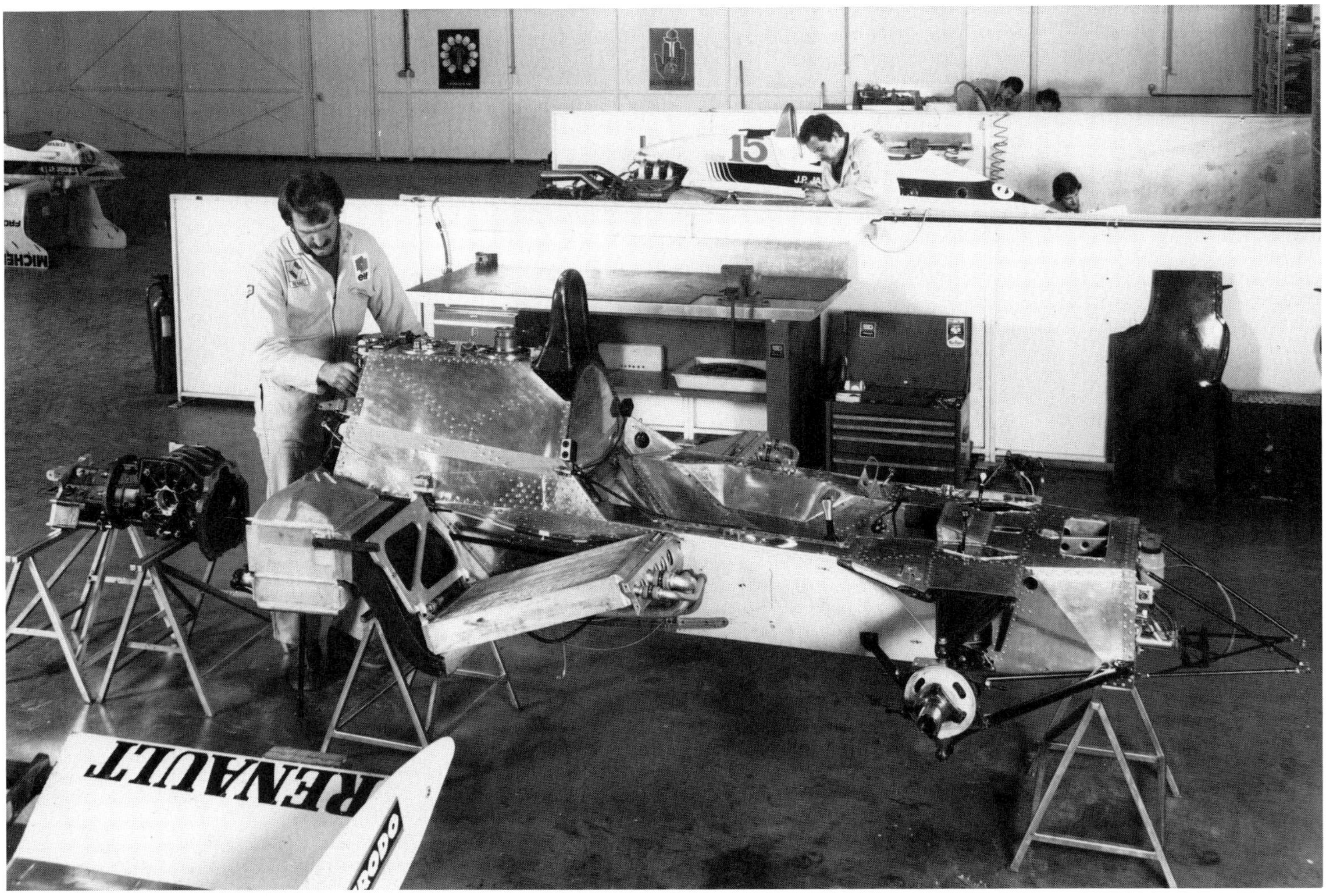

Turbo-Autos mußten massiv sein: Zusammenbau eines eher primitiv anzusehenden Renault-Monocoques Ende 1979. Auffällig die großzügige Verwendung von Nieten.

Postlethwaite noch heute. „Plötzlich kam ein Renault vorbei – und auf der Anzeige erschien ein Wert, der um 30 km/h schneller war, als alles andere an diesem Tag. Das war's, dachte ich mir, der Renault ist kein Flop. Bald werden wir alle Turbos brauchen, um da noch mitzukommen." Beim Rennen lieferte Renault den Beweis dieser These: Jabouille unterbot den Trainingsrekord von Mario Andretti aus dem Jahr 1977 um mehr als fünf Sekunden, stand zusammen mit René Arnoux in der ersten Startreihe – und siegte unangefochten vor Gilles Villeneuve und René Arnoux, der nebenbei noch die schnellste Rennrunde gefahren hatte.

Auch bei den folgenden vier Rennen stand jeweils ein Renault auf dem besten Startplatz, in Monza gab es erneut einen Trainings-Doppelsieg, doch zu einem Sieg langte es mangels Zuverlässigkeit vorerst nicht mehr. Immerhin landete man im Konstrukteurs-Wettbewerb zum Jahresende mit 26 Zählern auf Rang sechs, und hatte in Montreal für ein weiteres Novum in der Formel-1-Technologie gesorgt: Um die gewaltigen Turbo-Kräfte vor den Kurven besser abbauen zu können, hatte man die Bremsen der Renaults mit Wasserkühlung versehen. Nicht zuletzt der Sieg vor eigenem Publikum hatte dazu beigetragen, daß die Unternehmensleitung das Teambudget für 1980 in massiver Weise aufstockte – und die ersten Auftritte im neuen Jahr endeten verheißungsvoll.

Mit einem neuen Chassis namens RE20 – das „E" stand fortan symbolisch für elf, den Hauptsponsor des Teams – siegte Arnoux bei den Auftaktrennen in Brasilien und Südafrika, bevor zunächst Probleme mit den Bremsen, dann auch mit Reifen und Motoren die Ausfallquote steigerten. Immer größer werdende Heckflügel signalisierten der Konkurrenz, daß auch die Motorleistung zusehends wuchs – und in Österreich klappte wieder alles. Jabouille gewann seinen zweiten Grand Prix, bevor er wenige Wochen später beim Großen Preis von Kanada schwer verunfallte und seine Karriere damit beenden mußte. Davon abgesehen fiel die Saisonbilanz für „die Gelben" verheißungsvoll aus: Mit 38 WM-Punkten war Renault Vierter im Konstrukteurs-Pokal, die Tendenz war steigend – und für 1981 verbot die FISA die Gleitschürzen, die die Sauger-Konkurrenz gegenüber den Turbos bevorteilt hatte.

Im Unterschied zum RE20, den Konstrukteur Têtu noch auf der Basis des RS10 entwickelt hatte, erschien zu Saisonbeginn mit dem RE30 ein völlig neues Chassis. Im Gegensatz zu einigen Produkten der Konkurrenz verfügte es zwar noch nicht über ein Kohlefaser-Monocoque, weil Têtu der passiven Sicherheit des Materials noch mißtraute, doch dafür kamen zahlreiche andere Neuerungen zum Tragen. Der RE30 war niedriger und besaß einen 13 Zentimeter kürzeren Radstand als sein Vorgänger, was ihn nicht nur zierlicher erscheinen ließ, sondern auch sein Handling entscheidend verbesserte. Motorisch sollte sich vor allem eine von Bosch gefertigte Einspritz-Elektronik als höchst segensreich erweisen. Doch die Saison, für die sich Arnoux und sein neu ins Team gekommener Kollege Alain Prost viel vorgenommen hatten, begann mit einem Debakel: Nachdem das von Brabham-Konstrukteur Gordon Murray ersonnene System der hydropneumatischen Aufhängungs-Absenkung offiziell von der FISA als legal erachtet wurde, was die Schürzen erneut salonfähig machte, verfügte man mit dem schürzenlos konzipierten RE30 nicht gerade über eine Trumpfkarte. Mittels exzessiver Tests in Le Castellet versuchte Têtu, das Beste daraus zu machen, doch der Duchbruch gelang erst in Dijon, zur

Der Anfang vom Ende: Patrick Tambay in Rio de Janeiro 1985 mit dem zu langsamen RE60.

Der RS10 von René Arnoux im Regen von Watkins Glen 1979 demonstriert Formel 1 à la française: Der Turbomotor mußte sich gegen einen mächtigen Heckflügel und den durch Schürzen erzeugten ground-effect durchsetzen.

Renaults EF1-Turbo von 1979.

Saisonmitte. Alain Prost gewann den wegen eines Wolkenbruchs abgebrochenen und danach neu gestarteten Grand Prix von Frankreich. Danach machte eine Änderung des Unterflügels den RE30 zum absoluten Siegertyp. Sowohl in Zandvoort wie auch in Monza verbuchte Renault die schnellste Trainingszeit und den Sieg — und Prost durfte sich zeitweise als Mitfavorit auf die Weltmeisterschaft fühlen. Ein einziger zusätzlicher Sieg hätte ihm den Titel gesichert, doch am Ende war Prost „nur" Fünfter, während Renault im Pokal der Konstrukteure mit 54 Punkten auf dem dritten Rang landete.

Modifizierte B-Versionen des RE30 waren die Hoffnungsträger der Régie Renault für 1982, dem ersten Jahr, in dem man sich ernsthafte Hoffnungen auf den Titel machte. Die Wagen waren nun — theoretisch — auf Strecken jeglicher Prägung konkurrenzfähig, und lagen ab Long Beach sogar unter dem Gewichtslimit, was man durch das Mitführen von Wasser-Ballast in hohlen Sitzschalen kompensierte. Doch was sich mit einem Sieg von Prost und einem dritten Platz von Arnoux in Südafrika hoffnungsvoll anließ, endete erneut enttäuschend. Zahllose Ausfälle gingen auf das Konto eines kleinen Elektromotors im Bereich der Einspritzung, der erst für das letzte Rennen der Saison durch eine Spezialanfertigung ersetzt wurde — und danach nie mehr Anlaß zu Klagen bot. Trotzdem gewannen sowohl Prost wie auch Arnoux je zwei Große Preise — und Prost verschenkte einen dritten Sieg sogar in Monaco, als er zwei Runden vor dem Ziel unter dem Druck der aufkommenden Konkurrenten in die Leitplanken flog. Immerhin verzeichnete Renault mit 64 Punkten einen neuen Saisonrekord und verbuchte damit nur zehn Zähler weniger als der neue Konstrukteurs-Weltmeister namens Ferrari.

Mehr Leistung und höhere Zuverlässigkeit — so lauteten die primären Anforderungen, unter denen man in der Sportabteilung von Viry-Chatillon an die Arbeit für die Saison 1983 ging. Mittels größerer Turbolader und Wassereinspritzung — die er an seinem privaten Renault 18 testete — entlockte Motorenmann Jean-Pierre Boudy dem inzwischen schon betagten Sechszylinder mehr Leistung, während Michel Têtu ein Kohlefaser-Chassis entwarf, das unter der Typenbezeichnung RE40 allerdings erst beim zweiten Grand Prix der Saison in Long Beach debutierte. Doch schon beim zweiten Einsatz, dem Großen Preis von Frankreich in Le Castellet, feierte Prost mit ihm den ersten Sieg. Drei weitere sollten im Saisonverlauf folgen — und es sollte doch mit dem Teufel zugehen, wenn Prost es in diesem Jahre wieder nicht schaffen sollte. Und es ging tatsächlich mit dem Teufel zu. Prost hatte sich schon seit Saisonmitte bei den Renault-Oberen beklagt, daß ihm die Konkurrenz leistungsmäßig immer weiter davonführe. Doch er stieß auf taube Ohren: „Wenn wir die Leistung erhöhten, leidet die Zuverlässigkeit" lautete die stereotype Antwort auf seine Beschwerden. Der Konkurrenz von BMW war dieser Poker für den Titel gerade recht. Nelson Piquet gewann die beiden vorletzten Rennen der Saison und fuhr Prost beim Finale regelrecht in Grund und Boden, bevor dieser ausfiel und damit den Titel mit der lächerlichen Differenz von zwei Punkten verlor. Renaults beste Chance aller Zeiten, den WM-Titel zu erobern, war damit vertan — und in der Konstrukteurs-Wertung war man ein weiteres Mal Ferrari unterlegen. Der offziellen Lesart zufolge hatte jedoch Prost den Titelgewinn selbst verscherzt. Man trennte sich „in gegenseitigem Einvernehmen" von dem Mann, der der Régie neun Grand-Prix-Siege beschert hatte und leitete einen allgemeinen Neubeginn in die Wege.

Das Chassis hierfür hieß RE50, und Derek Warwick sowie Patrick Tambay waren die Fahrer, die es bewegen sollten. Doch nach einem verheißungsvollen Saisonstart — Warwick fuhr in Rio auf Rang zwei — entpuppte sich das neueste Modell als arge Enttäuschung. Die Motorleistung war zwar gestiegen, doch das Handling war ebenso unbefriedigend wie die von der Renault-Tochter SEP gefertigten Kohlefaser-Bremsen oder die Defekt-Anfälligkeit des Getriebes. Häufig mußten die Renault-Piloten die Konkurrenz von Lotus — mit Renault-Motoren unterwegs — passieren lassen — und zu Saisonende 1984 wies die Bilanz zwar 31 Starts, aber nur 12 Zielankünfte und keinen einzigen Sieg aus. Das Resultat: Ein magerer fünfter Rang im Konstrukteurs-Pokal.

Parallel zum Niedergang der Formel-1-Geschicke erlitt Renault 1984 auch starke Einbußen beim Absatz seiner Produktionsfahrzeuge, und als zum Jahresende 1984 Rennboß Larrousse seinen Hut nehmen mußte, um seinem Nachfolger Gérard Toth Platz zu machen, witterten viele in ihm den Anfang vom Ende. Sie sollten Recht behalten: Die Saison 1985 verlief katastrophal für das Team. Zwei dritte Plätze für Tambay in Estoril und Imola waren vom Resultat her die absoluten „Highlights" des Jahres, und je länger die Saison wurde, desto deutlicher wurde es: Angesichts versiegender Geldquellen, unbequemer Gewerkschaften und gigantischer Verluste des Konzerns war das Ende nicht mehr aufzuhalten. Die Ironie des Schicksals: Man hatte die Turbo-Technologie in die Formel 1 gebracht, sie salonfähig gemacht, doch die Krönung in Form eines Titels blieb den Vätern der Idee verwehrt. Die Geister, die man rief — andere konnten sie besser bannen. Und nicht nur bei Renault litt man unter den Umständen des Rückzugs. Für die gesamte Formel 1 war es ein böser Schlag und gleichzeitig ein warnender Schuß vor den Bug: Wenn Konzerne vom Schlage Renaults sich die Formel 1 nicht mehr leisten können — wer soll es dann eigentlich schaffen?

Safir

siehe Token

Shadow

Bereits im Jahre 1970 konnte man auf amerikanischen Rennstrecken ein CanAm-Auto mit dem klangvollen Namen Shadow bewundern. Dieser Wagen wurde seinerzeit von dem amerikanischen Unternehmer Don Nicholls gebaut und eingesetzt.

Da Nicholls 1973 die amerikanische Ölfirma UOP als Sponsor gewinnen konnte, stieg auch er bald in die Formel 1 ein. Schnell gelang es ihm, so kompetente Leute wie den ehemaligen March-Manager Alan Rees, den GP-Piloten Jacky Oliver und Tony Southgate für sein Projekt zu gewinnen. In England entstand eine Werkstatt, in der Nicholls' neue Cosworth/Hewland-getriebenen Formel 1-Renner entstehen sollten. Der erste Shadow hatte die Bezeichnung DN1 und war ein hübsches, flaschenförmiges Auto, mit keilförmiger Nase und Seitenkühlern. Doch leider hatte Southgate, der bis dahin nur GP-Autos mit V12-Motoren konstruiert hatte, die vernichtenden Vibrationen eines Cosworth V8 außer acht gelassen, und das Team hatte am Anfang ziemliche Schwierigkeiten, die Sache in den Griff zu bekommen.

Fahrer war neben Oliver auch der Amerikaner Follmer, dem seine Erfahrungen mit dem 1000 PS-Turboporsche zugute kommen sollten. Trotz der Vibrationsprobleme war der DN1 aber kein schlechtes Auto. Bereits beim Debut in Kyalami gelang Follmer mit einem sechsten Platz der erste WM-Punkt, dem sogleich vier weitere mit einem dritten Platz in Spanien folgten. Oliver hatte, sieht man von einem hervorragenden Rennen und einem dritten Platz in Kanada ab, in dieser Saison weniger Glück.

Außer für Shadow selbst wurde 1973 noch ein weiterer DN1 gefertigt, und zwar für Graham Hills Einwagen-Team Embassy. Hill hatte jedoch mit diesem Fahrzeug wenig Glück und stieg 1974 auf Lola um.

In der nächsten Saison sollte sich für Shadow einiges ändern. Follmer und Oliver traten ab und wurden durch Revson bzw. Jarier ersetzt. Oliver blieb aber trotzdem noch beim Team. Southgate hatte für 1974 ein neues Auto, den DN3 konstruiert. Einen DN2 gab es nicht in der Formel 1. Die bei dem DN1 gemachten Fehler ließ er aber bei dem neuen Wagen gar nicht erst wieder aufkommen. Zwischen Motor und Getriebegehäuse hatte er nun etwas mehr Raum gelassen, und auch in aerodynamischer Hinsicht wurde der DN3 nochmals verbessert.

Der Prototyp wurde mit Revson in Argentinien eingesetzt, dort aber bei einem Unfall mit seinem Teamkollegen Jarier, der noch mit einem alten DN1 unterwegs war, stark beschädigt. Ansonsten lief diese neue Saison schon besser als die vorhergehende. Revson fuhr bis zu seinem Ausscheiden aus der Formel 1 zwei sechste Plätze heraus, Jarier wurde in Silverstone und Monaco gar jeweils Dritter. Ab dem GP von Holland kam für Revson der junge Pryce ins Team.

Pryce zeichnete sich zwar zunächst während der ganzen restlichen Saison durch häufiges Verschrotten seiner Fahrzeuge aus, aber auch ihm gelang mit einem sechsten Platz in Deutschland sein erster WM-Punkt. Das Team sah sich auf dem richtigen Weg und Southgate entwarf für 1975 den neuen DN5, eine konsequente Weiterentwicklung des DN1 und des DN3. Der Wagen war aerodynamisch noch besser und noch leichter als sein Vorgängermodell. Jarier, der mit dem Auto in Südamerika debutierte, zeigte der Konkurrenz auch sofort, wo es langgeht. Bei beiden Rennen konnte er sich auf die Pole-Position qualifizieren. Leider aber fiel er in Argentinien schon in der Aufwärmrunde, in Brasilien nach 28 Runden Führung aus.

Ab Kyalami kam auch Pryce in den Genuß des DN5 und beim nicht zur WM zählenden Rennen in Brands Hatch holte er sich und Shadow den ersten Formel 1-Sieg. In den nächsten WM-Läufen sah man beide Shadows ständig in den vorderen Startreihen und Pryce hätte in Silverstone beinahe seinen ersten GP-Sieg verbuchen können, wäre er nicht abgeflogen. Für die schnellen Strecken in Österreich und Italien hatte sich Nicholls etwas besonderes einfallen lassen. Dort sollten die Shadows mit den Matra MS71 V12-Motoren zu eventuellen GP-Siegen getrieben werden. Eigens für die Aufnahme dieses Motors wurde ein neues Fahrzeug, der DN7, gebaut. Jarier, der diesen Wagen in Österreich und Monza fuhr, war zwar zunächst sehr vom Ansprechverhalten des Matra angetan, fiel aber beide Male mit Problemen an der Benzinpumpe aus. Als dann Matra 1976 nur noch Ligier beliefern wollte, wurde der DN7 wieder eingemottet.

Tom Pryce auf UOP-Shadow, 1975 in Zolder.

Trotz des spektakulären Auftritts der Shadows war jedoch die Punkteausbeute während der Saison 1975 relativ gering. Jarier beendete lediglich ein Rennen in den Punkten, und außer einem dritten Platz in Österreich und einem vierten Platz in Deutschland war auch Pryces Ausbeute recht mager.

Noch bevor die neue Saison anfing, stieg UOP plötzlich als Sponsor aus. Der Geldhahn war zu, und Shadow sah seine Chancen für die kommende Saison sehr beschnitten. Trotzdem machte man weiter und setzte 1976 zunächst modifizierte DN5B-Wagen ein, die auch gar nicht so schlecht liefen. Pryce schaffte damit immerhin noch einen dritten Platz in Brasilien und einen vierten Platz in England. Leider verließ Southgate mitten in der Saison das Team, um zu Lotus zu wechseln. Der noch von ihm gänzlich neu entworfene DN8 mußte daraufhin von Dave Wass fertiggestellt werden und hatte sein Debut in Holland. Pryce erreichte damit auch sofort einen hervorragenden vierten Rang und man bedauerte, daß der Wagen aufgrund der finanziellen Situation nicht schon früher eingesetzt werden konnte. Als die Saison 1977 gestartet wurde, befand sich Shadow noch immer in keiner besonders guten finanziellen Lage.

Für Jarier kam Renzo Zorzi ins Team. Erst als man einen neuen Sponsor gefunden hatte, war man in der Lage, einen zweiten DN8 zu bauen, der für Pryce in Kyalami eingesetzt wurde. Leider wurde in diesem Rennen Pryce durch den Feuerlöscher eines Streckenpostens auf makabre Weise getötet.

Für den Rest der Saison wurde er durch Alan Jones und später Zorzi, der nicht überzeugt hatte, durch Patrese, Merzario und auch einmal wieder durch Jarier ersetzt.

Glücklicherweise kam im Sommer Southgate wieder ins Team, und er machte sich sogleich daran, seinen DN8 weiter zu verbessern. Das war das Beste, was dem Team in diesem Moment passieren konnte. Jones belohnte Shadow in Österreich mit einem spektakulären Sieg, dem ein dritter Platz in Monza und zwei weitere vierte Ränge in Kanada und Japan folgten. Nach Abschluß dieser Saison belegte Shadow einen respektablen siebten Rang in der Konstrukteursmeisterschaft.

Im Winter 1977/78 kam dann der große Bruch. Rees, Oliver, Southgate und Wass verließen Shadow und gründeten einen neuen Rennstall, Arrows. Southgate hatte noch den Entwurf eines neuen DN9 Flügelautos zurückgelassen, das von John Baldwin vollendet wurde. Als neue Fahrer wurden Regazzoni und Stuck engagiert, die aber außer ein paar fünften Plätzen mit den Autos nicht allzu viel erreichen konnten. Alles in allem war das Jahr 1978 für Shadow eher eine Pleite.

Aber auch 1971 erschien das Team wieder bei den WM-Läufen. Diesmal mit den jungen Piloten de Angelis und Lammers sowie überarbeiteten DN9-Autos, die die Bezeichnung DN9B hatten. Zwar schleppten die Wagen eine Menge Übergewicht mit sich herum und wurden von Goodyear nicht gerade mit den besten Reifen ausgestattet, trotzdem errang de Angelis im letzten Rennen noch einen vierten Platz und somit drei wichtige Punkte für Shadow. Lammers dagegen konnte mit dem Wagen so gut wie nichts erreichen.

Für 1980 kamen zunächst drei von John Gentry entworfene und von Vic Morris vollendete neue DN11-Autos für Stefan Johansson, David Kennedy und Geoff Lees zum Einsatz. Da sich aber lediglich Lees einmal qualifizieren konnte, erkannte man rechtzeitig, daß das Auto ein Flop war. Daraufhin konstruierte Morris in aller Eile den neuen, kleinen DN12, der mit seinem kurzen Radstand zwar sehr kräftig aussah, aber durch mangelnde Vorbereitung und schleppende Weiterentwicklung weniger hielt, als er versprach. Der Prototyp debutierte in Belgien, doch zu diesem Zeitpunkt hatte Nicholls sein Team schon an Teddy Yip verkauft und sich aus dem Staub gemacht. Das neue Team nannte sich nunmehr Theodore Racing (siehe auch Theodore)

Lees und Kennedy versuchten, sich beim GP von Frankreich noch einmal zu qualifizieren. Vergeblich! Bis Kyalami 1981 erschien daraufhin kein Shadow mehr auf den GP-Strecken, und der letzte Auftritt in Südafrika mit Lees endete mit einem Unfall.

Shannon

Die Geschichte des Shannon ist kurz erzählt. Der Mechaniker Aiden Jones schloß sich mit dem unverbesserlichen Paul Emery zusammen, um ein etwas obskur aussehendes Formel 1 Auto zu bauen und mit diesem 1966 am Großen Preis von England in Brands Hatch teilzunehmen. Jones baute ein außergewöhnlich schmales, vernietetes Monocoque-Chassis aus Aluminium.

In das Heck des Autos verpflanzten sie einen aufgebohrten 2,5 Liter Coventry Climax FPE V8, der durch eine Tecalemit-Jackson Einspritzanlage beatmet wurde.

Man konnte dem Motor auch genügend Leistung abgewinnen, jedoch hatte er ein großes Handikap.

Er war hauptsächlich konstruiert worden, seinen Dienst mit Alkohol zu verrichten und nicht mit normalem Benzin.

Emery und Jones ignorierten diesen kleinen Mangel jedoch und verpflichteten den früheren Lotus- und BRM-Fahrer Trevor Taylor.

Ausgestattet mit Fahrer und Fahrzeug machten sie sich auf den Weg nach Brands Hatch, um dort in der ersten Runde des Rennens auszufallen.

Als Ausfallursache gaben sie ein Loch im Tank an.

Ende der Geschichte.

Spirit

John Wickham, ehemaliger Team-Manager des March Formel 2-Teams, und Gordon Coppuck, seines Zeichens Designer des legendären McLaren M23, gründeten 1982 das Spirit Racing Team, um mit einem 2 Liter Sechszylinder Hondamotor die Formel 2 Rennsaison zu bestreiten.

Da sie hier einige Erfolge verbuchen konnten, beschlossen sie 1983, in der Formel 1 auf Punktejagd zu gehen.

Sie bearbeiteten eines ihrer Spiritchassis, Nr. 201/4 und bekamen von Honda einen 1500 ccm Turbomotor. Nach vielversprechenden Tests im Winter 82/83 in Kalifornien startete der Schwede Johansson zum ersten Mal mit diesem Auto in Brands Hatch und wurde Vierzehnter.

Der erste reine Formel 1 erschien zuerst in Brands Hatch als Ersatzwagen mit der Bezeichnung 101/1.

Trotz eines sehr geringen Budgets sah man Spirit noch in Silverstone, Österreich, Monza, Hockenheim und Zandvoort.

Immerhin wurde man in Hockenheim noch Zwölfter und in Zandvoort Siebenter.

1984 setzte Honda die Priorität auf das Williams-Team und Spirit verwendete fortan einen Hart 415 T Vierzylinder Turbo-Motor, dem kurzerhand das Chassis angepaßt wurde. Typ 101/1B genannt und u.a. auch von Emerson Fittipaldi in Tests gefahren wurde. Der Italiener Mauro Baldi kam in das Team und brachte einen neuen Sponsor mit, der es ermöglichte, in der laufenden Saison weiterzufahren.

Baldis beste Resultate waren ein achter Platz in Kyalami und Imola.

Beim Großen Preis von Monaco konnte er sich mit einem neuen Auto (101/2B) nicht qualifizieren. Auch Huub Rothengatter, der Mitte der Saison zu Spirit kam, konnte sich in Montreal, Brands Hatch und auf dem Österreichring nicht qualifizieren. Seine besten Ergebnisse waren ein zehnter Platz in Hockenheim und ein achter Platz in Monza.

Trotz einer recht enttäuschenden Saison trat Spirit 1985 erneut an.

Die Finanzen waren so schlecht, daß die Chassis des letzten Jahres lediglich überarbeitet werden konnten.

Als Mauro Baldi in Rio erfolglos war und in Estoril sein Auto gänzlich zerlegte, zog man nach dem Rennen in Imola (technischer Defekt) die Konsequenzen und verabschiedete sich vom Formel 1-Zirkus. Der Reifenvertrag wurde an Toleman verkauft, und der Rest der 85er Saison damit verbracht, alte Formel 1-Autos der 70er Jahre wieder aufzubauen und an private Sammler zu verkaufen.

Surtees

John Surtees hatte eine großartige Karriere als Motorradrennfahrer hinter sich, als er 1960 anfing, auch Autorennen zu fahren. In der Folgezeit fuhr er für Cooper, Honda, BRM und Ferrari GP-Rennen und wurde 1964 sogar mit einem Ferrari Weltmeister.

Bereits in der Anfangsphase seiner GP-Karriere hatte Surtees immer enge Verbindungen zu Lola und in den Jahren 1967—68 in Zusammenarbeit mit Lola ein eigenes Surtees-Sportwagenteam unterhalten. 1969, also in dem Jahr, in dem Surtees eine recht unglückliche Saison bei BRM bestritt, baute Surtees schon eigene Monocoque-Autos, die TS5, und legte so den Grundstein für zukünftige Aktivitäten.

1970 war es dann endlich soweit. Auf der Grundlage des TS5 erschien Surtees beim GP von England mit seinem ersten, von ihm entworfenen GP-Auto, dem TS7, der eine sehr kleine und zierliche Aluminiumwanne hatte. Bis zu seinem Motorschaden konnte Surtees den siebten Platz halten. Überhaupt hatte er in der ersten Hälfte dieser Saison große Probleme mit dem Cosworth, die erst ab dem Rennen in Oulton Park, das Surtees klar gewann, in den Griff zu bekommen waren. Für die Rennen in Österreich und Monza hatte Surtees dann auch einen zusätzlichen zweiten TS7 bauen können, der aber dort noch an einigen Kinderkrankheiten litt.

Seine ersten Punkte im eigenen Auto holte sich Surtees in St. Jovite, Kanada, als er dort mit dem Chassis Nr. 001 Fünfter werden konnte. Einen weiteren Punkt konnte das Team dann noch in Watkins Glen verbuchen, wo Bell im zweiten Auto einen sechsten Platz erreichte.

Einen großen Achtungserfolg errang der Wagen Anfang 1971, als Stommelen das erste der beiden nicht zur WM zählenden Rennen in Argentinien mit einem Start-Ziel-Sieg klar gewann. In Kyalamai erschien das Nachfolgemodell, der TS9, der dem TS7 zwar sehr ähnelte, aber flacher und robuster war. Surtees konnte mit dem Auto auch sofort lange Zeit Platz 2 halten, bis er mit Getriebeschaden ausfiel. Ein zweiter TS9 war für Stommelen ab Spanien einsatzbereit. Ab Monza kam Surtees' ehemaliger Motorradkollege Hailwood in das Team und erreichte dort nach langem Windschattenduell auch prompt einen vierten Platz, nur 0,18 Sekunden hinter dem Sieger.

Als das Jahr 1972 anbrach, hatte sich das Team Surtees mittlerweile in der Formel 1 etabliert. Hailwood bekam einen Stammplatz, während sich Surtees selbst allmählich vom aktiven Rennsport zurückzog. Neben Hailwood wurden auch de Adamich, Schenken und Pace eingesetzt.

Hailwood konnte mit dem TS9 je einen zweiten Platz in Brands Hatch (zählte nicht zur WM) und Italien, sowie je einen vierten Rang in Belgien und Österreich herausholen.

Surtees selbst fuhr sein letztes Rennen 1972 in Monza, bei dem er den für 1973 bereits fertiggestellten Prototyp seines T14 einsetzte und testete. Dieser Wagen war schon den neuen Bestimmungen angepaßt, d.h., mit einer deformierbaren Wanne aus Aluminium, Schaum und Glasfiber ausgestattet. Jedoch mußte Surtees seinen letzten Einsatz vorzeitig mit Brems- und Reifenproblemen aufgeben.

1973 kam also der neue TS14 zum Einsatz und Hailwood führte auch sofort das Race of Champions an, bis er von der Strecke flog. Im gleichen Rennen hatte auch ein gewisser James Hunt sein Formel 1-Debut, auf einem von Hesketh gemieteten, älteren TS9. Hunt wurde dort sensationell Zweiter.

Beim GP von England wurde erstmals auch für Jochen Mass ein Surtees vorbereitet, doch leider wurde sowohl Mass' Renner, als auch die beiden anderen Surtees-Autos von Hailwood und Pace durch Scheckters legendären Unfall zerstört.

Die Saison 1973 war für das Team ein Wandel zwischen Licht und Schatten. Neben mehreren Unfällen gab es durch einen vierten Platz in Deutschland und einen dritten Platz in Österreich, jeweils durch Pace, auch erfreuliche Resultate.

1974 verließ Hailwood Surtees und wechselte zu McLaren. Für Pace und Mass wurde ein neues Auto, der TS16, gebaut. Dieser Wagen war einige Kilo leichter, als sein Vorgänger, ansonsten aber fast baugleich. Als Pace mitten in der Saison zu Brabham wechselte, stand Surtees plötzlich ohne Topfahrer da. Bis dahin war es für das Team recht gut gelaufen. Pace konnte in Brasilien Vierter werden und Mass wurde Zweiter im nicht zur WM zählenden Rennen in Silverstone. Nach Paces Weggang kamen verschiedene Piloten, wie Dolhem, Bell, Jabouille, Quester und Koinigg zum Einsatz. Doch nur Quester und Koinigg kamen mit den Autos zurecht, während die anderen Piloten sich meist nicht qualifizieren konnten. Leider kam Koinigg gegen Ende der Saison bei einem schweren Unfall in Watkins Glen ums Leben und Surtees mußte dieses traurige Jahr ohne WM-Punkte beenden.

1975 fuhr John Watson die alten TS16 in einem Ein-Wagen-Team, auch mit mäßigem Erfolg.

Doch auch 1976 sollte es bei Surtees weitergehen, und mit den beiden neuen TS19-Autos, die in ihrer Form den Brabham 42-44 sehr ähnlich waren, sollte die kommende Saison

Mike Hailwood mit dem Surtees TS9 „005" beim GP von Italien in Monza, auf seinem Weg zum zweiten Platz.

erfolgreicher verlaufen. Als Fahrer hatte Surtees Jones und Lunger angeheuert, außerdem fuhr Pescarolo einen TS19, allerdings für das Team Norev Racing. Von den insgesamt in dieser Saison gestarteten 36 Surtees-Autos kamen immerhin 26 ins Ziel. Jones konnte mit dem Wagen in Japan Vierter, in England und Belgien jeweils Fünfter werden.

Doch allmählich ging Surtees finanziell die Puste aus, und er war gezwungen, seine Autos in der Saison 1977 an zahlungskräftige Fahrer wie Perkins, Tambay, Trimmer, Schuppan und Divina Galica zu vermieten, die neben Brambilla verschiedene GPs für das Team bestritten. Trotz dieser häufigen Fahrerwechsel zeigte sich jedoch, daß das Auto noch immer recht gut war. Perkins erreichte in Belgien sogar einen vierten Platz und Brambilla konnte in Deutschland Fünfter bzw. Sechster in Kanada werden.

Nachdem Surtees für 1978 wieder etwas Geld aufgetrieben hatte, wurde der TS19 von dem verbesserten TS20 abgelöst, allerdings erst in der Mitte der Saison. Aber weder mit dem alten, noch mit dem neuen Wagen konnten Brambilla und Keegan einen einzigen WM-Punkt ergattern. Als auch Arnoux und Gabbiani, die für Surtees die letzten beiden Läufe in Amerika bestritten, keinen Erfolg hatten, war das Team so gut wie am Ende.

Surtees hatte zwar noch Pläne für einen neuen Wagen, den TS21, aber ohne Geldgeber war das Projekt aussichtslos. Surtees zog sich, nach vergeblichen Versuchen, einen Sponsor zu finden, Ende des Jahres 1978 vom GP-Sport gänzlich zurück.

Einige Surtees-Wagen nahmen später noch bei nationalen britischen Rennen teil, jedoch ohne nennenswerte Erfolge zu erzielen.

Tecno

Die in Bologna ansässigen Brüder Pederzani waren bis 1971 mit dem Bau von Rennkarts, später Formel 3- und schließlich Formel 2-Autos recht gut im Geschäft. Als ihnen das nicht mehr genügte, und sie sich finanziell in der Lage fühlten, auch in die Formel 1 einzusteigen, begannen sie, einen flachen 12-Zylinder-Boxermotor, der dem im Ferrari 312B ähnelte, zu entwickeln. Nachdem die Brüder zusätzlich noch die finanzielle Unterstützung von Martini & Rossi gewinnen konnten, hatte ihr Prototyp PA123 Chassis T-001 nach einigen Anlaufschwierigkeiten endlich beim belgischen GP in Nivelles seinen ersten Auftritt.

Der Wagen wirkte sehr unansehnlich und hatte ein flaches Aluminiummonocoque. Der Motor war selbsttragend eingebaut. Ursprünglich sollten seitlich angebrachte Kühler verwendet werden, als man aber feststellte, daß der Motor dadurch nicht genügend gekühlt wurde, kamen die Kühlelemente wieder nach vorne. Besonders auffällig war der helle Sound des Motors, der noch durchdringender klang, als der des Ferraris.

Der erste Auftritt des Autos verlief nicht sehr beeindruckend. Mehr als ein vorletzter Startplatz und eine Kollision mit einem Ferrari im Rennen brachte der Fahrer Galli nicht zustande. Zwar konnte Galli beim nächsten, nicht zur WM zählenden Rennen in Vallelunga Dritter werden, bei nur sieben gestarteten Autos war das aber keine große Leistung.

Ab dem Lauf in Clermont-Ferrand kam ein zweiter Fahrer, nämlich Bell ins Team. Dieser konnte im 002 aber erst gar nicht starten, da bereits im Training das Chassis brach. Im Laufe der nächsten Wochen mußte das Auto daraufhin, vor allem hinsichtlich der Radaufhängungen, kräftig überarbeitet werden. Jedoch tat sich das Team sehr schwer. Ab Monza kam ein zweites Auto für Galli, der 005, das aber dort nur sieben Runden durchhielt, ehe der Motor platzte. Das gleiche passierte später Bell in Watkins Glen, jedoch hielt bei ihm der Motor sogar bis zur achten Runde.

Obwohl das Team 1972 nicht gerade vom Glück verfolgt war, machte es, wieder mit finanzieller Unterstützung von Martini & Rossi, 1973 weiter.

Luciano Pederzani hatte sich in der Zwischenzeit den ehemaligen McLaren-Mitarbeiter Alan McCall geangelt, der für ihn ein neues Chassis konstruierte. Gleichzeitig hatte sich aber auch der neue Fahrer Amon an Martini gewandt und dort einen Vertragsabschluß mit den Ingenieuren Gordon Fowell und Alan Phillips durchgesetzt. Diese sollten ebenfalls für das Team ein Auto bei der Firma Thompson entwerfen und bauen.

Mittlerweile war der McCall Tecno PA123T-006 bereits fertig geworden und konnte getestet werden. Aber nach einem Streit mit Pederzani verließ McCall vorzeitig das Team.

Amon mißtraute zwar dem Chassis, glaubte aber an das Potential des Motors, den man nur noch standfester machen müßte.

Der McCall-Tecno hatte sein Debut in Zolder, doch er wirkte unfertig, und der Motor war nach vielen Testkilometern nicht mehr allzu frisch. Trotzdem gelang es Amon, das Rennen mit einem sechsten Platz zu beenden, der dem Team den ersten und einzigen WM-Punkt bescherte. Nach dem GP von Monaco, in dem Amon durch Brems- und Chassisprobleme ausschied, setzte das Team zunächst einmal aus, da man erst entscheiden wollte, ob nicht vielleicht besser das neue Goral-Chassis E731 zu verwenden wäre.

Nach Silverstone fuhr man dann gleich mit beiden Chassis. Da aber Amon mit dem Goral-Auto erhebliche Probleme hatte, überhaupt hineinzupassen, nahm er für das Rennen den McCall-Wagen 006 und fiel, ebenso wie beim nächsten Lauf in Holland, wieder aus.

Als dann in Österreich Amon wieder mit beiden Tecno-Varianten konfrontiert wurde, hatte er endgültig die Nase von diesem Team und dessen Praktiken voll. Obwohl es ihm gelang, sowohl den einen, als auch den anderen Wagen zu qualifizieren, kündigte er und flog nach Hause, noch bevor der GP gestartet wurde.

Das Projekt Tecno hatte so mit einem Schlag sein Ende gefunden und der laute, aber unzuverlässige 12-Zylinder Motor verklang für immer. Martini & Rossi wechselten 1974 zu Brabham, wo deren Geld wahrlich besser aufgehoben war, und Amon plante zusammen mit Fowell das Cosworth Formel 1-Auto.

Theodore

Der in Macau lebende Millionär und Formel 1-Liebhaber Theodore „Teddy" Yip hatte, bevor er 1978 sein eigenes Formel 1-Projekt in Angriff nahm, bereits verschiedene Teams und Fahrer finanziell unterstützt. Manager des von ihm nun gegründeten Teams wurde der ehemalige irische Rennfahrer Sidney Taylor und Ron Tauranac, ex-Brabham Zeichner, bekam den Auftrag, ein Cosworth/Hewland-GP Auto zu entwerfen. Der fertige Wagen war einer der häßlichsten der damaligen Zeit und erhielt die Bezeichnung Theodore TR1. Tauranac hatte bei diesem Wagen den Raum zwischen den Rädern einfach mit Karosserieteilen zugedeckt, um die dort normalerweise auftretenden Luftturbulenzen zu vermeiden. Diese Bauweise hatte er vorher bei Ralt schon praktiziert. Sein Debut hatte der TR1 1978 in Argentinien, jedoch konnte sich Cheever sowohl hier als auch danach in Brasilien nicht qualifizieren. Beim nicht zur WM zählenden Rennen in Silverstone kam ein zweites Auto TR1/2 für Keke Rosberg zum Einsatz. Dieser qualifizierte sich im Mittelfeld und konnte, zur Überraschung aller, das Rennen in strömendem Regen durch seine kluge Fahrweise und aufgrund der Ausfälle der meisten Konkurrenten gewinnen. Das gab natürlich dem enthusiastischen Yip Aufschwung. Doch schon in Long Beach, Monaco und Belgien kam das große Erwachen. Das Auto erwies sich als so schlecht, daß sich Rosberg für alle drei WM-Läufe nicht qualifizieren konnte. Während des GP von England zog Yip das Auto dann endgültig aus dem Verkehr und kaufte einen Formel 1-Wagen von Walter Wolf. Dessen Einsatz war aber auch nicht gerade von Erfolg gekrönt.

Drei Jahre später, also 1981, nach dem Yip ebenso erfolglos die ehemaligen Shadows eingesetzt hatte, beauftragte er Tony Southgate, ihm für die neue Saison ein neues Auto zu entwerfen. Zwar startete Geoff Lees in Kyalami noch mit dem ehemaligen Shadow DN12, aber bereits in Long Beach konnte erstmals Southgates neuer TY01 mit Tambay am Steuer auf die Konkurrenz losgelassen werden.

Dieses Auto war ein recht ansprechendes Flügelauto, mit dem sich Tambay locker qualifizierte und durch einen sechsten Platz für Theodore den ersten WM-Punkt holen konnte. Von diesem Wagen wurden in dieser Saison insgesamt drei Exemplare erstellt, für Tambay und später, nach dessem Weggang zu Ligier, für Surer.

Außer Tambays WM-Zähler in Long Beach kamen aber in der Saison keine weiteren Punkte mehr hinzu.

1982 begann Yip nochmals die Saison mit dem TY01 und mit Daly als neuem Fahrer. Danach erschien ein neues Auto, der mit einem Aluminium-Waben-Monocoque ausgestattete TY02. Nachdem dann Daly zu Williams wechselte, kamen so „vielversprechende und erfahrene" Piloten wie Lees, Lammers und Tommy Byrne im Cockpit des Theodore zum Einsatz. Aber das Auto war nicht konkurrenzfähig. Die Saison war von vergeblichen Qualifikationsversuchen und etlichen Ausfällen geprägt.

Noch bevor das Jahr 1983 anbrach, traf Yip sich mit Morris Nunn von Ensign. Sie beschlossen, ab sofort ihre beiden, vom Mißerfolg gezeichneten Rennställe zusammenzuführen und sich gemeinsam an der WM zu beteiligen. Für das neue Team verwendeten sie daraufhin Theodores Namen und Nunns Rennwagen, die ihre Bezeichnung, Ensign, weiterbehielten.

Ab dem GP von Brasilien in Rio setzte das neue Team dann auch einen neuen Wagen, den MN18, ein. Da trotz des Zusammenschlusses die finanziellen Mittel noch immer knapp waren, war man gezwungen, die Autos regelrecht zu vermieten. In dieser Saison waren daher auch gleich mehrere Piloten, wie Guerrero, Henton und der ehemalige Motorradstar Johnny Cecotto im Cockpit des Theodore anzutreffen. Aber auch diese Saison sollte wieder durch vergebliche Qualifikationsversuche und häufige Ausfälle gekennzeichnet sein. Einzig Cecotto gelang ein WM-Punkt durch seinen sechsten Rang in Long Beach. Gegen Ende des Jahres zeichnete sich ab, daß man die kommenden

neuesten Flügel-Autos konnte er aber nicht mithalten. Leider gab's nur einmal Siegeslorbeer, in Monaco mit Depailler.

Er und der „Neue", Pironi, sammelten zumindest soviele Punkte, daß Tyrrell der Konstrukteurs-Trophäe einen Schritt näher kam: Ein vierter Platz am Ende der ersten Phillippe-Saison.

Insgesamt entstanden fünf 008-Chassis, mit denen Tyrrell ein ausgeklügeltes Testprogramm unter Leitung des früheren Goodyear-Wissenschaftlers Dr. Karl Kempf durchführte. Als Ergebnis entstand eine aktive, „mitdenkende" Aufhängung, die über Mikroprozessoren gesteuert, den Radsturz während der Fahrt permanent den Streckenverhältnissen anpassen konnte.

Ein vielversprechendes System, dessen Entwicklung jedoch wegen Geldmangels abgebrochen werden mußte. Einige Sponsoren hatten sich verabschiedet, und mit ihnen Dr. Kempf.

So startete man in die 79er Saison mit einem Phillippeschen ground effect-Design à la Lotus 79, dem Tyrrell 009. Ein recht undramatischer Rennwagen, der keinen einzigen Sieg heimfuhr. Auch Pironis neuer Fahrerkollege Jarier konnte daran nichts ändern.

Sie belegten am Ende in trauter Zweisamkeit den zehnten Rang in der Fahrer-WM, und Tyrrell rutschte wieder auf den fünften Platz im Konstrukteurs-Pokal. Das vielleicht einzig Erfreuliche in diesem Jahr war ein neuer Sponsor namens Candy.

1980 versuchte man es mit einem Williams FW07-Nachbau, dem Tyrrell 010. Der Wagen sah ganz gut aus, erwies sich dann aber als unzuverlässig und kränkelnd. In etliche Unfälle verwickelt und mehrmals ausgefallen, bereiteten sich Jarier und, als neuer Pilot, Daly auf den weiteren Abstieg des Teams vor.

Beide hatten 14 GP-Starts, Daly beendete sieben, Jarier acht Rennen. Als beste Plazierung ergaben sich zwei vierte Plätze für Daly in Argentinien und England. Wie im Vorjahr kamen sie bei Saisonschluß über einen zehnten Platz nicht hinaus. Für Tyrrell gab's diesmal nur den sechsten in der Cup-WM.

Die Finanzlage des Tyrrell-Teams sah 1981 nicht gerade rosig aus, und das neue Modell 011 trat erst zur Mitte der Saison in Erscheinung.

Diesmal zwängten sich Cheever und Newcomer Alboreto in die nach neuestem Reglement verstärkten Cockpits der Tyrrell-Boliden. Aber auch diese Saison sah die Renner nur unter ferner liefen. Es ging immer weiter bergab: Im Konstrukteurs-Pokal lag Tyrrell nun auf dem achten Platz, gemeinsam mit Arrows und Alfa Romeo.

Im Winter 1981/82 stellte sich das Team auf die neue Schürzen-Regelung ein, dabei versuchte man es einmal mit einer Zugstreben-Aufhängung.

Die 82er Rennsaison begann mit dem allseits beliebten Wassertank-Trick zur „Bremsenkühlung". Die Wagen liefen recht anständig, mehr aber auch nicht. Gegen die brutale Gewalt der Turbos hatten sie keine Chance, sich einigermaßen gut zu qualifizieren.

Es rannten die alten 011er, allerdings etwas aufgepäppelt: Der Radstand verlängerte sich um ca. 5 cm auf ca. 277 cm. Für schnelle Kurse verschmälerte man die Spur, vorne auf ca. 173 cm (normal 180 cm), hinten auf ca. 155 cm (sonst 165 cm). Außerdem verfügten die Tyrrells nun über NACA-Lufteinlässe für den Motor und ein neues Heckteil.

Der finanziell ausgeblutete Rennstall war jedoch nicht in der Lage, ausführliche Tests zu fahren. Dennoch konnte sich Alboreto in den Rennen gut behaupten und sammelte 25 Punkte für's Team.

Jody Scheckter in Derek Gardners Tyrrell 007 1975.

Brian Hart wirft einen Blick auf Phillippes Kohlefaser Tyrrell 012, bei dessen Debut in Österreich 1983. Achtern kauert immer noch der Cosworth DFY Sauger; der eigenwillige Heckflügel kam nur kurz zum Einsatz.

Der 155. und letzte Grand Prix Sieg eines Ford Cosworth Motor, eingebaut in Alboretos Tyrrell 011, konnte 1983 in Detroit gefeiert werden.

Stefan Bellof im Regen von Monaco 1984. Der junge Deutsche mit dem unglaublichen Talent fuhr seinen Tyrrell mit Cosworth-Sauger in genialer Weise auf den dritten Rang.

Der zweite Fahrer, Abba-Trommler Slim Borgudd, startete nur in drei Rennen und wurde später von Henton abgelöst.

Trotz finanzieller Not und einem alten Saugmotor kam wieder so etwas wie Freude beim Team auf. Die Talsohle wurde verlassen mit einem siebten Rang sowohl bei der Konstrukteurs-WM für Tyrrell als auch bei der Fahrer-WM für Alboreto.

Die 83er Saison wurde bestimmt vom Vormarsch der Turbos, die Tyrrell nicht besaß. Zu Alboreto gesellte sich als zweiter Fahrer Sullivan, und beide erhielten neue Untersätze, die aus Kohlefaser gefertigten 012.

Der gute, treue Cosworth-Sauger gehörte offensichtlich zum alten Eisen. Tyrrell orderte zwar noch einmal neue Cosworth DFY-Motoren, baute sie auch in den alten 011, der in dieser Saison noch eingesetzt wurde, und den neuen 012 ein; letzterer war allerdings schon für die Aufnahme eines zwangsbeatmeten Triebwerks ausgelegt.

Hinzu kam die neue Regel der flachen Unterböden, die vom ground effect nicht mehr viel übrig ließ und für die Tyrrells ein weiteres Handikap darstellte.

Ein mageres Jahr für Kens Boliden schloß ab mit einem siebten Platz im Konstrukteurs-Cup.

Zwei Dinge müssen noch erwähnt werden: Alboreto kam mit viel Glück und einem konkurrenzunfähigen Auto auf den ersten Platz in den Straßen von Detroit. – Ein historisches Ereignis; denn es war der letzte Sieg eines „Saugers" in der Dreiliter-Formel.

In Montreal wurde er dann disqualifiziert, als sein Wagen aufgrund des Verlustes von Auspuffrohr und Kühlwasser nach dem Rennen um vier Kilo unter dem Gewichtslimit lag. Wegen des Tricks mit der Bremsenkühlung war es nun verboten, jedwede Art von Flüssigkeit nachzufüllen, und Alboreto war draußen.

Immer noch ohne Turbo-Power gings ins Jahr '84, mit Chassis 012 und den neuen Piloten Martin Brundle und Stefan Bellof.

Bellof beendete bei elf Starts fünf Rennen und kam auf insgesamt fünf WM-Punkte. Brundle startete sechsmal, sah auch sechsmal die karierte Flagge; sein bester Platz war ein zweiter in Detroit. Dort wurde nach dem Rennen eine Probe aus dem Wassereinspritzsystem des Tyrrells entnommen. Im Wasser entdeckten die Prüfkommissare Kohlenwasserstoff, der sofort als unerlaubter Kraftstoff-Zusatz die Disqualifikation des Tyrrell-Teams für die gesamte 84er WM (!) zur Folge hatte.

Eine nachträgliche gerichtliche Verfügung gestattete dem Team zwar, die restlichen Rennen zu bestreiten, jedoch außer Konkurrenz, ohne zu punkten!

Für '85 stand dann endlich ein zwangsbeatmetes Power-Paket von Renault zur Verfügung, das allerdings erst in Saisonmitte am neuen Tyrrell-Renault 014 seine Kraft entfalten konnte.

Die beiden ersten 012 Cosworth-Chassis wurden an Baron Racing für die Formel 3000 verkauft, Chassis '2 und '3 in 1984 voll abgeschrieben, Nr. 5 behielt man für die neue Saison und die beiden 012, 6 und 7 kamen neu aufgebaut zu ihrem ersten 85er Kampfeinsatz nach Rio mit den F1-Matadoren Brundle und Johansson als Lenker. Der Schwede ging hierauf zu Ferrari. Für ihn kehrte Bellof ins Tyrrell-Team zurück.

Nach dem Debut des Turbos mit Brundle in Ricard übernahm Bellof den einzigen 1500 ccm-Einsatzwagen für den Großen Preis auf dem Nürburgring, wo Brundle im alten 012 die letzte Vorstellung eines Dreiliter-Saugers im GP-Zirkus dirigierte. Es war zugleich der endgültige Abschied vom Cosworth V8.

Brundles Plazierungen mit dem 012: Bei sieben Starts fünf Zieleinläufe, 9 - 9 - 10 - 12 - 10! mit dem 014-Renault beendete er von acht Rennen fünf auf den Plätzen 7 - 7 - 8 - 13 - 7. Bellofs Statistik: sechs Cosworth-Einsätze mit den fünf Ergebnissen, 6 - 4 - 11 - 13 - 11; mit dem Turbo belegte er die Ränge 8 - 7 bei drei Starts.

Tyrrell hatte scheinbar noch nicht das Erfolgsrezept gefunden, um an der Spitze der aufgeladenen Formel 1-Elite mitzumischen.

Das änderte sich auch 1986 nicht, in seinem einzigen vollständigen Turbojahr landete das britische Traditionsteam auf einem bescheidenen siebten Platz in der Konstrukteurs-WM.

Ab Monaco stand für Martin Brundle und Philippe Streiff der neue 015 in der Box. Maurice Phillippe hatte mal wieder einen sehr zierlichen Einsitzer gebaut. Das Chassis bestand aus einer Kohlefaserhaut mit Alu-Honigwabenkomponenten. Die Radaufhängung war im Vergleich zum 014 ganz neu: doppelte Dreieckslenker und Schubstreben. Anders als beim Vorgängermodell waren auch die Seitenkästen deutlich gewachsen, in ihnen standen nach vorne geneigt, die mächtigen Kühler der Renault-Maschine.

Als Riesenhandikap sollte sich herausstellen, daß der 015 erst ab Monaco richtig rannte. Im dichtbepackten GP-Kalender blieb keine Zeit für Entwicklungsarbeit, die Punkteausbeute des Rennstalls war denn auch entsprechend mager. In Rio fuhr Brundle seinen alten 014 noch auf einen fünften Rang, zu Hause in Brands Hatch trieb der Brite den 015 ebenfalls auf Platz fünf, zum Saisonabschluß in Adelaide kam er immerhin als Vierter 'rein. Streiff wurde in Brands Hatch Sechster und sah in Adelaide nach einer Superfahrt als Fünfter die karierte Flagge. Damit ist die Ausbeute '86 auch schon aufgezählt. 1987 wechselt Ken Tyrrell wieder zur alten Saugerkraft zurück, vielleicht bringen die 3,5 Liter Cosworth Motoren das ehemals so große Team endlich aus der Talsohle.

In den frühen 70ern hatte Frank Williams sichtlich Mühe, sein Team am Leben zu halten. Hier versucht er es mit dem von John Clarke entwickelten Iso, 1974.

Williams

Der ehemalige Formel 3-Fahrer, Rennwagenhändler und Teamleiter Frank Williams etablierte sich 1969 erstmals in der Formel 1-Gilde mit dem F2-Brabham BT26 und seinem Freund Piers Courage als Fahrer.

1970 bestritt er die Grand Prix mit de Tomasos, 1971—72 mit March-Renngeräten, bis er schließlich Mitglied der FOCA wurde und beschloß eigene Formel 1-Renner zu bauen.

Mit 40 000 £ seines italienischen Sponsors Politoys stellte Williams, der seinen Teamstützpunkt in der Bennett Road in Reading/Berkshire einrichtete, einen von Len Bailey konstruierten Boliden auf die Räder, den Politoys-Cosworth FX3. Die rollende „Cola-Flasche“ aus Aluminium gab ihr Debut 1972 beim britischen GP in Brands Hatch.

Nach einem ersten zaghaften Versuch mit selbstgestrickten fahrbaren Untersätzen, schickte er im Jahre 1973, unterstützt von Marlboro und Italiens Nobelkarossen-Hersteller Iso-Rivolta, neue, sogenannte Iso-Marlboro IR-Wagen zu den Rennen um WM-Trophäen. Diese Modelle, von ex March-Designer John Clarke gezeichnet, ließen sich zwar gut fahren, litten aber an etlichen Kinderkrankheiten. Sie sahen bei 24 Starts lediglich zwölfmal die Zielflagge und erreichten mit den Fahrern van Lennep und Ganley zwei sechste Plätze in Holland bzw. Kanada als beste Resultate.

Gedrungen und mit extrem kurzem Radstand, der Williams FW08, ursprünglich als Sechsradler gedacht. Hier in Hockenheim mit Rosberg, der 1982 zum zweitenmal den Fahrer WM-Titel ins Team holte.

Allerdings sahen die aufgefrischten FX3 auch nicht besser aus. Bei neun Starts zu Beginn der Saison beendeten sie nur drei Rennen.

1974 stieß der Heißsporn Merzario zum Williams-Team. Dieser Pilot jagte auf Anhieb zwei DFVs der Iso-Marlboros in die Luft. Der Spion des Drehzahlmessers zeigte in beiden Fällen 13000 Touren an, was bei nomaler Beschleunigung vom Drehzahlbegrenzer verhindert wird. Aber Merzario, der vorher bei Ferrari fuhr, war es gewohnt alles aus dem 12-Zylinder herauszukitzeln, indem er zum Beschleunigen erstmal runterschaltete. Damit geriet er zwangsläufig in den Leerlauf des nicht synchronisierten Getriebes, wobei es den heillos überforderten Cosworth V8 auseinanderriß.

Außer Merzario saßen in dieser Saison folgende Fahrer in den IR-Cockpits: Tom Belso, Gijs van Lennep, Richard Robarts, Jabouille und schließlich Laffite. Abgesehen von einem leichten Aufwärtstrend war von einem spürbaren Erfolg jedoch wenig zu sehen. Bei 16 Rennen kamen sie nur sechsmal auf den Plätzen 3 - 6 - 14 - 8 - 9 - 4 an.

Ex McLaren-Ingenieur Ray Stokoe nahm sich der betagten Renner an und entwarf ein neues Monocoque mit quadratischem Querschnitt für 1975, genannt FW04. Der alte IR02 hieß nun FW02. Mit der Finanzspritze eines schweizer Geschäftsmannes namens Ambrozium, der mit Schnürsenkeln sein Geld verdiente, war Williams in der Lage, zwei F1-Geräte in der Saison einzusetzen. Die Situation war allerdings hoffnungslos. Das Team bewegte sich, falls überhaupt einmal das Ziel durchfahren wurde, nur auf den unteren Rängen, jenseits des siebten. Nur Laffite wurde einmal Zweiter in einem durch Reifenpannen stark dezimierten Feld beim Großen Preis von Deutschland.

Für diese Plazierung gab es immerhin 5 500 £, und Williams' Mitgliedschaft in der FOCA war für 1976 gesichert. In jenem Jahr kaufte sich der Australo-Kanadier und Öl-Magnat Walter Wolf ins englische Team ein (siehe Kapitel Wolf), der Frank am Ende dieser katastrophalen Wolf-Williams Saison hurzerhand hinauswarf.

Frank gründete daraufhin mit dem ehemaligen Lola-Ingenieur Patrick Head ein neues Team in Didcot/Berkshire unter der Firmenbezeichnung „Williams Grand Prix Engineering" (WGPE). Subventioniert vom Sponsor des belgischen Fahrers Patrick Neve, kaufte Williams einen gebrauchten March 761 und vier Cosworth-Motoren. Mit dieser alten Karre bestritt WGPE die 77er Saison.

1978 gab es Geld von Saudia Airlines, so daß Head endlich einen neuen — seinen ersten — Formel 1-Wagen verwirklichen konnte, den FW06. Der pfeilförmige Renner war klein, leicht und einfach gebaut. Er entpuppte sich als eines der besten Nichtflügel-Autos der Saison und brachte WGPE mit Jones am Steuer auf den neunten Platz in der Konstrukteurs-Tabelle.

Es war die Grundsteinlegung für Williams' außerordentlichen Erfolg in den Jahren 1979—81 mit den von Head gebauten FW07 wing-cars (siehe eigenes Kapitel). Nach zehn schwierigen Jahren konnte Frank endlich die Früchte seiner Arbeit ernten.

Head startete Ende '81 sein Sechsrad-Projekt, dessen Entwicklung aber nur langsam voranschritt (siehe eigenes Kapitel). Folglich erschien 1982 in Zolder der FW07-Nachfolger FW08 mit ultrakurzem Radstand und einem Tank, der „Kühlwasser für die Bremsen" enthielt, sonst aber nicht viel Neues zu bieten hatte.

Es wurde zwar viel experimentiert, zum Beispiel mit unterschiedlichen Radständen, Schürzenmaterial und Kohlefaserbremsen. Auch Tüfteleien an der Aerodynamik in Verbindung mit Windkanaltests in Didcot standen laufend auf dem Programm. Doch letzten Endes gelang es den Piloten Rosberg und Daly nicht, dem Williams-Team zum drittenmal hintereinander den Konstrukteurspokal zu sichern, obwohl Rosberg Fahrerweltmeister wurde!

Anfang '82 kamen noch vier FW07„C" zum Einsatz, die später von den FW08 abgelöst wurden.

Rosberg beendete 12 Rennen auf den Plätzen 5 - 2 (disqualifiziert) - 2 - 2 - 4 - 3 - 5 - 3 - 2 - 1 - 8 - 5.

Daly, der sich in 12 Rennen nur achtmal qualifizieren konnte, belegte die Plätze 6 - 5 - 7 - 5 - 5 - 7 - 9 - 6. Er gehörte 1983 nicht mehr zum Williams-Team.

Im neuen Jahr mußten die FW08 dem letzten Reglement entsprechend mit flachen Unterböden versehen werden. Chassis FW08-6 wurde modernisiert, zwei brandneue FW08C standen zum Saisonauftakt in Rio bereit.

Rosberg und sein neuer Fahrerkollege Laffite zeigten zu Anfang des Jahres den anderen „Saugern" ihr Rücklicht, doch das Zeitalter des Cosworth V8 war endgültig passé. An der Spitze bei den GPs tummelten sich ausschließlich die aufgeladenen Kraftbolzen Ferrari, Brabham, Renault.

Auch Goodyears Reifenküche brutzelte ihre Gummis nach dem Geschmack der Turbo-Teams, was dem Williams-Rennstall weniger mundete.

Da Head schon Mitte '83 mit dem Design des FW09, der von Hondas Turbo-Power getrieben werden sollte, begonnen hatte, war eine Entscheidung für 1984 schnell getroffen. Und schon beim 83er Finale-Rennen in Kyalami brauste der zwangsbeatmete FW09 über die Piste. Er war sehr schnell, litt abr an heftigem Untersteuern, womit das Team im Jahre 1984 noch viel Ärger bekommen sollte.

Schon beim Saisonstart in Rio moserte Rosberg über dieses Fehlverhalten. Es lag wohl an der neuen Zugstrebenaufhängung, die zusammen mit einem eigens gefertigten Getriebe den FW09 optimieren sollte.

Schließlich kehrte WGPE zurück zum alten Hewland FGB-Getriebe und zur konventionellen Schwinghebelaufhängung der Antriebswalzen. In dieser Form liefen die Renner ab Monaco.

Dennoch war die Saison ein Opfer des schlechten Handlings der Wagen. Laffite mußte elfmal aufgeben, und seine fünf Plazierungen (8 - 8 - 5 - 4 - 14) markierten den absoluten Minus-Rekord für WGPE seit der Gründung 1978.

Rosberg strengte sich etwas mehr an, gewann sogar das heiße Rennen in Dallas und plazierte sich auf den Rängen 2 - 4 - 6 - 5 - 9, jedoch auch er fiel zehnmal aus!

Am Ende ergab sich für Williams ein sechster Platz im Konstrukteurspokal, nach einer problematischen ersten „Saison mit Aufladung".

Für 1985 konstruierte Patrick Head ein neues Chassis aus Kohlefaser. Der erste Williams aus dem „schwarzen Gold" der Formel 1-Designer hieß FW10. Neben Rosberg zwängte sich nun Mansell in die Cockpits der Turbo-Boliden.

Es war ein Jahr der Modifikationen: Zuerst versorgte der nachgebesserte Honda D-Typ den Renner mit Energie, dann erschien der aufpolierte Typ E; der D erhielt dessen Motoraufhängung, wurde nochmals verbessert — wegen der Probleme mit dem IHI-Turbolader — und übertrug seine Kraft auf ein neues Getriebe, speziell abgestimmt auf's enge Drehzahlband des D. Schließlich feilte man an Aerodynamik und Aufhängung — Zugstreben ersetzten wieder die Schwinghebel — bis der FW10 endlich in der Lage war, die japanische Power zu beherrschen.

Die Williams-Honda dominierten dann die letzten drei GPs zum Ende der Saison einsam an der Spitze und erkämpften für's Team den dritten Platz im Konstrukteurspokal.

Eine gute Ausgangsposition für die kommende Saison 1986 (siehe eigenes Kapitel).

Wolf

Walter Wolf, Österreicher mit kanadischem Paß ist ein Geschäftsmann, der mit der Ausrüstung von Ölfirmen sich nicht nur einen Namen, sondern auch einige Dollarmillionen gemacht hatte. Da er nicht nur einen guten Geschäftssinn besaß, sondern auch großes Interesse am Formel 1-Sport hatte, stieg er als Teil-Sponsor beim damaligen Williams Team ein. Doch das war ihm bald nicht mehr genug. Ende 1975 kaufte Wolf den kompletten Hesketh-Rennstall für 450 000 £ auf. Zusätzlich erwarb er noch 60% aller Williams-Anteile und ließ diese in die neue Firma einfließen. Mit diesem Zug war Wolf mit einem Schlag FOCA-Mitglied, mit allen damit verbundenen Privilegien. Er war nun berechtigt, zwei Autos einzusetzen und konnte sich außerdem die Transportkosten zu den Übersee-Rennen — die immerhin damals ca. 150 000 £ jährlich ausmachten — erstatten lassen. Mit dem Hesketh-Rennstall allein wäre dies nie möglich gewesen.

Nach Abschluß dieser Transaktionen wechselte der komplette Heskethbestand, sowie ein Teil des Personals mit dem Kontrukteur Harvey Postlethwaite, in die Werkshallen von Williams über.

Nachdem das neue Wolf-Williams-Team Marlboro als potenten Sponsor gewinnen konnte, wurden als Fahrer Jacky Ickx und die Formel 2-Hoffnung Michele Leclere engagiert. Die Saison 1976 wurde jedoch zur Katastrophe.

Der Hesketh 308C — jetzt mit der Bezeichnung Wolf-Williams FW05 — war im Grunde genommen nur ein mittelmäßiges Auto. Durch die in der Folgezeit vorgenommenen Verstärkungen und Überarbeitungen wurde es aber auch nicht besser, sondern schleppte vielmehr fast 55 kg Übergewicht mit sich herum. Allein das machte den Wagen pro Runde eine Sekunde langsamer als die Konkurrenz.

Ickx war unfähig, das Auto abzustimmen, und nachdem er sich beim britischen GP nicht qualifizieren konnte, wurde er gefeuert. Zurück blieb zunächst ein total verwirrter Leclere, zu dem aber für die letzten sieben GPs Merzario stieß. Aber auch er war nicht in der Lage, die Situation zu ändern. Im Gegenteil, Merzario schaffte es nicht einmal, ein Rennen zu beenden.

Insgesamt kamen von dem Typ FW05 drei Autos zum Einsatz, von denen zwei noch aus alten Hesketh-Beständen waren.

Im September 1976 verließ Williams verärgert das Team. Für ihn kam daraufhin Peter Warr, von Lotus. 1977 sollte alles besser werden. Warr organisierte die Aktivitäten für die kommende Saison, während Postlethwaite ein absolut neues Auto konstruierte. Um den ex-Tyrrell-Fahrer Jody Scheckter wurde im Winter kontinuierlich ein neues Ein-Wagen-Team aufgebaut.

Der neue Wolf-Cosworth WR1 war ein sauberes und attraktives, pfeilförmig konstruiertes Auto, dessen Monocoque von einer keilförmigen, runden Karosserie umgeben war. Während viele der Konkurrenten mit doppelten Bremssätteln experimentierten, verließ sich Postlethwaite voll und ganz auf die herkömmlichen, vollschwebenden Sättel. Das zeigt, wie einfach, aber genial dieses Auto, von dem in dieser Saison drei Exemplare gebaut wurden, konstruiert war.

Scheckter startete mit dem Wagen bei 17 Rennen, gewann – für alle überraschend – das erste Rennen in Argentinien, sowie in Monaco und Kanada. Er wurde zweiter in Kyalami und Hockenheim, dritter in Long Beach, Jarama, Zandvoort und Watkins Glen. Siebenmal fiel der Wagen vorzeitig aus. Das lag aber nie am Chassis, sondern weil sich das Team lange Zeit mit Problemen an der Benzineinspritzung herumschlagen mußte. Dabei hatte man aber immer noch Glück im Unglück: Als relativ neues Team kam Wolf zwar nicht in den Genuß des brandheißen Cosworth-Entwicklungsmotors, mußte sich dafür aber auch nicht, wie Lotus, dem dieser Motor eine ganze Saison verdarb, mit dessen Problemen herumquälen.

Am Ende war Scheckter Vizeweltmeister, während man sich im Konstrukteurspokal mit 55 Punkten den vierten Gesamtplatz sicherte. Mit dem Jahr 1978 kam die Revolution in Form des Ground-effect-Autos von Lotus. Schon während der Rennen in Südamerika hatte der alte Wolf-Renner nichts mehr entgegenzusetzen. Postlethwaite reagierte sofort mit dem Bau seines eigenen ersten Flügelautos, des ungewöhnlich häßlichen Wolf WR5- und WR6-Duos. Die Wagen wiesen keilförmige Monocoques auf, in denen die massiven Kühler im vorderen Cockpitteil untergebracht waren. Der erste Probelauf erfolgte im Training in Monaco, das erste Rennen in Zolder. Der WR6 wurde zum GP von Frankreich fertig. Die alten WR3-4 hatte man an Theodore verkauft, der diese für Rosberg einsetzte.

Scheckter führte eine Weile den britischen GP an und wurde in Hockenheim Zweiter. Der WR6 wurde erstmals in Holland bewegt, aber dann in Monza total zerstört. Ein absolut neu aufgebautes Auto – allerdings mit der gleichen Chassis-Nr. – kam in USA und Kanada zum Einsatz, wo Scheckter den dritten bzw. zweiten Rang herausfuhr. Wolf beendete die Saison mit dem fünften Platz im Konstrukteurspokal und Scheckter konnte am Ende 24 Punkte für sich verbuchen. Rosberg kam mit den Theodore-Autos nicht ein einziges Mal in die Punkteränge.

Nachdem Scheckter 1979 zu Ferrari wechselte, verlor Walter Wolf allmählich immer mehr sein Interesse an der Rennerei.

In der 79er Saison hatte Postlethwaite mit den Chassis-Nrn. WR7, 8 und 9 drei neue Autos, erstmals mit Aluminiumwabenbeschichtung, hergestellt. Als Fahrer wurde James Hunt verpflichtet, bei dem aber schon deutlich Desinteresse zu verspüren war. Nachdem Hunt bei sieben Rennen nur einmal in Kyalami einen achten Platz schaffte, zog er sich urplötzlich vom Rennsport zurück.

Nach Hunts Rücktritt wurde Rosberg aufgenommen, der sogleich neues Leben ins Team brachte.

Beim Rennen in Zandvoort fuhr er lange Zeit auf dem 5. Platz und bewies damit, daß der Wagen noch immer einigermaßen konkurrenzfähig war. Doch obwohl neben Rosberg auch Postlethwaite und Warr ihr Bestes gaben, war doch irgendwie die Luft heraus.

Im Winter 1979/80 machte dann Walter Wolf einen Schlußstrich und stimmte einer Fusion mit Fittipaldi zu. Die beiden brasilianischen Brüder übernahmen Postlethwaites Wagen und der WR9 wurde das Basismodell für Fittipaldis 1980er F7.

Jody Scheckters Wolf WR1 sicherte den 100. Sieg eines Ford-Cosworth Motors in Monaco 1977.

Zakspeed 861 4, ein Renner aus einem Guß: Motor und Chassis werden von Erich Zakowski und seiner mutigen Truppe im Eifelörtchen Niederzissen gebaut. Zakspeed bestach dieses Jahr schon durch beträchtliche Zuverlässigkeit.

Zakspeed

Im Jahre 1985 beschloß der deutsche Tuner Erich Zakowski, der sich bis dahin sehr erfolgreich mit seinen Tourenwagen etabliert hatte, den gewagten Sprung auf die Formel 1-Bühne. Durch seine in jahrelangen Renneinsätzen gewonnenen Erfahrungen war ihm auch der Umgang mit Turbomotoren nichts Neues mehr.

Das in Niederzissen, in der Nähe des Nürburgrings, ansässige Team entwickelte also einen sauberen kleinen Vierzylinder-Aluminiumblock-Turbomotor mit 1495 ccm Hubraum, der bei 11 500 U/min ca. 700 PS freigab. Um diesen Motor herum entwarf der ex-Chevron-Ingenieur Paul Brown für das Team ein außergewöhnlich kompaktes, aus Karbon gefertigtes Chassis.

In Estoril, beim zweiten Saisonlauf, hatte der Wagen seine Feuertaufe. Fahrer des ZAK841/1 war der Brite Dr. Jonathan Palmer. Das eigentliche, rennfertige Auto trug die Chassis-Nr. 2, welches Palmer ab Ricard zur Verfügung stand.

Nachdem sich Palmer in Spa in einem Gruppe C-Porsche einen Arm gebrochen hatte, mußte ihn Zakowski für die GPs von Belgien und England durch Christian Danner ersetzen.

Insgesamt trat die Truppe um Zakowski bei neun europäischen WM-Rennen (außer Imola) an. Palmer sah mit seinem 11. Rang in Monaco nur einmal die Ziellinie, Danner überhaupt nicht.

Obwohl das kleine Team bei seinen ersten Gehversuchen in der Formel 1 nicht gerade vom Glück verfolgt war, hinterließ es jedoch mit seinem, trotz bescheidener finanzieller Mittel, hervorragend konstruierten Auto und der ziemlich professionell arbeitenden Crew einen sehr guten Eindruck.

Aber auch in der Saison 86 konnte das erträumte Ziel, einen Platz unter den ersten 6 zu erreichen von den Piloten Palmer und Rothengatter nicht erreicht werden. Neben Ferrari ist Zakspeed aber auch das einzige Team, das alles außer den Reifen selbst baut. Die finanziellen und technologischen Möglichkeiten sind aber im Gegensatz zu denen in Italien sehr begrenzt. Trotzdem sind der Mut und die professionelle Arbeit großer Anerkennung würdig. Durch Sponsor West ist auch die weitere Zukunft gesichert.

Die Zeichnung des ersten Cosworth DFV vom Juni 1967.

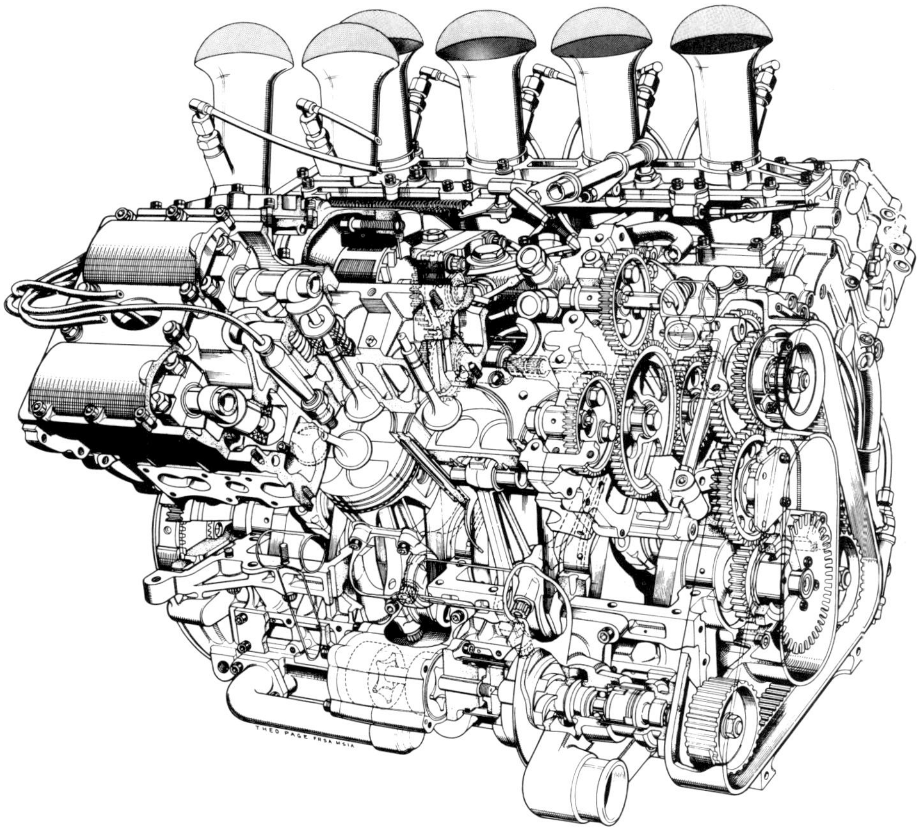

Der Cosworth Motor von 1983 als DFY V8.

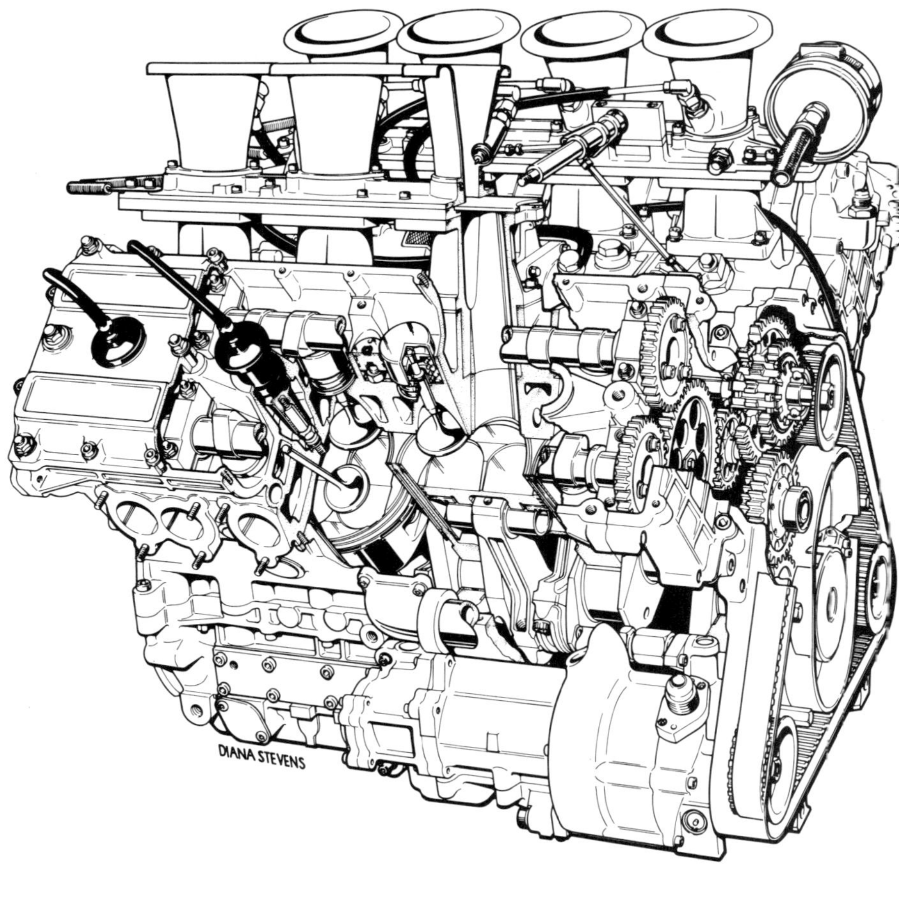

Formel 1 — Designern über die Schulter geschaut

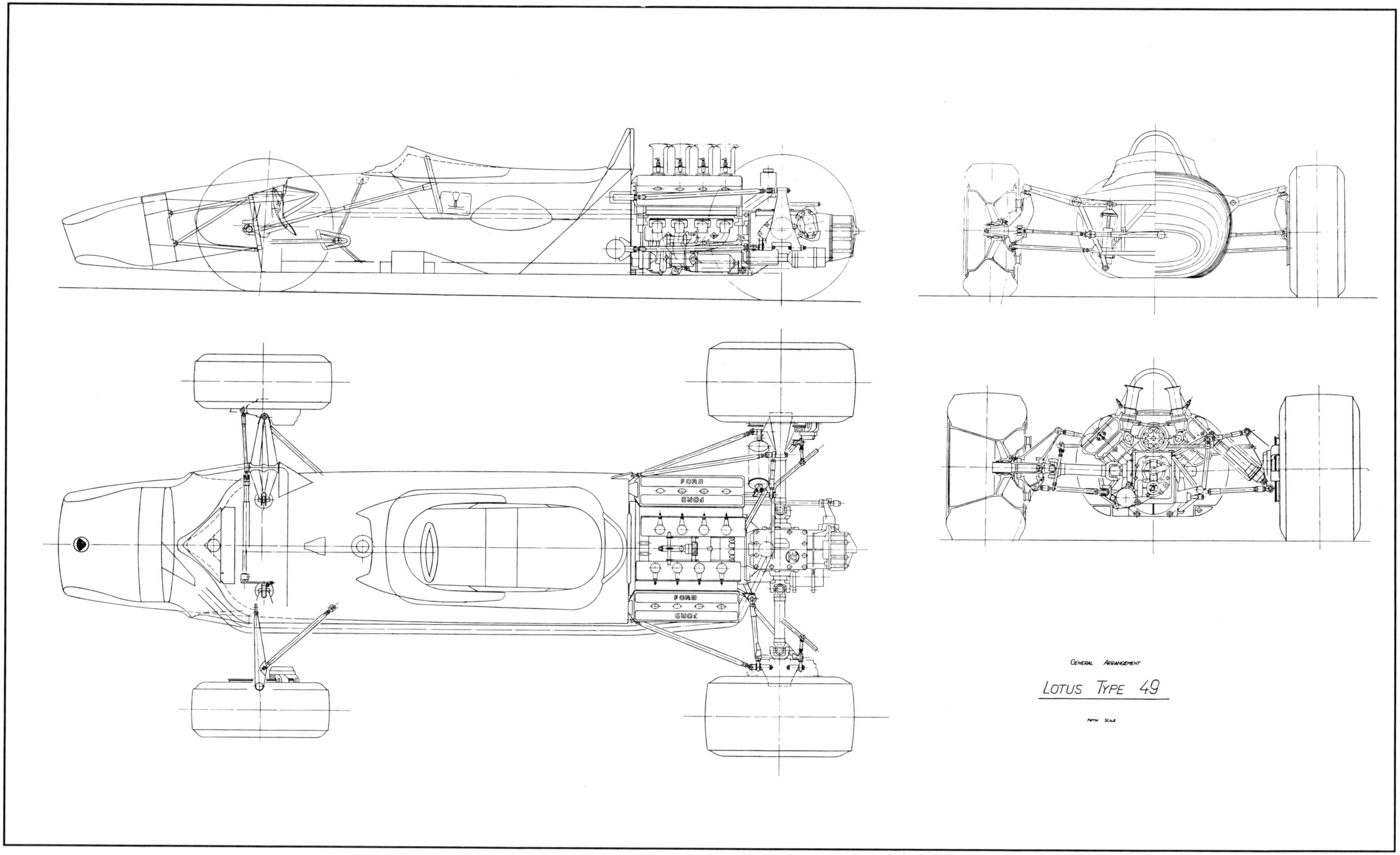

Eine einfache Konstruktion, die Maßstäbe setzte: Maurice Phillippes Originalzeichnung des Lotus 49 vom 5. Mai 1967.

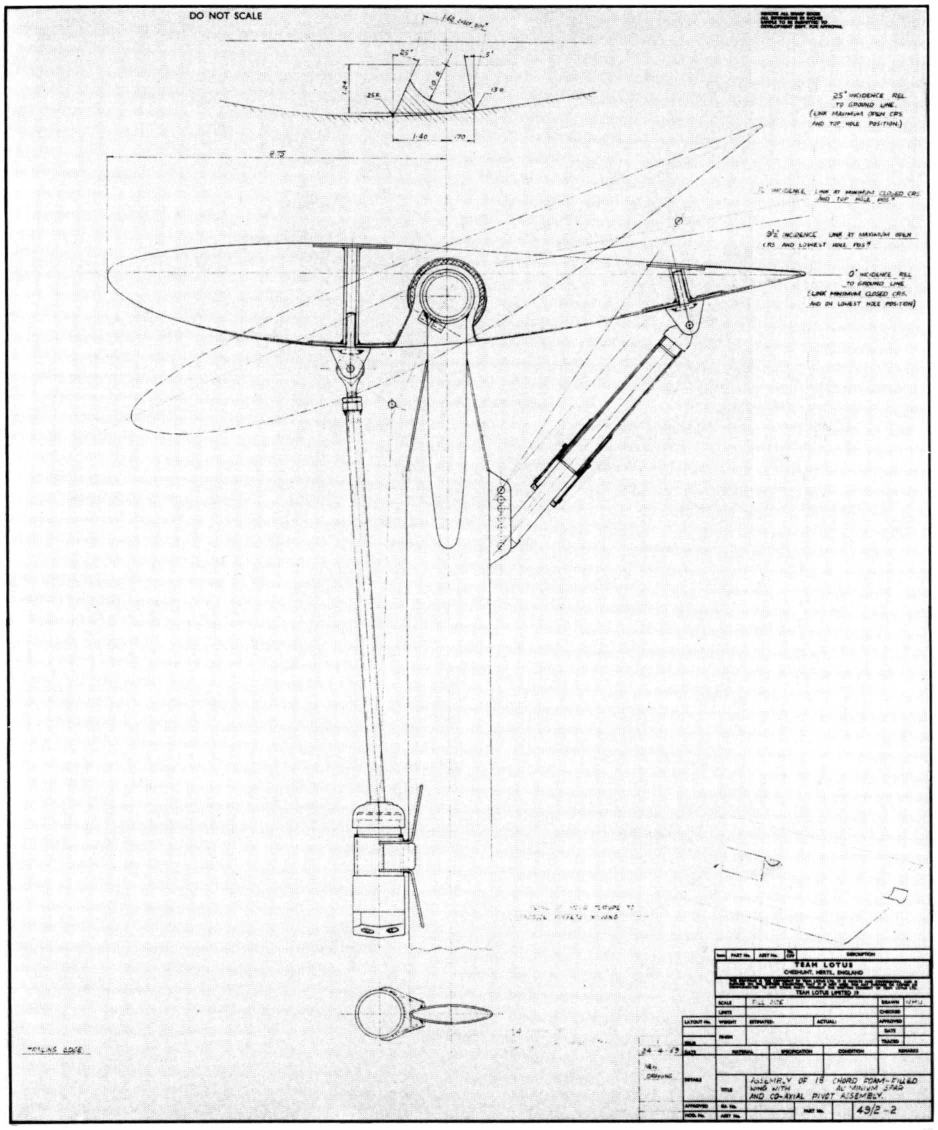

Die Aera der gigantischen Heckflügel war nur kurz. Diese Zeichnung detailliert den Heckflügel des Lotus 49B und wurde am 24. April 1969 angefertigt.

Eines der sehr außergewöhnlichen Details des Lotus 72: Der Torsionsstab, gezeichnet am 14. November 1973

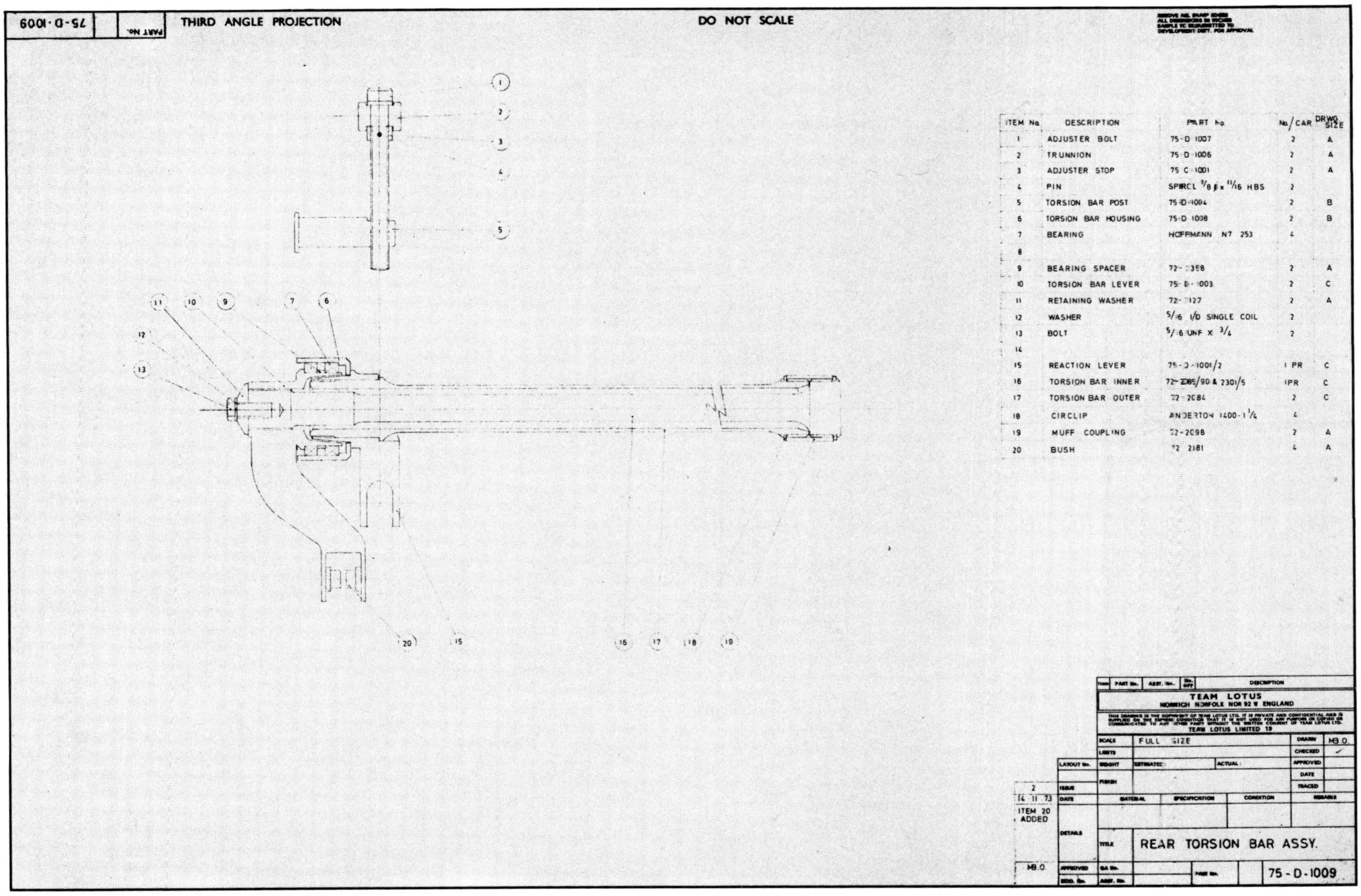

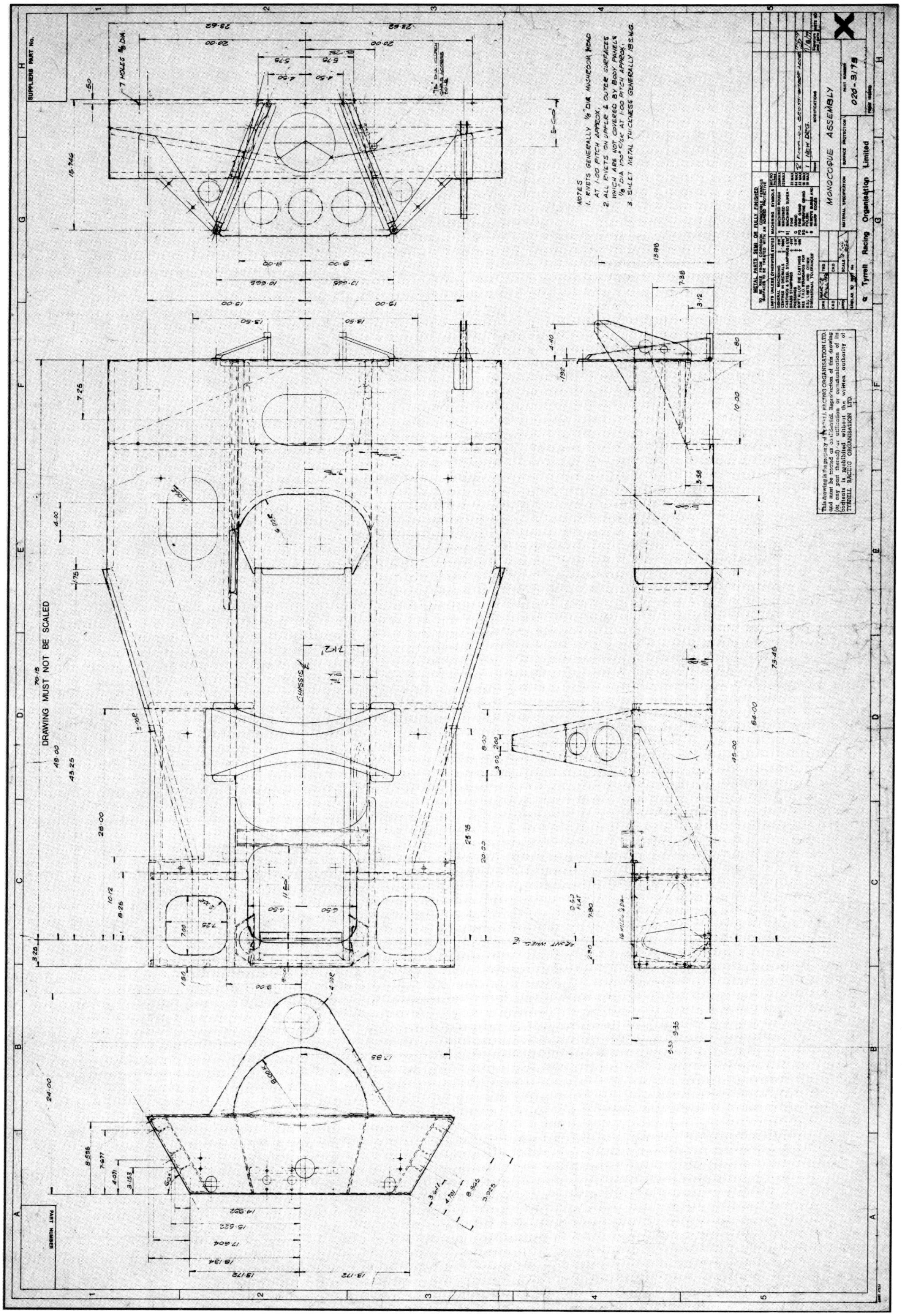

Ende der 70er Jahre kamen sehr flache und breite Aluminium-Monocoque-Chassis in Mode. Ein typisches Beispiel ist Maurice Phillippes Tyrrell 008. Die Zeichnung datiert vom 1. August 1977. ◁

Die aerodynamische Revolution war mit Ralph Bellamys Lotus 78 geboren. Die Ganzzeichnung stammt vom 15. November 1976, als die Konkurrenz noch fest schlief. ▷

Die Hinterradaufhängung des Williams FW06, gezeichnet am 20. Januar 1978 von Patrick Head. ▷

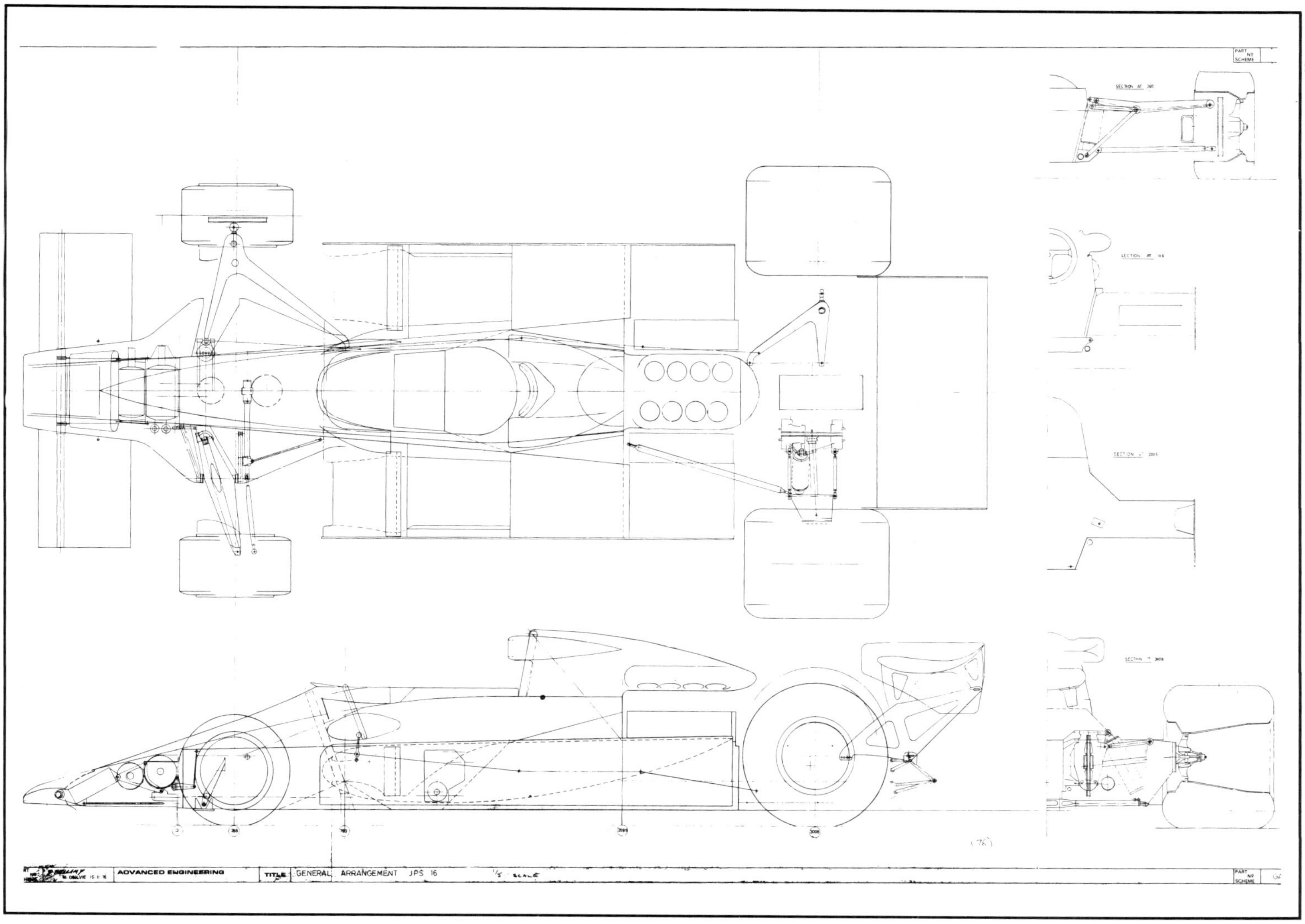
ADVANCED ENGINEERING
TITLE GENERAL ARRANGEMENT JPS 16
1/5 SCALE
PART No SCHEME

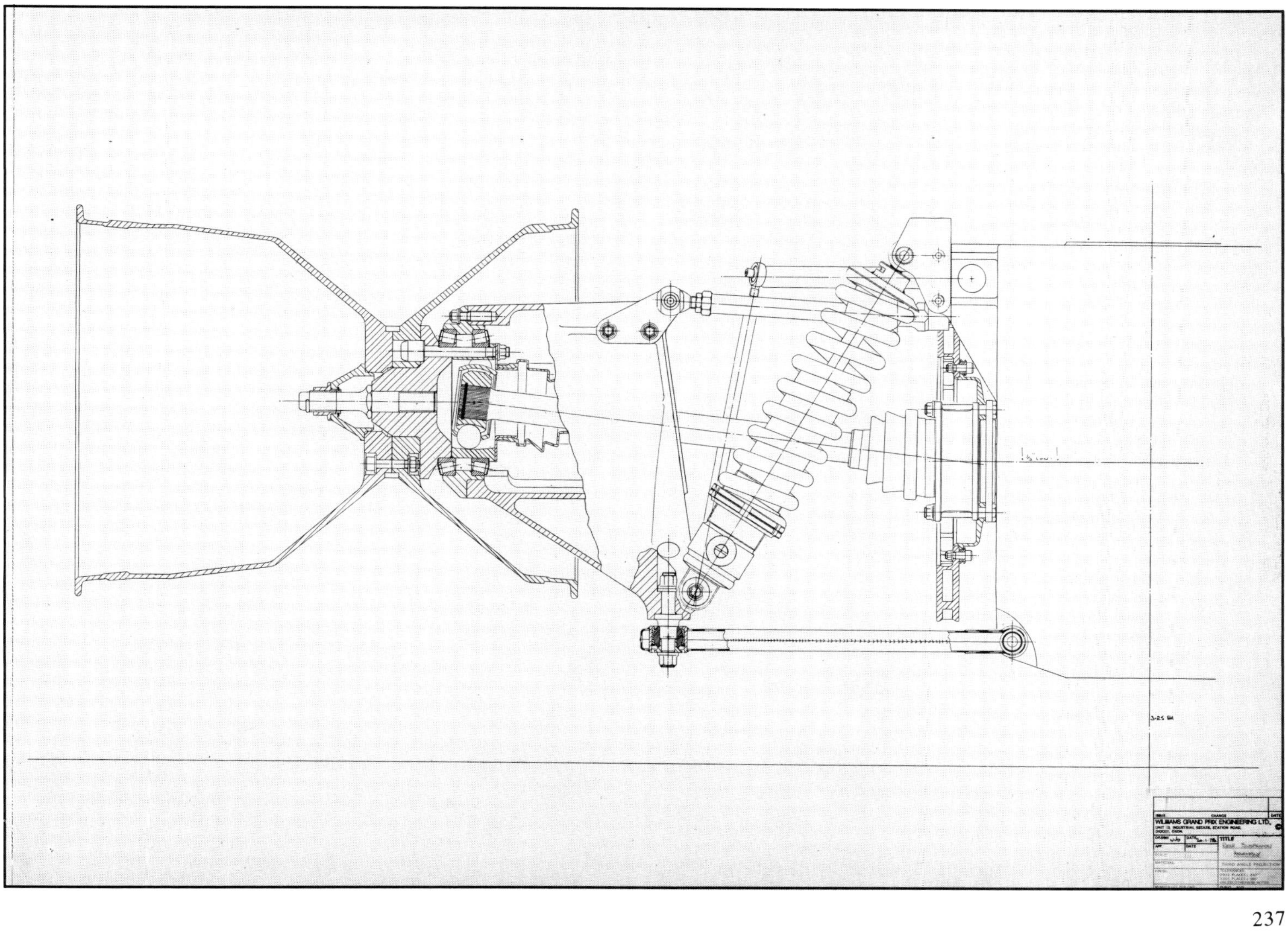
WILLIAMS GRAND PRIX ENGINEERING LTD.
TITLE
THIRD ANGLE PROJECTION

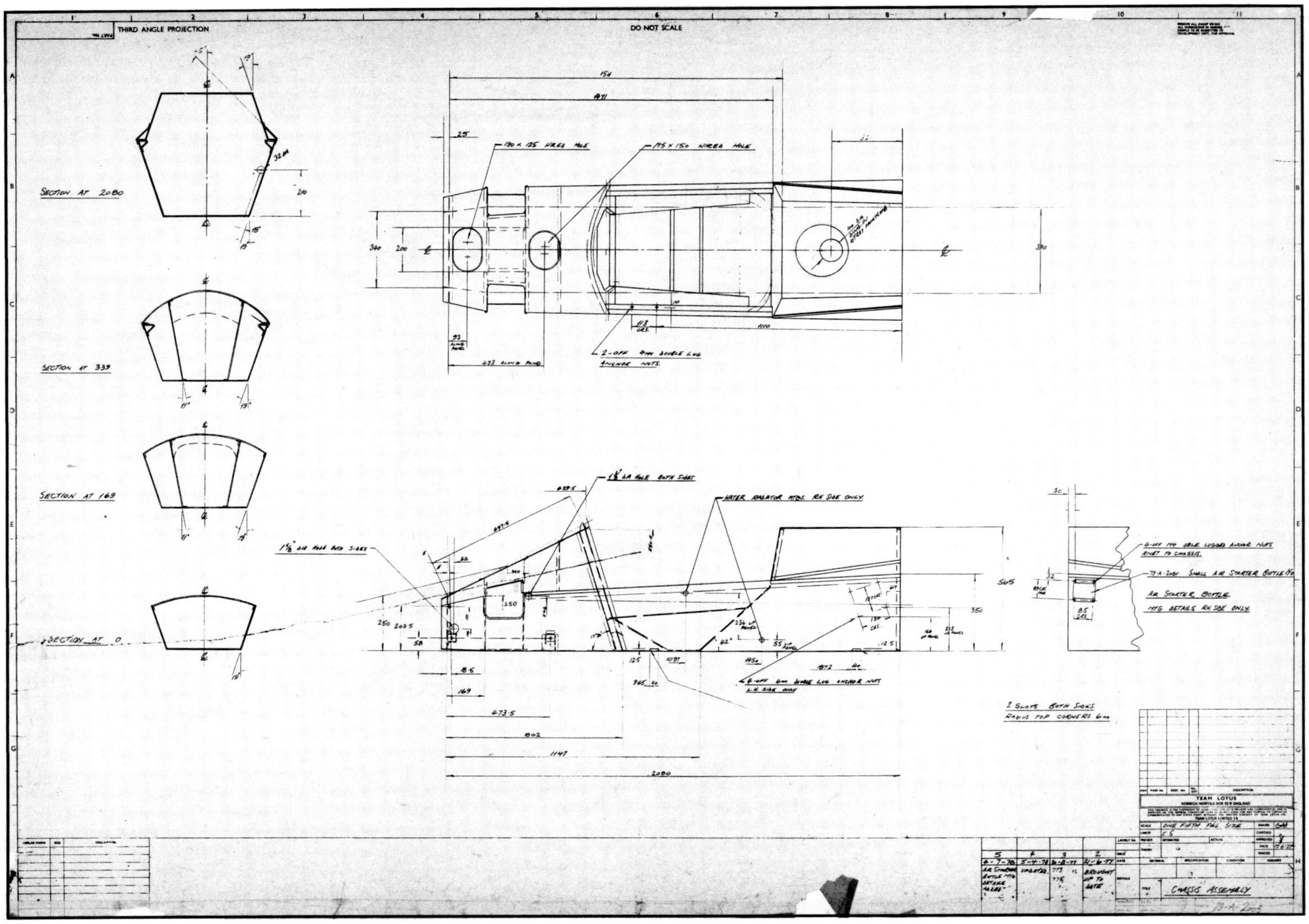

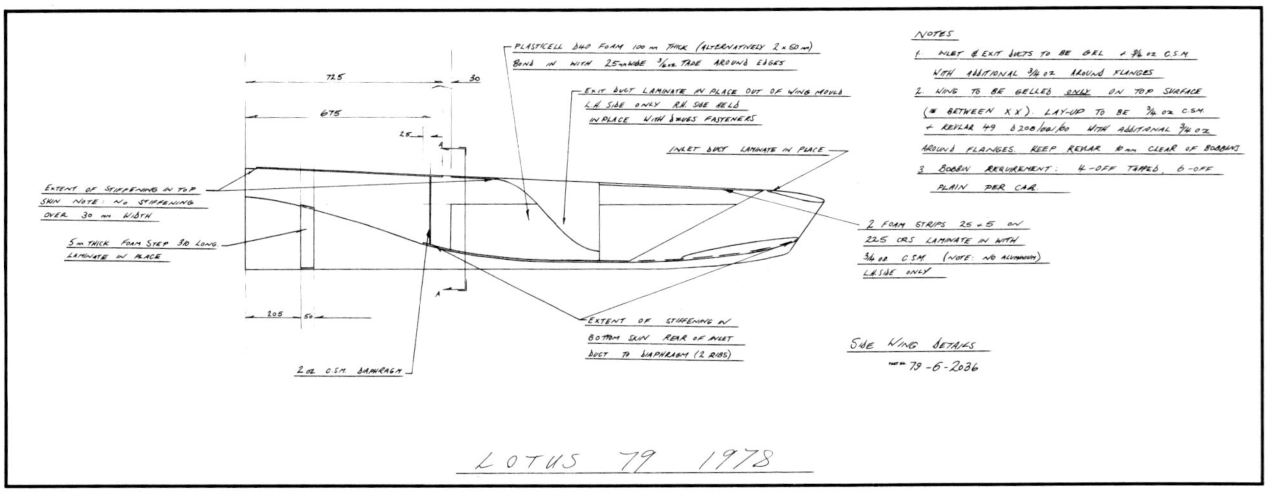

Für den Lotus 79 war ein besonders schmales Chassis vonnöten. Diese Details zeichnete Martin Ogilvie am 13. Juni 1977.

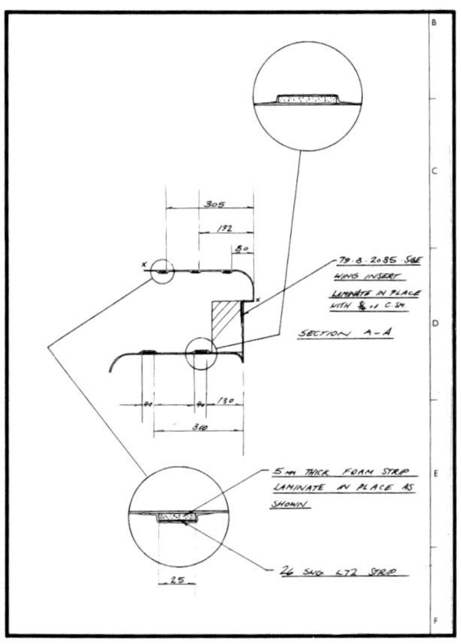

Rechts oben: Lotus und Getrag entwickelten dieses Getriebe, das ein technisches Juwel war, sich aber für die Formel 1 als nicht stabil genug erwies.

Rechts unten: Der Williams setzte zwischen 1979 und 1981 aerodynamische Maßstäbe, die schwer zu schlagen waren. Am 6. März 1979 entstand diese Zeichnung der Schürzen und ihrer Aufhängung.

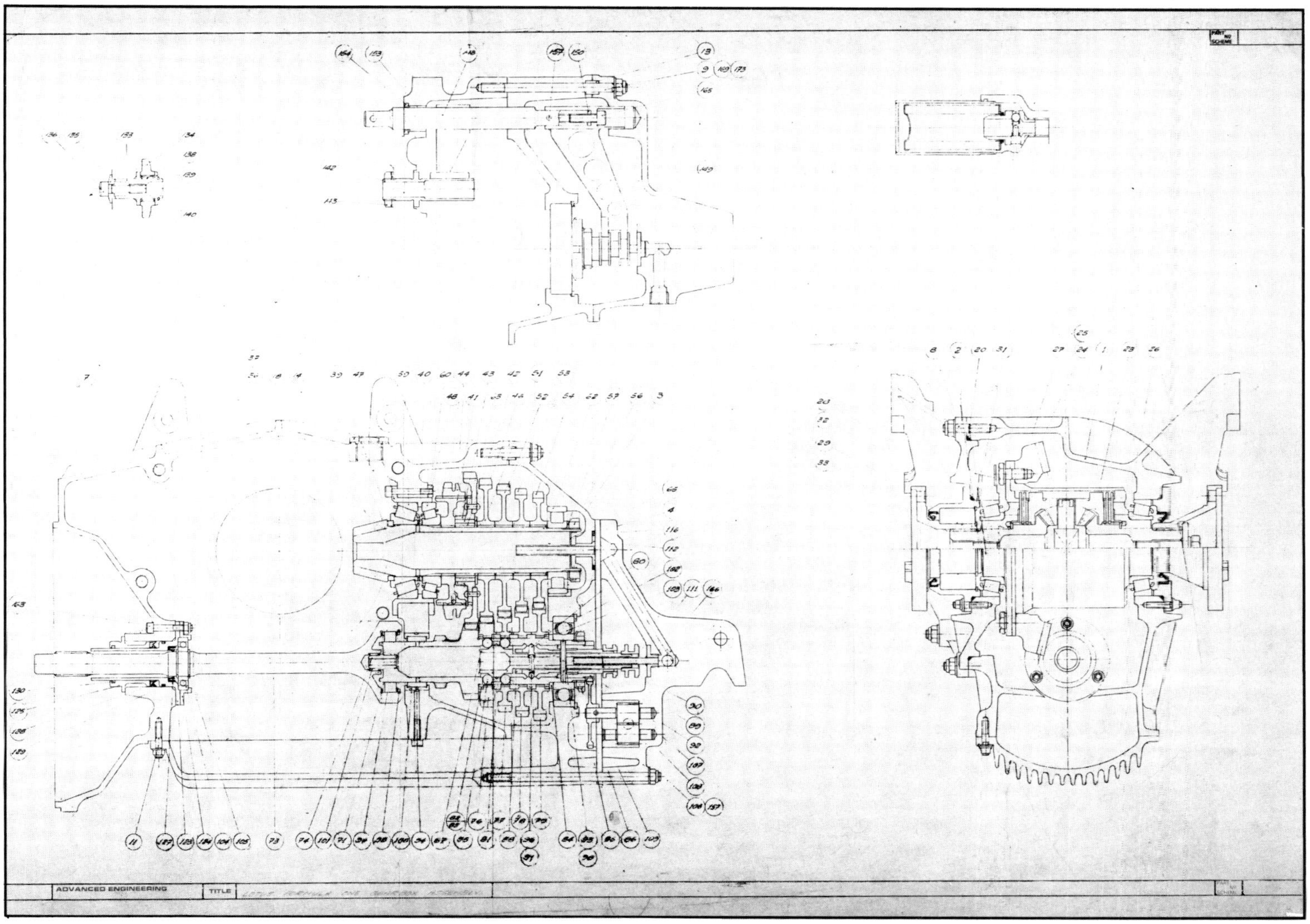

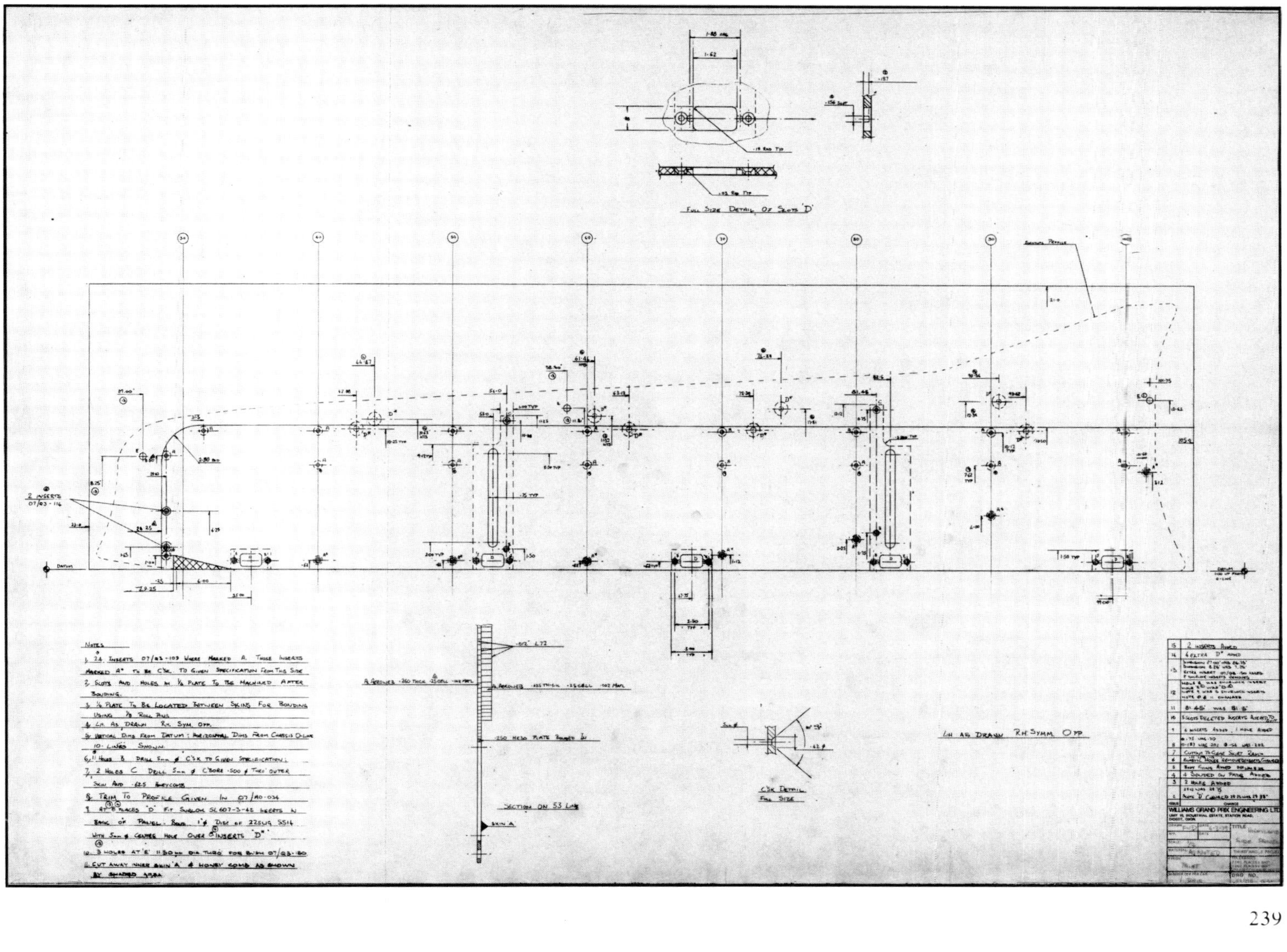

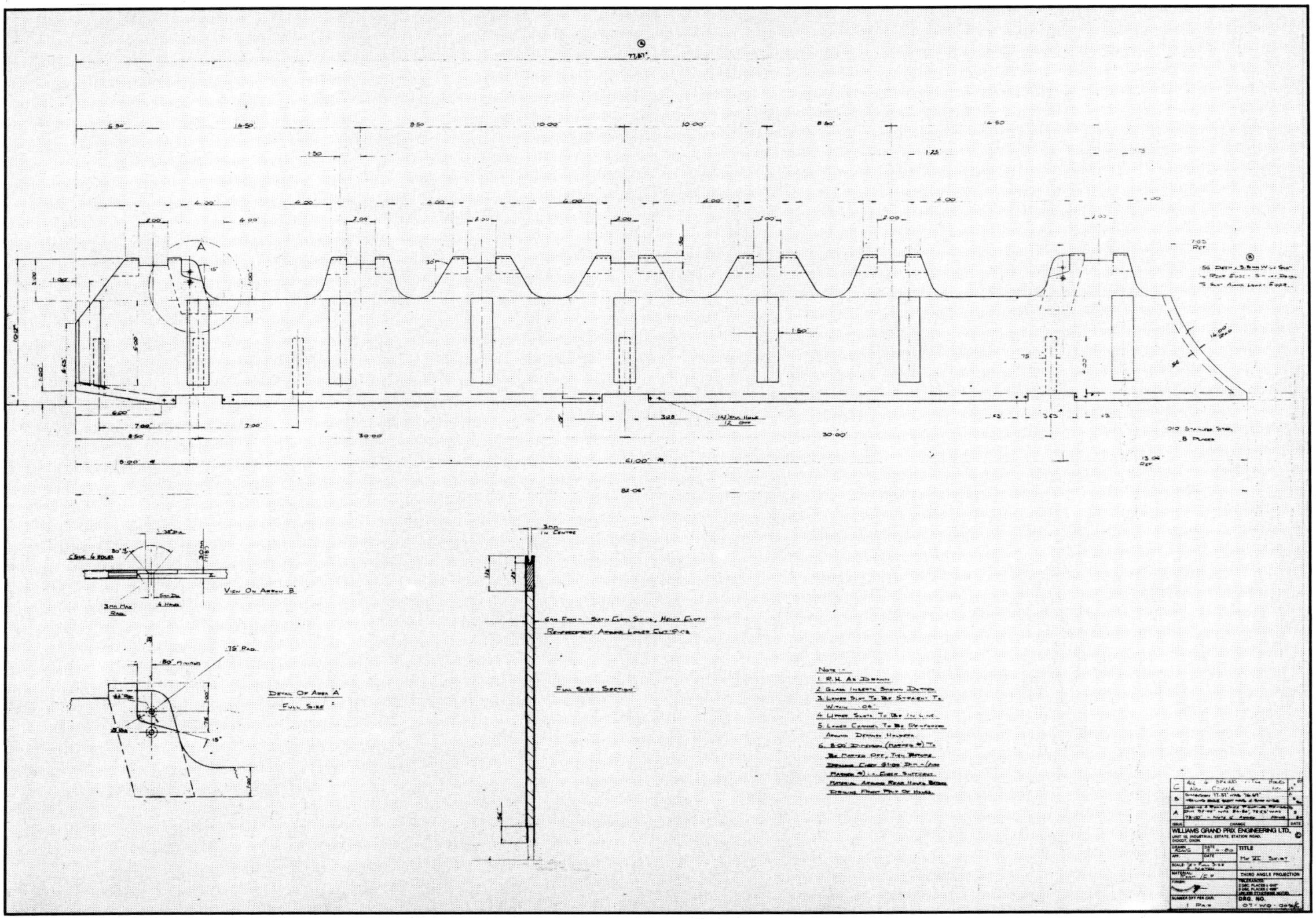

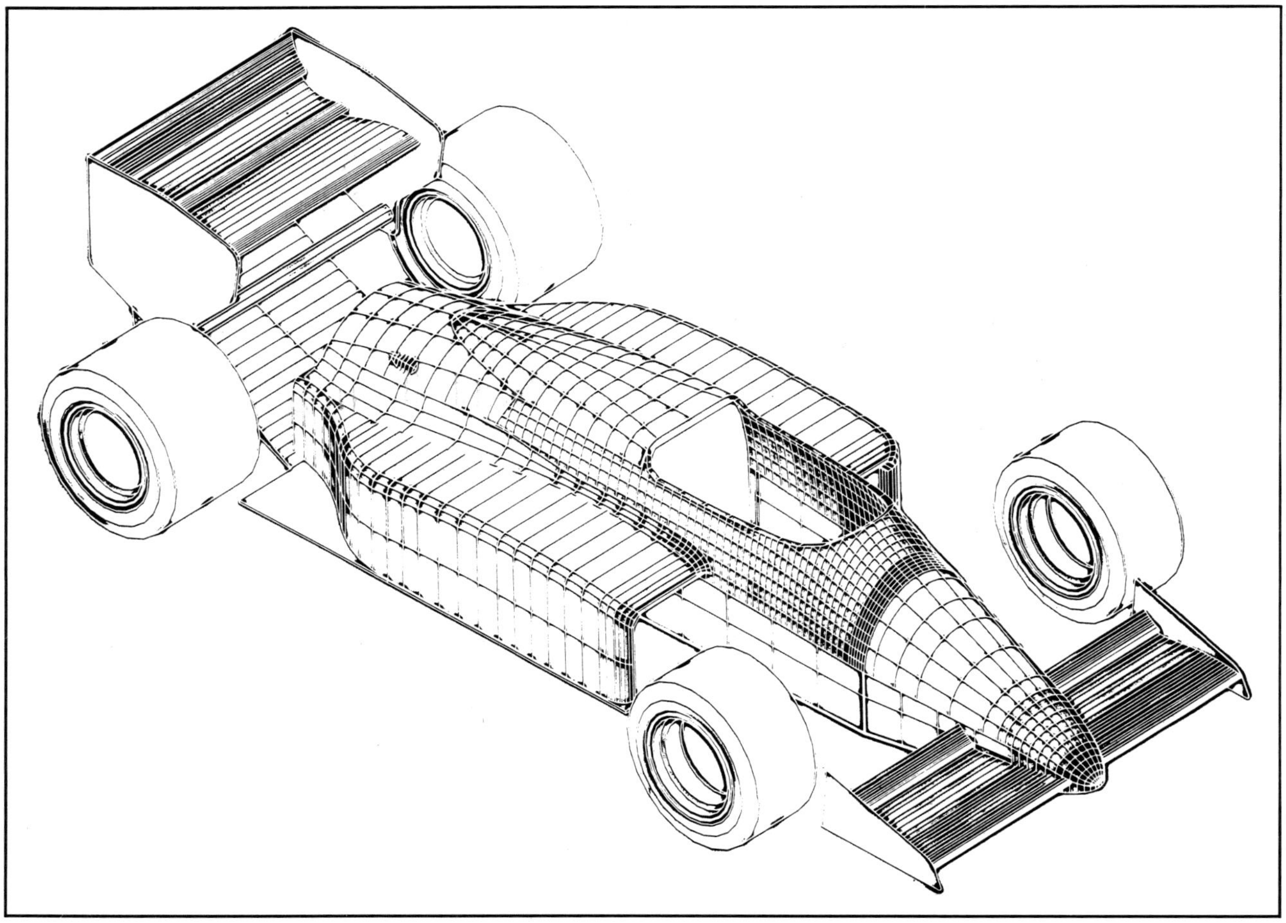

Noch einmal die Schürze des Williams FW07. Die perfekte Führung der Schürzen war entscheidend für den „ground effect“. Die Zeichnung entstand am 8. April 1980.

Das moderne Zeitalter. Eine Computer-Zeichnung vom Ferrari 156 aus dem Jahre 1985. ◁

Der schwache Punkt der schmalen Chassis war die Verwindungssteife. Durch die Verwendung von Karbon-Materialien wurde hierbei erheblicher Fortschritt erreicht. Diese Zeichnung vom 27. April 1983 zeigt den Tyrrell 012 ▷

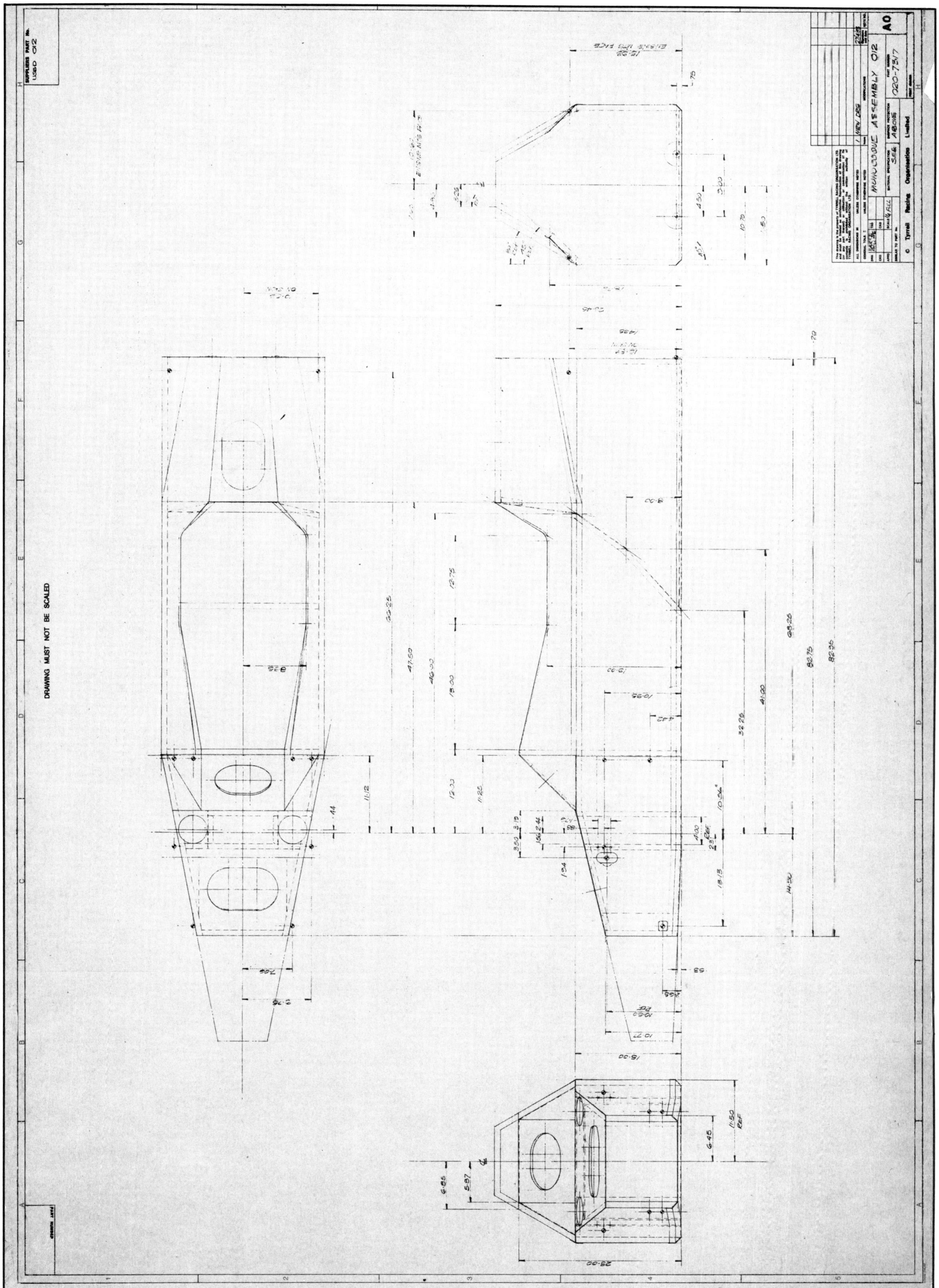
DRAWING MUST NOT BE SCALED
MONOCOQUE ASSEMBLY 012
020-73/7
© Tyrrell Racing Organisation Limited
A0

Alle Rennen

Detaillierte Ergebnisse von weit über 300 Rennen seit 1966 würden alleine schon ein Buch füllen, und so haben wir uns auf die notwendigsten Informationen beschränkt. Außer dem kurz skizzierten Rennverlauf haben wir alle Daten direkt aus der englischen „Mutter"-Ausgabe übernommen und erklären kurz die verwendeten Abkürzungen. Selbst wer kein Englisch kann, wird hierdurch nicht überfordert sein. Neben dem Klassement der ersten 6 geben wir alle Daten über den Trainingsschnellsten, die schnellste Runde, den Hubraum des Motors, Namen des Wagens und Motors, die Typbezeichnung und danach die Fahrgestellnummer.

Der Vollständigkeit halber sind auch alle F1 Rennen erwähnt, die nicht zur Weltmeisterschaft zählten (erkenntlich an den kleinen Buchstaben im Titel des Rennens). Wir beginnen noch 1965, wo in Kyalami schon zu Dreiliter-Regeln gefahren wurde, als diese noch gar nicht in Kraft waren.

laps	Runden
pp	Pole Position, schnellste Trainingszeit
FL	schnellste Runde (fastest lap)

1965

4-12-65 Rand GP,
Kyalami, ZA – 50 laps, 127.20 miles
1. Jack Brabham (2.7 Brabham-Climax FPF BT11 F1-2-64/2), 50 laps in 1:18;11.2, 97.69 mph. **2.** Pieter de Klerk (2.5 Brabham-Climax FPF BT11 IC-5-64), 50, 1:18;17.1. **3.** Paul Hawkins (2.7 Lotus-Climax FPF 25 R3), 50. **4.** John Love (2.7 Cooper-Climax FPF T79 FL-1-65), 49. **5.** Jo Siffert (1.5 Brabham-BRM V8 BT11 F1-6-64), 49. **6.** Innes Ireland (1.5 Lotus-BRM V8 25 R4), 49.
PP – Brabham, 1;30.8; FL – Brabham, 1;31.5, 100.11 mph.
Ein schönes Rennen, bei dem überwiegend Wagen der Tasmanserie eingesetzt wurden. Brabham und Love lieferten sich einen harten Rad-an-Rad Kampf, bis letzterer Probleme mit der Radaufhängung bekam.

1966

1-1-66 South African GP,
East London – 60 laps, 145.98 miles
1. Mike Spence (2.0 Lotus-Climax V8 33 R11), 60 laps in 1:29;39.4, 97.75 mph. **2.** Jo Siffert (1.5 Brabham-BRM V8 BT11 F1-6-64), 58, 1:29;59.8. **3.** Peter Arundell (1.5 Lotus-Climax 33 R9), 58. **4.** Dave Charlton (2.7 Brabham-Climax FPF BT11 F1-2-64/2), 58. **5.** Sam Tingle (2.7 LDS-Climax FPF LDS 3), 57. **6.** John Love (2.7 Cooper-Climax FPF T79 FL-1-65), 56.
PP – Jack Brabham (Repco-Brabham V8 BT19 F1-1-65), 1;25.1; FL – Brabham, 1;25.2, 102.91 mph.
Jack Brabham führte in seinem neuen Repco-Brabham von der 2. bis zur 51. Runde, bis er sich drehte und der Motor wegen eines defekten Einspritzpumpenriemens nicht mehr ansprang.

1-5-66 Syracuse GP,
Sicily, I – 56 laps, 195.27 miles
1. John Surtees (3.0 Ferrari 312 V12 0010), 56 laps in 1:40;08.3, 114.67 mph. **2.** Lorenzo Bandini (2.4 Ferrari Dino 246 V6 0006), 56, 1:40;32.9. **3.** David Hobbs (1.9 Lotus-BRM V8 25 R13), 54. **4.** Vic Wilson (1.9 BRM V8 P261 2615), 53. **5.** Jo Bonnier (1.9 Brabham-BRM V8 BT11 F1-6-64), 52. UNC **'6th'.** Guy Ligier (3.0 Cooper-Maserati V12 T81 F1-4-66), 39.
PP – Surtees, 1;42.3; FL – Surtees, 1;43.4, 118.99 mph.
Die Ferraris dominierten und Surtees übernahm in der 4. Runde die Führung von Bandini.

14-5-66 BRDC International Trophy,
Silverstone, GB – 35 laps, 102.45 miles
1. Jack Brabham (Repco-Brabham V8 BT19 F1-1-65), 35 laps in 52;57.6, 116.06 mph. **2.** John Surtees (3.0 Ferrari V12 312 0010), 35 in 53;05.0. **3.** Jo Bonnier (3.0 Cooper-Maserati V12 T81 F1-5-66), 35. **4.** Denny Hulme (2.7 Brabham-Climax FPF BT11 F1-1-64), 35. **5.** Jochen Rindt (3.0 Cooper-Maserati V12 T81 F1-3-66), 34. **6.** John Taylor (1.9 Brabham-BRM V8 BT11 F1-4-64), 33.
PP – Brabham, 1;29.8; FL – Brabham, 1;29.8, 117.34 mph.
Bei wenigen Startern hatte Surtees keine Chance gegen den Brabham.

22-5-66 MONACO GP,
Monte Carlo – 100 laps, 195.41 miles
1. Jackie Stewart (1.9 BRM V8 P261 2617), 100 laps in 2:33;10.5, 76.50 mph. **2.** Lorenzo Bandini (2.4 Ferrari Dino V6 246 0006), 100 in 2:33;50.7. **3.** Graham Hill (1.9 BRM V8 P261 2616), 99. **4.** Bob Bondurant (1.9 BRM V8 P261 2615), 95. UNC **'5th'.** Richie Ginther (3.0 Cooper-Maserati V12 T81 F1-6-66), 80. UNC **'6th'.** Guy Ligier (3.0 Cooper-Maserati V12 T81 F1-4-66), 75.
PP – Jim Clark (2.0 Lotus-Climax V8 33 R11); FL – Bandini, 1;29.8, 78.35 mph.
Stewart duellierte sich mit Surtees bis zu dessen Differentialschaden und führte dann von der 14. Runde bis ins Ziel.

Von nun an sind alle Dreiliter, sofern nicht anders bezeichnet

13-6-66 BELGIAN GP,
Spa-Francorchamps – 28 laps, 245,36 miles
1. John Surtees (Ferrari V12 312 0010), 28 laps in 2:09;11.3, 113.39 mph. **2.** Jochen Rindt (Cooper-Maserati V12 T81 F1-3-66), 28 in 2:09;53.4. **3.** Lorenzo Bandini (2.4 Ferrari Dino V6 246 0006), 27. **4.** Jack Brabham (Repco-Brabham V8 BT19 F1-1-65), 26. **5.** Richie Ginther (Cooper-Maserati V12 T81 F1-6-66), 25. UNC **'6th'.** Guy Ligier (Cooper-Maserati V12 T81 F1-4-66), 24.
PP – Surtees, 3;38.0; FL – Surtees, 4;18.7, 121.93 mph.
Das Startfeld dezimierte sich stark durch viele Unfälle im strömenden Regen der ersten Runde. Rindt führte vor Surtees benzinpumpengestörtem Ferrari, bis 5 Runden vor Schluß der Cooper mit Diff.-Schaden langsamer werden mußte.

3-7-66 FRENCH GP,
Reims-Gueux – 48 laps, 247.58 miles
1. Jack Brabham (Repco-Brabham V8 BT19 F1-1-65), 48 laps in 1:48;31.3, 124.55 mph. **2.** Mike Parkes (Ferrari V12 312 0012), 48 in 1:48;40.8. **3.** Denny Hulme (Repco-Brabham V8 BT20 F1-2-66), 46. **4.** Jochen Rindt (Cooper-Maserati V12 T81 F1-3-66), 46. **5.** Dan Gurney (2.7 Eagle-Climax FPF T1G 101), 45. **6.** John Taylor (2.0 Brabham-BRM V8 BT11 F1-4-64), 45.
PP – Lorenzo Bandini (Ferrari V12 312 0010), 2;09.1; FL – Bandini, 2;11.3, 142.09 mph.
Bandinis Ferrari führte, bis in Runde 31 der Gaszug riß.

16-7-66 BRITISH GP,
Brands Hatch – 80 laps, 211.92 miles
1. Jack Brabham (Repco-Brabham V8 BT19 F1-1-65), 80 laps in 2:13;13.4, 95.48 mph. **2.** Denny Hulme (Repco-Brabham V8 BT20 F1-2-66), 80 in 2:13;23.0. **3** Graham Hill (1.9 BRM V8 P261 2616), 79. **4** Jim Clark (2.0 Lotus-Climax V8 33 R14), 79. **5** Jochen Rindt (Cooper-Maserati V12 T81 F-3-66), 79. **6** Bruce McLaren (McLaren-Serenissima V8 M2B M2B/2), 78.
PP – Brabham, 1;34.5; FL – Brabham, 1;37.0, 98.35 mph.
Brabhams Start-Ziel Sieg. Clarks Attacke war zu Ende, als er an der Box Bremsöl nachtanken mußte.

24-7-66 DUTCH GP,
Zandvoort – 90 laps, 234.54 miles
1. Jack Brabham (Repco-Brabham V8 BT19 F1-1-65), 90 laps in 2:20;32.5, 100.10 mph. **2.** Graham Hill (1.9 BRM V8 P261 2616), 89 laps. **3.** Jim Clark (2.0 Lotus-Climax V8 33 R14), 88. **4.** Jackie Stewart (1.9 BRM V8 P261 2614), 88. **5.** Mike Spence (1.9 Lotus-BRM V8 25 R13), 87. **6.** Lorenzo Bandini (Ferrari V12 312 0010), 87.
PP – Brabham, 1;28.1; FL – Denny Hulme (Repco-Brabham V8 BT20 F1-2-66), 1;30.6, 103.53 mph.
Ein schönes Duell zwischen den beiden Brabham und Clark war beendet, als der Lotus an die Box mußte um Wasser nachzutanken.

7-8-66 GERMAN GP,
Nürburgring – 15 laps, 212.69 miles
1. Jack Brabham (Repco-Brabham V8 BT19 F1-1-65), 15 laps in 2:27;03.0, 86.75 mph. **2.** John Surtees (Cooper-Maserati V12 T81 F1-6-66), 15 in 2:27;47.4. **3.** Jochen Rindt (Cooper-Maserati V12 T81 F1-3-66), 15. **4.** Graham Hill (1.9 BRM V8 P261 2616), 15. **5.** Jackie Stewart (1.9 BRM V8 P261 2614), 15. **6.** Lorenzo Bandini (Ferrari V12 312 0010), 15.
PP – Jim Clark (2.0 Lotus-Climax V8 33 R14), 8;16.5; FL – Surtees, 8;49.0, 96.45 mph.
Das lange Duell um die Spitze zwischen Brabham und Surtees war entschieden, als beim letzteren die Kupplung versagte.

4-9-66 ITALIAN GP,
Monza – 68 laps, 243.44 miles
1. Ludovico Scarfiotti (Ferrari V12 312 0011), 68 laps in 1:47;14.3, 135.93 mph. **2.** Mike Parkes (Ferrari V12 312 0012), 68 in 1:47;20.6. **3.** Denny Hulme (Repco-Brabham V8 BT20 F1-2-66), 68. **4.** Jochen Rindt (Cooper-Maserati V12 T81 F1-3-66), 67. **5.** Mike Spence (1.9 Lotus-BRM V8 25 R13), 67. **6.** Bob Anderson (2.7 Brabham-Climax FPF BT11 F1-5-64), 66.
PP – Parkes, 1;31.3; FL – Scarfiotti, 1;32.4, 139.19 mph.
Die Ferrari waren bei ihrem Heimat Grand Prix unschlagbar. Scarfiotti führte ab Runde 13. Die Ferrari verwendeten erstmals den neuen 36 Ventil V12 Motor. Der Honda wurde bei seinem Debutrennen als Totalschaden abgeschrieben.

17-9-66 International Gold Cup,
Oulton Park, GB – 40 laps, 110.44 miles
1. Jack Brabham (Repco-Brabham V8 BT19 F1-1-65), 40 laps in 1:06;14.2, 100.04 mph. **2.** Denny Hulme (Repco-Brabham V8 BT20 F1-2-66), 40 in 1:06;14.2. **3.** Jim Clark (2.0 Lotus-Climax V8 33 R14), 40. **4.** Innes Ireland (1.9 BRM V8 P261 2615), 40. **5.** Chris Lawrence (Cooper-Ferrari V12 Spl T71 F1-1-64), 38.
No other finishers.
PP – Brabham, 1;34.2; FL – Brabham & Hulme, 1;36.6, 102.89 mph.
Die BRM H16 waren sehr schnell und duellierten sich mit den Brabhams, bis beide durch technische Schäden ausfielen.

2-10-66 UNITED STATES GP,
Watkins Glen, NY – 108 laps, 248.40 miles
1. Jim Clark (Lotus-BRM H16 43 R1), 108 laps in 2:09;40.1, 114.94 mph. **2.** Jochen Rindt (Cooper-Maserati V12 T81 F1-3-66), 108 in 2:11;26.9. **3.** John Surtees (Cooper-Maserati V12 T81 F1-6-66), 107. **4.** Jo Siffert (Cooper-Maserati V12 T81 F1-2-66), 105. **5.** Bruce McLaren (McLaren-Ford Indy V8 M2B M2B/1), 105. **6.** Peter Arundell (2.0 Lotus-Climax V8 33 R14), 101.
PP – Jack Brabham (Repco-Brabham V8 BT20 F1-1-66), 1;08.48; FL – Surtees, 1;09.67, 118.85 mph.
Bandinis Ferrari und Brabham schieden aus, Surtees drehte sich bei einem Überholmanöver und verdarb alle Cooper Chancen. Clark gewann mit BRM's altgedientem Ersatzmotor. Es sollte der einzige Sieg für den H16 sein.

23-10-66 MEXICAN GP,
Mexico City – 65 laps, 201.93 miles
1. John Surtees (Cooper-Maserati V12 T81 F1-6-66), 65 laps in 2:06;35.34, 95.72 mph. **2.** Jack Brabham (Repco-Brabham V8 BT20 F1-1-66), 65 in 2:06.43.22. **3.** Denny Hulme (Repco-Brabham V8 BT20 F1-2-66), 64. **4.** Richie Ginther (Honda V12 RA273 F-102), 64. **5.** Dan Gurney (2.7 Eagle-Climax FPF T1G 101), 64. **6.** Jo Bonnier (Cooper-Maserati V12 T81 F1-5-66), 63.
PP – Surtees, 1;53.18; FL – Ginther, 1;53.75, 98.33 mph.
Ginthers Honda führte kurz, hatte aber keine Chance gegen Surtees Maserati V12 Motor. Rindt war lange Dritter im zweiten Cooper bis zu einem Aufhängungsschaden.

1967

2-1-67 SOUTH AFRICAN GP,
Kyalami – 80 laps, 203.52 miles
1. Pedro Rodriguez (Cooper-Maserati V12 T81 F1-6-66), 80 laps in 2:05;45.9, 97.10 mph. **2.** John Love (2.7 Cooper-Climax FPF T79 FL-1-65*), 80 in 2:06.12.3. **3.** John Surtees (Honda V12 RA273 F-102), 79. **4.** Denny Hulme (Repco-Brabham V8 BT20 F1-2-66), 78. **5.** Bob Anderson (2.7 Brabham-Climax FPF BT11 F1-5-64), 78. **6.** Jack Brabham (Repco-Brabham V8 BT20 F1-1-66), 76.
**FL Formula Libre (Tasman car)*
PP – Brabham, 1;28.3; FL – Hulme, 1;29.9, 101.88 mph.
Die Werks-Brabhams dominierten im Training, Hulme führte das Rennen lange an, bis er Bremsöl nachtankte. Love führte in seinem Privat-Tasmancooper, bis er 6 Runden vor Schluß nachtanken mußte, Rodriguez erwarb so einen weiteren Cooper-Sieg.

12-3-67 Race of Champions,
Brands Hatch, GB – 2 x 10-lap heats,
40-lap Final, 26.49 miles/105.98 miles
HEAT ONE: 1. Gurney; **2.** Surtees; **3.** Ginther; **4.** McLaren; **5.** Spence; **6.** Scarfiotti.
HEAT TWO: 1. Gurney; **2.** Ginther; **3.** Surtees; **4.** Scarfiotti; **5.** Rodriguez; **6.** McLaren.
FINAL:
1. Dan Gurney (Eagle-Weslake V12 T1G 102), 40 laps in 1:04;30.6, 98.66 mph. **2.** Lorenzo Bandini (Ferrari V12 312 0001), 40 in 1:04;31.0. **3.** Jo Siffert (Cooper-Maserati V12 T81 F1-2-66), 40. **4.** Pedro Rodriguez (Cooper-Maserati V12 T81 F1-6-66), 40. **5.** Ludovico Scarfiotti (Ferrari V12 312 0011), 40. **6.** Chris Irwin (2.1 Lotus-BRM V8 25 R13), 39.
PP – Heat One, Gurney, 1;32.2. Heat Two, Gurney (result of first heat), Final, Gurney (ditto). FL – Heat One, Gurney, 1;32.6, 103.02 mph. Heat Two, Gurney 1;32.6, 103.02 mph. Final, Jack Brabham (Repco-Brabham V8 BT20 F1-1-66), 1;34.4, 101.06 mph.

Gurney wurde im Hauptrennen zunächst hart von Brabham bedrängt bis zu einem losen Zündkabel an dessen Eigenbau. Dann war dem Amerikaner Bandini im neuen 24-Zündkerzen 36-Ventil 1967er Ferrari hart auf den Fersen.

15-4-67 Spring Trophy,
Oulton Park, GB – 2 x 10-lap heats, 30-lap Final, 27.61 miles/82.83 miles
HEAT ONE: **1.** Hulme. **2.** Surtees. **3.** Spence. **4.** Hill. **5.** McLaren. **6.** Oliver.
HEAT TWO: **1.** Hulme. **2.** Surtees. **3.** Brabham. **4.** Stewart. **5.** McLaren. **6.** Spence.
FINAL:
1. Jack Brabham (Repco-Brabham V8 BT20 F1-1-66), 30 laps in 47:21.4, 104.94 mph.
2. Denny Hulme (Repco-Brabham V8 BT20 F1-2-66), 30 in 47:21.8.
3. John Surtees (Honda V12 RA273 F-102), 30. **4.** Jack Oliver (1.6 Formula 2 Lotus-Cosworth 41B), 30. **5.** Bruce McLaren (2.1 McLaren-BRM V8 M4B M4B/1), 29. **6.** Mike Spence (BRM H16 P83 8302), 29.
PP – Heat One, Jackie Stewart (BRM H16 P83 8303), 1:32.2. Heat Two, Hulme (result of Heat One); Final, Hulme (ditto). FL – Heat One, Brabham, 1:32.4, 107.57 mph; Heat Two, Hulme/Spence 1:32.8, 107.11 mph; Final, Brabham/Hulme, 1:33.4, 106.42 mph.
Die Brabhams dominierten in dieser Wohltätigkeitsveranstaltung. Stewart konnte seine Trainingszeit im BRM H16 nicht wiederholen und verunglückte im Finale als er auf dem vierten Platz lag.

29-4-67 BRDC International Trophy,
Silverstone, GB – 52 laps, 152.20 miles
1. Mike Parkes (Ferrari V12 312 0012), 52 laps in 1:19:39.2, 114.65 mph.
2. Jack Brabham (Repco-Brabham V8 BT20 F1-1-66), 52 in 1:19:56.8.
3. Jo Siffert (Cooper-Maserati V12 T81 F1-2-66), 52. **4.** Graham Hill (2.1 Lotus-BRM V8 33 R11), 51. **5.** Bruce McLaren (2.1 McLaren-BRM V8 M4B M4B/1), 51. **6.** Mike Spence (2.1 BRM V8 P261 2614), 50.
PP – Jackie Stewart (BRM H16 P83 8303), 1:27.8; FL – Hill, 1:30.0, 117.08 mph.
Nur 12 Autos am Start und ein Start-Ziel Sieg von Parkes.

7-5-67 MONACO GP,
Monte Carlo – 100 laps, 195.41 miles
1. Denny Hulme (Repco-Brabham V8 BT20 F1-2-66), 100 laps in 2:34:34.3, 76.69 mph.
2. Graham Hill (2.1 Lotus-BRM V8 33 R11), 99 laps.
3. Chris Amon (Ferrari V12 312 0003), 98. **4.** Bruce McLaren (2.1 McLaren-BRM V8 M4B M4B/1), 97. **5.** Pedro Rodriguez (Cooper-Maserati V12 T81 F1-6-66), 96. **6.** Mike Spence (BRM H16 P83 8302), 96.
PP – Jack Brabham (Repco-Brabham V8 BT19 F1-1-65), 1:27.6.
FL – Jim Clark (2.0 Lotus-Climax V8 33 R14), 1:29.5, 78.60 mph.
Stewarts 2,1 Liter BRM führte kurz, aber Hulme dominierte. Beim Versuch auf Hulme aufzuschließen, erlitt Bandini einen tödlichen Unfall.

21-5-67 Syracuse GP,
Sicily, I – 56 laps, 194.77 miles
1. *DEAD-HEAT* – Mike Parkes (Ferrari V12 312 0012) and Ludovico Scarfiotti (Ferrari 312 V12 0011), 56 laps in 1:40:58.4, 113.73 mph.
3. Jo Siffert (Cooper-Maserati V12 T81 F1-2-66), 54. **4.** Chris Irwin (2.1 Lotus-BRM V8 25 R13), 53. **5.** Jo Bonnier (Cooper-Maserati V12 T81 F1-5-66), 53.
No other finishers.
PP – Parkes, 1:41.6. FL – Scarfiotti, 1:41.0, 121.82 mph.
Bei nur 7 Startern inszenierten die Ferraris eine zeitgleiche Zieldurchfahrt.

4-6-67 DUTCH GP,
Zandvoort – 90 laps, 234.45 miles
1. Jim Clark (Lotus-Cosworth V8 49 R2), 90 laps in 2:14:45.1, 104.49 mph.
2. Jack Brabham (Repco-Brabham V8 BT19 F1-1-65), 90 in 2:15:08.7.
3. Denny Hulme (Repco-Brabham V8 BT20 F1-2-66), 90. **4.** Chris Amon (Ferrari V12 312 0003), 90. **5.** Mike Parkes (Ferrari V12 312 0012), 89. **6.** Ludovico Scarfiotti (Ferrari V12 312 0005), 89.
PP – Graham Hill (Lotus-Cosworth V8 49 R1), 1:24.6; FL – Clark, 1:28.08, 106.49 mph.
Der Ford Cosworth DFV8 Motor debütierte im Lotus 49 und gewann auf Anhieb mit Clark. Hill führte für 10 Runden im zweiten Lotus, ehe der Nockenwellenantrieb versagte.

18-6-67 BELGIAN GP,
Spa-Francorchamps – 28 laps, 245.36 miles
1. Dan Gurney (Eagle-Weslake V12 T1G 104), 28 laps in 1:40:49.4, 145.74 mph.
2. Jackie Stewart (BRM H16 P83 8303), 28 in 1:41:52.4.
3. Chris Amon (Ferrari V12 312 0003), 28. **4.** Jochen Rindt (Cooper-Maserati V12 T81B F1-1-67), 28. **5.** Mike Spence (BRM H16 P83 8302), 27. **6.** Jim Clark (Lotus-Cosworth V8 49 R2), 27.
PP – Clark, 3:28.1; FL – Gurney, 3:31.9, 148.85 mph.
Clark führte 12 Runden bis er Schwierigkeiten mit den Zündkerzen bekam, dann führte Stewarts BRM H16 bis Runde 20 mit starken Getriebeproblemen. Gurney gewann mit dem Eagle trotz mangelndem Benzindruck.

1-7-67 FRENCH GP,
Circuit Bugatti, Le Mans – 80 laps, 219.20 miles
1. Jack Brabham (Repco-Brabham V8 BT24/1), 80 laps in 2:13:21.3, 98.90 mph.
2. Denny Hulme (Repco-Brabham V8 BT24/2), 80 in 2:14:20.8.
3. Jackie Stewart (2.1 BRM V8 P261 2614), 79. **4.** Jo Siffert (Cooper-Maserati V12 T81 F1-2-66), 77. **5.** Chris Irwin (BRM H16 P83 8302), 76. **6.** Pedro Rodriguez (Cooper-Maserati V12 T81 F1-6-66), 76.
PP – Graham Hill (Lotus-Cosworth V8 49 R1), 1:36.2; FL – Hill, 1:36.7, 102.30 mph.
Die Lotus 49 dominierten kurz, bis der Achsantrieb versagte.

15-7-67 BRITISH GP,
Silverstone – 80 laps, 234.17 miles
1. Jim Clark (Lotus-Cosworth V8 49 R2), 80 laps in 1:59:25.6, 117.64 mph.
2. Denny Hulme (Repco-Brabham V8 BT24/2), 80 in 1:59:38.4.
3. Chris Amon (Ferrari V12 312 0003), 80. **4.** Jack Brabham (Repco-Brabham V8 BT24/1), 80. **5.** Pedro Rodriguez (Cooper-Maserati V12 T81 F1-6-66), 79. **6.** John Surtees (Honda V12 RA273 F-102), 78.
PP – Clark, 1:25.3; FL – Hulme, 1:27.0, 121.12 mph.
Wieder war alles fest in Lotushand. Hill führte sogar im, nach einem Trainingsunfall über Nacht aufgebauten Ersatzauto, bis ein Hinterachsbolzen verlorenging.

6-8-67 GERMAN GP,
Nürburgring – 15 laps, 212.60 miles
1. Denny Hulme (Repco-Brabham V8 BT24/2), 15 laps in 2:05:55.7, 101.47 mph.
2. Jack Brabham (Repco-Brabham V8 BT24/1), 15 in 2:06:34.8.
3. Chris Amon (Ferrari V12 312 0005), 15. **4.** John Surtees (Honda V12 RA273 F-102), 15. **5.** Jo Bonnier (Cooper-Maserati V12 T81 F-5-66), 15. **6.** Guy Ligier (Repco-Brabham V8 BT20 F1-2-66), 14.
PP – Jim Clark (Lotus-Cosworth V8 49 R2), 8:04.1; FL – Dan Gurney (Eagle-Weslake V12 T1G 104), 8:15.1, 103.15 mph.
Clarks Lotus führte bis zum Aufhängungsschaden, dann Gurneys Eagle bis zum Antriebswellenschaden zwei Runden vor Schluß.

27-8-67 CANADIAN GP,
Mosport Park, Ontario – 90 laps, 220.50 miles
1. Jack Brabham (Repco-Brabham V8 BT24/1), 90 laps in 2:40:40.0, 82.65 mph.
2. Denny Hulme (Repco-Brabham V8 BT24/2), 90 in 2:41:41.9.
3. Dan Gurney (Eagle-Weslake V12 T1G 103), 89. **4.** Graham Hill (Lotus-Cosworth V8 49 R3), 88. **5.** Mike Spence (BRM H16 P83 8302), 87. **6.** Chris Amon (Ferrari V12 312 0005), 87.
PP – Jim Clark (Lotus-Cosworth V8 49 R2), 1:22.4; FL – Clark, 1:23.1, 106.53 mph.
Regenrennen. Clark übernahm die Spitze von Hulme bis seine Zündung förmlich wegschwamm. Einem weiteren Brabham Doppelsieg stand nichts entgegen. McLaren debütierte mit dem neuen M5A und dem BRM V12 Motor.

10-9-67 ITALIAN GP,
Monza – 68 laps, 243.44 miles
1. John Surtees (Honda V12 RA300 RA-300/1), 68 laps in 1:43:45.0, 140.50 mph.
2. Jack Brabham (Repco-Brabham V8 BT24/1), 68 in 1:43:45.2.
3. Jim Clark (Lotus-Cosworth V8 49 R2), 68. **4.** Jochen Rindt (Cooper-Maserati V12 T86 F1-2-67), 68. **5.** Mike Spence (BRM H16 P83 8302), 67. **6.** Jacky Ickx (Cooper-Maserati V12 T81B F1-1-67), 66.
PP – Clark, 1:28.5; FL – Clark, 1:28.5, 145.35 mph.
Sensationelles Rennen. Clark führte bis zum Reifenschaden, dann Hill bis zum Motorschaden, dann wieder Clark, der nach Boxenstop eine ganze Runde aufgeholt hatte. Clarks Motorschaden in der letzten Runde hatte ein Seite-an-Seite Rennen zwischen Surtees und Brabham bis über die Ziellinie zur Folge.

16-9-67 International Gold Cup,
Oulton Park, GB – 45 laps, 124.25 miles
1. Jack Brabham (Repco-Brabham V8 BT24/1), 45 laps in 1:10:07.0, 106.37 mph.
No other F1 finishers in first six – all 1.6-litre F2 cars.
PP – Brabham, 1:30.6. FL – 1:31.6, 108.51 mph.
Unter den ersten 6 waren außer Brabham nur noch 1,6 Liter F2 Renner bei diesem bedeutungslosen Rennen.

1-10-67 UNITED STATES GP,
Watkins Glen, NY – 108 laps, 249.40 miles
1. Jim Clark (Lotus-Cosworth V8 49 R2), 108 laps in 2:03:13.2, 120.95 mph.
2. Graham Hill (Lotus-Cosworth V8 49 R3), 108 in 2:03:19.5.
3. Denny Hulme (Repco-Brabham V8 BT24/2), 107. **4.** Jo Siffert (Cooper-Maserati V12 T81 F1-2-66), 106. **5.** Jack Brabham (Repco-Brabham V8 BT24/1), 104. **6.** Jo Bonnier (Cooper-Maserati V12 T81 F1-5-66), 101.
PP – Hill, 1:05.48; FL – Hill, 1:06.0, 125.46 mph.
Ein bildschöner Lotus Doppelsieg war zum Schluß noch in Gefahr als Hills Kupplung versagte und Clarks Hinterachsaufhängung teilweise zerbrach. Amons Ferrari überholte Hill bis der Öldruck zusammenbrach, und Clark ins Ziel humpeln konnte.

2-10-67 MEXICAN GP,
Mexico City – 65 laps, 201.95 miles
1. Jim Clark (Lotus-Cosworth V8 49 R1), 65 laps in 1:59:28.70, 101.42 mph.
2. Jack Brabham (Repco-Brabham V8 BT24/1), 65 in 2:00:54.06.
3. Denny Hulme (Repco-Brabham V8 BT24/2), 64. **4.** John Surtees (Honda V12 RA 300 RA-300/1), 63. **5.** Mike Spence (BRM H16 P83 8302), 63. **6.** Pedro Rodriguez (Cooper-Maserati V12 T81B F1-1-67), 63.
PP – Clark, 1:47.56; FL – Clark, 1:48.13, 103.44 mph.
Clark führte von Runde drei an unangefochten.

12-11-67 Spanish GP,
Jarama, Madrid – 90 laps, 190.35 miles
1. Jim Clark (Lotus-Cosworth V8 49 R1), 60 laps in 1:31:10.4, 83.60 mph.
2. Graham Hill (Lotus-Cosworth V8 49 R2), 60 in 1:31:25.6.
3. Jack Brabham (Repco-Brabham V8 BT19 F1-1-65), 60.
No other F1 finishers in first six – all 1.6-litre Formula 2 cars.
PP – Clark, 1:28.2. FL – Clark, 1:28.8, 86.40 mph.
Nur 4 F1 Autos starteten unter zahlreichen F2. De Adamichs Ferrari schied aus und Brabham hatte keine Chance gegen Lotus.

1968

1-1-68 SOUTH AFRICAN GP,
Kyalami – 80 laps, 203.52 miles
1. Jim Clark (Lotus-Cosworth V8 49 R4), 80 laps in 1:53:56.6, 107.42 mph.
2. Graham Hill (Lotus-Cosworth V8 49 R3), 80 in 1:54:21.9.
3. Jochen Rindt (Repco-Brabham V8 BT24/2), 80. **4.** Chris Amon (Ferrari V12 312 0007), 78. **5.** Denny Hulme (McLaren-BRM V12 M5A/1), 78. **6.** Jean-Pierre Beltoise (1.6 Matra-Cosworth FVA MS7-03*), 77.
Ballasted Formula 2 car complying with Formula 1 regulations.
PP – Clark, 1:21.6; FL – Clark, 1:23.7, 109.68 mph.
Jim Clarks 25. Grand Prix Sieg brach Fangios Rekord und die große Cosworth Aera dämmerte heran. Neben Lotus war der Motor jetzt auch im Tyrrell-Matra eingebaut. Clark führte von der zweiten Runde ab.

17-3-68 Race of Champions,
Brands Hatch, GB – 50 laps, 132.45 miles
1. Bruce McLaren (McLaren-Cosworth V8 M7A/1), 50 laps in 1:18:53.4, 100.77 mph.
2. Pedro Rodriguez (BRM V12 P133 133-01), 50 in 1:19:07.6.
3. Denny Hulme (McLaren-Cosworth V8 M7A/2), 50. **4.** Chris Amon (Ferrari V12 312 0007), 50. **5.** Brian Redman (Cooper-BRM V12 T86B F1-1-68), 50. **6.** Jackie Stewart (Matra-Cosworth V8 MS10-01), 49.
PP – McLaren, 1:30.0; FL – McLaren, 1:31.6, 104.15 mph.
McLaren erzielte ersten Start-Ziel Sieg im Cosworth angetriebenen M7A. Auch die BRM V12 waren sehr schnell.

25-4-68 BRDC International Trophy,
Silverstone, GB – 52 laps, 154.49 miles
1. Denny Hulme (McLaren-Cosworth V8 M7A/2), 52 laps, 1:14:44.8, 122.17 mph.
2. Bruce McLaren (McLaren-Cosworth V8 M7A/1) 52 in 1:14:55.7.
3. Chris Amon (Ferrari V12 312 0007), 52. **4.** Jacky Ickx (Ferrari V12 312 0009), 52. **5.** Piers Courage (BRM V12 P126 126-01), 51. **6.** David Hobbs (BRM V12 P261 Spl 2615), 50.
PP – Hulme, 1:24.3; FL – Amon, 1:25.1, 123.82 mph.
Die neuen McLaren dominierten wieder.

12-5-68 SPANISH GP,
Jarama, Madrid – 90 laps, 190.35 miles
1. Graham Hill (Lotus-Cosworth V8 49 R1), 90 laps in 2:15:20.1, 84.41 mph.
2. Denny Hulme (McLaren-Cosworth V8 M7A/2), 90 in 2:15:36.0.
3. Brian Redman (Cooper-BRM V12 T86B F1-1-68), 89. **4.** Ludovico Scarfiotti (Cooper-BRM V12 T86B F1-2-68), 89. **5.** Jean-Pierre Beltoise (Matra-Cosworth V8 MS10-01), 81.
No other finishers.
PP – Chris Amon (Ferrari V12 312 0007), 1:27.9; FL – Beltoise, 1:28.3, 86.25 mph.
Beltoise führte im Matra bis zu einem Öltankleck. Dann Amons Ferrari bis zur 52. Runde und einem Ölpumpenschaden. Hulme wurde durch Gase im Cockpit gebremst.

26-5-68 MONACO GP,
Monte Carlo – 80 laps, 155.33 miles
1. Graham Hill (Lotus-Cosworth V8 49B R5), 80 laps in 2:00:32.3, 77.82 mph.
2. Richard Attwood (BRM V12 P126 126-03), 80 in 2:00:34.5.
3. Lucien Bianchi (Cooper-BRM V12 T86B F1-1-68), 76. **4.** Ludovico Scarfiotti (Cooper-BRM V12 T86B F1-2-68), 76. **5.** Denny Hulme (McLaren-Cosworth V8 M7A/2), 73.
No other finishers.
PP – Hill, 1:28.2; FL – Attwood, 1:28.1, 79.86 mph.
Bei Stewarts Abwesenheit führte Servoz-Gavins Tyrrell Matra die erste Runde und touchierte eine Leitplanke. Debutsieg des Lotus 49B.

9-6-68 BELGIAN GP,
Spa-Francorchamps – 28 laps, 245.32 miles
1. Bruce McLaren (McLaren-Cosworth V8 M7A/3), 28 laps in 1:40:02.1, 147.14 mph.
2. Pedro Rodriguez (BRM V12 P133 133-01), 28 in 1:40:14.2.
3. Jacky Ickx (Ferrari V12 312 0003), 28. **4.** Jackie Stewart (Matra-Cosworth V8 MS10-01), 27. **5.** Jack Oliver (Lotus-Cosworth V8 49B R6), 26. **6.** Lucien Bianchi (Cooper-BRM V12 T86B F1-1-68), 26.
PP – Chris Amon (Ferrari V12 312 0007), 3:28.6; FL – John Surtees (Honda V12 RA301 F-801), 3:30.5, 149.83 mph.
Ferrari und Brabham montierten erstmals Flügel. Amon und Surtees kämpften so lange, bis den Ferrari-Kühler ein Stein traf. In Runde 10 versagte das Honda Chassis und die Spitze lag beim Hulme/Stewart Duett, bis Hulme zurückfiel. Stewart ging in der letzten Runde das Benzin aus. McLaren bekam den Sieg geschenkt.

23-6-68 DUTCH GP,
Zandvoort – 90 laps, 234.45 miles
1. Jackie Stewart (Matra-Cosworth V8 MS10-02), 90 laps in 2:46:11.26, 84.66 mph.
2. Jean-Pierre Beltoise (Matra V12 MS11-01), 90 laps, 2:47:45.19.
3. Pedro Rodriguez (BRM V12 P133 133-01), 89. **4.** Jacky Ickx (Ferrari V12 312 0009), 88. **5.** Silvio Moser (Repco-Brabham V8 BT20 F1-2-66), 87. **6.** Chris Amon (Ferrari V12 312 0009), 85.
PP – Amon, 1:23.54; FL – Beltoise, 1:45.91, 87.56 mph.
In der 4. Runde übernahm Stewart die Spitze von Hill und überrundete das ganze Feld in strömendem Regen. Ein klarer Triumph der Dunlop Regenreifen der Matras.

7-7-68 FRENCH GP,
Rouen-les-Essarts – 60 laps, 243.89 miles
1. Jacky Ickx (Ferrari V12 312 0009), 60 laps in 2:25:40.9, 100.45 mph.
2. John Surtees (Honda V12 RA301 F-801), 60 in 2:27:39.5.
3. Jackie Stewart (Matra-Cosworth V8 MS10-02), 59. **4.** Vic Elford (Cooper-BRM V12 T86B F1-4-68), 58. **5.** Denny Hulme (McLaren-Cosworth V8 M7A/2), 58. **6.** Piers Courage (BRM V12 P126 126-01), 57.
PP – Jochen Rindt (Repco-Brabham V8 BT26/2), 1:56.1; FL – Pedro Rodriguez (BRM V12 P133 133-01), 2:11.5, 111.28 mph.
Wieder ein Regenrennen und diesmal ein ungefährdeter Ickx auf Firestone Regenreifen. Leider verunglückte Jo Schlesser auf dem neuen luftgekühlten Honda tödlich.

20-7-68 BRITISH GP,
Brands Hatch – 80 laps, 211.95 miles
1. Jo Siffert (Lotus-Cosworth V8 49B R7), 80 laps in 2:01:20.3, 104.83 mph.
2. Chris Amon (Ferrari V12 312 0011), 80 in 2:01:24.7.
3. Jacky Ickx (Ferrari V12 312 0009), 79. **4.** Denny Hulme (McLaren-Cosworth M7A/2), 79. **5.** John Surtees (Honda V12 RA301 F-801), 78. **6.** Jackie Stewart (Matra-Cosworth V8 MS10-02), 77.
PP – Graham Hill (Lotus-Cosworth V8 49B R5), 1:28.9; FL – Siffert, 1:29.7, 106.35 mph.
Die Lotus 49B dominierten. Erst Hill, dann Oliver und schließlich Siffert im privaten Rob Walker Auto.

4-8-68 GERMAN GP,
Nürburgring – 14 laps, 198.64 miles
1. Jackie Stewart (Matra-Cosworth V8 MS10-02), 14 laps in 2:19:03.2, 86.86 mph.
2. Graham Hill (Lotus-Cosworth V8 49B R5), 14 in 2:23:06.4.
3. Jochen Rindt (Repco-Brabham V8 BT26/2), 14. **4.** Jacky Ickx (Ferrari V12 312 0015), 14. **5.** Jack Brabham (Repco-Brabham V8 BT26/1), 14. **6.** Pedro Rodriguez (BRM V12 P133 133-01), 14.
PP – Ickx, 9:04.0; FL – Stewart, 9:36.0, 88.67 mph.
Jenes berühmt-berüchtigte Regen-Nebelrennen. Stewart dominierte mit dem Dunlop bereiften Matra total und gewann mit Riesenvorsprung.

17-8-68 International Gold Cup,
Oulton Park, GB – 40 laps, 110.44 miles
1. Jackie Stewart (Matra-Cosworth V8 MS10-02), 40 laps in 1:00:39.0, 109.29 mph.
2. Chris Amon (Ferrari V12 312 0011), 40 in 1:00:43.6.
3. Jack Oliver (Lotus-Cosworth V8 49B R2), 40. **4.** Pedro Rodriguez (BRM V12 P126 126-03), 39. UNC **'5th'**. Tony Lanfranchi (2.1 BRM V8 P261 2614), 34. UNC **'6th'**. David Hobbs (BRM V12 Spl P261 2615), 34.
PP – Graham Hill (Lotus-Cosworth V8 49B R5), 1:29.2; FL – Stewart and Amon, 1:30.0, 110.44 mph.
Stewarts Start-Ziel Sieg

8-9-68 ITALIAN GP,
Monza – 68 laps, 242.95 miles
1. Denny Hulme (McLaren-Cosworth V8 M7A/2), 68 laps in 1:40:14.8, 145.41 mph.
2. Johnny Servoz-Gavin (Matra-Cosworth V8 MS10-02), 68 in 1:41:43.2.
3. Jacky Ickx (Ferrari V12 312 0015), 68. **4.** Piers Courage (BRM V12 P126 126-01), 67. **5.** Jean-Pierre Beltoise (Matra V12 MS11-02), 66. **6.** Jo Bonnier (McLaren-BRM V12 M5A/1), 64.
PP – John Surtees (Honda V12 RA301 F-801), 1:26.07; FL – Ickx, 1:26.6, 148.52 mph.
Nur sechs von 20 kommen in diesem Windschattenrennen ins Ziel. Surtees Honda dominiert das Training, die McLaren sind mit neuen Goodyear Reifen wettbewerbsfähiger, Amon verunglückt auf Ölspur. McLaren und Siffert setzen sich gut in Szene.

22-9-68 CANADIAN GP,
Ste Jovite-Mont Tremblant – 90 laps, 238.50 miles
1. Denny Hulme (McLaren-Cosworth V8 M7A/2), 90 laps in 2:27:11.2, 96.96 mph.
2. Bruce McLaren (McLaren-Cosworth V8 M7A/1), 89 laps.
3. Pedro Rodriguez (BRM V12 P133 133-01), 88. **4.** Graham Hill (Lotus-Cosworth V8 49B R6), 86. **5.** Vic Elford (Cooper-BRM V12 T86B F1-4-68), 86. **6.** Jackie Stewart (Matra-Cosworth V8 MS10-01), 83.
PP – Jochen Rindt (Repco-Brabham V8 BT26/3), 1:33.8; FL – Jo Siffert (Lotus-Cosworth V8 49B R7), 1:35.1, 100.32 mph.
Der unglückliche Amon fuhr dieselbe Trainingsbestzeit wie Rindt. Er dominierte das Rennen trotz eines Kupplungsdefektes und konnte die Angriffe von Rindt und Siffert bis zu deren Ausfall abwehren, nur um in Runde 72 mit Achsantriebsschaden liegen zu bleiben. Dem McLaren Doppelsieg stand nichts mehr im Wege.

6-10-68 UNITED STATES GP,
Watkins Glen, NY – 108 laps, 248.40 miles
1. Jackie Stewart (Matra-Cosworth V8 MS10-02), 108 laps in 1:59:20.29, 124.89 mph.
2. Graham Hill (Lotus-Cosworth V8 49B R6), 108 in 1:59:44.97
3. John Surtees (Honda RA301 F-801), 107. **4.** Dan Gurney (McLaren-Cosworth V8 M7A/3), 107. **5.** Jo Siffert (Lotus-Cosworth V8 49B R7), 105. **6.** Bruce McLaren (McLaren-Cosworth V8 M7A/1), 103.
PP – Mario Andretti (Lotus-Cosworth V8 49B R5), 1:04.20; FL – Stewart, 1:05.22, 126.96 mph.
Die Trainingssensation ist Andrettis Bestzeit bei seinem Lotusdebut. Aber Stewart überholt ihn noch in der ersten Runde und gewann.

3-11-68 MEXICAN GP,
Mexico City – 65 laps, 201.94 miles
1. Graham Hill (Lotus-Cosworth V8 49B R6), 65 laps in 1:56:43.95, 103.80 mph.
2. Bruce McLaren (McLaren-Cosworth V8 M7A/1), 65 in 1:58:03.27
3. Jack Oliver (Lotus-Cosworth V8 49B R5), 65. **4.** Pedro Rodriguez (BRM V12 P133 133-01), 65. **5.** Jo Bonnier (Honda V12 RA301 F-802), 64. **6.** Jo Siffert (Lotus-Cosworth V8 49B R7), 64.
PP – Siffert, 1:45.22; FL – Siffert, 1:44.23, 107.26 mph.
Stewarts Matra verlor das Duell gegen Hills Lotus um den Weltmeistertitel während der dritte mögliche Meister, nämlich Hulme, mit dem eilig nach dem USA-Unfall wieder aufgebauten McLaren rausflog. Sifferts superschneller Lotus wurde durch einen Boxenstop zurückgeworfen.

1969

1-3-69 SOUTH AFRICAN GP,
Kyalami – 80 laps, 203.52 miles
1. Jackie Stewart (Matra-Cosworth V8 MS10-02), 80 laps in 1:50:39.1, 110.62 mph.
2. Graham Hill (Lotus-Cosworth V8 49B R6), 80 in 1:50:57.9
3. Denny Hulme (McLaren-Cosworth V8 M7A/2), 80. **4.** Jo Siffert (Lotus-Cosworth V8 49B R7), 80. **5.** Bruce McLaren (McLaren-Cosworth V8 M7A/3), 79. **6.** Jean-Pierre Beltoise (Matra-Cosworth V8 MS10-01), 78.
PP – Jack Brabham (Brabham-Cosworth V8 BT26A/2), 1:20.0; FL – Stewart, 1:21.6, 112.50 mph.
Stewarts doppelbeflügelter Matra führte vom Start zum Ziel. Brabhams neuer Cosworth getriebener BT26A war Trainingsschnellster und zweiter im Rennen. An beiden Brabham aber brachen zum Schluß die Flügel.

Von hier an werden nur noch Nicht-Cosworth getriebene Renner detailliert.

16-3-69 Race of Champions,
Brands Hatch, GB – 50 laps, 132.50 miles
1. Jackie Stewart (Matra MS80-01), 50 laps in 1:13:10.4, 108.65 mph.
2. Graham Hill (Lotus 49B R6), 50 in 1:13: 17.4
3. Denny Hulme (McLaren M7A/2), 50. **4.** Jo Siffert (Lotus 49B R7), 50. **5.** Jack Oliver (BRM V12 P133 133-01), 48. **6.** Pete Lovely (Lotus 49B R11), 46.
PP – Hill, 1:28.2; FL – Jochen Rindt (Lotus 49B R9), 1:26.8, 109.91 mph.
Bei nur 12 Startern war Stewart im neuen MS80 wieder dominant.

30-3-69 BRDC International Trophy,
Silverstone, GB – 52 laps, 154.49 miles
1. Jack Brabham (Brabham BT26A/2), 52 laps in 1:25:20.8, 107.00 mph.
2. Jochen Rindt (Lotus 49B R9), 52 in 1:25:23.0.
3. Jackie Stewart (Matra MS10-02), 52. **4.** Jacky Ickx (Brabham BT26A/3), 52. **5.** Piers Courage (Brabham BT26 Spl BT26/1), 51. **6.** Bruce McLaren (McLaren M7C 'M7A/4'), 51.
PP – Stewart (driving Matra MS80-01, took spare MS10 for race, starting from tail of grid), 1:20.9; FL – Rindt, 1:30.6, 116.30 mph.
Brabhams Start-Ziel Sieg mit Doppelflügeln. Stewart fährt im Rennen den MS10, weil im schlechten Wetter die notwendigen Felgen nur für diesen zur Verfügung stehen. In der letzten Runde schließt Rindt noch dicht auf den Brabham auf, dem fast das Benzin ausgeht.

13-4-69 Madrid GP,
Jarama, E – 40 laps, 84.63 miles
1. Keith Holland (Lola-Chevrolet V8 T142 Formula 5000), 40 laps in 1:03:29.8, 80.0 mph.
2. Tony Dean (BRM V12 P261 Spl 2615), 39 laps.
3. Jock Russell (Lotus-Ford V8 43 Spl R1 Formula 5000), 38. **4.** Neil Corner (Cooper-Maserati V12 T86 F1-2-67), 38.
No other serious finishers.
PP – Peter Gethin (McLaren-Chevrolet V8 M10A Formula 5000), 1:31.9; FL (F1) – Dean, 1:34.2, 83.78 mph.
Wohl das unbedeutendste aller Formel 1 Rennen je abgehalten.

4-5-69 SPANISH GP,
Montjuich Pk, Barcelona – 90 laps, 211.98 miles
1. Jackie Stewart (Matra MS80-01), 90 laps in 2:16:53.99, 93.89 mph.
2. Bruce McLaren (McLaren M7C 'M7A/4'), 88 in 2:17:40.0.
3. Jean-Pierre Beltoise (Matra MS80-02), 87. **4.** Denny Hulme (McLaren M7A/2), 87. **5.** John Surtees (BRM V12 P138 138-01), 84. **'6'.** Jacky Ickx (Brabham BT26A/3), 83.
PP – Jochen Rindt (Lotus 49B R9), 1:25.7; FL – Rindt, 1:28.3, 96.03 mph.
Die beflügelten Lotus dominierten zwar, aber verunglückten beide durch gebrochene Flügel. Amon führte bis Runde 56, als der Motor versagte. Stewart siegte leicht. Ickxs Brabham war lange zweiter, ehe der Flügel brach, dann nach einem Stop dritter bis zum Aufhängungsschaden 5 Runden vor Schluß.

18-5-69 MONACO GP,
Monte Carlo – 80 laps, 155.33 miles
1. Graham Hill (Lotus-Cosworth V8 49B R10), 80 laps in 1:56:59.4, 80.18 mph.
2. Piers Courage (Brabham BT26 Spl BT26/1), 80 in 1:57:16.7.
3. Jo Siffert (Lotus 49B R7), 80. **4.** Richard Attwood (Lotus 49B R8), 80. **5.** Bruce McLaren (McLaren M7C 'M7A/4'), 79. **6.** Denny Hulme (McLaren M7A/2), 78.
PP – Jackie Stewart (Matra MS80-02), 1:24.6; FL – Stewart, 1:25.1, 82.67 mph.
Die CSI verbot im Training alle hohen Flügel. Im Rennen führten sowohl Stewart als auch Amon, doch beide schieden aus.

21-6-69 DUTCH GP,
Zandvoort – 90 laps, 234.45 miles
1. Jackie Stewart (Matra MS80-02), 90 laps in 2:06:42.08, 111.04 mph.
2. Jo Siffert (Lotus 49B R7), 90 in 2:07:06.60.
3. Chris Amon (Ferrari V12 312 0019), 90. **4.** Denny Hulme (McLaren M7A/2), 90. **5.** Jacky Ickx (Brabham BT26A/3), 90. **6.** Jack Brabham (Brabham BT26A/2), 90.
PP – Jochen Rindt (Lotus 49B R6), 1:20.85; FL – Stewart, 1:22.94, 113.08 mph.
Zuerst führte Hill, bis das Handling des Lotus sich verschlechterte, dann Rindt bis ein Universalgelenk brach.

6-7-69 FRENCH GP,
Clermont-Ferrand – 38 laps, 190.19 miles
1. Jackie Stewart (Matra MS80-02), 38 laps in 1:56:47.4, 97.71 mph.
2. Jean-Pierre Beltoise (Matra MS80-01), 38 in 1:57:44.5.
3. Jacky Ickx (Brabham BT26A/3), 38. **4.** Bruce McLaren (McLaren M7C 'M7A/4'), 37. **5.** Vic Elford (McLaren M7A/3), 37. **6.** Graham Hill (Lotus 49B R10), 37.
PP – Stewart, 3:00.6; FL – Stewart, 3:02.7, 98.62.
Alles war fest in Stewarts Hand. Nach langem Duell mit Ickx vervollständigte Beltoise den Doppelsieg für Matra.

19-7-69 BRITISH GP,
Silverstone – 84 laps, 245.96 miles
1. Jackie Stewart (Matra MS80-01), 84 laps, 1:55:55.6, 127.25 mph.
2. Jacky Ickx (Brabham BT26A/4), 83 in 1:56:36.1.
3. Bruce McLaren (McLaren M7C 'M7A/4'), 83. **4.** Jochen Rindt (Lotus 49B R6), 83. **5.** Piers Courage (Brabham BT26 Spl BT26/1), 83. **6.** Vic Elford (McLaren M7A/3), 82.
PP – Rindt, 1:20.8; FL – Stewart, 1:21.3, 129.61 mph.
Großes Rindt/Stewart Duell bis Runde 62. Dann schnitt sich der Flügel des Lotus in den Reifen und erzwang einen Boxenstop. Ickx rollte ohne Benzin über die Ziellinie.

3-8-69 GERMAN GP,
Nürburgring – 14 laps, 198.64 miles
1. Jacky Ickx (Brabham BT26A/4), 14 laps in 1:49:55.4, 108.43 mph.
2. Jackie Stewart (Matra MS80-02), 14 in 1:50:53.1.
3. Bruce McLaren (McLaren M7C 'M7A/4'), 14. **4.** Graham Hill (Lotus 49B R10), 14. **5.** Jo Siffert (Lotus 49B R7), 12. **6.** Jean-Pierre Beltoise (Matra MS80-01), 12.
PP – Ickx, 7:42.1; FL – Ickx, 7:43.8, 110.13 mph.
Nach langsamem Start brach Ickx den Rundenrekord und überholte Stewart, der danach alle Gänge bis auf den dritten verlor. Nur 4 F1 kamen ins Ziel. Siffert wurde gewertet, obwohl er wegen einem Unfall das Ziel nicht erreichte. Auch Beltoise blieb mit einem Aufhängungsschaden liegen.

16-8-69 International Gold Cup,
Oulton Park, GB – 40 laps, 110.44 miles
1. Jacky Ickx (Brabham BT26A/3), 1:00:28.6, 109.57 mph.
2. Jochen Rindt (Lotus 63 [4WD] R1), 40 in 1:01:50.8.
3. Andrea de Adamich (Surtees-Chevrolet TS5 Formula 5000), 39. **4.** Trevor Taylor (Surtees-Chevrolet TS5 Formula 5000), 39. **5.** Mike Hailwood (Lola-Chevrolet T142 Formula 5000), 39. **6.** Alan Rollinson (Brabham-Cosworth FVA BT30 Formula 2), 38.
PP – Jackie Stewart (Matra MS80-02), 1:27.2; FL – Stewart, 1:28.6, 112.19 mph.
Stewarts Matra führte ab Runde 2 mußte aber wegen Batterieschadens an die Box.

7-9-69 ITALIAN GP,
Monza – 68 laps, 242.95 miles
1. Jackie Stewart (Matra MS80-02), 68 laps in 1:39:11.26, 146.96 mph.
2. Jochen Rindt (Lotus 49B R6), 68 in 1:39:11.34.
3. Jean-Pierre Beltoise (Matra MS80-01), 68 in 1:39:11.43. **4.** Bruce McLaren (McLaren M7C 'M7A/4'), 68 in 1:39:11.45. **5.** Piers Courage (Brabham BT26 Spl BT26/1), 68. **6.** Pedro Rodriguez (Ferrari V12 312 0019), 66.
PP – Rindt, 1:25.48; FL – Beltoise, 1:25.2, 150.96 mph.
Wieder ein großes Windschattenrennen. Am Anfang lagen 8, im Ziel die ersten 4 noch gleichauf. Rindt, Beltoise und Stewart führten noch alle in der letzten halben Runde. Mit diesem Sieg ging auch der 69er Titel an Stewart und Matra.

20-9-69 CANADIAN GP,
Mosport Park, Toronto – 90 laps, 221.31 miles
1. Jacky Ickx (Brabham BT26A/3), 90 laps in 1:59:25.7, 112.76 mph.
2. Jack Brabham (Brabham BT26A/4), 90 in 2:00:11.9.
3. Jochen Rindt (Lotus 49B R6), 90. **4.** Jean-Pierre Beltoise (Matra MS80-01), 89. **5.** Bruce McLaren (McLaren M7C 'M7A/4'), 87. **6.** Johnny Servoz-Gavin (Matra [4WD] MS84-01), 84.
PP – Ickx, 1:17.4; FL – Ickx, 1:18.1, 114.78 mph.
Stewart führte knapp vor Ickx bis Runde 33, als sich beide berührten und drehten. Ickx war schnell wieder auf der Strecke, aber der Matra startete nicht. Rindt führte anfangs kurz. Erste WM-Punkte für einen Allrad durch den Matra MS84.

5-10-69 UNITED STATES GP,
Watkins Glen, NY – 108 laps, 248.40 miles
1. Jochen Rindt (Lotus 49B R6), 108 laps in 1:57:56.84, 126.36 mph.
2. Piers Courage (Brabham BT26 Spl BT26/1), 108 in 1:58:43.83.
3. John Surtees (BRM V12 P139 139-01), 106. **4.** Jack Brabham (Brabham BT26A/4), 106. **5.** Pedro Rodriguez (Ferrari V12 312 0017), 101. **6.** Silvio Moser (Brabham BT24/3), 98.
PP – Rindt, 1:03.62; FL – Rindt, 1:04.34, 128.69 mph.
Rindt gewann endlich einen Grand Prix. Stewart führte kurz bis zum Motorschaden. Schönes Duell der Werks-Brabhams mit Courage. Ein nasses Training desillusioniert die Allrad-Hoffnungen.

19-10-69 MEXICAN GP,
Mexico City – 65 laps, 201.94 miles
1. Denny Hulme (McLaren M7A/2), 65 laps in 1:54:08.80, 106.15 mph.
2. Jacky Ickx (Brabham BT26A/3), 65 in 1:54:11.36.
3. Jack Brabham (Brabham BT26A/4), 65. **4.** Jackie Stewart (Matra MS80-02), 65. **5.** Jean-Pierre Beltoise (Matra MS80-01), 65. **6.** Jack Oliver (BRM V12 P139 139-02), 63.
PP – Brabham, 1:42.90; FL – Ickx, 1:43.05, 108.53 mph.
Die neuen Goodyear G20 Reifen dominierten das Rennen. Hulme eroberte sich die Führung von Ickx in Runde 10 im alten Chassis.

1970

7-3-70 SOUTH AFRICAN GP,
Kyalami – 80 laps, 203.52 miles
1. Jack Brabham (Brabham BT33/2), 80 laps in 1:49:34.6, 111.70 mph.
2. Denny Hulme (McLaren M14A/2), 80 in 1:49:42.7.
3. Jackie Stewart (March 701/2), 80. **4.** Jean-Pierre Beltoise (Matra V12 MS120-01), 80. **5.** John Miles (Lotus 49C R10), 79. **6.** Graham Hill (Lotus 49C R7), 79.
PP – Stewart, 1:19.3; FL – Brabham & John Surtees (McLaren M7C 'M7A/4'), 1:20.8, 113.61 mph.
Der neue March 701 war recht schnell, und Stewart führte auch mit ihm im ersten Rennviertel, bis er von Brabhams neuem, ersten Monocoque F1 überholt wurde.

22-3-70 Race of Champions,
Brands Hatch, GB – 50 laps, 132.50 miles
1. Jackie Stewart (March 701/2), 50 laps in 1:12:51.8, 109.11 mph.
2. Jochen Rindt (Lotus 49C R6), 50 in 1:13:28.0.
3. Denny Hulme (McLaren M14A/2), 50. **4.** Jack Brabham (Brabham BT33/2), 49. **5.** Graham Hill (Lotus 49C R7), 49. **6.** Peter Gethin (McLaren M7A/2), 49.
PP – Stewart, 1:25.8; FL – Brabham, 1:25.8, 111.19 mph.
Olivers neuer BRM P153 führte zur Überraschung, ehe ihn ein Getriebeschaden zurückwarf. Dann dominierte Brabham bis zum Zündungsschaden, fünf Runden vor Schluß. Stewart beklagte schlechtes Handling mit dem March.

19-4-70 SPANISH GP,
Jarama, Madrid – 90 laps, 190.15 miles
1. Jackie Stewart (March 701/2), 90 laps in 2:10:58.2, 87.21 mph.
2. Bruce McLaren (McLaren M14A/1), 89.
3. Mario Andretti (March 701/3), 89. **4.** Graham Hill (Lotus 49C R7), 89. **5.** Johnny Servoz-Gavin (March 701/7), 88.
No other finishers.
PP – Jack Brabham (Brabham BT33/2), 1:23.9; FL – Brabham, 1:24.3, 90.33 mph.
Kollision von Ickx mit Oliver. Ausgebrannte Autos in der Startrunde. Stewart führte überlegen, nur gefordert von Brabham, bis zu dessen Motorschaden. Das Debut des Lotus 72 war enttäuschend.

26-4-70 BRDC International Trophy
Silverstone, GB – 2 x 26-lap heats, 154.49 miles
HEAT ONE: 1. Amon; **2.** Stewart; **3.** Courage; **4.** McLaren; **5.** Rindt; **6.** Hulme.
HEAT TWO: 1. Stewart; **2.** Amon; **3.** Courage; **4.** Hill; **5.** McLaren; **6.** Wisell.
AGGREGATE:
1. Chris Amon (March 701/1), 52 laps in 1:13:32.2, 124.19 mph.
2. Jackie Stewart (March 701/2), 52 in 1:13:42.2.
3. Piers Courage (de Tomaso 308 505/3), 52. **4.** Bruce McLaren (McLaren M14A/1), 52. **5.** Reine Wisell (McLaren M7A/2), 51. **6.** Denny Hulme (McLaren M14A/2), 50.
PP – Heat One, Amon, 1:21.4; Heat Two, Amon (result of first heat). FL – Heat One, Amon, 1:22.1, 128.35 mph; Heat Two, Stewart, 1:23.3, 126.50 mph.

In Abwesenheit von BRM, Matra und Ferrari gewann Amon.

10-5-70 MONACO GP,
Monte Carlo – 80 laps, 156.33 miles
1. Jochen Rindt (Lotus 49C R6), 80 laps in 1:54:36.6, 81.84 mph.
2. Jack Brabham (Brabham BT33/2), 80 in 1:54:59.7.
3. Henri Pescarolo (Matra V12 MS120-02), 80. **4.** Denny Hulme (McLaren M14A/2), 80. **5.** Graham Hill (Lotus 49C R10), 79. **6.** Pedro Rodriguez (BRM V12 P153 153-02), 78.
PP – Jackie Stewart (March 701/2), 1:24.0; FL – Rindt, 1:23.2, 84.56 mph.
Stewarts March führte bis Runde 28 und übergab nach Defekt an Brabham. Der wehrte den Werks-March von Amon bis zu dessen Hinterachsschaden ab. Gegen Ende des Rennens schloß Rindt auf Brabham auf und setzte ihn unter Druck, bis der Australier die letzte Kurve falsch einschätzte, die Strohballen berührte und den Sieg an Rindt verschenkte.

7-6-70 BELGIAN GP,
Spa-Francorchamps – 28 laps, 245.32 miles
1. Pedro Rodriguez (BRM V12 P153 153-02), 28 laps in 1:38:09.9, 149.94 mph.
2. Chris Amon (March 701/1), 28 in 1:38:11.0.
3. Jean-Pierre Beltoise (Matra V12 MS120-03), 28. **4.** Ignazio Giunti (Ferrari 312B 002[2]), 28. **5.** Rolf Stommelen (Brabham BT33/1), 28. **6.** Henri Pescarolo (Matra V12 MS120-02), 27.
PP – Jackie Stewart (March 701/2), 3:28.0; FL – Amon, 3:27.4, 152.07 mph.
Die superschnelle Rennstrecke favorisierte die 12 Zylinder, obwohl Stewart und Rindt vor ihren Motorschäden kurz führten.

21-6-70 DUTCH GP,
Zandvoort – 80 laps, 208.80 miles
1. Jochen Rindt (Lotus 72 R2), 80 laps in 1:50:43.41, 112.95 mph.
2. Jackie Stewart (March 701/2), 80 in 1:51:13.41.
3. Jacky Ickx (Ferrari 312B 001), 79. **4.** Clay Regazzoni (Ferrari 312B 003), 79. **5.** Jean-Pierre Beltoise (Matra V12 MS120-03), 79. **6.** John Surtees (McLaren M7C 'M7A/4'), 79.
PP – Rindt, 1:18.50; FL – Ickx, 1:19.23, 118.38 mph.
Der überarbeitete Lotus 72 überzeugte. Ickx beklagte einen Reifenschaden.

5-7-70 FRENCH GP,
Clermont-Ferrand – 38 laps, 190.19 miles
1. Jochen Rindt (Lotus 72 R2), 38 laps in 1:55 57.00, 98.42 mph.
2. Chris Amon (March 701/1), 38 in 1:56:04.61.
3. Jack Brabham (Brabham BT33/2), 38. **4.** Denny Hulme (McLaren M14D/1), 38. **5.** Henri Pescarolo (Matra V12 MS120-02), 38. **6.** Dan Gurney (McLaren M14A/1), 38.
PP – Jacky Ickx (Ferrari 312B 003), 2:58.22; FL – Brabham, 3:00.75, 99.68 mph.
Ickx Ferrari führte 14 Runden bis zum Motorschaden, dann Beltoises Matra für weitere 11 bis er einen defekten Reifen hatte.

19-7-70 BRITISH GP,
Brands Hatch – 80 laps, 212.00 miles
1. Jochen Rindt (Lotus 72 R2), 80 laps in 1:57:02.0, 108.69 mph.
2. Jack Brabham (Brabham BT33/2), 80 in 1:57:34.9.
3. Denny Hulme (McLaren M14D/1), 80. **4.** Clay Regazzoni (Ferrari 312B 002[2]), 80. **5.** Chris Amon (March 701/1), 79. **6.** Graham Hill (Lotus 49C R7), 79.
PP – Rindt, 1:24.8; FL – Brabham, 1:25.9, 111.06 mph.
Ickx Ferrari führte wieder vom Start weg bis Runde 6, dann war Rindt vorne, der aber in Runde 69 von Brabham überholt wurde. Dem ging aber wenige Meter vor dem Ziel das Benzin aus und Lotus erreichte einen weiteren glücklichen Sieg.

2-8-70 GERMAN GP,
Hockenheim – 50 laps, 210.89 miles
1. Jochen Rindt (Lotus 72 R2), 50 laps in 1:42:00.3, 123.90 mph.
2. Jacky Ickx (Ferrari 312B 003), 50 in 1:42:01.0.
3. Denny Hulme (McLaren M14A/2), 50. **4.** Emerson Fittipaldi (Lotus 49C R10), 50. **5.** Rolf Stommelen (Brabham BT33/3), 49. **6.** Henri Pescarolo (Matra V12 MS120-02), 49.
PP – Ickx, 1:59.5; FL – Ickx, 2:00.5, 126.02 mph.
Den erbitterten Kampf Rindt gegen Ickx über die ganze Distanz gewann schließlich ganz knapp der Lotus Pilot.

16-8-70 AUSTRIAN GP,
Österreichring – 60 laps, 220.39 miles
1. Jacky Ickx (Ferrari 312B 001), 60 laps in 1:42:17.32, 129.27 mph.
2. Clay Regazzoni (Ferrari 312B 003), 60 in 1:42:17.93.
3. Rolf Stommelen (Brabham BT33/3), 60. **4.** Pedro Rodriguez (BRM V12 P153 153-05), 59. **5.** Jack Oliver (BRM V12 P153-153-04), 59. **6.** Jean-Pierre Beltoise (Matra V12 MS120-03), 59.
PP – Jochen Rindt (Lotus 72 R2), 1:39.23; FL – Ickx & Regazzoni, 1:40.4, 131.70 mph.
Ein klares 12 Zylinder Rennen mit deutlicher Überlegenheit der Ferraris.

22-8-70 International Gold Cup,
Oulton Pk, GB – 2 x 20-lap heats, 110.44 miles
HEAT ONE: 1. Surtees; **2.** Oliver; **3.** Rindt; **4.** Hailwood; **5.** Ganley; **6.** Taylor.
HEAT TWO: 1. Rindt; **2.** Surtees; **3.** Oliver; **4.** Gardner; **5.** Ganley; **6.** Taylor.
AGGREGATE:

1. John Surtees (Surtees TS7-01), 40 laps in 59;48.2, 110.8 mph.
2. Jochen Rindt (Lotus 72 R2), 40 in 59;51.6.
3. Jack Oliver (BRM V12 P153-04), 40. **4.** Howden Ganley (McLaren-Chevrolet M10B 400-05 Formula 5000), 40. **5.** Trevor Taylor (Lola-Chevrolet T190 F1/7 Formula 5000), 38. **6.** Fred Saunders (Crosslé-Rover V8 15F 70-04 Formula 5000), 36.
PP – Heat One, Surtees, 1;36.2; Heat Two, result of first heat. FL – Heat One, Jackie Stewart (Tyrrell 001), 1;26.6, 114.78 mph; Heat Two Rindt, 1;27.6, 113.47 mph.
Rindts Lotus war im zweiten Rennen durch eine falsche Getriebeabstufung gehandikapt. Stewart debütierte den neuen Tyrrell Cosworth.

6-7-70 ITALIAN GP,
Monza – 68 laps, 242.95 miles
1. Clay Regazzoni (Ferrari 312B 004), 68 laps in 1;39;06.88, 147.07 mph.
2. Jackie Stewart (March 701/4), 68 in 1;39;12.61.
3. Jean-Pierre Beltoise (Matra V12 MS120-03), 68. **4.** Denny Hulme (McLaren M14A/2), 68. **5.** Rolf Stommelen (Brabham BT33/3), 68. **6.** François Cevert (March 701/7), 68.
PP – Jacky Ickx (Ferrari 312B 001), 1;24.10; FL – Regazzoni, 1;25.2, 150.96 mph.
Jochen Rindt starb durch einen Trainingsunfall in seinem Lotus 72. Das Rennen wurde wieder zur reinen Windschattenschlacht. Regazzoni gewann seinen ersten Grand Prix in einem knappen Finale von 6 Autos.

20-9-70 CANADIAN GP,
Ste Jovite-Mt Tremblant – 90 laps, 238.50 miles
1. Jacky Ickx (Ferrari 312B 001), 90 laps in 2;21;18.4, 101.27 mph.
2. Clay Regazzoni (Ferrari 312B 004), 90 in 2;21;33.2.
3. Chris Amon (March 701/1), 90. **4.** Pedro Rodriguez (BRM V12 P153 153-06), 89. **5.** John Surtees (Surtees TS7-001), 89. **6.** Peter Gethin (McLaren M14A/1), 88.
PP – Jackie Stewart (Tyrrell 001), 1;31.5; FL – Regazzoni, 1;32.2, 103.47 mph.
Stewart führte bis zu einem Vorderachsschaden in Runde 31. Ab dann waren die Ferraris unschlagbar.

4-10-70 UNITED STATES GP,
Watkins Glen, NY – 108 laps, 248.40 miles
1. Emerson Fittipaldi (Lotus 72 R5), 108 laps in 1;57;32.79, 129.79 mph.
2. Pedro Rodriguez (BRM V12 P153 153-05), 108 in 1;58;09.18.
3. Reine Wisell (Lotus 72 R3), 108. **4.** Jacky Ickx (Ferrari 312B 001), 107. **5.** Chris Amon (March 701/1), 107. **6.** Derek Bell (Surtees TS7-002), 107.
PP – Ickx, 1;03.07; FL – Ickx, 1;02.74, 131.97 mph.
Stewart dominierte wieder bis Runde 62 und einemÖlleck, dann schien alles klar für Rodriguez im BRM bis Runde 100. Er mußte nachtanken, und der Sieg fiel an Fittipaldi, der gleichzeitig Rindts posthumen WM-Titel sicher stellte.

25-10-70 MEXICAN GP,
Mexico City – 65 laps, 201.94 miles
1. Jacky Ickx (Ferrari 312B 001), 65 laps in 1;53;28.36, 106.78 mph.
2. Clay Regazzoni (Ferrari 312B 004), 65 in 1;54;13.82.
3. Denny Hulme (McLaren M14A/2), 65. **4.** Chris Amon (March 701/1), 65. **5.** Jean-Pierre Beltoise (Matra V12 MS120-03), 65. **6.** Pedro Rodriguez (BRM P153 153-05), 65.
PP – Regazzoni, 1;41.86; FL – Ickx, 1;43.11, 108.49 mph.
Die erneute Ferrari/Tyrrell Schlacht war mit Stewarts Lenkungsproblemen zu Ende. Undisziplinierte Zuschauermassen stürmten die Absperrungen und sorgten für die Streichung des Mexikanischen Grand Prix vom Kalender. Jack Brabham schied bei seiner Abschiedsvorstellung, auf dem dritten Platz liegend, mit Motorschaden aus.

1971

24-1-71 Argentine GP,
Buenos Aires – 2 x 50-lap heats, 211.90 miles
HEAT ONE: 1. Stommelen; **2.** Siffert; **3.** Pescarolo; **4.** Amon; **5.** Wisell; **6.** Reutemann.
HEAT TWO: 1. Amon; **2.** Pescarolo; **3.** Reutemann; **4.** Prophet; **5.** Spice; **6.** Marincovich/Young.
AGGREGATE:
1. Chris Amon (Matra V12 MS120-02), 100 laps in 2;08.19.29, 99.18 mph.
2. Henri Pescarolo (March 701/6), 100 in 2;08.41.15.
3. Carlos Reutemann (McLaren M7C 'M7A/4'), 100. **4.** David Prophet (McLaren-Chevrolet M10B 400-04 Formula 5000), 96. UNC **'5th'.** Derek Bell (March 701/1), 88. **6.** Jo Siffert (March 701/5), 86. (Drivers not featured overall but named in first 6 in heats drove the following cars: Rolf Stommelen, Surtees TS7-002; Reine Wisell, Lotus 72 R3; Gordon Spice, McLaren M10B 400-05 Formula 5000; Carlos Marincovich/Greg Young, McLaren M10B Formula 5000.)
PP – Heat One, Stommelen, 1;15.85; Heat Two, result of Heat One. FL – Heat One, Wisell, 1;15.10, 101.68 mph; Heat Two, Amon, 1;15.05, 101.75 mph.
Der Surtees Fahrer Stommelen dominierte, bis er von Amon ins Aus geschubst wurde. Siffert führte im zweiten Rennen bis zum Aufhängungsschaden. Erster F1 Sieg für den Matra V12.

6-3-71 SOUTH AFRICAN GP,
Kyalami – 79 laps, 203.52 miles
1. Mario Andretti (Ferrari 312B 002[2]), 79 laps in 1;47;35.5, 112.36 mph.
2. Jackie Stewart (Tyrrell 001), 79 in 1;47;56.4.
3. Clay Regazzoni (Ferrari 312B 004), 79. **4.** Reine Wisell (Lotus 72 R3), 79. **5.** Chris Amon (Matra V12 MS120-03), 78. **6.** Denny Hulme (McLaren M19A/1), 78.
PP – Stewart, 1;17.8; FL – Andretti, 1;20.3, 114.32.
Regazzoni führte anfangs bis die Reifen unwuchtig wurden. Dann Hulme im neuen McLaren M19 bis zum Aufhängungsschaden vier Runden vor Schluß.

21-3-71 Race of Champions,
Brands Hatch, GB – 50 laps, 132.50 miles
1. Clay Regazzoni (Ferrari 312B2 005), 50 laps in 1;13;35.0, 108.04 mph.
2. Jackie Stewart (Tyrrell 001), 50 in 1;13;58.6.
3. John Surtees (Surtees TS9 001), 49. **4.** Tim Schenken (Brabham BT33/1), 48. **5.** Howden Ganley (BRM V12 P153 153-03), 48. **6.** Ray Allen (March 701/6), 48.
PP – Stewart, 1;24.6; FL – Graham Hill (Brabham BT34/1), 1;26.7, 110.03 mph.
Wechselhaftes Wetter entschied das Rennen. Stewart führte auf Intermediates und wurde von Regazzoni auf Slicks überholt, als die Strecke trocknete. Der Tyrrell benutzte den neuen Serie 11 Cosworth. Lotus 56B Turbinenauto debütierte.

28-3-71 Questor GP,
Ontario Speedway, California – 2 x 32-lap heats, 204.42 miles
HEAT ONE: 1. Andretti; **2.** Stewart; **3.** Siffert; **4.** Hulme; **5.** Ickx; **6.** Amon.
HEAT TWO: 1. Andretti; **2.** Stewart; **3.** Amon; **4.** Rodriguez; **5.** Hulme; **6.** Schenken.
AGGREGATE:
1. Mario Andretti (Ferrari 312B 002[2]), 64 laps in 1;51;48.410, 109.70 mph.
2. Jackie Stewart (Tyrrell 001), 64 in 1;52;04.324.
3. Denny Hulme (McLaren M19A/1), 64. **4.** Chris Amon (Matra MS120-03), 64. **5.** Tim Schenken (Brabham BT33/1), 63. **6.** Peter Gethin (McLaren M14A/1), 63.
PP – Heat One, Stewart, 1;41.257; Heat Two result of first heat. FL – Heat One, Amon, 1;43.088, 111.54 mph; Heat Two, Pedro Rodriguez (BRM V12 P160-01), 1;42.777, 111.88 mph.
Stewarts Tyrrell führte beide Rennen, wurde aber beide Male von Andretti überholt. Amon bedrängte Stewart hart, bis zum Reifenschaden im ersten Rennen.

9-4-71 Spring Trophy,
Oulton Park, GB – 40 laps, 110.44 miles
1. Pedro Rodriguez (BRM V12 P160-01), 40 laps in 57;33.4, 115.11 mph.
2. Peter Gethin (McLaren M14A/2), 40 in 57;38.0.
3. Jackie Stewart (Tyrrell 002), 40. **4.** Howden Ganley (BRM V12 P153-03), 39. **5.** Allan Rollinson (March 701/5), 36. UNC **'6th'.** Tony Trimmer (Lotus 49C R6), 31.
PP – Stewart, 1;25.8; FL – Rodriguez & Gethin, 1;25.06, 118.93 mph.
Nur 11 Starter. Der neue BRM führte vom Start weg.

18-4-71 SPANISH GP,
Montjuich Pk, Barcelona – 75 laps, 176.62 miles
1. Jackie Stewart (Tyrrell 003), 75 laps in 1;49.03.4, 97.19 mph.
2. Jacky Ickx (Ferrari 312B 003), 75 in 1;49;06.8.
3. Chris Amon (Matra V12 MS120-03), 75. **4.** Pedro Rodriguez (BRM V12 P160-01), 75. **5.** Denny Hulme (McLaren M19A/1), 75. **6.** Jean-Pierre Beltoise (Matra V12 MS120-05), 74.
PP – Ickx, 1;25.9; FL – Ickx, 1;25.1, 99.64 mph.
Ickxs Ferrari führte die ersten 5 Runden, dann war Stewart vorne. Gegen Ende des Rennens konnte Ickx auf Stewart wieder aufschließen.

8-5-71 BRDC International Trophy,
Silverstone, GB – 2 x 26-lap heats, 150.80 miles
HEAT ONE: 1. Stewart; **2.** Rodriguez; **3.** Hill; **4.** Surtees; **5.** Beltoise; **6.** Gethin.
HEAT TWO: 1. Hill; **2.** Amon; **3.** Fittipaldi; **4.** Gethin; **5.** Pescarolo; **6.** Hailwood.
AGGREGATE:
1. Graham Hill (Brabham BT34/1), 52 laps in 1;11;03.2, 128.50 mph.
2. Peter Gethin (McLaren M14A/2), 52 in 1;12;37.0.
3. Tim Schenken (Brabham BT33/1), 52. **4.** Pedro Rodriguez (BRM V12 P160-01), 51. **5.** Mike Hailwood (Surtees-Chevrolet TS8-005 Formula 5000), 51. **6.** Henri Pescarolo (March 711/3), 51.
PP – Heat One, Chris Amon (Matra V12 MS120-04), 1;20.0; Heat Two, result of first heat. FL – Heat One, Jackie Stewart (Tyrrell 003), 1;20.5, 130.90 mph; Heat Two, John Surtees (Surtees TS9-001), 1;20.6, 130.73 mph.
Stewart verunfallte in der ersten Kurve des 2. Rennens, und Rodriguez bekam einen Reifenschaden durch verstreute Teile eines Matra-Motors. Hill gewann in dem Doppelkühler-Brabham.

23-5-71 MONACO GP,
Monte Carlo – 80 laps, 153.33 miles
1. Jackie Stewart (Tyrrell 003), 80 laps in 1;52;21.3, 83.49 mph.
2. Ronnie Peterson (March 711/2), 80 in 1;52;46.9.
3. Jacky Ickx (Ferrari 312B2 006), 80. **4.** Denny Hulme (McLaren M19A/1), 80. **5.** Emerson Fittipaldi (Lotus 72 R5), 79. **6.** Rolf Stommelen (Surtees TS9 002), 79.
PP – Stewart, 1;23.2; FL – Stewart, 1;22.2, 85.58 mph.
Grandioser Stewart Start-Ziel Sieg, obwohl sein Tyrrell schon vor dem Start die Hinterachsbremsen defekt hatte. Trotzdem neuer Rundenrekord für den Schotten. Auch Peterson im March 711 überzeugte.

13-6-71 Rindt Memorial Race,
Hockenheim, D – 35 laps, 146.64 miles
1. Jacky Ickx (Ferrari 312B 003), 35 laps in 1;10;11.7, 126.20 mph.
2. Ronnie Peterson (March 711/2), 35 in 1;11;05.5.
3. John Surtees (Surtees TS9-001), 35. **4.** Howden Ganley (BRM V12 P153-07), 35. **5.** Nanni Galli (March 711/1), 35. **6.** Skip Barber (March 711/5), 34.
PP – Ickx, 1;56.8; FL – Ickx, 1;58.8, 127.82 mph.
Ein einfacher Sieg für Ickx. Regazzoni und Wisell im Lotus 72 schieden durch Elektrik- bzw. Bremsprobleme aus.

26-6-71 DUTCH GP,
Zandvoort – 70 laps, 182.70 miles
1. Jacky Ickx (Ferrari 312B2 006), 70 laps in 1;56.20.09, 94.06 mph.
2. Pedro Rodriguez (BRM V12 P160-01), 70 in 1;56;28.08.
3. Clay Regazzoni (Ferrari 312B2 005), 69. **4.** Ronnie Peterson (March 711/2), 68. **5.** John Surtees (Surtees TS9-001), 68. **6.** Jo Siffert (BRM V12 P160-02), 68.
PP – Ickx, 1;17.42; FL – Ickx, 1;34.95, 98.78 mph.
Reines Regenrennen. Die 12-Zylinder dominierten auf den Firestone-Regenreifen. Dave Walkers Lotus 56B Allradturbine verunglückte nach 5 schnellen Runden. Die letzte Allradchance war vertan.

4-7-71 FRENCH GP,
Ricard-Castellet – 55 laps, 198.22 miles
1. Jackie Stewart (Tyrrell 003), 55 laps in 1;46;41.68, 111.66 mph.
2. François Cevert (Tyrrell 002), 55 in 1;47;09.80.
3. Emerson Fittipaldi (Lotus 72 R5), 55. **4.** Jo Siffert (BRM V12 P160-02), 55. **5.** Chris Amon (Matra V12 MS120-06), 55. **6.** Reine Wisell (Lotus 72 R3), 55.
PP – Stewart, 1;50.71; FL – Stewart, 1;54.09, 113.91 mph.
Die Tyrrells dominierten total.

17-7-71 BRITISH GP,
Silverstone – 68 laps, 199.04 miles
1. Jackie Stewart (Tyrrell 003), 68 laps in 1;31;31.5, 130.48 mph.
2. Ronnie Peterson (March 711/6), 68 in 1;32;07.6.
3. Emerson Fittipaldi (Lotus 72 R5), 68. **4.** Henri Pescarolo (March 711/3), 67. **5.** Rolf Stommelen (Surtees TS9-002), 67. **6.** John Surtees (Surtees TS9-002), 67.
PP – Clay Regazzoni (Ferrari 312B2 005), 1;18.1; FL – Stewart, 1;19.9, 131.88 mph.
Nach einem chaotischen Start führten die Ferraris, aber Stewarts Tyrrell setzte sich durch. Sifferts tolle Fahrt wurde durch Reifenvibrationen gebremst.

1-8-71 GERMAN GP,
Nürburgring – 12 laps, 170.27 miles
1. Jackie Stewart (Tyrrell 003), 12 laps in 1;29;15.7, 114.46 mph.
2. François Cevert (Tyrrell 002), 12 in 1;29;45.8.
3. Clay Regazzoni (Ferrari 312B2 005), 12. **4.** Mario Andretti (Ferrari 312B2 007), 12. **5.** Ronnie Peterson (March 711/6), 12. **6.** Tim Schenken (Brabham BT33/3), 12.
PP – Stewart, 7;19.0; FL – Cevert, 7;20.1, 116.07 mph.
Stewart schon nach der zweiten Kurve in Front. Ickx verschenkte zweiten Platz durch Dreher. Sifferts BRM wieder sehr schnell, aber Vibrationen zerstörten die Zündung.

15-8-71 AUSTRIAN GP,
Österreichring – 54 laps, 198.34 miles
1. Jo Siffert (BRM V12 P160-02), 54 laps in 1;30;23.91, 132.30 mph.
2. Emerson Fittipaldi (Lotus 72 R5), 54 in 1;30;28.03.
3. Tim Schenken (Brabham BT33/3), 54. **4.** Reine Wisell (Lotus 72 R6), 54. **5.** Graham Hill (Brabham BT34/1), 54. **6.** Henry Pescarolo (March 711/3), 54.
PP – Siffert, 1;37.44; FL – Siffert, 1;38.47, 134.39 mph.
Sifferts Wochenende: Pole, schnellste Runde und trotz schleichendem Plattfuß ein toller Sieg. Beide Tyrrells schieden aus, aber Stewart war trotzdem Weltmeister.

22-8-71 International Gold Cup,
Oulton Pk, GB – 2 x 20-lap heats, 110.44 miles
HEAT ONE: 1. Pescarolo; **2.** Ganley; **3.** Surtees; **4.** Gardner; **5.** Gethin; **6.** Hailwood.
HEAT TWO: 1. Surtees; **2.** Ganley; **3.** Gardner; **4.** Rollinson; **5.** Craft; **6.** McRae.
AGGREGATE:
1. John Surtees (Surtees TS9-004), 40 laps in 57;38.6, 114.96 mph.
2. Howden Ganley (BRM V12 P153-06), 40 in 57;50.0.
3. Frank Gardner (Lola-Chevrolet T300 300-F1-1 Formula 5000), 40. **4.** Alan Rollinson (Surtees-Chevrolet TS8-007 Formula 5000), 40. **5.** Chris Craft (Brabham BT33/2), 40. **6.** Mike Walker (Lola-Chevrolet T192 192/F1/26 Formula 5000), 40.
PP – Heat One, Peter Gethin (BRM V12 P160-01), 1;24.6; Heat Two, result of Heat One. FL – Heat One, Henri Pescarolo (March 711/3) & Surtees, 1;25.0, 116.93 mph; Heat Two, Surtees, 1;24.8, 117.21 mph.
Durch den Unfall von Gethins BRM und Pescarolos March war der Weg frei für Surtees Sieg in diesem schwach besetzten Rennen.

5-9-71 ITALIAN GP,
Monza – 55 laps, 196.35 miles
1. Peter Gethin (BRM V12 P160-01), 55 laps in 1;18;12.60, 150.75 mph.
2. Ronnie Peterson (March 711/6), 55 in 1;18;12.61.
3. François Cevert (Tyrrell 002), 55 in 1;18;12.69.
4. Mike Hailwood (Surtees TS9-004), 55 in 1;18;12.78. **5.** Howden Ganley (BRM V12 P160-04), 55 in 1;18;13.21. **6.** Chris Amon (Matra V12 MS120-06), 55.
PP – Amon, 1;22.40; FL – Henri Pescarolo (March 711/3).
Wieder ein herrliches Windschattenrennen. Stewart, die Ferraris und Amons Matra schieden aus. Dann waren noch 5 an der Spitze übrig. Während sich Peterson und Cevert belauerten, stach Gethin an ihnen vorbei und gewann. Die ersten 5 lagen innerhalb von 0,61 Sekunden.

19-9-71 CANADIAN GP,
Mosport Park, Toronto – 64 laps, 157.38 miles
1. Jackie Stewart (Tyrrell 003), 64 laps in 1;55;12.9, 81.96 mph.
2. Ronnie Peterson (March 711/6), 64 in 1;55;51.2.
3. Mark Donohue (McLaren M19A/1), 64. **4.** Denny Hulme (McLaren M19A/2), 63. **5.** Reine Wisell (Lotus 72 R6), 62. **6.** François Cevert (Tyrrell 002), 62.
PP – Stewart, 1;15.3; FL – Hulme, 1;43.5, 85.53 mph.
Ein Nebel-Regenrennen, bei dem Stewart dominierte.

3-10-71 UNITED STATES GP,
Watkins Glen, NY – 59 laps, 199.24 miles
1. François Cevert (Tyrrell 002), 59 laps in 1;43;57.991, 115.09 mph.
2. Jo Siffert (BRM V12 P160-02), 59 in 1;44;32.053.
3. Ronnie Peterson (March 711/6), 59. **4.** Howden Ganley (BRM V12 P160-04), 59. **5.** Jackie Stewart (Tyrrell 003), 59. **6.** Clay Regazzoni (Ferrari 312B2 005), 59.
PP – Stewart, 1;42.642; FL – Jacky Ickx (Ferrari 312B2 006), 1;43.474, 117.50 mph.
Stewart führte bis Runde 14, bis er wegen argem Untersteuern Cevert vorbeiließ. Ickx war gegen Mitte des Rennens hart an Ceverts Fersen, bis die Lichtmaschine versagte.

24-10-71 Victory Race,
Brands Hatch, GB – 40 laps, 105.96 miles*
**Race stopped after Siffert's fatal ERM accident on lap 15, results declared at 14 laps*
1. Peter Gethin (BRM V12 P160-03), 14 laps in 19;54.4, 111.82 mph.
2. Emerson Fittipaldi (Lotus 72 R5), 14 in 19;54.6.
3. Jackie Stewart (Tyrrell 003), 14. **4.** Jo Siffert (BRM V12 P160-02), 14. **5.** Tim Schenken (Brabham BT33/3), 14. **6.** John Surtees (Surtees TS9-002), 14.
PP – Siffert, 1;22.8; FL – Fittipaldi, 1;24.0, 113.57 mph.
Die BRM dominierten mit Gethin und Siffert zeitgleich im Training. Nach Sifferts tödlichem Unfall in Runde 15 wurde das Rennen abgebrochen.

1972

23-1-72 ARGENTINE GP,
Buenos Aires – 95 laps, 201.40 miles
1. Jackie Stewart (Tyrrell 003), 95 laps in 1;57;58.82, 100.33 mph.
2. Denny Hulme (McLaren M19A/2), 95 in 1;58;24.78.
3. Jacky Ickx (Ferrari 312B2 006), 95. **4.** Clay Regazzoni (Ferrari 312B2 005), 95. **5.** Tim Schenken (Surtees TS9-006), 95. **6.** Ronnie Peterson (March 721/1), 94.
PP – Carlos Reutemann (Brabham BT34/1), 1;12.46; FL – Stewart, 1;13.66, 101.59 mph.
Stewart wurde nur gefordert von Reutemann, der aber zu weiche Reifen fuhr und entsprechend wechseln mußte. Fittipaldis Lotus war zweiter bis zum Aufhängungsschaden.

4-3-72 SOUTH AFRICAN GP,
Kyalami – 79 laps, 201.45 miles
1. Denny Hulme (McLaren M19A/2), 79 laps in 1;45;49.1, 114.23 mph.
2. Emerson Fittipaldi (Lotus 72 R5), 79 in 1;46;03.2.
3. Peter Revson (McLaren M19A/1), 79. **4.** Mario Andretti (Ferrari 312B2 007), 79. **5.** Ronnie Peterson (March 721/1), 79. **6.** Graham Hill (Brabham BT33/3), 78.
PP – Jackie Stewart (Tyrrel 003), 1;17.0; FL – Mike Hailwood (Surtees TS9-005), 1;13.9, 116.35 mph.
Hulme führte in der ersten Runde, dann übernahm Stewart. Das Trio Hulme/Fittipaldi/Hailwood (Surtees) schloß auf Stewart auf. Dann brach am Surtees ein Hinterachsbolzen. Hulme ließ sich zur Kühlung des Motors zurückfallen und Fittipaldi bedrängte Stewart, bis am Tyrrell das Getriebe festging. Durch Fittipaldis starkes Übersteuern bei leeren Tanks kam Hulme wieder vorbei.

19-3-72 Race of Champions,
Brands Hatch, GB – 40 laps, 105.96 miles
1. Emerson Fittipaldi (Lotus 72 R5), 40 laps in 56.40.6, 112.22 mph.
2. Mike Hailwood (Surtees TS9-005), 40 in 56;54.0.
3. Denny Hulme (McLaren M19A/2), 40. **4.** Peter Gethin (BRM P160-03), 40. **5.** Tim Schenken (Surtees TS9-006), 40. **6.** Jean-Pierre Beltoise (BRM P160-05), 40.
PP – Fittipaldi, 1;23.9; FL – Fittipaldi, 1;23.8, 112.84 mph.
Leichter Sieg für Lotus 72 und wieder schneller Hailwood auf Surtees.

30-3-72 Grande Prêmio do Brasil,
Interlagos – 37 laps, 182.02 miles
1. Carlos Reutemann (Brabham BT34/1), 37 laps in 1;37;16.248, 112.91 mph.
2. Ronnie Peterson (March 721/1), 37 in 1;38;43.904.
3. Wilson Fittipaldi (Brabham BT33/3), 37. **4.** Helmut Marko (BRM V12 P160-01), 36. **5.** Dave Walker (Lotus 72 R6), 36. **6.** Luiz Bueno (March 711/6), 35.
PP – Emerson Fittipaldi (Lotus 72 R7), 2;32.4; FL – E. Fittipaldi, 2;35.2, 119.74 mph.

Fittipaldi führte, bis 5 Runden vor Schluß ein Aufhängungsschaden den Lotus bremste. Nur 11 Renner starteten, wovon drei mit verstaubten Drosselklappen in der ersten Runde ausschieden.

23-4-72 BRDC International Trophy, Silverstone, GB – 40 laps, 117.08 miles
1. Emerson Fittipaldi (Lotus 72 R7), 40 laps in 53:17.8, 131.81 mph.
2. Jean-Pierre Beltoise (BRM V12 P160-01), 40 in 53:19.6.
3. John Surtees (Surtees TS9-006), 40. **4.** Denny Hulme (McLaren M19C/1), 40. **5.** Peter Revson (McLaren M19A/2), 40. **6.** Peter Gethin (BRM V12 P160-03), 40.
PP – Fittipaldi, 1:18.1; FL – Mike Hailwood (Surtees TS9-005), 1:18.8, 133.72 mph.
Hailwoods Surtees führte bis zum Motorschaden 10 Runden vor Schluß.

1-5-72 SPANISH GP, Jarama, Madrid – 90 laps, 190.15 miles
1. Emerson Fittipaldi (Lotus 72 R7), 90 laps in 2:03:41.23, 92.35 mph.
2. Jacky Ickx (Ferrari 312B2 006), 90 in 2:04:00.15.
3. Clay Regazzoni (Ferrari 312B2 008), 89. **4.** Andrea de Adamich (Surtees TS9-004), 89. **5.** Peter Revson (McLaren M19A/2), 89. **6.** Carlos Pace (March 711/3), 89.
PP – Ickx, 1:18.43; FL – Ickx, 1:21.01, 94.00 mph.
Nachdem Fittipaldi an Stewart in Runde 19 vorbei war, hatte er keinen Gegner mehr.

14-5-72 MONACO GP, Monte Carlo – 80 laps in 156.32 miles
1. Jean-Pierre Beltoise (BRM V12 P160-01), 80 laps in 2:26:54.7, 63.85 mph.
2. Jacky Ickx (Ferrari 312B2 006), 80 in 2:27:32.9.
3. Emerson Fittipaldi (Lotus 72 R7), 79. **4.** Jackie Stewart (Tyrrell 004), 78. **5.** Brian Redman (McLaren M19A/2), 77. **6.** Chris Amon (Matra V12 MS120-04), 77.
PP – Fittipaldi, 1:21.4; FL – Beltoise, 1:40.0, 70.35 mph.
In strömendem Regen überraschte Beltoise mit einem Start-Ziel Sieg im BRM. Nur Ickx konnte annähernd mithalten.

29-5-72 International Gold Cup, Oulton Park, GB – 40 laps, 110.44 miles
1. Denny Hulme (McLaren M19A/1), 40 laps in 57:15.6, 115.17 mph.
2. Emerson Fittipaldi (Lotus 72 R5), 40 in 57:53.0.
3. Tim Schenken (Surtees TS9-006), 39. **4.** Brian Redman (Chevron-Chevrolet B24 72-01 Formula 5000), 39. **5.** Vern Schuppan (BRM V12 P153-06), 39. **6.** Ray Allen (McLaren-Chevrolet M18 500-05 Formula 5000), 38.
PP – Peter Gethin (BRM (P160-03), 1:24.6; FL – Redman, 1:25.8, 115.85 mph.
Wenige F1 Renner am Start und nach Fittipaldis falscher Reifenwahl ein leichter Sieg für Hulme.

4-6-72 BELGIAN GP, Nivelles, Brussels – 85 laps, 196.69 miles
1. Emerson Fittipaldi (Lotus 72 R7), 85 laps in 1:44:06.7, 113.35 mph.
2. François Cevert (Tyrrell 002), 85 in 1:44:33.3.
3. Denny Hulme (McLaren M19C/1), 85. **4.** Mike Hailwood (Surtees TS9-005), 85. **5.** Carlos Pace (March 711/3), 84. **6.** Chris Amon (Matra V12 MS120-06), 84.
PP – Fittipaldi, 1:11.43; FL – Amon, 1:12.12, 115.38 mph.
Regazzonis Ferrari führte die ersten 8 Runden, dann war der Lotus wieder vorbei.

18-6-72 Gran Premio Republica Italiana, Vallelunga, Rome, I – 80 laps, 159.04 miles
1. Emerson Fittipaldi (Lotus 72 R5), 80 laps in 1:37:31.9, 97.85 mph.
2. Andrea de Adamich (Surtees TS9-004), 80 in 1:38:04.7.
3. Nanni Galli (Tecno flat-12 PA123-T-001), 79. **4.** Mike Beuttler (March 721G/1), 79. UNC **'5th'.** Howden Ganley (BRM V12 P160-05), 59. No other finishers.
PP – Fittipaldi, 1:9.82; FL – Fittipaldi, 1:11.06, 99.98 mph.
Wieder klarer Lotus Sieg in fadem Rennen.

2-7-72 FRENCH GP, Clermont-Ferrand – 38 laps, 190.19 miles
1. Jackie Stewart (Tyrrell 003), 38 laps in 1:52:21.5, 101.56 mph.
2. Emerson Fittipaldi (Lotus 72 R7), 1:52:49.2.
3. Chris Amon (Matra V12 MS120-07), 38. **4.** François Cevert (Tyrrell 002), 38. **5.** Ronnie Peterson (March 721G/3), 38. **6.** Mike Hailwood (Surtees TS9-005), 38.
PP – Amon, 2:53.4; FL – Amon, 2:53.9, 103.61 mph.
Amon im neuen Matra führte 20 Runden bis zum Reifenschaden. Auch sieben weitere Fahrzeuge hatten Reifenschäden.

15-7-72 BRITISH GP, Brands Hatch – 76 laps, 201.32 miles
1. Emerson Fittipaldi (Lotus 72 R7), 76 laps in 1:47:50.2, 112.06 mph.
2. Jackie Stewart (Tyrrell 003), 76 in 1:47:54.3.
3. Peter Revson (McLaren M19A/1), 76. **4.** Chris Amon (Matra V12 MS120-04), 75. **5.** Denny Hulme (McLaren M19C/1), 75. **6.** Arturo Merzario (Ferrari 312B2 007), 75.
PP – Jacky Ickx (Ferrari 312B2 005), 1:22.6; FL – Stewart, 1:24.00, 113.84 mph.
Ickx führte im Ferrari bis zu einem defekten Ölkühler in Runde 48. Fittipaldi schlug Stewart knapp.

30-7-72 GERMAN GP, Nürburgring – 14 laps, 198.64 miles
1. Jacky Ickx (Ferrari 312B2 005), 14 laps in 1:42:12.3, 116.60 mph.
2. Clay Regazzoni (Ferrari 312B2 007), 14 in 1:43:00.6.
3. Ronnie Peterson (March 721G/3), 14. **4.** Howden Ganley (BRM V12 P160-06), 14. **5.** Brian Redman (McLaren M19A/1), 14. **6.** Graham Hill (Brabham BT37/1), 14.
PP – Ickx, 7:07.0; FL – Ickx, 7:13.6, 117.81 mph.
Ickx gewann souverän. Fittipaldi verlor den 2. Platz durch defektes Getriebe, und Stewart flog in der letzten Runde durch Kollision mit Regazzoni von der Bahn.

13-8-72 AUSTRIAN GP, Österreichring – 54 laps, 198.34 miles
1. Emerson Fittipaldi (Lotus 72 R5), 54 laps in 1:29:16.66, 133.32 mph.
2. Denny Hulme (McLaren M19C/1), 54 in 1:29:17.84.
3. Peter Revson (McLaren M19C/2), 54. **4.** Mike Hailwood (Surtees TS9-005), 54. **5.** Chris Amon (Matra V12 MS120-07), 54. **6.** Howden Ganley (BRM V12 P160-06), 54.
PP – Fittipaldi, 1:35.97; FL – Hulme, 1:38.32, 134.50 mph.
Stewarts neuer Tyrrell 005 führte, bis er Handlingprobleme bekam. Dann übernahm Fittipaldi im Ersatz 72er und mußte sich am Schluß noch arg gegen die McLarens wehren.

10-9-72 ITALIAN GP, Monza – 55 laps, 196.35 miles
1. Emerson Fittipaldi (Lotus 72 R5), 55 laps in 1:29:58.4, 131.61 mph.
2. Mike Hailwood (Surtees TS9-005), 55 in 1:30:12.9.
3. Denny Hulme (McLaren M19C/1), 55. **4.** Peter Revson (McLaren M19C/2), 55. **5.** Graham Hill (Brabham BT37/1), 55. **6.** Peter Gethin (BRM V12 P160-05), 55.
PP – Jacky Ickx (Ferrari 312B2 005), 1:35.65; FL – Ickx, 1:36.3, 134.14 mph.
Das schöne Duell Fittipaldi/Ickx endete mit einem Elektrikschaden 10 Runden vor Schluß am Ferrari. Fittipaldi und Lotus gewannen den Titel.

24-9-72 CANADIAN GP, Mosport Pk, Toronto – 80 laps, 196.72 miles
1. Jackie Stewart (Tyrrell 005), 80 laps in 1:43:16.9, 114.28 mph.
2. Peter Revson (McLaren M19C/2), 80 in 1:44:05.1.
3. Denny Hulme (McLaren M19C/1), 80. **4.** Carlos Reutemann (Brabham BT37/2), 80. **5.** Clay Regazzoni (Ferrari 312B2 007), 80. **6.** Chris Amon (Matra V12 MS120-07), 79.
PP – Revson, 1:13.6; FL – Stewart, 1:15.7, 117.57 mph.
Schon der 50. Grand Prix Sieg für den Cosworth DFV und der 20. für Stewart. Petersons March führte kurz und kollidierte später beim Überrunden mit Hill.

8-10-72 UNITED STATES GP, Watkins Glen, NY – 59 laps, 199.24 miles
1. Jackie Stewart (Tyrrell 005), 59 laps in 1:41:45.354, 117.48 mph.
2. François Cevert (Tyrrell 006), 59 in 1:42:17.622.
3. Denny Hulme (McLaren M19C/1), 59. **4.** Ronnie Peterson (March 721G/3), 59. **5.** Jacky Ickx (Ferrari 312B2 005), 59. **6.** Mario Andretti (Ferrari 312B2 006), 58.
PP – Stewart, 1:40.481; FL – Stewart, 1:41.644, 119.61 mph.
Die Tyrrells dominierten klar.

22-10-72 World Championship Victory Race, Brands Hatch, GB – 40 laps, 105.96 miles
1. Jean-Pierre Beltoise (BRM V12 P180-02), 40 laps in 59:47.8, 106.36 mph.
2. Carlos Pace (Surtees TS9-006), 40 in 59:54.4.
3. Andrea de Adamich (Surtees TS9-004), 40. **4.** Vern Schuppan (BRM V12 P160-05), 39. **5.** Peter Gethin (BRM V12 P160-06), 39. **6.** John Watson (March 721/4), 39.
PP – Emerson Fittipaldi (Lotus 72 R7), 1:20.8; FL – Fittipaldi, 1:23.8, 113.84 mph.
Bei wechselhaftem Wetter gewann Beltoise im BRM durch bessere Reifenwahl. Peterson, Hailwood und Fittipaldi mußten Reifen wechseln.

1973

28-1-73 ARGENTINE GP, Buenos Aires – 96 laps, 199.56 miles
1. Emerson Fittipaldi (Lotus 72 R7), 96 laps in 1:56:18.22, 104.84 mph.
2. François Cevert (Tyrrell 006), 96 in 1:56:22.91.
3. Jackie Stewart (Tyrrell 005), 96. **4.** Jacky Ickx (Ferrari 312B2 005), 96. **5.** Denny Hulme (McLaren M19C/1), 95. **6.** Wilson Fittipaldi (Brabham BT37/1), 95.
PP – Clay Regazzoni (BRM V12 P160-01), 1:10.54; FL – Fittipaldi, 1:11.22, 104.84 mph.
Regazzoni führte im BRM 30 Runden lang, bis die Reifen überhitzten. Auch Stewart hatte Reifenprobleme, so daß Cevert dann die Spitze übernahm, bis er 10 Runden vor Schluß von Fittipaldi überholt wurde. Peterson schied mit Motorschaden aus.

11-2-73 BRAZILIAN GP, Interlagos – 40 laps, 197.84 miles
1. Emerson Fittipaldi (Lotus 72 R7), 40 laps in 1:43:55.6, 114.24 mph.
2. Jackie Stewart (Tyrrell 005), 40 in 1:44:09.1.
3. Denny Hulme (McLaren M19C/1), 40. **4.** Arturo Merzario (Ferrari 312B2 008), 39. **5.** Jacky Ickx (Ferrari 312B2 005), 39. **6.** Clay Regazzoni (BRM V12 P160-01), 39.
PP – Ronnie Peterson (Lotus 72 R8), 2:30.5; FL – Fittipaldi & Hulme, 2:35.0, 114.88 mph.
Während viele mit der großen Hitze nicht zurechtkamen, siegte Fittipaldi recht leicht. Peterson brach ein Rad bei seiner Jagd auf Platz 2.

3-4-73 SOUTH AFRICAN GP, Kyalami – 79 laps, 201.45 miles
1. Jackie Stewart (Tyrrell 006), 79 laps in 1:43:11.07, 117.14 mph.
2. Peter Revson (McLaren M19C/2), 79 in 1:43:35.62.
3. Emerson Fittipaldi (Lotus 72 R7), 79. **4.** Arturo Merzario (Ferrari 312B2 005), 78. **5.** Denny Hulme (McLaren M23/1), 77. **6.** George Follmer (Shadow DN1-1A), 77.
PP – Hulme, 1:16.28; FL – Fittipaldi, 1:17.10, 119.07 mph.
Stewart zerstörte seinen Tyrrell im Training und nahm fürs Rennen Ceverts Auto, mit dem er sehr umstritten gewann. Ihm wurde vorgeworfen, unter gelber Flagge überholt zu haben. Der McLaren M23 debutierte erfolgversprechend.

17-3-73 Race of Champions, Brands Hatch, GB – 40 laps, 105.96 miles
1. Peter Gethin (Chevron-Chevrolet B24 72-05 Formula 5000), 40 laps in 57:22.9, 110.34 mph.
2. Denny Hulme (McLaren M23/1), 40 in 57:26.3.
3. James Hunt (Surtees TS9-006), 40. **4.** Tony Trimmer (Williams FX3/1), 40. **5.** Tony Dean (Chevron-Chevrolet B24 72-02 Formula 5000), 39. **6.** Jean-Pierre Beltoise (BRM V12 P160-03), 39.
PP – Beltoise, 1:21.1; FL – Beltoise, Niki Lauda (BRM V12 P160-01) & Ronnie Peterson (Lotus 72 R6), 1:23.0, 114.94 mph.
Gethins Formel 5000 Renner schlug die F1, die reihenweise ausfielen. Peterson führte bis Runde 18, Beltoises BRM hatte einen Reifenschaden, Hailwoods Surtees führte und verunfallte, dann führte Hulme bis ein Kupplungsschaden ihn zurückwarf und Gethin in der letzten Runde vorbeikam.

8-4-73 BRDC International Trophy, Silverstone, GB – 40 laps, 117.08 miles
1. Jackie Stewart (Tyrrell 006/2), 40 laps in 52:53.2, 132.82 mph.
2. Ronnie Peterson (Lotus 72 R8), 40 in 53:03.6.
3. Clay Regazzoni (BRM V12 P160-07), 40. **4.** Peter Revson (McLaren M23/2), 40. **5.** Niki Lauda (BRM V12 P160-01), 40. **6.** George Follmer (Shadow DN1/2A), 39.
PP – Emerson Fittipaldi (Lotus 72 R5), 1:16.4; FL – Peterson, 1:17.5, 135.96 mph.
Stewart führte bis zu einem Dreher im neuen Tyrrell, dann Peterson, bis auch er sich drehte und Stewart wieder vorne war.

29-4-73 SPANISH GP, Montjuich Pk, Barcelona – 75 laps, 176.654 miles
1. Emerson Fittipaldi (Lotus 72 R5), 75 laps in 1:48:18.7, 97.86 mph.
2. François Cevert (Tyrrell 006), 75 in 1:49:01.4.
3. George Follmer (Shadow DN1/2A), 75. **4.** Peter Revson (McLaren M23/2), 74. **5.** Jean-Pierre Beltoise (BRM V12 P160-03), 74. **6.** Denny Hulme (McLaren M23/1), 74.
PP – Ronnie Peterson (Lotus 72 R8), 1:21.8; FL – 1:23.8, 101.19 mph.
Petersons Lotus führte 18 Runden bis zum Getriebeschaden. Stewart hatte Bremsprobleme. Fittipaldi fuhr die letzten 25 Runden auf einem schleichenden Plattfuß den 50. Lotus-Grand-Prix-Sieg heraus.

20-5-73 BELGIAN GP, Zolder – 70 laps, 183.54 miles
1. Jackie Stewart (Tyrrell 006/2), 70 laps in 1:42:13.43, 107.73 mph.
2. François Cevert (Tyrrell 006), 70 in 1:42:45.27.
3. Emerson Fittipaldi (Lotus 72 R7), 70. **4.** Andrea de Adamich (Brabham BT37/2), 69. **5.** Niki Lauda (BRM V12 P160-08), 69. **6.** Chris Amon (Tecno flat-12 PA123/B 006), 67.
PP – Ronnie Peterson (Lotus 72 R6), 1:22.46; FL – Cevert, 1:25.42, 110.51 mph.
Das Rennen war gekennzeichnet von vielen Unfällen, die durch herausbrechende Asphaltstücke aus der Fahrbahn verursacht wurden. Cevert führte 18 Runden bis zu einem Dreher, dann Fittipaldi 5, dann Stewart.

3-6-73 MONACO GP, Monte Carlo – 78 laps, 158.87 miles
1. Jackie Stewart (Tyrrell 006/2), 78 laps in 1:57:44.3, 80.96 mph.
2. Emerson Fittipaldi (Lotus 72 R7), 78 in 1:57:45.6.
3. Ronnie Peterson (Lotus 72 R6), 77. **4.** François Cevert (Tyrrell 006), 77. **5.** Peter Revson (McLaren M23/2), 76. **6.** Denny Hulme (McLaren M23/1).
PP – Stewart, 1:27.5; FL – Fittipaldi, 1:28.1, 83.23 mph.
Stewart gewann nach langem Kampf seinen 25. Grand Prix ganz knapp vor Fittipaldi. Auch Cevert und Peterson führten anfangs kurz.

17-6-73 SWEDISH GP, Anderstorp – 80 laps, 199.61 miles
1. Denny Hulme (McLaren M23/1), 80 laps in 1:56:46.049, 102.65 mph.
2. Ronnie Peterson (Lotus 72 R6), 80 in 1:56:50.088.
3. François Cevert (Tyrrell 006), 80. **4.** Carlos Reutemann (Brabham BT42/3), 80. **5.** Jackie Stewart (Tyrrell 006/2), 80. **6.** Jacky Ickx (Ferrari 312B3 010), 79.
PP – Peterson, 1:23.810; FL – Hulme, 1:26.146, 104.04 mph.
Peterson führte 79 der 80 Runden, doch ein Reifenschaden ließ Hulme vorbeischlüpfen.

1-7-73 FRENCH GP, Ricard-Castellet – 54 laps, 194.61 miles
1. Ronnie Peterson (Lotus 72 R6), 54 laps in 1:41:36.52, 115.17 mph.
2. François Cevert (Tyrrell 006), 54 in 1:42:17.44.
3. Carlos Reutemann (Brabham BT42/3), 54. **4.** Jackie Stewart (Tyrrell 006/2), 54. **5.** Jacky Ickx (Ferrari 312B3 010), 54. **6.** James Hunt (March 731/3), 54.
PP – Stewart, 1:48.37; FL – Hulme, 1:50.99, 117.51 mph.
Peterson gewann seinen ersten Grand Prix, aber Newcomer Jody Scheckters McLaren führte 41 Runden, bis ihn Fittipaldi überholen wollte und beide kollidierten.

14-7-73 BRITISH GP, Silverstone – 67 laps, 196.11 miles*
**Race stopped after two laps, due to multiple accident, restarted over original distance.*
1. Peter Revson (McLaren M23/2), 67 laps in 1:29:18.5, 131.75 mph.
2. Ronnie Peterson (Lotus 72 R6), 67 in 1:29:21.3.
3. Denny Hulme (McLaren M23/1), 67. **4.** James Hunt (March 731/3), 67. **5.** François Cevert (Tyrrell 006), 67. **6.** Carlos Reutemann (Brabham BT42/3), 67.
PP – Peterson, 1:16.3; FL – Hunt, 1:18.6, 134.06 mph.
Ein großer Startunfall stoppte das Rennen. Nach neuem Start führte Peterson, bis in Handlingprobleme verlangsamten und Revson in der 39. Runde die Spitze übernahm.

29-7-73 DUTCH GP, Zandvoort – 72 laps, 189.06 miles
1. Jackie Stewart (Tyrrell 006/2), 72 laps in 1:39:12.45, 114.35 mph.
2. François Cevert (Tyrrell 006), 72 in 1:39:28.28.
3. James Hunt (March 731/3), 72. **4.** Peter Revson (McLaren M23/2), 72. **5.** Jean-Pierre Beltoise (BRM V12 P160-07), 72. **6.** Gijs van Lennep (Williams FX4/1), 70.
PP – Ronnie Peterson (Lotus 72 R6), 1:19.47; FL – Peterson, 1:20.31, 117.71 mph.
Peterson führte vom Start bis zum Getriebeschaden in Runde 64. Die Veranstalter ließen durch mangelhafte Rettungsmaßnahmen Roger Williamson in seinem March 731 verbrennen.

5-8-73 GERMAN GP, Nürburgring – 14 laps, 198.64 miles
1. Jackie Stewart (Tyrrell 006/2), 14 laps in 1:42:03.0, 116.82 mph.
2. François Cevert (Tyrrell 006), 14 in 1:42:04.6.
3. Jacky Ickx (McLaren M23/4), 14. **4.** Carlos Pace (Surtees TS14-05), 14. **5.** Wilson Fittipaldi (Brabham BT42/2), 14. **6.** Emerson Fittipaldi (Lotus 72 R7), 14.
PP – Stewart, 7:07.8; FL – Pace, 7:11.4, 118.43 mph.
Tyrrells dominierten vom Start bis Ziel, nur Ickx im McLaren konnte etwas entgegensetzen. Carlos Pace überzeugte im Surtees.

19-8-73 AUSTRIAN GP, Österreichring – 54 laps, 198.34 miles
1. Ronnie Peterson (Lotus 72 R6), 54 laps in 1:28:48.78, 133.50 mph.
2. Jackie Stewart (Tyrrell 006/2), 54 in 1:28:57.79.
3. Carlos Pace (Surtees TS14-05), 54. **4.** Carlos Reutemann (Brabham BT42/3), 54. **5.** Jean-Pierre Beltoise (BRM V12 P160-07), 54. **6.** Clay Regazzoni (BRM V12 P160-09), 54.
PP – Emerson Fittipaldi (Lotus 72 R7), 1:34.98; FL – Pace, 1:37.29, 135.91 mph.
Diesmal waren die Lotus überlegen. Peterson ließ Fittipaldi in Runde 16 vor, bis diesem eine Benzinleitung fünf Runden vor Schluß brach. Pace bedrängte Stewart bis ihn mangelnder Benzindruck bremste.

9-9-73 ITALIAN GP, Monza – 55 laps, 197.34 miles
1. Ronnie Peterson (Lotus 72 R6), 55 laps in 1:29:17.0, 132.63 mph.
2. Emerson Fittipaldi (Lotus 72 R7), 55 in 1:29:17.8.
3. Peter Revson (McLaren M23/4), 55. **4.** Jackie Stewart (Tyrrell 006/2), 55. **5.** François Cevert (Tyrrell 006), 55. **6.** Carlos Reutemann (Brabham BT42/3), 55.
PP – Peterson, 1:34.80; FL – Stewart, 1:35.3, 135.55 mph.
Lotus 72 waren wieder dominant. Stewart verlor eine Runde durch einen Reifenwechsel.

23-9-73 CANADIAN GP, Mosport Pk, Toronto – 80 laps, 196.72 miles
1. Peter Revson (McLaren M23/4), 80 laps in 1:59:04.083, 99.13 mph.
2. Emerson Fittipaldi (Lotus 72 R7), 80 in 1:59:36.817.
3. Jack Oliver (Shadow DN1/6A), 80. **4.** Jean-Pierre Beltoise (BRM V12 P160-07), 80. **5.** Jackie Stewart (Tyrrell 006/2), 79. **6.** Howden Ganley (Williams FX4/2), 79.
PP – Ronnie Peterson (Lotus 72 R6), 1:13.697; FL – Fittipaldi, 1:15.496, 117.77 mph.
Wieder ein McLaren Sieg bei einem Chaos-Rennen. Regenschauer vor dem Start zwang alle auf Regenreifen, und Lauda im BRM führte 20 Runden lang. Dann trocknete der Kurs, und das Pace-car setzte sich vor das Feld, bis die Aufräumarbeiten beendet waren. Aber das Pace-car setzte sich vor das falsche Auto, so daß die komplette Zeitnahme zusammenbrach. Olivers Shadow und Beltoise BRM führten auch einmal.

7-10-73 UNITED STATES GP, Watkins Glen, NY – 59 laps, 199.24 miles
1. Ronnie Peterson (Lotus 72 R6), 59 laps in 1:41:15.779, 118.06 mph.
2. James Hunt (March 731/3), 59 in 1:41:16.467.
3. Carlos Reutemann (Brabham BT42/3), 59.

4. Denny Hulme (McLaren M23/1), 59. **5.** Peter Revson (McLaren M23/4), 59. **6.** Emerson Fittipaldi (Lotus 72 R7), 59.
PP – Peterson, 1:39.657; FL – Hunt, 1:41.652, 119.60 mph.
Cevert wurde durch Trainingsunfall getötet, das Tyrrell Team zog sich zurück und Stewart beendete seine Karriere. Peterson führte vom Start weg und gewann ganz knapp vor Hunts privatem March.

1974

13-1-74 ARGENTINE GP,
Buenos Aires – 53 laps, 196.55 miles
1. Denny Hulme (McLaren M23/6), 53 laps in 1:41:02.01, 116.72 mph.
2. Niki Lauda (Ferrari 312B3 012), 53 in 1:41:11.28.
3. Clay Regazzoni (Ferrari 312B3 011), 53. **4.** Mike Hailwood (McLaren M23/1), 53. **5.** Jean-Pierre Beltoise (BRM V12 P160-09), 53. **6.** Patrick Depailler (Tyrrell 005), 53.
PP – Ronnie Peterson (Lotus 72 R8), 1:50.78; FL – Regazzoni, 1:52.10, 119.09 mph.
Carlos Reutemann dominierte, bis sich die Airbox löste und er 2 Runden vor Schluß ohne Benzin liegen blieb. Ferraris Debut des B3 verlief vielversprechend.

27-1-74 BRAZILIAN GP,
Interlagos – 40 laps, 197.84 miles*
*Race stopped due to heavy rain after only Fittipaldi and Regazzoni completed 31 laps and were into their 32nd.
1. Emerson Fittipaldi (McLaren M23/5), 32 laps in 1:24:37.06, 112.24 mph.
2. Clay Regazzoni (Ferrari 312B3 011), 32 in 1:24:50.63.
3. Jacky Ickx (Lotus 72 R5), 31. **4.** Carlos Pace (Surtees TS16-02), 31. **5.** Mike Hailwood (McLaren M23/1), 31. **6.** Ronnie Peterson (Lotus 72 R8), 31.
PP – Fittipaldi, 2:32.97; FL – Regazzoni, 2:36.05, 114.11 mph.
Reutemanns Brabham führte anfangs, bis ein Vorderreifen die Haftung verlor. Dann duellierten sich Fittipaldi und Peterson bis zum Reifenschaden am Lotus. Das Rennen wurde in der 32. Runde wegen heftigen Regens abgebrochen.

3-2-74 Grande Prêmio Presidente Medici,
Brasilia, BRA – 40 laps, 136.09 miles
1. Emerson Fittipaldi (McLaren M23/5), 40 laps in 1:15:22.75, 108.27 mph.
2. Jody Scheckter (Tyrrell 006/2), 40 in 1:15:35.15.
3. Arturo Merzario (Williams FX4/1), 40. **4.** Jochen Mass (Surtees TS16-03), 40. **5.** Wilson Fittipaldi (Brabham BT44/2), 39. **6.** Howden Ganley (March 741/2), 39.
PP – Carlos Reutemann (Brabham BT44/1), 1:51.18; FL – E. Fittipaldi, 1:51.62, 109.30 mph.
Reutemann führte wieder bis zum Kolbenschaden. Scheckter verlor Auswuchtgewicht am Reifen und konnte Fittipaldi nicht fordern.

17-3-74 Race of Champions,
Brands Hatch, GB – 40 laps, 105.96 miles
1. Jacky Ickx (Lotus 72 R5), 40 laps in 1:03:37.6, 99.96 mph.
2. Niki Lauda (Ferrari 312B3 011), 40 in 1:03:39.1.
3. Emerson Fittipaldi (McLaren M23/4), 40. **4.** Mike Hailwood (McLaren M23/1), 40. **5.** Clay Regazzoni (Ferrari 312B3 012), 40. **6.** Peter Revson (Shadow DN3/1A), 39.
PP – James Hunt (Hesketh 308-1), 1:21.5; FL – Ickx, 1:33.8, 102.80 mph.
Reutemann verunglückte wegen Bremsproblemen nach anfänglicher kurzer Führung. Lauda dominierte das Regenrennen, bis ihn 5 Runden vor Schluß Ickx überholte.

30-3-74 SOUTH AFRICAN GP,
Kyalami – 78 laps, 198.80 miles
1. Carlos Reutemann (Brabham BT44/1), 78 laps in 1:42:40.96, 116.24 mph.
2. Jean-Pierre Beltoise (BRM V12 P201-01), 78 in 1:43:14.90.
3. Mike Hailwood (McLaren M23/1), 78. **4.** Patrick Depailler (Tyrrell 005), 78. **5.** Hans Stuck Jr (March 741/1), 78. **6.** Arturo Merzario (Williams FX4/1), 78.
PP – Niki Lauda (Ferrari 312B3 012), 1:16.58; FL – Reutemann, 1:18.16, 117.47 mph.
Nach Laudas Führung übernahm Reutemann in Runde 10. Der neue BRM wurde dritter.

7-4-74, BRDC International Trophy,
Silverstone, GB – 40 laps, 117.08 miles
1. James Hunt (Hesketh 308-1), 40 laps in 52:35.4, 133.58 mph.
2. Jochen Mass (Surtees TS16-03), 40 in 53:12.4.
3. Jean-Pierre Jarier (Shadow DN3/2A), 40. **4.** Henri Pescarolo (BRM V12 P160-10), 40. **5.** François Migault (BRM V12 P160-05), 40. **6.** John Nicholson (Lyncar F1-007), 39.
PP – Hunt, 1:16.7; FL – Hunt, 1:17.6, 135.79 mph.
In Runde 28 übernahm Hunt mit dem Hesketh die Führung von Petersons Lotus.

28-4-74 SPANISH GP,
Jarama, Madrid – 90 laps, 190.15 miles*
*Race stopped after two hours under CSI regulation since heavy rain had slowed pace.
1. Niki Lauda (Ferrari 312B3 015), 84 laps in 2:00:29.56, 88.48 mph.
2. Clay Regazzoni (Ferrari 312B3 014), 84 in 2:01:05.17.
3. Emerson Fittipaldi (McLaren M23/5), 83. **4.** Hans Stuck Jr (March 741/1), 82. **5.** Jody Scheckter (Tyrrell 007-1), 82. **6.** Denny Hulme (McLaren M23/4), 82.
PP – Lauda, 1:18.44; FL – Lauda, 1:20.83, 94.20 mph.
Das Rennen wurde nach 2 Stunden wegen Regens abgebrochen. Lauda gewinnt seinen ersten Grand Prix und Ferrari seinen 50. Petersons Lotus 76 führte 20 Runden lang, bis er bei trocknender Strecke auf Slicks wechseln ließ.

12-5-74 BELGIAN GP,
Nivelles, Brussels – 85 laps, 196.69 miles
1. Emerson Fittipaldi (McLaren M23/5), 85 laps in 1:44:20.57, 114.10 mph.
2. Niki Lauda (Ferrari 312B3 012), 85 in 1:44:20.92.
3. Jody Scheckter (Tyrrell 007-1), 85. **4.** Clay Regazzoni (Ferrari 312B3 011), 85. **5.** Jean-Pierre Beltoise (BRM V12 P201-01), 85. **6.** Denny Hulme (McLaren M23/6), 85.
PP – Regazzoni, 1:09.82; FL – Hulme, 1:11.31, 116.82 mph.
Scheckters schnellste Trainingszeit wurde nicht anerkannt. Regazzoni führte bis Runde 39. Die neue Rennstrecke begeisterte nicht sonderlich.

26-5-74 MONACO GP,
Monte Carlo – 78 laps, 158.87 miles
1. Ronnie Peterson (Lotus 72 R8), 78 laps in 1:58:03.7, 80.74 mph.
2. Jody Scheckter (Tyrrell 007-1), 78 in 1:58:32.5.
3. Jean-Pierre Jarier (Shadow DN3/2A), 78. **4.** Clay Regazzoni (Ferrari 312B3 014), 78. **5.** Emerson Fittipaldi (McLaren M23/5), 77. **6.** John Watson (Brabham BT42/2), 77.
PP – Niki Lauda (Ferrari 312B3 010), 1:26.3; FL – Peterson, 1:27.9, 83.42 mph.
Lauda führte bis zu Elektrik Problemen in Runde 33. Peterson gewann im Uralt Lotus 72, nachdem der neue 76er sich als Flop erwies.

9-6-74 SWEDISH GP,
Anderstorp – 80 laps, 199.61 miles
1. Jody Scheckter (Tyrrell 007-1), 80 laps in 1:58:31.391, 101.11 mph.
2. Patrick Depailler (Tyrrell 007-2), 80 in 1:58:31.771.
3. James Hunt (Hesketh 308-2), 80. **4.** Emerson Fittipaldi (McLaren M23/4), 80. **5.** Jean-Pierre Jarier (Shadow DN1/2A), 80. **6.** Graham Hill (Lola T370 HU-2), 79.
PP – Depailler, 1:24.758; FL – Depailler, 1:27.262, 103.01 mph.
Die Tyrrells 007 dominierten an diesem Wochenende.

23-6-74 DUTCH GP,
Zandvoort – 75 laps, 196.95 miles
1. Niki Lauda (Ferrari 312B3 015), 75 laps in 1:43:00.35, 114.72 mph.
2. Clay Regazzoni (Ferrari 312B3 014), 75 in 1:43:08.60.
3. Emerson Fittipaldi (McLaren M23/5), 75. **4.** Mike Hailwood (McLaren M23/7), 75. **5.** Jody Scheckter (Tyrrell 007-1), 75. **6.** Patrick Depailler (Tyrrell 007-2), 75.
PP – Lauda, 1:18.31; FL – Ronnie Peterson (Lotus 72 R8), 1:21.44, 116.08 mph.
Diesmal waren die Ferraris überlegen.

7-7-74 FRENCH GP,
Dijon-Prenois – 80 laps, 163.50 miles
1. Ronnie Peterson (Lotus 72 R8), 80 laps in 1:21:55.02, 119.75 mph.
2. Niki Lauda (Ferrari 312B3 012), 80 in 1:22:15.38.
3. Clay Regazzoni (Ferrari 312B3 014), 80. **4.** Jody Scheckter (Tyrrell 007-1), 80. **5.** Jacky Ickx (Lotus 72 R5), 80. **6.** Denny Hulme (McLaren M23/6), 80.
PP – Lauda, 00:58.79 (very short lap distance); FL – Scheckter, 1:00.00, 122.62 mph.
Peterson konnte erneut vor dem stärkeren Ferrari gewinnen.

20-7-74 BRITISH GP,
Brands Hatch – 75 laps, 198.75 miles
1. Jody Scheckter (Tyrrell 007-1), 75 laps in 1:43:02.2, 115.73 mph.
2. Emerson Fittipaldi (McLaren M23/8), 75 in 1:43:17.5.
3. Jacky Ickx (Lotus 72 R5), 75. **4.** Clay Regazzoni (Ferrari 312B3 014), 75. **5.** Niki Lauda (Ferrari 312B3 015), 74. **6.** Carlos Reutemann (Brabham BT44/1), 74.
PP – Lauda, 1:19.7; FL – Lauda, 1:21.1, 117.63 mph.
Lauda führte vom Start weg und wechselte in der 74. Runde einen Plattfuß. Dann fand er die Boxenausfahrt von Menschen und einem Veranstalterwagen versperrt und konnte nicht auf die Strecke.

4-8-74 GERMAN GP,
Nürburgring – 14 laps, 198.64 miles
1. Clay Regazzoni (Ferrari 312B3 016), 14 laps in 1:41:35.0, 117.33 mph.
2. Jody Scheckter (Tyrrell 007-1), 14 in 1:42:25.7.
3. Carlos Reutemann (Brabham BT44/1), 14. **4.** Ronnie Peterson (Lotus 76 R10), 14. **5.** Jacky Ickx (Lotus 72 R5), 14. **6.** Tom Pryce (Shadow DN3/5A), 14.
PP – Niki Lauda (Ferrari 312B3 012), 7:00.8; FL – Scheckter, 7:11.1, 118.49 mph.
Lauda warf seinen Ferrari in der 2. Kurve von der Bahn und Teamkollege Regazzoni gewann deutlich.

18-8-74 AUSTRIAN GP,
Österreichring – 54 laps, 198.34 miles
1. Carlos Reutemann (Brabham BT44/1), 54 laps in 1:28:44.72, 134.10 mph.
2. Denny Hulme (McLaren M23/6), 54 in 1:29:27.64.
3. James Hunt (Hesketh 308-3), 54. **4.** John Watson (Brabham BT44/4), 54. **5.** Clay Regazzoni (Ferrari 312B3 014), 54. **6.** Vittorio Brambilla (March 741/2), 54.
PP – Niki Lauda (Ferrari 312B3 015), 1:35.40; FL – Regazzoni, 1:37.22, 136.01 mph.
Reutemanns Brabham erzielte Start-Ziel Sieg. Teamkollege Paces Fahrt und der mögliche Brabham Doppelsieg wurde durch ein Leck im Tank verdorben. Lauda beklagte Motorschaden. Hunt, Watson und Regazzoni mußten alle Reifen wechseln.

8-9-74 ITALIAN GP,
Monza – 52 laps, 186.76 miles
1. Ronnie Peterson (Lotus 72 R8), 52 laps in 1:22:56.6, 135.41 mph.
2. Emerson Fittipaldi (McLaren M23/8), 52 in 1:22:57.4.
3. Jody Scheckter (Tyrrell 007-1), 52. **4.** Arturo Merzario (Williams FX4/3), 52. **5.** Carlos Pace (Brabham BT44/2), 51. **6.** Denny Hulme (McLaren M23/6), 51.
PP – Niki Lauda (Ferrari 312B3 015), 1:33.16; FL – Pace, 1:34.2, 137.26 mph.
Nachdem beide Ferrari in Führung ausgeschieden waren, war der Weg frei für Petersons Lotus.

22-9-74 CANADIAN GP,
Mosport Pk, Toronto – 80 laps, 196.72 miles
1. Emerson Fittipaldi (McLaren M23/8), 80 laps in 1:40:26.136, 117.52 mph.
2. Clay Regazzoni (Ferrari 312B3 016), 80 in 1:40:39.170.
3. Ronnie Peterson (Lotus 72 R8), 80. **4.** James Hunt (Hesketh 308-2), 80. **5.** Patrick Depailler (Tyrrell 007-4), 80. **6.** Denny Hulme (McLaren M23/6), 79.
PP – Fittipaldi, 1:13.188; FL – Niki Lauda (Ferrari 312B3 015), 1:13.659, 120.18 mph.
Lauda führte wieder vom Start weg und verunglückte auf einem Stück Erde, das auf die Bahn geworfen war. Fittipaldis Sieg vertagte die WM Entscheidung zwischen ihm, Regazzoni und Scheckter auf's letzte Rennen.

6-10-74 UNITED STATES GP,
Watkins Glen, NY – 59 laps, 199.24 miles
1. Carlos Reutemann (Brabham BT44/1), 59 laps in 1:40:21.439, 119.12 mph.
2. Carlos Pace (Brabham BT44/2), 59 in 1:40:32.174.
3. James Hunt (Hesketh 308-2), 59. **4.** Emerson Fittipaldi (McLaren M23/8), 59. **5.** John Watson (Brabham BT44/4), 59. **6.** Patrick Depailler (Tyrrell 007-4), 59.
PP – Reutemann, 1:38.978; FL – Pace, 1:40.608, 120.84 mph.
Die Brabhams erreichten einen schönen Doppelsieg, nur gefordert durch Hunt. Regazzonis Ferrari enttäuschte durch miserables Handling. Auch Scheckter ist zu langsam und schied mit Benzinproblemen aus. So ging der Titel an McLaren in einem von Zuschauerexzessen und Helmut Koiniggs tödlichem Unfall geprägten Wochenende. Sein Surtees prallte gegen miserabel verankerte Sicherheitszäune und Leitplanken, in denen Befestigungsbolzen fehlten.

1975

12-1-75 ARGENTINE GP,
Buenos Aires – 53 laps, 196.55 miles
1. Emerson Fittipaldi (McLaren M23/9), 53 laps in 1:39:26.29, 118.60 mph.
2. James Hunt (Hesketh 308-3), 53 in 1:39:32.20.
3. Carlos Reutemann (Brabham BT44B/1), 53. **4.** Clay Regazzoni (Ferrari 312B3 014), 53. **5.** Patrick Depailler (Tyrrell 007-4), 53. **6.** Niki Lauda (Ferrari 312B3 020), 53.
PP – Jean-Pierre Jarier (Shadow DN5/1A), 1:49.21; FL – Hunt, 1:50.91, 120.37 mph.
Jariers (Shadow) Trainingsbestzeit blieb nutzlos, weil schon in der Aufwärmrunde das Diff. versagt. Fittipaldis neuer McLaren trieb Hunt in der 35. Runde zu einem Fahrfehler Fittipaldi gewann. Superschnelle Brabhams.

26-1-75 BRAZILIAN GP,
Interlagos – 40 laps, 197.84 miles
1. Carlos Pace (Brabham BT44B/2), 40 laps in 1:44:41.17, 113.39 mph.
2. Emerson Fittipaldi (McLaren M23/9), 40 in 1:44:46.96.
3. Jochen Mass (McLaren M23/8), 40. **4.** Clay Regazzoni (Ferrari 312B3 014), 40. **5.** Niki Lauda (Ferrari 312B3 020), 40. **6.** James Hunt (Hesketh 308-3), 40.
PP – Jean-Pierre Jarier (Shadow DN5/1A), 2:29.88; FL – Jarier, 2:34.16, 115.51 mph.
Reutemann führte bis Runde 5, dann Jarier überlegen bis 8 Runden vor Schluß und einer defekten Benzineinspritzung.

1-3-75 SOUTH AFRICAN GP,
Kyalami – 78 laps, 198.90 miles
1. Jody Scheckter (Tyrrell 007-2), 78 laps in 1:43:16.90, 115.51 mph.
2. Carlos Reutemann (Brabham BT44B/1), 78 in 1:43:20.64.
3. Patrick Depailler (Tyrrell 007-4), 78. **4.** Carlos Pace (Brabham BT44B/2), 78. **5.** Niki Lauda (Ferrari 312T 018), 78. **6.** Jochen Mass (McLaren M23/8), 78.
PP – Pace, 1:16.41; FL – Pace, 1:17.20, 118.92 mph.
Scheckter übernahm in Runde drei im Ersatzauto mit Ersatzmaschine die Führung.

16-3-75 Race of Champions,
Brands Hatch, GB – 40 laps, 105.96 miles
1. Tom Pryce (Shadow DN5/2A), 40 laps in 55:53.5, 113.79 mph.
2. John Watson (Surtees TS16-04), 40 in 56:24.0.
3. Ronnie Peterson (Lotus 72 R9), 40. **4.** Jacky Ickx (Lotus 72 R5), 39. **5.** Emerson Fittipaldi (McLaren M23/9), 39. **6.** Bob Evans (BRM P201-05), 38.
PP – Pryce, 1:34.9; FL – Pryce, 1:21.1, 117.63 mph.
Scheckter führte bis zum Motorschaden, und der Shadow gewann.

13-4-75 BRDC International Trophy,
Silverstone, GB – 40 laps, 117.08 miles
1. Niki Lauda (Ferrari 312T 022), 40 laps in 52:17.6, 134.33 mph.
2. Emerson Fittipaldi (McLaren M23/4), 40 in 52:17.7.
3. Mario Andretti (Parnelli VPJ4-002), 40. **4.** John Watson (Surtees TS16-04), 40. **5.** Patrick Depailler (Tyrrell 007-4), 40. **6.** Mark Donohue (Penske PC1-002), 40.
PP – James Hunt (Hesketh 308-2), 1:17.3; FL – Hunt & Fittipaldi, 1:17.7, 135.61 mph.
Hunts Hesketh führte bis zum Motorschaden in Runde 25. Hartes Ferrari/McLaren Duell mit knappem Sieg für Lauda.

27-4-75 SPANISH GP,
Montjuich Pk, Barcelona – 75 laps, 176.65 miles*
*Race stopped after 29 laps due to accident
1. Jochen Mass (McLaren M23/8), 29 laps in 42:53.7, 95.54 mph.
2. Jacky Ickx (Lotus 72 R5), 29 in 42:54.8.
3. Carlos Reutemann (Brabham BT44B/1), 28. **4.** Jean-Pierre Jarier (Shadow DN5/1A), 29**. **5.** Vittorio Brambilla (March 751/3), 28. **6.** Lella Lombardi (March 751/2), 27.
**One place penalty for overtaking under yellow caution flag.
PP – Niki Lauda (Ferrari 312T 022), 1:23.4; FL – Mario Andretti (Parnelli VPJ4-002), 1:25.1, 100.94 mph.
Fittipaldi boykottierte das Rennen wegen mangelhafter Sicherheitsvorkehrungen. Die Ferrari schossen sich in der ersten Kurve gegenseitig ab, und Hunts Führung verlor sich auf einem Ölfleck. Dann führte Andretti im neuen Parnelli bis zum Unfall in Runde 22. Neuer Spitzenreiter war Stommelens Hill, bis die Heckflügelaufhängung brach, und er in die Zuschauer flog, von denen 5 starben. Pace verunfallte, um die Unfallstelle zu umgehen. Das Rennen wurde nach 29 Runden gestoppt.

11-5-75 MONACO GP,
Monte Carlo – 78 laps, 158.87 miles*
*Race stopped after 75 laps to comply with two-hour rule
1. Niki Lauda (Ferrari 312T 023), 75 laps in 2:01:21.31, 75.55 mph.
2. Emerson Fittipaldi (McLaren M23/9), 75 in 2:01:24.09.
3. Carlos Pace (Brabham BT44B/2), 75. **4.** Ronnie Peterson (Lotus 72 R9), 75. **5.** Patrick Depailler (Tyrrell 007-4), 75. **6.** Jochen Mass (McLaren M23/8), 75.
PP – Lauda, 1:26.40; FL – Depailler, 1:28.67, 82.71 mph.
Nach ca. 20 Runden wechselten alle von Regen, auf Slickreifen. Laudas Sieg war unangefochten. Das Rennen wurde in Runde 75 abgebrochen, nachdem zwei Stunden gefahren waren.

25-5-75 BELGIAN GP,
Zolder – 70 laps, 185.38 miles
1. Niki Lauda (Ferrari 312T 023), 70 laps in 1:43:53.98, 107.06 mph.
2. Jody Scheckter (Tyrrell 007-2), 70 in 1:44:13.20.
3. Carlos Reutemann (Brabham BT44B/1), 70. **4.** Patrick Depailler (Tyrrell 007-4), 70. **5.** Clay Regazzoni (Ferrari 312T 022), 70. **6.** Tom Pryce (Shadow DN5/2A), 70.
PP – Lauda, 1:25.43; FL – Regazzoni, 1:25.76, 109.90 mph.
Nur die ersten 5 Runden konnten Paces Brabham und Brambillas March mithalten.

8-6-75 SWEDISH GP,
Anderstorp – 80 laps, 199.76 miles
1. Niki Lauda (Ferrari 312T 023), 80 laps in 1:59:18.319, 100.41 mph.
2. Carlos Reutemann (Brabham BT44B/1), 80 in 1:59:24.607.
3. Clay Regazzoni (Ferrari 312T 021), 80. **4.** Mario Andretti (Parnelli VPJ4-001), 80. **5.** Mark Donohue (Penske PC1-01), 80. **6.** Tony Brise (Hill GH-1/1), 79.
PP – Vittorio Brambilla (March 751/3), 1:24.360; FL – Lauda, 1:28.267, 101.82 mph.
Erst Brambilla und dann Reutemann führten bis zu Reifenschäden, dann übernahm Lauda.

22-6-75 DUTCH GP,
Zandvoort – 75 laps, 196.95 miles
1. James Hunt (Hesketh 308-2), 75 laps in 1:46:57.40, 110.49 mph.
2. Niki Lauda (Ferrari 312T 022), 75 in 1:46:58.46.
3. Clay Regazzoni (Ferrari 312T 021), 75. **4.** Carlos Reutemann (Brabham BT44B/1), 74. **5.** Carlos Pace (Brabham BT44B/2), 74. **6.** Tom Pryce (Shadow DN5/2A), 74.
PP – Lauda, 1:20.29; FL – Lauda, 1:21.54, 115.91 mph.
Wieder ein naß-trockenes Rennen. Hunts Boxenstop zum Reifenwechsel war besser geplant als Laudas.

6-7-75 FRENCH GP,
Ricard-Castellet – 54 laps, 194.61 miles
1. Niki Lauda (Ferrari 312T 022), 54 laps in 1:40:18.84, 116.60 mph.
2. James Hunt (Hesketh 308-2), 54 in 1:40:20.43.
3. Jochen Mass (McLaren M23/6), 54. **4.** Emerson Fittipaldi (McLaren M23/9), 54. **5.** Mario Andretti (Parnelli VPJ4-001), 54. **6.** Patrick Depailler (Tyrrell 007-4), 54.
PP – Lauda, 1:47.82; FL – Mass, 1:50.60, 117.51 mph.
Laudas Wochenende.

19-7-75 BRITISH GP,
Silverstone – 67 laps, 196.44 miles*
*Race stopped after 56 laps due to multiple crashes in rainstorm
1. Emerson Fittipaldi (McLaren M23/9), 56 laps in 1:22:05.0, 120.01 mph.

2. Carlos Pace (Brabham BT44B/2), 55. **3.** Jody Scheckter (Tyrrell 007-6), 55. **4.** James Hunt (Hesketh 308-2), 55. **5.** Mark Donohue (March 751/5), 55. **6.** Vittorio Brambilla (March 751/3), 55.
PP – Tom Pryce (Shadow DN5/2A), 1;19.36; FL – Clay Regazzoni (Ferrari 312T 024), 1;20.9, 130.47 mph.
Wieder ein chaotisches Rennen. Pace führte bis ihn Reggazoni in Runde 13 überholte und er sich seinerseits fünf Runden später im ersten Regen drehte. Pryces Shadow führte eine weitere Runde bis zum Unfall.
Viele wechselten dann auf Regenreifen wie Scheckter, der sich dann deutlich an die Spitze setzte, später wechselte er wieder auf Slicks. Jarrier führte zwei Runden bis zum unausweichlichen Unfall, dann Hunt bis der Auspuff brach, dann Fittipaldi, 12 Runden später kam ein neuer Regenschauer nieder und neun weitere rutschten von der Bahn, so daß der Grand Prix abgebrochen werden mußte.

3-8-75 GERMAN GP,
Nürburgring – 14 laps, 198.64 miles
1. Carlos Reutemann (Brabham BT44B/1), 14 laps in 1;41;14.1, 117.73 mph. **2.** Jacques Laffite (Williams FX4 IR-03), 14 in 1;42;51.8. **3.** Niki Lauda (Ferrari 312T 022), 14. **4.** Tom Pryce (Shadow DN5/2A), 14. **5.** Alan Jones (Hill GH1-3), 14. **6.** Gijs van Lennep (Ensign N175 MN-04), 14.
PP – Lauda, 6;58.6; FL – Clay Regazzoni (Ferrari 312T 021), 7;06.4, 119.79 mph.
Lauda führte die ersten 9 Runden. Viele Reifenschäden.

17-8-75 AUSTRIAN GP,
Österreichring – 54 laps, 198.34 miles*
*Race stopped after 29 laps due to rainstorm.
1. Vittorio Brambilla (March 751/3), 29 laps in 57;56.69, 111.23 mph. **2.** James Hunt (Hesketh 308-2), 29 in 58;23.72. **3.** Tom Pryce (Shadow DN5/2A), 29. **4.** Jochen Mass (McLaren M23/6), 29. **5.** Ronnie Peterson (Lotus 72 R9), 29. **6.** Niki Lauda (Ferrari 312T 022), 29 laps.
PP – Lauda, 1;34.85; FL – Brambilla, 1;53.90, 116.08 mph.
Mark Donohue verunglückte tödlich im Training. Durch einen Regensturm wurde das Rennen in der 29. Runde abgebrochen. Erst führte Lauda mit Slicks, bis der Regen zu stark wurde, dann Hunt, bis der Motor nur auf 7 Zylindern lief, dann Brambilla.

24-8-75 'Swiss GP,'
Dijon-Prenois, F – 60 laps, 122.63 miles
1. Clay Regazzoni (Ferrari 312T 021), 60 laps in 1;01;25.34, 120.61 mph. **2.** Patrick Depailler (Tyrrell 007-4), 60 in 1;01;33.69. **3.** Jochen Mass (McLaren M23/6), 60. **4.** Ronnie Peterson (Lotus 72 R9), 60. **5.** John Watson (Surtees TS16-05), 60. **6.** Carlos Pace (Brabham BT44B/3), 60.
PP – Jean-Pierre Jarier (Shadow DN5/4A), 59.25; FL – Jarier, 1;00.44, 121.73 mph.
Nur 16 Starter. Jarier führte bis zum Getriebeschaden.

7-9-75 ITALIAN GP,
Monza – 52 laps, 186.76 miles
1. Clay Regazzoni (Ferrari 312T 024), 52 laps in 1 22 42 6, 135.48 mph. **2.** Emerson Fittipaldi (McLaren M23/10), 52 in 1 22 59 2. **3.** Niki Lauda (Ferrari 312T 023), 52. **4.** Carlos Reutemann (Brabham BT44B/1), 52. **5.** James Hunt (Hesketh 308C-1), 52. **6.** Tom Pryce (Shadow DN5/2A), 52.
PP – Lauda, 1 32 24; FL – Regazzoni, 1 33 1, 138.87 mph.
Start-Ziel Sieg von Regazzoni und Ferrari.

5-10-75 UNITED STATES GP,
Watkins Glen, NY – 59 laps, 199.24 miles
1. Niki Lauda (Ferrari 312T 023), 59 laps in 1 42 58.175, 116.10 mph. **2.** Emerson Fittipaldi (McLaren M23/10), 59 in 1 43.03 118. **3.** Jochen Mass (McLaren M23/6), 59. **4.** James Hunt (Hesketh 308C-1), 59. **5.** Ronnie Peterson (Lotus 72 R9), 59. **6.** Jody Scheckter (Tyrrell 007-9), 59.
PP – Lauda, 1.42.003; FL – Fittipaldi, 1.43.374, 117.60 mph.
Im ersten Teil des Rennens duellierten sich Lauda und Fittipaldi sehr hart. Als sie Regazzoni überrundeten blockierte dieser den McLaren für 5 Runden, und Fittipaldi verlor 13 Sekunden, bis der Schweizer die schwarze Flagge gezeigt bekam. Jarier war lange dritter, bis ein Radlager versagte.

1976

25-1-76 BRAZILIAN GP,
Interlagos – 40 laps, 197.84 miles
1. Niki Lauda (Ferrari 312T 023), 40 laps in 1.45.16.78, 112.76 mph. **2.** Patrick Depailler (Tyrrell 007-4), 40 in 1 45.38.25. **3.** Tom Pryce (Shadow DN5/5A), 40. **4.** Hans Stuck Jr (March 761/2), 40. **5.** Jody Scheckter (Tyrrell 007-6), 40. **6.** Jochen Mass (McLaren M23/6), 40.
PP – James Hunt (McLaren M23/8), 2.32.50; FL – Jean-Pierre Jarier (Shadow DN5/6A), 2.35.07, 114.83 mph.
Lauda übernahm die Spitze von Regazzoni nach 9 Runden und wurde hernach nur von Jariers Shadow gefordert, der bis auf 2 Sekunden herankam und dann auf einem Ölfleck ausglitt. Pryce verlor den sicheren 2. Platz durch Bremsprobleme.

6-3-76 SOUTH AFRICAN GP,
Kyalami – 78 laps, 198.90 miles
1. Niki Lauda (Ferrari 312T 023), 78 laps in 1 42.18.4, 116.58 mph. **2.** James Hunt (McLaren M23/8), 78 in 1 42.19.7. **3.** Jochen Mass (McLaren M23/6), 78. **4.** Jody Scheckter (Tyrrell 007-6), 78. **5.** John Watson (Penske PC3-01), 77. **6.** Mario Andretti (Parnelli VPJ4-002), 77.
PP – Hunt, 1.16.10; FL – Lauda, 1.17.94, 117.72 mph.
Obwohl ihm Hunt schon wieder die Trainingsbestzeit wegschnappte, war es durchweg Laudas Rennen. Selbst ein schleichender Plattfuß gegen Schluß brachte ihn nicht in Schwierigkeiten.

14-3-76 Race of Champions,
Brands Hatch, GB – 40 laps, 105.96 miles
1. James Hunt (McLaren M23/8), 40 laps in 58;01.23, 107.96 mph. **2.** Alan Jones (Surtees TS19-02), 40 in 58.19.65. **3.** Jacky Ickx (Hesketh 308C/3), 40. **4.** Vittorio Brambilla (March 761/1), 40. **5.** Chris Amon (Ensign N174 MN-02), 39. **6.** Tom Pryce (Shadow DN5/5A), 39.
PP – Jody Scheckter (Tyrrell 007-6), 1.20.42; FL – Hunt, 1.23.78, 112.15 mph.
Überraschend schneller Jones auf Surtees.

28-3-76 UNITED STATES GP WEST,
Long Beach, California – 99 laps, 199.98 miles
1. Clay Regazzoni (Ferrari 312T 024), 80 laps in 1;53;18.471, 85.57 mph. **2.** Niki Lauda (Ferrari 312T 023), 80 in 1.54.00.885. **3.** Patrick Depailler (Tyrrell 007-4), 80. **4.** Jacques Laffite (Ligier-Matra V12 JS5-01), 80. **5.** Jochen Mass (McLaren M23/6), 80. **6.** Emerson Fittipaldi (Fittipaldi FD04-1), 79.
PP – Regazzoni, 1.23.099; FL – Regazzoni, 1;23.076, 87.53 mph.
Regazzoni dominierte das Wochenende. Lauda beklagte Getriebe-Vibrationen, und Hunt wurde in Runde 3 von Depailler ins Aus geschoben.

11-4-76 BRDC International Trophy,
Silverstone, GB – 40 laps, 117.28 miles
1. James Hunt (McLaren M23/9), 40 laps in 53;04.57, 132.58 mph. **2.** Vittorio Brambilla (March 761/3), 40 in 53.15.81. **3.** Jody Scheckter (Tyrrell 007-6), 40. **4.** Tom Pryce (Shadow DN5/5A), 40. **5.** Jean-Pierre Jarier (Shadow DN5/4A), 40. **6.** Gunnar Nilsson (Lotus 77 R2), 40.
PP – Hunt, 1.17.91; FL – Hunt, 1.18.81, 133.93 mph.
Ein schwach besetztes Rennen. Hunt gewann leicht.

2-5-76 SPANISH GP,
Jarama, Madrid – 75 laps, 158.63 miles
1. James Hunt (McLaren M23/8-2), 75 laps in 1 42.20.43, 92.95 mph. **2.** Niki Lauda (Ferrari 312T 026), 75 in 1.42.51.40. **3.** Gunnar Nilsson (Lotus 77 R2), 75. **4.** Carlos Reutemann (Brabham-Alfa Romeo f12 BT45/1), 74. **5.** Chris Amon (Ensign N176 MN-05), 74. **6.** Carlos Pace (Brabham-Alfa Romeo f12 BT45/3), 74.
PP – Hunt, 1.18.52; FL – Jochen Mass (McLaren M23/9), 1.20.93, 94.04 mph.
Erstes Rennen nach den neuen Airboxregeln. Das Duell Hunt/Lauda war beendet, als Hunt in Runde 32 die Spitze übernahm da Lauda eine Rippenverletzung hatte. Nach dem Rennen wurde der McLaren wegen zu breiter Spur hinten disqualifiziert, aber die Berufung bestätigte später das Rennergebnis. Der Lotus 77 überraschte, und Tyrrells 6-Radler debütierte.

16-5-76 BELGIAN GP,
Zolder – 70 laps, 185.38 miles
1. Niki Lauda (Ferrari 312T2 026), 70 laps in 1 42.53.23, 108.11 mph. **2.** Clay Regazzoni (Ferrari 312T2 025), 70 in 1 42.56.69. **3.** Jacques Laffite (Ligier-Matra V12 JS5-01), 70. **4.** Jody Scheckter (Tyrrell P34/3), 70. **5.** Alan Jones (Surtees TS19-02), 69. **6.** Jochen Mass (McLaren M23/9), 69.
PP – Lauda, 1.26.55; FL – Lauda, 1.25.98, 110.87 mph.
Die 12 Zylinder dominierten, und Lauda gewann durch Start-Ziel-Sieg.

30-5-76 MONACO GP,
Monte Carlo – 78 laps, 160.52 miles
1. Niki Lauda (Ferrari 312T2 026), 78 laps in 1 59.51.47, 80.36 mph. **2.** Jody Scheckter (Tyrrell P34/3), 78 in 2 00.02.60. **3.** Patrick Depailler (Tyrrell P34/2), 78. **4.** Hans Stuck Jr (March 761/2), 77. **5.** Jochen Mass (McLaren M23/9), 77. **6.** Emerson Fittipaldi (Fittipaldi FD04-1), 77.
PP – Lauda, 1.29.65; FL – Lauda, 1.30.36, 81.99 mph.
Wieder war Lauda überlegen. Peterson war im March bis zu seinem Unfall lange Zweiter, dann der neue Tyrrell. Regazzoni hatte einen Unfall 4 Runden vor Schluß bei der Jagd auf Platz 2.

13-6-76 SWEDISH GP,
Anderstorp – 72 laps, 179.78 miles
1. Jody Scheckter (Tyrrell P34/3), 72 laps in 1 46.53.729, 100.85 mph. **2.** Patrick Depailler (Tyrrell P34/2), 72 in 1 47.13.495. **3.** Niki Lauda (Ferrari 312T2 026), 72. **4.** Jacques Laffite (Ligier-Matra V12 JS5-01), 72. **5.** James Hunt (McLaren M23/8-2), 72. **6.** Clay Regazzoni (Ferrari 312T2 027), 72.
PP – Scheckter, 1.25.659; FL – Mario Andretti (Lotus 77 R1), 1.28.002, 102.13 mph.
Andrettis Lotus 77 führte vom Start weg bis zum Motorschaden in Runde 45. Tyrrells 6-Rad Doppelsieg. Amon war im Ensign lange Vierter bis zu seinem Unfall.

4-7-76 FRENCH GP,
Ricard-Castellet – 54 laps, 194.61 miles
1. James Hunt (McLaren M23/8-2), 54 laps in 1 40.58.60, 115.84 mph. **2.** Patrick Depailler (Tyrrell P34/2), 54 in 1 41.11.30. **3.** John Watson (Penske PC4-001), 54. **4.** Carlos Pace (Brabham Alfa Romeo f12 BT45/3), 54. **5.** Mario Andretti (Lotus 77 R1), 54. **6.** Jody Scheckter (Tyrrell P34/3), 54.
PP – Hunt, 1.47.89; FL – Niki Lauda (Ferrari 312T2 026), 1.51.0, 117.09 mph.
Nach einem Drittel der Distanz schieden beide Ferraris mit Motorschaden aus und Hunt nutzte die Chance. Peterson war lange Dritter im March. Watsons Penske wurde nach dem Rennen wegen der Flügelhöhe disqualifiziert, dann aber wieder als legal bestätigt.

18-7-76 BRITISH GP,
Brands Hatch – 76 laps, 201.40 miles*
*Race stopped after first-corner multiple collision restarted over full distance controversially allowing spare cars to be used
1. Niki Lauda (Ferrari 312T2 028), 76 laps in 1 44.19.66, 114.82 mph**. **2.** Jody Scheckter (Tyrrell P34/3), 76 in 1 44.35.84. **3.** John Watson (Penske PC4-001), 75. **4.** Tom Pryce (Shadow DN5/5A), 75. **5.** Alan Jones (Surtees TS19-02), 75. **6.** Emerson Fittipaldi (Fittipaldi FD04-3), 74.
PP – Lauda, 1.19.35; FL – James Hunt (McLaren M23/8-2), 1.19.82, 117.71 mph.
**First on road was Hunt, 76 laps in 1.43.27.61, 115.19 mph, later disqualified by FIA appeal hearing
In der ersten Kurve kollidierten Regazzoni und Lauda und verunglückten zusammen mit Hunt und anderen. Das Rennen wurde abgebrochen und neu gestartet. Dann führte Lauda bis Runde 43 und Getriebeproblemen. Hunt ging an ihm vorbei und gewann. Ferrari protestierte dann gegen McLaren. Hunt sei nach dem Startunfall weiter gefahren und habe dann am Streckenrand aufgegeben. Die FIA gab diesem Protest sogar statt, obwohl der Vorderachsschaden am McLaren klar von der von Ferrari verschuldeten Startkollision herrührte.

1-8-76 GERMAN GP,
Nürburgring – 14 laps, 198.64 miles
1. James Hunt (McLaren M23/6), 14 laps in 1 41.42.7, 117.18 mph. **2.** Jody Scheckter (Tyrrell P34/3), 14 in 1 42.10.4. **3.** Jochen Mass (McLaren M23/9), 14. **4.** Carlos Pace (Brabham Alfa Romeo f12 BT45/4), 14. **5.** Gunnar Nilsson (Lotus 77 R2), 14. **6.** Rolf Stommelen (Brabham Alfa Romeo f12 BT45/1), 14.
PP – Hunt, 7.06.5; FL – Scheckter, 7.10.8, 118.57 mph.
Lauda verunglückte schwer in der zweiten Runde und zog sich schwere Verletzungen und Verbrennungen zu. Das Rennen wurde neu gestartet, und nach Regazzonis Unfall gewann Hunt.

15-8-76 AUSTRIAN GP,
Österreichring – 54 laps, 198.34 miles
1. John Watson (Penske PC4-001), 1.30.07.86, 132.03 mph. **2.** Jacques Laffite (Ligier-Matra V12 JS-02), 54 in 1.30.18.65. **3.** Gunnar Nilsson (Lotus 77 R2), 54. **4.** James Hunt (McLaren M23/8-2), 54. **5.** Mario Andretti (Lotus 77 R3), 54. **6.** Ronnie Peterson (March 761/6), 54.
PP – Hunt, 1.35.02; FL – Hunt, 1.35.91, 137.83 mph.
Kein Ferrari am Start. Das Duell Peterson/Watson/Scheckter/Nilsson war durch den Aufhängungsbruch des Tyrrell, den Bremsproblemen am March und mangelndem Öldruck am Lotus für Watson gewonnen.

29-8-76 DUTCH GP,
Zandvoort – 75 laps, 196.95 miles
1. James Hunt (McLaren M23/8-2), 75 laps in 1 44.52.09, 112.69 mph. **2.** Clay Regazzoni (Ferrari 312T2 027), 75 in 1 44.53.01. **3.** Mario Andretti (Lotus 77 R1), 75. **4.** Tom Pryce (Shadow DN8/1A), 75. **5.** Jody Scheckter (Tyrrell P34/4), 75. **6.** Vittorio Brambilla (March 761/1), 75.
PP – Ronnie Peterson (March 761/6), 1.21.31; FL – John Watson (Penske PC4-001), 1.23.10, 113.76 mph.
Nach dem Motorschaden an Petersons March war das harte Duell von Hunt mit Watson mit einem Getriebeschaden am Penske beendet. Regazzoni knapp Zweiter.

12-9-76 ITALIAN GP,
Monza – 52 laps, 187.41 miles
1. Ronnie Peterson (March 761/6), 52 laps in 1 30.35.6, 124.12 mph. **2.** Clay Regazzoni (Ferrari 312T2 027), 52 in 1 30.37.9. **3.** Jacques Laffite (Ligier Matra V12 JS5-02), 52. **4.** Niki Lauda (Ferrari 312T2 026), 52. **5.** Jody Scheckter (Tyrrell P34/4), 52. **6.** Patrick Depailler (Tyrrell P34/2), 52.
PP – Laffite, 1.41.35; FL – Peterson, 1.41.3, 128.08 mph.
Nach einer zweifelhaften Benzinanalyse wurden die Trainingszeiten von McLaren und Penske annulliert. Nach anfänglicher Führung von Scheckter, stürmte Peterson in Runde 11 an die Spitze. Hunt verbremste sich im Duell gegen Pryce, und Lauda feierte ein viel bewundertes Comeback.

3-10-76 CANADIAN GP,
Mosport Pk, Toronto – 80 laps, 196.72 miles
1. James Hunt (McLaren M23/8-2), 80 laps in 1 40.09.626, 117.843 mph. **2.** Patrick Depailler (Tyrrell P34/2), 80 in 1 40.15.957. **3.** Mario Andretti (Lotus 77 R1), 80. **4.** Jody Scheckter (Tyrrell P34/4), 80. **5.** Jochen Mass (McLaren M23/9), 80. **6.** Clay Regazzoni (Ferrari 312T2 027), 80.
PP – Hunt, 1.12.389; FL – Depailler, 1.13.817, 119.92 mph.
Hunt wurde zuerst von Peterson, dann von Depailler gefordert, dem Benzindämpfe im Auto die entscheidenden Sekunden kosteten. Hunt war auf dem Weg zur WM gegen Lauda ein Stück weiter.

10-10-76 UNITED STATES GP,
Watkins Glen, NY – 59 laps, 199.24 miles
1. James Hunt (McLaren M23/8-2), 59 laps in 1 42.40.741, 116.43 mph. **2.** Jody Scheckter (Tyrrell P34/4), 59 in 1 42.48.771. **3.** Niki Lauda (Ferrari 312T2 026), 59. **4.** Jochen Mass (McLaren M23/9), 59. **5.** Hans Stuck Jr (March 761/2), 59. **6.** John Watson (Penske PC4-002), 59.
PP – Hunt, 1.43.622; FL – Hunt, 1.42.851, 118.20 mph.
Hunt rang in einem harten Kampf Scheckter nieder.

24-10-76 JAPANESE GP,
Fuji – 73 laps, 197.72 miles
1. Mario Andretti (Lotus 77 R1), 73 laps in 1 43.58.86, 114.09 mph. **2.** Patrick Depailler (Tyrrell P34/3), 72. **3.** James Hunt (McLaren M23/8-2), 72. **4.** Alan Jones (Surtees TS19-04), 72. **5.** Clay Regazzoni (Ferrari 312T2 027), 72. **6.** Gunnar Nilsson (Lotus 77 R2), 72.
PP – Andretti, 1.12.77; FL – Masahiro Hasemi (Kojima KE007/1), 1.18.23, 124.62 mph.
Lauda gab in der 2. Runde das Rennen bei strömendem Regen auf. Nach dem Unfall am Nürburgring war ihm das Leben wichtiger, als den Titel in solch gefährlichem Rennen zu verteidigen. Hunt führte lang und mußte dann an der Box Reifen wechseln. Platz 3 reichte zum Titelgewinn.

1977

9-1-77 ARGENTINE GP,
Buenos Aires – 53 laps, 196.55 miles
1. Jody Scheckter (Wolf WR1), 53 laps in 1 40.11.19, 117.71 mph. **2.** Carlos Pace (Brabham-Alfa Romeo f12 BT45/5), 53 in 1 40.54.43. **3.** Carlos Reutemann (Ferrari 312T2 029), 53. **4.** Emerson Fittipaldi (Fittipaldi FD04-3), 53. **5.** Mario Andretti (Lotus 78 R1), 51. **6.** Clay Regazzoni (Ensign N177 MN-06), 51.
PP – James Hunt (McLaren M23/10), 1.48.68; FL – Hunt, 1.51.06, 120.21 mph.
Der anfangs führende Brabham-Alfa von Watson schied mit defekten Getriebehalterungsschrauben aus, dann übernahm Hunt bis zum Aufhängungsschaden und schließlich Pace im zweiten Brabham-Alfa, bis ihn körperliches Unwohlsein bremste und Scheckter im Wolf sogar das Debütrennen dieses Wagens gewann. Andrettis Lotus hätte Zweiter werden können aber ein Hinterradlager wurde defekt.

23-1-77 BRAZILIAN GP,
Interlagos – 40 laps, 197.84 miles
1. Carlos Reutemann (Ferrari 312T2 029), 40 laps in 1.45.07.72, 112.92 mph. **2.** James Hunt (McLaren M23/10), 40 in 1.45.18.43. **3.** Niki Lauda (Ferrari 312T2 026), 40. **4.** Emerson Fittipaldi (Fittipaldi FD04-3), 39. **5.** Gunnar Nilsson (Lotus 78 R1), 39. **6.** Renzo Zorzi (Shadow DN5/5A), 39.
PP – Hunt, 2;30.11; FL – Hunt, 2.34.55, 115.21 mph.
Die Brabham-Alfas trumpften wieder auf. Pace führte sechs Runden bis zur Kollision mit Hunt, dessen McLaren daraufhin beide Vorderräder wechseln mußte. Acht Autos verunglückten wegen Straßenschäden.

5-3-77 SOUTH AFRICAN GP,
Kyalami – 78 laps, 198.90 miles
1. Niki Lauda (Ferrari 312T2 030), 78 laps in 1 42.21.6, 116.59 mph. **2.** Jody Scheckter (Wolf WR1), 78. **3.** Patrick Depailler (Tyrrell P34/2), 78. **4.** James Hunt (McLaren M23/11), 78. **5.** Jochen Mass (McLaren M23/6), 78. **6.** John Watson (Brabham-Alfa Romeo f12 BT45/3), 78.
PP – Hunt, 1.15.96; FL – Watson, 1.17.63, 118.26 mph.
Lauda führte ab Runde 7 und gewann, obwohl er sich an Resten des Pryce Unfalls den Kühler beschädigte. Tom Pryce wurde vom Feuerlöscher eines über die Strecke laufenden Marshalls am Kopf getroffen und starb sofort.

20-3-77 Race of Champions,
Brands Hatch, GB – 40 laps, 105.96 miles
1. James Hunt (McLaren M23/10), 40 laps in 53;54.35, 116.36 mph. **2.** Jody Scheckter (Wolf WR1), 40 in 54.17.87. **3.** John Watson (Brabham-Alfa Romeo f12 BT45-1), 40. **4.** Brian Henton (March 761 Spl), 39. **5.** Jack Oliver (Shadow DN8/1A), 39. **6.** David Purley (LEC Pilbeam R21-01), 39.
PP – Watson, 1.19.05; FL – Hunt, 1.19.48, 118.38 mph.

Andrettis Lotus führte bis zu einem Elektrikschaden in Runde 34, dann übernahm Hunt. Watson mußte einen Vorderreifen wechseln.

3-4-77 UNITED STATES GP WEST,
Long Beach, California – 80 laps, 161.60 miles
1. Mario Andretti (Lotus 78 R3), 80 laps in 1:51:35.470, 89.89 mph.
2. Niki Lauda (Ferrari 312T2 030), 80 in 1:51:36.243.
3. Jody Scheckter (Wolf WR1), 80. **4.** Patrick Depailler (Tyrrell P34/2), 80. **5.** Emerson Fittipaldi (Fittipaldi FD04-3), 80. **6.** Jean Pierre Jarier (ATS Penske PC4-002), 79.
PP – Lauda, 1:21.630; FL – Lauda, 1:21.650, 89.09 mph.
Nach einem Startunfall in der ersten Kurve führte Scheckter für 77 Runden mit dem Lotus und Ferrari im Schlepptau, ehe ein schleichender Plattfuß den Wolf bremste.

8-5-77 SPANISH GP,
Jarama, Madrid – 75 laps, 158.65 miles
1. Mario Andretti (Lotus 78 R3), 75 laps in 1:42:52.22, 91.79 mph.
2. Carlos Reutemann (Ferrari 312T2 029), 75 in 1:43:08.07.
3. Jody Scheckter (Wolf WR2), 75. **4.** Jochen Mass (McLaren M23/12), 75. **5.** Gunnar Nilsson (Lotus 78 R2), 75. **6.** Hans Stuck Jr (Brabham-Alfa Romeo f12 BT45/1), 74.
PP – Andretti, 1:18.70; FL – Jacques Laffite (Ligier-Matra V12 JS7-02), 1:20.81, 94.24 mph.
Die Lotus 78 Dominanz begann. Nur Laffites Ligier-Matra konnte bis zu einem Boxenstop in Runde 12 den Lotus halten. Miserables McLaren M26 Debut. Lauda nicht am Start.

22-5-77 MONACO GP,
Monte Carlo – 76 laps, 156.44 miles
1. Jody Scheckter (Wolf WR1), 76 laps in 1:57:52.77, 79.61 mph.
2. Niki Lauda (Ferrari 312T2 030), 76 in 1:57:53.66.
3. Carlos Reutemann (Ferrari 312T2 029), 76. **4.** Jochen Mass (McLaren M23/12), 76. **5.** Mario Andretti (Lotus 78 R3), 76. **6.** Alan Jones (Shadow DN8/3A), 76.
PP – John Watson (Brabham-Alfa Romeo f12 BT45/5), 1:29.86; FL – Scheckter, 1:31.07, 81.35 mph.
Wolf erzielte den 100sten Grand Prix Sieg für Cosworth, allerdings bedrängt von Watsons Brabham-Alfa bis dieser Bremsprobleme und Getriebeärger bekam.

5-6-77 BELGIAN GP,
Zolder – 70 laps, 185.38 miles
1. Gunnar Nilsson (Lotus 78 R2), 70 laps in 1:55:05.71, 96.64 mph.
2. Niki Lauda (Ferrari 312T2 030), 70 in 1:55:19.90.
3. Ronnie Peterson (Tyrrell P34/5), 70. **4.** Vittorio Brambilla (Surtees TS19-06), 70. **5.** Alan Jones (Shadow DN8/3A), 70. **6.** Hans Stuck Jr (Brabham-Alfa Romeo f12 BT45/1), 69.
PP – Mario Andretti (Lotus 78 R3), 1:24.64; FL – Nilsson, 1:27.54, 108.96 mph.
Ein Regenrennen. Andretti und Watson rempelten sich in der ersten Runde von der Strecke, aber Nilsson bewies die Überlegenheit des Lotus 78, indem er Laudas Ferrari überholte, obwohl er Reifen an der Box wechselte.

19-6-77 SWEDISH GP,
Anderstorp – 72 laps, 179.78 miles
1. Jacques Laffite (Ligier-Matra V12 JS7-02), 72 laps in 1:46:55.520, 100.85 mph.
2. Jochen Mass (McLaren M23/12), 72 in 1:47:03.969.
3. Carlos Reutemann (Ferrari 312T2 029), 72. **4.** Patrick Depailler (Tyrrell P34/7), 72. **5.** John Watson (Brabham-Alfa Romeo f12 BT45/6), 72. **6.** Mario Andretti (Lotus 78 R3), 72.
PP – Andretti, 1:25.404; FL – Andretti, 1:27.607, 102.61 mph.
Andretti verlor das Rennen, weil ein Teil der Einspritzung das Benzin zu fett stellte, und er zwei Runden vor Schluß nachtanken mußte. Hunt mußte Reifen wechseln.

3-7-77 FRENCH GP,
Dijon-Prenois – 80 laps, 188.89 miles
1. Mario Andretti (Lotus 78 R3), 80 laps in 1:39:40.13, 113.71 mph.
2. John Watson (Brabham-Alfa Romeo f12 BT45/6), 80 in 1:39:41.68.
3. James Hunt (McLaren M26/2), 80. **4.** Gunnar Nilsson (Lotus 78 R2), 80. **5.** Niki Lauda (Ferrari 312T2 031), 80. **6.** Carlos Reutemann (Ferrari 312T2 029), 79.
PP – Andretti, 1:12.21; FL – Andretti, 1:13.75, 115.34 mph.
Watson hätte klar gewinnen müssen, aber in der letzten Runde ging ihm das Benzin aus.

16-7-77 BRITISH GP,
Silverstone – 68 laps, 199.58 miles
1. James Hunt (McLaren M26/2), 68 laps in 1:31:46.06, 130.36 mph.
2. Niki Lauda (Ferrari 312T2 031), 68 in 1:32:04.37.
3. Gunnar Nilsson (Lotus 78 R2), 68. **4.** Jochen Mass (McLaren M26/3), 68. **5.** Hans Stuck Jr (Brabham-Alfa Romeo f12 BT45/3), 68. **6.** Jacques Laffite (Ligier-Matra V12 JS7-01), 67.
PP – Hunt, 1:18.49; FL – Hunt, 1:19.60, 132.60 mph.
Watson und der Brabham-Alfa dominierten wieder, bis in Runde 50 die Benzinversorgung versagte. Andretti schied mit Motorschaden aus, und der Renault Turbo gab sein Debut.

31-7-77 GERMAN GP,
Hockenheim – 47 laps, 198.25 miles
1. Niki Lauda (Ferrari 312T2 031), 47 laps in 1:31:48.62, 129.48 mph.
2. Jody Scheckter (Wolf WR2), 47 in 1:32:02.95.
3. Hans Stuck Jr (Brabham-Alfa Romeo f12 BT45/3), 47. **4.** Carlos Reutemann (Ferrari 312T2 029), 47. **5.** Vittorio Brambilla (Surtees TS19-06), 47. **6.** Patrick Tambay (Ensign N177 MN-08), 47.
PP – Scheckter, 1:53.07; FL – Lauda, 1:55.99, 130.83 mph.
Der Wolf führte 12 Runden, bis Lauda an ihm vorbei war. Die Brabham-Alfa waren wieder sehr durstig. Stuck rollte mit leeren Tanks über die Ziellinie. Beim Lotus 78 versagten wieder die Motoren.

14-8-77 AUSTRIAN GP,
Österreichring – 54 laps, 199.39 miles
1. Alan Jones (Shadow DN8/4A), 54 laps in 1:37:16.49, 122.99 mph.
2. Niki Lauda (Ferrari 312T2 031) 54 in 1:37:36.62.
3. Hans Stuck Jr (Brabham-Alfa Romeo f12 BT45/3), 54. **4.** Carlos Reutemann (Ferrari 312T2 029), 54. **5.** Ronnie Peterson (Tyrrell P34/6), 54. **6.** Jochen Mass (McLaren M26/1), 53.
PP – Lauda, 1:39.32; FL – John Watson (Brabham-Alfa Romeo f12 BT45/5), 1:40.96, 137.83 mph.
In Führung liegend, versagte Andrettis Motor schon wieder. Auch der zweite Lotus von Nilsson und Hunt mußten mit defekten Motoren aufgeben. Cosworth in der Krise?

28-8-77 DUTCH GP,
Zandvoort – 75 laps, 196.65 miles
1. Niki Lauda (Ferrari 312T2 030), 75 laps in 1:41:45.93, 116.12 mph.
2. Jacques Laffite (Ligier-Matra V12 JS7-02), 75 in 1:41:47.82.
3. Jody Scheckter (Wolf WR2), 74. **4.** Emerson Fittipaldi (Fittipaldi F5/2), 74. **5.** Patrick Tambay (Ensign N177 MN-08), 73. **6.** Carlos Reutemann (Ferrari 312T2 029), 73.
PP – Mario Andretti (Lotus 78 R3), 1:18.65; FL – Niki Lauda, 1:19.99, 118.18 mph.
Hunts McLaren führte fünf Runden, ehe ihn Andretti in der Tarzan Kurve außen überholte und rempelte. Andrettis Motor gab aber neun Runden später wieder den Geist auf, und Lauda siegte.

11-9-77 ITALIAN GP,
Monza – 52 laps, 187.41 miles
1. Mario Andretti (Lotus 78 R3), 52 laps in 1:27:50.30, 128.01 mph.
2. Niki Lauda (Ferrari 312T2 031), 52 in 1:28:07.26.
3. Alan Jones (Shadow DN8/4A), 52. **4.** Jochen Mass (McLaren M26/3), 52. **5.** Clay Regazzoni (Ensign N177 MN-07), 52. **6.** Ronnie Peterson (Tyrrell P34/6), 52.
PP – James Hunt (McLaren M26/2), 1:38.08; FL – Andretti, 1:39.10, 130.92 mph.
Scheckters Wolf führte 10 Runden, ehe Andretti ihn überholte. Diesmal aber versagte Scheckters Motor, und Andretti gewann.

2-10-77 UNITED STATES GP,
Watkins Glen, NY – 59 laps, 199.24 miles
1. James Hunt (McLaren M26/2), 59 laps in 1:58:23.267, 100.98 mph.
2. Mario Andretti (Lotus 78 R3), 59 in 1:58:25.293.
3. Jody Scheckter (Wolf WR1), 59. **4.** Niki Lauda (Ferrari 312T2 031), 59. **5.** Clay Regazzoni (Ensign N177 MN-07), 59. **6.** Carlos Reutemann (Ferrari 312T2 030), 58.
PP – Hunt, 1:40.863; FL – Ronnie Peterson (Tyrrell P34/6), 1:51.854, 108.69 mph.
Das sehr nasse Rennen wurde bis Runde 14 von Hans Stuck im Brabham-Alfa dominiert. Dann sprang bei defekter Kupplung der Gang heraus, und der Brabham flog von der Strecke. Lauda reichte ein 4. Platz zum Titelgewinn.

9-10-77 CANADIAN GP,
Mosport Pk, Toronto – 80 laps, 196.72 miles
1. Jody Scheckter (Wolf WR1), 80 laps in 1:40:00.00, 118.03 mph.
2. Patrick Depailler (Tyrrell P34/7), 80 in 1:40:06.77.
3. Jochen Mass (McLaren M26/3), 80. **4.** Alan Jones (Shadow DN8/5A), 80. **5.** Patrick Tambay (Ensign N177 MN-08), 80. **6.** Vittorio Brambilla (Surtees TS19-06), 78.
PP – Mario Andretti (Lotus 78 R3), 1:11.385; FL – Andretti, 1:13.299, 120.94 mph.
Andrettis Lotus 78 war so dominant, daß er das ganze Feld überrundete und langsam fuhr. Als gerade Scheckter seine Überrundung rückgängig gemacht hatte, platzte erneut der Motor des Lotus. Hunt, anfangs auch schnell unterwegs, wurde beim Überrunden von Teamkollege Mass ins Aus befördert.

23-10-77 JAPANESE GP,
Fuji – 73 laps, 197.72 mph
1. James Hunt (McLaren M26/3), 73 laps in 1:31:51.68, 129.15 mph.
2. Carlos Reutemann (Ferrari 312T2 029), 73 in 1:32:54.13.
3. Patrick Depailler (Tyrrell P34/7), 73. **4.** Alan Jones (Shadow DN8/5A), 73. **5.** Jacques Laffite (Ligier-Matra V12 JS7-02), 72. **6.** Riccardo Patrese (Shadow DN8/3A), 72.
PP – Mario Andretti (Lotus 78 R3), 1:12.23; FL – Jody Scheckter (Wolf WR3), 1:14.30, 131.24 mph.
Hunts McLaren war deutlich überlegen. Interessant war nur Platz 2. Andretti verunfallte in Runde 2, dann Mass bis zur 28. und einem Motorschaden, dann Regazzonis Ensign ebenfalls bis zum Motorschaden und endlich Laffites Ligier bis zum leeren Tank in der letzten Runde. Ein glücklicher zweiter Platz also für Ferrari.

1978

15-1-78 ARGENTINE GP,
Buenos Aires – 53 laps, 196.55 miles
1. Mario Andretti (Lotus 78 R3), 52 laps in 1:37:04.47, 119.19 mph.
2. Niki Lauda (Brabham-Alfa Romeo f12 BT45/7), 52 in 1:37:17.68.
3. Patrick Depailler (Tyrrell 008-1), 52. **4.** James Hunt (McLaren M26/4), 52. **5.** Ronnie Peterson (Lotus 78 R2), 52. **6.** Patrick Tambay (McLaren M26/3), 52.
PP – Andretti, 1:47.75; FL – Gilles Villeneuve (Ferrari 312T2 027), 1:49.76, 121.63 mph.
Andrettis klarer Start-Ziel Sieg

29-1-78 BRAZILIAN GP,
Jacarepaguá, Rio de Janeiro – 63 laps, 196.94 miles
1. Carlos Reutemann (Ferrari 312T2 031) 63 laps in 1:49:50.86, 107.43 mph.
2. Emerson Fittipaldi (Fittipaldi F5A/1), 63 in 1:50:48.99.
3. Niki Lauda (Brabham-Alfa Romeo f12 BT45/7), 63. **4.** Mario Andretti (Lotus 78 R3), 63. **5.** Clay Regazzoni (Shadow DN8/5A), 62. **6.** Didier Pironi (Tyrrell 008-2), 62.
PP – Ronnie Peterson (Lotus 78 R2), 1:40.45; FL – Reutemann, 1:43.07, 109.19 mph.
Michelin gewann in sengender Hitze seinen ersten Grand Prix mit dem überlegenen Ferrari. Andretti verlor seinen 2. Platz durch Getriebeprobleme an Fittipaldi im „Familienauto".

4-3-78 SOUTH AFRICAN GP,
Kyalami – 78 laps, 198.90 miles
1. Ronnie Peterson (Lotus 78 R2), 78 laps in 1:42:15.76, 116.70 mph.
2. Patrick Depailler (Tyrrell 008-3), 78 in 1:42:16.23.
3. John Watson (Brabham-Alfa Romeo f12 BT46/3), 78. **4.** Alan Jones (Williams FW06/1), 78. **5.** Jacques Laffite (Ligier-Matra V12 JS7-01), 78. **6.** Didier Pironi (Tyrrell 008-2), 77.
PP – Niki Lauda (Brabham-Alfa Romeo f12 BT46/4), 1:14.65; FL – Mario Andretti (Lotus 78 R3), 1:17.09, 119.08 mph.
Patreses Arrows konnte durch eine glücklichere Reifenwahl die Gruppe Andretti/Scheckter/Lauda überholen und führte bis zum Motorschaden in der 64. Andretti mußte 4 Runden vor Schluß nachtanken. Depailler bekam in der letzten Runde auch Benzinprobleme, so daß Peterson gerade vorbeischlüpfen konnte.

19-3-78 BRDC International Trophy,
Silverstone, GB – 40 laps, 117.40 miles
1. Keke Rosberg (Theodore TR1/2), 40 laps in 1:12:49.02, 96.64 mph.
2. Emerson Fittipaldi (Fittipaldi F5A/2), 40 in 1:12:50.90.
3. Tony Trimmer (McLaren M23/14), 37. **4.** Brett Lunger (McLaren M23/11), 37. UNC **'5th'** Rupert Keegan (Surtees TS19-07), 31. UNC **'6th'** Hans Stuck Jr (Shadow DN9/1A), 25.
PP – Ronnie Peterson (Lotus 78 R2), 1:16.07; FL – Fittipaldi, 1:38.63, 107.02 mph.
Wieder ein typisch britisches Regenrennen. Der neue Lotus 79 verunglückte, und der „namenlose" Rosberg auf Theodore gewann als bester Regenspezialist.

2-4-78 UNITED STATES GP WEST,
Long Beach, California – 80 laps, 162.89 miles
1. Carlos Reutemann (Ferrari 312T3 032), 80 laps in 1:52:01.301, 87.10 mph.
2. Mario Andretti (Lotus 78 R3), 80 in 1:52:12.362.
3. Patrick Depailler (Tyrrell 008-1), 80. **4.** Ronnie Peterson (Lotus 78 R2), 80. **5.** Jacques Laffite (Ligier-Matra V12 JS7-03), 80. **6.** Riccardo Patrese (Arrows FA1/2), 79.
PP – Reutemann, 1:20.636; FL – Alan Jones (Williams FW06/2), 1:22.215, 88.45 mph.
Villeneuves Ferrari führte 38 Runden, bis er mit einem langsameren zusammenstieß. Reutemann wurde hart von Jones Williams bedrängt bis dieser einen Frontschaden erlitt und Probleme mit der Benzinversorgung bekam.

7-5-78 MONACO GP,
Monte Carlo – 75 laps, 154.35 miles
1. Patrick Depailler (Tyrrell 008-3), 75 laps in 1:55:14.66, 80.36 mph.
2. Niki Lauda (Brabham-Alfa Romeo f12 BT46/4), 75 in 1:55:37.11.
3. Jody Scheckter (Wolf WR1), 75. **4.** John Watson (Brabham-Alfa Romeo f12 BT46/3), 75. **5.** Didier Pironi (Tyrrell 008-4), 75. **6.** Riccardo Patrese (Arrows FA1/2), 75.
PP – Carlos Reutemann (Ferrari 312T3 032), 1:28.34; FL – Lauda, 1:28.65, 83.67 mph.
Nachdem Watson Bremsprobleme hatte, und Lauda einen Reifen wechseln mußte, war Depaillers Weg zum Sieg frei. Scheckter verlor den 2. Platz noch kurz vor Schluß, als der 2. Gang versagte.

21-5-78 BELGIAN GP,
Zolder – 70 laps, 185.38 miles
1. Mario Andretti (Lotus 79 R2), 70 laps in 1:39:52.02, 111.31 mph.
2. Ronnie Peterson (Lotus 78 R2), 70 in 1:40:01.92.
3. Carlos Reutemann (Ferrari 312T3 033), 70. **4.** Gilles Villeneuve (Ferrari 312T3 034), 70. **5.** Jacques Laffite (Ligier-Matra V12 JS79-01), 69. **6.** Didier Pironi (Tyrrell 008-4), 69.
PP – Andretti, 1:20.90; FL – Peterson, 1:23.13, 114.66 mph.
Colin Chapmans 50. Geburtstag wurde durch den Lotus Doppelsieg gebührend gefeiert. Andretti war im neuen 79 klar überlegen. Peterson marschierte nach dem Wechsel der Vorderräder durchs Feld bis auf Platz 2. Villeneuve fiel durch einen Reifenschaden zurück und fuhr eine ganze Runde auf der Felge. Reutemann beklagte heftiges Untersteuern. Hunt, Lauda und Scheckter kollidierten bei dem Startunfall.

4-6-78 SPANISH GP,
Jarama, Madrid – 75 laps, 158.65 miles
1. Mario Andretti (Lotus 79 R3), 75 laps in 1:41:47.06, 93.53 mph.
2. Ronnie Peterson (Lotus 79 R2), 75 in 1:42:06.62.
3. Jacques Laffite (Ligier-Matra JS9-01), 75. **4.** Jody Scheckter (Wolf WR5), 75. **5.** John Watson (Brabham-Alfa Romeo f12 BT46/4), 75. **6.** James Hunt (McLaren M26/...), 74.
PP – Andretti, 1:16.3...; FL – Andretti, 1:20.06, 95.10 mph.
Lotus Doppelsieg für den 79er. Hunt setzte auf ganz weiche Reifen und führte kurz, mußte aber doch nach 50 Runden wechseln.

17-6-78 SWEDISH GP,
Anderstorp – 70 laps, 175.33 miles
1. Niki Lauda (Brabham-Alfa Romeo f12 BT46B/6), 70 laps in 1:41:00.6..., 104.14 mph.
2. Riccardo Patrese (Arrows FA1/4) 70 in 1:41:34.625.
3. Ronnie Peterson (Lotus 79 R2), 70 in 1:41:34.711. **4.** Patrick Tambay (McLaren M26/5), 69. **5.** Clay Regazzoni (Shadow DN9/4A), 69. **6.** Emerson Fittipaldi (Fittipaldi F5A/3), 69.
PP – Mario Andretti (Lotus 79 R3), 1:22.058; FL – Lauda, 1:24.836, 10...25 mph.
Brabhams „Staubsauger" debütierte und gewann. Zwar konnte Andretti vor Lauda 40 Runden lang führen, doch dann spielte der Staubsauger auf ölverschmierter Strecke seinen Vorteil aus. Andretti schied in Runde 46 mit Motorschaden aus. Patrese wurde ganz knapp Zweiter vor dem drängenden Peterson, der früh einen Reifen wechseln mußte. Watsons Staubsauger drehte sich und saugte zuviel Staub an.

1-7-78 FRENCH GP,
Ricard-Castellet – 54 laps, 194.95 miles
1. Mario Andretti (Lotus 79 R3), 54 laps in 1:38:51.92, 118.31 mph.
2. Ronnie Peterson (Lotus 79 R2) 54 in 1:38:54.85.
3. James Hunt (McLaren M26/3), 54. **4.** John Watson (Brabham-Alfa Romeo BT46/4), 54. **5.** Alan Jones (Williams FW06/1), 54. **6.** Jody Scheckter (Wolf WR5), 54.
PP – Watson, 1:44.41; FL – Carlos Reutemann (Ferrari 312T3 03...), 1:48.56, 119.57 mph.
Der Brabham „Staubsauger" wurde verboten, und die Lotus dominierten wieder. Nur Hunt konnte in etwa mithalten, drehte sich aber, am Ende seiner Kräfte, in der letzten Runde.

16-7-78 BRITISH GP,
Brands Hatch – 76 laps, 198.36 miles
1. Carlos Reutemann (Ferrari 312T3 033), 76 laps in 1:42:12.39, 116.61 mph.
2. Niki Lauda (Brabham-Alfa Romeo f12 BT46/6), 76 in 1:42:13.62.
3. John Watson (Brabham-Alfa Romeo f12 BT46/5), 76. **4.** Patrick Depailler (Tyrrell 008-3), 76. **5.** Hans Stuck Jr (Shadow DN9/...A), 75. **6.** Patrick Tambay (McLaren M26/5), 75.
PP – Ronnie Peterson (Lotus 79 R2), 1:16.80; FL – Lauda, 1:18.60, 1..9.71 mph.
Die Lotus 79 sind eine Sekunde pro Runde dem Rest überlegen. Peterson schied mit defekter Benzinpumpe aus und Andretti beklagte einen Reifenschaden. Der neue Wolf WR5 führte bis Runde 39, als das Getriebe versagte. Dann übernahm Lauda die Spitze und wurde langsam von Reutemann eingeholt. Als ihn schließlich beim Überrunden ein langsamerer blockierte, war der Ferrari vorne.

30-7-78 GERMAN GP,
Hockenheim – 45 laps, 189.81 miles
1. Mario Andretti (Lotus 79 R3), 45 laps in 1:28:00.90, 129.39 mph.
2. Jody Scheckter (Wolf WR5) 45 in 1:28:16.25.
3. Jacques Laffite (Ligier-Matra V12 JS9-01), 45. **4.** Emerson Fittipaldi (Fittipaldi F5A/1), 45. **5.** Didier Pironi (Tyrrell 008-2) 45. **6.** Hector Rebaque (Lotus 78 R4), 45.
PP – Andretti, 1:51.90; FL – Ronnie Peterson (Lotus 79 R2), 1:55.62, 131.33 mph.
Peterson führte anfangs, ließ aber wegen des versagenden Getriebes Andretti vor. Scheckter war anfangs noch Vorletzter und arbeitete sich dann bis Platz 2 vor.

13-8-78 AUSTRIAN GP,
Österreichring – 54 laps, 199.39 miles*
Race stopped after seven laps due to torrential rain, restarted over remaining 47 laps
PART ONE: 1. Peterson; **2.** Depailler; **3.** Watson; **4.** Laffite; **5.** Pironi; **6.** Lauda.
PART TWO: 1. Peterson; **2.** Depailler; **3.** Villeneuve; **4.** Fittipaldi; **5.** Brambilla; **6.** Laffite.
AGGREGATE:
1. Ronnie Peterson (Lotus 79 R2), 54 laps in 1:41:21.50, 118.03 mph.
2. Patrick Depailler (Tyrrell 008-3), 54 in 1:42:09.00.
3. Gilles Villeneuve (Ferrari 312T3 034), 54. **4.** Emerson Fittipaldi (Fittipaldi F5A/1), 53. **5.** Jacques Laffite (Ligier-Matra V12 JS9-02), 53. **6.** Vittorio Brambilla (Surtees TS20-02), 53.
Drivers placed in races but not in final aggregate drove following cars; John Watson (Brabham-Alfa Romeo f12 BT46/5); Didier Pironi (Tyrrell 008-2); Niki Lauda (Brabham-Alfa Romeo f12 BT46/6).
PP – Peterson, 1:37.71; FL – Race 2, Peterson, 1:43.12, 128.9.. mph.
Andretti flog in der ersten Kurve von der Bahn und Peterson in der 8., aber das Rennen war schon nach Runde 7 abgebrochen. Ein Gewitterregen ließ alle wegschwimmen, und auch nach dem zweiten Start war Peterson nicht zu halten.

27-8-78 DUTCH GP,
Zandvoort – 75 laps, 196.65 miles
1. Mario Andretti (Lotus 79 R4), 75 laps in 1:41:04.23, 116.92 mph.
2. Ronnie Peterson (Lotus 79 R2), 75 in 1:41:04.55.
3. Niki Lauda (Brabham-Alfa Romeo f12 BT46/7),

75. **4.** John Watson (Brabham-Alfa Romeo f12 BT46/5), 75. **5.** Emerson Fittipaldi (Fittipaldi F5A/1), 75. **6.** Gilles Villeneuve (Ferrari 312T3 034), 75.
PP – Andretti, 1;16.36; FL – Lauda, 1;19.57, 118.81 mph.
Der Lotus 79 gewann seinen 8. Grand Prix in einer Saison. Beide Piloten prozessierten um den Kurs.

10-9-78 ITALIAN GP,
Monza – 52 laps, 187.41 miles*
**Race stopped after first-lap multiple collision, restarted over 40 laps, 144.16 miles*
1. Niki Lauda (Brabham-Alfa Romeo f12 BT46/7), 40 laps in 1:07;04.54, 128.95 mph.
2. John Watson (Brabham-Alfa Romeo f12 BT46/5), 40 in 1:07;06.02.
3. Carlos Reutemann (Ferrari 312T3 035), 40.
4. Jacques Laffite (Ligier-Matra V12 JS9-02), 40.
5. Patrick Tambay (McLaren M26/3), 40. **6.** Mario Andretti (Lotus 79 R4), 40**.
***Time of 1:07;50.87 includes 60 sec penalty for jumping start; actually first on road with true time of 1:06;50.87, 16 secs ahead of Lauda's Brabham.*
PP – Andretti, 1;37.520; FL – Andretti, 1;38.23, 132.08 mph.
In der Startkollision wurde Peterson an den Beinen schwer verletzt und verstarb am nächsten Tag im Krankenhaus, eventuell durch einen Arztfehler? Nach dem zweiten Start war das Duell Andretti gegen Villeneuve 5 Runden vor Schluß durch einen Reifenschaden am Ferrari beendet. Nach dem Ziel bekamen beide 60 Strafsekunden wegen Frühstarts und die Brabham-Alfas erzielten einen Doppelsieg. Andretti war Weltmeister.

1-10-78 UNITED STATES GP,
Watkins Glen, NY – 59 laps, 199.24 miles
1. Carlos Reutemann (Ferrari 312T3 035), 59 laps in 1:40;48.800, 118.58 mph.
2. Alan Jones (Williams FW06/1), 59 in 1:41;08.539.
3. Jody Scheckter (Wolf WR6), 59. **4.** Jean-Pierre Jabouille (Renault turbo V6 RS01/2), 59.
5. Emerson Fittipaldi (Fittipaldi F5A/2), 59.
6. Patrick Tambay (McLaren M26/7), 59.
PP – Andretti, 1;38.114; FL – Jean-Pierre Jarier (Lotus 79 R1), 1;39.537, 112.11 mph.
Andretti mußte mit dem Ersatzwagen starten und schied mit Motorschaden aus. Die Ferraris dominierten bis zum Motorschaden bei Villeneuve, Renault erzielte mit dem Turbomotor erste Weltmeisterschaftspunkte.

8-10-78 CANADIAN GP,
Ile Notre Dame, Montreal – 70 laps, 195.73 miles
1. Gilles Villeneuve (Ferrari 312T3 034), 70 laps in 1:57;49.196, 99.67 mph.
2. Jody Scheckter (Wolf WR6), 70 in 1:58;02.568.
3. Carlos Reutemann (Ferrari 312T3 035), 70.
4. Riccardo Patrese (Arrows A1/3), 70. **5.** Patrick Depailler (Tyrrell 008-3), 70. **6.** Derek Daly (Ensign N177 MN-06), 70.
PP – Jean-Pierre Jarier (Lotus 79 R3), 1;38.015; FL – Alan Jones (Williams FW06/1), 1;38.077, 102.64 mph.
Jarier führte im 2. Lotus bis zu einem Ölleck in Runde 49. Andretti kollidierte früh mit Watson.

1979

21-1-79 ARGENTINE GP,
Buenos Aires – 53 laps, 196.55 miles*
**Race stopped after first-lap multiple accident, restarted over full distance.*
1. Jacques Laffite (Ligier JS11-02), 53 laps in 1:36;03.21, 122.78 mph.
2. Carlos Reutemann (Lotus 79 R2), 53 in 1:36;18.15.
3. John Watson (McLaren M28/2), 53. **4.** Patrick Depailler (Ligier JS11-03), 53. **5.** Mario Andretti (Lotus 79 R4**), 52. **6.** Emerson Fittipaldi (Fittipaldi F5A/1), 52.
***Used spare car in restart after damaging 79 R3 in 'first race' accident.*
PP – Laffite, 1;44.20; FL – Laffite, 1;28.76, 118.40 mph.
So schnell ändert sich die Welt. Nun dominierten die neuen Ligier. Nachdem das Rennen nach einem Startunfall neu gestartet wurde, führte Depailler im Ligier, bis der Motor durch mangelnden Benzindruck fehlzündete, dann übernahm Laffite.

4-2-79 BRAZILIAN GP,
Interlagos – 40 laps, 197.84 miles
1. Jacques Laffite (Ligier JS11-02), 40 laps in 1:40;09.64, 117.23 mph.
2. Patrick Depailler (Ligier JS11-03), 40 in 1:40;14.92.
3. Carlos Reutemann (Lotus 79 R2), 40. **4.** Didier Pironi (Tyrrell 009-2), 40. **5.** Gilles Villeneuve (Ferrari 312T3 034), 39. **6.** Jody Scheckter (Ferrari 312T3 035), 39.
PP – Laffite, 2;23.07; FL – Laffite, 2;28.76, 118.40 mph.
Die Ligier waren wieder überlegen.

3-3-79 SOUTH AFRICAN GP,
Kyalami – 78 laps, 198.90 miles
1. Gilles Villeneuve (Ferrari 312T4 037), 79 laps in 1:41;49.96, 117.19 mph.
2. Jody Scheckter (Ferrari 312T4 038), 78 in 1:41;53.38.
3. Jean-Pierre Jarier (Tyrrell 009-3), 78. **4.** Mario Andretti (Lotus 79 R5), 78. **5.** Carlos Reutemann (Lotus 79 R2), 78. **6.** Niki Lauda (Brabham-Alfa Romeo V12 BT48/2), 77.
PP – Jean-Pierre Jabouille (Renault turbo V6 RS01-02), 1;11.80; FL – Villeneuve; 1;14.412, 123.37 mph.
Die Ferrari T4 debütierten und gewannen auf Anhieb. Das Rennen wurde nach drei Runden wegen heftigen Regens gestoppt. Der zweite Start erfolgte noch auf nasser Strecke. Villeneuve startete auf Regenreifen und wechselte nach 15 Runden auf Slicks. Scheckter führte bis Runde 52, bis er seine Slicks wechseln ließ und sich wieder auf Platz 2 nach vorne arbeitete.

8-4-79 UNITED STATES GP WEST,
Long Beach – 80 laps, 161.52 miles
1. Gilles Villeneuve (Ferrari 312T4 037), 80 laps in 1:50;04.00, 87.81 mph.
2. Jody Scheckter (Ferrari 312T4 038), 80 in 1:50;18.00.
3. Alan Jones (Williams FW06/04), 80. **4.** Mario Andretti (Lotus 79 R5), 80. **5.** Patrick Depailler (Ligier JS11-03), 80. **6.** Jean-Pierre Jarier (Tyrrell 009-3), 79.
PP – Villeneuve, 1;18.825; FL – Villeneuve, 1;21.200, 89.56 mph.
Eine Ferrari Demonstration mit einem Williams, der nur knapp geschlagen wurde.

15-4-79 Race of Champions,
Brands Hatch, GB – 40 laps, 104.54 miles
1. Gilles Villeneuve (Ferrari 312T3 033), 40 laps in 53;17.12, 117.72 mph.
2. Nelson Piquet (Brabham-Alfa Romeo V12 BT48/1), 40 in 53;31.19.
3. Mario Andretti (Lotus 79 R4), 40. **4.** Jochen Mass (Arrows A1/2A), 40. **5.** Niki Lauda (Brabham-Alfa Romeo V12 BT48/2), 39. **6.** Elio de Angelis (Shadow DN9/4B), 39.
PP – Andretti, 1;17.52; FL – Piquet, 1;17.46, 121.47 mph.
Lauda führte im neuen Brabham BT48 bis die Reifen sich auflösten. Dann war das Rennen in Andrettis Hand, der aber in Runde 28 langsamer wurde und Villeneuve vorlassen mußte. Piquet wurde nach Reifenwechsel sogar noch zweiter.

29-4-79 SPANISH GP,
Jarama, Madrid – 75 laps, 158.65 miles
1. Patrick Depailler (Ligier JS11-03), 75 laps in 1;39;11.84, 95.97 mph.
2. Carlos Reutemann (Lotus 79 R2), 75 in 1:39;32.78.
3. Mario Andretti (Lotus 80 R1), 75. **4.** Jody Scheckter (Ferrari 312T4 039), 75. **5.** Jean-Pierre Jarier (Tyrrell 009-3), 75. **6.** Didier Pironi (Tyrrell 009-1), 75.
PP – Jacques Laffite (Ligier JS11-02), 1;14.50; FL – Gilles Villeneuve (Ferrari 312T4 037), 1;16.44, 99.61 mph.
Ein erneuter Doppelsieg für Ligier schien errungen, bis Laffite sich verschaltete, und der Motor zerstört war. Andretti gab dem Lotus 80 ein schönes Debut und besiegte knapp Scheckter und Jarier.

13-5-79 BELGIAN GP,
Zolder – 70 laps 185.38 miles
1. Jody Scheckter (Ferrari 312T4 040), 70 laps in 1:39;59.53, 111.24 mph.
2. Jacques Laffite (Ligier JS11-02), 70 in 1:40;14.89.
3. Didier Pironi (Tyrrell 009-1), 70. **4.** Carlos Reutemann (Lotus 79 R2), 70. **5.** Riccardo Patrese (Arrows A1/6A), 70. **6.** John Watson (McLaren M28/2), 70.
PP – Laffite, 1;21.13; FL – Scheckter, 1;22.39, 115.72 mph.
Villeneuve und Jones drückten diesem Rennen den Stempel auf. Dem Ferrari ging in der letzten Runde das Benzin aus, und der neue Williams FW07 hatte einen elektrischen Defekt. Scheckter fuhr ein ruhiges Rennen und sah, wie die anderen ausfielen.

27-5-79 MONACO GP,
Monte Carlo – 76 laps, 155.41 miles
1. Jody Scheckter (Ferrari 312T4 040), 76 laps in 1:55;22.48, 81.34 mph.
2. Clay Regazzoni (Williams FW07/2), 76 in 1:55;22.92.
3. Carlos Reutemann (Lotus 79 R4), 76. **4.** John Watson (McLaren M28/3), 76. **5.** Patrick Depailler (Ligier JS11-03), 74. **6.** Jochen Mass (Arrows A1/5A), 69.
PP – Scheckter, 1;26.43; FL – Depailler, 1;28.82, 83.41 mph.
Scheckter siegte vom Start weg ganz knapp vor Regazzoni. Außer diesen zwei spielten noch Jones eine Rolle, der aber an einer Planke die Lenkung verbog und Villeneuve, dem die Kraftübertragung versagte.

1-7-79 FRENCH GP,
Dijon-Prenois – 80 laps, 188.90 miles
1. Jean-Pierre Jabouille (Renault turbo V6 RS10-02*), 80 laps in 1:35;20.42, 118.88 mph.
2. Gilles Villeneuve (Ferrari 312T4 041), 80 in 1:35;35.01.
3. René Arnoux (Renault turbo V6 RS10-03*), 80 in 1:35;35.25. **4.** Alan Jones (Williams FW07/3), 80.
5. Jean-Pierre Jarier (Tyrrell 009-3), 80. **6.** Clay Regazzoni (Williams FW07/2), 80.
**These individual cars are also known as RS11 and RS12, respectively.*
PP – Jabouille, 1;07.19 ; FL – Arnoux, 1;09.16, 122.91 mph.
Villeneuve führte vom Start weg, bis die Reifen schlechter wurden und Jabouille in Runde 46 vor kam. Erster Sieg für Renault und einen 1,5 Liter Turbo. Villeneuve und Arnoux kollidierten in der letzten Runde im Kampf um Platz 2.

14-7-79 BRITISH GP,
Silverstone – 68 laps, 199.38 miles
1. Clay Regazzoni (Williams FW07/2), 68 laps in 1:26;11.17, 138.80 mph.
2. René Arnoux (Renault RS10-03), 68 in 1:26;35.45.
3. Jean-Pierre Jarier (Tyrrell 009-3), 67. **4.** John Watson (McLaren M29/1), 67. **5.** Jody Scheckter (Ferrari 312T4 039), 67. **6.** Jacky Ickx (Ligier JS11-01), 67.
PP – Alan Jones (Williams FW07/1), 1;11.88; FL – Regazzoni, 1;14.40, 141.87 mph.
Williams' Tag! Jones' Chancen waren vertan als die Wasserpumpe leckte und der Motor zerstört wurde. Regazzoni übernahm daraufhin den Sieg.

29-7-79 GERMAN GP,
Hockenheim – 45 laps, 189.81 miles
1. Alan Jones (Williams FW07/4), 45 laps in 1:24;48.83, 134.27 mph.
2. Clay Regazzoni (Williams FW07/2), 45 in 1:24;51.74.
3. Jacques Laffite (Ligier JS11-04), 45. **4.** Jody Scheckter (Ferrari 312T4 040), 45. **5.** John Watson (McLaren M29/1), 45. **6.** Jochen Mass (Arrows A2/2), 44.
PP – Jean-Pierre Jabouille (Renault turbo V6 RS10/02), 1;48.48; FL – Gilles Villeneuve (Ferrari 312T4 041), 1;51.89, 135.71 mph.
Jabouille saß bis Runde 8 hart an Jones' Fersen, ehe er von der Strecke kreiselte. Danach gab es keinen Gegner mehr für die Williams. Trotz Fehlzündungen und schleichendem Plattfuß siegte Jones knapp.

12-8-79 AUSTRIAN GP,
Österreichring – 54 laps, 199.39 miles
1. Alan Jones (Williams FW07/4), 54 laps in 1:27;38.01, 136.52 mph.
2. Gilles Villeneuve (Ferrari 312T4 041), 54 in 1:28;14.06.
3. Jacques Laffite (Ligier JS11-04), 54. **4.** Jody Scheckter (Ferrari 312T4 040), 54. **5.** Clay Regazzoni (Williams FW07/1), 54. **6.** René Arnoux (Renault turbo V6 RS10-03), 53.
PP – Arnoux, 1;34.07; FL – Arnoux, 1;35.77, 138.80 mph.
Und wieder Jones vor den Renaults, die beide Zweite waren, ehe Jabouilles Kupplung versagte und Arnoux nachtanken mußte.

26-8-79 DUTCH GP,
Zandvoort – 75 laps, 196.94 miles
1. Alan Jones (Williams FW07/1), 75 laps in 1:41;19.775, 116.62 mph.
2. Jody Scheckter (Ferrari 312T4 040), 75 in 1:41;41.558.
3. Jacques Laffite (Ligier JS11-04), 75. **4.** Nelson Piquet (Brabham-Alfa Romeo V12 BT48/2), 74.
5. Jacky Ickx (Ligier JS11-01), 74. **6.** Jochen Mass (Arrows A2/2), 73.
PP – René Arnoux (Renault turbo V6 RS10-03), 1;15.461; FL – Gilles Villeneuve (Ferrari 312T4 041), 1;19.438, 119.00 mph.
Hattrick für Jones und schon vier Siege hintereinander für Williams. Wegen Jones' Getriebeproblemen führte Villeneuve ab Runde 11 bis zu einem Dreher in Runde 47. Zwei Runden später war der Ferrari-Reifen dann platt, und er flog wieder von der Bahn. Villeneuve fuhr auf drei Rädern zur Box zurück, was ihn berühmt machte als den „Wilden".

9-9-79 ITALIAN GP,
Monza – 50 laps, 180.20 miles
1. Jody Scheckter (Ferrari 312T4 040), 50 laps in 1:22;00.22, 131.85 mph.
2. Gilles Villeneuve (Ferrari 312T4 038), 50 in 1:22;00.68.
3. Clay Regazzoni (Williams FW07/1), 50. **4.** Niki Lauda (Brabham-Alfa Romeo V12 BT48/4), 50.
5. Mario Andretti (Lotus 79 R5), 50. **6.** Jean-Pierre Jarier (Tyrrell 009-3), 50.
PP – Jean-Pierre Jabouille (Renault turbo V6 RS10-02), 1;34.580; FL – Regazzoni, 1;35.60, 135.71 mph.
Überzeugende Ferrari Show mit ganz knappem Doppelsieg. Scheckter war Weltmeister. Arnoux führte 10 Runden bis zu Fehlzündungen im Motor. Laffites geringe Titelchancen waren durch schlechte Bremsen und einem überdrehten Motor vertan. Jones mußte Batterie wechseln.

16-9-79 Gran Premio Dino Ferrari,
Imola, I – 40 laps, 124.99 miles
1. Niki Lauda (Brabham-Alfa Romeo V12 BT48/4), 40 laps in 1:03;55.89, 117.31 mph.
2. Carlos Reutemann (Lotus 79 R2), 40 in 1:04;02.98.
3. Jody Scheckter (Ferrari 312T4 040), 40.
4. Riccardo Patrese (Arrows A1/5A), 40. **5.** Jean-Pierre Jarier (Tyrrell 009-5), 40. **6.** Keke Rosberg (Wolf WR8), 40.
PP – Gilles Villeneuve (Ferrari 312T4 038), 1;32.91; FL – Villeneuve, 1;33.61, 120.17 mph.
Probeveranstaltung für den Grand Prix im nächsten Jahr. Laudas Duell mit Villeneuve war beendet, als der Kanadier beim Bremsen in den Brabham hineinfuhr und die Vorderhaube wechseln mußte. Letzter Sieg für den Brabham-Alfa.

30-9-79 CANADIAN GP,
Ile Notre Dame, Montreal – 72 laps, 201.32 miles
1. Alan Jones (Williams FW07/4), 72 laps in 1:52;06.892, 105.96 mph.
2. Gilles Villeneuve (Ferrari 312T4 041), 72 in 1:52;07.972.
3. Clay Regazzoni (Williams FW07/1), 72. **4.** Jody Scheckter (Ferrari 312T4 040), 71. **5.** Didier Pironi (Tyrrell 009-6), 71. **6.** John Watson (McLaren M29/3), 70.
PP – Jones, 1;29.892; FL – Jones, 1;32.272, 107.95 mph.
Hartes Rennen zwischen Villeneuve und Jones. Der Ferrari führte 51 Runden. Der schnelle Piquet im Brabham Cosworth war lange Dritter, bis das Getriebe versagte.

7-10-79 UNITED STATES GP,
Watkins Glen, NY – 59 laps, 199.24 miles
1. Gilles Villeneuve (Ferrari 312T4 041), 59 laps in 1:52;17.734, 106.46 mph.
2. René Arnoux (Renault turbo V6 RS10-03), 59 in 1:53;06.521.
3. Didier Pironi (Tyrrell 009-6), 59. **4.** Elio de Angelis (Shadow DN9/1B), 59. **5.** Hans Stuck Jr (ATS D3-01), 59. **6.** John Watson (McLaren M29/3), 58.
PP – Alan Jones (Williams FW07/4), 1;35.615; FL – Nelson Piquet (Brabham BT49/2), 1;40.054, 121.50 mph.
Villeneuve führte im starken Regen, bis die Strecke trocknete, und er Reifen wechseln mußte. Nach dem dann Jones auch wechseln mußte, verlor er eines der neuen Räder.

1980

13-1-80 ARGENTINE GP,
Buenos Aires – 53 laps, 196.55 miles
1. Alan Jones (Williams FW07/4), 53 laps in 1:43;24.38, 113.98 mph.
2. Nelson Piquet (Brabham BT49/4), 53 in 1:43;48.97.
3. Keke Rosberg (Fittipaldi F7/2), 53. **4.** Derek Daly (Tyrrell 009-6), 53. **5.** Bruno Giacomelli (Alfa Romeo 179-004*), 52. **6.** Alain Prost (McLaren M29/1B), 52.
**All Alfa Romeo chassis numbers are open to doubt as Autodelta indulged in unparalleled chassis-plate swopping between cars.*
PP – Jones, 1;44.17; FL – Jones, 1;50.45, 120.87 mph.
Trotz drei Drehern und einem Boxenstop, um Reste einer Plastiktüte vom Kühler zu entfernen, siegte Jones.

27-1-80 BRAZILIAN GP,
Interlagos – 40 laps, 197.84 miles
1. René Arnoux (Renault turbo V6 RE21), 40 laps in 1:40;01.35, 117.40 mph.
2. Elio de Angelis (Lotus 81 R1), 40 in 1:40;23.19.
3. Alan Jones (Williams FW07/6), 40. **4.** Didier Pironi (Ligier JS11-04), 40. **5.** Alain Prost (McLaren M29/1B), 40. **6.** Riccardo Patrese (Arrows A3/1), 39.
PP – Jean-Pierre Jabouille (Renault RE22), 2;21.40; FL – Arnoux, 2;27.311, 119.57 mph.
Arnouxs erster Sieg, obwohl der Renault in der Auslaufrunde ohne Benzin liegen blieb. Seit der dritten Runde lagen die Ligiers zwischen den beiden Renaults, aber eine defekte Schürze (Pironi) und ein defekter Motor (Laffite) ließen Renault allein auf weiter Flur, bis zu Jabouilles Turboschaden. De Angelis kam gut mit dem schlecht liegenden Lotus zurecht.

1-3-80 SOUTH AFRICAN GP,
Kyalami – 78 laps, 198.90 miles
1. René Arnoux (Renault turbo V6 RE21), 78 laps in 1:36;52.54, 123.19 mph.
2. Jacques Laffite (Ligier JS11-03), 78 in 1:37;26.61.
3. Didier Pironi (Ligier JS11-04), 78. **4.** Nelson Piquet (Brabham BT49/4), 78. **5.** Carlos Reutemann (Williams FW07/5), 77. **6.** Jochen Mass (Arrows A3/4), 77.
PP – Jean-Pierre Jabouille (Renault turbo V6 RE23), 1;10.00; FL – Arnoux, 1;13.15, 125.49 mph.
Die Turbos spielten ihren Höhenvorteil voll aus. Renaults Doppelsieg wurde durch Jabouilles Reifenschaden vereitelt. Franzosen auf den ersten drei Plätzen.

30-3-80 UNITED STATES GP WEST,
Long Beach, California – 80.5 laps, 161.52 miles
1. Nelson Piquet (Brabham BT49/6), 80 laps in 1:50;18.550, 88.47 mph.
2. Riccardo Patrese (Arrows A3/3), 80 in 1:51;07.762.
3. Emerson Fittipaldi (Fittipaldi F7/1), 80. **4.** John Watson (McLaren M29/2C), 79. **5.** Jody Scheckter (Ferrari 312T5 046), 79. **6.** Didier Pironi (Ligier JS11-04), 79.
PP – Piquet, 1;17.694; FL – Piquet, 1;19.830, 91.09 mph.
Piquet errang einen überzeugenden Start-Ziel Sieg, seinen ersten überhaupt. Regazzoni verunglückte schwer im Ensign und bleibt querschnittsgelähmt.

4-5-80 BELGIAN GP,
Zolder – 72 laps, 190.66 miles
1. Didier Pironi (Ligier JS11-04), 72 laps in 1:38;46.51, 115.82 mph.
2. Alan Jones (Williams FW07B/7), 72 in 1:39;33.88.
3. Carlos Reutemann (Williams FW07B/5), 72.
4. René Arnoux (Renault turbo V6 RE24), 71.
5. Jean-Pierre Jarier (Tyrrell 010/1), 71. **6.** Gilles Villeneuve (Ferrari 312T5 045), 71.
PP – Jones, 1;19.12; FL – Jacques Laffite (Ligier JS11-03), 1;20.88, 117.88 mph.
Pironi und Ligier dominierten klar.

18-5-80 MONACO GP,
Monte Carlo – 76 laps, 156.41 miles
1. Carlos Reutemann (Williams FW07B/5), 76 laps in 1:55;34.365, 81.20 mph.
2. Jacques Laffite (Ligier JS11-03), 76 in 1:56;47.994.
3. Nelson Piquet (Brabham BT49/7), 76. **4.** Jochen Mass (Arrows A3/4), 75. **5.** Gilles Villeneuve (Ferrari 312T5 045), 75. **6.** Emerson Fittipaldi (Fittipaldi F7/1), 74.
PP – Didier Pironi (Ligier JS11-04), 1;24.813; FL – Riccardo Patrese (Arrows A3/5), 1;26.058, 86.09 mph.
Wieder dominierte Pironi und konnte Jones in Schach halten, bis an dessen Williams das Getriebe versagte. Dann rutschte Pironi in die Planken und schenkte Reutemann den Sieg. In der ersten Kurve des Rennens wurde Dalys Tyrrell zum Flugzeug.

1-6-80 Spanish GP*,
Jarama, Madrid – 80 laps, 164.74 miles
**Race declared non-Championship after being organized as Round 7 of the 1980 series.*
1. Alan Jones (Williams FW07B/7), 80 laps in 1:43:14.076, 95.69 mph.
2. Jochen Mass (Arrows A3/4), 80 in 1:44:05.016. **3.** Elio de Angelis (Lotus 81 R3), 80. **4.** Jean-Pierre Jarier (Tyrrell 010/1), 79. **5.** Emerson Fittipaldi (Fittipaldi F7/1), 79. **6.** Patrick Gaillard (Ensign N180 MN-14), 75.
PP – Jacques Laffite (Ligier JS11-03, 1:12.647; FL – Jones, 1:15.467, 98.17 mph.
Nachdem die Fahrer nach den großen Diskussionen von Zolder ihr Strafgeld nicht zahlten, erklärte die FISA das Rennen für ungültig. Ferrari, Renault und Alfa boykottierten das Rennen. Jones war anfangs zweiter, verschaltete sich dann und fiel zurück auf den 5. Dann kollidierten Reutemann und Lafitte. An Piquets Brabham brach das Getriebe und Pironi verlor ein Rad.

29-6-80 FRENCH GP,
Ricard-Castellet – 54 laps, 194.95 miles
1. Alan Jones (Williams FW07B/7), 54 laps in 1:32:43.42, 126.65 mph.
2. Didier Pironi (Ligier JS11-04), 54 in 1:32:47.94. **3.** Jacques Laffite (Ligier JS11-01), 54. **4.** Nelson Piquet (Brabham BT49/8), 54. **5.** René Arnoux (Renault turbo V6 RE24), 54. **6.** Carlos Reutemann (Williams FW07B/5), 54.
PP – Laffite, 1:38.88; FL – Jones, 1:41.45, 128.11 mph.
Jones schlägt die Ligiers, obwohl diese schneller waren. Pironi mußte mit Felgenproblemen an die Box, und Laffite verließ die Strecke. Pironi arbeitete sich wieder an Jones heran, um dann noch einen Reifen wechseln zu müssen.

13-7-80 BRITISH GP,
Brands Hatch – 76 laps, 198.63 miles
1. Alan Jones (Williams FW07B/7), 76 laps in 1:34:49.228, 125.69 mph.
2. Nelson Piquet (Brabham BT49/8), 76 in 1:35:00.235.
3. Carlos Reutemann (Williams FW07B/5), 76. **4.** Derek Daly (Tyrrell 010/2), 75. **5.** Jean-Pierre Jarier (Tyrrell 010/4), 75. **6.** Alain Prost (McLaren M29/4C), 75.
PP – Didier Pironi (Ligier JS11-04), 1:11.004; FL – Pironi, 1:12.368, 130.02 mph.
Die Ligiers dominierten bis Felgenprobleme Pironis Reifenwechsel erzwangen. Laffite rutschte von der Piste und schenkte Jones den Sieg. Pironi startete noch einen Angriff auf die Spitze, nur um noch einmal einen defekten Reifen ersetzen zu müssen.

10-8-80 GERMAN GP,
Hockenheim – 45 laps, 189.79 miles
1. Jacques Laffite (Ligier JS11-04), 45 laps in 1:22:59.73, 137.26 mph.
2. Carlos Reutemann (Williams FW07B/5), 45 in 1:23:02.32.
3. Alan Jones (Williams FW07B/9), 45. **4.** Nelson Piquet (Brabham BT49/8), 45. **5.** Bruno Giacomelli (Alfa Romeo 179-03), 45. **6.** Gilles Villeneuve (Ferrari 312T5 048), 45.
PP – Jones, 1:45.85; FL – Jones, 1:48.49, 139.96 mph.
Die Renaults waren diesmal die schnellsten auf der sehr wechselhaften Szene, bis beiden ein Ventil durchbrannte. Jones verlor seinen sicheren Sieg 5 Runden vor Schluß, als er einen Vorderreifen wechseln mußte. Depailler starb durch einen Trainingsunfall im Alfa.

17-8-80 AUSTRIAN GP,
Österreichring – 54 laps, 199.39 miles
1. Jean-Pierre Jabouille (Renault turbo V6 RE23), 54 laps in 1:26:15.73, 138.69 mph.
2. Alan Jones (Williams FW07B/9), 54 in 1:26:16.55.
3. Carlos Reutemann (Williams FW07B/8), 54. **4.** Jacques Laffite (Ligier JS11-03), 54. **5.** Nelson Piquet (Brabham BT49/7), 54. **6.** Elio de Angelis (Lotus 81 R3), 54.
PP – René Arnoux (Renault turbo V6 RE25), 1:30.27; FL – Arnoux, 1:32.53, 143.66 mph.
Jones führte vom Start weg, ehe die Renaults an ihm vorbeifuhren. Arnoux mußte Reifen wechseln und Jones bedrängte Jabouille in den letzten Runden noch arg.

31-8-80 DUTCH GP,
Zandvoort – 72 laps, 190.23 miles
1. Nelson Piquet (Brabham BT49/7), 72 laps in 1:38:13.83, 116.19 mph.
2. René Arnoux (Renault turbo V6 RE25), 72 in 1:38:26.76.
3. Jacques Laffite (Ligier JS11-03), 72. **4.** Carlos Reutemann (Williams FW07B/8), 72. **5.** Jean-Pierre Jarier (Tyrrell 010-5), 72. **6.** Alain Prost (McLaren M30/1), 72.
PP – Arnoux, 1:17.44; FL – Arnoux, 1:19.35, 119.87 mph.
Jones demolierte schon früh eine Schürze an einem Randstein und mußte zur Box, um sie zu wechseln. Piquet rang Laffite nieder.

14-9-80 ITALIAN GP,
Imola – 60 laps, 187.92 miles
1. Nelson Piquet (Brabham BT49/9), 60 laps in 1:38:07.52, 113.98 mph.
2. Alan Jones (Williams FW07B/9), 60 in 1:38:36.45.
3. Carlos Reutemann (Williams FW07B/8), 60. **4.** Elio de Angelis (Lotus 81 R3), 59. **5.** Keke Rosberg (Fittipaldi F8/1), 59. **6.** Didier Pironi (Ligier JS11-04), 59.
PP – René Arnoux (Renault turbo V6 RE25), 1:33.988); FL – Jones, 1:36.089, 116.40 mph.
Piquet hatte nach den unzuverlässigen Renaults keine Gegner. Jones mußte sich wegen schlechtem Bremsverhaltens mit Platz 2 begnügen und verlor die WM Führung an Piquet. Villeneuves Ferrari zerbrach bei einem Unfall.

28-9-80 CANADIAN GP,
Ile Notre Dame, Montreal – 70 laps, 191.90 miles
1. Alan Jones (Williams FW07B/9), 70 laps in 1:46:45.53, 110.00 mph.
2. Carlos Reutemann (Williams FW07B/8), 70 in 1:47:01.07.
3. Didier Pironi (Ligier JS11-04), 70. **4.** John Watson (McLaren M29/2C), 70. **5.** Gilles Villeneuve (Ferrari 312T4 044), 70. **6.** Hector Rebaque (Brabham BT49/6), 69.
PP – Nelson Piquet (Brabham BT49/9), 1:27.328; FL – Pironi, 1:28.769, 113.40 mph.
Jones und Piquet kollidierten an der Spitze des Feldes in der ersten Kurve. Das Rennen mußte neu gestartet werden. Piquet startete im Ersatzwagen, wiederum mit einem „heißen" Trainingsmotor ausgestattet. Wie erwartet, führte er bis zum Motorschaden in Runde 24. Pironi gewann das Rennen, bekam aber 60 Strafsekunden wegen Frühstarts aufgebrummt und Jones war somit Weltmeister.

5-10-80 UNITED STATES GP,
Watkins Glen, NY – 59 laps, 199.24 miles
1. Alan Jones (Williams FW07B/9), 59 laps in 1:34:36.05, 126.37 mph.
2. Carlos Reutemann (Williams FW07B/8), 59 in 1:34:40.26.
3. Didier Pironi (Ligier JS11-02), 59. **4.** Elio de Angelis (Lotus 81 R2), 59. **5.** Jacques Laffite (Ligier JS11-03), 58. **6.** Mario Andretti (Lotus 81 R3), 58.
PP – Bruno Giacomelli (Alfa Romeo 179-06), 1:33.291; FL – Jones, 1:34.068, 129.24 mph.
Giacomellis Alfa war der Star des Rennens. Er führte klar, bis er wegen einem Elektrikschaden aufgeben mußte. Jones verließ die Straße in der ersten Kurve und war dann 12. Durch Piquets Dreher kam er auf den 3. Platz, überholte Reutemann und bekam von Giacomelli den Sieg geschenkt.

1981

7-2-81 South African GP,
Kyalami – 77 laps, 196.35 miles
1. Carlos Reutemann (Williams FW07B/10), 77 laps in 1:44:54.03, 112.31 mph.
2. Nelson Piquet (Brabham BT49B/10), 77 in 1:45:14.17.
3. Elio de Angelis (Lotus 81 R3), 77. **4.** Keke Rosberg (Fittipaldi F8C/3), 76. **5.** John Watson (McLaren M29C/4), 76. **6.** Riccardo Patrese (Arrows A3/3), 76.
PP – Piquet, 1:12.78; FL – Reutemann, 1:13.61, 124.71 mph.
Dieses FOCA Rennen für Schürzenautos wurde von den großen Werksteams bestreikt und bekam keinen WM Status. Reutemann startete mit Slicks auf nasser Bahn und pokerte richtig.

15-3-81 UNITED STATES GP WEST,
Long Beach, California – 80.5 laps, 162.61 miles
1. Alan Jones (Williams FW07C/11), 80 laps in 1:50:41.33, 87.60 mph.
2. Carlos Reutemann (Williams FW07C/12), 80 in 1:50:50.52.
3. Nelson Piquet (Brabham BT49C/11), 80. **4.** Mario Andretti (Alfa Romeo 179-02), 80. **5.** Eddie Cheever (Tyrrell 010-3), 80. **6.** Patrick Tambay (Theodore TR-3), 79.
PP – Riccardo Patrese (Arrows A3/3), 1:19.399; FL – Jones, 1:20.901, 89.89 mph.
Die Schürzen waren erstmals verboten, die Williams aber wieder überlegen. Patreses neuer Arrows A3 führte anfangs bis zu einem verstopften Benzinfilter. Der Doppelchassis Lotus 88 wurde im Training verboten. Die Turbo Ferraris debutierten.

29-3-81 BRAZILIAN GP,
Jacarepaguá – 62 laps, 193.82 miles*
**Race flagged one lap short of scheduled 63 under two-hour rule due to heavy rain slowing pace.*
1. Carlos Reutemann (Williams FW07C/12), 62 laps in 2:00:23.66, 96.59 mph.
2. Alan Jones (Williams FW07C/11), 62 in 2:00:28.10.
3. Riccardo Patrese (Arrows A3/3), 62. **4.** Marc Surer (Ensign N180 MN-15) 62. **5.** Elio de Angelis (Lotus 81 R3), 62. **6.** Jacques Laffite (Ligier-Matra V12 JS17-02), 62.
PP – Nelson Piquet (Brabham BT49C/11), 1:35.079; FL – Surer, 1:54.302, 98.46 mph.
Die Williams dominierten wieder. Reutemann wurde aufgefordert, Jones vorzulassen, beachtete die Anweisung aber nicht. Brabham debutierte die umstrittene absenkbare Aufhängung.

12-4-81 ARGENTINE GP,
Buenos Aires – 53 laps, 196.55 miles
1. Nelson Piquet (Brabham BT49C/11), 53 laps in 1:34:32.74, 124.67 mph.
2. Carlos Reutemann (Williams FW07C/12), 53 in 1:34:59.35.
3. Alain Prost (Renault turbo V6 RE22B), 53. **4.** Alan Jones (Williams FW07C/11), 53. **5.** René Arnoux (Renault turbo V6 RE27B), 53. **6.** Elio de Angelis (Lotus 81 R3), 52.
PP – Piquet, 1:42.665; FL – Piquet, 1:45.287, 126.80 mph.
Das hydraulisch absenkbare Chassis funktionierte sehr gut. Piquet gewann souverän und selbst der zweite Brabham Pilot Rebaque war Zweiter vor den Williams, als der Verteilerfinger brach.

3-5-81 'SAN MARINO' GP,
Imola, I – 60 laps, 187.92 miles.
1. Nelson Piquet (Brabham BT49C/11), 60 laps in 1:51:23.97, 101.20 mph.
2. Riccardo Patrese (Arrows A3/5), 60 in 1:51:28.55.
3. Carlos Reutemann (Williams FW07C/12), 60. **4.** Hector Rebaque (Brabham BT49C/12), 60. **5.** Didier Pironi (Ferrari turbo V6 126C 051), 60. **6.** Andrea de Cesaris (McLaren M29F/4), 60.
PP – Gilles Villeneuve (Ferrari turbo V6 126C 052), 1:48.064, 104.33 mph.
Diesmal hatte Piquet mehr Gegner. Villeneuve führte die ersten 14 Runden, bis er auf Slicks wechselte, dann Pironi, bis seine Reifen nachließen. Jones kollidierte mit Reutemann in der ersten Runde.

17-5-81 BELGIAN GP,
Zolder – 70 laps, 185.36 miles
1. Carlos Reutemann (Williams FW07C/12), 54 laps in 1:16:31.61, 112.12 mph.
2. Jacques Laffite (Ligier-Matra V12 JS17-02), 54 in 1:17:07.67.
3. Nigel Mansell (Lotus 81 R1), 54. **4.** Gilles Villeneuve (Ferrari turbo V6 126C 050), 54. **5.** Elio de Angelis (Lotus 81 R3), 54. **6.** Eddie Cheever (Tyrrell 010-3), 54.
PP – Reutemann, 1:22.28; FL – Reutemann, 1:23.30, 114.45 mph.
Durch einen Startunfall mit einem noch arbeitenden Mechaniker wurde das Rennen erneut gestartet. Piquet wurde von Jones von der Bahn geremepelt. Jones verschaltete sich und flog selbst ab, und Pironis Bremsen ließen nach anfänglicher Führung nach.

31-5-81 MONACO GP,
Monte Carlo – 76 laps, 156.41 miles
1. Gilles Villeneuve (Ferrari turbo V6 126C 052), 76 laps in 1:54:23.38, 82.04 mph.
2. Alan Jones (Williams FW07C/15), 76 in 1:55:03.29.
3. Jacques Laffite (Ligier-Matra V12 JS17-02), 76. **4.** Didier Pironi (Ferrari turbo V6 126C 050), 75. **5.** Eddie Cheever (Tyrrell 010-3), 74. **6.** Marc Surer (Ensign N190 MN-15), 74.
PP – Nelson Piquet (Brabham BT49C/11), 1:25.710; FL – Jones, 1:27.470, 84.70 mph.
Jones bedrängte Piquet hart und zwang den Brabham Piloten zu einem Fahrfehler. Jones' Führung dauerte aber auch nur bis Runde 66, dann machte die Benzinversorgung Probleme. Mit Villeneuve siegte überraschenderweise ein Turbo.

21-6-81 SPANISH GP,
Jarama, Madrid – 80 laps, 164.64 miles
1. Gilles Villeneuve (Ferrari turbo V6 126C 052), 80 laps in 1:46:35.01, 92.68 mph.
2. Jacques Laffite (Ligier-Matra V12 JS17-04), 80 in 1:46:35.23.
3. John Watson (McLaren MP4/1-2), 80 in 1:46:35.59. **4.** Carlos Reutemann (Williams FW07C/12), 80 in 1:46:36.02. **5.** Elio de Angelis (Lotus 87 R2), 80 in 1:46:36.25. **6.** Nigel Mansell (Lotus 87 R1), 80.
PP – Laffite, 1:13.754; FL – Jones, 1:17.818, 95.21 mph.
Jones warf den Sieg durch einen Fahrfehler weg. Überaus spannendes Rennen mit 5 Autos fast gleichauf sah einen erneuten Villeneuve Sieg.

5-7-81 FRENCH GP,
Dijon-Prenois – 80 laps, 188.88 miles*
**Race stopped due to torrential rain shower after 58 laps and converted into two-part event with second section covering 22 laps.*
PART ONE: 1. Piquet; **2.** Prost; **3.** Watson; **4.** Reutemann; **5.** Arnoux; **6.** Rebaque.
PART TWO: 1. Prost; **2.** Watson; **3.** Arnoux; **4.** Pironi; **5.** Piquet; **6.** de Cesaris.
AGGREGATE:
1. Alain Prost (Renault turbo V6 RE30-2), 80 laps in 1:35:48.13, 118.30 mph.
2. John Watson (McLaren MP4/1-2), 80 in 1:35:50.42.
3. Nelson Piquet (Brabham BT49C/11), 80. **4.** René Arnoux (Renault turbo V6 RE30-3), 80. **5.** Didier Pironi (Ferrari turbo V6 126C 053) 79. **6.** Elio de Angelis (Lotus 87 R2), 79.
Drivers placed in 'heats' but not in overall aggregate result drove the following cars. Carlos Reutemann (Williams FW07C/12); Hector Rebaque (Brabham BT49C/12); Andrea de Cesaris (McLaren MP4/1-1).
PP – Part One, Arnoux, 1:05.95; Part Two, result of Part One. FL – Overall, Prost, 1:09.14, 122.94 mph.
Das Rennen wurde durch Regen gestoppt, und ein zweiter Teil über 22 Runden später wieder gestartet.
Goodyear belieferte ab sofort Brabham und Williams mit Reifen, und ein neuer Reifenkrieg mit Michelin und Pirelli entfachte. Durch sehr weiche Gummis von Michelin hatte Prost im zweiten kurzen Rennen den entscheidenden Vorteil.

18-7-81 BRITISH GP,
Silverstone – 68 laps, 199.38 miles
1. John Watson (McLaren MP4/1-2), 68 laps in 1:26:54.80, 137.64 mph.
2. Carlos Reutemann (Williams FW07C/12), 68 in 1:27:35.45.
3. Jacques Laffite (Ligier-Matra V12 JS17-04), 67. **4.** Eddie Cheever (Tyrrell 010-2), 67. **5.** Hector Rebaque (Brabham BT49C/12), 67. **6.** Slim Borgudd (ATS D5-01), 67.
PP – René Arnoux (Renault turbo V6 RE30-3), 1:11.00; FL – Arnoux, 1:15.067, 140.61 mph.
Villeneuve verlor in Runde 4 die Kontrolle über seinen Ferrari und nahm Jones, Watson und de Cesaris mit sich ins Grüne. Watson ging als Erster wieder ins Rennen und Piquet verunglückte durch einen Reifenschaden. Prost schied mit Ventilschaden aus, und Arnoux führte vor Watson bis zur 50. Runde als auch sein Motor nachließ. Erster Sieg für den Karbon-McLaren.

2-8-81 GERMAN GP,
Hockenheim – 45 laps, 189.79 miles
1. Nelson Piquet (Brabham BT49C/14), 45 laps in 1:25:55.60, 132.53 mph.
2. Alain Prost (Renault turbo V6 RE30-2), 45 in 1:26:07.12.
3. Jacques Laffite (Ligier-Matra V12 JS17-04), 45. **4.** Hector Rebaque (Brabham BT49C/12), 45. **5.** Eddie Cheever (Tyrrell 011-1), 45. **6.** John Watson (McLaren MP4/1-2), 44.
PP – Prost, 1:47.50; FL – Alan Jones (Williams FW07C/16), 1:52.42, 135.07 mph.
Jones konnte den Renault halten, bis sein Motor fehlzündete. Auch Reutemann schied mit Motorschaden aus. Prost fiel gegen Ende mit nachlassender Motorleistung zurück und mußte Piquet passieren lassen.

16-8-81 AUSTRIAN GP,
Österreichring – 53 laps, 195.69 miles
1. Jacques Laffite (Ligier-Matra V12 JS17-04), 53 laps in 1:27:36.47, 134.03 mph.
2. René Arnoux (Renault turbo V6 RE30-3), 53 in 1:27:41.64.
3. Nelson Piquet (Brabham BT49C/14), 53. **4.** Alan Jones (Williams FW07D/16), 53. **5.** Carlos Reutemann (Williams FW07C/14), 53. **6.** John Watson (McLaren MP4/1-3), 53.
PP – Arnoux, 1:32.018; FL – Laffite, 1:37.62, 136.17 mph.
Der neue Ligier Teammanager Jabouille gab den Tip des Tages. Lafitte fuhr vorne weichere Reifen und konnte so knapp den Renault schlagen. Prosts Führung war durch einen Unfall nach Aufhängungsschaden vertan.

30-8-81 DUTCH GP,
Zandvoort – 72 laps, 190.23 miles
1. Alain Prost (Renault turbo V6 RE30-4), 72 laps in 1:40:22.43, 113.71 mph.
2. Nelson Piquet (Brabham BT49C/14), 72 in 1:40:30.67.
3. Alan Jones (Williams FW07C/16), 72. **4.** Hector Rebaque (Brabham BT49C/12), 71. **5.** Elio de Angelis (Lotus 87 R3), 71. **6.** Eliseo Salazar (Ensign N180 MN-15), 70.
PP – Prost, 1:18.176; FL – Jones, 1:21.83, 116.23 mph.
Reifen über alles. Das Duell Jones/Prost war entschieden, als die Reifen des Williams nachließen. Piquet übernahm die WM Spitze, als Reutemann mit Laffite kollidierte.

13-9-81 ITALIAN GP,
Monza – 52 laps, 187.41 miles
1. Alain Prost (Renault turbo V6 RE30-4), 52 laps in 1:26:33.897, 129.89 mph.
2. Alan Jones (Williams FW07D/16), 52 in 1:26:56.072.
3. Carlos Reutemann (Williams FW07C/17), 52. **4.** Elio de Angelis (Lotus 87 R3), 52. **5.** Didier Pironi (Ferrari turbo V6 126C 049), 52. **6.** Nelson Piquet (Brabham BT49C/14), 51.
PP – René Arnoux (Renault turbo V6 RE30-3), 1:33.467; FL – Reutemann, 1:37.528, 133.03 mph.
Schweres Rennen auf feuchter Strecke. Prost war klar überlegen. Piquet verlor seinen 3. Platz durch einen Motorschaden in der letzten Runde. Jones fuhr mit einem gebrochenen Finger. Reutemann stimmte sein Auto auf trocken ab und wurde Dritter.

27-9-81 CANADIAN GP,
Ile Notre Dame, Montreal – 70 laps, 191.90 miles*
**Race affected by rain, stopped after regulation two hours at 63 laps.*
1. Jacques Laffite (Ligier-Matra V12 JS17-05), 63 laps in 2:01:25.205, 85.25 mph.
2. John Watson (McLaren MP4/1-4), 63 in 2:01:31.438.
3. Gilles Villeneuve (Ferrari turbo V6 126C 052), 63. **4.** Bruno Giacomelli (Alfa Romeo 179-04), 62. **5.** Nelson Piquet (Brabham BT49C/15), 62. **6.** Elio de Angelis (Lotus 87 R3), 62.
PP – Piquet, 1:29.211; FL – Watson, 1:49.475, 90.11 mph.
Ein Rennen in strömendem Regen, bei dem Michelin Reifen das ein und alles waren. Jones drehte sich, in Führung liegend. Auch Prost vertrieb ein Bremsfehler von ganz vorne. Laffites Sieg schenkte ihm für die WM noch eine kleine Chance.

17-10-81 CAESAR'S PALACE GP,
Las Vegas, USA – 75 laps, 169.50 miles
1. Alan Jones (Williams FW07D/16), 75 laps in 1:44:09.077, 97.90 mph.
2. Alain Prost (Renault turbo V6 RE30-4), 75 in 1:44:29.125.
3. Bruno Giacomelli (Alfa Romeo 179-04), 75. **4.** Nigel Mansell (Lotus 87 R5), 75. **5.** Nelson Piquet (Brabham BT49C/15), 75. **6.** Jacques Laffite (Ligier-Matra V12 JS17-03), 75.
PP – Carlos Reutemann (Williams FW07C/17), 1:17.821; FL – Didier Pironi (Ferrari turbo V6 126C 049), 1:20.156, 101.86 mph.
Jones triumphierte in seiner (vorläufigen) Abschiedsvorstellung aus der Formel 1 mit einem klaren Sieg. Titelanwärter Reutemann durch Getriebeärger und Piquet durch zu hartes Chassis erstaunlich langsam. Piquet gewann den Titel.

1982

23-1-82 SOUTH AFRICAN GP,
Kyalami – 77 laps, 196.35 miles
1. Alain Prost (Renault turbo V6 RE30B-6), 77 laps in 1:32:08.401, 127.86 mph.
2. Carlos Reutemann (Williams FW07D/16), 77 in 1:32:23.347.
3. René Arnoux (Renault turbo V6 RE30B-5), 77. **4.** Niki Lauda (McLaren MP4/1-4), 77. **5.** Keke Rosberg (Williams FW07C/15) 77. **6.** John Watson (McLaren MP4/1-5), 77.
PP – Arnoux, 1:06.351; FL – Prost, 1:08.278, 134.45 mph.
Dieser Grand Prix ging wegen des Fahrerstreiks um das „Kleingedruckte" bei den Super-Lizenzen in die Geschichte ein. Die Turbos beherrschten klar die Sauger, allerdings blieben am Ziel

nur zwei übrig, nämlich die beiden Renaults. Prosts Sieg war keineswegs leicht. Anfangs Zweiter hinter Arnoux, überholte er diesen bis er einem Reifenschaden bei 280 km/h hatte. Dann humpelte er eine dreiviertel Runde zu den Boxen, wechselte und marschierte in den verbleibenden 36 durchs ganze Feld. Lauda feierte in seinem Comeback den 4. Platz im McLaren-Sauger.

21-3-82 BRAZILIAN GP,
Jacarepaguá, Rio de Janeiro – 63 laps, 196.94 miles
1. Alain Prost (Renault turbo V6 RE30B-6), 63 laps in 1:44;33.134, 112.97 mph*.
2. John Watson (McLaren MP4/1-5), 63 in 1:44;36.124.
3. Nigel Mansell (Lotus 91 R7), 63. **4.** Michele Alboreto (Tyrrell 011/4), 63. **5.** Manfred Winkelhock (ATS D5/3), 62. **6.** Didier Pironi (Ferrari turbo V6 126C2 056), 62.
PP – Prost, 1;28.808; FL – Nelson Piquet (Brabham BT49/16), 1;36.582, 116.52 mph.
**Elevated to 1st place after disqualification of:*
1. Nelson Piquet (Brabham BT49D/16), 63 laps in 1:43;53.760, 114.08 mph.
2. Keke Rosberg (Williams FW07C/17), 63 in 1:44;05.737.
Wieder ein extremes Hitzerennen mit vielen erschöpften Fahrern und Fahrfehlern. Reutemann beschloß nach einem Unfall in der 23. Runde spontan seinen Rücktritt vom Grand Prix-Sport. Villeneuve konnte bis Runde 29 die superleichten Renner von Piquet und Rosberg hinter sich lassen, drehte sich aber dann ins Aus. Nachdem die Reifen am Williams nachließen, war Piquet im Brabham Cosworth (nicht BMW) ungefährdet und brach nach dem Ziel auf dem Podium vor Erschöpfung zusammen. Aber das Drama ging weiter. Piquet und Rosberg wurden wegen des Tricks mit den Bremskühlwassertanks disqualifiziert.

4-4-82 UNITED STATES GP WEST,
Long Beach, Calif. – 75.5 laps, 160.91 miles
1. Niki Lauda (McLaren MP4/1-4), 75 laps in 1:58;25.318, 81.40 mph.
2. Keke Rosberg (Williams FW07C/15), 75 in 1:58;39.978.
3. Riccardo Patrese (Brabham BT49C/15), 75. **4.** Michele Alboreto (Tyrrell 011-4), 75. **5.** Elio de Angelis (Lotus 91 R6), 74. **6.** John Watson (McLaren MP4/1-2), 74.
PP – Andrea de Cesaris (Alfa Romeo V12 182/2), 1;27.316; FL – Lauda, 1;30.831, 84.42 mph.
De Cesaris notierte die Pole für Alfa Romeo und führte auch das Rennen, bis er eine Mauer streifte. Laudas Grundstein zum Sieg war eine sehr kluge Reifenwahl. Villeneuves Ferrari wurde wegen seines doppelten Heckflügels disqualifiziert. Giacomelli und Arnoux stießen im Kampf um Platz 2 zusammen.

25-4-82 'SAN MARINO' GP,
Imola, I – 60 laps, 187.92 miles
1. Didier Pironi (Ferrari turbo V6 126C2 056), 60 laps in 1:36;38.887, 116.66 mph.
2. Gilles Villeneuve (Ferrari turbo V6 126C2 058), 60 in 1:36;39.253.
3. Michele Alboreto (Tyrrell 011-5), 60. **4.** Jean-Pierre Jarier (Osella FA1/003), 59. **5.** Eliseo Salazar (ATS D5/3), 57.
UNC **'6th'**. Teo Fabi (Toleman-turbo 4 Hart TG181-07), 52.
PP – René Arnoux (Renault turbo V6 RE30B-7), 1;29.765; FL – Pironi, 1;35.036, 118.63 mph.
Im Streit um das Bremswasser boykottierten 10 FOCA Teams das Rennen und nur 14 Starter gingen ins Rennen. Nach dem Ausfall der Alfa und Renaults war Ferrari unter sich, aber der Streit ging auf allen Fronten weiter. Pironi ignorierte die Boxensignale und raubte Teamkollegen Villeneuve den Sieg.

9-5-82 BELGIAN GP,
Zolder – 70 laps, 185.36 miles
1. John Watson (McLaren MP4/1-2), 70 laps in 1:35;41.995, 116.20 mph.
2. Keke Rosberg (Williams FW08/3), 70 in 1:35;49.263.
3. Eddie Cheever (Ligier-Matra V12 JS17-06), 69. **4.** Elio de Angelis (Lotus 91 R6), 68. **5.** Nelson Piquet (Brabham-turbo 4 BMW BT50/3), 67. **6.** Chico Serra (Fittipaldi F8D/3), 67.
PP – Alain Prost (Renault turbo V6 RE30B-8) 1;15.701; FL – Watson, 1;20.214, 118.85 mph.
Villeneuve verunglückte in einer Chaosrunde im Training tödlich, nachdem er über Jochen Mass stolperte und aus dem zerbrechenden Ferrari geschleudert wurde. Nach dem Ausfall diverser Turbos mußten Lauda und Rosberg wegen nachlassender Reifen den Sieg Watson überlassen, der wohl die beste Mischung des Wochenendes fand. Lauda wurde Dritter — aber wegen 3 kg Untergewicht disqualifiziert.

23-5-82 MONACO GP,
Monte Carlo – 76 laps, 156.41 miles
1. Riccardo Patrese (Brabham BT49D/17), 76 laps in 1:54;11.259, 82.21 mph.
2. Didier Pironi (Ferrari turbo V6 126C2 059), 75 out of fuel.
3. Andrea de Cesaris (Alfa Romeo V12 182/4), 75 out of fuel. **4.** Nigel Mansell (Lotus 91 R7), 75. **5.** Elio de Angelis (Lotus 91 R6), 75. **6.** Derek Daly (Williams FW08/4) 74 crash damage.
PP – René Arnoux (Renault turbo V6 RE30B-7), 1;23.281; FL – Patrese, 1;29.354, 85.79 mph.
Ein höchst dramatisches Rennen in der Schlußphase. Nach Arnouxs Führung und Dreher hatte Prost alles in seiner Hand, bis auch er auf der feuchten Strecke 3 Runden vor Schluß in die Planken fuhr. Dann führte Patrese und drehte sich, dann Pironi, der ohne Benzin stehen blieb. Auch de Cesaris Alfa blieb ohne Benzin stehen. Patreses Brabham wurde von Streckenposten auf die Seite geschoben und rollte von dort den Berg hinab, bis der Motor wieder lief. Dann fuhr er an den Gestrandeten vorbei zum Sieg.

6-6-82 DETROIT GP,
Michigan, USA – 62 laps, 160.58 miles
1. John Watson (McLaren MP4/1-5), 62 laps in 1:58;41.043, 78.20 mph.
2. Eddie Cheever (Ligier-Matra V12 JS17-06), 62 in 1:58;56.769.
3. Didier Pironi (Ferrari turbo V6 126C2 056), 62. **4.** Keke Rosberg (Williams FW08/3), 62. **5.** Derek Daly (Williams FW08/4), 62. **6.** Jacques Laffite (Ligier-Matra V12 JS17-04), 61.
PP – Alain Prost (Renault turbo V6 RE30B-6), 1;48.537; FL – Prost, 1;50.438, 81.28 mph.
Nach einem Unfall wurde das Rennen in Runde 7 abgebrochen und neu gestartet. Die McLaren zogen härtere Reifen auf, und Watson überraschte alle. Von Platz 13 kommend, überholte er die beiden Lotus, dann Mass, Arnoux, Laffite, Daly, Prost, Lauda, Cheever, Pironi und Giacomelli, mit dem er zusammenstieß. Dann setzte er den führenden Rosberg unter Druck, bis dessen Reifen und Bremsen nachließen. Lauda versuchte, Watson nachzueifern und verschenkte den McLaren Doppelsieg durch einen Fahrfehler. Piquets Brabham-BMW konnte sich nicht qualifizieren.

13-6-82 CANADIAN GP,
Ile Notre Dame, Montreal – 70 laps, 191.90 miles*
**Race stopped on first lap by startline collision, fatal to Ricardo Paletti; restarted with Pironi in spare Ferrari.*
1. Nelson Piquet (Brabham-turbo 4 BMW BT50/3), 70 laps in 1:46;39.577, 107.93 mph.
2. Riccardo Patrese (Brabham BT49D/18), 70 in 1:46;53.376.
3. John Watson (McLaren MP4/1-5), 70. **4.** Elio de Angelis (Lotus 91 R6), 69. **5.** Marc Surer (Arrows A4/1), 69. **6.** Andrea de Cesaris (Alfa Romeo V12 182/3), 68.
PP – Didier Pironi (Ferrari turbo V6 126C2 057), 1;27.509; FL – Pironi (Ferrari turbo V6 126C2 059), 1;28.323, 111.68 mph.
Startunfall zwischen dem stehen gebliebenen Pironi und dem Osella von Paletti, der tödlich verletzt wurde. Die Renaults enttäuschten wiederum und Brabham feierte einen Doppelsieg mit dem BMW vor dem Cosworth Getriebenen.

3-7-82 DUTCH GP,
Zandvoort – 72 laps, 190.23 miles
1. Didier Pironi (Ferrari turbo V6 126C2 060), 72 laps in 1:38;03.254, 116.40 mph.
2. Nelson Piquet (Brabham-turbo 4 BMW BT50/3), 72 in 1:38;24.903.
3. Keke Rosberg (Williams FW08/5), 72. **4.** Niki Lauda (McLaren MP4/1-6), 72. **5.** Derek Daly (Williams FW08/4), 71. **6.** Mauro Baldi (Arrows A4/2), 71.
PP – René Arnoux (Renault turbo V6 RE30B-7), 1;14.233; FL – Derek Warwick (Toleman-turbo 4 Hart TG181-06), 1;19.780, 119.22 mph.
Renaults erste Startreihe wurde wieder nicht genutzt. Arnoux verlor ein Rad bei Tempo 300 und flog spektakulär vor den Kameras der Welt ab. Pironi dominierte mit dem Turbo-Ferrari.

18-7-82 BRITISH GP,
Brands Hatch – 76 laps, 198.63 miles
1. Niki Lauda (McLaren MP4/1-6), 76 laps in 1:35;33.812, 124.70 mph.
2. Didier Pironi (Ferrari turbo V6 126C2 060), 76 in 1:35;59.538.
3. Patrick Tambay (Ferrari turbo V6 126C2 061), 76. **4.** Elio de Angelis (Lotus 91 R8), 76. **5.** Derek Daly (Williams FW08/4), 76. **6.** Alain Prost (Renault turbo V6 RE30B-6), 76.
PP – Keke Rosberg (Williams FW08/5), 1;09.540; FL – Brian Henton (Tyrrell 011-2), 1;13.028, 128.84 mph.
Rosberg mußte wegen eines Motorschadens am Einsatzauto beim Vorstart von der letzten Reihe aus starten und verschliß seine Reifen beim Überholen des Feldes. Piquet startete nur mit halbvollen Tanks und fuhr bis Runde 10 ebensoviele Sekunden Vorsprung heraus, aber aus dem vorbereiteten Tankstop wurde nichts mehr. Lauda war vom Ferrari nicht gefordert.

25-7-82 FRENCH GP,
Ricard-Castellet – 54 laps, 194.94 miles
1. René Arnoux (Renault turbo V6 RE30B-8), 54 laps in 1:33;33.217, 124.99 mph.
2. Alain Prost (Renault turbo V6 RE30B-6), 54 in 1:33;50.525.
3. Didier Pironi (Ferrari turbo V6 126C2 060), 54. **4.** Patrick Tambay (Ferrari turbo V6 126C2 061), 54. **5.** Keke Rosberg (Williams FW08/5), 54. **6.** Michele Alboreto (Tyrrell 011/5), 54.
PP – Arnoux, 1;34.406; FL – Riccardo Patrese (Brabham-turbo 4 BMW BT50/4), 1;40.075, 129.87 mph.
Endlich hielten die Renaults. Eigentlich sollte Prost gewinnen, aber nachdem Arnoux schon 20 Sekunden führte, war das Rennen gelaufen. Die Brabham-BMWs setzten wieder auf weiche Reifen und Tankstop, schieden aber zu schnell aus. Mass flog in seinem March bis in die Zuschauerreihen und heizte die Groundeffect-Frage weiter an. Riesenkrach bei Renault um die Stallorder.

8-8-82 GERMAN GP,
Hockenheim – 45 laps, 189.86 miles
1. Patrick Tambay (Ferrari turbo V6 126C2 061), 45 laps in 1:27;25.178, 130.43 mph.
2. René Arnoux (Renault turbo V6 RE30B-8), 45 in 1:27;41.557.
3. Keke Rosberg (Williams FW08/1), 44. **4.** Michele Alboreto (Tyrrell 011-5), 44. **5.** Bruno Giacomelli (Alfa Romeo V12 182/3), 44. **6.** Marc Surer (Arrows A4/1), 44.
PP – Didier Pironi (Ferrari turbo V6 126C2 061), 1;47.947; FL – Nelson Piquet (Brabham-turbo 4 BMW BT50/3), 1;54.035, 133.33 mph.
Pironi krachte im Regentraining in das Heck von Prost. Der Ferrari zerbrach ähnlich wie beim Villeneuve Unfall und ein Gurt riß aus seiner Verankerung. Mit schwersten Beinverletzungen mußte er seine Karriere beenden. Brabham pokerten wieder mit Tankstops, schieden aber wieder aus. Piquet, weit in Führung liegend, stieß mit Salazar zusammen. Lauda startete wegen eines verletzten Handgelenks nicht.

15-8-82 AUSTRIAN GP,
Österreichring – 53 laps, 195.69 miles
1. Elio de Angelis (Lotus 91 R8), 53 laps in 1:25;02.212, 138.07 mph.
2. Keke Rosberg (Williams FW08/1), 53 in 1:25;02.262.
3. Jacques Laffite (Ligier-Matra V12 JS19-03), 52. **4.** Patrick Tambay (Ferrari turbo V6 126C2 061), 52. **5.** Niki Lauda (McLaren MP4/1-6), 52. **6.** Mauro Baldi (Arrows A4/2), 52.
PP – Nelson Piquet (Brabham-turbo 4 BMW BT50/3), 1;27.612; FL – Piquet, 1;33.699, 141.87 mph.
Wieder ein Desaster-Rennen für die Turbos. Diesmal schieden die Brabham erst nach dem Tankstop aus und Prost schob den letzten Turbo 5 Runden vor Schluß, in Führung liegend, auf die Seite. De Angelis bezwang Rosberg in einem dramatischen Finale um wenige Zentimeter. Dies war der 150. Sieg eines Cosworth Motors.

29-8-82 'SWISS GP',
Dijon-Prenois, F – 80 laps, 188.88 miles
1. Keke Rosberg (Williams FW08/5), 80 laps in 1:32;41.087, 122.29 mph.
2. Alain Prost (Renault turbo V6 RE30B-10), 80 in 1:32;45.529.
3. Niki Lauda (McLaren MP4/1-7), 80. **4.** Nelson Piquet (Brabham-turbo 4 BMW BT50/5), 79. **5.** Riccardo Patrese (Brabham-turbo 4 BMW BT50/4), 79. **6.** Elio de Angelis (Lotus 91 R8), 79.
PP – Prost, 1;01.380; FL – Prost, 1;07.477, 125.97 mph.
Wegen eines eingeklemmten Nervs waren Tambay und Ferrari nicht am Start. Das Rennen wurde klar von Prost dominiert, nur in der Endphase schlich sich Rosberg an Renault vorbei, der wegen eines Schürzendefekts gebremst wurde. Die BMW Motoren hielten, aber die Chassis waren nicht schnell genug. Das Rennen wurde durch einen Veranstalterfehler eine Runde zu spät abgewunken.

12-9-82 ITALIAN GP,
Monza – 52 laps, 187.40 miles
1. René Arnoux (Renault turbo V6 RE30B-5), 52 laps in 1:22;25.734, 136.39 mph.
2. Patrick Tambay (Ferrari turbo V6 126C2 062), 52 in 1:22;39.39.
3. Mario Andretti (Ferrari turbo V6 126C2 061), 52. **4.** John Watson (McLaren MP4/1-5), 52. **5.** Michele Alboreto (Tyrrell 011-6), 51. **6.** Eddie Cheever (Ligier-Matra V12 JS19-01), 51.
PP – Andretti, 1;28.473; FL – Arnoux, 1;33.619, 138.59 mph.
Die Turbos sind unter sich und Arnoux nicht zu schlagen. Prost schied mit Turboschaden aus.

25-9-82 CAESAR'S PALACE GP,
Las Vegas, USA – 75 laps, 170.10 miles
1. Michele Alboreto (Tyrrell 011-6), 75 laps in 1:41;56.888, 100.10 mph.
2. John Watson (McLaren MP4/1-5), 75 in 1:42;24.180.
3. Eddie Cheever (Ligier-Matra V12 JS19-01), 75. **4.** Alain Prost (Renault turbo V6 RE30B-10), 75. **5.** Keke Rosberg (Williams FW08/5), 75. **6.** Derek Daly (Williams FW08/6), 74.
PP – Prost, 1;16.356; FL – Alboreto, 1;19.639, 102.52 mph.
Überraschungssieg durch Alboreto und Tyrrell. Die Renaults versagten wieder und Watson versuchte alles, um seine Titelchancen zu wahren, verfehlte ihn aber knapp. Rosberg war durch den 5. Platz neuer Weltmeister.

1983

13-3-83 BRAZILIAN GP,
Jacarepaguá, Rio de Janeiro – 63 laps, 196.945 miles
1. Nelson Piquet (Brabham-turbo 4 BMW BT52/3), 63 laps in 1:48;27.731, 108.926 mph.
2. Keke Rosberg (Williams FW08C/7), 63 in 1:48;48.362*.
3. Niki Lauda (McLaren MP4/1-7), 63 in 1:49;19.614. **4.** Jacques Laffite (Williams FW08C/8), 63. **5.** Patrick Tambay (Ferrari turbo V6 126C2B 063), 63. **6.** Marc Surer (Arrows A6/2), 63.
**Disqualified for alleged push-start, elevating slower finishers including Alain Prost (Renault turbo V6 RE30C-12), 62 laps.*
PP – Rosberg, 1;34.526; FL – Piquet, 1;39.829, 112.733 mph.
Das erste Rennen mit den flachen Unterböden an den Rennern. Piquet gewann mit dem neuen Brabham. Rosberg wurde trotz Boxenstops und einem dabei ausbrechenden Feuer noch Zweiter, später aber wegen Schiebens durch die Mechaniker disqualifiziert. Watson griff gerade den Führenden an, als der Motor platzte.

27-3-83 UNITED STATES GP WEST,
Long Beach, Calif. – 75 laps, 152.625 miles
1. John Watson (McLaren MP4/1-6), 75 laps in 1:53;34.889, 80.6 mph.
2. Niki Lauda (McLaren MP4/1-7), 75 in 1:54;02.882.
3. René Arnoux (Ferrari 126C2B 064), 75. **4.** Jacques Laffite (Williams FW08C/8), 74. **5.** Marc Surer (Arrows A6/3), 74. **6.** Johnny Cecotto (Theodore N183-18), 74.
PP – Tambay, (Ferrari 126C2B 063), 1;26.117; FL – Lauda, 1;28.33, 82.939 mph.
Erstaunliche McLaren. Im Training mit vielen Problemen unter ferner liefen, bekamen sie für's Rennen bessere Reifen. Ihre Startplätze waren 22 und 23. Rosberg schoß den Tambay Ferrari ab und erbte seine Führung.

10-4-83 Race of Champions,
Brands Hatch, GB – 40 laps, 104.544 miles
1. Keke Rosberg (Williams FW08C/6), 40 laps in 53;15.253, 117.886 mph.
2. Danny Sullivan (Tyrrell 011-2), 40 in 53;15.743.
3. Alan Jones (Arrows A6/3), 40. **4.** Brian Henton (Theodore N183-18), 40. **5.** Raul Boesel (Ligier JS21-03), 40. **6.** Jean-Louis Schlesser (March-RAM 01-02), 39.
PP – Rosberg, 1;15.766; FL – René Arnoux (Ferrari turbo V6 126C2B 063), 1;17.826, 120.897 mph.
Unbedeutendes schwach besetztes Rennen. Der Grand Prix Kalender wird so dicht, daß keiner mehr Zeit für kleine Veranstaltungen hat.

17-4-83 FRENCH GP,
Ricard-Castellet – 54 laps, 194.95 miles
1. Alain Prost (Renault turbo V6 RE40-01), 54 laps in 1:34;13.913, 124.191 mph.
2. Nelson Piquet (Brabham turbo 4 BMW BT52/3), 54 in 1:34;43.633.
3. Eddie Cheever (Renault turbo V6 RE40-02), 54. **4.** Patrick Tambay (Ferrari turbo V6 126C2B 065), 54. **5.** Keke Rosberg (Williams FW08C/7), 53. **6.** Jacques Laffite (Williams FW08C/8), 53.
PP – Prost, 1;36.672; FL – Prost, 1;42.695, 126.555 mph.
Alles fest in Turbohand. Die Williams hatten keine Chance, was immer sie auch versuchten. Ferrari hatte Probleme mit den Goodyear Reifen und das Handling der Renaults war den Brabhams überlegen.

1-5-83 'SAN MARINO' GP,
Imola, I – 60 laps, 187.90 miles
1. Patrick Tambay (Ferrari turbo V6 126C2B 065), 60 laps in 1:37;52.460, 115.251 mph.
2. Alain Prost (Renault turbo V6 RE40-03), 59.
4. Keke Rosberg (Williams FW08C/7), 59. **5.** John Watson (McLaren MP4/1-6), 59. **6.** Marc Surer (Arrows A6/2), 59.
PP – René Arnoux (Ferrari 126C2B 064), 1;31.238; FL – Riccardo Patrese (Brabham-turbo 4 BMW BT52/4), 1;34.437, 119.383 mph.
Starke Brabhams. Piquet blieb aber beim Start stehen und Patrese eroberte sich die Führung von Arnoux, parkte aber zum Nachtanken falsch in der Box, eroberte sich die Spitze von Tambay wieder zurück und schmiß danach das Auto weg. Die Cosworth Autos sind jetzt auch auf kurvigen Strecken zu langsam.

15-5-83 MONACO GP,
Monte Carlo – 76 laps, 156.406 miles
1. Keke Rosberg (Williams FW08C/7), 76 laps in 1:56;38.121, 80.521 mph.
2. Nelson Piquet (Brabham-turbo 4 BMW BT52/3), 76 in 1:56;56.596.
3. Alain Prost (Renault turbo V6 RE40-03), 76. **4.** Patrick Tambay (Ferrari 126C2B 065), 76. **5.** Danny Sullivan (Tyrrell 011-5), 74. **6.** Mauro Baldi (Alfa Romeo turbo V8 183T-04), 74.
PP – René Arnoux (Ferrari 126C2B 064), 1;25.182; FL – Piquet, 1;27.283, 84.881 mph.
Rosberg gegen die Turbos. Auf der feuchten Strecke riskierte er auf dem leichter zu kontrollierenden Sauger Slicks, während die Turbos auf Regenreifen starteten. So ersparte er sich einen Boxenstop. Laffite war im zweiten Williams lange Zweiter bis zum Getriebeschaden.

22-5-83 BELGIAN GP,
Spa-Francorchamps – 40 laps, 173.127 miles
1. Alain Prost (Renault turbo V6 RE40-03), 40 laps in 1:27;11.502, 119.135 mph.
2. Patrick Tambay (Ferrari turbo V6 126C2B 065), 40 in 1:27;34.684.
3. Eddie Cheever (Renault turbo V6 RE40-02), 40. **4.** Nelson Piquet (Brabham turbo 4 BMW BT52/3), 40. **5.** Keke Rosberg (Williams FW08C/7), 40. **6.** Jacques Laffite (Williams FW08C/8), 40.
PP – Prost, 2;04.615; FL – Andrea de Cesaris (Alfa Romeo turbo V8 183T/02), 2;07.493, 121.923 mph.
Seit 13 Jahren gastiert der Zirkus erstmals wieder in Spa. De Cesaris führte im Alfa bis zum Boxenstop, bei dem er viel Zeit und 6 Plätze wegen einer Radmutter verlor. Bei der Jagd zurück zur Spitze explodierte der Motor auf Platz 2. Prost gewann und Piquet verlor Platz 2 durch einen defekten 5. Gang.

5-6-83 DETROIT GP,
Michigan, USA – 60 laps, 150 miles
1. Michele Alboreto (Tyrrell 011-4), 60 laps in 1:50;53.669, 81.158 mph.
2. Keke Rosberg (Williams FW08C/7), 60 in 1:51;01.371.
3. John Watson (McLaren MP4/1C-8), 60.
4. Nelson Piquet (Brabham-turbo 4 BMW BT52/3), 60. **5.** Jacques Laffite (Williams FW08C/8), 60.
6. Nigel Mansell (Lotus 92 R10), 59.
PP – René Arnoux (Ferrari turbo V6 126C2B 064), 1;44.734; FL – Watson, 1;47.668, 83.590 mph.
Arnoux führte bis zu einem Elektrikschaden. Dann Piquet bis zu einem Reifenschaden, und der diesmal versuchte Trick — nicht nachzutanken — war vertan. Prost kollidierte mit Boutsen und Alboreto schlug Rosberg, weil letzterer nachtankte. Dies war der 155. und letzte Sieg eines Cosworth Motors in einem Grand Prix.

12-6-83 CANADIAN GP,
Ile Notre Dame, Montreal – 70 laps, 191.82 miles
1. René Arnoux (Ferrari turbo V6 126C2B 064), 70 laps in 1:48;31.838, 106.044 mph.
2. Eddie Cheever (Renault turbo V6 RE40-02), 70 in 1:49;13.867.
3. Patrick Tambay (Ferrari turbo V6 126C2B 065), 70. **4.** Keke Rosberg (Williams FW08C/7), 70. **5.** Alain Prost (Renault turbo V6 RE40-03), 69. **6.** John Watson (McLaren MP4/1C-8), 69.
PP – Arnoux, 1;28.729; FL – Tambay, 1;30.851, 108.583 mph.
Überzeugender Ferrari-Sieg. Prost beklagte mangelnde Leistung und einen Reifenschaden. Patrese war lange zweiter bis zum Getriebeschaden.

16-7-83 BRITISH GP,
Silverstone – 67 laps, 196.44 miles
1. Alain Prost (Renault turbo V6 RE40-05), 67 laps in 1:24;39.780, 139.218 mph.
2. Nelson Piquet (Brabham-turbo 4 BMW BT52B/5), 67 in 1:24;58.941.
3. Patrick Tambay (Ferrari turbo V6 126C3 067), 67. **4.** Nigel Mansell (Lotus-Renault turbo V6 94T R2), 67. **5.** René Arnoux (Ferrari turbo V6 126C3 066), 67. **6.** Niki Lauda (McLaren MP4/1C-7) 66.
PP – Arnoux, 1:09.462; FL – Prost, 1:14.212, 142.23 mph.
Die neuen Ferraris führten bis Runde 20, hatten dann Reifenprobleme. Dann war Prost vorne. Der neue Lotus mit Renault Motor überraschte und Honda feierte ein Comeback im Grand Prix-Sport mit dem V6 Motor im Spirit 201.

17-8-83 GERMAN GP,
Hockenheim – 45 laps, 190.055 miles
1. René Arnoux (Ferrari turbo V6 126C3 066), 45 laps in 1:27;10.319, 130.813 mph.
2. Andrea de Cesaris (Alfa Romeo turbo V8 183T/03), 45 in 1:28;20.971.
3. Riccardo Patrese (Brabham-turbo 4 BMW BT52B/6), 45. **4.** Alain Prost (Renault turbo V6 RE40-05), 45. **5.** *Niki Lauda (McLaren MP4/1C-7), 44. **5.** John Watson (McLaren MP4C/1-2), 44. **6.** Jacques Laffite (Williams FW08C/8), 44.
**Disqualified for reversing in pit lane after overshooting refuelling marks.*
PP – Patrick Tambay (Ferrari turbo V6 126C3 067), 1;49.328; FL – Arnoux, 1;53.938, 133.444 mph.
Tambay führte zwei Runden, dann übernahm Arnoux. Piquet war sicherer 2. bis drei Runden vor Schluß der Benzinfilter brach. Renaults wieder schwach. Prost fehlte der 5. Gang und Cheever versagte die Benzinpumpe auf Platz 2.

24-8-83 AUSTRIAN GP,
Österreichring – 53 laps, 195.699 miles
1. Alain Prost (Renault turbo V6 RE40-05), 53 laps in 1:24;32.745, 138.872 mph.
2. René Arnoux (Ferrari turbo V6 126C3 068), 53 in 1:24;39.580.
3. Nelson Piquet (Brabham-turbo 4 BMW BT52B/5), 53. **4.** Eddie Cheever (Renault turbo V6 RE40-04), 53. **5.** Nigel Mansell (Lotus-Renault turbo V6 94T R2), 52. **6.** Niki Lauda (McLaren MP4/1C-7), 51.
PP – Patrick Tambay (Ferrari turbo V6 126C3 067), 1;29.871; FL – Prost, 1;33.961, 141.461 mph.
Tambay führte, bis er von Jariers Ligier blockiert wurde, und Arnoux und Piquet an ihm vorbei kamen. Arnouxs Getriebeprobleme erlaubten es Prost, ihn sechs Runden vor Schluß zu überholen. Cheever wählte falsche Reifen.

28-8-83 DUTCH GP,
Zandvoort – 72 laps, 190.228 miles
1. René Arnoux (Ferrari turbo V6 126C3 066), 72 laps in 1:38;41.950, 115.640 mph.
2. Patrick Tambay (Ferrari turbo V6 126C3 067), 72 in 1:39;02.789.
3. John Watson (McLaren MP4/1C-2), 72. **4.** Derek Warwick (Toleman-turbo 4 Hart TG183B-04), 72. **5.** Mauro Baldi (Alfa Romeo turbo V8 183T/04), 72. **6.** Michele Alboreto (Tyrrell 012-1), 71.
PP – Nelson Piquet (Brabham-turbo 4 BMW BT52B/5), 1;15.630; FL – Arnoux, 1;19.863, 119.097 mph.
Tambay verschlief den Start und war 21., arbeitete sich dann durchs Feld und wurde noch 2., Ferrari-Doppelsieg. Die Führenden Piquet und Prost kollidierten, oder in anderen Worten, Prost schoß Piquet eingangs der Tarzankurve ab. Lauda debutierte den TAG Porsche-Motor im McLaren und mußte nach bescheidener Fahrt wegen überforderten Bremsen aufgeben. Teamkollege Watson brachte seinen Cosworth noch auf den 3. Rang.

11-9-83 ITALIAN GP,
Monza – 52 laps, 187.403 miles
1. Nelson Piquet (Brabham-turbo 4 BMW BT52B/5), 52 laps in 1:23;10.880, 135.178 mph.
2. René Arnoux (Ferrari turbo V6 126C3 066), 52 in 1:23;21.092.
3. Eddie Cheever (Renault turbo V6 RE40-04), 52. **4.** Patrick Tambay (Ferrari turbo V6 126C3 069), 52. **5.** Elio de Angelis (Lotus-Renault turbo V6 94T R1), 52. **6.** Derek Warwick (Toleman-turbo 4 Hart TG183B-04), 52.
PP – Riccardo Patrese (Brabham-turbo 4 BMW BT52B/6), 1;29.122; FL – Piquet, 1;34.431, 137.393 mph.
Prosts Kampf um Sieg und WM endete mit einem Turboschaden. Patreses Motor versagte schon in der dritten Runde und Piquet siegte vor dem Ferrari.

25-9-83 EUROPEAN GP,
Brands Hatch, GB – 76 laps, 198.63 miles
1. Nelson Piquet (Brabham-turbo 4 BT52B/5), 76 laps in 1:36;45.865, 123.165 mph.
2. Alain Prost (Renault turbo V6 RE40-05), 76 in 1:36;52.436.
3. Nigel Mansell (Lotus-Renault turbo V6 94T R2), 76. **4.** Andrea de Cesaris (Alfa Romeo turbo V8 183T/05, 76. **5.** Derek Warwick (Toleman-turbo 4 Hart TG183B-04), 76. **6.** Bruno Giacomelli (Toleman-turbo 4 Hart TG183B-03), 76.
PP – Elio de Angelis (Lotus-Renault turbo V6 94T R1), 1;12.092; FL – Mansell, 1;14.342, 126.563 mph.
Patrese und de Angelis im Lotus-Renault stürmten an die Spitze und kollidierten. Dann beherrschte Piquet das Rennen bis ins Ziel. Warwick fiel zurück, als sich der Feuerlöscher ins Cockpit entlud.

15-10-83 SOUTH AFRICAN GP,
Kyalami – 77 laps, 196.35 miles
1. Riccardo Patrese (Brabham-turbo 4 BMW BT52B/6), 77 laps in 1:33;25.708, 126.100 mph.
2. Andrea de Cesaris (Alfa Romeo turbo V8 183T/03), 77 in 1:33;35.027.
3. Nelson Piquet (Brabham-turbo 4 BMW BT52B/5), 77. **4.** Derek Warwick (Toleman-turbo 4 Hart TG183B-02), 76. **5.** Keke Rosberg (Williams-turbo V6 Honda FW09/1), 76. **6.** Eddie Cheever (Renault turbo V6 RE40-04), 76.
PP – Patrick Tambay (Ferrari 126C3 069), 1;06.554; FL – Piquet, 1;09.948, 131.245 mph.
Die WM-Entscheidung. Piquet legte sich folgende Taktik zurecht. Mit ganz weichen Reifen und wenig Benzin allen auf und davon fahren und früh an die Box. Das ging auch tadellos auf. Nach seinem Tankstop konnte er mit harten Reifen auf Ankommen fahren, ein 4. Platz reichte für den Titel, denn Prost war mit Turboschaden ausgeschieden. Lauda demonstrierte die Klasse des McLaren TAG und hätte gewinnen können, aber ein Elektrikschaden beendete die Jagd auf Patrese. Der Williams-Honda debutierte.

1984

25-3-84 BRAZILIAN GP,
Jacarepaguá, Rio de Janeiro – 61 laps, 190.692 miles
1. Alain Prost (McLaren-turbo V6 TAG-Porsche MP4/2-2), 61 laps in 1:42;34.492, 111.543 mph.
2. Keke Rosberg (Williams-turbo V6 Honda FW09/4), 61 in 1:43;15.006.
3. Elio de Angelis (Lotus-turbo V6 Renault 95T R3), 61. **4.** Eddie Cheever (Alfa Romeo turbo V8 184T/01), 60. **5.** Martin Brundle (Tyrrell 012-3), 60. **6.** Patrick Tambay (Renault turbo V6 RE50-03), 59.
PP – de Angelis, 1;28.392; FL – Prost, 1;36.499, 116.622 mph.
Alboretos Ferrari kreiselte in der 12. Runde von Platz 1, dann führte Lauda bis zur 38. und einem Elektrikschaden. Nun war Warwick im Renault an der Reihe, aber die Vorderachse brach, und Prost war vorne. Die Benzintanks waren auf 220 Liter beschränkt.

7-4-84 SOUTH AFRICAN GP,
Kyalami – 75 laps, 191.247 miles
1. Niki Lauda (McLaren-turbo V6 TAG-Porsche MP4/2-1), 75 laps in 1:29;43.430, 126.367 mph.
2. Alain Prost (McLaren-turbo V6 TAG-Porsche MP4/2-3), 75 in 1:30;29.380.
3. Derek Warwick (Renault turbo V6 RE50/04), 74. **4.** Riccardo Patrese (Alfa Romeo turbo V8 184T/02), 73. **5.** Andrea de Cesaris (Ligier-turbo V6 Renault JS23-03), 73. **6.** Ayrton Senna (Toleman-turbo 4 Hart TG183B-05), 72.
PP – Nelson Piquet (Brabham-turbo 4 BMW BT53/5), 1;04.871; FL – Patrick Tambay (Renault turbo V6 RE50/03), 1;08.877, 133.279 mph.
Die McLaren dominierten. Prost mußte im Ersatzauto starten und rollte das ganze Feld von hinten auf. Doppelsieg für McLaren.

29-4-84 BELGIAN GP,
Zolder – 70 laps, 185.38 miles
1. Michele Alboreto (Ferrari turbo V6 126C4/074), 70 laps in 1:36;32.048, 115.221 mph.
2. Derek Warwick (Renault turbo V6 RE50/04), 70 in 1:37;14.434.
3. René Arnoux (Ferrari turbo V6 126C4/073), 70. **4.** Keke Rosberg (Williams-turbo V6 Honda FW09/4), 69. **5.** Elio de Angelis (Lotus-turbo V6 Renault 95T R3), 69. **6.** Stefan Bellof (Tyrrell 012-2), 69.
PP – Alboreto, 1;14.846; FL – Arnoux, 1;19.294, 120.233 mph.
Mit Alboreto gewann der erste Italiener auf einem Ferrari einen Grand Prix seit 1966. McLaren und Brabham beklagten viele Motorschäden im Training. Rosberg kämpfte sich nach schlechtem Start bis auf Platz 3 vor, verbrauchte dabei aber so viel Benzin, daß er in der letzten Runde liegen blieb.

6-5-84 'SAN MARINO' GP,
Imola, I – 60 laps, 187.90 miles
1. Alain Prost (McLaren-turbo V6 TAG-Porsche MP4/2-3), 60 laps in 1:36;53.679, 116.354 mph.
2. René Arnoux (Ferrari turbo V6 126C4/073), 60 in 1:37;07.095.
3. Elio de Angelis (Lotus-turbo V6 Renault 95T R3), 59. **4.** Derek Warwick (Renault turbo V6 RE50/04), 59. **5.** Stefan Bellof (Tyrrell 012-1), 59. **6.** Thierry Boutsen (Arrows A6/4), 59.
PP – Nelson Piquet (Brabham-turbo 4 BMW BT53/5), 1;28.517; FL – Piquet, 1;33.275, 120.869 mph.
Die Williams und Brabhams schieden aus. Prost führte trotz Dreher und auch noch nach dem Boxenstop. Lauda schied nach schlechtem Start durch Kolbenschaden aus.

20-5-84 FRENCH GP,
Dijon-Prenois – 79 laps, 186.535 miles
1. Niki Lauda (McLaren-turbo V6 TAG-Porsche MP4/2-1), 79 laps in 1:31;11.951, 125.531 mph.
2. Patrick Tambay (Renault turbo V6 RE50/05), 79 in 1:31;19.105.
3. Nigel Mansell (Lotus-turbo V6 Renault 95T R2), 79. **4.** René Arnoux (Ferrari turbo V6 126C4/073), 79. **5.** Elio de Angelis (Lotus-turbo V6 Renault 95T R3), 79. **6.** Keke Rosberg (Williams-turbo V6 Honda FW09/5), 78.
PP – Tambay, 1;02.200; FL – Alain Prost (McLaren-turbo V6 TAG-Porsche MP4/2-2), 1;05.257, 133.242 mph.
Nach vielen Trainingsproblemen kommen über Nacht frische Motoren von Porsche. Prost wurde durch ein loses Rad aufgehalten und Lauda gewann.

3-6-84 MONACO GP,
Monte Carlo – 31 laps, 63.797 miles*
**Rain shortened race from scheduled 78 laps.*
1. Alain Prost (McLaren-turbo V6 TAG-Porsche MP4/2-2), 31 laps in 1:01;07.740, 62.619 mph.
2. Ayrton Senna (Toleman-turbo 4 Hart TG184-02), 31 in 1:01;15.186.
3. Stefan Bellof (Tyrrell 012-4), 31. **4.** René Arnoux (Ferrari turbo V6 126C4/074), 31. **5.** Keke Rosberg (Williams-turbo V6 Honda FW09/5), 31. **6.** Elio de Angelis (Lotus-turbo V6 Renault 95T R3), 31.
PP – Prost, 1;22.661; FL – Senna, 1;54.334, 64.798 mph.
Durch Regen wurde das Rennen in der 31. Runde abgebrochen. Mansells Lotus führte bis zu dessen Fahrfehler. Prost wurde gerade von Senna überholt, als das Rennen abgebrochen wurde. Sensationeller Bellof auf Platz drei. Die Renault kollidierten in der ersten Kurve miteinander.

17-6-84 CANADIAN GP,
Ile Notre Dame, Montreal – 70 laps, 191.82 miles
1. Nelson Piquet (Brabham-turbo 4 BMW BT53/5), 70 laps in 1:46;23.748, 108.171 mph.
2. Niki Lauda (McLaren-turbo V6 TAG-Porsche MP4/2-1), 70 in 1:46;26.360.
3. Alain Prost (McLaren-turbo V6 TAG-Porsche MP4/2-2), 70. **4.** Elio de Angelis (Lotus-turbo V6 Renault 95T R3), 69. **5.** René Arnoux (Ferrari turbo V6 126C4/075), 68. **6.** Nigel Mansell (Lotus-turbo V6 Renault 95T R2), 68.
PP – Piquet, 1;25.422; FL – Piquet, 1;28.763, 111.691 mph.
Endlich hielt der BMW-Motor einmal. Trotz eines verbrannten Fußes wegen des vorderen neuen Ölkühlers gewann Piquet vor dem McLaren-Duo.

24-6-84 DETROIT GP,
Michigan, USA – 63 laps, 157.50 miles
1. Nelson Piquet (Brabham-turbo 4 BMW BT53/3), 63 laps in 1:55;41.842, 81.679 mph.
2. Martin Brundle (Tyrrell 012-2), 63 in 1:55;42.679*.
3. Elio de Angelis (Lotus-turbo V6 Renault 95T R3), 63. **4.** Teo Fabi (Brabham-turbo 4 BMW BT53/2), 63. **5.** Alain Prost (McLaren-turbo V6 TAG-Porsche MP4/2-2), 63. **6.** Jacques Laffite (Williams-turbo V6 Honda FW09/3), 62.
**Subsequently disqualified for alleged technical infringement.*
PP – Piquet, 1;40.980; FL – Derek Warwick (Renault turbo V6 RE50), 1;46.221, 84.729 mph.
Mansells Lotus verursachte eine Startkollision. Piquet mußte das Ersatzauto nehmen und führte trotzdem vom Start bis ins Ziel. Gegen Ende fuhr er so vorsichtig, daß er fast noch von Brundel überholt wurde.

8-7-84 DALLAS GP,
Fair Park, Texas, USA – 67 laps, 162.408 miles
1. Keke Rosberg (Williams-turbo V6 Honda FW09/5), 67 laps in 2:01;22.617, 80.283 mph.
2. René Arnoux (Ferrari turbo V6 126C4/075), 67 in 2:01;45.081.
3. Elio de Angelis (Lotus-turbo V6 Renault 95T R3), 66. **4.** Jacques Laffite (Williams-turbo V6 Honda FW09/3), 65. **5.** Piercarlo Ghinzani (Osella-turbo V8 Alfa Romeo FA1F-02), 65. **6.** Nigel Mansell (Lotus-turbo V6 Renault 95T R2), 64.
PP – Mansell, 1;37.041; FL – Niki Lauda (McLaren-turbo V6 TAG-Porsche MP4/2-1), 1;45.353, 82.830 mph.
Langes, heißes Rennen auf schlechtem Asphalt. 5 Autos kämpften um die Spitze. Warwicks Renault und die McLaren schieden aus. Mansell führte das halbe Rennen und brach beim Versuch, das Auto über die Ziellinie zu schieben, auf der Strecke zusammen. Arnoux startete von der letzten Reihe und wurde noch 2.

22-7-84 BRITISH GP,
Brands Hatch – 71 laps, 185.566 miles
1. Niki Lauda (McLaren-turbo V6 TAG-Porsche MP4/2-1), 71 laps in 1:29;28.532, 124.406 mph.
2. Derek Warwick (Renault turbo V6 RE50/08), 71 in 1:30;10.655.
3. Ayrton Senna (Toleman-turbo Hart TG184-02), 71. **4.** Elio de Angelis (Lotus-turbo V6 Renault 95T R3), 70. **5.** Michele Alboreto (Ferrari turbo V6 126C4/076), 70. **6.** René Arnoux (Ferrari turbo V6 126C4/075), 70.
PP – Nelson Piquet (Brabham-turbo 4 BMW BT53/4), 1;10.869; FL – Lauda, 1;13.191, 128.523 mph.
Harter Kampf zwischen Piquet und den McLaren. Das Rennen wurde in Runde 11 wegen Unfalls abgebrochen und neu gestartet. Piquet verlor dann Turbodruck, Prost hatte Getriebeschaden und Lauda gewann.

5-8-84 GERMAN GP,
Hockenheim – 44 laps, 185.83 miles
1. Alain Prost (McLaren-turbo V6 TAG-Porsche MP4/2-3), 44 laps in 1:24;43.210, 131.608 mph.
2. Niki Lauda (McLaren-turbo V6 TAG-Porsche MP4/2-1), 44 in 1:24;46.359.
3. Derek Warwick (Renault turbo V6 RE50/08), 44. **4.** Nigel Mansell (Lotus-turbo V6 Renault 95T R2), 44. **5.** Patrick Tambay (Renault turbo V6 RE50/09), 44. **6.** René Arnoux (Ferrari turbo V6 126C4/075), 43.
PP – Prost, 1;47.012; FL – Prost, 1;53.538, 133.915 mph.
De Angelis' Lotus führte 7 Runden bis zum Motorschaden, dann Piquet bis zu einem Schaden an der Kraftübertragung. Danach waren die McLaren unerreichbar und feierten einen Doppelsieg.

19-8-84 AUSTRIAN GP,
Österreichring – 51 laps, 188.313 miles
1. Niki Lauda (McLaren-turbo V6 TAG-Porsche MP4/2-1), 51 laps in 1:21;12.851, 139.11 mph.
2. Nelson Piquet (Brabham-turbo 4 BMW BT53/4), 51 in 1:21;36.376.
3. Michele Alboreto (Ferrari turbo V6 126C4/076), 51. **4.** Teo Fabi (Brabham-turbo 4 BMW BT53/5), 51. **5.** Thierry Boutsen (Arrows-turbo 4 BMW A7/2), 50. **6.** Marc Surer (Arrows-turbo 4 BMW A7/3), 50.
PP – Piquet, 1;26.173; FL – Lauda, 1;32.882, 143.105 mph.
Prost rutschte von der Piste und Piquets Reifen ließen gegen Schluß nach, so daß Lauda 11 Runden vor Schluß an ihm vorbei kam. Dann brach Laudas 4. Gang, aber Piquet bemerkte das nicht und attackierte bis ins Ziel nicht mehr, weil er Sorge um seine eigenen Reifen hatte.

26-8-84 DUTCH GP,
Zandvoort – 71 laps, 187.586 miles
1. Alain Prost (McLaren-turbo V6 TAG-Porsche MP4/2-2), 71 laps in 1:37;21.468, 115.606 mph.
2. Niki Lauda (McLaren-turbo V6 TAG-Porsche MP4/2-1), 71 in 1:37;31.751.
3. Nigel Mansell (Lotus-turbo V6 Renault 95T R2), 71. **4.** Elio de Angelis (Lotus-turbo V6 Renault 95T R3), 70. **5.** Teo Fabi (Brabham-turbo 4 BMW BT53/5), 70. **6.** Patrick Tambay (Renault turbo V6 RE50/09), 70.
PP – Prost, 1;13.567; FL – René Arnoux (Ferrari turbo V6 126C4/077), 1;19.465, 119.693 mph.
Piquet führte wieder 10 Runden bis zu einem technischen Defekt. Dann waren Prost-Lauda ungefährdet. Rosberg lag auf Platz 3, als ihm das Benzin ausging.

9-9-84 ITALIAN GP,
Monza – 51 laps, 183.801 miles
1. Niki Lauda (McLaren-turbo V6 TAG-Porsche MP4/2-1), 51 laps in 1:20;29.065, 137.021 mph.
2. Michele Alboreto (Ferrari turbo V6 126C4/076), 51 in 1:20;53.314.
3. Riccardo Patrese (Alfa Romeo turbo V8 184T/04), 50. **4.** Stefan Johansson (Toleman-turbo 4 Hart TG184-05), 49. **5.** Jo Gartner (Osella-turbo V8 Alfa Romeo FA1F-04), 49. **6.** Gerhard Berger (ATS-turbo 4 BMW D7/02), 49.
PP – Nelson Piquet (Brabham-turbo 4 BMW BT53/4), 1;26.584; FL – Lauda 1;31.912, 141.158 mph.
Prosts Motor versagte schon in der vierten Runde. Piquet führte wieder bis zu einem Schaden an der Kühlung, dann übernahm Tambays Renault, bis ihn Lauda in Runde 43 überholte. Fabi im zweiten Brabham schied mit Ölverlust und Tambay schließlich mit einem Schaden an der Gassteuerung aus, so daß Lauda gemütlich ins Ziel fahren konnte.

7-10-84 EUROPEAN GP,
ersatz-Nürburgring, D – 67 laps, 189.091 miles
1. Alain Prost (McLaren-turbo V6 TAG-Porsche MP4/2-2), 67 laps in 1:35;13.284, 119.148 miles.
2. Michele Alboreto (Ferrari turbo V6 126C4/M2-074), 67 in 1:35;37.195.
3. Nelson Piquet (Brabham-turbo 4 BMW BT53/6), 67. **4.** Niki Lauda (McLaren-turbo V6 TAG-Porsche MP4/2-1), 67. **5.** René Arnoux (Ferrari turbo V6 126C4/M2-077), 67. **6.** Riccardo Patrese (Alfa Romeo turbo V8 184T/04), 66.
PP – Piquet, 1;18.871; FL – Piquet & Alboreto, 1;23.146, 122.196 mph.
Prost feierte Start-Ziel Sieg. Tambay verlor den zweiten Platz durch Fehlzündungen. Piquet auf Platz 2 und Alboreto blieben in der letzten Runde ohne Benzin liegen. Lauda verspielte Platz 2 durch einen Dreher.

21-10-84 PORTUGUESE GP,
Estoril – 70 laps, 189.207 miles
1. Alain Prost (McLaren-turbo V6 TAG-Porsche MP4/2-2), 70 laps in 1:41;11.753, 112.182 mph.
2. Niki Lauda (McLaren-turbo V6 TAG-Porsche MP4/2-1), 70 in 1:41;25.178.
3. Ayrton Senna (Toleman-turbo 4 Hart TG184-05), 70. **4.** Michele Alboreto (Ferrari turbo V6 126C4/M2-074), 70. **5.** Elio de Angelis (Lotus-turbo V6 Renault 95T R3), 70. **6.** Nelson Piquet (Brabham-turbo 4 BMW BT53/6), 69.
PP – Piquet, 1;21.703; FL – Lauda 1;22.996, 117.242 mph.
Das große WM Finale zwischen zwei Team-Kollegen. Piquet errang seine 9. Pole Position im Training und verlor die Führung in der ersten Runde durch einen Dreher. Dann führte Rosberg, bis Prost übernahm und seinen 7. Saisonsieg errang. Weltmeister aber wurde Lauda mit nur 5 Siegen, der den notwendigen 2. Platz von Mansell übernahm, den Bremsprobleme an die Box zwangen. Laudas Titelgewinn mit einem halben Punkt war der knappeste seit Bestehen der Formel 1. McLaren stellte mit insgesamt 12 Saisonsiegen einen neuen Rekord auf.

1985

7-4-85 BRAZILIAN GP,
Jacarepaguá – 61 laps, 190.692 miles
1. Alain Prost (McLaren-turbo V6 TAG Turbo-Porsche MP4/2B-5), 61 laps in 1:41;26.115 112.795 mph.
2. Michele Alboreto (Ferrari turbo V6 156/85 079), 61 in 1:41;29.374.
3. Elio de Angelis (Lotus-turbo V6 Renault 97T-2), 60. **4.** René Arnoux (Ferrari turbo V6 156/85 080), 59. **5.** Patrick Tambay (Renault turbo V6 RE60-2), 59. **6.** Jacques Laffite (Ligier-turbo V6 Renault JS25-02), 59.
PP – Alboreto, 1;27.763; FL – Prost, 1;36.702, 116.378 mph.
Über den Winter haben die anderen auf McLaren aufgeholt. Erst führte Rosberg im Williams bis ein Turbolader sich verabschiedete. Auch Alboreto verlor die Spitze durch Spätschäden einer Startkollision mit Mansell.

21-4-85 PORTUGUESE GP,
Estoril – 67 laps, 181.098 miles
Wet race scheduled for 69 laps, but shortened in accordance with two-hour rule.
1. Ayrton Senna (Lotus-turbo V6 Renault 97T-2), 67 laps in 2:00;28.006, 90.198 mph.
2. Michele Alboreto (Ferrari turbo V6 156/85 079), 67 in 2:01;30.984.
3. Patrick Tambay (Renault turbo V6 RE60-4), 66.
4. Elio de Angelis (Lotus-turbo V6 Renault 97T-3)

66. **5.** Nigel Mansell (Williams-turbo V6 Honda FW10-2), 65. **6.** Stefan Bellof (Tyrrell 012-7), 65.
PP – Senna, 1;21.007; FL – Senna, 1;44.121, 93.455 mph.
Sennas Wochenende im Lotus-Renault. Prost und Rosberg kollidierten. Die Werks-Renaults hatten keine Chance.

5-5-85 SAN MARINO GP,
Imola, I – 60 laps, 187.90 miles
1.* Elio de Angelis (Lotus-turbo V6 Renault 97T-3), 60 laps in 1:34;35.955, 119.177 mph.
2. Thierry Boutsen (Arrows-turbo 4 BMW A8-4), 59 laps.
3. Patrick Tambay (Renault turbo V6 RE60-4), 59. **4.** Niki Lauda (McLaren-turbo V6 TAG Turbo-Porsche MP42B/4), 59. **5.** Nigel Mansell (Williams-turbo V6 Honda FW10-2), 58. **6.** Stefan Johansson (Ferrari turbo V6 156/85 079), 57.**
**First on road was Alain Prost (McLaren-turbo V6 TAG Turbo-Porsche MP4/2B-5), who completed 60 laps in 1:33;57.118 but car disqualified for being under minimum weight at post-race scrutineering.*
***Out of fuel, not running at finish*
PP – Ayrton Senna (Lotus-turbo V6 Renault 97T-2), 1;27.327; FL – Michele Alboreto (Ferrari turbo V6 156/85 081), 1;30.961, 123.945 mph.
Senna dominierte wieder, bis ihm vier Runden vor Schluß das Benzin ausging. Dann übernahm Johansson für eine Runde, bis auch er mit leerem Tank stehenblieb. Schließlich siegte Prost, der aber nach dem Rennen disqualifiziert wurde. Der McLaren war zu leicht.

19-5-85 MONACO GP,
Monte Carlo – 78 laps, 160.522 miles
1. Alain Prost (McLaren-turbo V6 TAG Turbo-Porsche MP4/2B-5), 78 laps in 1:51;58.034, 89.654 mph.
2. Michele Alboreto (Ferrari turbo V6 156/85 081), 78 in 1:52;05.575.
3. Elio de Angelis (Lotus-turbo V6 Renault 97T-3), 78 laps. **4.** Andrea de Cesaris (Ligier-turbo V6 Renault JS25-04), 77. **5.** Derek Warwick (Renault turbo V6 RE60-3), 77. **6.** Jacques Laffite (Ligier-turbo V6 Renault JS25-03), 77.
PP – Ayrton Senna (Lotus-turbo V6 Renault 97T-2), 1;20.450; FL – Alboreto, 1;22.637, 89.654 mph.
Senna führte wieder, bis in der 13. Runde der Motor platzte. Dann kämpften Prost und Alboreto um die Spitze, bis der Ferrari auf einer Ölspur des spektakulären Piquet/Patrese-Unfalls ausrutschte.
Alboreto eroberte sich die Führung zurück, bis ihn ein Reifenschaden wieder hinter Prost warf.

2-6-85 BELGIAN GP,
Spa-Franchorchamps
Das Rennen wurde verschoben, weil der Asphalt nicht befahrbar war.

16-6-85 CANADIAN GP,
Ile Notre Dame, Montreal – 70 laps, 191.82 miles
1. Michele Alboreto (Ferrari turbo V6 156/85 081), 70 laps in 1:46;01.813, 108.544 mph.
2. Stefan Johansson (Ferrari turbo V6 156/85 082), 70 in 1:46;03.770.
3. Alain Prost (McLaren-turbo V6 TAG Turbo-Porsche MP4/2B-5), 70. **24.** Keke Rosberg (Williams-turbo V6 Honda FW10-4), 70. **5.** Elio de Angelis (Lotus-turbo V6 Renault 97T-3), 70. **6.** Nigel Mansell (Williams-turbo V6 Honda FW10-2), 70.
PP – De Angelis 1;24.567; FL – Ayrton Senna (Lotus-turbo V6 Renault 97T-2), 1;27.445, 112.812 mph.
Die Lotus waren im Training wieder die schnellsten. Senna beklagte früh einen Turbodefekt und de Angelis führte 15 Runden, fiel dann aber zurück. Ferrari schlug Prost. Ein überzeugender Doppelsieg. Der neue Honda Motor Typ E debütierte im Williams.

23-6-85 DETROIT GP,
Michigan, USA – 63 laps, 157.500 miles
1. Keke Rosberg (Williams-turbo V6 Honda FW10-4), 63 laps in 1:55;39.851, 81.702 mph.
2. Stefan Johansson (Ferrari turbo V6 156/85 082), 63 in 1:56;37.400.
3. Michele Alboreto (Ferrari turbo V6 156/85 081), 63. **4.** Stefan Bellof (Tyrrell 012-7), 63. **5.** Elio de Angelis (Lotus-turbo V6 Renault 97T-3), 63. **6.** Nelson Piquet (Brabham-turbo 4 BMW BT54-6), 62.
PP – Ayrton Senna (Lotus-turbo V6 Renault 97T-2), 1;42.051; FL – Senna, 1;45.612, 85.217 mph.
Senna führte, verunglückte aber ebenso wie Mansell, Tambay und Prost. Der Williams Honda siegte, Bellof überraschte mit Platz 4 im alten Sauger auf dem winkeligen Straßenkurs.

7-7-85 FRENCH GP,
Ricard-Castellet – 53 laps, 191.337 miles
1. Nelson Piquet (Brabham-turbo V6 BMW 4 BT54-6), 53 laps in 1:31;46.266, 125.096 mph.
2. Keke Rosberg (Williams-turbo V6 Honda FW10-4), 53 in 1:31;52.926.
3. Alain Prost (McLaren-turbo V6 TAG Turbo-Porsche MP4/2B-5), 53. **4.** Stefan Johansson (Ferrari turbo V6 156/85 081), 53. **5.** Elio de Angelis (Lotus-turbo V6 Renault 97T-3), 53. **6.** Patrick Tambay (Renault turbo V6 RE60B-6), 53.
PP – Rosberg, 1;32.462; FL – Rosberg, 1;39.914, 130.077 mph.
Rosberg führte vom Start weg, mußte aber nach 10 Runden an Piquet übergeben. Die große Hitze bekam den neuen Pirellis am Brabham besser als den Goodyears. Senna verunglückte auf seiner eigenen Ölspur nach einem Motorplatzer. Mansell startete nach schwerem Trainingsunfall nicht.

21-7-85 BRITISH GP
Silverstone – 65 laps, 190.580 miles
1. Alain Prost (McLaren-turbo V6 TAG Turbo-Porsche MP4/2B-2), 65 laps in 1:18;10.436, 146.274 mph.
2. Michele Alboreto (Ferrari turbo V6 156/85 081), 64 laps.
3. Jacques Laffite (Ligier-turbo V6 Renault JS25-05), 64. **4.** Nelson Piquet (Brabham-turbo 4 BMW BT54-6), 64. **5.** Derek Warwick (Renault turbo V6 RE60B-7), 64. **6.** Marc Surer (Brabham-turbo 4 BMW BT54-3), 63.
PP – Rosberg (Williams-turbo V6 Honda FW10-4), 1;05.591; FL – Prost, 1;09.886, 151.035 mph.
Senna dominierte im Lotus und führte bis Runde 56. Dann mußte er nachtanken, denn die Elektronik war auf zu fettem Gemisch. Eine Runde später verdrängte er Prost wieder vom ersten Platz, nur um durch Motorschaden 5 Runden vor Schluß auszufallen. Die Ferraris sind zu langsam und die Hondas schieden nach tollen Trainingszeiten aus.

4-8-85 GERMAN GP,
***ersatz* Nürburgring – 67 laps, 189.091 mph**
1. Michele Alboreto (Ferrari turbo V6 156/85 080), 67 laps in 1:35;31.337, 118.773 mph.
2. Alain Prost (McLaren-turbo V6 TAG Turbo-Porsche MP4/2B-2), 67 in 1:35;42.998.
3. Jacques Laffite (Ligier-turbo V6 Renault JS25-05), 67. **4.** Thierry Boutsen (Arrows-turbo 4 BMW A8-4), 67. **5.** Niki Lauda (McLaren-turbo V6 TAG Turbo-Porsche MP4/2B-4), 67. **6.** Nigel Mansell (Williams-turbo V6 Honda FW10-6), 67.
PP – Teo Fabi (Toleman-turbo 4 Hart TG185-3*), 1;17.429; FL – Lauda, 1;22.806, 122.698 mph.
**Pole chassis are numbered as used in race, not necessarily reflecting that used to set pole time.*
Alboreto schoß in der ersten Kurve Johannson ab und vereitelte damit einen möglichen Ferrari Doppelsieg. Rosberg und Senna führten bis zu Bremsproblemen am Williams und einem Antriebswellenschaden am Lotus.

18-8-85 AUSTRIAN GP,
Österreichring – 52 laps, 191.993 mph
1. Alain Prost (McLaren-turbo V6 TAG Turbo-Porsche MP4/2B-3), 52 laps in 1:20;12.583, 143.618 mph. **2.** Ayrton Senna (Lotus-turbo V6 Renault 97T-4), 52 in 1:20;42.585.
3. Michele Alboreto (Ferrari turbo V6 156/85 080), 52. **4.** Stefan Johansson (Ferrari turbo V6 156/85 079), 52. **5.** Elio de Angelis (Lotus-turbo V6 Renault 97T-3), 52. **6.** Marc Surer (Brabham-turbo 4 BMW BT54-8), 51.
PP – Prost, 1;25.490; FL – Prost, 1;29.241, 148.943 mph.
Das Rennen wurde durch einen Startunfall unterbrochen. Die McLaren dominierten wieder. Prost führte die ersten 26 Runden, dann überholte ihn Lauda bis zum Motorschaden in der 39.

25-8-85 DUTCH GP,
Zandvoort – 70 laps, 184.944 mph
1. Niki Lauda (McLaren-turbo V6 TAG Turbo-Porsche MP4/2B-4), 70 laps in 1:32;29.263, 119.979 mph.
2. Alain Prost (McLaren-turbo V6 TAG Turbo-Porsche MP4/2B-3), 70 in 1:32;29.495.
3. Ayrton Senna (Lotus-turbo V6 Renault 97T-4) 70. **4.** Michele Alboreto (Ferrari turbo V6 156/85 080), 70. **5.** Elio de Angelis (Lotus-turbo V6 Renault 97T-3), 69. **6.** Nigel Mansell (Williams-turbo V6 Honda FW10-6), 69.
PP – Nelson Piquet (Brabham-turbo 4 BMW BT54-6), 1;11.074; FL – Prost, 1;16.538, 124.270 mph.
Rosberg führte 19 Runden bis zum Motorschaden. Dann waren die McLaren wieder ungefordert. Lauda wechselte früher die Reifen und gewann wenige Meter vor Prost, obwohl dieser noch um die Weltmeisterschaft fuhr. Es kursierten Gerüchte, daß Lauda bei McLaren benachteiligt würde.

8-9-85 ITALIAN GP,
Monza – 51 laps, 183.801 miles
1. Alain Prost (McLaren-turbo V6 TAG Turbo-Porsche MP4/2B-5), 51 laps in 1:17;59.451, 141.402 mph.
2. Nelson Piquet (Brabham-turbo 4 BMW BT54-6), 51 in 1:18;51.086.
3. Ayrton Senna (Lotus-turbo V6 Renault 97T-4), 51. **4.** Marc Surer (Brabham-turbo 4 BMW BT54-8), 51. **5.** Stefan Johansson (Ferrari turbo V6 156/85 083), 50. **6.** Elio de Angelis (Lotus-turbo V6 Renault 97T-3), 50.
PP – Senna, 1;25.084; FL – Nigel Mansell (Williams-turbo V6 Honda FW10-6), 1;28.283, 146.961 mph.
Rosberg führte bis zum Boxenstop, jagte Prost die Spitze wieder ab und gab 6 Runden vor Schluß mit Motorschaden auf. Brabham und Lotus waren zu langsam, Ferrari erlitt eine große Schlappe.

15-9-85 BELGIAN GP,
Spa-Francorchamps – 43 laps, 185.669 miles
1. Ayrton Senna (Lotus-turbo V6 Renault 97T-4), 43 laps in 1:34;19.893, 117.943 mph.
2. Nigel Mansell (Williams-turbo V6 Honda FW10-6), 43 in 1:34;48.315.
3. Alain Prost (McLaren-turbo V6 TAG Turbo-Porsche MP4/2B-5), 43. **4.** Keke Rosberg (Williams-turbo V6 Honda FW10-7), 43. **5.** Nelson Piquet (Brabham-turbo 4 BMW BT54-6), 42. **6.** Derek Warwick (Renault turbo V6 RE60B-3), 42.
PP – Prost, 1;55.306; FL – Prost 2;01.730, 127.531 mph.
Die Ferraris schieden früh aus und Senna war eigentlich unschlagbar. Er gab die Führung nur kurz zu einem Reifenwechsel ab. Lauda verletzte sich die Hand in einem Trainingsunfall und startete nicht.

6-10-85 EUROPEAN GP,
Brands Hatch – 75 laps, 196.050 miles
1. Nigel Mansell (Williams-turbo V6 Honda FW10-6), 75 laps in 1:32;58.109, 126.527 mph.
2. Ayrton Senna (Lotus-turbo V6 Renault 97T-4), 75 in 1:33;19.505.
3. Keke Rosberg (Williams-turbo V6 Honda FW10-7), 75. **4.** Alain Prost (McLaren-turbo V6 TAG Turbo-Porsche MP4/2B-2), 75. **5.** Elio de Angelis (Lotus-turbo V6 Renault 97T-3), 74. **6.** Thierry Boutsen (Arrows-turbo 4 BMW A8-4), 73.
PP – Senna, 1;07.169; FL – Jacques Laffite (Ligier-turbo V6 Renault JS25-05), 1;11.526, 131.566 mph.
Sennas Kampf mit den beiden Williams war zu Ende, als Rosberg sich drehte. Rosberg ging an die Box, kam vor Senna wieder auf die Strecke, blockierte Senna und half so Mansell in Führung zu gehen, die er bis ins Ziel nicht mehr abgab. Ferraris letzte WM-Chance durch schwache Vorstellung vertan. Prost Weltmeister. Watson als Ersatzfahrer für Lauda wurde 7.

19-10-85 SOUTH AFRICAN GP,
Kyalami – 75 laps, 191.247 miles
1. Nigel Mansell (Williams-turbo V6 Honda FW10-6), 75 laps in 1:28;22.866, 129.840 mph.
2. Keke Rosberg (Williams-turbo V6 Honda FW10-7), 75 in 1:28;30.438.
3. Alain Prost (McLaren-turbo V6 TAG Turbo-Porsche MP4/2B-6), 75. **4.** Stefan Johansson (Ferrari turbo V6 156/85 086), 74. **5.** Gerhard Berger (Arrows-turbo 4 BMW A8-2), 74. **6.** Thierry Boutsen (Arrows-turbo 4 BMW A8-4), 74.
PP – Mansell, 1;02.366; FL – Rosberg, 1:08.149, 134.710 mph.
Williams-Honda waren überlegen. Rosberg fuhr entfesselt nach einem Dreher und zwei Reifenstops noch auf Platz 2.

3-11-85 AUSTRALIAN GP,
Adelaide – 82 laps, 192.498 miles
1. Keke Rosberg (Williams-turbo V6 Honda FW10-7), 82 laps in 2:00;40.473, 95.71 mph.
2. Jacques Laffite (Ligier-turbo V6 Renault JS25-05), 82 in 2:01;26.603.
3. Philippe Streiff (Ligier-turbo V6 Renault JS25-04), 82. **4.** Ivan Capelli (Tyrrell-turbo V6 Renault 014-2), 81. **5.** Stefan Johansson (Ferrari turbo V6 156/85 086), 81. **6.** Gerhard Berger (Arrows-turbo 4 BMW A8-2), 81.
PP – Ayrton Senna (Lotus-turbo V6 Renault 97T-4), 1;19.843; FL – Rosberg, 1;23.758, 100.899 mph.
Neuer Rennkurs. Harter Senna/Rosberg-Kampf mit mehreren Reifenstops und Führungswechseln war mit einem Motorschaden am Lotus zu Ende. Lauda führte seinen letzten Grand Prix gerade an, als die Bremsen versagten und er von der Strecke rutschte. Rosberg gewann trotz dreier Stops. Die Ligier Fahrer Laffite und Streiff kollidierten beim Duell um Platz 2.

1986

23-3-86 BRAZILIAN GP
Jacarepagúa — 61 laps, 190.686 miles
1. Nelson Piquet (Williams FW 11/01), 61 laps in 1:39;32.583, 114.942 mph.
2. Ayrton Senna (Lotus 98T/3), 61 laps in 1:40;07.410.
3. Jaques Laffite (Ligier JS27/02), 61. **4.** René Arnoux (Ligier JS27/03), 61. **5.** Martin Brundle (Tyrrell 014/4), 60. **6.** Gerhard Berger (Benetton B186/02), 59. PP — Senna, 1;25.501, FL —Piquet, 1;33.546, 120.306 mph.
Aufschlußreicher Saisonauftakt. Schon im Training wird die Stärke von Williams und Lotus deutlich. Bereits auf den ersten Rennmetern erleben die Zuschauer einen Zweikampf zwischen Senna und Mansell, aus dem nur Senna heil herauskam, während Mansell abflog. In der dritten Runde konnte Piquet Senna niederringen und einen ungefährdeten Sieg nach Hause fahren. Prost, der einen relativ schlechten Start hatte, gelang es, sich bis auf den dritten Rang vorzuarbeiten, ehe er in der 31. Runde mit Motorschaden ausschied. Die Ligiers konnten auch hier ihre gute Form von Adelaide wieder bestätigen.

13-4-86 SPANISH GP
Jerez — 72 laps, 188.707 miles
1. Ayrton Senna (Lotus 98T/3), 72 laps in 1:48;47.735, 104.070 mph.
2. Nigel Mansell (Williams FW11/02), 72 laps, 1:48;47.749.
3. Alain Prost (McLaren MP4/2C-3), 71 **4.** Keke Rosberg (McLaren MP4/2C-2), 71. **5.** Teo Fabi (Benetton B186/03), 71. **6.** Gerhard Berger (Benetton B186/01), 71.
PP — Senna, 1;21.605, FL — Mansell, 1;27.176, 108.234 mph.
Economy-Run mit Foto-Finish. Nach einem Superstart setzte sich Senna sofort von Piquet, Mansell und Prost ab. Bereits ab der 2. Runde ließ sich Mansell wegen seines knappen Benzinhaushaltes zurückfallen, um ab der 19. Runde wieder Jagd auf die Spitze zu machen. Zur Hälfte des Rennens übernimmt Mansell bereits den zweiten Rang von Piquet, der über schlechtes Handling klagte und später mit Motorschaden ausfiel. Nachdem Mansell 5 Runden vor Schluß zu einem Reifenwechsel gezwungen war, gelang es ihm, sich nach einer tollen Aufholjagd, auf der Ziellinie noch neben Senna zu setzen, verlor aber um weniger als 1 Sekunde.

27-4-86 SAN MARINO GP,
Imola — 60 laps, 187.90 miles
1. Alain Prost (McLaren MP4/2C-2), 60 laps in 1:32;28.40, 122.015 mph.
2. Nelson Piquet (Williams FW11/04), 60 laps, 1:32;60.053.
3. Gerhard Berger (Benetton B186/02), 59. **4.** Stefan Johansson (Ferrari F186/090), 59. **5.** Keke Rosberg (McLaren MP4/2C-3), 58. **6.** Ricardo Patrese (Brabham BT/55/04), 58.
PP — Senna, 1;25.050, FL — Piquet, 1;28.667, 127.253 mph.
Economy-Rennen. Piquet führte vom Start souverän vor Rosberg, mußte diesen aber nach Reifenwechsel vorbeilassen. Als Rosberg neue Reifen faßte, lag Prost vorne, teilte sich sein Rennen gut ein und rollte mit dem allerletzten Tropfen Sprit ins Ziel. Nach benzinbedingtem Ausfall Rosbergs rückte Berger auf Rang Drei und somit erstmals aufs Siegertreppchen.

11-5-86 MONACO GP,
Monte Carlo — 78 laps, 161.300 miles
1. Alain Prost (McLaren MP4/2C-3), 78 laps in 1:55;41.060, 83.658 mph.
2. Keke Rosberg (McLaren MP4/2C-2), 78 laps, 1:56;06.082.
3. Ayrton Senna (Lotus 98T/3), 78. **4.** Nigel Mansell (Williams FW11/02), 78. **5.** René Arnoux (Ligier JS27/03), 77. **6.** Jaques Laffite (Ligier JS27/01), 77.
PP — Prost, 1;22.627, FL — Prost, 1;26.607, 85.958 mph.
Totale Überlegenheit der McLaren. Prost konnte seinen Vorjahressieg auf fast spielerische Weise wiederholen und übergab die Führung nur kurz an Senna nach einem Reifenwechsel. Alboreto, kurz Dritter, fiel wegen Laderschaden aus. Kein BMW-getriebenes Fahrzeug sah das Ziel. Die Ligiers unterstrichen durch schnelle, kontinuierliche Fahrt ihre Position unter den Spitzenteams.

25-5-86 BELGIEN GP,
Spa-Francorchamps — 43 laps, 185.669 miles.
1. Nigel Mansell (Williams FW11/4), 43 laps in 1:27;57.92, 126.480 mph.
2. Ayrton Senna (Lotus 98T/3), 43 laps, 1:28;17.752.
3. Stefan Johansson (Ferrari F186/090), 43. **4.** Michele Alboreto (Ferrari F186/089), 43. **5.** Jaques Laffite (Ligier JS27/01), 43. **6.** Alain Prost (McLaren MP4/2C-3), 43.
PP — Piquet, 1;54.331, FL — Prost, 1;59.282, 130.149 mph.
Unspektakulärer Sieg Mansells, nachdem der führende Piquet wegen Motorschaden ausfiel und sich Senna beugen mußte, um einen sicheren zweiten Platz und die WM-Führung nicht zu gefährden. Zwischendurch führte Johansson kurz für zwei Runden. Prost und Berger, die beide ganz vorne gestartet waren, fielen bereits in der ersten Kurve nach einer Karambolage weit zurück.

15-6-86 CANADIAN GP
Montreal — 69 laps, 189.060 miles.
1. Nigel Mansell (Williams FW11/02), 69 laps in 1:42;26.415, 108.967 mph.
2. Alain Prost (McLaren MP4/2C-3), 69 laps, 1:42;47.074.
3. Nelson Piquet (Williams FW11/03), 69. **4.** Keke Rosberg (McLaren MP4/2C-2), 69. **5.** Ayrton Senna (Lotus 98T/3), 68. **6.** René Arnoux (Ligier JS27/03), 68.
PP — Mansell, 1;24.118, FL — Piquet, 1;25.443, 115.548 mph.
Wieder ein Economy-Rennen. Allmählich wurde deutlich, daß nur die Williams-Honda sowohl sparsam als auch superschnell waren. Mansell war der Mann des Wochenendes, fuhr einen ungefährdeten Sieg heraus, sicherte sich den 2. WM-Platz und machte Piquet allmählich immer nervöser. Senna, kurz Zweiter, mußte, wie die anderen auch, schon frühzeitig auf den Verbrauch achten und fiel dadurch sehr zurück. Prost, trotz Boxenstop noch Zweiter.

22-6-86 DETROIT GP,
Michigan, USA — 63 laps, 157.500 miles.
1. Ayrton Senna (Lotus 98T/3), 63 laps in 1:51;12.847, 84.971 mph.
2. Jaques Laffite (Ligier JS27/01), 63 laps, 1:51;43.864.
3. Alain Prost (McLaren MP4/2C-3), 63. **4.** Michele Alboreto (Ferrari F186/092), 63. **5.** Nigel Mansell (Williams FW11/02), 62. **6.** Ricardo Patrese (Brabham BT55/4), 62.
PP — Senna, 1;38,301, FL — Piquet, 1;41.233, 88.904 mph.
Spannendstes Rennen der bisherigen Saison. Alle Teams konnten voll blasen, da der Spritverbrauch hier zweitrangig war. Am Start führte Mansell, nach der ersten Runde bereits Senna, bis er ab Runde 16 neue Reifen brauchte. Doppelführung der beiden Ligiers, bis zu deren Reifenwechsel. Von der 32. bis 40. Runde führte Piquet, der dann mit neuen Reifen von der Strecke flog. Dadurch konnte Senna unangefochten siegen.

6-7-86 FRENCH GP,
Ricard-Castellet — 80 laps, 189.543 miles.
1. Nigel Mansell (Williams FW11/02), 80 laps in 1:37;19.272, 116.856 mph.
2. Alain Prost (McLaren MP4/2C-3), 80 laps, 1:37;36.400.
3. Nelson Piquet (Williams FW11/05), 80. **4.** Keke Rosberg (McLaren MP4/2C-2), 80. **5.** René Arnoux (Ligier JS27/04), 79. **6.** Jaques Laffite (Ligier JS27/03), 79.
PP — Senna, 1;06.526, FL — Mansell, 1;09.993, 122.296 mph.
Starker Sieg von Mansell, der sich im Gegensatz zu dem zwar schnellen, aber verbrauchsorientierten Prost zwei Reifenwechsel leisten konnte. Senna verabschiedete sich bereits in der vierten Runde durch einen Abflug. Starker Berger, der kurz Dritter war, aber keine Chance gegen die McLaren hatte und später durch Unfall ausschied.

13-7-86 BRITISH GP,
Brands Hatch — 75 laps, 196.050 miles.
1. Nigel Mansell (Williams FW11/3), 75 laps in 1:30;38.471, 129.775 mph.
2. Nelson Piquet (Williams FW11/5), 75 laps, 1:30;44.040.
3. Alain Prost (McLaren MP4/2C-3), 74. **4.** René Arnoux (Ligier JS27/02), 73. **5.** Martin Brundle (Tyrrell 015/3), 72. **6.** Philippe Streiff (Tyrrell 015/3), 72.
PP — Piquet, 1;6.061, FL — Mansell, 1;9.593, 135.220 mph.
Machtdemonstration der Williams-Renner. Nachdem das Rennen nach einer Massenkarambo-

lage, bei der Laffite ernsthaft verletzt wurde, neu gestartet werden mußte, führte Piquet bis zur 23. Runde. Dann mußte er den deutlich überlegenen Mansell ziehen lassen. Heim-Sieg für Mansell und Führung in der WM-Wertung. Prost konnte nur von hinten zuschauen und Senna mußte wegen Getriebeschaden aufgeben.

27-7-86 GERMAN GP,
Hockenheim — 44 laps, 185.83 miles.
1. Nelson Piquet (Williams FW11/5), 44 laps in 1:22;08.263, 135.691 mph.
2. Ayrton Senna (Lotus 98T/4), 44 laps, 1:22;23.700.
3. Nigel Mansell (Williams FW11/2), 44. **4.** René Arnoux (Ligier JS27/2), 44. **5.** Keke Rosberg (McLaren MP4/2C-2), 43. **6.** Alain Prost (McLaren MP4/2C-3), 43.
PP — Rosberg, 1;42.013, FL — Berger, 1;46.604, 142.567 mph.
Das totale Benzindesaster. Bis zum Schluß war das Rennen von dem Zweikampf Piquet/Rosberg geprägt. Viermal wechselte zwischen beiden die Führung. Eine Runde vor Schluß mußte sich Rosberg beugen und fiel, ebenso wie Prost, wegen Benzinmangels aus. Beide kamen aber noch in die Wertung. Mansell rettete trotz Handling-Problemen einige Punkte und blieb WM-Leader. Für BMW blieb nur die Ehre der schnellsten Runde durch Berger.

10-8-86 HUNGARIAN GP,
Hungaroring — 76 laps, 189.56 miles.
1. Nelson Piquet (Williams FW11/5), 76 laps in 2:00;34.508, 98.67 mph.
2. Ayrton Senna (Lotus 98T/4), 76 laps, 2:00;52.181.
3. Nigel Mansell (Williams FW11/6), 75. **4.** Stefan Johansson (Ferrari F186/090), 75. **5.** Johnny Dumfries (Lotus 98T/2), 74. **6.** Martin Brundle (Tyrrell 015/4), 74.
PP — Senna, 1;29.450, FL — Piquet, 1;31.001, 98.67 mph.
Erster Ostblock-GP. Das Rennen war geprägt durch den Zweikampf zwischen Senna und Piquet. Mehrmals reifenbedingte Führungswechsel. Nachdem Senna gegen Ende von Piquet spektakulär ausgebremst wurde, gewann Piquet und wahrte so seine WM-Chancen. Mansell konnte wegen schlechtem Grip vorne nie mitreden, blieb aber in der WM an der Spitze. Beide McLaren schieden wegen technischer Defekte aus.

17-8-86 AUSTRIAN GP,
Österreichring — 52 laps, 191.993 miles.
1. Alain Prost (McLaren MP4/2B-3), 52 laps in 1:21;22.531, 141.561 mph.
2. Michele Alboreto (Ferrari F186/092), 51 laps,
3. Stefan Johansson (Ferrari F186/089), 50. **4.** Alan Jones (Lola THL2/004), 50. **5.** Patrick Tambay (Lola THL2/005) 50. **6.** Christian Danner (Arrows A8/6), 49.
PP — Fabi, 1;23.547, FL — Berger, 1;29.44, 148.604 mph.
Auferstehung der BMW-Motoren, beide Benetton in der ersten Startreihe. Berger führte bis zur 24. Runde souverän, Fabi an zweiter Stelle fiel jedoch früh wegen Motorschaden aus. Nachdem Berger beim Boxenstop durch eine defekte Batterie 4 Runden zurückgeworfen wurde, übernahm erst Mansell, dann Prost die Führung. Sicherer Sieg für Prost, nachdem Senna, Mansell, Piquet und Rosberg die Ziellinie nicht sahen. Berger nach Aufholjagd noch Siebter. Mansell blieb WM-Leader, Prost hatte jedoch bis auf zwei Punkte aufgeholt. Der Kampf um die Titel wurde immer spannender.

7-9-86 ITALIAN GP,
Monza — 51 laps, 183.840 miles
1. Nelson Piquet (Williams FW11), 51 laps in 1:17;42.889, 141.935 mph.
2. Nigel Mansell (Williams FW11), 51 laps, in 1:17;52.717.
3. Stefan Johansson (Ferrari F186), 51. **4.** Keke Rosberg (McLaren MP4/2C), 51. **5.** Gerhard Berger (Benetton B186), 50. **6.** Alan Jones (Force-Lola THL2), 49.
PP — Fabi, 1;24.078, FL — Fabi, 1;28.099, 147.300 mph.
Obwohl die Benettons wieder sehr stark waren, und auch Ferrari auf eigenem Boden überraschend gut auftraten, wieder ein Williams-Rennen. Fabi würgte seinen Motor bereits in der Aufwärmrunde ab und mußte von hinten starten. In der 38. Runde hatte Piquet Mansell niedergekämpft. Sowohl Senna, als auch Prost mußten wegen technischer Defekte das Rennen vorzeitig beenden.

21-9-86 PORTUGESE GP,
Estoril — 70 laps, 189.248 miles
1. Nigel Mansell (Williams FW11), 70 laps in 1:37;21.900, 116.622 mph.
2. Alain Prost (McLaren MP4/2C), 70 laps in 1:37;40.672.
3. Nelson Piquet (Williams FW11), 70. **4.** Ayrton Senna (Lotus 98T), 69. **5.** Michele Alboreto (Ferrari F186), 69. **6.** Stefan Johansson (Ferrari F186), 69.
PP — Senna, 1;16.673, FL — Mansell, 1;20.943, 120.241 mph.
Start — Ziel — Sieg durch Mansell, der dadurch seine Titelchance noch mehr festigte. Piquet hatte nie eine Chance und fiel sieben Runden vor Schluß durch einen Fahrfehler noch auf den dritten Rang zurück. Dadurch konnte sich Prost, der gegen die Williams und gegen Senna machtlos war, noch den zweiten Rang sichern. Senna blieb in der letzten Runde mit Benzinmangel stehen und schied damit gleichzeitig als Titelanwärter aus. Williams sicherte sich hier vorzeitig den Gewinn des Konstrukteurspokals.

12-10-86 MEXICAN GP
Mexico-City — 68 laps, 186.842 miles
1. Gerhard Berger (Benetton B186), 68 laps in 1:33;18.700, 120.140 mph.
2. Alain Prost (McLaren MP4/2C), 68 laps in 1:33;44.138.
3. Ayrton Senna (Lotus 98T), 68. **4.** Nelson Piquet (Williams FW11), 67. **5.** Nigel Mansell (Williams FW11), 67. **6.** Phillippe Alliot (Ligier JS27), 67.
PP — Senna, 1;16.990, FL — Piquet, 1;19.360, 124.642 mph.
Die Reifenschlacht von Mexiko. Erster Sieg für Berger und Benetton. Berger fuhr ein kluges Rennen mit nur einem Satz Reifen und führte ab der 36. Runde. Die Konkurrenz dagegen war gezwungen, teilweise sogar mehrmals, Reifenwechsel einzulegen. Mansell kam am Start nicht weg. Bis zu deren Reifenwechsel führte das brasilianische Duo Piquet/Senna das Feld an. Die WM-Entscheidung mußte auf das Finale in Australien verlegt werden.

26-10-86 AUSTRALIAN GP
Adelaide — 82 laps, 192.590 miles
1. Alain Prost (McLaren MP4/2C), 82 laps in 1:54;20.388, 101.062 mph.
2. Nelson Piquet (Williams FW11), 82 laps in 1:54;24.593.
3. Stefan Johansson (Ferrari F186), 81. **4.** Martin Brundle (Tyrrell 015), 81. **5.** Philippe Streiff (Tyrrell 015) 80. **6.** Johnny Dumfries (Lotus 98T), 79.
PP — Mansell 1;18.403, FL — Piquet, 1;20.944, 104.435 mph.
Dramatisches Finale, bei dem die Reifen die Fahrer-WM entschieden. Rosberg, der kurz nach dem Start die Führung übernahm und sich uneinholbar abgesetzt hatte, mußte in der 63. Runde den McLaren wegen Reifenschadens abstellen. Führung durch Piquet. In der gleichen Runde platzte Mansell, an dritter Stelle liegend, ein Hinterreifen und der Traum vom Weltmeistertitel. Prost, der bereits frühzeitig die Reifen gewechselt hatte, übernahm die Führung, als Piquet ebenfalls Reifen wechseln mußte und gab sie bis ins Ziel nicht mehr ab. Zweiter WM-Titel für Prost in Folge.

Für alle die, die Schwierigkeiten mit den Meilenangaben haben, hier eine kleine Umrechnungstabelle.
1 Meile = 1,60934 km

60 mph	=	96,5 km/h
70 mph	=	112,6 km/h
80 mph	=	128,7 km/h
90 mph	=	144,8 km/h
100 mph	=	160,9 km/h
110 mph	=	177 km/h
120 mph	=	193,1 km/h
130 mph	=	209,2 km/h
140 mph	=	225,3 km/h
150 mph	=	241,4 km/h
160 mph	=	257,5 km/h
170 mph	=	273,6 km/h
180 mph	=	289,7 km/h
190 mph	=	305,7 km/h
200 mph	=	321,8 km/h

Unser Rallye-Jahrbuch

Wir sind mit dieser Jahrbuchreihe neue Wege gegangen. Unser Ziel war es, ein qualitativ erstklassiges Buch herauszugeben, das den Sport mit all seinen Seiten durchleuchtet. Da gerade der Rallyesport optisch hervorragendes bietet, lag der Schwerpunkt bei anspruchsvoller Photographie, und die mußte zwangsläufig in Farbe sein. So haben Sie in jedem Band große Farbstrecken über die Weltmeisterschaft und andere Themen. Das solches nur gut wirkt, wenn es im Großformat erscheint, auf bestem Kunstdruckpapier gedruckt ist, und sogar die Drucker speziell auf das Rallyebuch eingestimmt werden, versteht sich von selbst.

Insiderstories, Berichte, Analysen, Daten, Fakten und eine komplette Statistik runden die Bände ab.

Eine unvergleichliche Serie zum Sammeln und gerade der letzte Band, ein Sonderband zum „Sterben" der Gruppe B, mit einem endgültigen Resümee dieser verrückten Zeit, sollte im Bücherschrank eines jeden Motorsportlers stehen, auch wenn er kein ausgesprochener Rallyefan ist. Denn wer dieses Buch verpaßt, verpaßt eins der wesentlichsten Gesichter der Motorsportgeschichte schlechthin, obendrein ein besonders farbiges. Denn genau wie die Formel 1 sehr viel Charakter durch die „grüne Hölle", den alten Nürburgring, verloren hat, so verliert der Rallyesport dieses Jahr unendlich viel seiner selbst, und das nicht nur an toller Technik.

zu beziehen bei:
Verlag Reinhard Klein, Wahner Str. o. Nr. 5000 Köln 90 oder im guten Buchhandel. Bei Bestellung eines oder mehrerer Bücher bitte Versandpauschale von DM 5,– beachten.

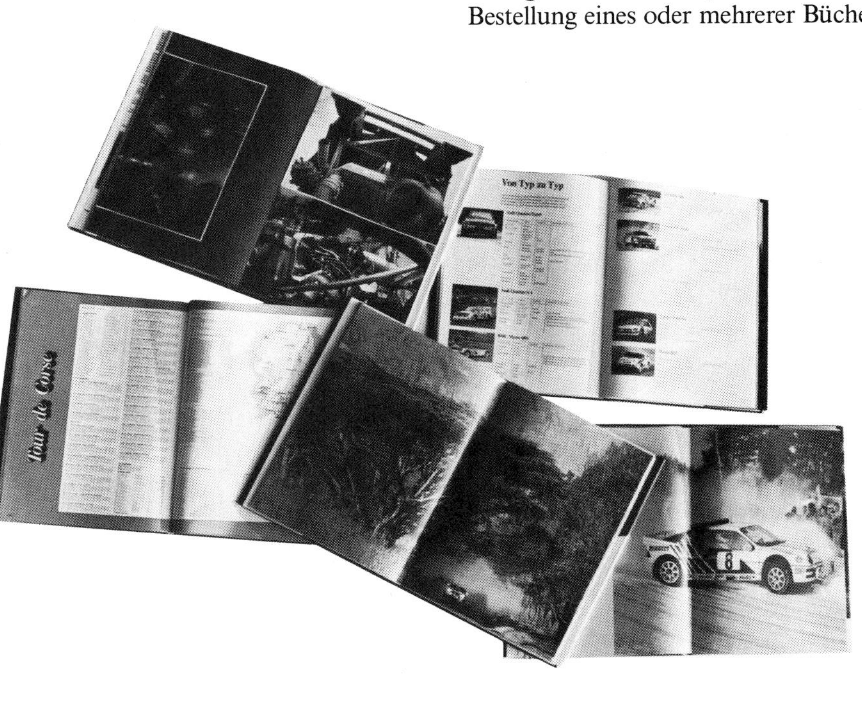

Der Rallyesport 86/87

- Das Ende der Gruppe B. Auf 32 Farbseiten wird die Entwicklung der letzten 5 Jahre nachvollzogen. Die Photos allein sind ein Hammer!
- Zwei Stories von Profischreibern beleuchten das Ende von allen Seiten, mit einem weinenden und einem lachenden Auge.
- Großer Farbbericht von der China Rallye, einer tollen Show in einem dem Automobil völlig fremden Land mit eigenen Problemen.
- Das Duell um die Weltmeisterschaft zwischen Alen und Newcomer Kankkunen, sowie der schnelle Sieg bei den Marken durch Peugeots kleine Bombe.
- Nach dem theoretischen Überblick über Technik und Konzeption der Gruppe B-Renner ein Jahr zuvor, nun der praktische. Erfahrungen mit den 550 PS Allradgeschossen nach dem letzten Jahr ihres Einsatzes, oder anders gesagt: Jeder hatte auch einen Fehler im System, oder zwei.
- Wieder ein Riesenfarbteil über die WM.
- Deutsche Meisterschaft, Statistik etc, etc.
Ca. 200 Seiten, Kunstdruckpapier, Leineneinband, Schutzumschlag **DM 65,–**

Der Rallyesport 85/86
berichtet über:

- Grundlegende Konzeption und Technik der Gruppe B-Autos mit vielen Phantomzeichnungen. 8 verschiedene Wege für dasselbe Problem.
- Herbert Völkers letzte, endgültige Paris–Dakar Story.
- Kettenraucher und Antisportler Timo Salonen als Weltmeister.
- Erfahrungen mit dem Peugeot 205 Turbo 16 nach $1\frac{1}{2}$ Jahren harter Praxis und die Philosophie des „Grand Prix-engineerings" im Rallyesport.
- Die Weltmeisterschaft auf 80 Farbseiten.
- Interview mit Walter Röhrl: „Letztes Aufbäumen technischer Urgewalt".
- Der Rallyesport in der Krise.
- Saisonstatistik, etc, etc. **DM 58,–**

Der Rallyesport 81—84/85 zu je DM 39,50